AF513798

Elmar Filipot

Nova

Lichtstrahl in die Finsternis des Christentums

Wahrheit und Klartext

Elmar Filipot

Nova

Lichtstrahl in die Finsternis des Christentums

Wahrheit und Klartext

Impressum
Mauer Verlag
Dr. h. c. Wilfried Kriese
Erstveröffentlichung
Titelbild: Privat
ISBN 978-3-86812-267-1

www.mauerverlag.de

Inhalt

bewegen - durchbrechen - verändern

Verborgenes soll aufgedeckt,
und Gebundenes gesprengt werden

Jahrestage 2009
Joh. Calvin 1509
Ch. Darwin 1809

Ich schmiege in den Staube
mein verhülltes Haupt
dessen eigener Herrlichkeit
ich endlich ward beraubt

Aus dem Tode wieder
über Raum und Zeit
kommt von GOTT hernieder
Auferstehungs – Herrlichkeit!

good news gute Nachricht glad message

Diese *Gute* Nachricht besteht im großen und wunderbaren Rahmen biblischer Erlösung; sie umschließt die Zeitdimension und berührt die Ewigkeit. Der GOTT, der im Anfang sprach: „Es werde Licht!“, und es wurde Licht, Derselbe hat auch gesprochen: **„Siehe, Ich schaffe einen neuen Himmel und eine neue Erde. Und Der auf dem Thron saß, sprach: Siehe, Ich mache alles neu!“** Die Bibel redet hier in 1. Mose 1 und in den prophetischen Büchern Jesaja 65 und Offenbarung 21 von *zwei* Schöpfungen, einer zeitlichen ersten, in der wir heute leben und danach einer ewigen, die auf die erste folgen wird! **„Und ich sah einen Neuen Himmel und eine Neue Erde; denn der erste Himmel und die erste Erde waren vergangen…Und ER sprach zu mir: Schreibe, denn diese Worte sind wahrhaftig und gewiss! Es IST geschehen!“** (in Offenbarung 21).

„…sie waren vergangen“ und *„es ist geschehen!“*, Zeitformen erscheinen hier in vollendeter Zukunft! Eine Botschaft aus der Ewigkeit herein in unsere Zeitdimension; das bedeutet, dass alles, was uns zeitlich jetzt, heute oder morgen in Liebe und Leid, Schuld und Tod begegnet, durch die *ewige* Dimension der Heils*Botschaft* des *EVANGELIUMS* auf eine grössere, höhere und *hoffnungsfrohe* Ebene gestellt wird! *„Hoffnungsfroh?“* Ja! Die Hoffnung eines bibelgläubigen Menschen ist eine ganz feste Gewissheit und Zuversicht, die Erwartung von Tatsachen, die GOTT, der nicht lügt, verheißen hat! Nirgendwo auf dieser Welt gibt es sonst diese *glaubwürdige, begründete Hoffnung*, nur ein schwaches „hoffentlich“. Doch das trägt nicht, hier bricht alles auseinander, auch in der Newage-Einheitsideologie des „neuen geschlechtsneutralen Übermenschen!“ Nicht die materialistische, philosophische oder spirituelle Frage steht im Vordergrund des Denkens über den Ursprung und Daseins-SINN des Lebens und der Welt, sondern stets die biblisch-fundamental-Theologische. Eines Denkens mit dem Herzen, das nach *Sinn*, *Liebe* und *Gerechtigkeit* verlangt, und eines Fragens nach unserer Herkunft und dem *Ziel*, wohin die Reise geht. Die fundamentale, schöpferische und inspirierte Antwort der BIBEL steht über aller Natur und Kreatur, über allen irdischen und kosmischen Erschütterungen, über allen spirituell-esoterischen Irrwegen und Weltanschauungen, gerade auch in diesem Jahrhundert. Die **„HOLY BIBLE“** ist die Grundverfassung dieser und der zukünftigen Schöpfung!

……bis dass die trocknen Brunnen sich mit Lebenswasser füllen…….

JESUS CHRISTUS
ALPHA UND OMEGA

Einleitung

Dr. A.W.Tozer, ein bibelgläubiger Mann hatte recht wenn er schreibt: *„Man sollte überhaupt kein Buch schreiben, wenn es nicht aus dem Herzen kommt und aus zwingender innerer Notwendigkeit Gestalt gewinnt. Wenn solch ein Werk in einem Menschen heranreift, wird es fast mit Sicherheit geschrieben werden. Ein Mensch, dem aufgetragen ist, eine Botschaft durch ein Buch auszurichten, wird sich nicht durch Gedankenspiele abhalten lassen. Für ihn ist das Buch nicht nur eine Verpflichtung, es ist zwingend"*. Wer wirklich einen inneren Auftrag „von Seinem Auftraggeber" verspürt weiß, wovon Tozer hier spricht. Ich schreibe oder rede nicht im Namen irgendeiner Konfession oder Denomination, sondern **„in GOTT will ich rühmen das Wort"** *(Psalm 56,11.12)*. Es gibt für bibelgläubige Menschen eine gesicherte und begründete Hoffnung inmitten all der endzeitlichen Auseinandersetzungen und Erschütterungen, hindurchgerettet zu werden. Christen können *wissend* sein, wenn sie den großen heilsgeschichtlichen Inhalt der BIBEL von historischer Wahrheit (wörtlich) zu einer geistlichen Anwendung für die Gegenwart bis hin zur prophetisch-umfassenden Wirklichkeit in die Zukunft beachten. Für welche Zeit gilt der Bibeltext, und an *Wen* ist er gerichtet? Und was sagt er mir oder uns morgen und *heute!*

Es gibt aber den gezielten und subversiven Einfluss, die glaubwürdigen Wahrheiten der Heiligen Schrift zu absorbieren und zu zerstören. Mit Beginn der „frühen Neuzeit" kommt diese negative Entwicklung mit vielen Elementen in zunehmender Aggressivität und Beschleunigung auf uns zu. Wir stehen heute nicht nur *an* der Wende bisheriger Ordnungen, wir sind „in" dieser Wende und werden entweder mitgerissen oder widerstehen! Bausteine in dieser geschichtlichen Entwicklung, die zu einem biblischen „Ereignis" hinführt sind Naturalismus, Evolution, moderne Naturwissenschaft, Spiritualität, Bildungswesen, Toleranz und Psychologie, um die markantesten zu nennen. Die *New-Age-Katalyse* dieser Bausteine wird die Welt noch einmal, ein letztes Mal hinführen zu einem kurzen und künstlichen Weltfrieden, wie er uns im „*weißen Pferd* und seinem Reiter" in der Offenbarung des Johannes gezeigt wird. Dieser erste apokalyptische Reiter wird der Auslöser der ihm nachfolgenden Geistesmächte werden. Die spirituellen Bausteine, die heute unsere Weltzeit prägen, sollen hier wohl auf die Waagschale gelegt werden in ihrem Einfluss auf die christlichen Glaubensbekenntnisse derer, die sich evangelikal, freikirchlich oder charismatisch nennen, doch muss es um mehr gehen. Wenn heute spirituelle Irrgeister mit allen esoterischen Spielarten der „inneren Kräfte und des kreativen Denkens" die Christenheit nahezu durchdringen, so dass die meisten Denominationen die grundlegenden Wahrheiten des EVANGELIUMS ablehnen oder sogar bekämpfen, dann ist auch dies nur die Erfüllung prophetischer biblischer Aussagen und der Gerichtszustand derer, welche die unbiblischen Glaubensinhalte so kritiklos akzeptieren und sich mit Götzendienst vermischen.

Im Neuheidentum des 20. und 21. Jahrhunderts lebt die Welt mit relativen Werten materialistischer Werterhaltung in Illusionen, und die gemischte Christenheit lebt mit Imitationen; nur ein Überrest von verachteten *Fundamentalisten* ringt noch um Erkenntnis, Erhaltung und Verbreitung des Wortes GOTTES; trotz Verkennung sind sie die Elite und up to date in Sachen moralischer Orientierung und biblischer Information! Wir erleben heute drastisch den prophezeiten *inneren* und äußeren Wertezerfall. Das *abendländische Christentum* ist kein Salz mehr gegen den Verfall, und die *westliche Welt* verlor ihre kulturelle und moralische Identität. Geprägt von Individualität und Irrationalität hat die Postmoderne alle Ankertaue objektiver, biblischer Wahrheit abgehauen. Dafür haben Spiritualismus in New-Age-Form als „Heilsbringer“ hohen Stellenwert bekommen. Doch der wahre Heilsvollbringer ist der historische CHRISTUS, das LAMM GOTTES; ER ist mit Seiner Ekklesia (Gemeinde) das Zentrum der Wege GOTTES, **„nicht allein in dieser Weltzeit, sondern auch in der zukünftigen**“ (Epheser 1,21b). Ich will mit diesem Buch der phlegmatischen Christenheit sowie denen nach Identität Suchenden wie auch den Ungläubigen eine Botschaft in die Hände geben, die klare, geistliche und objektive Orientierung gibt, sowie Stärkung und Trost denen, welche die Liebe zur Wahrheit in Zuversicht festhalten wollen! (Römer 15,4 und Hebräer 10,35). *Darum, und weil weniger als Klartext zuwenig ist, spricht dieses Buch als „glad message“ alle Menschen an, nicht nur eine Zielgruppe.*

KAPITEL 1

„Und ich sah, und siehe, ein weißes Pferd…“

In der Offenbarung des Johannes, dem letzten Buch der Bibel steht geschrieben: „Und ich sah, und siehe, ein weißes Pferd, und der darauf sass, hatte einen Bogen; und es wurde ihm eine Krone gegeben, und er zog aus als ein Sieger und um zu siegen." *(Kapitel 6,2)*

Wer kennt sie nicht, die Fresken und Gemälde der apokalyptischen Reiter, hereinbrausend unter Blitz und Donner in unsere Zeitdimension als Unheilsmächte aus den überirdischen Räumen. Diese vier Reiter sind Gerichtsboten, denen gegeben wird, Verführung, Krieg, Hunger, Seuchen und Tod auf die Erde zu bringen. Tage der Finsternis und des Wolkendunkels, Sturm und Verwüstung sind über die Erde beschlossen – diese Szenarien passen gut in das prophetische Bild alttestamentlicher Aussagen: **„Heult! Denn der Tag des HERRN ist nahe; er kommt wie eine Verwüstung von dem Allmächtigen! Deshalb werden alle Hände schlaff, und das Herz jedes Sterblichen zerschmilzt. Sie sind bestürzt; Krämpfe und Wehen ergreifen sie, sie winden sich wie eine Gebärende; einer starrt den anderen an, ihre Angesichter glühen. Siehe, der Tag des HERRN kommt, unbarmherzig, mit Grimm und Zornglut, um die Erde zur Wüste zu machen und die Sünder daraus zu vertilgen.“** (Jesaja 13,6-9) **„Aber der HERR ist in Wahrheit GOTT; ER ist der lebendige GOTT und ein ewiger König. Vor Seinem Zorn bebt die Erde, und die Völker können Seinen Grimm nicht ertragen.“** (Jeremia 10,10).

Die Völker heute winden sich vor GOTTES Autorität; sie wollen Seine Herrschaft nicht, sie wollen die Offenbarung der Wahrheit in Seinem Sohn nicht, weil ER *der* Absolute ist; sie suchen und fragen nach Werten, wollen aber die biblischen nicht, sondern ihre eigenen, relativen. **„Die Völker geraten in Aufruhr, und die Mächtigen dieser Welt rebellieren und verschwören sich gegen GOTT“**, sagt die Schrift in Psalm zwei. Dennoch sind sie wie Tongeschirr, das zerschlagen wird, und GOTT, der HERR hat eine Botschaft an die Weltbeherrscher: **„Lasst euch warnen, ihr Mächtigen der Welt! Unterwerft euch dem HERRN und erkennt Seine Herrschaft an! …Sonst trifft euch Sein Zorn, und ihr seid verloren!“** (Lesen Sie den Psalm 2).

Die Evolutionslehre und New-Age-Philosophien sagen, dass der Mensch selbst zu einem Gott werden (evolvieren) kann, doch die ganze Menschheit ist in der Identitätskrise und im Abstieg, in Involution (= Rückentwicklung). Im Kampf um noch lebbare und nachhaltige Werte wird das „Haben" und das „Tun" über das „Sein" gestellt (wer *viel* hat und *viel* tut ist auf der *Werteskala* oben), wobei diese Skala vom Kollektivbewusstsein bestimmt ist. Es sind *Pseudo*-Werte, die den Menschen vorgaukeln, durch „Erfolg, Bewunderung, Begabung, Schönheit, Leistung u.ä." dem begehrten *Image* zu entsprechen. Doch dieser relative und psychologisierte *Selbstwert* ist sehr instabil und beeinflussbar, er ist unhaltbar – durch abnehmende Leistung, Krankheit, Alter, Arbeitslosigkeit und andere Faktoren (*Beispiel Krisen*). Man kann diesen künstlichen Selbstwert nicht festhalten, und kommt dann der nächste Crash und soziale Zusammenbruch, bleiben nur noch *die Nacktheit der Wertverluste.*

Die Nationen winden sich vor GOTT, aber sie huldigen ihren „individuellen" Göttern; sie sagen die *EINE* Wahrheit tot und ersetzen sie mit ihrer subjektiven „Meinung." Jedes Jahrhundert verleugnet CHRISTUS neu und sagt Ihn tot, aber jede Generation erlebt neu, wie ER aufersteht! **„Der HERR wird die Völker richten in Gerechtigkeit",** sagt die biblische Schrift, und sie beschreibt diese Gerichtsbarkeit GOTTES als ein Ausgesetztsein in das furchtbare, alles durchleuchtende Licht; LICHT, das zugleich Feuer und für Sterbliche unzugänglich ist, nicht in Form physikalischer elektromagnetischer Strahlung, sondern *LICHT IN PERSON* – GOTT! **„…vor Dessen Angesicht flohen die Erde und der Himmel…!"** (Offb.20,11). Im letzten Gericht gibt es keine Berufung – *NICHTS* ist und bleibt verborgen, kein „unnützes Wort" (vgl.Matth.12,36.37). Dieses Licht geht tiefer, herein bis in unsere Motive, bis in die *„Gedanken und Gesinnungen des Herzens"* (vgl.Hebr.4,12) **„…alles ist enthüllt und aufgedeckt vor den Augen Dessen, dem wir Rechenschaft zu geben haben."** (Hebr.4,13).

DIESES Gericht heisst auch WAHRHEIT, Wahrheit GOTTES. Viele, sehr viele Menschen rufen und riefen zu allen Zeiten: *„Wo ist Gerechtigkeit, wo ist Wahrheit, wo ist GOTT ?"* – hier wird sie walten, die so erhoffte Gerechtigkeit und Wahrheit GOTTES! Sie wird jeden Menschen in sehr persönlicher Weise nach seinen Werken treffen; sie wird niemand dem göttlichen Tribunal entschwinden oder entfliehen lassen, und es wird keine Feigenblätter- und Schürzen der Selbstrechtfertigung mehr geben in dieser Entblößung und Durchleuchtung! Die apokalyptischen Pferde und ihre Reiter sind als Gerichtsboten *Vorboten* für dieses kommende Gericht; das Wort „Apokalypsis" bedeutet Offenbarung, Aufdeckung und Enthüllung! Vor dieser einen, unentrinnbaren, alles bewertenden Stunde lebt der Mensch auf Erden in unbewußter Flucht.

„Welchen Gewinn hat der Mensch unter der Sonne?“

Das einer menschlichen Lebenskultur stets zugrunde liegende **ora et labora** (= *bete und arbeite*) ist der Menschheit verlorengegangen, zumindest in der libertinen westlichen Welt! Mein Großvater sagte: *„Nobel geht die Welt zugrunde!“* Das sagte er mir im Jahre 1960, als ich fünf“ Jahre alt war; ein gottesfürchtiger Mann mit prophetischem Blick. Was sagt GOTTES Wort zum moralischen Verfall der Werte, zur moralischen Kapitulation vor den Wirtschaftsdiktaturen und den Götzen des Kapitalismus? : **„Es sollen zurückweichen und tief beschämt werden, die auf Götzen vertrauen und zu den gegossenen Bildern sagen: Ihr seid unsere Götter!“** (Jesaja 42,17) **„Man wirft sich nieder vor dem Werk seiner Hände, vor dem, was seine Finger gemacht haben.“** (Jes.2,8). **„Denn alle Götter der Völker sind nichtige Götzen. Wie kann ein Mensch sich selbst Götter machen? Das sind ja keine Götter! Furchtbar wird der HERR über ihnen sein; denn Er wird allen Göttern auf Erden ein Ende machen!“** (1.Chr.16,26; Jerem.16,20; Zeph.2,11).

Allerdings, die Weltfinanz- und Wirtschaftskrise hat viele *Menschen tief beschämt*; aber sie sind noch zuwenig tief in den Keller gegangen, um dort zu weinen über ihren innerlichen ausgeplünderten und ausgebluteten geistlich-moralischen Zustand. Krisen können Menschen helfen, können eine Chance sein, über ihr *Sein* und *Tun, über ihr Gottesverhältnis und* über ihren *Tod* nachzudenken. Im Geschichtsbewusstsein der Menschheit sind Krisen, Kriege, Katastrophen immer zuerst *sittliche Gerichte GOTTES*, wie geschrieben steht: **„Aber der Zusammenbruch trifft die Übertreter und Sünder alle miteinander, und die den HERRN verlassen, kommen um!“** (Jesaja 1,28). **„Wendet euch zu mir, so werdet ihr gerettet, all ihr Enden der Erde; denn ICH BIN GOTT und keiner sonst!“** (Jes. 45,22).

Wie armselig (= arm an Seligkeit) und erbärmlich sind Menschen, die vom *Götter*-Index der Börsen abhängig sind, deren Lebenselixier das Wirtschaftswachstum ist und die sich vor diesen Götzen und den Werken ihrer Hände niederwerfen. Das zwingt die Starken „dran“ zu bleiben, allgemein und individuell, und die Wirtschaftsgesellschaft trimmt die Skala des Leistungs- und Erfolgszwanges – verstärkt durch Krisen – gnadenlos nach oben. Menschen brennen aus *(burn-out),* fallen in Erschöpfungsdepressionen. Andere sind physisch noch am Arbeitsplatz (aus Angst vor Kündigung), obwohl sie geistig weggetreten und psychisch am Ende sind; *sie funktionieren nur noch*, leben aber kaum mehr, weil der tiefere Sinn im ganzen Getriebe abhanden gekommen ist. Überall überforderte Menschen, die in der hypertonen Beschleunigung der westlichen Welt mit immer kürzeren Entwicklungszeiten für neue Produkte und mit „Multitasking" den Motor des Fortschritts antreiben müssen. Das Wirtschafts-Wachstums-Beschleunigungsgesetz des „Yes we can" muß ja die steigenden Schuldzinslasten decken und einbringen. Und hinzu kommt dann noch die nerventötende Reizüberflutung der umfassenden Kommunikations-Formen: www. E-Mail, SMS, Handy, Mailbox, Telefon, Fernsehen etc. Internet und Fernsehen allein erzeugen bei unvorsichtigem Gebrauch ein riesiges Infektions- und Suchtpotenzial. Darüber hinaus trimmen diese Medien Bewusstseins- und Wandlungsprozesse in die moralische Denk- und Urteilsfähigkeit.

In diesem enorm gestiegenen gesellschaftlichen Druck nehmen soziale, psychische, soziogenetische und finanzielle Belastungen zu, leider auch die Suizidrate. Denn es ist klar: einer Wertegesellschaft im modernen Kapitalismus bleibt nur die Unfreiheit des Überlebens (mit sämtlichen Konsequenzen), oder der Zusammenbruch. Die exorbitante „Werteskala", die dem Einzelnen dabei auferlegt wird, muss in „Leistung und Verhalten" abgegolten werden; das sind die äusseren Indikatoren, die inneren sind tabu! Und hier bricht ein großes übersinnliches Verlangen auf, ein Fragen nach lebbarer „Ganzheitlichkeit", nach Alternativen wie Magie, Parapsychologie, Okkultismus, Naturverehrung, Spiritismus, östlichen Religionen, Paramedizin u.a. im *Newage* Angebot.

Unzählige sind an der tierischen Leistungs-Werteskala gescheitert und werden weiter scheitern, weil kein Mensch sich auf Dauer anders verhalten kann, als es seinem (inneren) Wesen nach entspricht. In einer Wirtschaftswelt, wo Gewinnmaximierung und Wettbewerb an erster Stelle stehen, ist der Mensch das Höchste, nicht mehr GOTT; und dafür muss der Mensch einen sehr hohen Preis bezahlen – er wird hingeopfert auf dem Altar des Kapitalismus, Materialismus und der Technokratie. Denn die global hypertone Ökonomie unter dem Diktat des Kapitalismus hat keine Zeit und kein Interesse für ihre Opfer; sie *muß* ihren *anarchistischen* Regeln folgen und stellt ihren Wertpapieren einen höheren Wert aus als den Menschen. (Das wird u.a. darin deutlich, dass Betriebe und Konzerne Leute entlassen, damit ihre Börsenkurse wieder steigen).

Man benötigt ein gesundes Steuerungsprinzip für die Marktwirtschaft zusammen mit einem „gebotenen" ethischen Verhalten schon *VOR* den Krisen, nicht erst im Nachhinein, wie das beispielsweise das „Globale Wirtschaftsethos" von Hans Küng versucht. Ich würde diesem humanen Regelwerk gern alles Gute wünschen, doch muß ich mit Respekt und Ernst darauf hinweisen, dass bisher jedes humanistisch-ethische Wunschdenken an der Barriere der sündhaften menschlichen Natur und seiner Begierde und Gleichgültigkeit scheitern mußte! Nachdem die Pferde ausgerissen sind, das Gatter zu schliessen mit liberalen Friedensmethoden a` la Albert Schweitzer-Mentalität wird ein netter Pulverschuß bleiben – ein wenig Spreu auf der Tenne und Rauch, der durch die Gitteröffnung wieder abzieht. Denn wo die Bibel mit *IHREN* Werten sowie der Schöpfer und das Gebet ausgegrenzt werden, da ist das Gerede von Menschlichkeit, Gerechtigkeit und Solidarität eine Seifenblase, ja, eine nostalgisch-infantile Weltanschauung, die GOTT und den Wert des Menschen zusammen ausklammert.

Im Jahr 2006 habe ich in einem Forum im Internet zu dem Thema „Die Wertfage" darauf hinweisen, dass uneingeschränkter Wettbewerb Volkswirtschaften irgendwann in die Neuritis zwingt, weil diesem gnadenlosen Räderwerk die Kraft der *Moral und Würde* fehlt. Zitat: *„Das fette goldene Kalb des Materialismus und des Kapitalismus zugleich zu erhalten, wird nicht endlos weitergehen, eine (Not)-Schlachtung wird nicht ausbleiben. Vielleicht wird sonst der nächste Börsencrash das besorgen; …Jedoch die ethischen Fragen, wenn wir sie mit Rechtschaffenheit und Wahrhaftigkeit, also mit* Integrität *bezeichnen wollen, brauchen eine Kraft, eine sittlich moralische Kraft, nach der man handeln und sich zu diesem Handeln auch bekennen kann. (…) Wir müssen Ihm (GOTT) bekennen, dass wir unser sittliches Verhalten und unsere Werte nicht von Ihm und Seinen erhabenen Geboten hergeleitet haben, sondern in sündhafter Weise vom Nützlichkeitsprinzip des Utilitarismus und dass wir am Materialismus krank geworden sind."*

Ich habe meine Thesen aus der Geschichte und der Bibel abgeleitet und nicht irgendwo abgeschrieben. Denkende Menschen in der Politik und Wirtschaft haben ebenfalls auf diese Prinzipien hingewiesen, so z.B. Wilhelm Röpke, einer der Gründerväter der Bundesrepublik Deutschland*: „Die Marktwirtschaft hat nur Bestand, wenn jene Werte, Sitten und Regeln erhalten bleiben, die jenseits von Angebot und Nachfrage heranwachsen. Die Menschen müssen die sittlichen Normen bereits mitbringen, wenn sie auf den Markt gehen."* Oder der tschechische Staatspräsident Vaclav Klaus: *„ Die Marktwirtschaft steht nicht im Widerspruch zu gemeinsamen und ethischen Werten, sie setzt sie im Gegenteil voraus."*

GOTT, der HERR, kann einem Volk oder einer ganzen Menschheit jederzeit Zügel anlegen durch Entzug ihrer `Sicherheiten` oder durch Seine bewährten Zuchtmittel der vier schlimmen Gerichte „Krieg, Hunger, Tod und Seuche"

(Hesek.14), wenn Seine sittlichen Prinzipien, Rechte und Warnungen beständig ignoriert werden und Bosheit und Götzendienst ein Übermaß erreichen! Die Problematiken und das Endergebnis der materialistischen und kapitalistischen Ideologien sind schockierend und ernüchternd! Die Jagd nach „dem Geld“, diesem Monster und Fleischfetzen vor der Nase hat sich endlich als morbide, leere und hoffnungslose Lebenshaltung erwiesen, doch glauben das die meisten immer noch nicht; es ist noch nicht bis ins vorderste Bewusstsein gedrungen. Lösungen werden immer noch ausserhalb göttlicher Hilfe gesucht.

In der Wirtschaftswelt werden die modernen Arbeitsplätze täglich zweckvoller und zugleich sinnloser, weil man nach dem „Sinn“ nicht mehr fragt und nur die Zwecke herrschen. Der „Glaube“ an Wissenschaft und Technik hat den Menschen zu einer nur `funktionalen` Größe degradiert, der seine *Identität* in Leistung, Erfolg und Anerkennung sucht – und in einer selbst gestrickten Spiritualität. Aber ob mit oder ohne Wirtschaftskrise, mit oder ohne neue „globale“ Währungsreform und moralischem „UNO-Weltgewissen“ fragen wir: Was gibt unserer Zeit ihr Gepräge? Sind es nicht die riesigen Unsicherheiten und Ängste trotz allem umfassenden Fortschritt? Je mehr die moderne Welt sich von einem Wissen und Verantwortungsgefühl gegenüber dem GOTT der Bibel entfernt, umso mehr schwindet die Identität der Menschen; was ihnen noch bleibt, sind die materiellen Habseligkeiten und Genüsse, die sie im eigenen kleinen „Schrebergarten individualistischer Selbstzufriedenheit“ hegen und pflegen. Dieser wird um jeden Preis vor Verlust verteidigt; darum die großen Ängste, es sind Verlustängste (Wirtschafts- und Finanzverluste zählen auch dazu). Zu denen kommen alle möglichen Unsicherheiten hinzu, weil niemand mehr an einen wissenschaftlichen Fortschritt glauben kann und mag. Irdische und kosmische Wehen – Endzeitwehen – nehmen zu und ebenso die Ratlosigkeit, und Menschen versinken immer mehr in Furcht und Ohnmacht in Erwartung kommender Ereignisse!

JESUS CHRISTUS hat das buchstäblich so vorausgesagt im Lukasevangelium Kapitel 21 (Vgl. Sie dazu Matthäus Kap.24-25). In dieses realistische Szenarium passen die apokalyptischen Gerichtsreiter ebenso realistisch und besser hinein als in die Rolle der bildenden Künste. Wehen, Plagen, Gerichte und Drangsale sind Begriffe aus den Endzeitschilderungen der Bibel. Und Wo sind da die Guten Nachrichten, die *„good news“enthalten?* Nun, für die gottlosen Menschen liegen sie darin, dass inmitten aller Erschütterungen der Ruf ertönt: **„Jeder, der den Namen des HERRN anruft, wird errettet werden“ und „Jeder, der an IHN (Jesus Christus) glaubt, wird nicht zuschanden werden!“** (Römer 10).

Die Gottesfürchtigen und Gläubigen sind auf die Wehen vorbereitet; für sie leuchtet auf dem dunklen Hintergrund die freudige Erwartung der parousie (der Wiederkunft) des HERRN umso heller auf, und sie können ihr Haupt emporheben und wissen, dass CHRISTUS alles souverän in der Hand hat, und dass JESUS siegt, was immer geschieht! (Lukas 21,28; Offenbarung 4-5). Denn die vier Reiter und auch alle nachfolgenden Ereignisse werden zu festgesetzter Zeit und Stunde vom Thron GOTTES her in die Geschichte der Menschheit ausgesandt. Dort, vom erhabenen Thron gehen Blitze, Donner und Stimmen aus; es sind Zeichen des Zornes (vgl. Offb.4,5f), eines Zornes der waltenden Gerechtigkeit GOTTES. **„Denn es wird geoffenbart GOTTES Zorn vom Himmel her über alle Gottlosigkeit und Ungerechtigkeit der Menschen, welche die Wahrheit durch Ungerechtigkeit aufhalten…“,** so steht es geschrieben in Römer 1,18.

„…die Himmel vergehen mit Krachen, die Elemete zerschmelzen…“ 2.Petrus 3,10-12

Vor GOTTES Zorn erbebt die Erde, sagt die Schrift, dennoch ist Sein Zorn im Einklang mit Seiner Liebe. Denn Sein Zorn ist als „heiliger Zorn“ Bestandteil Seiner Liebe, die in ihrem Wesen unerbittliche Strenge wie grenzenlose Güte aufweist. GOTTES Zorn kann „dahingeben“ in die anarchistische Zivilisation und Entgöttlichung, wenn ER Sich abwendet! Aber genauso zieht Seine Barmherzigkeit willige Menschen mit Seilen der Liebe aus dem Sumpf zu sich! Und GOTT muß richten, weil ER Liebe ist! Denn GOTTES Liebe ist so rein wie Seine unbestechliche Gerechtigkeit! Darum ist Sein Zorn nicht zu vergleichen mit einem „menschlichen unbeherrschten Wutausbruch“, sondern er ist Gemütswallung und Reaktion auf *Verletzung* Seiner absoluten Gerechtigkeit. GOTTES „gerechter“ Zorn ist wie das unbestechliche Licht der Sonne, das die Finsternis „bestraft“. (vgl. Psalm 2,5.12; 76,8; 90,7-9). Nicht wahr, es wäre wohl noch den meisten demokratisch gesinnten Menschen nicht recht, wenn man die ganze Gerichtsbarkeit mit ihren Organen abschaffen würde, damit niemand mehr für seine ungerechten und bösen Taten zur Verantwortung gezogen wird!? Es ist jedem halbwegs vernünftigen Menschen sehr recht, wenn *seine* Sache gerecht behandelt wird, da fordert man schon gerne Gerechtigkeit ein. Aber sobald es um die eigene persönliche Haut geht, die gerecht beurteilt und behandelt werden soll, will man plötzlich von Gerichtsbarkeit nichts mehr wissen. „Schuld“ hat gefälligst der „andere“ und auch den gerechten GOTT soll es (hoffentlich) nicht geben. Nicht alle, aber viele Menschen denken so und gehen mit dieser erwünschten Lügenfolie dem Gericht und den weiten Pforten des Hades und der Gehenna (Hölle) entgegen!

Wer zumindest ein wenig die Heiligen Schriften „selbst" kennt (nicht ihre gnostischen Fälschungen), der weiß, dass es so einen karikierten \`lieben Gott\` nicht gibt noch *geben kann* ! Er ist nur ein Falsifikat, ein Truggebilde, denn geschrieben steht: **„Nein, GOTT ist nicht ungerecht! Könnte ER denn sonst Richter über uns Menschen sein? Denn alles, was das Gesetz (der Gebote) sagt, sagt es denen, die unter dem Gesetz sind, damit jeder Mund verstopft werde und die ganze Welt dem Gericht GOTTES verfallen sei."** (Römer 3,6+19). **„Du sollst dir kein Götterbild machen, auch keinerlei Abbild…"** (2.Mose; Teil der Zehn Gebote). Es ist nichts Neues, wenn Menschen ihr Wunsch-*Bild* vom „lieben Gott" projizieren; nur haben sie damit keinen Frieden und keine Erlösung – <u>die Bibel warnt dezidiert und eindringlich</u> vor falschen Göttern, Gottesbildern und Götzen! (1.Johannesbrief), und ich tue das in *„leidenschaftlicher"* Weise auch! GOTT ist nicht „böse"; das war und ist immer nur der Mensch mit seiner gefallenen Sünden-Natur, was ja die Bibel hinlänglich bezeugt! Und dass GOTT Seine Liebe längst bewiesen hat, ist seit Golgatha und JESUS CHRISTUS als zentrale biblische Botschaft in aller Welt bekannt! Pfarrer Wilhelm Busch sagte treffend: *„Seit Golgatha ist Unglaube entweder Unkenntnis oder böser Wille oder beides!"*

Ich möchte hier noch ein Wort der Bibel zitieren hinsichtlich der Gerechtigkeit und Gerichtsbarkeit GOTTES: **„Denn Du bist nicht ein GOTT, der an Gottlosigkeit Gefallen hat; die Gottlosen duldest Du nicht in Deiner Nähe; Wer Dich hochmütig verspottet, den stößt Du von Dir. Wer Deinen Willen missachtet, den kannst Du nicht ausstehen. Lügner, Mörder und Heuchler bringst Du um, sie ekeln Dich an!"** (Psalm 5,5). Hier waltet Seine Gerechtigkeit!, und das ist ein anderer Gott wie der im Spielzeugladen von Newage und *pseudo*charismatik.

Es kommt der große Tag des Gerichts, sagt die Bibel und Der Richter steht schon vor der Tür! ER wartet noch, aber ER kommt! (Offb.1,8; 2.Petr.3,9). Sein Zweites Kommen ist für die Seinen so sicher wie die Morgenröte, aber für Seine Feinde wie ein verzehrendes Feuer und wie die Lauge der Wäscher! Die Schlacht der Gebete im Endzeitszenarium ist maßgeblich!

„Nur den Betern kann es noch gelingen,
das Schwert ob\` unseren Häuptern aufzuhalten, und diese Welt den richtenden Gewalten
durch ein geheiligt Leben abzuringen!"
(R. Schneider)

Nicht zentaurische Fabelwesen, sondern kosmokratorische Geistesmächte

Mit *diesem* ersten und weißen Pferd und der Öffnung des *ersten* Siegels beginnt die erste Hälfte einer siebenjährigen Gerichtsphase vor dem Zweiten Kommen des MESSIAS CHRISTUS und dem Abschluss des jetzigen Zeitalters. Das weiße Pferd leitet die Szenarien ein: **„Und ich sah, wie das LAMM eines von den Siegeln öffnete, und ich hörte eines von den vier lebendigen Wesen wie mit Donnerstimme sagen: Komm***! (griech. „erchou",* man kann auch sagen): **Lauf! Und ich sah, und siehe, ein weißes Pferd, und der darauf sass, hatte einen Bogen; und es wurde ihm eine Krone gegeben, und er zog aus als ein Sieger und um zu siegen**". (Offenbarung 6,1.2).

Pferde repräsentieren in der Bibel Geistesmächte; das gilt hier in Kapitel *6* für Pferde und Reiter ebenso. Mit dem weißen Pferd und dessen Reiter tritt ein „Ereignis" ein, das seine Entwicklung in der Geschichte hat, und wir werden erkennen, dass es hierbei um die letzte grosse Geistesströmung der Verführung geht, um ein Falsifikat von Christentum, um das letzte Erscheinungsbild einer Entwicklung, die mit „Laodizea" abschließt. Es ist sehr **notwendig**, diese religiös-politische Endzeiterscheinung zu erkennen und diesem „Geheimnis Babylon" zu entfliehen! Wir wollen uns nun dieses Pferd und dessen Reiter näher anschauen.

Der Reiter des weißen Pferdes imitiert Christus und präsentiert der Welt einen „Weltfrieden", einen religiösen und politischen Frieden, der vom darauf folgenden Reiter wieder von der Erde genommen wird (Offb.6,4). Es handelt sich um jenen falschen Frieden, von dem in 1.Thessalonicher 5 gesagt ist: **„Wenn sie nämlich sagen werden: Friede und Sicherheit, dann wird sie das Verderben plötzlich überfallen wie die Wehen eine schwangere Frau, und sie werden nicht entfliehen"** Der Friede, den JESUS CHRISTUS Selbst bringen wird, wird nicht von der Erde genommen werden, sondern tausend Jahre bestehen! JESUS hat in Seinem Wort nirgends einen Weltfrieden vor Seinem Kommen verheißen, sondern das Schwert! (vgl Matth.10,34). Von entscheidender Bedeutung für uns ist es, dass wir die Zeichen der Zeit erkennen und verstehen; JESUS gab uns keine Zeit*Daten*, ER gab uns aber Zeit*Zeichen!* Es ist in der Tat für uns sehr aktuell. Diese Erscheinung des weißen Pferdes mit seinem Reiter umfasst Geistesströmungen, Ideologien, Bewegungen und Personen. Bevor wir darauf näher eingehen, wollen wir spezifische Kennzeichen dieses Reiters auf dem weißen Pferd betrachten.

Zunächst eine Gegenüberstellung: Die Offenbarung zeigt uns mit Prägnanz und Vorliebe mehrere gegensätzliche Doppelbilder mit schärfstem Kontrast. Es gibt zwei Städte (Neues Jerusalem und Babylon), zwei Frauen (Das Weib und die Hure), zwei geschlachtete Wesen (Das LAMM und das Tier), und zwei Heilsbringer (CHRISTUS und der Antichrist). Der Reiter auf dem weißen Pferd in Kapitel 6 hat nicht die Eigenschaften der Wahrhaftigkeit und Gerechtigkeit im Unterschied zum *KÖNIG* auf dem weißen Pferd in Kapitel 19, der keinen Bogen hat sondern ein scharfes Schwert, das Wort GOTTES, und dem nicht feurige und fahle Pferde folgen, sondern weiße Pferde mit den Heiligen; der „viele" Königskronen (griech. *Diadema)* trägt und nicht einen Lorbeerkranz. Dem apokalyptischen Reiter hingegen wird ein Kranz (griech. *Stephanos*) „gegeben". Im klass. Griechisch ist *stephanos* keine Königskrone, sondern ein Kranz aus Lorbeerzweigen, Eschenlaub oder Efeu, der siegreichen Sportlern verliehen wurde und Ehrung und festliche Fröhlichkeit anzeigt. Auch römische Imperatoren trugen solche Kränze, oder die Generäle siegreicher Legionen bei ihrem Triumpfzug. Im Unterschied dazu ist das *diadema* ein weisses Goldband mit Edelsteinen. (Die Bedeutung und Zuordnung der zwei verschiedenen Bezeichnungen in der Bibel muss aus dem Kontext ersehen werden, um sie richtig zu verstehen).

Weiters hat der *apokalyptische* Reiter keine Augen wie Feuerflammen, kein Gewand, das in Blut getaucht ist und vor allem heißt er nicht „Das Wort GOTTES" (vgl. Offb 19). Er gehört schon wesensmäßig der Ebene der drei anderen apokalyptischen Reiter an. Er hat zwar einen Bogen, aber keine Pfeile, denn hier handelt es sich um einen Sieg ohne Blutvergießen, der durch falsche Friedensverträge „erzwungen" wird. Der Bogen ist im AT als Gerichtswaffe bekannt (Beispiel Habakuk 3,9-14), er ist kein Bild für die Friedensbotschaft des Evangeliums, er ist ein Bild der Feinde GOTTES wie geschrieben steht: **„Und Ich werde dir den Bogen aus deiner linken Hand schlagen und die Pfeile aus deiner rechten Hand fallen lassen"** *(Hesek. 39,3).*

Die Pfeile, welche GOTT für Sein heilschaffendes Evangelium gebraucht sind *„Menschen bzw. Boten und Dienste"* (Psalm 45,6 vgl. mit Jesaja 49,2; 52,7; Mark.16,15f; Eph.4, 11f). Wir sehen auch, wie das LAMM das Siegel öffnet und eines von den vier geschaffenen lebendigen Wesen den ersten Reiter wie mit Donnerstimme ruft. In der Offenbarung sehen wir, wie souverän der HERR handelt; es gibt kein Geschöpf, dass zu IHM sagen könnte: „Komm!" Es würde ja auch bedeuten, dass ER Sich selbst rufen lässt, wenn der erste Reiter der CHRISTUS wäre. Kein Hausherr lässt sich von seinem Knecht zur Arbeit rufen. CHRISTUS hat von seinem VATER die Besitzurkunde und das Herrscherrecht über das Universum erhalten, und die vier lebendigen Wesen und die Ältesten fallen vor IHM nieder. Nun lässt der HERR mit dem Öffnen der Siegel Seine Gerichte über die Erde ergehen, wobei eben auch die „Verführung“ Gericht ist! Darüber anschließend noch mehr.

Pferd und Reiter repräsentieren sowohl *eine geschichtliche Entwicklung* - Ideologien, Bewegungen, also Geistesströmungen, *aber auch Personen* durch die sie zur Ausführung kommen. Es ist jedenfalls ein Friede ohne Krieg, denn dieser folgt erst durch die nachfolgenden Reiter. Ein Friede ohne Krieg kann nur religiös-politischer Art sein; er wird durch Bündnisse und Verträge erreicht werden, und die Voraussetzungen dazu sind für diesen *Zeitpunkt* in Offenbarung 6,2 vorbereitet worden, sie haben eine zielgerichtete Entwicklung und treten jetzt auf der endzeitlichen Weltbühne in Erscheinung. Wir sehen auch die *Farben* der Pferde, die eine Rolle spielen: „Weiß“ kennen wir von Washington und vom Vatikan her gut. Aber auch die dunkle Farbe trifft für beide zu. Damit ist hier aber nicht schon eine Determinierung und Spekulation hinsichtlich der Farbentypologie gegeben, sondern eben nur ein beispielhafter Hinweis.

Durch das Offenbarwerden und Herausrufen des ersten Reiters und dessen Frucht wird der Raubtiercharakter unter dem Schafskleid sichtbar werden, denn die nachfolgenden Reiter werden Bürgerkriege, unkontrollierbare Inflation, Krieg, Hunger, Seuchen und Tod mit sich bringen. GOTT lässt die Menschheit wieder wählen zwischen CHRISTUS oder Barabbas, und was die Juden damals mit ihrer Wahl für Barabbas an Gericht erhielten, das wird diesmal die Weltgemeinschaft der Nationen für ihre Wahl erhalten, denn sie hat sich für den Blender auf dem weißen Pferd entschieden, anstatt für das biblische Evangelium und den biblischen CHRISTUS. Sie werden die Finsternis mehr lieben als das LICHT (vgl. Joh. 3,19; 2.Thess. 2,10-12), aber CHRISTUS wird die scheinchristliche Welt entblößen und zwingt sie zur Gegenoffenbarung, bevor ER sie in Gerechtigkeit richtet!

Der „Fels des Heils“ ist unerschütterlich

Wir müssen uns merken, dass ER alles souverän in der Hand hat und in den unbegreiflichen Katastrophen und Erschütterungen **alles kontrolliert**; *NICHTS* entgleitet IHM! Wirklich nichts. JESUS ist der HERR, und ER ist größer als alles! Und sofern du zu IHM gehörst, ist ER auch in deinem Leben größer als deine Feinde und deine Schwierigkeiten, ER sagt zu dir: **„Fürchte dich nicht, denn ICH habe die Welt überwunden!“** Während die rat- und trostlose Welt den Kopf hoffnungslos hängen lässt, dürfen wahre Gotteskinder ihr Haupt hoffnungsfroh erheben, **„weil eure Erlösung naht!“** (Luk.21,28). Das ist ein wunderbarer Trost auch in der Drangsal. „DEUS SEMPER MAJOR“ – GOTT IST IMMER GRÖSSER! Das LAMM handelt vom THRON aus in den letzten Nachtstunden der Weltgeschichte: **„Denn der HERR ist ein GOTT des Gerichts; denn sobald deine Gerichte die Erde treffen, lernen die Bewohner des Erdkreises Gerechtigkeit“** (Jes. 30,18; 26,9). Mit dem Tag des Gerichts beginnt der TAG des HERRN!

Das Erscheinen des ersten Reiters, der alles andere auslöst, hat also eine Vorgeschichte, eine geschichtliche Entwicklung; denn dass die *„Weltgemeinschaft“* diesen *„Reiter“* als Sieger feiern wird, hängt damit zusammen, dass *beide* derselben Ideologie und Geistesströmung entsprechen. Die nun folgende Betrachtung kann uns zeigen, dass die Ereignisse im Geschichtsverlauf seit der Neuzeit (also von etwa 1500 n.Chr. ab) die zunehmende „Befreiung“ von GOTTES Geboten, hin zur Freiheit des Liberalismus sind. Es gab immer wieder Endzeiten in den Epochen, worauf neue folgten und den Kampf LICHT gegen Finsternis, absolute biblische Wahrheit gegen relative menschliche fortsetzten – gemäss dem Wort: **„Kinder, es ist die letzte Stunde! Und wie ihr gehört habt, dass der Antichrist kommt, so sind jetzt schon viele Antichristen aufgetreten; daran erkennen wir, dass es letzte Stunde ist“** (1.Joh.2,18). Das Geheimnis der Gesetzlosigkeit war und ist am Wirken und das Geheimnis der Gottseligkeit im Reifeprozess der Gläubigen ebenso, so dass es immer *eindeutigere* Scheidungen verlangt.

JEDOCH, was zeigt uns die Bibel von den Ereignissen am Ende dieses Geschichtsverlaufs und Prozesses? Es kommt zu einer Vermischung und Anpassung von Welt und Christentum, Thron und Altar, dargestellt im Geheimnis Babylon, Laodizea und dem weissen Pferd. Dieser Prozess bewirkt, dass das, was noch zur Gemeinde CHRISTI hinzugetan werden soll, auf der Tenne des HERRN geworfelt und herausgerufen wird (vgl.Offb 18,4); die Spreu wird vom Weizen getrennt. Es sind dabei nicht so sehr die historischen politischen Ereignisse von Wichtigkeit für das Scheidungsprinzip zwischen Reich GOTTES und der Welt, sondern die religiöse Vermischung im Heiligtum; das ist die eigentliche große Gefahr für ein bekennendes fundamentales Christentum!

Die Gemeinde selbst, die Ekklesia (Herausgerufene) des HERRN wird nicht überwunden werden (vgl. Matth 16,18); überwunden wird nur das, was sich Christentum nennt und nicht ist, was sich Gemeinde nennt, aber nur Menschenwerk ist, was nicht mehr unterscheiden kann zwischen humaner Religion und HEILIGEN GEIST, zwischen weltlichen Methoden und biblischen Prinzipien. Im Neuen Testament besteht der Unterschied zwischen dem „Reich GOTTES“, in das man nur durch die geistliche neue Geburt hineinkommt und dem „Reich der Himmel“, zu dem man durch ein Selbstzeugnis (im Sinne religiöser Zugehörigkeit, Glaubensbekenntnisse oder Rituale) gehört, das wahr oder falsch sein kann. (Vgl. Johannes 3 mit Himmelreichsgleichnisse in Matthäus 13). Hier entscheidet allein die geistliche Identität mit CHRISTUS, ob jemand drinnen oder draußen ist. **„Wer sich aber dem HERRN ergibt, der ist Ein Geist mit IHM; Wer CHRISTI Geist nicht hat, der ist auch nicht Sein Eigentum**“ (1.Kor.6,17; Röm.8,9 L.Albrecht ÜS.) Auch wenn sie „Herr, Herr“ sagen (vgl.Matth.7,21; 15,8.9)

„Wache, wähle, entscheide“

Die Verführung im Heiligtum ist eine feinere, raffiniertere und gefährlichere, die besonders in der heutigen Form der *charismatischen Erneuerungen, die die echten Charismen teils imitieren, teils verdrehen,* in Erscheinung getreten ist. „IMITATION“ ist hier das weiße Geschenkpapier, das über den giftigen Inhalt hinwegtäuscht. Denn die Gefahr ist da am Größten, wo man nie daran denkt und es auch nicht weiß, dass man verführt ist (weil ja alles so christlich aussieht), wie auch ein Schlafender nicht weiß, dass er schläft, bevor er aufwacht. Der HERR JESUS spricht zu Laodizea: **„…und du erkennst (oder weißt) nicht, dass du elend und erbärmlich bist…“** Darum werden wir über Elemente und Unterscheidungen im charismatisch-ökumenisierten Bereich zu sprechen kommen, um Suchenden oder Verunsicherten zu helfen, Orientierung zu finden.

Im Folgenden nun die großen geschichtlichen Abläufe mit Beginn der frühen Neuzeit (ab ca. 1500 n. Chr.) bis in unsere Zeit des 21. Jahrhunderts, in denen die Entwicklung zum autonomen reaktionären Liberalismus in fortgesetzter Emanzipation, in Systemen, sozialen Revolutionen und Kriegen erkennbar wird:
* Befreiung der Wissenschaft aus der Vormundschaft der christlichen Theologie und Philosophie
* *Renaissance:* Entstehung philosophisch-antichristlicher Systeme; zusammen mit Humanismus als Ziel die Selbstverwirklichung
* *Gegenreformation:* Die zwanghafte Rekatholisierung protestantischer Gebiete
* *Aufklärung:* Loslösung des Denkens und Handelns vom christlichen Offenbarungsglauben; die Fokussierung auf die „Vernunft“ des Menschen wirkt in

Erziehungswesen, Volksbildung, Wissenschaften, Philosophie, Literatur, Rechts- und Staatslehre
* *1776 Gründung der USA*; gleiches Gründungsdatum des Illuminatenordens, dessen Ziel die Weltherrschaft ist
* *1789 Französische Revolution:* (Montesquieu, Voltaire, J.J. Rousseau); da ihre Parolen: „Freiheit, Gleichheit, Brüderlichkeit" nur auf dem Boden des Humanismus standen, konnten sie nicht verwirklicht werden - und die Revolution fraß ihre eigenen Kinder.
* Laizismus: Trennung von Kirche und Staat
* Evolutionstheorie: vom christlichen zum tierisch-materialistischen Welt- und Menschenbild
* *18. / 19. Jahrhundert, Textkritik: Infragestellung des Reformatorischen Bibeltextes*
* *Modernismus* (19.und 20. Jh.): Hinwendung zu Naturalismus und Dekadenz; negativer Einfluss besonders auf die Theologie durch Bibelkritik und historisch-kritische Exegese mit dem Ergebnis: Weg von der Verbalinspiration der Bibel, weg von CHRISTUS, Seinem Wort und Absolutheitsanspruch
* *1914 Erster Weltkrieg*
* *1917 Kommunistische Revolution:* Befreiung von Christentum, Bürgertum und Kapital
* *1919 Völkerbund:* Staatenvereinigung zur Sicherung des Friedens und der Zusammenarbeit
* *1939 Zweiter Weltkrieg*
* *1945 Gründung der Vereinten Nationen (UNO)*
* *1950 Bildung der Charismatischen Bewegung inerhalb des Protestantismus*
* *1968er:* Umwälzung durch neomarxistische Strömungen; Studentenrevolution und Sprung ins irreale (Drogen)Leben mit Tabuisierung der Moral; Ideologie der Neuen linken; auf staatlicher Seite die Legalisierung der Massenabtreibung und der Homosexualität
* *Emanzipation* und Feminismus: Umwertung der geschlechtsspezifischen Rollen von Mann und Frau
* *Toleranz:* auf humanistischem Boden die Befreiung vom Dogmatismus für die Welteinheitsreligion
* *1980 die New-Age-Bewegung:* ausgehend von den USA die esoterisch geprägte Bewegung mit großer Erwartung für eine spirituelle Einheit der Welt; sie bringt westliche Wissenschaft und Technik mit östlicher Mystik zusammen und hat magische, gnostische, okkulte und satanische Praktiken öffentlich zugänglich gemacht. New-Age (Newage) heißt „Neues Zeitalter"
* *Diktatur der Humanität* – „One World": Befreiung der Welt von Kriegen durch Vereinigung aller großen Religionen und Nationalstaaten, wobei „Demokratie

und Toleranz“ die Diktaturen sind, die alles Andersdenkende ausschließen durch ein weltweites, ganzheitliches, neues Bewusstsein, das die „Masse“ gleichmacht.

Mit **Befreiung** beginnt es, *Befreiung* zum humanistischen Liberalismus. Seit Beginn der Neuzeit wurde und wird um die Befreiung von christlich moralischen „Fesseln“ gekämpft, um eine Freiheit VON GOTT, anstatt *FÜR GOTT*! Und dort, wo die Absoluta der biblischen Worte und Werte abgelehnt oder aufgegeben werden, sind Revolutionen und Kriege die Folge. Geschrieben steht: **„Warum toben die Heiden und ersinnen die Völker Nichtiges? Die Könige der Erde lehnen sich auf…gegen den HERRN und Seinen Gesalbten (CHRISTUS): Lasst uns ihre Bande zerreißen und ihre Fesseln von uns werfen! Der im Himmel thront, lacht; der HERR spottet über sie“** (Psalm 2,1-5). Dieses pathologische Losreissen von bewährten biblischen Normen und Werten, die bahnbrechenden Einfluss im sittlichen Denken und Handeln Einzelner und für die demokratische Gesetzgebung vieler Länder hatten, hat auch die industriell-technischen Revolutionen des 18. und 19. Jahrhunderts, und im Weiteren die der *Mikroelektronik* und der *Mikrobiologie* des 20. und 21. Jahrhunderts beeinflusst und erfasst. Denn die Technik ist eine Geburt der *modernen* Naturwissenschaft und diese ein Kind der Aufklärung, und das heißt, dass in der Technik der Mensch das Höchste ist und die technisierte Wirtschaft und Gesellschaft sein Götzenaltar. In der Mikrobiologie geschieht auf moralischem Gebiet der unerlaubte Eingriff in göttliche Schöpfungsstrukturen, denken wir an das Erzeugen embryonaler Stammzellen oder das Klonen von Embryonen. Gentechnik und Mikroelektronik zusammen gehen in einem revolutionären „Schritt“ (nicht Fortschritt) in Richtung „totaler Überwachung des Menschen“, und es gibt keine Gesetze, die das aufhalten, weil alles auf *„humanem Boden“* im Interesse der Gesellschaft steht! Denn diese sagt zu allem ja, was an wissenschaftlichem Fortschritt zum Wohle der Gesellschaft angepriesen und durch gesetzliche Bestimmungen legalisiert wird.

Die Deutsche Bundesregierung z.B. forciert den Einsatz der Funkidentifikationstechnik RFID in sämtlichen Lebensbereichen. Hier geht es um Chips für eine total vernetzte Lebenswelt, so genannte biokompatible Chips, die implantiert oder gegessen werden. Auch der Computerkonzern IBM arbeitet in seinen Laboratorien für die kommende Totalüberwachung, die alles, was ein Mensch an *digitalen* Spuren hinterlässt, erfasst und teilweise psychologisch auswertet. Was allein die RFID oder GPS-Erkennungssysteme betrifft, sind wir bereits in der Malzeichentechnik von Offenbarung 13, 16.17 angekommen. Was noch fehlt in diesem Global-universal- Kontrollsystem ist die *„neue begehrenswerte“ persönliche*

Identifikationsnummer auf Stirn oder rechter Hand! Es ist eine todernste und aktuelle Endzeitentwicklung! Der kommende Antichrist muss und wird die Weltkontrolle haben! Nur echte Christen, die den Geist GOTTES haben, werden das durchschauen und sich dem System nicht unterwerfen, weil sie dem *LAMME folgen*. Sie kennen die Warnung in Offenbarung 14! Be up to date – sei informiert und lies es.

Im Neuheidentum des 20ten Jahrhunderts wurde das Bestreben eines reaktionären Ultra-Liberalismus gegen biblische Normen drastisch sichtbar in der Evolutionstheorie, der modernen Theologie, dem Feminismus, der Erweiterung der Toleranz zur Förderung der Welteinheitsreligion, sowie der New-Age-Bewegung global. Auch der Völkerbund nach dem ersten Weltkrieg und die Bildung der UNO nach dem zweiten Weltkrieg sind Schritte des Liberalismus, der Humanismus und Demokratie so zusammenbringt, dass letztlich Thron und Altar, Religion und politisches System eine Einheit bilden werden. Es entspricht dem ideologischen Liberalismus der Weltfreimaurer und anderer mächtiger Geheimbünde, welche die Hochfinanz kontrollieren und die Weltwirtschaft steuern, alle Nationalstaaten in den Welteinheitsstaat zu führen – in eine Hybride aus Demokratie und Religion oder richtiger, Demokratie unter Herrschaft einer humanistischen Universalreligion, der „Religion des Geistes".

In Offb. 13,4 und 8 erkennt man (noch) einen demokratischen Volkswillen, in den Versen 16 und 17 nur noch Demokratie unter diktatorischer Herrschaft. In der autarken Entwicklung der Europäischen Union (EU) geht heute diese Zentralisierung in Richtung einer Totalermächtigung obsessiv voran; die Einzelstaaten und Parlamente werden brutal in die EU-Gesetzgebung gebeugt. Wenigen ist bewusst und bekannt, dass das EU-Parlament in Straßburg samt Gebäude die historisch-babylonisch religiös-politische Einheitsideologie darstellt, (wobei der „Turm zu Babylon" in der Architektur des EU-Parlamentes erkennbar wird), und viele der Abgeordneten dort das auch so sehen und bejahen. Vielleicht wird dieses Konstrukt bald nach Berlin in Deutschland verlegt, wo der originale Pergamusaltar, der Thron des Satans steht).

In der Endausgestaltung dieser antichristlichen Herrschaft ohne CHRISTUS gibt es dann nur noch Gleichheit und tabulose Freiheit, weil Humanismus nie ein tragbares moralisches Fundament war, in keiner Regierungsform dieser Welt; er kennt keine absoluten sittlichen Werte und keinen moralischen Boden und ist darum in sich selbst Verfall, Gericht und Untergang. *„One World"* ist ein Schlagwort und ein Programm in den Gehirnen der Weltpolitiker, und der globale Plan des Liberalismus muss weitergehen durch viele künstliche, nationale und globale Krisen hindurch, durch Veränderungen der Weltfinanz- und Wirtschaftssysteme, durch Nuklear- und Bürgerkriege, durch Seuchen, Hunger, moralische, soziale und natürliche Katastrophen. Der *vorletzte Baustein* für dieses gnostisch-spirituelle Ziel des Welthumanismus, dieser Weltdiktatur aus Demokratie und Religion ist die *New-Age-Bewegung.*

New-Age und die Moral

Allgemein wurde der Sprachgebrauch „Neu-Age" im späten 20. Jahrhundert bekannt. Ich setze hier aber den Akzent dieser Sprachregel auf die „Auswirkung" im 21. Jahrhundert.

In der New-Age-Bewegung wirken viele Kräfte; sie ist der markanteste Baustein für eine neue Weltanschauung und Weltordnung des „kosmischen Bewusstseins", einer Vermischung aus Humanismus, Astrologie, Hinduismus, Theosophie, Zen-Buddhismus, Okkultismus und Spiritualität. Als der neue US-Präsident Barack Obama am 20. Januar 2009 vereidigt wurde, ging nach astrologischer Denkweise die Sonne in das Zeichen des Wassermanns über. Für New-Age-Gläubige begann das Wassermannzeitalter, denn man kalkuliert mit dem Einfluss der Sterne auf den Menschen. Weil die Präzessionsachse der Erde sich wie ein Kreisel auf einem Kegelmantel bewegt, sei sie jetzt vom Sternbild des Fisches in das des Wassermanns gekommen.

Die Hoffnung auf das Zeitalter des Wassermanns geht um, seit 1968 das Musical Hair am Broadway aufgeführt wurde und Hippieparolen wie „Mach Liebe, nicht Krieg" aufkamen. Man glaubte und ersehnte einen Weltfrieden und ein Erdenparadies ohne Ausbeutung; an den materialistischen Fortschritt wollte man nicht mehr glauben. Ein Bewusstseinswandel setzte ein mit der Überzeugung, das Übersinnliche gesellschaftsfähig zu machen, denn durch übernatürliche transzendente Erfahrung sollte der Menschheit geholfen werden, indem sie eine höhere Bewusstseinsstufe erreicht. In einer Art von Endzeitstimmung wandte sich diese Bewegung nicht zur biblischen Wahrheit, sondern weg zur heidnischen Götter- und Geisterwelt vorchristlicher Zeit, um dort Antwort und Hilfe zu holen, anfangs mit Drogen, dann mit Meditation.

Die Hippie-Kultur in den USA brachte Drogen und Zen-Buddhismus ins Bewusstsein der westlichen Welt, weil man mit esoterischen Mitteln hinter das

Wohlstandsdenken und die Fassade einer versachlichten materialistischen Welt blicken wollte. Meditation wurde verbreitet und Hippie-Kommunen wurden zu New-Age-Gemeinschaften. Der kalte Rationalismus der Aufklärung und seine Diesseitsorientierung hatte Menschen innerlich verdorren lassen; dieser Brennstoff konnte die Herzen nicht erwärmen, und eine junge Generation suchte wieder Sinn, Antwort und Geborgenheit im Jenseits der übersinnlichen Welt, wo man mit Geistwesen in Verbindung treten kann. Doch diese Geister sind keine guten! Und mit diesem Irrtum ging die esoterisch geprägte New-Age-Bewegung im Galopp um 1980 von den USA aus auf ihre Traumreise in die restliche Welt. Im 21. Jahrhundert ist sie global vernetzt und zu einem planetarischen Bewusstsein evolviert, zu einem System mit neuen Denk-Wert- und Verhaltensmustern für eine *„New One World.“* Mit ihrem Glauben an ein *kosmisches Bewusstsein* verheißt Newage den völkerverbindenden globalen Frieden durch Hinwendung zum *ganzheitlichen Denken* und den Glauben an eine *evolutionäre Höherentwicklung*. Es fließen überall kosmische Energien, die der Mensch sich nutzbar machen kann, um seine „eigene Göttlichkeit“ zu finden und um eins zu werden mit dem Universum, also diese bekannte obsessive Vorstellung der Selbsterlösung und Erleuchtung durch Meditationstechniken und Rituale.

Ein unpersönliches kosmisches Bewusstsein mit psychologischen, evolutionären, spirituellen Bausteinen stützt die Grundideologie von New-Age, die zugleich auch eine Art Religionsideologie ist, die keinen persönlichen GOTT und daher keine persönliche Verantwortung vor IHM kennt und anerkennt. Das *Böse* ist hier das „nicht Erleuchtetsein, das *Gute* ist die Erleuchtung.“ Einflussreiche Vordenker wie Teilhad de Chardin, C.G.Jung, Hermann Hesse oder Fridjof Capra belebten den alten alhemistischen Gedanken, das Stoffliche mit religiös-esoterischen Mitteln und östlicher Philosophie zu verschmelzen und umzuwandeln. Dieser Okkultismus der „Zauberlehrlinge“ hat die Wiederkehr der Magier und Schamanen stark begünstigt, und heute ist New-Age eine Pandemie gesellschaftlicher Mentalität und ein „Innenweg“, der hinführt zur uneingeschränkten Selbstverwirklichung. Der visionäre Wunsch des Menschen ist es, im Immanenz überschreitenden „Sein“ eine Identität zu finden, die Sicherheit, Geborgenheit und „Sinn“ gibt und so den Verlust kraftloser Sinnbestände ausgleicht. Dieser genuine Wunsch lässt ihn bewusst und unbewusst nach „neuen“ und besseren Hoffnungen Ausschau halten.

Anstelle der AGAPE, der göttlichen Liebe zählt bei New-Age die „duale Eros-*Liebe*, die alles erlaubt“, zum Beispiel Partnertausch oder Abtreibung, weil man einer Mutter das Leiden der Geburt und die Verpflichtung danach ersparen will. Oder Eugenik (Rassenzüchtung- und Hygiene) bei Geburtenregulierung oder Sterilisation im Dienste der Menschheit. (Mit dieser angewandten Anthropologie wurden unter Hitler unzählige Menschen durch ein Regime geisteskranker und verführter Menschen getötet!). Die Ehe ist im New-Age-Zeitalter nicht mehr erforderlich. Die humane Liebe der New-Ager möchte eine schmerzfreie Welt, *eine Liebe ohne Leiden*; sie wollen das Leiden abschaffen mit Eugenik und Euthanasie. Es ist nicht abwegig oder anachronistisch, die okkult-esoterische New-Age-Bewegung mit der Okkult-Bewegung des Hitlerregimes zu vergleichen, dessen Hakenkreuz ebenfalls aus dem Hinduismus stammte. Durch das Schlagwort „Liebe" hat New-Age großen Zulauf, diesen hat es auch in der Darstellung der Ziele, in denen wie gesagt eine grosse Erwartung für eine Umgestaltung der Welt zu einer spirituellen Einheit mit neuen Technologie- und Lebensformen liegt.

New-Age und Humanismus

Kultur ohne Sprache und ohne Antwort

Der Mensch versucht seine Umwelt und Erfahrung auf zwei Wegen und Ebenen zu erklären: Mit wissenschaftlich-religiöser Methode, und mit *theozentrischer* biblischer Deutung. In der wissenschaftlich-religiösen Erklärung hat man die theozentrisch-übernatürliche Wirklichkeit mit ihren Offenbarungswahrnehmungen ausgeschlossen und an deren Stelle alte und neue materialistische und spiritualistische Denkmodelle und Erkenntnistheorien, sowie auch die „beweisbaren" Sinneswahrnehmungen installiert. Auf der kirchlichen Seite blieb theologisches Denken, ausgehend von äusserlich sichtbarer Autorität religiöser Institution und *diese* zur Autorität über die Bibel erhebend, immer im Subjektivismus der Dogmen und Mysterien stecken. Auf diesem umgekehrten Weg der Wahrheitsfindung kam das abendländische Christentum nie über eine spirituelle Gottesanschauung hinaus, und auch der Humanismus konnte insofern von religiöser Seite aus nie überwunden werden. Gleichwie auch Philosophie als Ergebnis nie eine Wahrheitsfindung aufweist, sondern stets nur nach ihr sucht, war und ist jede Form von Religion nur Machtausübung sublimer oder fatalistischer Natur geblieben, die *Suche* nach Identität. Darum kann und konnte auch sie nur eine weitere Weltanschauung in die Welt setzen.

Auf diese Weise wie oben dargestellt wurde die allgemeine Weltanschauung seit Beginn der Neuzeitkatalyse so verkürzt, dass auch die Rangordnungen der Werte, die das Denken und Handeln der Menschen bestimmen, verkürzt wurden, und zwar auf eine nur auf den Menschen und seiner Erklärung der Dinge basierenden Ebene. Auf dieser Ebene ist es der Humanismus mit seiner Unabhängigkeitserklärung, der alle moralischen Werte ausserhalb des Menschen ablehnt und infrage stellt. Obwohl Griechenland die Wiege des Humanismus ist, liegt seine Geburt viel weiter zurück. Die *gedachte* unbewußte humanistische Linie, das heisst, warum der *Gedanke* des Humanismus überhaupt existiert, beginnt **vor** dem Sündenfall, und dort bei der **Gottähnlichkeit** des erschaffenen Menschen. Zu diesem Zeitpunkt war der Mensch „sehr gut!" GOTT, der HERR, hatte ihn als Mann und Frau fertig gebildet, ohne Höherentwicklung. (vgl. 1.Mose 1,26-31). Wir reden hier nicht von symbolischen oder allegorischen Bildern, sondern von biblischen Fakten.

Dieser Prototyp „Mensch" sollte vom **Baum des Lebens** essen, der im Garten Eden stand und dadurch die Herrlichkeit des ewigen Lebens erlangen. Adam und seine Frau waren nicht in *Göttlichkeit* geschaffen, sondern in *Gottähnlichkeit*; der Genuss vom Baum des Lebens hätte ihnen das Wesen göttlicher Natur gegeben, wie es später *durch* CHRISTUS für Glaubende geschehen ist! (vgl. 2.Petrus 1,3.4; 2.Kor.5,17). Diese noch zu erlangende Herrlichkeit neidete der Satan den Menschen, weil er seine einstmalige verloren hatte. (vgl.Jes.14; Hesek. 28; Luk.10,18). Er verführte das erste Menschenpaar am Lebensbaum vorbei zum Baum der Erkenntnis des Guten und Bösen, indem er mit einer Halbwahrheit in seiner Frage den Fokus des Menschen auf den verbotenen Baum lenkte. (vgl.1.Mose 3). Dessen Frucht zu essen bedeutete die Übertretung der göttlichen Markierungslinie für das Geschöpf; diese Frucht bedeutete, die Gottähnlichkeit abzuwerfen und sein zu wollen wie GOTT. Es ist die Übertretung des göttlichen Gebotes und damit die erste Auflehnung gegen GOTT, der dieses eine Verbot erlassen hatte. (1.Mose 2,17).

Es bedeutete die Teilhabe an der Rebellion Satans und den Einbruch der Sünde in die Welt, und es brachte als Konsequenz den geistlichen und physischen Tod in diese Welt und damit die Knechtschaft für die ganze Schöpfung! (vgl. 1.Mose 3; Römer 5,12; 8,22; Hebräer 2,15). Wie furchtbar! So kurz vor der Herrlichkeit fiel der Mensch in die Zielverfehlung! (= Sünde). Wäre der Mensch nie gefallen, hätte er kein humanistisches Streben in sich, und wäre er nie anders als böse bzw. sündig gewesen, hätte er kein Verlangen, gut sein zu sollen. Seit dieser Menschheitstragödie im Garten Eden will der Mensch, die Menschheit, selbst wissen und entscheiden, was gut und böse ist und diese sittlichen Entscheidungen wie Adam und Eva aus dem eigenen Wertmassstab heraus bestimmen: „SELBSTBESTIMMUNG" schreit es überall in dieser Welt! *Das* ist Humanismus.

Humanistischer Versuch einer Selbsterlösung

Der Humanismus ob alt oder neu, greift nach der falschen Frucht und trinkt aus der falschen Quelle, um den Verlust der Herrlichkeit auszugleichen; er tut dies im unbewussten Wissen verlorener Unschuld und Vollkommenheit. Das vermeintlich Gute im Menschen ist nur die *humanistische Selbstherrlichkeit*, wie sie uns in der sich selbst bescheinenden Sonne der Aufklärung entgegenkommt, und das vermeintlich „Besser-zu-Werdende“ ist das Urwissen um die nicht erlangte Herrlichkeit, die auf religiösen Wegen wiedererlangt werden soll. Und da der Mensch in seiner gefallenen Größe **nur durch das Kreuz und den Glauben an CHRISTUS** wieder zum Baum des Lebens kommt, ist Humanismus die Leugnung des Sündenfalls schlechthin! Denn seine krankhafte Weltzugewandtheit im Vertrauen auf menschliche Vernunft und Stärke (Aufklärung) lässt das Individuum „um sich selbst“ tanzen. Es ist der Tanz um das goldene „Ich“, ein Gottesersatz für die verlorene Beziehung zu GOTT, dem SCHÖPFER. Das Bewusstsein für den wahren GOTT ist verloren gegangen und dadurch auch die Fähigkeit des Sprechens, der *DIALOG mit IHM.* Damit ging auch die Fähigkeit verloren, Werte zu erhalten, die Menschenwürde und Kultur hervorbringen. Mit der Kraft des Humanismus hat der Mensch lediglich Religion hervorgebracht, das monologe Plagiat zum Dialog. Und die transzendente Form dieser Art ist religiöse Autarkie.

Religion ist nicht Dialog, sie ist „Monolog“ und hat ein spirituelles Gottes*bild* gleich einer verzerrten Fotographie, aber den wahren GOTT Selbst hat und kennt sie nicht! Dort wo noch Spuren biblischer Erneuerungen sichtbar sind in Mentalität und Sprache, sind sie aus lebendigem Dialog mit CHRISTUS entstanden. Es waren und sind die angewandten biblischen Werte, die bahnbrechenden Einfluss im sittlichen Denken und Handeln einzelner Menschen, Völker und Länder bewirkten und Einfluss auf die Politik, das Arbeitsethos, die Menschenrechte und Rechtstaatlichkeit bis hin zu wirtschaftlichen Reformen ausübten. Das ist Geschichte und geschah zur Zeit der Reformation bis ins *18te* Jahrhundert in Europa und Nordamerika, wo die Kulturen aufblühten. Andere Länder und Kulturen wie die islamischen beispielsweise oder die hinduistischen haben diese demokratischen und moralischen Freiheiten nicht, sondern werden geprägt von religiös-ideologischer Unfreiheit und philosophischer Kausalitätslosigkeit (Willkür). Mentalität und Wert jeder Kultur wird durch ihre Sprache deutlich. **Kultur ist Sprache**, das heißt an ihrer Sprache erkennt man den Wert jeder Kultur. In der Tierwelt gibt es deswegen auch keine aufsteigende Sprachkultur. Die

Ameisen, Elefanten, Affen, Löwen etc. benehmen sich heute noch genauso wie vor tausenden Jahren.

Dass ein schlechter Baum nicht gute Früchte bringt, ist uns aus der Botanik und noch als biblische Wahrheit von der Sonntagsschule her bekannt. JESUS CHRISTUS drückt es so aus: **„Entweder pflanzt einen guten Baum, so wird die Frucht gut, oder pflanzt einen schlechten Baum, so wird die Frucht schlecht! Denn an der Frucht erkennt man den Baum. Schlangenbrut, wie könnt ihr Gutes reden, da ihr böse seid?"** (Matth.12,33-34). Und der Apostel Paulus beschreibt die Ergebnisse des bösen Herzens in Römer 3,12ff. Der sündige Mensch *ist* eine sündige Natur und *hat* eine verdorbene Sprache. Auch wenn er oberflächlich „Gutes" redet ist es nur die faule Frucht eines Schauspielers, der seine naturhafte Rolle spielt, weil seine Sprache aus einer vergifteten Quelle kommt. Die Schrift sagt**: „Ihre Kehle ist ein offenes Grab, mit ihren Zungen betrügen sie; Otterngift ist unter ihren Lippen; ihr Mund ist voll Fluchen und Bitterkeit"**. (Röm.3,13.14; vgl. Psalm 59,13; 62,5). Hingegen besteht schon sprachlich ein Unterschied zwischen dem Gottlosen und dem durch Glauben gerecht Gemachten, bei dem auch sein Sprachzentrum erneuert worden ist! (vgl. Sprüche 10,31.32; 15,28; 17,28).

Newage hat mit dem Einfluss der Psychologie eine *Sprachkultur* geschaffen, nämlich die vom „humanistischen Selbstwert und der Selbsterlösung". Diese künstliche Sprachkultur kann keine Antwort auf die realen und brennenden Probleme der Menschheit geben, weil es nur eine Sprachhülse ohne moralische Identität ist. Newage verleugnet zugleich aber das rettende EVANGELIUM vom Kreuz und der Auferstehung, weil es darin keine Hilfe und Rettungsmöglichkeit sieht – „es ist ihnen eine Torheit." (vgl. 1.Kor. 1,18-25). Und darum identifiziert sich Newage als die säkular-religiöse endzeitliche „Mega-Torheit!"

New-Age und Naturalismus

„Ganzheit" ohne Geist und Identität

Seltsam, wie menschliche Ruhmeshallen in den Erinnerungen verblassen,
Verlustängste verhöhnen, vom Leiden am Verlorenen und Unerkannten verdüstert:
ach, lasst uns wenigstens die Betäubung der Gefühle, Haschen nach dem Winde, Erdachtes zu erschaffen dass es lebe!, die Erscheinungen hinter den Kausalitäten enträtseln und verstehen. Muss aller Menschheitsirrtum bleiben?!

Wilhelm Busch, der bekannte Jugendpfarrer sagte: *„Alle modernen Weltanschauungen sind gut bei Sonnenschein. Aber wenn Sturm kommt, wenn Abgründe sich auftun, dann ist es schrecklich, Jesus nicht zu kennen."*

Die vorherrschenden Weltanschauungen wie Naturalismus, Relativismus, New-Age-Ideologie, Säkularismus sind der diabolisch-teuflische Versuch, biblische Wahrheiten, die ja absolut sind zu absorbieren mit dem Ziel, dem biblischen Glaubensfundament seine Authentizität zu entziehen und zu rauben. Aber der biblische Glaube stirbt nie; er kann nicht sterben, weil er mit GOTT zusammenhängt! **„DU aber bleibst, der Du bist, und Deine Jahre nehmen kein Ende!"** (Psalm 102,28). Weltreiche mit ihren Anschauungen und Ideologien vergehen und sind vergangen, berühmte Menschen und grosse Namen verdorren wie Gras und verwehen wie Rauch, Fürsten und Gewaltige Herrscher bläst der Wind weg, und wie Wachs vor dem Feuer zerschmilzt vergehen die Feinde GOTTES, und der Tod weidet sie. Geschrieben steht: **„Der Mensch gleicht einem Hauch, und seine Tage sind wie ein flüchtiger Schatten!"** (Psalm 144,4**). „Ja, als Schattenbild geht der Mensch einher; nur um Nichtigkeit machen sie so viel Lärm! Er häuft auf und weiß nicht, wer es einsammeln wird."** (Psalm 39,7). **„Du lässt den Menschen zum Staub zurückkehren"** (Psalm 90,3a; vgl. 1.Mose 3,19). Über den vergänglichen Menschen sagt ein Dichter:

„Und wenn er aufwacht vom Grunde, da ist er müde und alt.
Sein Lebensschiff liegt tief im Grunde, und still ist`s in der Runde,
Und über den Wassern weht`s kalt."

„Denn wie die Felder öde stehn, die Nebel kalt darüber wehn
Und Reif entfärbt die Matten -
So endet alle Lust der Welt, des Lebens Glanz und Kraft zerfällt
Schnell wachsen seine Schatten"

Nichts ist so unberechenbar wie das Leben, und nichts so sicher wie der Tod! Es gibt keine Assekuranz gegen ihn, auch wenn Versicherungen dieses Wunschdenken verkaufen. Der Tod geht unbeeindruckt von menschlicher Geschichte und menschlicher Entität über die Nebelfelder dieser vergänglichen Welt! Er kommt ungerufen in die Paläste der Mächtigen und Reichen und in die Hütten der Armen um seine Beute wegzuraffen! Erschaudern trifft jeden Menschen bei seinem kalten Anblick und beim Auftun der jenseitigen Pforten! *Wir haben unsere Existenz nicht aus uns selbst, als könnten wir uns selbst erschaffen, uns selbst Leben geben, das nicht endet und selbst alles steuern. Wir haben nichts wirklich in dauerhaftem Griff und in gesicherter Verfügung, und wir wissen nicht, ob wir morgen oder die nächste Stunde noch erleben werden.*

Aber die Menschen bestehen stolz auf ihren *Eigen*-Willen und erheben Anspruch auf die Erde; sie meinen sogar, über GOTT verfügen zu können. A.W.Tozer schreibt: *„Wenn wir uns selbst ein wenig kennen, müssen wir zugeben, dass es in uns selbst keine Hoffnung auf Abhilfe gibt, und ein noch so flüchtiger Blick sollte uns zeigen, dass wir auch von außen (im Naturbereich) keine Hilfe erwarten können. Die Natur selbst macht uns klar, dass wir ohne GOTT Waisenkinder sind, heimatlos in riesigen Sphären, hilflos im Strudel der Urgewalten mitgerissen, die wir nicht verstehen. Eine gewaltige, blinde Macht bewegt sich unaufhaltsam in dieser Welt vorwärts und lässt Generationen von Menschen, Städte, ganze Kulturen hinter sich. Die Erde, kurzfristig unsere Heimat, bietet uns am Ende nur ein Grab. Für uns gibt es nichts Sicheres, nichts Freundliches. Bei GOTT ist Erbarmen und Mitgefühl, aber in der Welt ist keines, denn das Leben und die Natur gehen weiter und sie scheinen von Gut und Böse, von menschlichem Kummer und Schmerz nichts zu wissen*". (Ende Zitat)

GOTT aber gibt Seinen Herrschaftsanspruch über Mensch und Natur **nie** *auf; ER ist die herrliche, heilige, furchtbare und erhabenste Majestät in der Höhe! Seine vollkommenen Eigenschaften bezeichnen zugleich Namen und Wesenheit. ER ist „EL-ELJON (GOTT der Höchste); EL, ELOAH, ELOHIM (GOTT der DREIEINE, der Erste, Mächtige und Starke, der Schöpfer und Bundesgott); JAHWE- ICH BIN (GOTT der ewig Dabeiseiende, der IST und der SEIN wird, der Unwandelbare, Unveränderliche); EL-SCHADDAI (GOTT der Allmächtige); EL-OLAM (GOTT der Zeitalter). Die Heilige Schrift nennt uns Hunderte von Wesens- und Namensbezeichnungen des Einen GOTTES, doch in keiner dieser PERSONALEN Bezeichnungen wird je ein Femininum (weibliches Substantiv) gefunden! Auch kein Neutrum (sächliches Substantiv). Sprachliche Neuregelungen wie in der gegenwärtigen „neuen Moral" kennt die Bibel nicht!*

IHN rühmen die Cherubim und die Seraphinen, herrliche und gewaltige Thronwesen rufen unaufhörlich **„Heilig, Heilig, Heilig ist der HERR, GOTT der Allmächtige, der HERR der Heerscharen, der war und der ist und der kommt!"** *(vgl. Psalm 103,20f; Jesaja 6,1-5; Offenbarung 4).*

Alles Geschaffene ist von IHM, dem lebendigen, persönlichen Urquell des Lebens abhängig! Und genau darum ist das erste Gebot: „ICH BIN DER HERR, DEIN GOTT! DU SOLLST KEINE ANDEREN GÖTTER NEBEN MIR HABEN" für uns Menschen die einzige logische Antwort auf die Sinnfrage des Lebens!

Was aber vollzieht sich da im *Newage*-Denken? Dort ist GOTT entweder nur ein abstraktes weibliches „Sie" oder ein sächliches „Es" und wird „*gedacht*" als das unpersönliche Universum oder das kosmische Bewusstsein und die unpersönliche kosmische Kraft. Der Mensch, die Welt und die Wirklichkeit sind alle „Teil" dieses „ganzheitlichen" Bewusstseins. Also „Gott", Mensch und Natur sind eins. Mit dieser pantheistischen Vorstellung und fabelhaften „Logik" müssten die New-Ager behaupten, der Tischler sei im Tisch und der Konstrukteur sei selbst in seinem Werk, das er geschaffen hat. Das ist natürlich krankhaft und pantheistisch-mystischer Herkunft. Was ist besser zu sagen: „GOTT, mein Vater, liebt mich", oder „das Universum liebt mich?" Oder würde es Sie glücklich machen, wenn Ihr Freund, Ihre Freundin oder Ihr Kind Sie nur noch mit abstrakter kosmisch-mystischer Vorstellung betrachten würde und Ihre Persönlichkeit, Zuneigung und Liebe missachten würde?! Dieser Beziehungsverlust würde Sie und die anderen krank machen, schwer krank! Alle würden an Identitätsverlust leiden, so wie die kranke Welt heute leidet unter ihrem *Verlust an Vaterschaft und Identität*, wegen ihrem gebrochenen, zerstörten, persönlichen Beziehungsverhältnis zu GOTT, dem Schöpfer!!

Wie dankbar dürfen und müssen wir sein, im realhistorischen Schöpfungsbericht der Bibel und in ihrer weiteren wunderbaren Offenbarungsgeschichte ein ganz anderes GOTTES- Menschen- und Naturbild zu finden! GOTT, der HERR, ist Schöpfer (KREATOR) von Raum, Zeit und Materie und selbstverständlich auch von Mensch, Tier und Natur! ER Selbst ist überräumlich, übernatürlich und überzeitlich. Das heißt, ER ist größer als Seine Schöpfung! Für IHN gibt es die uns umgebende und begrenzende Dimension von Vergangenheit, Gegenwart und Zukunft nicht, sowenig wie IHN räumliche Dimensionen begrenzen.

Wir Menschen leben in Raum und Zeit (Kontinuum), und jenseits unserer physikalischen Zeitmessung und materiellen Welt liegt die Ewigkeit. Sie beeinflusst die zeitliche Dimension jederzeit, kann aber von dieser nicht beeinflusst werden, weil ein unüberwindlicher Ereignishorizont dazwischen liegt. Für den biblischen GOTT aber ist jeder mögliche raum-zeitliche Punkt „hier und jetzt" weil ER allgegenwärtig und zeitlos ist! Darum spricht die Heilige Schrift vom Kreuz auf Golgatha als „vor Grundlegung der Welt" geschehen, obwohl es sich erst als sichtbares Geschehen in Raum und Zeit ereignen musste. (vgl. 1.Petr. 1,20; Offenb.13,8). Auf diese Weise geschieht ja auch biblische Prophetie als schon voraus geschriebene Geschichte, und kein anderes in der Welt vorhandenes literarisches Werk als die BIBEL verfügt über das Phänomen von Datierungen beweisbarer und erfüllter Vorhersagen und Ereignisse, und kann darauf seine Glaubwürdigkeit gründen! Auch Menschen sind schon zum Zeitpunkt, als sie noch gar nicht ins zeitliche Leben eingetreten sind, von GOTT erkannt (vgl. Eph.1,4), ebenso ihr Ausgang in die Ewigkeit (Röm.8,30-34). GOTT kennt Anfang und Ende jedes Atoms und jedes Lebewesens; ER Selbst nennt Sich der „ICH BIN!“, der ewig (und jetzt) Dabeiseiende (Allgegenwärtige), das ALPHA UND DAS OMEGA! (vgl.2.Mose 3,14; Johannes 8,23.58; 18,6; Hebräer 13,8; Offenbarung 1,8), „the Beginning and the End.“ (Offb.22,13).

Bedenken und verstehen wir doch, welch große und wunderbare Möglichkeit in dieser göttlichen Wahrheit liegt: Die Möglichkeit, durch unser Gebet zu JESUS, GOTT direkt und jetzt zu erreichen, ohne Gebrauch oder Anwendung von religiösen oder esoterischen oder psychologischen Mitteln (und Vermittlern). Wie geschrieben steht: **„Denn es ist ein GOTT und ein Mittler zwischen GOTT und den Menschen, der Mensch CHRISTUS JESUS, der sich selbst als Lösegeld für alle gegeben hat“** (1.Tim.2,5). Ausdrücklich betont die Biel: *GOTT IST NAHE* und nicht ferne jedem einzelnen von uns! (vgl. Apg.17; Röm.10,6f). Die Einsicht, dass dieses materielle, geistige und moralische Universum nicht von GOTT, der es ja erschaffen hat, getrennt werden kann, sondern durch IHN erst bedingt ist und besteht (vgl. Joh.1; Kol,1; Hebr.1), sollte endlich die letzten Vorbehalte im Voraussetzungsdenken der Anwender von Natur- und Geisteswissenschaften überwinden und New-Agern die Augen öffnen für die bessere und einzigartige Alternative, die zu ihrer ewigen ERETTUNG ist! Erfreulich jedenfalls ist die Tatsache, dass durch die Fakten biblischer Aussagen und der Gegenwartsphysik viele kluge Wissenschaftler wieder überzeugt werden, umkehren, widerrufen und zu den biblischen Quellen zurückkehren; als *„Weise“ lernen sie nun* „durch Glauben verstehen“ (vgl.Hebr.11,3).

Im Naturalismus gibt es diese große Möglichkeit, GOTT den SCHÖPFER hier und jetzt persönlich zu erreichen nicht; dort gibt es nur die natürlich physikalisch messbaren Phänomene, wissenschaftlich erklärbar auf der Basis von Ursache und Wirkung. Im Naturalismus ist das physische menschliche Gehirn der Produzent des Geistes. Jedoch, die Existenz des menschlichen Geistes ist nicht mit den Naturgesetzen vereinbar und ihnen auch nicht unterworfen. Weder mit Physik, Chemie oder Biologie lässt sich das menschliche Bewusstsein erklären, weil der Geist nicht systematisch reproduzierbar ist und den Bereich beweisbarer Sinneswahrnehmungen übersteigt, er ist nicht Teil der Natur. Es müsste verstanden werden, dass unser Geist unser Gehirn als *Instrument* gebraucht und unser Gehirn demnach nicht Produzent, sondern Instrument unseres (oder bei Fremdeinwirkung, eines anderen) Geistes ist und der Geist somit über der Materie steht. Der Geist ist das Primat, nicht die Materie! Die Materie in diesem Zeit-Raum-Kontinuum ist so vergänglich wie diese Dimension selbst vergänglich und nicht ewig ist. Ewig ist nur der Geist, **„und der Staub kehrt wieder zur Erde zurück, wie er gewesen ist, und der Geist wieder zu GOTT, der ihn gegeben hat"** (Pred.12,7) **„ja, von Ewigkeit zu Ewigkeit bist DU, GOTT!"** (Ps.90,2)

Wie wärs mit künstlicher Intelligenz ?

Die Wissenschaft erdachte und machte den Computer als „technisches Gehirn"; eine Maschine, die superschnell binär codiert (0+1) und programmiert zählen und rechnen muss, aber es nicht selbständig *kann*, im Sinne einer selbst innewohnenden bewussten Intuition und Logik. Wäre menschliche Intuition und Vernunft mit einer Software herstellbar, könnten Computersysteme tatsächlich selbständig *denken* und handeln. Aber sie sind nur deshalb so schnell, *weil* sie nicht denken können, sondern nur ihrer vorgegebenen (Fremd)-Information folgen. Sie sind dabei aber nicht einmal in der Lage, die Idiomatik und den Sinngehalt einer Sprache ohne Fremdhilfe zu übersetzen; man bräuchte dazu etwas, was auch durch Mikrophysik, Mikrotechnik, Biotechnologie, Kybernetik und Anthropotechnik nicht herstellbar ist: biologisch-funktionsfähige Molekühle und lebendige Zellen, in denen eine personale (geistige) Information die Schaltvorgänge der Neuronen steuert und – die nicht Naturgesetzen unterworfen ist! *Geht das nicht?!* Ach, strengt euch doch mehr an, ihr viel bewunderten Wissenschaftler der Naturgesetze, Beherrscher der Materie, die ihr viele Dinge erklären könnt, aber nicht in der Lage seid ein einziges lebensfähiges Protein herzustellen. Wie sagte einst Albert Einstein: *„Weisheit ist nicht das Ergebnis eines erfolgreichen Schulabschlusses, sondern lebenslanger Versuch, sie zu erwerben"*. Vielleicht entstammt diese Weisheit der Erkenntnis eines Wissenschaftlers, der wusste, dass er nichts weiß (im Verhältnis der Entität zum potenziellen, aber nicht erreichbaren Wissen), und kraft seiner geschenkten Intuition alles „verdankte". Wie es auch ein anderer Gelehrter mit angewandter Intuition formulierte: *„Es ist buchstäblich alles zu verdanken"*.

Das Medium für Intuition und Vernunft ist wie diese selbst nicht aus Silizium oder Säuremolekühlen. Intuition und Vernunft sind geistiger, nicht stofflicher Natur. Es ist „Geist", der *einwirkt* auf das physikalische Gehirn und diesem die Verknüpfung des Erfassens, der Begriffsverarbeitung, Reflexionen und Ideenbildung verleiht. Unser Gehirn dient als Instrument für das Denkvermögen das Verstandes und der Vernunft und wird intuitiv und diskursiv gesteuert. Diese geistigen Funktionen sind selbst vom Gehirn unabhängig und unterstehen keinem physikalischen Gesetz. Das heißt, wenn stoffliche Teile eines menschlichen Gehirns fehlen oder funktionsuntauglich werden, können diskursives Denken und Intuition immer noch funktionieren und sind auch hier der Beweis, dass unser Gehirn nicht Produzent sondern Instrument des Geistes ist, und dass der Geist über der Materie steht und von dieser nicht beherrscht wird.

Aber damit Intuition „geschehen" kann, bedarf es der *geistigen* Größe des Verstandes, der die Sinneswahrnehmungen, Sachzusammenhänge, die intellektuelle Verarbeitung, das Gedächtnis und die Begriffsbildung der Vernunft umfasst. Verantwortliches, in Willensentscheidung ausgeführtes und emotional nachvollziehbares Vernunftdenken ist keine Eigenschaft der Materie, das können Gehirnphysiologen zwar nicht beweisen, weil sie diesen Beweis an einer anderen Stelle im neuronalen Bereich vermuten, also wieder im materiellen. Die *Kern*-Personalität des Menschen ist *geistiger*, nicht stofflicher Natur; sie benutzt lediglich das materiell-Stoffliche wie ein Instrument, um sich in der materiellen Welt personal auszudrücken – es ist schön und gehört zur Würde des Menschen, jemandem die Hand zu drücken oder zu küssen, was ein Willensakt aus Eingebung ist.

Diese große göttliche Gabe der Intuition wird leider im Newage-Denken als universaler metaphysischer Geist bezeichnet, und in der Psychologie als Produkt des Unterbewusstseins. *Das* glauben sie, und mit diesem Glauben *glauben* sie auch an die Möglichkeit einer synthetischen „Schöpfung" aus Materie und künstlicher Intelligenz. Aber die Definition von Intelligenz (Verständnis, Klugheit, Erkenntnis, Denkfähigkeit) weist über Künstliches weit hinaus hin auf *Personales,* und die Grunddefinition einer Person besteht aus „Denk- und Willensvermögen, Emotion, Schuld- und Verantwortungsgefühl".

So müsste wohl, um eine künstliche Intelligenz zu bauen das *Prinzip* des Naturalismus überwunden werden; es müsste die Fähigkeit kreativen Denkens und freien Willens erfunden werden, um mit dieser „künstlichen Intelligenz" selbständig per Intuition andere Maschinen entwerfen und bauen zu können. Ach ja, und dann bräuchte diese künstliche Intelligenz noch ein eingebautes Gewissen und ein *Empfinden* für Würde, sonst könnte es passieren, dass ihr Erfinder am Morgen anstatt eines freundlichen *good morning* erschlagen wird. Ich bin GOTT, meinem wunderbaren KREATOR so dankbar, dass ich nicht im nackten Naturalismus lebe, sondern mich am Morgen bewusst zu IHM wenden kann und unser Sohn Daniel mich morgens mit „guten Morgen, Papa" anspricht und mir einen Kuss gibt vermöge seiner geschöpflich verliehenen Intuition – wir sind eben nicht geistlose Maschinen in einem geistlosen Universum, oder *„ein Überlebensau-*

tomatismus der in ihm enthaltenen Gene" (nach R. Dawkins). Oder könnte er da eine Ausnahme sein?

Im Naturalismus und seinen Religionen gibt es keine Hoffnung über den Tod hinaus, es gibt dort keinen lebendigen, persönlichen Gott und kein ewiges Leben; es gibt kein Evangelium der Erlösung und Errettung *und kein Licht im Fenster, das nach Hause leuchtet und ruft!,* es gibt nur die Atome und die toten und moralisch neutralen unpersönlichen Naturkräfte. Die Frage nach Gut oder Böse bleibt ausgeklammert, die nach einem „Sinn" ebenso. Jeder, der darin gefangen ist leugnet den Geist und die Wahrheit *durch* seinen Geist. Aber die Bibel zeigt uns, dass der Mensch aus Geist, Seele und Leib besteht und eine moralische Persönlichkeit mit sittlicher Willenskraft ist! Der Gehirnphysiologe und Nobelpreisträger Sir John Eccles konnte zeigen, dass zuerst der Wille ist, danach erst die elektromotorische Kraft im Nervensystem. Somit besteht (bzw. entsteht) unser „Bewusstsein" nicht aus chemisch-neurologischen Mechanismen, sondern geistig autonom. Unser Wille und Ich-Bewusstsein ist eine geistige immanente Größe, die zur Identitätsbestimmung des Menschseins gehört. Im New-Age-Denken erscheint der Mensch nur als ein Fragment, ohne subjektiv-autonomes Bewusstsein, aber gefangen im *kosmischen ganzheitlichen Bewusstsein*, wo man die Göttin Gaija als Mutter Erde anbetet.

Es mag wundern, dass es im Naturalismus wohl eine Art „Gewissen" gibt, dem aber leider keine nötige Verstandeskraft zur Seite steht. Denn man hat wohl die ökologischen Probleme erkannt, will sie aber mit einer neuen (alten) New-Age-Spiritualität, einer integralen und „ethischen" Spiritualität aller Weltreligionen in Einklang mit der „Natur Mutter Erde" bringen. Nach den Worten Fritjof Capras soll eine ganzheitliche ökologische Anschauungsweise unser bankrottes mechanistisches Weltbild ablösen, und „Muttergöttin Gaja" ist Protagonistin in diesem Naturschauspiel. Michail Gorbatschow rief als damals amtierender Präsident der UdSSR die Menschheit zur Versöhnung mit der Natur auf. Wahrscheinlich hat Herr Gorbatschow keinen eigenen Garten vor dem Haus oder er weiß nichts von den Folgen einer Naturphilosophie von J.J. Rousseau in der französischen Revolution. Aber es ist bezeichnend, dass Menschen lieber von „Mutter Erde" sprechen als vom „Vater GOTT im Himmel"; sie nehmen wohl an, dass sie sich bei der Mutter mehr herausnehmen können (Entschuldigen Sie mein Karikieren). Jedenfalls sind solche Menschen Verführte und Wegbereiter von Sinnestäuschungen!

Das „grüne Kreuz", dessen Präsident Herr Gorbatschow ist, ist einer der humanistischen Versuche, das verlorene Erdenparadies wieder herzustellen. Über Motive soll und darf hier nicht geurteilt werden, das steht GOTT zu. „Mutter Erde" jedenfalls wird trotz viel Verehrung und Opferung diese Versuche nicht belohnen, auch nicht mit Hilfe der Ökologisierung von Politik und Wissenschaft. Denn die Erde hat keine lebendige Seele und kein Bewusstsein. GOTT und Welt sind *nicht* identisch! (wie im heidnischen Pantheismus). Berge, Flüsse, Wälder, Meere, Pflanzen – ja die gesamte Schöpfung geben klare und unleugbare Indizien *über* die verborgene Schöpferkraft GOTTES; Seine Werke sind natürliche Offenbarungen und Hinweise auf Seine ewige GOTTHEIT und Kraft (vgl.Römer 1), sie *sind* aber nicht Stätten Seiner Wohnung. Die Natur selbst ist unpersönlich und unmoralisch und wir verdanken ihr nicht unsere Existenz, und auch ein „Vertrag" mit ihr wird die Menschheit nicht retten. Auch hier könnte ein Zitat von Friedrich Nitzsche zum Lachen bringen, wenns nicht so beschämend wahr wäre: *„Die Menschen suchen Ruhe und gehen Sonntags gerne in den Wald, weil sie von ihm keinen moralischen Vortrag erwarten",* - lachen oder weinen Sie darüber?

Meditatives Wandern auf mystischen Wegen

Und obschon in der Natur des Naturalismus alles tot ist, kommt man heute zu einem Animismus der Naturgötter- und Kräfte zurück. Ich spaziere durch einen schönen Kurort in Kärnten/A. und lese auf der Tafel an einer Wasserquelle erstaunt: *„Das Wasser reinigt und steigt auf in höhere Sphären. Wir werden täglich wiedergeboren und vertrauen uns dem Kreislauf des Wassers an. Von seinem Sinnesweg werde ich magisch angezogen und fühle den Energiefluss in mir…"* Ich fahre in einen nahe gelegenen Nationalpark und stoße dort auf einen *„Weg der Elemente",* wo an einzelnen Wegstationen *„spirituelle Kraftpunkte" (Schamanische Kraftorte)* angeboten werden. Das ergrimmt und betrübt mich zugleich. Was hat dieser magische Spuk im schönen Naturgebiet des Kärntnerlandes zu suchen? Immerhin ist es meine irdische Heimat, und noch vor zehn oder fünfzehn Jahren fand man solchen mystischen sinnlosen Schmarren dort nicht in der freien Natur.

Diese Mystik-Sprache ist unverkennbar spirituell-esoterischer Natur und kommt aus dem Raum katholischer Kontemplation und dem New-Age-Geflüster. Mönchische Mysterien und Exerzitien sind ja auch wieder einmal *In.* Auch von gewissen Mineral-Gemengen wie Bergkristall und anderen Quarzen erhofft man fast personale Kräfte und wohltuende psychische Einflüsse; man hängt eine Halskette um einen blassroten Rosen-Quarz und schon ist es ein durch „Glauben" verwandelter Zauberstein. Es handelt sich natürlich um „Aber"-Glauben, der den größten Blödsinn glauben kann ohne dabei „rot" zu werden. Bedingung ist nur, den gesunden Menschenverstand auszuschalten. In Internetanzeigen wie diesen: *„Erfahren Sie Gott in sich selbst, in der Natur, in jeder Pflanze, in jedem Tier. Lernen Sie die wunderbare Kommunikation mit dem Geist der Liebe in allem Sein."* Oder *„Urchristliche, meditative Texte zum Lesen und Hören, auch als Hilfe für Glaubensheilung, die Ganzheitsheilung" etc.* verbreitet sich diese kosmisch-naturalistische und spirituelle New-Age-Seuche. Sie wird mit Vorspiegelung paradiesischer Zustände und Rettungsmöglichkeiten in allen Medien, besonders wirksam im Film-Medium, als fiktive Liebesgeschichte verkauft. *Geister und Engel und Naturmächte sind u.a. Rettungsboten bei Newage.*

Es gab eine Naturwelt der Götter und Geister im „Old-Age" vorchristlicher Zeit, genannt Heidentum. Damals waren Mensch und Natur in einer harmonischen Symbiose, aber man glaubte an die Naturgeister der Elfen, Nixen, Riesen, Kobolde, Gnome usw. Selbst die Naturelemente bekamen ihren spirituell-mystifizierten Charakter. Bevor der germanisierte Götterhimmel Europas durch das Christentum entmythologisiert und die Natur entmystifiziert wurden, glaubten die Germanen an die Beseelung der Natur (Animismus); das ganze All war von Göttern und Geistern erfüllt, sogar im fließendes Wasser lag mystische und magische Kraft. Und es gab eine Hierarchie über diesen niedrigen Naturmächten, die im Asagard-(Himmel) ihr Reich hatten und von Wodan, dem Weltenlenker und seiner Gemahlin Freya (Fruchtbarkeitsgöttin) samt ihren Göttersöhnen beherrscht wurden – und von dieser Mixtur erwartete man Heilung und Rettung. Dieses „Old-Age" (Altes Zeitalter) stand im *Nazireich* Hitlers, Göbbels und Himmlers wieder auf; es war hier zur Ideologie geworden in ihrer nihilistischen, perversen Opfersucht und mitsamt ihrer Walhalla, der Himmelsburg und Toten- oder Ruhmeshalle.

Heute im New-Age entdeckt man diese „Old-Age-Geisterwelt" wieder; sie ist im Neuheidentum auferstanden und soll der kaputten Welt Rettung bringen. Und auch heute und hier geistert die germanische Götterwelt herum und prägt eine Ideologie. Die Love-Parades sind nichts als perverse Zeremonien der Lustgöttin Freya. Es gibt heilige Haine und Opferstätten, Heilsteine, Heilmagnetismus, Heilbäume, religiöses Heilwasser, personifizierte Naturgeister usw. Überall in der Natur werden Kraftquellen angezapft und Geister gerufen, die in der Antike nur den Esoterikern und Mystikern zugänglich waren. Heute hat New-Age die Schirmherrschaft darüber, und man zieht auch alte Volkssagen und Märchen der Bibel vor, was besonders schmerzt! Tatsächlich ist es kaum zu glauben, was man alles glaubt, wenn man nicht biblisch glaubt!

Die Natur wird im New-Age also wieder beseelt im alten Geisterglauben der damaligen vorchristlichen Welt. Der Aberglaube an heidnische Geistwesen und Rituale soll zur Harmonie mit dem Kosmos und zur Selbsterkenntnis zurückbringen. Es gibt geweihte Kultstätten in der freien Natur, wo man feiert. Man glaubt an Rückführung in frühere Leben und trifft auf der spirituellen Reise dorthin auf „große Meister" (Dämonen), die in unsere Welt ihre „Heilsbotschaft" hereinsprechen. Wie ein giftiger Pesthauch weht diese Strömung über Berg und Tal, denn wenn man den Glauben an den GOTT der Bibel ablehnt, öffnet man sich andrerseits dem Aberglauben an Gespenster – und das nennt die Bibel Abgötterei und zugleich eine gerichtliche „Dahingabe!"

New-Age und moderne Naturwissenschaft (MNW)

Einige Grundprinzipien

Es steht geschrieben: „Doch dir, o HERR, ist niemand gleich! Groß bist du, und groß ist dein Name an Macht! Wer sollte dich nicht fürchten, du König der Völker? Denn dir gebührt dies; unter allen Weisen der Völker und in allen ihren Königreichen ist ja keiner Dir gleich! ER ist`s, der die Erde erschaffen hat durch seine Kraft, der in seiner Weisheit den Weltkreis abgegrenzt und mit seinem Verstand den Himmel ausgespannt hat. Dumm steht jeder Mensch da, ohne es zu begreifen....So sollt ihr nun zu ihnen sagen: Die Götter, welche weder Himmel noch Erde erschaffen haben, sie werden von der Erde und unter dem Himmel verschwinden !" (aus Jeremia 10)

Der Kosmos entstand durch das Wort Seiner Allmacht und durch den Hauch Seines Mundes! ER sprach, und es geschah; ER gebot, und es stand da! (vgl. Psalm 33 und 1.Mose 1). Die Bausteine der Materie, welche auch nach der Erkenntnis der modernen Naturwissenschaft (MNW) *aus Energie bestehen,* mussten gemäß dem Gesetz des lebendigen LOGOS, dem Wort Seiner Macht, die sichtbare Materie bilden. Die große unfassbare Schöpfung entstand nicht aus Materie, sondern brachte diese hervor – durch den LOGOS! (vgl.Johannes 1,3; Römer 11,36). Hier ist nicht der griechische Logosbegriff als ein Denk-Welt- und Sittengesetz gemeint, sondern der biblische, ein Sprechen des lebendigen *personalen* GOTTES als wirkmächtiges Geschehen!

ER schuf die sichtbare Materie „ex nihilo“ aus dem NICHTS, *weil ER eben GOTT ist*! Und das können wir nur durch den Glauben verstehen, wie in Hebräer 11,3 geschrieben steht, denn wir können das nicht durch ein Laboratoriumsexperiment nachweisen. Jedoch vermögen wir durch die uns verliehene Vernunft die göttliche Kraft und Größe GOTTES anhand Seiner Schöpfungswerke bewusst wahrzunehmen, und über abstraktes Erkennen hinaus sogar in eine Beziehung mit IHM treten, wie ich es unten in meinem Fall schildere. Im griechischen Grundtext steht geschrieben: **„Ta gar àorata aùtou apò ktiseos kòsmou tois poièmasin nooùmena kathoràtai, è te aidios aùtou dynamis kai Theiòtes“ = „ Denn das Unsichtbare an IHM seit der Schöpfung (der) Welt an den Schöpfungswerken erkannt werdend, wird wahrgenommen, und Seine ewige Macht und Gottheit.“ (Römer 1,20)**

Grosse Physiker wie Werner Heisenberg oder Sir James Jeans haben die Energieform der Materie bestätigt und angedeutet, dass das Universum ein ungeheurer Gedankenstrom ist – manifestiertes Wort GOTTES, Materie als geballte Energie! Es ist falsch zu sagen *„GOTT ist Energie“*, aber ER ist Schöpfer und Erhalter der Energie! (vgl. Hebr.1,3; Kol.1,16). Auch Einstein hat nachgewiesen, dass *Materie* die Ausdrucksform von *Energie* ist (Äquivalenz) und *Zeit* eine Eigenschaft von Materie, was wiederum mit dem *Raum* zusammenhängt. „Energie“ und ihre Ströme sind immer noch ein Geheimnis; Energien wieder in Materie zu verwandeln, also Materie zu beherrschen durch die Kraft des Geistes, der ja eine Energieform ist, überschreitet längst das rationale Denkmuster der MNW. Auch die gegenwärtige Quantenphysik erwacht in diese Richtung mit der kühnen Feststellung, dass die „Information“ fundamentaler Baustein des Universums ist, und Information ist rein geistiger Natur. Durch diese Fakten und die biblischen Aussagen dazu kehren viele kluge Wissenschaftler wieder zu den biblischen Quellen zurück und stellen göttliche Offenbarungswahrnehmungen nicht mehr unter die Beschränkung nur physikalisch-chemischer Sinneswahrnehmungen, deren Beweiskraft nicht mehr „schlüssig“ ist.

Was früher nur die Geheimwissenschaft des Okkultismus erforschte und nicht Teil der MNW war, hat im Newage- Einflussgebiet auch die Naturwissenschaft erreicht, die nicht mehr nur nach dem know-how, dem *„Wie tue ich“* fragt und nach dem, *wie* die Dinge sind, sondern nach dem *„Was“* ist Stoff und Materie. In der Metaphysik werden Grenzen der Natur überschritten, um die Ursachen des Zusammenhangs des Seins endlich zu enträtseln, wobei die Moderne hier nur die Fortsetzung des Mittelalters ist. Noch früher schon träumte Aristoteles davon, hinter die wahrnehmbaren Dinge zu schauen, und die alten Griechen haben ja ihre Künste und Wissenschaften unter die Herrschaft der „Pieriden" (Musen), Schutzgöttinnen und Töchter des Zeus gestellt, die von „Apollon", dem Obersten der Dämonenheere kontrolliert werden. Er ist der Orakelgott von Delphie – (im biblischen Sinn ein existierender Wahrsagegeist aus dem Abgrund).

Es geht heute *nicht nur* um parapsychologische Phänomene wie Telepathie, Psychokinese oder andere aussersinnliche Wahrnehmungen (Psi), also um Beobachtungen, sondern um wissenschaftliche Ergebnisse aus Ursachen und Wirkungen im suggestiv-mentalen Bereich. Naturwissenschaftler fechten heute nicht mehr beschränkt mit den Thesen physikalischer Gesetze, sondern wenden sich an eine nicht physikalisch messbare Größe, an ihren menschlichen Geist, den sie als „Energie" verstehen, aber auch an okkulte „geistige" Fremdkräfte. Sie tun das „im Glauben", also mit der Voraussetzung, dass das Bewußtsein als geistige Entität Gedankenenergie sei, dass demnach der Geist (welcher auch immer) materielle Wirklichkeiten schaffen kann. Sie behaupten weiter, dass Menschen geistige Wesen aus Licht und kosmischer Energie sind, und dass unsere Denkapparatur die Möglichkeit hat, Wirklichkeiten (u.a.Hologramme) entstehen zu lassen. Berechenbarkeit allein hat enge Grenzen, und Quantitäten allein können die Welt nicht erklären. Darum der Quantensprung hin zu den Qualitäten, den tieferen Ursachen und den spirituellen Möglichkeiten im Mikro- und Makrokosmos. (*Kosmische Energie* ist ein Schlagwort bei New-Age geworden).

Vermutbar ist die Möglichkeit, Energie in Materie umzuwandeln, also die Äquivalenzen (Gleichwertigkeiten) auszutauschen, da Materie eine Ausdrucksform von Energie ist. *Beobachtbar* und sogar nachweisbar sind Resultate bei der Anwendung okkulter Methoden und mentaler Kräfte im menschlichen Geist, aber „steuern" kann die Wissenschaft diese Kräfte nicht, weil es „Fremdkräfte" sind, die nicht wissenschaftlich erforschbar sind. Wissenschaftler, die den gebotenen Rahmen der Gottesfurcht verlassen oder nicht kennen, schauen nun auf okkulte Energien und dabei „in sich" und begeben sich auf die Suche nach den „geistigen Ursachen und Kräften" hinter der Materie, weil Ursache und Wirkung als eine Voraussetzung der Beweisbarkeit gegeben sind. Aber selbst Einstein hätte ihnen die Formel dieser Umwandlungsmöglichkeit nicht bieten können, weil sie nicht im Bereich der Physik existiert (auch wenn man weiterspekuliert).

„Freude schöner Götterfunken"

Bei Newage wird evolutionär spekuliert: je neuer, je wahrer; als ob eine Wahrheit neuer und wahrer werden könnte? Dennoch bezieht New-Age seine Autorität aus der modernen Naturwissenschaft, weil diese die spirituellen Techniken der New-Age-Experimente im mentalen Bereich anerkennen, nutzen und auf die Materie übertragen wollen, um das „Was" der Dinge und des Stoffes zu enträtseln und zu „verstehen." Die naturwissenschaftlich alchimistische Hypothese besteht, wonach durch Anwendung okkulter Methoden „schöpferische Kräfte" freigesetzt werden und diese, auf die Materie übertragen, einer Miniaturnachbildung göttlichen Schöpfungsaktes gleichkäme. **Ist** es aber nicht und wird es nie sein. Denn „GOTT sprach", und „es wurde." Sein WORT ist zugleich Befehl und Information und Manifestation, aber darüber hinaus ist es auch **„Geist und Leben"** (vgl. Joh.6,63)! Eine luziferische Versuchung an einen mit Newage-Geist experimentierenden Naturwissenschaftler könnte lauten: "*sprich bzw. befiehl vermöge deiner Verstandeskraft und Intuition neue Naturgesetze ins Dasein, neue Lebensformen, neue Welten!"* Aber selbst wenn du das vermögest, vermagst du als begrenztes Geschöpf kein LEBEN zu schaffen, weil du kein „Leben" in *dir selbst* und *aus dir selbst* hast!" Information, Energie und Materie allein sind noch nicht „LEBEN". Die Grundbausteine des biologischen und geistigen Lebens sind: *Materie, Energie, Lebensgeist (göttlicher Odem) und Information (know-how).*

Wissenschaft ist ja erlaubt, aber nicht ohne Gebet und Glaube an den SCHÖPFER! Warum fällt es heutiger Wissenschaft, sagen wir *moderner* konstitutiver Größe, so unsagbar schwer trotz all der sie umgebenden Schöpfungsbeweise im Makro- und im Mikrokosmos den großen SCHÖPFER anzuerkennen und sich vor IHM zu beugen? Wenn ER da ist, ist es klug, es nicht zu tun? Welche Intelligenz (?) will diese Beugung begründend verneinen? Wir wollen drei drastische Gründe anführen. 1) Nicht die *Wissenschaft* als solche erhebt sich gegen die Erkenntnis GOTTES (welche sie fortlaufend bestätigt), sondern der atheistische *Wissenschaftler*, weil er keine höhere moralische Instanz über sich duldet, die seinem „wertfreien Götterfunken" und Forschen mit Autorität Rahmenbedingungen setzt. 2) Weil die Wissenschaft als Erkenntnismethode den SCHÖPFER nicht eruieren, messen und bestimmen kann und 3.) Weil die angeborene Natur der Selbstbezogenheit und Selbstverliebtheit als eine Herrschaft geistig und geistlicher Finsternis den unerneuerten Naturwissenschaftler über seine subjektive Weltbetrachtung nicht hinausbringt. *„Man müsste wenn man wüsste"* – doch wo soll man Weisheit holen? Es fällt ihr, der modernen Wissenschaft, so schwer den SCHÖPFER und Seinen Kreationismus anzuerkennen, weil sie nicht „will", was sie nicht „erklären und beherrschen kann."

Alles ist eitel und Haschen nach Wind

In den tiefen und trockenen Brunnen weltlicher Wissenschaft und Philosophie wird Weisheit nicht gefunden. Lesen wir daher einmal in einem Buch biblischer Weisheit nach, der Text steht in Hiob 28,12-14.23: **„Aber die Weisheit, wo wird sie gefunden, und wo ist der Fundort der Einsicht? Der Sterbliche kennt ihren Wert nicht, und im Land der Lebendigen wird sie nicht gefunden. Die Tiefe spricht: „Sie ist nicht in mir!“, und das Meer: „Sie ist nicht bei mir!“ – GOTT hat Einsicht in ihren Weg, und ER kennt ihre Fundstätte!**“ Es ist klar, dass säkulare Wissenschaft, nur betrieben auf der Basis von normenbestimmenden Naturideologien, ohne diese Weisheit ist. Die Ergebnisse werden demnach nie *mehr* als Physik und Chemie sein, totes Wasser, gleich der inneren Landschaft des Wissenschaftlers, *ohne Geist und wenn ohne Gebet, dann auch ohne tieferen Sinn.*

Die Gesetze der Physik und Chemie für sich sind tote Gesetze und widersprechen den Gesetzen *des Lebens.* Sie sind wohl zum Leben notwendig aber niemals aus- oder hinreichend für das Leben. Mit ihnen kann man das *Wesen* von Qualitäten wie „geistiges Leben“, Leben schlechthin weder messen und noch viel weniger verstehen und erklären. Ein Merksatz dazu: *„Wer nur Physik und Chemie versteht, versteht auch diese nicht.“* Man versucht das Genom zu entschlüsseln, weiß aber nicht, woher die biologische und geistige Information kommt und wie sie entstand. Man versucht in den immateriellen, geistigen Bereich zu gelangen, um Antworten zu finden und sucht nach „Einstiegsmöglichkeiten“ wie oben; man will endlich die Qualitäten erkennen, nicht nur die Quantitäten. New-Age bietet hierfür ein Surrogat an: „Materie“ (menschliches Medium), „Energie“ (mentale, sowie verborgene Kraft im Unterbewusstsein des Menschen) und „Information“ (das breite Spektrum esoterischer und okkulter Anwendungsmöglichkeiten). Ein aktuelles Beispiel und diesem Zeitgeist verpflichtet ist die Psychotechnik „NLP“ (=Neuro-linguistisches Programmieren). Diese auf das Unterbewußtsein abzielende *„Wissenschaftsmagie“* hat esoterische Inhalte wie „Tranceinduktion, Astralprojektion, Transkommunikation u.ä.“ Bei der Tranceinduktion wird u.a. mit Hypnose und Selbsthypnose ein Trancezustand erzeugt, das Wahrnehmungsvermögen der menschlichen Sinneskanäle wird kurzgeschaltet. Bei der Astralprojektion lernen die betroffenen Personen aus ihrem Körper herauszutreten und bei der Transkommunikation wird mit unsichtbaren geistigen Welten und Mächten – in Trance über das Unterbewußtesein, und auch mit okkulten Mitteln – kommuniziert.

Diese geistigen Wesen und Mächte haben personalen Charakter und melden sich als „Weise, Helfer und Ratgeber"; sie werden um Rat und Leitung gebeten, und zwar von Akademikern, Managern, Verkäufern, Psychotherapeuten, Lehrern und Schülern. Sie öffnen sich damit eine Tür zur transzendenten Welt, denn in Trance wird nicht mit dem Unbewußten des Menschen kommuniziert, sondern mit der Transzendenz! Und man trifft auf diesem Weg dort nur das lichtgetarnte Böse. Dann wird mit diesen unsichtbaren Mächten „gechannelt" (Channeling = kommunizieren) mit Atemtechnik, Entspannung, Konzentration auf die Mitte des Körpers, Abschalten des Verstandes, Entleerung des Geistes und „Innenschau."

Lassen Sie es mich einmal in mittelalterlicher Art sagen: Der Teufel versucht bis heute immer noch *„wie GOTT"* zu sein, d.h. „zu erschaffen" und Anbetung zu bekommen. Da er nicht schöpferisch wie GOTT wirksam sein kann, versucht er es mit „Installationen". Mit seinen okkulten Kräften der Zauberei („Informationen") kann er verborgenes Potenzial (Energie) im Unterbewusstsein des Menschen vortäuschen (was in Wirklichkeit personale Fremdmächte sind) und Manifestationen (Materie) und Phänomene erzeugen. Bei NLP und anderen Psychotechniken nützt der Satan das geistbegabte religiöse Potenzial des Menschen (er hat die beste kognitive Psychologie über den Menschen), um sein altes plumpes aber wirksames Verführungsmuster in neuzeitlichem Gewand vor die Augen zu stellen zur Erlangung der „Göttlichkeit." (vgl. 1.Mose 3,5). Er ist in der Tat ein Menschenmörder! (vgl. Johannes 8,44). Mit allen Mitteln will er den Menschen „erfolgreich" machen und verspricht ihm mittels dieser Psycho-Techniken wie NLP „Herr" zu sein über alle Lebenslagen und Lebensprobleme. Doch das gelingt mit NLP eben nicht, sonst gäbe es in den USA und in Europa nur noch problemlose überglückliche Menschen, Institutionen und Agglomerationen. Nein! Weil NLP auch eine „Klausel" enthält, die „Submission" (=Unterwerfung); sie ist integrierter Bestandteil der NLP-Technik, und da hört der Mensch dann auf *gottgleich* zu sein und alles im Griff zu haben. Hier befindet *er* sich im Griff und wird unter Zwang und Fremdherrschaft gestellt und als Werkzeug missbraucht! Der NLP-Autor Rückerl gibt offen zu, wenn er schreibt *"NLP-Werkzeuge sind magische Werkzeuge, Werkzeuge der Magie;" ((vgl.Rückerl, S.13.23.130). „NLP-Experten und Coaches sind Magier, die… Magie praktizieren." (vgl.Rückerl, S.136.232). (Zu NLP weiter unten noch mehr).*

Diese Art und Weise Menschen zu hintergehen, zu täuschen und zu missbrauchen ist aber nur dort möglich, wo Menschen die göttlichen Schutzbarrieren willkürlich durchbrechen und in den okkulten Bereich eintreten. Mit Naturwissenschaft und ihren Messmöglichkeiten hat das alles natürlich nichts mehr zu tun, und diese sollte schleunigst wieder in ihren Rahmen zurückfinden, und diesmal unter der Voraussetzung wie sie entstanden ist: unter Gottesfurcht und Gebet zum SCHÖPFER!, und zur Einsicht Albert Einsteins, der gesagt hat: *„Ich kann nur mühsam hinterher stammeln, was ein großer Geist vor mir erdacht und gemacht hat!“*

Das ist ein Glaubensbekenntnis, aber noch kein biblisch-christliches. Und doch ist es ein gutes Modell für den Rückschluss von der sichtbaren Schöpfung zum großen SCHÖPFER! (vgl. Römer 1,18-21): **„weil das von GOTT Erkennbare unter ihnen offenbar ist, da GOTT es ihnen offenbar gemacht hat. Denn Sein unsichtbares Wesen, nämlich Seine ewige Kraft und Gottheit, wird seit Erschaffung der Welt an den Werken durch Nachdenken wahrgenommen, so dass sie keine Entschuldigung haben.“** Wir haben dieses Bibelwort wiederholt und fragen: „Denkt die Wissenschaft zuwenig nach?“ Allerdings! Die These, dass Christentum und Wissenschaft, Glaube und Denken feindliche Gegensätze sind, stimmt nicht. Die ersten großen Naturwissenschaftler wie Kepler, Galilei, Newton, Pascal u.a.m. waren überzeugte Christen. Ihr Weltbild *bestand* erst „durch den Glauben“ (vgl.Hebr.11,3); daher hatten sie die mit der biblischen Botschaft übereinstimmende Überzeugung und Erkenntnis, dass dem Universum eine geschaffene und geordnete Struktur zugrunde liegt, die auch rational erforscht werden kann, sofern der Forscher sein Ratio unter diese „Schöpfungstheologie“ stellt. Dieses Weltbild war verbunden mit der aus dieser Erkenntnis gewonnenen sittlichen und geistlichen Kraft, und darum hatten sie als „weise Wissenschaftler“ Menschenwürde und Werte, die FÜR das Leben sind!

Unter allen Zivilisationen hatte nur *eine* Kultur die Methode der experimentellen Wissenschaft entwickelt, nämlich die christliche Kultur in Europa im ausgehenden Mittelalter! (Vielleicht gibt es da eine kleine Bildungslücke?) So wie die christlichen Wurzeln naturwissenschaftlicher Forschung in der Aufklärung abgeschnitten und durch dogmatischen Atheismus ersetzt wurden, ein christlich moralisches Bewusstsein aber doch bis um 1850 noch den Okzident prägte, sind Wissenschaft und Gesellschaft heute wieder durch Erschütterungen gerufen, die **Gottesfrage und Wertfrage** zu stellen. Denn von der Evolutionstheorie und dem kausal-mechanistischen Weltbild kamen und kommen für beide keine schlüssigen Antworten. (Über die Selbstermächtigung der Evolutionstheorie werden wir anschließend noch zu reden haben).

Kann man Axiomen trauen? Wenn ja, welchen?*

Wissenschaft beruht auf den Ergebnissen der Beweisbarkeit und Reproduzierbarkeit beobachtbarer Zusammenhänge, aber ihre *Voraussetzungen* sind ebenso wenig beweisbar und die *Ursachen* für beobachtbares Geschehen ebenso wenig beobachtbar wie *dieselbigen* der geistigen Welt des Glaubens. Beide, *Naturwissenschaft und Glaube* haben Axiome als Voraussetzungen. Vergleichen wir diese zwei einmal kurz miteinander. Die Axiome der griechischen Logiker sind Grundbausteine, von denen mit Hilfe der Logik die gesamte mathematische Wissenschaft abgeleitet ist. Die Bedeutung dieser und anderer wissenschaftlicher Axiome beruhen nur auf einer gemeinsamen Idee und Übereinkunft, und diese auf einer **Annahme** physikalischer Urkausalität oder Einursächlichkeit der Welt, sonst könnte man weder „richtig" rechnen oder „exakt" messen. Diese Axiome oder Ideen prägen unser modernes Wertesystem. Das von den Griechen geprägte Ganzheitsprinzip einer Urkausalität, einem Urstoff als Grundstoff des Universums bleibt nur eine große, aber würdige **Vermutung**, die selbst aber unbeweisbar (nicht experimentell nachvollziehbar) bleibt. So war und ist Naturwissenschaft ein Produkt aus *nichtmaterieller* Geistesgeschichte der Menschheit.

Und da die unbegründbaren Axiome als Vorfestlegungen und Voraussetzungen der MNW von nichts anderem als von Glaubensannahmen ausgehen können, muss man fragen, wie *diese* zustande kamen. Die Antwort ist: „durch die Intuition des Menschen", die ebenso wie sein immaterieller personaler Geist und Verstand, seine Wahrnehmung und Empfindung und gesamtes Denkvermögen selbst ein nicht ableitbares Axiom ist, außer man leitet es vom Bilde GOTTES ab, zu dem hin der SCHÖPFER den Menschen schuf. Und das geschah in der Tat so, wie es uns die Information der Bibel im ersten Kapitel der Genesis mitteilt! Stellen wir nun naturwissenschaftliche Axiome den biblisch universalen Axiomen gegenüber, wird aus dieser Gegenüberstellung eine absolut einheitliche Sichtweise und Erkenntnis gewonnen, inclusive höchster Aussagelogik für das Geschöpf, das sich endlich wieder in der Hand seines SCHÖPFERGOTTES **be***findet* ! Denn der Glaube biblischer Wahrheiten fordert den Anspruch auf Prüfbarkeit, Logik und fester Gewissheit. Darum wird der Prüfstein einer einseitig verkürzten *MNW* wieder der *moralische* und glaubensmässige sein, der moralischen Verantwortung gegenüber GOTT, dem HERRN. *(* Ein Axiom gilt als absolut anerkannter unanzweifelbarer Grundsatz und als glaubwürdige Wahrheit, die keines Beweises bedarf).*

Biblisches Schöpfungszeugnis als unwiderlegbares Axiom zeigt die Ursache und den Zusammenhang alles Geschaffenen, und im Weiteren den Geschichtsverlauf der Menschheit bis hin zu deren Ziel in der Schilderung des Neuen Testamentes. Darin zeigt sich umfassend der Anspruch der absoluten göttlichen Wahrheit, die ewig unwandelbar über allem vergeblichen Scheiden zwischen Natur- und Geisteswissenschaft, Glauben und Denken steht und waltet; auch über allen „erlaubten Denkystemen von Skepzis und Zweifeln". *Diese* Betrachtung aus der Sicht des glaubenden *und* wissenden Betrachters setzt keine künstlichen Anfänge mehr voraus. Sie braucht kein evolutionäres Modell der Welt, das den Wirklichkeiten nicht entspricht. Die gesamte Wissenschaft bekommt so die nötige Erweiterung durch Verfügbarkeit umfassenderen Wissens, kann naturphilosophische Deutungssysteme durchbrechen und zu neuen Ereignishorizonten aufbrechen. **„Bei GOTT wird Weisheit und Einsicht gefunden";** diese sind die wahren Voraussetzungen für Wissenschaft und Gesellschaft – gewürdigte Axiome!

Diese Findung führt hernach sofort zu einem neuen Betrachten und Erkennen der Dinge, dass Schöpfung mehr ist als eine kalte Naturgeschichte, sondern gewaltigste Symphonie einer Liebesgeschichte! Es kommt zu einem Zugang größerer Wirklichkeiten und Zusammenhänge aus verfügbarem Glauben *und* Wissen bzw. Erkennen. Beide entsprechen dann *einander*, weil beide von Anfang an einander bedingend zusammengehören; sie sind nicht mehr durch dogmatisch eingeschränkte (naturphilosophische und religiöse) Gegensätze getrennt. Die „Weisen" unter den Wissenschaftlern glaubten und wussten das schon seit alten Zeiten, wie schon die Propheten der Bibel schrieben: **„Gepriesen sei der Name GOTTES von Ewigkeit zu Ewigkeit! Denn Sein ist beides, Weisheit und Macht. ER führt andere Zeiten und Stunden herbei; ER setzt Könige ab und setzt Könige ein; ER gibt den Weisen die Weisheit und den Klugen und Einsichtigen den Verstand. ER offenbart, was tief und verborgen ist; ER weiß, was in der Finsternis ist, und bei IHM wohnt das Licht! ICH will zunichte machen die Weisheit der (Welt)weisen, und den Verstand der Verständigen will ICH verwerfen, spricht der HERR. Denn die Weisheit dieser Welt ist Torheit vor GOTT; denn es steht geschrieben: ER fängt die Weisen in ihrer List. Der HERR kennt die Gedanken der Weisen, dass sie nichtig sind"** (Daniel 2,20-22; 1.Kor. 1,19; 3,19.20).

„…bis du wieder zurückkehrst zum Erdboden…!“

„Es fällt der höchsten Bäume Laub
und mischt sich wieder mit dem Staub
Von dannen es gekommen: Ach Mensch,
sei noch so hoch und wert,
du musst doch nieder in die Erd`
davon du bist genommen!“

Gut wäre es, „up to date and very very important“, auf alle Pulte und Plakatwände und in alle Agendas das eine göttliche Wort zu schreiben: **„Denn du bist Staub, und zum Staub wirst du wieder zurückkehren!“ (1.Mose 3,19).** Was haben all die klugen und gescheiten Leute, die Eliten der Politik und Wissenschaft, die GOTT aus ihrem Denken und Agieren ausklammern, fertiggebracht? Etwa eine bessere Welt? Sie alle vermögen den „Karren“ wohl etwas im Sumpf hin und herzuschieben, aber *heraus* bringen sie ihn nicht. Welchen Respekt verdient eine konformistische, progressive Wissenschaftlichkeit, die Abschied nimmt von GOTTES moralischen Geboten und Prinzipien und indessen nicht mehr die sittliche Kraft aufbringt, menschlicher Dekadenz und ideologischem Ruin auch nur in *einem* Punkt Einhalt zu gebieten? Wie geschrieben steht: **„Was aber haben sie dann noch zu sagen, all diese gescheiten Leute, die Gelehrten und Philosophen dieser Welt? Hat GOTT ihre Weisheit nicht als Unsinn entlarvt?...Der die Zeichen der Schwätzer vereitelt und die Wahrsager zu Narren macht; Der die Weisen zum Widerruf zwingt und ihr Wissen zur Torheit macht.“** (1.Kor.1,20; Jes.44,25).

Die Menschheit wird, wenn ihr noch die Zeit dazu bleibt, mit dem Begriff „Intelligenz“ in anderer Weise umgehen und der „Weisheit“ den Vorzug geben lernen müssen, weil sie sonst an ihrer selbstmörderischen Intelligenz auszusterben droht. Beispiel: Atomare und biologische Massenvernichtungswaffen, oder die künstliche Nachahmung einer Urknalltheorie!

Denn sie wissen nicht, was sie suchen bzw. finden (sollen)

In der CERN-Grundlagenforschung mit dem Teilchenbeschleuniger „LHC“ (Large Hadron Collider) bei Genf wird unter Mitwirkung tausender Wissenschaftler und mit astronomischem Geldaufwand an Elementarteichen experimentiert. Sie „suchen“ jene Kraft, welche nach ihrer Theorie die Elemente zusammenhält; Physiker „suchen“ die fehlende (schwarze) Antimaterie in ihrem Denkmodell (ohne welche der „Urknall“ nicht funktioniert), werden diese aber nirgends finden, weil sie nach etwas suchen, was nicht vorhanden ist, außer sie „erfinden“ es für ihre Theorie. Und das ist ja schon geschehen. „Nicht entdecken“ werden sie auch den Anfang einer Quantengravitation und „Supersymmetrie“, oder das „Nichts“ noch eine andere Dimension, noch die Bestätigung ihrer Hypothesen oder ein Paralleluniversum. Sie werden auch das „gedachte Higgs-Teilchen“ nicht finden (weil es sich so gut verstecken kann) und weiterhin im Unklaren darüber bleiben, was die Welt wohl im Innersten zusammenhält. Sie werden also die gedanklich verzweifelt nötige Weltformel nicht entdecken, die ihr *plumpes kosmologisches* Standardmodell - „dass es keinen Schöpfergott gibt“ – auffrischen und „bestätigen“ könnte. Was genau sie „suchen“ sollen, ist dem ganzen Gral der CERN-Flotte „unbekannt.“ Es gleicht alles einem gottlosen Erkenntnisrausch – und das ist es auch!

Mit diesen primitiven physikalisch-chemischen Methoden werden sie dieses Materie-Energie-Zeit-Kontinuum sowieso nicht verstehen oder durchbrechen. Im CERN überprüfen sie eine *neu erdachte Hypothese* mit Methoden klassischer Physik und könnten dabei höchstens auf Erscheinungen treffen, deren Wahrnehmung (Beobachtung) sich ihren mathematischen Formulierungen aber entzieht, weil es ein geistiges (also nicht materielles) Problem offenbart, das auf die tieferen, höheren, inneren Zusammenhänge dahinter schließen lässt, z.B. auf eine personale Kraft, welche die Atome und damit das Universum „im Innersten zusammenhält!“ Undenkbar !? Nicht wenn *Sie* auf biblischem Wissensstand sind. Es könnte zu einem Ereignis des Schreckens für sie werden, wenn sie mit ihrer Hybris auf eine andere Dimension stoßen, nämlich auf diese *VOR* dem gedachten „Urknall“. (Vielleicht lässt GOTT aber noch Gnade walten und schickt erneut einen Vogel, der etwas Brot in eine Stromverteilungsanlage fallen lässt und einen „Kurzschluß“ auslöst. *Denn Zufall war dieses erste Ereignis wohl nicht, fällt doch nach Matthäusevangelium 10,29 kein Sperling ohne SEINEN Willen vom Dach; -- Beginnt mit GOTT zu rechnen!)*

Die erhoffte Antimaterie zu finden (um die Urknalltheorie zu retten) und auch den Beweis (durch ein neues Naturgesetz), dass am Anfang das Chaos war, dürfte „schwierig“ sein, denn im griechischen Grundtext des Johannesprologs steht geschrieben: **„En àrchè ten ho Lògos, kai ho Lògos ten pròs tòn Theòn, kai Theos ten ho Lògos“ – „Im Anfang war das Wort, und das Wort war bei GOTT, und GOTT war das Wort!“** Im Anfang war also nicht „die Tat“ oder „das Chaos“ oder „die Energie“ oder „die Antimaterie“ oder „das Nichts“, *sondern der lebendige LOGOS* - GOTT! Aus diesem *Grund* ist ER der

Grund unserer Existenz, und aus *diesem Grund* werden wir diesen Grund gebührend oft erwähnen und von ihm ausgehend über Gründe sprechen! Um Ihnen zu zeigen, dass die Suche nach dem `Urknall` und dessen `Bestätigung` Blasphemie ist, eine riesige, beschämdende unwissenschaftliche Fehlleistung, und warum ich in meinen Aussagen so sicher bin, möchte ich Sie kurz mitnehmen in eine andere Dimension, die die Bibel uns eröffnet; dort lesen wir folgende Information:

„Durch Glauben verstehen wir, dass die Welten durch GOTTES Wort bereitet worden sind, so dass die Dinge, die man sieht, nicht aus Sichtbarem entstanden sind.“ „ER, der...alle Dinge durch das Wort Seiner Macht trägt...!“ (Hebräer 11,3 + 1,3). Wenn ich nun diese zwei prägnanten Textworte nach der griechischen Grundtextbedeutung noch ausführlicher formuliere, dann nur um Ihnen einige Nuancen aufzuzeigen, die den geschriebenen Text selbst nicht berühren: *„Durch den Glauben (von CHRISTUS her) haben wir ein geistliches und bewusstes (nicht abstraktes) Verstehen, dass die Welten (hier für „Geamtheit der Schöpfung“) durch GOTTES wirkmächtiges Wort (rhema) mit großer Weisheit und Fähigkeit passend geschaffen und bereitet worden sind, so dass die sichtbare erblickbare Erscheinungswelt nicht aus sichtbar Seiendem (Urstoff / Materie) geworden ist.“ „ER, der ...alle Dinge (das Weltall) durch das wirkmächtige Wort Seiner Macht, Kraft und Fähigkeit hervorbringt und trägt.“* Dimensionen zu GOTT hin werden *NUR* „durch Glauben an JESUS CHRISTUS“ durchbrochen, weil unser rationales Denkvermögen nur von Seinem Geist die Erleuchtung und Fähigkeit der Erkenntnis gewinnt und ansonsten ungeeignet ist, in Göttliche Wahrheiten einzudringen.

„...nicht aus sichtbar Seiendem geworden (ist)...“ *(phainomenon gegonenai).* Die Gesamtheit von GOTTES Schöpfung entstand nicht aus wahrnehmbarer Materie sondern durch das „unsichtbare“ Wort GOTTES: **„ES WERDE...!“** Durch dieses Sein wirkmächtiges Schöpfungswort (Logos und rhema) spricht GOTT Dinge ins Dasein! Dazu erklärt ein Kommentar: *„Gottes Sein ist anders als das uns bekannte Dasein. Gottes Sein ist ihm überlegen, ist nicht stoffgebunden wie die Kräfte der Erde. ER schafft aus dem Nichts. Gottes Macht hat keine Grenzen. Sie ist im Ursprung nicht begrenzt durch das Nichts und im Ende nicht begrenzt durch den Tod. Das Wunder der Schöpfung wie der Auferstehung liegt in Seiner Hand.“* (Loew).

DIESER PERSONALE ALLMÄCHTIGE GOTT ist unendlich über unserer irdischen Fassbarkeit und Dimension, durchdringt diese aber in ewiger Gegenwart! ER schafft aus dem „NICHTS“ dass es sei! (vgl.Römer 4,17). Daher ist auch die Auferstehung aus den Toten in Seinem Schöpfungswillen und für Seine Geschöpfe Realität, wie geschrieben steht: **„...der unseren Leib der Niedrig-**

keit umgestalten wird, so dass er gleichförmig wird Seinem (Jesu) Leib der Herrlichkeit, vermöge der Kraft, durch die Er sich selbst auch alles unterwerfen kann." (Phil.3,21) Wenn nun dies so ist, dass der gesamte sichtbare Kosmos als Schöpfung einschliesslich aller Entitäten an Energie und Kräften aus dem Nichts hervorging – dann war vor der Entstehung der Schöpfung nichts anderes – als GOTT! Und darum braucht es keine Erklärung für das Fehlen von Materie (Masse), die für die „astronomische" Gravitation der Galaxien und Sterne gebraucht wird, weil: „DER GEIST DAS PRIMAT IST, NICHT DIE MATERIE!" (wie wir im Vergleich zum Naturalismus oben festgestellt haben). Und ein „Nichts" kann man nicht finden und entdecken und beweisen, ebenso wenig wie GOTT Selbst! Und ein „danach" nach dem Nichts auch nicht, weil es „schon da war", nämlich „IN GOTTES GESPROCHENEM WORT, zu einem zeitlosen ewigen „Zeitpunkt." Die Cern-Experimente „hinken" also mindestens um eine ganze GROßE geistige Dimension und um eine unbekannte Anzahl Quantensprünge und „Lichtjahre" hinter höheren Realitäten her.

Schon die alten Griechen „entdeckten den Urstoff" des Universums in ihren gedanklichen Experimenten- und Hypothesen und nannten es das Ganzheitsprinzip einer „Urkausalität." Dieses grosse philosophische Axiom war leider nur nicht beweisbar, wie das eben Axiome so an sich haben. Die erhoffte Antimaterie, aber auch andere Hypothesen moderner Grundlagenforschung sind auch solche „Axiome", die aber des Zweifels bedürfen, bis man sie entweder `glaubt oder verwirft`, um neue zu suchen, die man dann dem axiomen Prinzip nach per se auch nicht beweisen kann, sondern eben „glauben muss." Zu dieser gefährlichen und kostspieligen Odyssee wünsche ich kein Glück, sondern ein „HALT", ehe das Wasser brodelt und der Frosch verdampft.

Haben sie je an ein Risiko gedacht, dass außer Massendefekte Magnete und Kühlung im Ringsystem so versagen *können,* dass die entstehenden Löcher im Untergrund oder die glühenden Teile entweder vernichtenden Wassereinbruch oder Verdampfung „bescheren", abgesehen von der freigesetzten Strahlung?? Kann euch euer „wissenschaftlicher" Optimismus davor bewahren? Das CERN-Experiment mit seinem LEP und LHC ist eine frevelhafte und lebensgefährliche Dummheit! Man will dort eine Tür zu einer unbekannten Dimension aufstoßen – es ist eine Tempelanlage des Teufels, der diese sinnlos teure Anlage inspiriert hat und es ist ein Kind der EU und genauso wie diese eine untransparaente, bürokratische Megaorganisation – ein Supersystem unter Ausschluß der öffentlichen politischen Willensbildung.

Und so stellt sich dieses EU-Produkt dar: seit 1954 mit jährlichen Milliardenaufwänden und 10 000 (zehntausend) Wissenschaftlern aus 50 Ländern und 500 Forschungsinstituten global betrieben. Mit dem Einsatz modernster Technologie, riesigem Matrialaufwand und unglaublichem Energieverbrauch ist das Ergebnis keine neue Erkenntnis über bereits Erkanntes hinaus – außer der Erkenntnis, dass mit diesem Aufwand ein „Hauptteilchen gesucht" wird, über dessen Existenz man nur „vermuten" kann!(!) Es ist eine Ehre, nicht mit diesen im Bunde zu sein.

„Die beim Irrtum verharren, das sind die…Klugen?; (nein, das reimt sich nicht")

Ihr seid zum Orakel von Delphie gegangen, anstatt zu GOTT, dem SCHÖPFER! *DER* lässt Sich nicht spotten von so winzigen menschlichen Wesen mit einer so satanisch aufgeblasenen Hybris; Apollyon ist der griechische Name des Fürsten der Heere des Abgrundes (abyssos), und er bekommt von GOTT die Macht, den Abgrund aufzuschliessen als das „fünfte Posaunengericht!" (vgl. Offb.9). Und dagegen sind Dantes Höllenschilderungen dann nichts mehr! Das CERN-Gaudium könnte mehr sein als nur ein Experiment. Werden Sie nüchtern! Kehren Sie um!"

Tun Sie doch das, was einst große wissenschaftliche Pioniere getan haben, *bevor* sie an ihre Arbeit gingen: Beten Sie! Man nannte es früher in gebildeten und ungebildeten Kreisen **ora et labora** (= bete und arbeite); Beten zum SCHÖPFER, der Himmel und Erde und Meer und Wasserquellen gemacht hat! (vgl. Offenbarung 14,7). Und dann müssten sie diese personalkausalen Erscheinungen (falls Sie auf diese beim CERN-Experiment treffen und überleben dürfen) auf dem Weg des menschlichen Geistes weiter zurückverfolgen, bis Sie auf die alten geistigen und historischen Quellen Ihrer Väter stossen, mit deren Weitblick und der Erkenntnis, dass der Geist (nicht Mystik!) das Primat ist, und nicht die Materie! Sie könnten dann gleich die Bibel aufschlagen, nachdem sie gebetet haben und werden in diesem unvergleichbaren heiligen Buch keine erdachten Hypothesen, sondern die **Weltformel der Existenz** und Urkausalität der Zusammenhangserhaltung finden, die längst formuliert und niedergeschrieben wurde, ehe ein antiker Grieche über die Grundkausalität und Erscheinungen der Atome nachdenken konnte!

Ich bitte diese „Größen" der Physik, die nicht einmal in der Lage sind, einen Grashalm zu erschaffen oder auch nur nachzubauen, bedenkt euer Tun. Ich weiß, dass ihr nicht mit der Personalität eines Allmächtigen GOTTES rechnet in euren Experimenten, die „beweisen sollen, dass es diesen GOTT nicht gibt." Aber ihr fordert *DEN* heraus, der Galaxien, Sonnensysteme, Gravitationskräfte, Solarmassen, Mikro- und Makrokosmos, Energie und unsagbare Entropie, Materiebausteine (Atome) und ihre Kernkräfte durch das WORT SEINER MACHT **ins Dasein rief und auch zusammenhält!** *DER* das physische Licht der Sonne erschuf und *DER* auch das unerschaffene LICHT in ewiger Existenz ohne Anfang und ohne Ende in Sich selber ist! *DER* zum Universum (!) spricht **„Es werde, und es ward!"**; *DER* spricht **„Vergehe!" und es vergeht! (vgl. 1.Mose; Psalm 33; Hiob 34,14.15; 2.Petr.3,10; Offb.20,11).** VOR *DEM* die Nationen wie ein Tropfen am Eimer sind und das Erdreich erschrickt und erzittert, wenn ER Sich erhebt! Vor *DEM*, der richten wird die Lebenden und die Toten und der nach dem Tode Macht hat in die ewige Hölle zu werfen, und der spricht: **„Mit wem wollt ihr MICH denn vergleichen, dem ICH gleich sein soll? Spricht der Heilige"** (Jesaja 40,25). *DEM* Wind und Meer gehorsam sind und der Feuer zu seinen Boten macht! Ja, vor *DEM* fürchtet euch, denn Sein Zorn kann leicht entbrennen! **Nur ein Hauch sind die Menschenkinder, ein Trug die Herrensöhne; auf der Waage steigen sie empor, sind allesamt leichter als ein Hauch!** (Information der Bibel)

Mit *DIESEM* GOTT haben wir es zu tun, verehrte Damen und Herren, nicht mit einem pantheistischen Philosophengott oder mit unpersönlicher kosmischer Energie oder dergleichen Blödsinn mehr! *DER* GOTT der Bibel ist ein GOTT Heiliger Liebe und ein verzehrendes Feuer! Nur ein leiser Wink mit Seinen Augen, die heller als tausende Sonnen sind, und euer ganzes eitles Tun samt allen technischen Anlagen und euch selbst lösen sich in nichts auf. Denn ER schuf das ALL durch das Wort Seiner ewigen ALLMACHT! (Vgl. Hebräer 1 und Kolosser 1); und Sein Wort hat dabei genügt! Lasst ab vor euren nichtigen, in euren Augen so wichtigen Versuchen die Anfänge des Universums und dessen Bausteine zu ergründen. Die gültige Antwort dafür liegt seit Jahrtausenden in biblischer Information vor; ebenso die, woher der Planet Erde und der Mensch kommen und wohin alles geht! Ein bedeutender Physiker sagte: *„es gibt in der Geistesgeschichte der Menschheit keine Epoche, wo 400 Jahre lang so intensiv geforscht wurde (...) wie in der Naturwissenschaft; ihre Tragödie ist darin, daß sie das ohne Gebet getan hat! Die Ergebnisse heute sind erschreckend.*" Die riesigen Geldsummen, die hier ohne forschungswürdiges Gebet und ohne Ehrfurcht vor GOTT verschleudert werden, kämen den Armen dieser Armutswelt wirklich (!) besser zugute! Es ist nur zu hoffen und zu wünschen, daß die Vermessenheit der Cern-Experimentalforschung und ähnlicher weiterhin scheitert, der Konsequenzen wegen!

„…denn Täter werden nie den Himmel zwingen!“ (Reinhold Schneider)

Es steht geschrieben: **„Der HERR ist langsam zum Zorn, aber von großer Kraft, und ER lässt gewiss nicht ungestraft. Die Berge erbeben vor Ihm, und die Hügel zerschmelzen; das Land hebt sich empor vor Seinem Angesicht, der Erdkreis samt allen, die darauf wohnen. Wer kann bestehen vor Seinem Grimm, und wer widersteht der Glut Seines Zorns? So spricht der HERR: Wenn du aber auch dein Nest in der Höhe bautest wie der Adler und es zwischen den Sternen anlegtest, so werde Ich dich doch von dort hinunterstürzen! Spricht der HERR.“** (Aus Nahum 1 und Obadja 1).

In der *MNW* glaubt man an die Machbarkeit aller Dinge; man meint, weil man Maschinen machen kann, könnte man auch „Leben“ machen. „Machbarkeit“ wurde zum grossen Götzen der *MNW*, der man auch zutraut, die Bausteine des Lebens zu enträtseln, indem man in den Zellkern eingreift, um das Leben zu manipulieren und somit zu verunstalten und zu zerstören!, denn LEBEN ist viel mehr als Physik, Chemie und Biologie, es ist „DER ODEM GOTTES!“ (vgl.1.Mose 2,7; Hiob 32,8; 38,36).

MNW mit naturalistischer „Wertfreiheit“ hat keine biblisch-moralischen Massstäbe und kann daher auch keine solchen ethischen hinsichtlich der Würde und Moral des Menschen setzen. Dennoch sind aber die Betreiber der MNW mit ihrem Gewissen genuin an das göttliche Moralgesetz der Bibel und die davon abgeleiteten Prinzipien gebunden! Das heißt, dass es eine *„wertfreie MNW“* von GOTT her und für den Wissenschaftler in seiner natur- oder geisteswissernschaftlichen Ausübung nicht gibt; das gilt für alles andere genauso. Was sagt GOTTES Wort über gottlose Wissenschaft, Technik, Wirtschaft und Finanztürme? **„Es sollen zurückweichen und tief beschämt werden, die auf Götzen vertrauen und zu gegossenen Bildern sagen: Ihr seid unsere Götter! Alle Götzenmacher sind nichtig, und ihre Lieblinge nützen nichts; das Werk ihrer Hände beten sie an; ihre eigenen Zeugen sehen nichts und erkennen nichts, so dass sie zuschanden werden. Zusammenbruch trifft die Übertreter…. Mögen sie alle sich vereinigen und zusammenstehen – sie müssen doch erschrecken und miteinander zuschanden werden! Wer der Asche nachgeht, den hat sein betrogenes Herz verführt; er rettet seine Seele nicht und denkt nicht: Es ist ja Betrug in meiner Rechten!“** (der Prophet Jesaja).

Im Materialismus und dessen Wissenschaft sind der Geist und die Seele ein Produkt der Materie. Aber die *Berechenbarkeit* der *MNW* hat enge Grenzen, denn wie gesagt, mit Quantitäten kann man die Qualitäten nicht messen und Quantitäten allein sind nicht ausreichend, die Welt zu verstehen und zu erklären. Es braucht mehr als das „Wie" tue ich, es benötigt die Qualitäten, die Frage nach dem „Was" tue ich und „was" ist Stoff. Und da werden moderne Naturwissenschaftler zur New-Age-Spiritualität hingezogen und Newage bezieht seine Autorität aus der MNW. Nach dem großen Wertewandel in der Aufklärung für die MNW folgt mit der Hinwendung zu New-Age der zweite Paradigmenwechsel auch für die Wissenschaft, diesmal in einen global-kollektiven Bewusstseinswandel, einer Mixtur aus östlicher Religion, Parapsychologie und Okkultismus.

Man begibt sich auf die Suche nach den geistigen Kräften *„hinter der Materie"*, weil man jetzt erkannt haben will, dass der Mensch aus Licht und kosmischer Energie besteht, so dass beispielsweise das Gehirn durch Anwendung solcher Energie Hologramme unserer Wirklichkeit entstehen lassen kann. Das erhält den „wissenschaftlichen" Namen *biogenetische Physik* und ist nichts anderes als die alte Schamanentechnik des visualisierten Denkens, wo man sich seine eigene Wirklichkeit „generieren" kann. Wenn also die MNW die deterministische Kausalität und Objektivität aufgibt und einen Quantensprung nach „innen" geht, in die Welt der Mystik und der Selbstfindung, in die geistige Welt der Gedankenströme- und Energien, um die Evolution des Bewusstseins voranzubringen und neue Wirklichkeiten entstehen zu lassen, dann hat sie den alten Aberglauben schamanistischer Geisterbeschwörer aufgenommen und ist in den Bereich östlicher Spiritualität und dämonischer (okkulter) Geistesströmung eingetreten. Dazu gibt der *vorherrschende Naturalismus* sein hilfreiches Gerüst, weil die unwissenschaftliche Evolutionstheorie ihm „wissenschaftliche" Glaubwürdigkeit verleiht.

Und somit gibt es auch hier die Frage nach Gut und Böse nicht. Die Wissenschaften werden hineingeschwemmt in das zeitgemäße New-Age-Denken, man sucht die Verschmelzung östlicher Mystik und westlicher Wissenschaft. Die alchimistische Visualisierung wird angestrebt, Energie in Materie umzuwandeln, wobei Gedanken (und Worte) Träger der Energie sind. Die New-Age-Wissenschaftler schauen nun „in sich" und beobachten dabei die Resultate von Ursache und Wirkung (eine Voraussetzung für wissenschaftliche Beweisbarkeit) bei der Anwendung okkulter Methoden im Geist des Menschen. Man konnte nämlich feststellen, dass mit bestimmten okkulten Techniken im innermenschlichen Bereich Kräfte aktiviert werden. Wir haben aber gesehen, dass unser Gehirn nicht „Produzent, sondern Instrument" des Geistes ist, und so müsste verstanden werden, dass durch okkulte Methoden erzeugte Kräfte übernatürliche Kräfte sind, die nicht unser Gehirn „erzeugt", sondern von aussen (paranormal) *per Fremdbestimmung* auf das Gehirn einwirken! Es sind zwei Quellen möglich, die auf unser Gehirn einwirken: GOTT oder der Teufel.

Man kann also heute Wissenschaft, Religion und Zauberei nicht mehr exakt unterscheiden; die Grenzen sind hier fließend geworden. Das neue ganzheitliche Denken innerhalb der MNW sieht sich als Teil des Ganzen kosmischen Energiestroms und als Einssein mit sich selbst, der Welt, dem Kosmos und Gott. Die alte teuflische Hybris, GOTT sein zu wollen und zu sollen ist zum neuen Paradigma und zum Dogma geworden und spielt seine letzte große Rolle im Weltplan globaler Herrschaftsform, wo das Welt-Freimaurertum schon längst *Gott* im Menschengeist „lokalisiert" hat gemäß der Behauptung L. Feuerbachs: „Der Mensch ist für den Menschen Gott." Wir aber bekennen: „GOTT ist für den Menschen GOTT!" der Mensch ist für den Mensch nur Diener!

Schlussbemerkungen und ein persönliches Zeugnis

„Würdig" macht kein naturwissenschaftliches Wissen, sondern nur das Glaubenswissen, dass es GOTTES bedarf um ein Mensch zu sein. Und es ist *würdig,* aus diesem Wissen heraus (mit Werten der Bibel und der Wissenschaft) dem Höheren zu dienen, um nicht in menschlicher Selbstermächtigung sich und die Umwelt weiter zu verstümmeln und letztlich daran auszusterben. **„So spricht der HERR, dein Erlöser, der dich von Mutterleib an gebildet hat: ICH BIN der HERR, der alles vollbringt – Ich habe die Himmel ausgespannt, Ich allein, und die Erde ausgebreitet durch Mich selbst – Ich bin der HERR und sonst ist keiner! Denn außer Mir gibt es keinen GOTT!"** (Jesaja 44,24;25,5). So souverän, so nahe und so persönlich kann nur der Personale und Lebendige GOTT der BIBEL sprechen in Seiner unvergleichlich herrlichen Ausdrucksweise! Diese Worte treffen den Menschen und überwältigen ihn, sofern er sein Herz nicht verstockt und in Verhärtung verweilt. Ich will Ihnen sagen, welches lebendige Wort *mich* überwältigte, als ich eines Abends allein und in depressiver Stimmung auf einer Bank saß, innerlich zerrissen von Süchten, Lüsten und Begierden, lebensmüde und zugleich hungrig und durstig nach wahrem Leben, Geborgenheit und *echter* Liebe.

Ich wollte nachhaltige Antworten auf brennende Fragen; in mir war nicht ein Fragen nach dem, was die Welt im Innersten zusammenhält, sondern *„ein Zittern der Gedanken nach dem, was sicher ist und hält, wenn alle Stützen wanken*". Ich kam in meiner damaligen Tätigkeit u.a. als Organisationsleiter einer Werbefirma mit vielen Menschen in Kontakt, mit gebildeten und Ungebildeten; ich habe verschiedene Meinungen über Gott und die Welt gehört, und ich habe hinter Fassaden und Masken blicken dürfen, die unter Materialismus und Geistesarmut nichts als gähnende Leere zeigten, aber auch in Herzen, die Sehnsucht nach Verständnis, Hilfe und Geborgenheit ausdrückten. Ich sah schon damals, wie kaputt die Welt ist, einschliesslich ich selbst! Und es *musste* einfach eine Antwort geben auf wirklich brennende, existenzielle Lebensfragen – Theologen und Philosophen konnten mir diese nicht geben (man kann nicht etwas geben, was man selbst nicht hat). Leidenschaften hatten mich im Griff – Eigenschaften, die Leiden schaffen! Im Zuge meiner freiberuflichen Tätigkeit war ich durch meinen gottlosen und freizügigen Lebensstil zum Betrüger geworden, der mehr als nur das Finanzamt betrog. Das belastete mich zusätzlich und ich wusste, dass ich diesen Job und diese Lebensphase aufgeben muß! (Entstandenen Schaden konnte ich im Nachhinein dem Finanzamt gegenüber wieder gutmachen; anderen Schaden darüber hinaus wenigstens teilweise und nach Möglichkeit). Auf der anderen Seite ließ mich die Suche nach GOTT, Wahrheit und Sinn nicht los; ich hatte schon Einiges an hinführender Literatur dazu gelesen. Wissen Sie, GOTT hat allen Menschen die Ewigkeit ins Herz gelegt, sagt die Bibel, und wir suchen oft unbewußt nach dieser anderen, ewigen Dimension ohne zu wissen, wo wir sie finden sollen.

Aber Menschen, die GOTTES Eingreifen erfahren, ahnen intuitiv Seine Nähe, können diese aber nicht näher beschreiben. Mir hatte GOTT bis dahin mehrfach das Leben gerettet; vielleicht sah ER den Funken in mir, der nach IHM verlangte, ein noch im Bewusstsein verschüttetes Sehnen, ein Gottesmensch zu sein und kein Gottloser. Auch funktionierte mein Gewissen noch. Ich erinnere mich zurück an ein Auffanglager der französichen Fremdenlegion, wo uns jungen Legionärsaspiranten von Offizieren gesagt wurde: „ein Legionär tötet!" – das war ein Stich in mein Herz und harter Schlag auf mein Gewissen, in welches noch die Gebote GOTTES geschrieben standen: **„Du sollst nicht töten!"** Sofort und mit aller Klarheit schrie es in mir: „NEIN!" Niemals werde ich einen Menschen töten, denn ich bin ein Mensch und kein Tier und GOTT, der HERR, ist Richter über alles! GOTT rettete mich aus der Legion heraus. Markant hat sich auch folgendes Erlebnis in mein Gedächtnis eingebrannt. Als ich mich an einem unsittlichen Ort aufhielt, hörte ich akustisch und deutlich eine tiefe Stimme mit Autorität sprechen: *„Freue dich in deiner Jugend, junger Mann, und laß dein Herz fröhlich sein in den Tagen deines Jugendalters; wandle in den Wegen deines Herzens und nach dem, was deine Augen sehen – doch sollst du dabei wissen,* daß dir GOTT über dies alles Sein Urteil sprechen wird*!"* Ich sah niemanden reden und konnte diese Stimme nicht einordnen, aber später nach meiner Bekehrung las ich diesen Wortlaut buchstäblich in der Bibel, in Prediger Kapitel 11.

So saß ich auf dieser Bank und hob meinen Blick hinauf zum Sternenhimmel und sendete damit insgeheim ein inneres „SMS", ein Flehen zu GOTT empor; – als Antwort vernahm ich in meiner Intuition ganz deutliche Worte: **"Was du siehst, habe ICH geschaffen!"** *Diese* Stimme kannte ich bis dahin nicht, und ich hätte auch etwas anderes als „Antwort" erwartet. Sie traf mich wie ein Blitz ins Herz und ins Gewissen – ein himmlischer Impuls, und ich eilte in meine Wohnung, wo ich mich auf den Boden warf und diesem erhabenen GOTT (den ich bis dahin nur als philosophisch-abstrakten Religionsgott, jedoch nicht als persönlichen HERRN kannte) meine Seele und mein Herz ausschüttete und meine Sünden unter Tränen bekannte; es floss nur so aus mir heraus wie das Schreien eines Gefangenen. (Diese Erfahrung fand ich später in Psalm 32 identisch wieder). Und als ich hernach weiter das „Vaterunser" betete (weil ich außer diesem nur noch ein kurzes Frühgebet kannte), kam wieder eine Antwort in Form eines tiefen bis dahin nicht gekannten Friedens über mich, den ich so verspürte, als wäre ich unter der Dusche; ja, so empfand ich das, so stark war diese emotionale Erfahrung. Ich spürte dort, wie mir das „Vaterunser" mehr als ein Form(el)gebet wurde, das gewohnheitsmässig irgendwo im katholischen Raum herunterleiert oder von den Nationen herplappert wird (vgl.Matt.6,7). Solche deutlichen *Erfahrungen* sind aber nicht das Entscheidende bei einer echten Bekehrung; sie *können* dieser folgen, *müssen* es aber nicht. Ich füge das an, weil hierüber viel Falschgeld im Umlauf ist; siehe unten bei Ökumene und Charismatik.

Hier erfasste mich die höhere Gnade und Kraft, und mein suchendes, elendes Sünderleben kam jetzt unter die wirksame Kraft des Blutes und Kreuzes JESU; ER schenkte mir dort Vergebung und Erlösung und eine Neue Identität in meinem Geist! Mein Leben bekam eine neue, diametrale Richtung. Es begann nun mit einer inneren Gewissheit und trotz vielem Versagen für mich mein neuer Weg mit JESUS CHRISTUS, geführt von IHM (vgl. Psalm 23)! Ich weiß noch unvergesslich, wie ich damals zum Schluß betete: *„HERR und GOTT, wenn ich je in meinem Leben von der Nachfolge JESU abweichen und Dir untreu werden sollte, so bitte ich Dich inständig, bringe mich wieder zurück zu Dir; halte Du mich fest im Namen JESU; Ich danke Dir!"* Und dann bat ich um Kontakt zu Christen, denn ich kannte keine in meiner Umgebung. Kurze Zeit später kam in einem Zug dieser Kontakt spontan und gezielt zustande; ich wurde angesprochen von einem älteren gläubigen Ehepaar, das in meiner Nähe wohnte und mich zu Versammlungen mitnahm! Welch ein treuer und gnädiger GOTT! Die Psalme 103, 136, 145 + 147 sollten zur Pflichtlektüre für jede Generation werden – aber zur Pflichtlektüre aus „Erfahrung", nicht aus religiöser Doktrin. Verstehen Sie den Unterschied? Ich rede von der Erfahrung aus einer bewussten, lebendigen Liebesbeziehung zu GOTT durch den Glauben an JESUS CHRISTUS! „Gnosis" ist der griechische Begriff dafür, über den wir in Kapitel vier mehr hören werden.

Kurze Zeit später las ich in meiner ersten erstandenen Bibel den wunderbaren Psalm 103, dessen Aussagen mich seither begleiten, und ich las im Buch des Propheten Jesaja die Worte, die meine Erfahrung oben bestätigten: **„Hebt eure Augen auf zur Höhe und seht: WER hat diese erschaffen? ER, der ihr Heer abgezählt herausführt, ER ruft sie alle mit Namen. SO groß ist Seine Macht und so stark ist ER, dass nicht eines vermisst wird!"** (Jesaja 40,26; ca. 700 vor Chr.) Jedes Wort der Schrift, nicht nur dieses, kann zu Menschen reden. Aber ich kann doch nicht umhin, diese Größe am Sternenhimmel ein klein wenig anzudeuten.

Als Galileo Galilei (1564-1642) sein selbst gemachtes Fernrohr in den Nachthimmel richtete, schätzte er eine Zahl von etwa 30 000 Sternen – heute wissen wir, dass schon unsere Milchstraßengalaxis an die 100 Milliarden Sterne zählt. Andromeda, die nächste Galaxie auf der nördlichen Himmelssphäre liegt in einer Entfernung von 2,26 Millionen Lichtjahren, und auf der südlichen Himmelshalbkugel sind zwei weitere Galaxien mit bloßem Auge sichtbar: die Grosse und die Kleine Magellansche Wolke – weitere hunderte Milliarden Sterne. Es wird unvorstellbar, diese Sternenzahlen in den Galaxien mit der *Anzahl der Galaxien* selbst zu multiplizieren!, denn es gibt „Hunderte von Milliarden" von ihnen vom heutigen extrapolierten Wissensstand aus! Astronomische Schätzungen gehen von einer unteren Zahl mit 10 hoch 25 Sternen aus; die Zeit für das Zählen dieser unermesslichen Anzahl würde mit einem Rechner mit 10 Milliarden Operationen pro Sekunde 30 Millionen Jahre dauern! Und jetzt bedenken Sie bitte, dass GOTT diese Sternenzahl sowohl abzählt wie auch jeden (!) einzelnen mit Namen benennt – **welch ein GEDÄCHTNIS**! **„ER zählt die Zahl der Sterne und nennt sie alle mit Namen"** heißt es in Psalm 147,4 und **„Groß ist unser HERR und reich an Macht; Sein Verstand ist unermesslich!"** (V.5). Die grandiosen Bewegungsabläufe im unbegreiflichen Sternenheer sind außerhalb planlosen Zufalls, sie sind völlig planmäßiges Geschehen und auch nur dadurch möglich!

Dieser große GOTT zählt auch die Atome, aus denen Ihr Körper besteht; ER ist in der Tat unbegreiflich, mit dem menschlichen Verstand nicht zu erfassen oder zu begreifen, unausforschlich – eben übermenschlich-übernatürlich! Wäre ER verstandesmässig völlig zu erfassen, wäre ER nicht größer, als es das Wesen des Menschen ausmacht. IHN aber zeichnet Unendlichkeit, Vollkommenheit und Allmacht aus! Und gerade davon, sagt die Schrift, gibt die unbegrenzte Schöpfung Zeugnis! Die für unser Denkvermögen unbegreiflichen Dimensionen des Universums bringen uns die Botschaft: „Höre auf GOTT mit dem Verstand begreifen zu wollen!" Auch vor der enormen (!) Größe und Unterschiedlichkeit der Sterne kann der kleine Mensch nur staunend schweigen. Eigenschaften wie Helligkeit, Masse, Dichte, Temperatur, Rotationsgeschwindigkeit, Gravitation usw. unterscheiden die Sterne voneinander. Im Vergleich zur Größe eines Beteigeuze, Rigel oder Antares erscheint unsere Sonne als Kirsche zum Ball; der Stern *a-Herkules* hat den Durchmesser von 250 Milliarden Kilometer – *zig* Mal größer als unser Sonnensystem! Was sagt uns denkenden Menschen also das obige Jesajawort, das ca. 700 Jahre vor CHRISTUS gesprochen wurde, lange vor den ersten Sternbeobachtungen eines Galilei? Hatte der Prophet Jesaja ein Superteleskop? Hatte er einen Doktor in Astronomie? Nein, GOTT inspirierte den Propheten und zeigte ihm Wahrheiten, die über alles Menschliche stehen und die zu unserer Information aufgezeichnet wurden. Ebenso kann man schon bei Jesaja lesen und sehen, dass die Erde eine Kugel ist.

Der Geist des HERRN redet durch Seinen Propheten: **„Wer hat den Geist des HERRN ergründet, und wer hat IHN als Ratgeber unterwiesen? (….) Wißt ihr es nicht? Hört ihr es nicht? Ist es euch nicht verkündigt worden? Habt ihr nicht Einsicht erlangt in die Grundlegung der Erde? ER ist es, der über dem Kreis der Erde thront…!"** (Jes.40,13.21).

Hiob, ein Mann des Altertums im Alten Testament und des gleichnamigen bedeutenden Werkes der Weltliteratur mit seiner unvergleichlichen Botschaft (bekannt sind die von seinem Namen abgeleiteten Hiobsbotschaften) lebte in patriarchalischer Zeit noch viel früher als der Prophet Jesaja. Hiob zeichnet mit Worten ein faszinierendes Bild von drei gigantischen Sternenbilder am nördlichen „Himmel" – Großer Bär, Orion und Siebengestirn (Kapitel 9,1-12; 38.31-33)! Auch die „Kammern des Südens", Sternbilder, die nur in der südlichen Hemisphäre sichtbar sind, erwähnt er. Mit der Kühnheit eines orientalischen „Weisen" ohne moderne naturwissenschaftliche Hilfsmittel formuliert Hiob: **„ER (der Schöpfer Himmels und der Erde) machte den Großen Bären, den Orion und das Siebengestirn, samt den Kammern des Südens."** Und der HERR Selbst stellt Hiob in Kapitel 38 und 39 prüfende Fragen, unter denen eine lautet: **„Knüpfst du die Bande des Siebengestirns, oder kannst du die Fesseln**

des Orion lösen? Kannst du die Sterne des Tierkreises herausführen zu ihrer Zeit, und leitest du den Großen Bären samt seinen Jungen? Kennst du die Gesetze des Himmels, oder bestimmst du seine Herrschaft über die Erde?"

Nach dem zweiten thermodynamischen Grundsatz müssten sich die Spiralarme der Spiralgalaxien (z.B. unser Milchstrassensystem) auflösen; sie tun es aber bis „heute" nicht und sie taten es nicht „gestern". *WER* hält sie wohl zusammen? ER, der SCHÖPFER, **„trägt alle Dinge durch das Wort Seiner Kraft"; „… und alles hat seinen Bestand in IHM", dem LOGOS**! (vgl. Hebräer 1,3+Kolosser 1,16.17). In wissenschaftlichen Magazinen oder Tageszeitungen liest man immer wieder das nihilistisch-verzweifelte „Bekenntnis", dass es für die Ursache des Universums keinen Schöpfer-Gott bedarf; der Zufall und der Urknall genüge dafür. Astrophysiker geben mit dieser „Erklärung" der Evolution viel „Glaubwürdigkeit". Die Wissenschaft *erkläre*, und die Theologie *interpretiere,* sagt man. Doch was will die Wissenschaft von kosmischen Gesetzen erklären, die sie noch gar nicht „versteht?!" Kann ein Lehrer seinen Schülern glaubwürdig eine Formel erklären, deren Anwendung er weder versteht noch durchführen kann? Mehr als ein verächtliches Grinsen seiner Zuhörer wird er nicht erreichen. **„…Schafft eure stärksten Beweisgründe herbei, spricht der HERR!"** (Jes.41,21).

Die meisten der kosmischen Abläufe entziehen sich der Erkenntnis und Erkenntnismöglichkeit naturwissenschaftlicher Gesetze und Forschung und sind diesen nicht unterworfen. Kein Wissenschaftler weiss auch nur annäherungsweise, was mit Licht, Energie und Materie hinter dem Ereignishorizont der schwarzen Löcher geschieht und welche Gesetze dort wirken. **„Kennst du die Gesetze des Himmels?"** fragt GOTT den antiken oder den modernen Menschen – und niemand antwortet, *kann* antworten. GOTT aber kennt die Antwort, teilt sie jedoch nicht detailiert mit, denn mit Sicherheit würde diese Erkenntnis unser Verstehvermögen übersteigen – wir würden in andere Dimensionen geführt. Es gibt interessante Hinweise in der Bibel auf Zusammenhänge im Sternenkosmos, ich nenne nur einen: **„Wer hat diese (Sterne) erschaffen? ER, der ihr Heer abgezählt herausführt, ER ruft sie alle mit Namen. So groß ist Seine Macht und so stark ist ER, daß nicht eines vermißt wird."** (Jesaja 40,26). Abgezählt herausgeführt, ohne daß eines vermißt wird! Wir haben oben über diese potenzielle astronomische Anzahl gesprochen; das „Herausführen und die bekannte Position jeden einzelnen Sterns" vor GOTT läßt darauf schliessen, daß kein Stern fehlen bzw. vermisst werden darf, damit der Sekunden- Minuten- und

Stundenzeiger auf der kosmischen Uhr richtig tickt und unser Sonnensystem so präzise und crashlos funktioniert!

Viele, nein unzählige Sterne und Planaten ziehen ihre eigenen orbitalen Bahnen und haben in ihren Formationen und Konstellationen scheinbar nichts miteinander zu tun, doch durch ihre Schwerkräfte bedingen und beeinflussen sie einander. Es gibt aber in diesen Symmentrien auch sonderbare Erscheinungen, wie z.B. im Sternbild „Orion", wo die einzelnen Sterne auseinanderdriften, sich „auflösen"; oder beim offenen Sternenhaufen der Plejaden (= Siebengestirn), die nicht dieses Phänomen aufweisen, sondern miteinander „verknüpft" sind. **„Knüpfst du die Bande des Siebengestirns, oder kannst du die Fesseln des Orion (auf)lösen?"** Hiob war kein Astronom, er konnte diese kosmischen Vorgänge nicht mit seinen physischen Augen beobachten, aber er spricht mit derselben wissenden Inspiration (= Eingebung) wie die Propheten des AT, und diese Inspiration kommt auch in den Psalmen vor, wenn Menschen diesem großen erhabenen Schöpfer huldigen und ihre Abhängigkeit von IHM zum Ausdruck bringen: z.B. in Psalm 115,3+15; 121,2. Nachdem GOTT, der HERR, dem Hiob Seine Fragen gestellt hatte, war die Antwort dieses gottesfürchtigen, weisen Mannes: „**Siehe, ich bin zu gering; was soll ich Dir erwidern? Ich will meine Hand auf meinen Mund legen! Ich habe einmal geredet und konnte nichts antworten, und noch ein zweites Mal, und ich will es nicht mehr tun!"** (40,4+5). Dieses weise Credo ist ein wünschenwerter Maulkorb für atheistische Theoretiker in der MNW sowie jedweden „astrolügischen" Unsinn.

Harmonische Kreation der Schöpfung

„**Die Himmel erzählen die Herrlichkeit GOTTES, und die Ausdehnung verkündigt das Werk Seiner Hände. Es fließt die Rede Tag für Tag…"** (Psalm 19,1) **„Die Himmel sind durch das Wort des HERRN gemacht, und ihr ganzes Heer durch den Hauch Seines Mundes. Denn ER sprach, und es geschah; ER gebot, und es stand da."** (Psalm 33,6+9). Alles im Kosmos ist Bewegung und harmonische Abstimmung. Ludwig v. Beethofen staunte über das kosmische Präzisions-Uhrwerk der Sonnen und Planeten in ihrer Harmonie und sagte, daß diese Unfassbarkeit der Schöpfung kein zufälliges Zusammentreffen von Atomen sein konnte! Große klassische Werke berühmter Komponisten entstanden durch Inspiration im Einklang mit dieser Schöpfungssymphonie als „kreationistische Kompositionen." Haydn, Bach, Händel, Mendelssohn Bartholdy u.a. schöpften ihre Werke zur Verherrlichung ihres Schöpfers; ich würde sogar J. Brahms und sein Violinkonzert in D-dur dieser Kategorie bezeichnen. Selbst wenn es keinen einzigen Menschen mehr gäbe, der an GOTT und Seine wunderbare Schöpfung glaubt, keinen Prediger, der IHN verkündigt, kein Liedgut und klassische Musik zu Seiner Ehre, so bleibt doch der Sternenhimmel und die Natur der irdischen Schöpfung in ihrer Schönheit und Vielfalt das Zeugnis des SCHÖPFERS! – **„denn die Himmel erzählen die Ehre und Größe GOTTES, und das Firmament bezeugt Seine großen Schöpfungstaten!“**

Die inspirierten Quellen des *biblischen Glaubens*, der erbeten und empfangen werden kann, bedürfen nicht naturwissenschaftlicher Zustimmung; der Schöpfungsglaube selbst aber kann die Naturwissenschaft zu ihrer bestimmten und zugedachten Größe *führen*, ohne selbst der wissenschaftlichen Beweisführung zu bedürfen, als ob diese erst seine Bestätigung und Legitimation erbringt. Denn in Jahrtausenden vor einem Aufkommen „aufgeklärter“ naturwissenschaftlicher Omnipotenz war persönlicher biblischer Glaube (verwechseln Sie den nie mit volkskirch-religiösem) stets eine von menschlicher Potenz unabhängige Größe – und dann bei den Pionieren der NW integrierend und begründent für ihr Denken und Forschen. Da war das *Wissen* in jene Wiege der *Weisheit* und Wirklichkeit gebettet, aus der die Kulturen erblühten!

Gilt sie aber, diese eine mit Sehnsucht oder auch mit Irrtum gesuchte Wahrheit, müsste sie uns sodann „gegeben werden“ – und GOTT sei Dank! ER hat Sich schon zu uns geneigt und uns *mit und in Seinem Sohn die Wahrheit verkündigt*! Lesen Sie das Johannes-Evangelium langsam und mehrmals durch; nehmen Sie sich diese Zeit um jeden Preis! Beten Sie: „Herr JESUS CHRISTUS, öffne mir die Augen“. Kommen Sie als „nackter“ Mensch zu IHM; Lehrstühle, Titel und Nobelpreise haben hierbei keine Bedeutung. Es geht um ewige Werte und um ewige Rettung!

Natur und moderne Naturwissenschaft, wenn sie vom biblischen Schöpfungszeugnis und Weltbild her unter Anwendung des Wissens um die Abhängigkeit vom Schöpfer und des Gebets wirkt, wird die Erfahrung machen, dass der biblische Glaube besser und zuverlässiger trägt als der doppelte Boden vorläufiger, unstimmiger Wissenschaftlichkeit, dass er die höchste Vernunft ist! „Begegnung, Umkehr und Glaube“ sind die Schlüsselbegriffe im EVANGELIUM, der Botschaft der Liebe! Bleiben Sie nicht bei einem abstrakten religiösen Gottesbegriff und der naturphilosophischen Weltanschauung stehen; die Begegnung und Beziehung mit dem lebendigen GOTT ist von personaler Art, und sie beginnt mit einem Herzensgebet zu JESUS CHRISTUS.

New-Age und Evolution
wer das glaubt, wird nicht selig

„Knüpfst du die Bande des Siebengestirns, oder kannst du die Fesseln des Orion lösen? Kannst du die Sterne des Tierkreises herausführen zu ihrer Zeit, und leitest du den grossen Bären samt seinen Jungen? Kennst du die Gesetze des Himmels, oder bestimmst du seine Herrschaft über die Erde?" *(Hiob 38,31-33;* ein Meisterwerk hebräischer Dichtung und einer historischen Persönlichkeit ca. 2000 v.Chr; *vgl. Jes.40,26 ca. 700 v.Chr*). **„Der HERR hat die Erde durch Weisheit gegründet und die Himmel durch Einsicht befestigt! Durch Seine Erkenntnis brachen die Fluten hervor und träufelten die Wolken Tau herab. Mein Sohn, laß dies niemals aus den Augen; bewahre Überlegung und Besonnenheit."** *(Sprüche 3,19-21)*

Über die verschiedenen Evolutionstheorien wie Kosmische, Chemische, Biologische, Kulturelle Evolution ist schon genug und zuviel geschrieben worden, so dass man hier nicht immer weiter Thesen gegen Antithesen stellen muss, denn auf der Ebene der Argumentationen allein kann Evolution nicht überwunden werden, solange dogmatischer Atheismus und pragmatischer Agnostizismus und Naturalismus ihr Haupt erheben. Darum werde ich keinen „religiösen Eifer" aufwenden, sondern auch hier einige grundlegende Prinzipien gegen die „Glaubwürdigkeit" der Evolutionstheorie vertreten, denn Evolution ist keine exakte Wissenschaft, man muß sie *erglauben*, und sie macht dabei nicht selig. Sie ist ein „Spielzeug" in der Hand wissenschaftsgläubiger Menschen, eben eine Theorie, die man glauben muss, weil man sie nicht „beweisen" kann und sie ist zutiefst unlogisch!

„Timor domini initium sapientia"- die Furcht des HERRN ist der Weisheit Anfang. Die Bibel beschreibt nur zwei Arten von Menschen innerhalb mehrerer Gruppen; diese zwei Arten bestehen aus „Gottesfürchtigen" (Kluge und Weise), und aus Gottlosen (Narren bzw. Toren). Und zu diesen zwei Arten ist zu sagen: *Ein wenig Wissen macht Menschen zu Ungläubigen und Gegnern biblischer Offenbarung, das sind die Gottlosen. Aber ein tiefes Wissen als Ergebnis von Gottesfurcht und Erkenntnis der Schöpfung GOTTES und Seines Wortes bringt Menschen durch Glauben zu GOTT. Das sind die Gottesfürchtigen, die Klugen.*

Ich zitiere einen gottesfürchtigen Naturwissenschaftler, der sagte: *„Nach dem Bau der Atombombe und nach zwei Weltkriegen sowie zahllosen Konflikten in dieser Todeswelt müsste es eigentlich jedem aufgegangen sein – sogar den modernen Naturwissenschaftlern und Evolutionsspekulanten, dass aus dem Chaos von selbst keine Ordnung entstehen kann! Leben* *aus toter Materie zu schaffen, ist für den geistlich toten Menschen zwar ein Wunschtraum, aber ein unerfüllbarer. Denn es ist noch nichts geschaffen worden, das seinerseits etwas hervorbringt, was sich weiter fortpflanzen kann. Die Affentheorie Darwins war in ihrem Jahrhundertirrtum eine Tragödie, ein Armutszeugnis verfinsterten Verstandes. Jeder ernsthafte Biologe heute weiss, dass es keine stufenweise chemische Synthese gibt, aus welcher „Leben" entsteht. Zeit und Zufall wie Mutation und Selektion waren und sind Spekulation, um einen großen Irrtum glaubhaft zu machen. Es ist unter jeder Würde des Homo erectus und des Homo sapiens, seine erstaunliche Art und Herkunft von Selbstorganisation aus toter Materie abzuleiten!"*

Evolution ist „das Werden aus Vorhandenem", woher aber kommt das „Vorhandene"?, die Materie? Die Energie? Die Gravitation? Die Konstante und Gültigkeit der Naturgesetze? Das periodische System der Elemente? Oder das gigantische Steuerungssystem der Zelle auf Mikroraum und die Bibliotheken von „Büchern" in ihren Chromosomen, wo jeder „Buchstabe" der Erbinformation an seinem zugeordneten Platz sein muß, um von den Ribosomen gelesen und übersetzt zu werden!? Woher kommt zum Beispiel der Weltraum mit seinen unendlichen Sonnenmassen und präzis abgestimmten Bewegungsabläufen; woher kommt der fantastische Planet „Erde??" Sie wollen mich doch bitte nicht der Zumutung aussetzen zu glauben, dass diese aufgezählten hyperkomplexen Systeme, und es gibt tausend andere, sich von selbst dazu gemacht haben?! Dann bitte ich Sie mit derselben Zumutung zu glauben, dass alle Uhren dieser Welt ohne Uhrmacher, und alle Bücher und Flugzeuge ohne Autoren und Konstrukteure durch Zufall und Zeit entstanden sind! Das wäre doch nach Ihrer „Logik", oder? Daß alles, was der Disposition (Planung) und der Kybernetik (Steuerung) unterliegt, so ganz ohne ordnende Intelligenz von selbst entstanden ist und läuft?! Sie sehen schon, daß es so **nicht** geht. Ich kann mich des Eindrucks nicht erwehren, dass Verfechter und Befürworter der Evolutionstheorie zum einen nicht bereit sind, hierüber auch *konsequent zu denken* und zum anderen, dass sie eine unbewußte Angst davor zurückschrecken lässt. Denn wenn Evolution nur eine große Täuschung ist?! Was dann?! Ja dann muß man mit GOTT rechnen! Denk- und Lesefaulheit hemmen leider diesen Prozess.

Von etwas, *was schon vorhanden ist*, versuchen Evolutionisten zwanghaft Zeiten zu datieren sowie Entstehung und Entwicklung von Lebewesen zu konstruieren. Gelungen ist es nie, auch mit Bergen von Hypothesen nicht. Im Blick auf das „Urknallmodell", das Realschüler schon als grotesken Witz verlachen sollten, gibt es kein Labor in dieser Welt, das die „Geschichte" nachexperimentieren könnte; man muss eine Theorie für den Anfang setzen welche lautet, dass dieser wunderbare Kosmos in einem „big bang" enthalten war. Das *wollen* auch Menschen im

Dienste von Wissenschaft heute nicht mehr „glauben", da es vor allem für Kosmologen und Mikrobiologen aufgrund naturwissenschaftlicher Fakten feststeht, dass die Komplexität und Perfektheit der Naturabläufe mit Zufall nicht erklärt werden können!

Es gibt keinen Anfang aus sich selbst, darum ist die Astrophysik hier im kosmologischen Erklärungsnotstand, den Prof. Dr. James Trefil (Mason Uni,Virginia) so ausdrückt: *„Eigentlich dürfte es in den Weiten des Weltraumes gar keine Galaxien geben, und wenn es sie nun schon einmal gibt, dürften sie sich zumindest nicht zu solchen Formationen verbunden haben, wie sie sich im Blick durchs Teleskop darbieten…Die Existenz der Galaxien (im Urknallmodell) zu erklären, hat sich als eines der haarigsten Probleme der Kosmologie erwiesen. Von Rechts wegen dürfte es sie gar nicht geben, dennoch sind sie da. Es ist kaum zu beschreiben, welche Frustration diese simple Tatsache unter Wissenschaftlern auslöst."* Sir Fred Hoyle, wohlbekannter Kosmologe und Astrophysiker bemerkte über das Urknallmodell: *„Die Vorstellung, dass sich Galaxien bilden, in denen sich dann eine aktive astronomische Geschichte abspielt, ist eine Illusion. Nichts bildet sich, das Ganze ist tot wie ein >Türnagel<…"* (New Scientist 92; 1981).

Ebenso wenig bzw. gar nicht, wie man das Alter der Erde „reproduzieren" und bestimmen kann, kann man das mit den „Arten", auch wenn die Theorie der Evolution vorgibt, es zu „wissen"; sie „meint" nur, es zu wissen. Bei allen Evolutionsthesen stehen Berge von Papier für „Beweise", die nicht erbracht und verifiziert wurden, aber man kämpft mit großer Energieverschwendung und Kraft – für eine Theorie und philosophische Anschauung und eine „Idee". Vielleicht benennt man das ganze Gebilde später einmal „Idealistischer *Un*realismus", ein angemessener Ausdruck für eine den *Geist* verleugnende Geisteshaltung. Das ganze umkehrbare Problem liegt, wie wir oben schon gesehen haben, nicht beim Objekt der Erforschbarkeit, sondern beim Forscher selbst als Subjekt und seinen Methoden. Beide unterliegen einer Erkenntnisgrenze und verlassen jeden strengen Wissenschaftsbereich, wenn sie diese Grenzen mit „Erkenntnistheorien, Vermutungen, Hypothesen und Spekulationen überschreiten.

Evolutionisten sind unscharfe Denker, die sich durch keine Tatsache erschüttern lassen

Es ist in der Tat Wahnvorstellung, aus der unwissenschaftlichen Evolutionstheorie eine Entstehung und Entwicklung der Arten als `bewiesen` darzustellen. Hier wurde nie etwas bewiesen, es wurden und werden lediglich Hypothesen formuliert, bei denen am Ende eine Theorie, aber keine gesicherte Expertise steht, und diese muss der Unwissende eben „glauben". Zu mehr kann es auch nicht kommen, weil wissenschaftlich klare Fakten fehlen und man den Anfang der Schöpfung, das Alter der Erde und die Arten nicht experimentell reproduzieren kann. So bleibt den Evolutionsspekulanten nichts anderes als ihr „Glaubenskonzept", und das ist enorm. Es beweist einmal mehr, dass der größte Atheist und der dümmste Mensch glauben *muß,* selbst dann, wenn er glaubt, dass er nicht glaubt. Denn „Glaube" ist die stärkste Kraft im Menschen! In unserer *Alltagssprache* heißt es überall: „Das glaube ich", „das glaube ich nicht", „Ja, ich glaube schon", „ja, das glaube ich dir", „ich glaube es wird…." usw. Und in unserem *Alltagsdenken* heißt das: „ ich glaube, das Benzin reicht noch", „ich glaube, dass ich das noch rechtzeitig ankomme", „ich glaube, dass das Rezept richtig ist", „ich glaube an den Wetterbericht", „ich glaube, dass dieser Politiker fähig oder unfähig ist", „ich glaube nicht dass ein Krieg kommt", ich glaube, ich glaube, ich glaube….! Glaube an eine Evolution ist eine paranoide Haltung zu einer Ideologie, die sich wissenschaftlich nennt, sich aber stark reaktionär zum biblischen Kreationismus verhält und diesen mit Rechtsextremismus und reaktionärem Fundamentalismus gleichstellt. Darwins Thesen *muss* man glauben, damit sie wahr *werden;* die biblische Wahrheit ist authentisch, *darum* wird sie geglaubt!

Zwei Beispiele, die prinzipielle Irrtümer im Evolutionsschema aufzeigen

a) **Das Erdalter**: Bei den Evolutionisten gibt es ja das Problem des Sündenfalls und den Fall Luzifers nicht; es dreht sich alles um Urknalltheorien und Entstehung und Entwicklung der Arten. Nun erlaube ich mir eine Anekdote, die ich irgendwo gelesen habe: Da ist ein Fabrikarbeiter, dessen Aufgabe darin besteht, zur Pausenzeit die Sirene einzuschalten. Und weil er die genaue Zeitangabe immer durch sein Fenster von der gegenüberliegenden grossen Uhr eines Uhrmachergeschäftes abliest, verlässt er sich auf diese Zeitangabe. Als der Arbeiter nach Jahren in Rente geht, geht er hinüber zum Uhrmacher, um sich bei ihm für die immer präzise Zeitangabe zu bedanken. Der Uhrmacher schaut ihn an, zieht die Augenbrauen hoch und sagt mit einem sonderbaren Gesichtsausdruck: „wissen sie, ich habe meine Uhr immer nach ihrer Sirene eingestellt." Soweit diese nette Anekdote. Auf das Erdalter bezogen zeigt sie die Situation auf, welche die Evolution mit ihrer Datierung von der Geologie her aufweist. Die Paläontologen erkundigen sich bei den Geologen über das geschätzte Alter der Gesteinsschichten, und die Geologen fragen bei den Paläontologen nach, wie alt die in den Gesteinsschichten gefundenen Fossilien sind. Beide verlassen sich nämlich in ihrer Datierung aufeinander und beide hängen ohne gesichertes Wissen in der Luft. Das noch Zu-Beweisende wird als schon bewiesen vorausgesetzt.

Den Evolutionisten geht es darum, möglichst viel Spielraum in der Zeitfrage zu haben für die Bestimmung der Arten. Aber letztlich versuchen sie dafür den sichtbaren Beweis in den Versteinerungen (Fossilien) zu erbringen, weil hier ihre „Uhr" zu ticken scheint, vom Aufdecken einfachster Organismen bis zu hoch entwickelten Lebensformen. Der Ablauf der Fossilienentstehung ist wiederum sehr eng mit der möglichen Datierung des Erdalters verbunden, weil Geologen nicht das „Alter" der Erde bestimmen können, sondern nur das Alter des Gesteins, das die Erdkruste aufbaut. Und hier gibt es nur das Sedimentgestein, das Fossilien enthält. Sedimentgestein entsteht (wächst) durch Ablagerungen von Schlamm etc. Zur Bestimmung von Sedimentationen müssen Geologen den Jahresdurchschnitt an Ablagerungen seit Erschaffung der Erde kennen (und den kennen sie eben nicht), und sie müssen die Dicke der Gesteinsschicht kennen. (Man misst heute mit vielen modernen Methoden). Da aber die Geschwindigkeiten der Ablagerungen ganz enorm schwanken, beispielsweise zwischen solchen im Meer und an Land, kommt es zu 10 000fachen Unterschieden in den Zeitfaktoren. Darum kann man auch nicht exakt zurückdatieren. Es kann bei einem geologischen Wert von 100 Millionen Jahren (es sind rein fiktive Werte) durch den Faktor 10 000 dann ein Alter von nur zehntausend Jahren herauskommen, zu klein, um Evolution zu stützen.

Die Fossilien jedenfalls zeigen, dass einige Sedimente sehr rasch gebildet wurden und nicht so langsam, wie Geologen es gerne denken. Der Beweis für plötzliche Sedimentablagerungen sind die Fossilien von ganzen Tiergruppen, die zusammen freigelegt wurden; es wurden Mammutherden gefunden, die so schnell von Schlamm überflutet wurden, dass in ihrem Maul das Gras gefunden wurde. Bei langsamer, millionen Jahre dauernder Sedimentation wäre das nicht möglich! Man findet auch versteinerte Baumstämme, die durch viele verschiedene Schichten reichen und somit zeigen, dass die Ablagerungsschicht überall ziemlich gleich alt sein muss und sich in nur wenigen Jahren angehäuft hat.

Nun behaupten Evolutionisten, dass die Fossilien eine langsame Veränderung erzählen, welche von primitiven Geschöpfen in ältesten Gesteinen zu fortgeschrittenen Lebewesen in jüngsten Gesteinen erkennbar ist. In den Fossiliengeschichten aufwärts hätten sich in hunderten Millionen Jahren aus *ersten lebenden Organismen* dann Fische entwickelt, dann aus diesen Amphibien, dann Reptilien, Vögel, Säugetiere, Affen und Menschen. Irgendwo und irgendwie sollen sich aus einfachsten Urformen lebloser Materie lebendige Moleküle gebildet haben und sollen Lebewesen und Pflanzen entstanden sein.

Aber die geologische Säule zeigt keine derartige Evolution aufwärts, da die ältesten Fossilien genauso kompliziert sind wie viele heute bekannte lebende Tiere! Auch versteinerte Pflanzen und Bäume weisen dieses Merkmal auf. Die Behauptung einer langsamen Veränderung der Lebewesen in den Gesteinsschichten stimmt also nicht, sondern eine andere Entwicklung wird aufgezeigt: Fossilien, die nicht in den tieferen Gesteinsschichten gefunden wurden, kommen plötzlich in höheren jüngeren Schichten ohne irgendeine Art von Übergangsformen vor, sodass selbst Ch. Darwin zweifelnd fragte: *„Warum ist nicht jede geologische Formation und jede Schicht voll von solchen Zwischengliedern?"* (Missing link). Vielmehr zeigen die Fossilien eine ungeheure Anhäufung von Tieren, die durch eine gewaltige Flutkatastrophe zusammengespült und zugleich in Lehm und Schlamm begraben wurden.

Die Fossilienfunde belegen, dass die Dinosaurier am Ende der Kreidezeit, also nach der Sintflut ausstarben. Und was die Veränderung der Erdoberfläche angeht, gibt der Ausbruch des Vulkans Mount St. Helen (um 1980 in den USA) zu bedenken, wie schnell Erosion entstehen kann, als sich in einem Tag neue tiefe Canyons und eine völlig veränderte Umwelt bildeten. Hier wurden Geologen Zeugen, was die biblische Sintflut an Veränderung bewirkt haben muss! Man kann mit beruhigtem Gewissen sagen, was eine große Zahl gläubiger Naturwissenschaftler behauptet: die Datierung des Erdalters liegt bei „maximal" 10 bis 12 000 Jahren.

b) **Die Zelle**: Was ist sie? Sie ist die kleinste lebensfähige und vermehrungsfähige Einheit, in deren Zellkern die Chromosomen mit den verschlüsselten DNS-Molekühlen liegen, welche die Erbsubstanz enthalten. Zellen sind chemische Maschinen, Bestandteile physikalischer Materie, aber diese Materie ist „tot" in sich selbst, sie verfügt nicht über Leben oder Information; sie ist aber Träger von etwas, das sie „belebt" und ihr dadurch Antrieb und Funktion verleiht!

WAS der Zelle ihre lebendige und funktionale Existenz ermöglicht, ist die voraussetzende *(geistige)* Information in der DNS, dem Zellkern. Information ist aber keine Möglichkeit physikalisch materieller Natur, sie ist wie *Intelligenz* geistiger Natur. Ideen und Gedanken kommen weder aus Materie noch beanspruchen sie Raum. Sie beanspruchen nur Zeit, einen Erzeuger und Sender, einen Träger als Speicher und einen Empfänger als Instrument. Die biologisch-physikalische Zelle kann sich nicht „selbst" die Information geben, nach der sie anschließend gebaut werden soll. Das wäre, um ein simples und sehr vereinfachtes

Beispiel zu gebrauchen etwa so, dass ein Analphabet ein perfektes Programm „schreibt" mittels dem er dann lesen und schreiben lernen will.

Als materieller Organismus verfügt die Zelle nicht über eine eigene Intelligenz, obwohl in ihr unzählige komplexe *informationsgesteuerte* Vorgänge ablaufen; und für diese biologische Informationsverarbeitung *muß* die Zelle einen *Code* haben. Dieser Code ist das Erzeugnis und Ergebnis von „Intelligenz und Information", eines Einflusses von außen. Nun gibt es keinen intelligenten (nicht sinnlosen) Code, also codierte Information mit Statistik, Syntax, Semantik etc., der „von selbst" entsteht, weil jeder Code eine teleonomische (zielführende) Bedeutung hat. Es ist also alles sehr sinnvoll im Aufbau und im inneren Ablauf jeder biologischen Zelle! „Zielführend" bedeutet, dass auch ein „Wille" diesen Code gebaut hat und ihn „sendet." Der Sender des Codes ist demnach der Hersteller des Codes und verfügt über Willen und Intelligenz. Das sind wesenhaft personale Merkmale! Evolutionisten können natürlich nie beobachten oder zeigen, wie aus sich selbst und aus lebloser Materie heraus Information „entsteht!" Sie können auch nicht die Mikrodimension des DNS-Fadens mit seiner ungeheuren Speicherkapazität, wo jeder „Buchstabe" dieses Megaprogramms an der richtigen Stelle sein muss, von Materie her erklären. Das ist unmöglich!

WIE also kommt geistige Information in Codeform in die Zelle, welche sie befähigt, alle Abläufe des wachsenden Organismus exakt und gezielt (teleonomisch) zu steuern *(wer das entdeckt, dem winken Nobelpreise),* und *WER* ist der geniale (!) Urheber und Sender, der die genaue Information in Mikromolekularschrift in die Zelle hereinschreibt?! **ER muss den Code jeder Zelle und den Code des Lebens in den Aktenschränken der Chromosomen kennen, und IHM gehören die Urheberrechte! Das Genom, die Genialität in der Zelle auf miniaturisiertestem Raum ist keine Möglichkeit der Zeit, des `Zufalls`, der Selektion oder Mutation, des menschlichen Denkvermögens oder der Materie – es ist göttlich**! Das hatte wohl der Entdecker der DNS (DNA)-Molekühle und Nobelpreisträger Francis Crick so ausgedrückt: *„Die Entstehung des Lebens scheint ein Wunder zu sein."*

Dazu erklärte der renommierte Astrophysiker und Kosmologe Sir Fred Hoyle: *„Die Vorstellung, dass man nicht nur zu Biopolymeren, sondern zum funktionierenden Programm einer lebenden Zelle durch Zufall in einer Ursuppe hier auf Erden gelangen könnte, ist offensichtlich hochgradigster Unsinn" (New Scientist 92; 11, 1981; 521)* Diese und ähnliche Stellungnahmen stammen aus den Reihen der Evolutionisten, die ihre

Theorien selbst für säkulare Mythen halten, trotzdem aber daran „glauben." Diese lächerliche schizophrene Haltung formuliert einer ihrer Vertreter so: *„Die Evolutionstheorie ist unbewiesen und unbeweisbar. Wir glauben aber daran, weil die einzige Alternative dazu der Schöpfungsakt GOTTES ist, und das ist undenkbar" (Sir A. Keith; ähnlich auch D. Watson).* Das ist doch eine ziemlich arme und primitive Aussage einer evolutären Gilde, nicht wahr? Hier wird doch beschämenster Wissenschaftsmissbrauch betrieben!

Nicht alles was „läuft", hat Leben oder läuft in die richtige Richtung

Die Evolutionisten können nur über anorganische (unbelebte) Moleküle reden, über technische Aspekte (so wie man über die Funktion des Benzinmotors redet), aber sobald es um die bedingende biologische *Information* und darüber hinaus um das noch höhere geistige *„LEBEN"* geht, heben sie verlegen die Schultern und ein entschuldigendes (oder bösartiges) Fragezeichen erscheint auf ihrem Gesicht. Denn schon J. Monod, einer der berühmtesten Evolutionisten sagte: *„Das größte Problem der Evolutionstheorie ist jedoch die Herkunft des genetischen Codes und des Mechanismus seiner Übersetzung".* Sie können eben nie beweisen und werden das auch nie können, dass **Leben** aus Zufall entstanden ist oder entsteht. Hingegen haben „weise" Wissenschaftler durch den Konsens der *Beobachtung* festgestellt und es wissenschaftlich formuliert, dass *„Leben jeweils nur aus bereits bestehendem Leben entsteht" (Louis Pasteur)*, dass „die Henne" demnach nur „ohne" Evolution (nicht von selbst und nicht ex nihilo) entstehen konnte – sondern durch den göttlichen Schöpfungsakt – wonach sie dann ihr erstes Ei legte!

Man kann natürlich mit einem Spielflugzeug alle möglichen Theorien machen; man kann sogar „mit ihm fliegen" und „brumm, brrrrr" sagen – bei einem *echten Jumbo-Jet* aber ist die Spielerei und Theorie endgültig zu Ende. So ein kompliziertes und wunderbares System, das eine einzige Zelle aufweist, ist noch in keinen Jumbo eingebaut worden, und intelligente Menschen werden den populärwissenschaftlichen Blödsinn von *Selbstorganisation der Materie und stufenweise chemische Synthese zur Entstehung von Leben* hoffentlich nicht mehr lange hinnehmen! Hier geht es in erster Linie um Würde und Demut vor der Herkunft des Lebens und des großen Schöpfers, und um die Würde verstandesmäßiger Zumutbarkeit! Und es geht mithin auch um die medizinische Erkenntnis, dass Gesundheit und Krankheit nicht auf Organebene, sondern auf Zellebene entschieden wird. Große Wissenschaftler und Nobelpreisträger haben dieses Wissen bereits wissenschaftlich publiziert. Einfach genial, wie logisch und wirksam Zell-Vitalstoff-Synergien sämtliche großen Volkskrankheiten (!) samt ihren immensen Kosten

(!) besiegen kann, wenn die Vernunft über die pharmazeutische Verdummung siegt! Der Kreislauf der patentierten Pharmaka ist der Kreislauf der „obligaten“ Volkskrankheiten, d.h. die Pharmaindustrie erhält und steuert ihren Volks-Krankheitsmarkt als milliardenschweren Absatzmarkt! Zellular Medizin als Naturheilverfahren hingegen ist **für das Leben!**

Die wunderbare Zelle ist die kleinste Bau- und Funktionseinheit; in ihr gibt der Zellkern (Rathaus) als Befehlszentrale die Informationen, die Ribosomen übersetzen die Erbinformation in Proteine (Werkzeuge und Maschinen), die Mitochondrien (als Kraftwerke) erzeugen und liefern die Bioenergie für den Zellstoffwechsel, der Golgi-Apparat (die Fabrik) liefert den Stoff und produziert die biologischen Moleküle für den Stoffwechsel. Und diese hyperkomplexe autonome Industriestadt existiert und funktioniert miniaturisiert im Mikrobereich!! Die Speicherung der (geistigen) Information in der biologischen Zelle liegt in den vier chemischen (materiellen) Verbindungen der Stickstoffbasen in den *DNA*-Molekülen.

Das alles wusste Darwin noch nicht. Entscheidend für alle biochemischen Prozesse in der Zelle ist die **überintelligente Information** und Steuerung dieses Prinzips, die ihr der KREATOR mittels einer codierten genetischen Sprache in Molekularsymbolik „hineingeschrieben“ hat! Es sind nichts anderes als Seine Gedankenkonzepte, die hier in diesem Schöpfungsbereich gesetzmäßig replikativ-teleonomisch ablaufen – und so „weiß“ jede Zelle, wann, wo und wie sie wachsen und sich vermehren soll, pflanzlich, tierisch oder menschlich. Eigentlich logisch, dass nach R. Virchows Zellularpathologie alles Krankhafte von Veränderungen der Zellenbeschaffenheit ausgeht. Hier im Mikrobereich der Zelle mit ihrem unvergleichlichen Aufbau und Ablauf noch von Evolution zu reden, ist Blasphemie, Vermessenheit, Dummheit und Schande!

Achtung! Etwas für Interessierte, die sich gerne mit einen Nobelpreis schmücken möchten, und den sie mit Sicherheit erhalten, wenn sie die lösende Antwort auf folgende Frage geben: *„was war zuerst: die Ribosomen (Ribonukleinsäuren), die die Erbinformation (RNA und DNA) in Proteine übersetzen, oder das Protein, aus dem das Ribosom entsteht.*

Also diese Ursuppe schmeckt mir nicht!

Es ist sehr erfreulich festzustellen, dass denkende junge Menschen einen Hunger nach objektiven Wahrheiten haben und in Leserbrief-Stellungnahmen zur Evolutionstheorie für den biblischen Kreationismus votieren. Es handelt sich dabei sicher vor allem um gläubige Menschen, die CHRISTUS begegnet sind. Nebenher sind es aber auch viele „neutrale" Menschen, die Evolution geschmeckt haben und nicht glücklich damit werden; diese Suppe ist zu dünn, als dass man davon und damit leben könnte. Schauen Sie, Evolution kann man nicht subjektiv „erfahren", weil sie nur eine Theorie und Hypothese ist, von der vielleicht *3* Prozent als bewiesen angesehen wird; das ist eine zu magere Suppe, nicht wahr? Nun müssen wir wissen, dass der biblische Kreationismus nicht nur die Entstehung des Universums, der Welt und ihrer Arten erklärt, sondern auch damit den direkten Zusammenhang mit dem SCHÖPFER. Wir leben in einem moralischen Universum, und alles, was das Universum ausmacht an Energie, Materie, Kräften und Information, an physikalischen und persönlichen Eigenschaften besteht durch die persönlichen Eigenschaften JESUS CHRISTUS, des Schöpfers! Das wird uns im ersten Kapitel des Johannesevangeliums und des Kolosserbriefes mitgeteilt. Und weil antiwissenschaftliche Evolutionstheorie aus einer nur materialistischen Weltanschauung entspringt und auch nur eine solche vermittelt oder vermitteln kann, berührt es die tiefen innersten Bedürfnisse des Menschen nicht; es bleibt alles tot, und Tod vermittelt kein Leben.

Aber LEBEN kann man „erfahren", und damit reden wir von JESUS CHRISTUS, der das Leben IST und *GIBT* (vgl. Joh.14,6; 10,10)! Die Qualität dieses Lebens ist „ewiges und überfließendes Leben aus Seinem Geist!" Wer das erlebt, der sucht keine weiteren Beweise mehr, und erst dann weiß man, *WAS* Kreation überhaupt ist. Außerhalb *dieser* Erfahrung bleibt es immer nur beim Mainstream von Meinungsverschiedenheiten und Theorien, einem Niveau, auf dem es keinen Frieden und tieferen Sinn geben kann. Evolution ist nicht lebbar (!), weil Evolution **keine Liebe kennt**. Glaubst du an Evolution, musst du vegetieren und mit einer hypoplastischen (unterentwickelten) \`Eros-Liebe\` auskommen; suchst du jedoch wahre, nachhaltige und treue Liebe, wirst du zu leben beginnen!

Es steht geschrieben: **„ICH, (der HERR) will zunichte machen die Weisheit der Weisen…..denn die Weisheit dieser Welt ist Torheit bei GOTT"** (1.Kor.1,19; 3,19).

Die Materialisten und Neomarxisten machen aus *Mensch, Material und Ideologie* ihre „Erfolgsgeschichte" auf den *Gesetzen des Toten und des Sinnlosen* – eine Einbahnstrasse ohne SINN. Der Mensch ist aber für Sinn gebaut! Der Sinn des genetischen Codes entstand nicht durch sinnlosen Zufall, denn wir haben einen Super-Gen-Code, und wir suchen, erkennen und genießen *SINN* im Leben, nicht wahr?! Nicht alle berühmten Wissenschaftler sind auch „große" Wissenschaftler, das hat mit Moral und Integrität zu tun. Wirklich Grosse der Naturwissenschaft haben nachgewiesen, dass die Information des genetischen Codes den *Code-Geber* bedingt, der den Codesequenzen ihre Bedeutung gibt, wodurch die Molekühlsequenzen ihre chemischen Substanzen in den Zellen bauen, welche dann die Organe des Körpers bauen. Da liegt eine ungeheure Informationsdichte und **SinnGebung** drinnen, und sie entsteht gänzlich außerhalb der Naturgesetze! Und das bedeutet konsequent: Wenn unser Gehirn nur aus (zufälliger) Sinnlosigkeit entstand, dann können die genetischen Sequenzen auch keine „Sinnbedeutung" haben, und der Code könnte keinen Sinn vermitteln; dann hätte es einer Logik nach überhaupt keinen „Sinn" zu arbeiten und zu studieren, oder ein gutes Essen zu genießen oder eine schöne Reise oder…….! Das wäre doch alles purer Unsinn, weil wir auf Sinnlosigkeit codiert wären. Aber unser genetischer Code vermittelt GOTT sei Dank sehr viel Sinn, so dass es sich zu leben lohnt, nicht wahr?! Also, die armen Materialisten wagen es nicht oder kaum, ihre Hypothesen zu Ende zu denken. Was ihnen bleibt, ist eine sinnlose Existenzphilosophie. Erbarmen für sie!

Willst du weiterhin unwissenschaftliche und unhistorische Suppe essen und Lüge schlucken, die deine Intelligenz und Würde ignoriert und dich als „Loser" behandelt, oder willst du „winner" werden – dann habe den Mut zur Wahrheit; beuge deine Knie und gehe in den DIALOG mit dem unfassbar großen und wunderbaren CHRISTUS, dem KREATOR des Universums, dem persönlichen, lebendigen, erfahrbaren und gegenwärtigen LOGOS! ER wird dich annehmen und dir ein anderes Leben zeigen, ein LEBEN das wahr ist! ER spricht: **„…und ihr werdet die Wahrheit erkennen, und die Wahrheit wird euch frei machen! Wahrlich, wahrlich, Ich sage euch: Wenn jemand mein Wort bewahrt, so wird er den Tod nicht sehen in Ewigkeit!"** (Joh. Kap.8). Der physische Tod wie auch der „zweite Tod", von dem die Offenbarung in Kapitel 20 spricht können das EWIGE LEBEN, das CHRISTUS den an IHN Glaubenden schenkt nicht auslöschen! Aber pass auf, dass es der biblische CHRISTUS ist, den du anrufst, nicht einer der heutigen kosmischen spirituellen **counterfeits!** Im Wort der Bibel und im Gebet zu IHM wirst du IHN finden.

Göttliche, biblische Wahrheiten müssen nicht mit Druckmitteln der Gewalt und Repression verbreitet werden, sie sind ja schon die Grundverfassung für die Erhaltung der Schöpfung, man muss sie nicht erst dazu machen; wir müssen sie nur im Wissen, dass wir auf dem sicheren Boden der Wahrheit stehen entschieden „bezeugen!" Jedenfalls haben die Klugen ein Votum und ein Veto leise oder laut zu proklamieren: **„truth goes against the tide! the time has come to proclaim: Evolution is a travesty and a counterfeit, not only a mistake; it is a stupidity and ideology, not science; it is idolatry; Evolution is out!"** Hundertausende Studenten, nicht nur in den USA, wo man mehr an GOTT als an Evolution glaubt, sind davon überzeugt, und es werden mehr; doch diese Proklamation verläuft nicht in neomarxistisch primitiver Art, sondern in **„Liebe zur Wahrheit und zum irrenden Menschen", aber in Ablehnung zum Irrtum.** Es ist zuwenig, wenn man Glaube an GOTT und Evolution als Weltanschaungen nebeneinander stehen lässt; wer wirklich wahrhaft an GOTT den SCHÖPFER glaubt, verabschiedet sich endgültig von allem, was mit Evolution zu tun hat – er bezieht klare Positionen! Denn der Abschied von Teufel und Irrtum muß *beiderseits* und endgültig erfolgen!

Viele namhafte und führende Wissenschaftler verschiedenster Fachgebiete votieren gegen die Evolutionstheorie; solche Fachgebiete sind: Mathematik, Physik, Chemie, Biologie, Paläontologie, Geologie, Embryologie, Gentechnik, Informationstheorie, Erkenntnistheorie. Es gibt mehr als 700 hervorragende Wissenschaftler, die eine Erklärung gegen die neodarwinistische Evolutionstheorie- und Ideologie unterzeichnet haben (unter www. DissentFromDarwin.org), und es gibt viele betende Studenten, die diese Wahrheit in würdevoller Weise in die Gesellschaft tragen und ihren SCHÖPFER ehren! Im lebendigen Gebetsdialog könnt Ihr unüberwindlich werden; ihr könnt *richtungsweisend* sein für euer Land, für Eure Regierungen (wenn diese noch Schulen die Lizenz entziehen, weil Kreationismus statt Darwinismus gelehrt wird), und für eure Schulbehörden! Denn Ihr habt die Einbahnstrasse des Materialismus und der geistigen Involution hinter Euch gelassen!

Beim Ablesen bzw. Datieren des Entwicklungsprozesses in den Fossilienschichten lasen wir oben die Theorien und Verlegenheiten der Evolutionisten beim Erklären der Entstehung lebendiger Organismen aus lebloser Materie; ihr hilfloses Credo ist „irgendwo und irgendwie", das spottet jeder gesunden Wissenschaft und jedem gesunden Intellekt. Die gleiche arme Behauptung, dass Zufall und Zeit Ursachen der hyperkomplizierten Zellstruktur sind, wirkt abstoßend für Ethik und Intelligenz. Es verhält sich so, wie jemand sagte: **„Es ist kaum zu glauben, was man alles glaubt, wenn man nicht glaubt."** Malcolm Muggeridge war mehr als 60 Jahre atheistischer Philosoph und Vertreter der Evolutionstheorie, er sagte: *„Ich selbst bin davon überzeugt, dass die Evolutionstheorie, besonders das Ausmaß, in dem sie angewendet wird, als einer der größten Witze in die Geschichtsbücher* *der Zukunft eingehen wird. Die Nachwelt wird sich wundern, wie eine so schwache, dubiose Hypothese so unglaublich leichtgläubig akzeptabel werden konnte."*

Evolution is really impossible

Die Grundsätze der Evolutionstheorie werden stets und unabänderlich (*semper eadem*) nur aus unbewiesenen ergo unwissenschaftlichen Daten, Vermutungen und Hypothesen vorausgesetzt und bestimmt. So wurde Darwins Theorie der Abstammung und Selektion kein einziges Mal durch experimentelle Fakten belegt, für die Widerlegung seiner Thesen aber gibt es tausende von Fakten. *„Das ganze Ziel und Vorhaben des Darwinismus ist, zu zeigen, wie moderne Formen von alten abstammen, d.h. zuverlässige Phylogenien (Genealogien oder Stammbäume) aufzustellen. Darin hat er gänzlich versagt. Jeder Evolutionsforscher weiss das."* (Norman Macbeth, Biologe in The American Biology Teacher 9; 1976; 495). Oder der bekannte Bio-Informatiker Hubert Yockey: *„Da die Wissenschaft nicht die blasseste Ahnung hat, wie das Leben auf der Erde entstand….wäre es ehrlich, dies gegenüber den Wissenschaftlern, Geldgebern und der Öffentlichkeit zuzugeben. Wissenschaftler, die ex cathedra sprechen sollten aufhören, den Verstand von Studenten und jüngeren produktiven Wissenschaftlern mit Behauptungen zu polarisieren, die einzig auf Glauben beruhen"* (J.theor. Biol. 91; 1981; 13). Die grossen Irrtümer und gewaltigen Lücken bei den Evolutionstheorien werden von ihren Vertretern mit einem enormen Glaubenspensum geschlossen; sie sind dazu verurteilt, süchtig an unwissenschaftliche *Wunder* zu glauben, obwohl sie ja göttliche Wunder ablehnen. Sie setzen bewussten *Glauben* ein in das, was in ihrer „Forschung" unzugänglich und unbeweisbar ist. Nachfolgend einiges aus ihrem *„credo quia absurdum est"*:

Sie *glauben* an einen Zufall, der das komplexe Leben aus unbelebter Materie durch Selbstorganisation entstehen ließ; (im Widerspruch zum 2.Gesetz der Thermodynamik).

Sie *glauben*, dass durch Mutation (Veränderung im Erbmaterial) höhere biologische Arten entstehen; (Antinomie zum Entropiesatz der Thermodynamik und zum Molekularbiologiegesetz).

Sie *glauben* an eine Photosynthese ohne Lichternergie bei der Entstehung lebendiger Zellen im Weltozean; (Widerspruch zu Ursache und Wirkung).

Sie *glauben* an ein biogenetisches Grundgesetz (Häckel), das sich als plumpe Fälschung erwies und auch von Evolutionisten selbst abgelehnt wird.

Sie *glauben*, dass der Genetische Code (biologische Erb-Information) ohne intelligente Quelle und Sender entstand; (im Widerspruch zu den Gesetzen der Informatik).

Sie *glauben* an die Theorie einer Entwicklungslehre, welche die an eine Theorie gestellten Bedingungen nicht erfüllen kann.

Sie *glauben* an einen Urknall („big bang"); (im Widerspruch zu den Gesetzen der Thermodynamik).

Sie *glauben* an die Vererbung durch ein biologisches Naturgesetz, das die „Übertragung des genetisches Codes" verändert; (Widerspruch zum Mendelschen Gesetz).

Sie *glauben*, dass Naturgesetze Produkte der Materie sind und ihre Wirkung größer als ihre Ursache ist; (im Widerspruch zum Kausalitätsprinzip).

Es geht nicht nur um Teilaspekte der Evolutionslehre, sondern um ihr Gesamtkonzept, das völlig in Frage gestellt wird. Diese angeführten Thesen und Widersprüche zeigen und fordern mehr als Scheinerklärungen; sie erfordern ihre geistige Herkunft und Existenzberechtigung – bei der These ist es der irrende Mensch, und bei ihrem Widerspruch ist es der SCHÖPFER und Gesetzgeber! Evolution ist im Widerspruch zur göttlichen Schöpfung und steht im Widerspruch zu allen bekannten Naturgesetzen und zeigt somit nur, dass sie eine Ideologie ist. Darum wird sie von neomarxistischen Ideologen geliebt und von anderen Unwissenden als falsifiziertes Glaubenspostulat übernommen. Es ist interessant zu sehen, dass beide Ideologien Plagiate (geistiger Diebstahl) des biblischen Evangeliums sind. Das System der Evolutionstheorie ist ein erdachtes philosophisches Glaubenssystem, das keine wissenschaftliche Grundlage und Erklärung hat für: *die Entstehung der Materie, Leben aus Materie, Information der Erbsubstanz, Erhaltung der Energie, Entropie, Kausalität, Thermodynamik, Gravitations- und Kernkräfte u.a.m.* Sie ist weder in sich logisch noch genügt sie wissenschaftlichen Mindestanforderungen und hat keinen Anspruch auf ernste Wissenschaft! Sie ist nur eine gefälschte Weltanschauung auf gefälschter Folie, ein teuflisches Imitat und gefährlicher als die Atombombe, eine geistige Festung auf abstraktem Fundament, die den Menschen zoologisch einordnet und mit einer „biologischen Ethik" in die Rechenschaftslosigkeit entlässt.

Als geglaubt hingenommene unwissenschaftliche Hypothese und Ideologie missbraucht diese Weltanschauung unzählige vor allem junge Menschen, weil sie auf den meisten Universitäten gelehrt und instrumentalisiert wird, aber nicht zum Wohle der Menschheit, sondern zu ihrem Verderben! Denn die Wahrheit befreit die Menschen, während die Lüge sie in Unfreiheit knechtet und glauben lässt, dass es keinen GOTT, kein Gericht und kein ewiges Leben gibt! Sollten intelligente und vor allem junge Menschen, die sonst für eine würdige und gerechte Sache einstehen und ihre berechtigten Fragen nach Wahrheit und Sinn hinausschreien, die manipulativen Lügen der Evolutionstheorie ein Leben lang ohne intellektuellen, moralischen und würdigen Protest schlucken, sich aus Feigheit oder Unwissenheit oder beides verkriechen, anstatt sich erschüttert auf die Brust zu schlagen und ihre Lehrautoritäten unreaktionär, aber furchtlos vor die der Wahrheit verpflichtenden Antworten stellen?!

Aber während dieser blinde Evolutionsglaube noch Menschen in würdeloser Unmündigkeit hält, leuchtet die biblische Information vielen Menschen auf: **„Im Anfang schuf GOTT die Himmel und die Erde." „Und GOTT schuf den Menschen in Seinem Bild, im Bild GOTTES schuf ER ihn; als Mann und Frau schuf ER sie." „Durch Glauben verstehen wir, dass die Welten durch GOTTES Wort bereitet worden sind, so dass die Dinge, die man sieht, nicht aus Sichtbarem entstanden sind."** (1.Mose 1,1. 27; Hebräer 11,3). Der <u>Glaube</u> an den Heiligen, liebenden und allmächtigen GOTT der Bibel ist nicht ein *Denken*, vermindert um die Realität des Gedachten, sondern er ist die Annäherung an die höchste Vernunft überhaupt. Hier verlassen wir die Mythen, Fabeln und Hypothesen und das niedrige Tierreich hin zu einer höheren Vernunft und höherer Moral freiwilliger Unterwerfung und werden zu „Menschen, die *aufrecht* gehen".

Geschrieben steht: **„HERR, wie sind Deine Werke so groß; Deine Gedanken sind sehr tief! Ein unvernünftiger Mensch erkennt das nicht und der Törichte begreift es nicht. Nehmt doch Vernunft an, ihr Unverständigen unter dem Volk! Ihr Toren, wann wollt ihr einsichtig (klug) werden? Der das Ohr gepflanzt hat, sollte Der nicht hören? Der das Auge gebildet hat, sollte Der nicht sehen? Der die Völker züchtigt, sollte Der nicht strafen, Er, der die Menschen Erkenntnis lehrt? Der HERR erkennt die Gedanken der Menschen, dass sie nichtig (ein Hauch) sind, - der die Zeichen der Schwätzer vereitelt und die Wahrsager zu Narren macht; der die Weisen zum Widerruf zwingt und ihr Wissen zur Torheit macht!"** (Psalm 92,6.7; 94,8-11; Jesaja 44,25).

<u>Religiöse Aspekte:</u>

Diese werden von Evolutionisten immer als Angriffe bezeichnet mit dem Alibi, unwissenschaftlich zu sein. Auch wenn sie das sind – aus welchem Grund fürchtet man sie? Die wissenschaftlichen und die ethischen Aspekte genügen für die völlige Widerlegung der Evolutionstheorien, die „religiösen" (nicht im Sinne der großen Volksreligionen, sondern bibelgläubiger Menschen, die eben auch „religiös“ bezeichnet werden) schließen sich nur an. Die Relation zum Wort GOTTES in den Volkskirchen entspricht ihrer Relation zur Evolutionstheorie; sie bieten ihr keinen nennenswerten bzw. wünschenswerten Widerstand sondern Zustimmung. Die Naturwissenschaft ist ihr zweiter Altar, dem sie mehr Verehrung entgegenbringen als dem biblischen! Tragisch-theistischer Irrtum und demzufolge ein tragisches Urteil, das sie erwartet.

Dass der physische Tod im theistischen Sinn ein kreativer Faktor und ein Schöpfungsprinzip sein soll für eine Hervorbringung von Leben durch „Höherentwicklung“, ist wohl mit ein Grund dafür, Menschen diesen evolutionären Irrtum glauben zu lassen, bevor sie diese Welt endgültig verlassen. Evolution *muss von Anfang an* den Tod als Möglichkeit zur Weiterentwicklung voraussetzen – aber der HERR JESUS schließt mit Seinen Worten und Taten **Evolution kategorisch aus!** Denn der Tod war im Paradies nicht anwesend und wird es auch im *kommenden* nicht mehr sein. JESUS nahm und nimmt sich der Schwachen an, auch das widerspricht dem Prinzip der Evolution.

Hier sind gleich am Anfang die Quellen geschieden – biblisches Schöpfungszeugnis und theistische Evolution schließen sich gegenseitig prinzipiell aus! (dazu „Thema Lehrmittel“ weiter unten). Naturwissenschaftlich geprägte theistische Theologen tun der Welt keinen guten Dienst; theologisch geprägte Naturwissenschaftler vielleicht eher.

„Makarioi hoi ptochoi to pneumati“ (griech.) = **“Glückselig sind die Bettler im Geist”** (Bergpredigt); die „Bettler“ sind nicht die „Dummen“, wie Unwissende behaupten, sondern es sind weise Menschen, die erkennen, dass diese Welt mit ihren Wertvorstellungen „Bruch“ ist, und dass es das weise Eingeständnis braucht, dass wir alle ohne den GOTT der Bibel und der Schöpfung geistlich und existenziell bankrott gehen und ohne Seine Gnade verloren sind! Mit dieser Erkenntnis haben sie ihre vormalige Dummheit überwunden und gehen nun den tragfähigeren Weg des biblischen Glaubens. Wir sind mit unserer Armut Bettler vor GOTT und haben dadurch Anteil an Seinem Reichtum, oder wir sind aus Stolz und Blindheit nicht Bittende und dennoch arm, aber jetzt arm an Hoffnung und GLÜCKSELIGKEIT. „Selig, glückselig“, klug und einsichtig nennt die Bibel Menschen, die sich ihrer Abhängigkeit von GOTT bewußt sind. (Lesen Sie einmal die Seligpreisungen am Anfang der Bergpredigt).

„Glückselig sind die Trauernden“ (Matth.5,4); hier ist zuerst zu denken an die Trauernden über die Sünde, ihre Macht und Folgen in dieser Todeswelt. Die

Welt trauert über ihre Toten; die Gläubigen an CHRISTUS trauern vielmehr über die Ursache des Todes, die Sünde, die den Tod in die Welt brachte. (Wenn sie ihre gläubigen Angehörigen oder Freunde durch den Tod eine zeitlang verlieren, gibt es den Trennungsschmerz, aber es gibt auch die Freude über die Gewissheit der Auferstehung und des Wiedersehens!). Auch JESUS, der HERR, weinte bei Begräbnissen und wenn ER dem Tod begegnete, weil ER wusste, dass der Tod im Garten Eden *vor* dem Sündenfall nicht existierte und auch nicht vorgesehen war. ER wusste, dass der Tod der Lohn der Sünde und der Feind des Menschen ist und sie immerfort hinwegrafft. (vgl.Röm.5,12;6,23). ER weinte über die gefallene Schöpfung, in der der Tod so reiche Ernte hält und niemanden fragt, ob er willkommen ist. CHRISTUS erweckte Menschen aus dem Tod nicht durch Reanimation, sondern durch Seinen schöpferischen Befehl in das Totenreich des Hades! Und ER sprach die herrlichen Worte: **„ICH BIN die Auferstehung und das Leben. Wer an mich glaubt, wird leben, auch wenn er stirbt; und jeder, der lebt und an mich glaubt, wird in Ewigkeit nicht sterben. Ich sage euch: die Stunde kommt und ist schon da, wo die Toten die Stimme des Sohnes GOTTES hören werden, und die sie hören, werden leben!“** (Johannes 11,25; 5,25).

Sind Früchte besser als die Wurzeln ihres Baumes?

Naturphilosophische- und wissenschaftliche Deutungen waren in der abendländischen Kirche schon immer beliebt, wenn diese den Zenit der Kirche und ihren Machtanspruch reklamierten, zum Beispiel im Widerruf Galileis. Doch signifikant ist meiner Meinung nach immer die Frucht eines Baumes, die auf seine Wurzeln zurückweist (was man übrigens auch zur Reformation bemerken kann, deren nicht abgeschnittene Wurzeln der Sakramente und zum politischen Staatswesen noch heute den Protestantismus lähmen).

Aurelius Augustinus, der abendländische Kirchenlehrer (354-430 n.Chr.) besaß eine aus Anschauungsdenken gewonnene Glaubensleidenschaft, die ihn von philosophischer Dogmatik hin zur kirchlichen Dogmatik führte, der er auch letztlich den Vorzug gab. Darum wurden die Katholizität und die Mysterien der römischen Kirche, der er sich unterwarf, sein Selbstverständnis. Kirchlich theologisches Denken ist nicht biblisches Denken, sondern stets tiefsinnige Spekulation und Mysterium geblieben. Augustinus *erdachte* die Entstehung der Welt als „allverursachenden Einzelakt“, aus dem sich alles weitere „entwickelte“. Da es aber nach der Bibel nicht ein „Einzelakt“, sondern sechs aufeinander folgende „Schöpfungsakte“ waren, lag und liegt hier religiöse Spekulation vor, und die

Theisten folgen dieser Philosophie. Wie ist es nun, die Naturwissenschaften wollen herrschen und die Religion will herrschen. Beide wollen den Materialismus in ihren Bereichen überwinden, und die westliche Kirche nähert sich nun mit geistigem Nimbus als „geistige Interpretin" der Säkularisation der Naturwissenschaften, deren Vertreter von Papst Benedikt XVI. aufgefordert werden, über ihre analytischen Grenzen hinauszugehen. Religion (historisch verbürgte natürlich) müsse an die Seite der Wissenschaft treten, die Glaubwürdigkeit beider Bereiche wieder mit demselben hypothetischen Maß gemessen werden, so ist seine Meinung.

Das sind religiöse Wege des Katholizismus, der immer innerweltlich bleibt, auch wenn er vorgibt transzendental zu denken; er muss sich mit den innerweltlichen Größen messen, um sie zu beherrschen. So kann und wird auch eine Annäherung der röm.-katholischen Kirche an die exakten Naturwissenschaften deren Forschungsmethoden (die zunächst keinen Anspruch auf Beweisbarkeit haben) das ebenso unbewiesene religiös-geistige Wissen als Zugeständnis gleicher Voraussetzung vorhalten. Das umfassende religiöse Wissen beansprucht dabei aber Thronrechte als Geistesgröße über säkulare Grösse, denn röm.-katholisch geltende Doktrinen dürfen nicht relativiert werden. Die Zustimmung zur Evolutionsthese der Schöpfung ändert daran auch nichts, denn diese Weltsicht war nie ein festgeschriebenes Dogma der katholischen Kirche.

Jedenfalls, der biblisch geoffenbarte und darin begründete Glaube schliesst Hypothesen als ein „gemeinsames Maß einer Beurteilung" und alle Vernunftschlüsse neben dieser Offenbarung kategorisch aus. Er lässt sich nicht „relativieren, weil er GOTT zuerst, und damit absoluter wörtlich inspirierter Wahrheit verpflichtet ist!"

Evolutionisten, Deisten und atheistische Theologen haben es schwer sich dem Diktum der biblischen Information zu beugen, weil der Kreationismus moralische wie auch selbständig denkende Folgen hat. Wenn sie überhaupt in der Bibel lesen, lesen sie lieber Dinge und Vorstellungen hinein, anstatt Information heraus, die sie klug machen könnte. So antwortet eine katholische Theologin und Professorin für Altes Testament auf die Frage, warum die Kreationisten die Schöpfungsgeschichte als Tatsachenbericht über die Entstehung der Arten verstehen: *„Sie lesen den Schöpfungsbericht in Genesis 1 und das antike Weltbild, in das er eingepackt ist, als von Gott diktierten Text. Das wird heute an keiner theologischen Fakultät im deutschsprachigen Raum mehr gelehrt…Längst behandelt die Bibelwissenschaft die Schöp-*

fungserzählungen als Zeugnisse antiker Kulturen – und nicht mehr als von Gott inspirierte Reportage über den Weltanfang".

Es tut einem das Herz weh, wenn „Theologen" diese wunderbare Inspiration der Bibel mit ihrer unvergleichlichen Information so furchtbar entstellen, dass für sie nur noch Stroh übrig bleibt, gerade soviel, wie ihr Verstand verdauen kann. Aber dabei begreifen sie ihre Tragik nicht, dass sie GOTTES Wort antasten und hiermit unter Gericht stehen! Das Gericht ist ein „Dahingegebensein in nichtigem Wahn", wie die Bibel es sagt; es ist das Verdikt über den Unglauben und Gottesfrevel, denn GOTT lässt Sich nicht spotten! Der Apostel Petrus hat uns geschildert, dass eine ganze endzeitliche Welt sich von GOTTES Wort abwenden und sich den Fabeln (der Spiritualität) zuwenden wird, und dass wir als **Christusgläubige darum umso fester das prophetische Wort**, das an einem dunklen Ort scheint, **festhalten** müssen! Das prophetische Wort aber ist das inspirierte Wort, der lebendige LOGOS! Denn mit dem Bibelbuchstaben tun Ungläubige nach ihrem subjektiven Gutdünken, wie es ihnen beliebt; mit dem LOGOS aber geht das nicht mehr, da ist ihre Manipulation zu Ende! Denn hier kommt die Autorität des Wortes GOTTES (vgl. Offb.19,11-13). Und hier gibt es nur noch eines: ERGEBUNG oder Erhebung! Jedoch der Kluge beugt seine Knie vor dem ALLMÄCHTIGEN und dem GOTT der LIEBE!

Ja, es gibt die Möglichkeit zur Umkehr und Sinnesänderung, denn aufgrund des unschätzbaren Sühnopfers *JESU* kann GOTT gerecht bleiben und zugleich Gnade walten lassen! Ewiger Dank! Und was ich an die Adressen der oben angeführten Theologin gerichtet habe, das möchte ich allen sagen, die im gleichen Irrtum stecken: *Ohne die Verbalinspiration ist die Bibel gar nicht „die BIBEL – das Buch!" Der Schöpfungsbericht von sechs Tagen entspricht nicht einem antiken Weltbild, weil der Inhalt der Bibel nicht menschlichen Ursprungs oder das Ergebnis menschlichen Willens ist (vgl. 2.Petr. 1,20.21). Und die Schöpfung geht nicht (evolutiv) weiter, sie ist abgeschlossen!*

Die hebräischen Verfasser der Bibel, die nicht die „Autoren" der Schriften sind (*im Sinne von Autographen aus menschlicher Quelle*), haben sicher auch historisch und ganzheitlich (im biblischen Sinne induktiv) gedacht, weil sie historische Persönlichkeiten waren. Dort wo sie von historischen Begebenheiten berichten, sind diese auch historisch; und wo sie eine naturwissenschaftliche Akzentuierung wiedergeben, in den Einsichten ihrer Zeit formuliert, dort geht es auch um naturwissenschaftliche Fakten. Die Bibel darf oder muss sogar in einer Zusammenschau von Historie, Theologie und naturwissenschaftlicher Erkenntnis verstanden werden, aber sie wird auch von einem unmündigen Kind gelesen und wird dort ihr Werk tun. Nur ein gottesfürchtiges und verlangendes Herz wird himmlische Nahrung im Wort empfangen, denn geschrieben steht: **„Ein Spötter sucht Weisheit und findet sie nicht, doch für den Verständigen ist Erkenntnis leicht"** (Spr.14,6). Das Wort GOTTES in der Bibel ist „schriftgeschützt", und es sind weder mythische noch spekulative Bestandteile in ihr enthalten, so wenig wie alchemistische in der Mathematik zu finden sind.

Darum ist schon aus historischen Gründen eine nur verkürzte naturwissenschaftliche Sichtweise in Genesis 1 und eine nur theologische von Genesis 2 ausgeschlossen, weil beide Kapitel beide Aspekte enthalten und historisch gesehen die Genesis als Ganzes nach der Textgattung realhistorischer Prosa verfasst ist, und nicht in Poesie (Dichtung). Darum sind auch Adam und Eva historische Persönlichkeiten und nicht mythologische Repräsentanten der Menschheit. Genesis 1 beschreibt im ersten Vers einen „Anfang", den Beginn des Universums in Raum und Zeit, und die Inspiration der Bibel macht im Kontext deutlich, dass vor der Schöpfung dieses Anfangs keine Materie existierte (vgl. Jes. 40,25-26; 45,12; 42,5; 48,13; Psalm 33 u.a.m). Die Bibel beginnt nicht mit philosophischen Erklärungen über GOTT oder naturwissenschaftlichen Beweisen über IHN. GOTT überzeugt nicht mit „menschlichen" Argumenten, ER argumentiert nicht über Seine Existenz und Schöpfung, ER stellt die Welt vor vollendete Tatsachen und absolute Wahrheiten! Und wenn jemand Seinen Willen erkennen und tun will, wird ihm die biblische Wahrheit aufgeschlossen (vgl. Johannes 7,17).

Keiner, der die biblischen Tatsachen nicht anerkennt, löst biblische Rätsel und kommt aus den eigenen Widersprüchen heraus; was bleibt sind nur Theorien und leere Hülsen und eine unfruchtbare Problematik. Es fehlt der Wert und Sinn im Ganzen. Aber die Bibel zeigt uns *Wert und SINN*, indem sie uns mitteilt, *WER* der Schöpfer ist und *WOZU* ER das Universum und das Leben darin erschaffen hat! Da ist die größtmöglichste Informationsdichte im Text von 1 Mose 1-3 enthalten für das Schöpfungszeugnis. Darum bejahen und glauben wir von ganzem Herzen die Authentizität der Heiligen biblischen Schrift und bezeugen ihre unfehlbare, objektive und glaubwürdige Wahrheit! Amen! SCHÖPFUNG ist eben nicht Evolution, sondern Schöpfung! Viele lesen die Bibel mit naturwissenschaftlicher Brille, andere lesen sie mit naturphilosophischer Brille, und beide sind kurzsichtig. Sie messen entweder einzelnen Begriffen etymologisch ein zu großes Gewicht bei und vernachlässigen den bedingenden Kontext, oder sie postulieren in die Bibel das griechische Denken zyklischer Zeitvorstellungen hinein, anstatt das lineare Denken der Hebräer zu beachten, das in der Bibel von 1. Mose an bis hin zur Offenbarung des Johannes als klare Zielrichtung vorliegt. Aber der dümmste Lapsus ist das Hineintragen des Evolutionsgedankens in die biblische Offenbarung, die diesen apodiktisch nicht enthält! Die Bibel ist weder antik noch modern, sie ist ewig, und ihre Inspiration kommt von einer anderen Dimension! Das moderne Weltbild, mit dessen Ideologie man die Bibel an die Evolutionstheorie anpassen will, ist in ihr nicht enthalten. Mit **„und siehe, es war sehr gut!"** (1.Mose 1,32) ist der Anfang der Schöpfungswege GOTTES markiert.

Ethische Aspekte:

Evolution kennt kein Gut und Böse, weil sie ein „Naturprodukt" ist; auch kommen Bedeutungsinhalte wie *„Schönheit, Harmonie, Lebens-Sinn"* in ihr nicht vor; sie ist nur „zweckvoll und grausam". In der Evolutionstheorie liegt ein riesiges Defizit an Würde und Vernunft, eine große Hilflosigkeit aus selbstverschuldeter Unwissenheit. Ich bin nur ein „schreiender Stein" im einstürzenden Mauergebälk, eine Stimme, mehr will ich auch nicht sein und weniger auch nicht. Und als solche schütte ich Salz in die Medien und vergifteten Kanäle, und als solche muss ich die entleerten und der Wahrheit beraubten Naturwissenschaftler und liberalen und feministischen „Theologen" warnen und bedauern! Ich bemitleide sie, wie man nur Kranke bemitleiden kann, und ich bete zu GOTT; mögen noch vielen die Augen geöffnet werden, dass sie Gnade zur Buße finden. Geschrieben steht: **„und das Unedle der Welt und das Verachtete hat GOTT erwählt, und das, was nichts ist, damit ER zunichte mache, was etwas ist, damit sich vor IHM kein Fleisch rühme." ER spricht: „ICH will zunichte machen die Weisheit der Weisen, und den Verstand der Verständigen will Ich verwerfen"** (1.Kor.1,28.29.19).

Die ganze Schöpfung weist auf GOTT *HIN! Die Begrifflichkeit und Wirklichkeit des „Denkens" an sich, die Tatsache, dass der Mensch gegenüber der Tierwelt denken, sprechen, wollen und diskursiv folgernd handeln kann, dass er bewusst lieben kann und moralisch oder unmoralisch reagieren kann, dass er konzeptionelle Ideen rational umsetzen kann und menschenwürdige aber auch unwürdige Kulturen schaffen kann, erhebt ihn Artgemäss über das Tierreich. Denn das Tier kann seine Art der Instinkte und Reizreaktionen nicht überschreiten und aufgrund dessen eben keine fortschreitende Kultur hervorbringen, ebenso wenig wie ein Apfelbaum Bananen oder Gurken hervorbringen kann. Es ist alles eine Frage des göttlichen Lebens-Odems und der voraus zusetzenden Information in den Genen, welche „fremdbestimmt willensmässig" d.h. durch replikative teleonomische Kreativität die Art bestimmen.*

Evolution ist nicht ethisch „lebbar"

Weil das evolutionäre humane Weltbild den Menschen nicht als von GOTT geschaffenes Wesen ansieht, sondern als „Teil der Natur selbst“, degradiert sie den Wert des Menschen auf die Stufe eines weiter- und hoch entwickelten Tieres. Auf dieser Basis der gesellschaftlichen Materialisierung des menschlichen Lebens wird die Würde und Gleichberechtigung aller Menschen samt ihren „Menschenrechten“ zerstört, die Menschheit auf die Ebene der Tierwelt gebracht und das Schwache, Alte oder minderwertig Betrachtete „ausgelesen“ mit Aussteuerung, Euthanasie, Eugenik oder auch nur durch die Kündigung der Arbeitsstelle. Und halten wir im Bewusstsein fest, dass jährlich 40 Millionen Kinder weltweit per Abtreibung ermordet werden, und dass Pharma-Unternehmen, Ärzte und Nicht-Regierungsorganisationen von diesem blutigsten aller „Geschäfte“ profitieren!! UND WENN GOTT DANN DIE WELT DURCH GERICHTE UND KATASTROPHEN ERSCHÜTTERT, SCHREIE NIEMAND MEHR AUF, WARUM DAS GESCHIEHT! Der grausame Krieg gegen ungeborenes menschliches Leben zählt bisher schon mehr Opfer als die Religions- und Weltkriege zusammen! Menschliches Leben, das zarteste (!) im Mutterschoß, wird im Interesse der Beliebigkeit hingemordet (!), legal abgeschafft! Ich schreie „Mord!“ MORD!! Welches Gewicht haben da noch humane Sprüche von einer Menschenwürde?

Wenn man es wagt konsequent evolutiv zu denken, müsste die Menschheit das Problem ihrer Bevölkerungsexplosion durch „Selbstdezimierung“ lösen…! Ebenso „menschlich“ ist die auf der Evolutionstheorie beruhende soziologische und wirtschaftliche Wachstumsgläubigkeit der Menschheit mit ihren katastrophalen Auswirkungen. Darum, und weil dieses Weltbild GOTT ausschliesst (mit allen gravierenden Konsequenzen, die das mit sich bringt), ist es zu verwerfen! D.Watson, einer der berühmten Evolutionisten sagte: *„Die Evolutionstheorie ist eine weltweit anerkannte Theorie, nicht, weil sie bewiesen werden könnte, sondern weil sie die einzige Alternative zur Schöpfung ist, an welche wir nicht glauben wollen*“. Nun, Herrn Watson und allen Gleichgesinnten möchte ich respektvoll antworten: wenn sie es schon ablehnen, nicht an Ihre schöpfungsmäßige Herkunft zu glauben, schlage ich Ihnen zu Ihrer aufrechten Haltung die andere Herkunfts-Alternative vor, nämlich die auf dem Boden zu kriechen, *„bis sich eure Augen zum Himmel erheben, und euer Verstand zurückkehre“ (vgl. Daniel 4,25ff.).*

Da die Beweisbarkeit der Welt von eingeschränkten und wissensverkürzten Erkenntnistheorien der Wissenschaftler, ihrer formalisierenden Betrachtungsweise, ihren Messmitteln und Methoden samt deren Glaubwürdigkeit abhängt, wobei letztere nicht „die Moral“, sondern die Methodik bezeichnet, entsprechen die Ergebnisse denselben. Die Wissensquellen sind stets nur ein winzig kleiner

Ausschnitt aus dem verfügbaren Wissen des menschlichen Geistes und der Wirklichkeiten, die sich der analytischen Beweisbarkeit entziehen. Selbst keinem physikalischen Gesetz unterworfen, ist menschlicher Geist in seiner Wirksamkeit und Erfahrung offensichtlicher als jeder Beweis, denn das Ihr „Ich“ existiert braucht Ihnen niemand zu beweisen. Ebenso ist die Glaubenswelt eine geistig-geistliche, die keiner rationalen Beweisbarkeit bedarf oder unterliegt. Und unseren Verstand wird man ebenfalls nie auf materieller Ebene lokalisieren, ebenso wenig unseren Willen als nur eine Funktion des zentralen Nervensystems oder biologisch chemischer Hirnfunktionen bestimmen und festlegen können. Dieses große wunderbare Spektrum des menschlichen Geistes, der die innere Personalität des Menschen ausmacht, läßt uns besser verstehen, dass der Mensch nach dem „Bilde GOTTES, IHM *ähnlich*“ erschaffen worden ist, einer *geistig*-geistlichen Ähnlichkeit, für welche der „Menschensohn JESUS CHRISTUS“ der Prototyp ist, der „zweite Mensch“ – nach Adam, dem ersten Menschen. (vgl.1.Kor. 15,47)

Irdisch verhaftet oder himmlisch befreit

Leben ist Geist, und ohne Geist ist ein Mensch tot. Bei seiner ersten *physischen* Geburt kommt ein mit Verstand, Willen, Gefühl und Moral begabter Mensch auf die Welt und lebt als Kind irdischer Eltern! Durch eine *zweite geistliche Geburt* aus Wasser und Geist von oben, durch Reue, Glauben und Umkehr, wird dieser Mensch eine Neue Schöpfung und ein Kind GOTTES! (vgl. Johannes 3). Diese zweite große Erfahrung im Leben eines Menschen ist seine freiwillige Umkehr zu GOTT, die ihm Vergebung und ewiges Leben bringt (Bekehrung). Beide Arten von **LEBEN** liegen jenseits der Erkenntnisgrenzen aller Wissenschaften! Egal welche Methoden und Betrachtungen sie auf den Menschen (und die Welt) ansetzen – immer werden sie an der Grenze zum „Leben“, zum „Geist“ scheitern, weil an dieser naturwissenschaftlichen Erkenntnisgrenze ihre herkömmlichen Methoden enden und damit auch ihr Anspruch auf Wahrheit! Das muss die Wissenschaft zur Erkenntnis bringen, die absolute moralische Instanz über sich – GOTT – anzuerkennen und in Verantwortung und Abhängigkeit zu IHM zu forschen! Denn MNW allein ohne Bindung an den Geist des SCHÖPFERS, hat keine Autorität moralisch-ethische Massstäbe zu setzen; sie kann sie nicht hervorbringen. Nichts ist heute in den wissenschaftlichen Disziplinen, besonders in den medizinischen dringender als **„metanoia“** = Umsinnung und ebenso Gebet um göttliche Weisheit und Leitung! **Gottesfurcht** ohne Menschenfurcht ist angesagt, and time to pray!

Ethische Problemfragen von heute: ob embryonale Stammzellen erzeugt werden dürfen, ob therapeutisches Klonen von Embryonen oder Abtreibung samt rezeptfreier Pille „erlaubt" ist, wie denn Präimplantationsdiagnostik oder wie die Gentechnik bei künstlicher Befruchtung zu bewerten ist, die ganze Forschung am Menschen schlechthin, würde in einer gottesfürchtigen Wissenschaft nicht zur Disposition stehen, von aktiver Sterbehilfe ganz zu schweigen. Weil das Leben den Vorrang HAT, wie es vom Moralgesetz der Bibel hergeleitet wird und im Gewissen des Wissenschaftlers verankert ist. Menschenwürde wäre wieder eine bedingende Größe, die sonst in der Naturwissenschaft nicht vorkommt. Und humane Ethik hätte wieder einen absoluten würdigen Rückbezug für ihr Handeln. Bei der Frage nach dem Ursprung des Menschen und des Geistes geht es eben nicht um das im Religionsbereich „mystisch-transzendente" Wissen und Denken (das wie gesagt schon *zuviel* Widerspruch und Unqualifiziertheit erzeugt hat, um glaubwürdig zu sein), sondern um das höhere Wissen als der Information des SCHÖPFERS Selbst, welche unsere Dimension der Logik unendlich übersteigt! Geschrieben steht: **„Aber der Geist ist es im Menschen, und der Odem des Allmächtigen, der sie verständig macht"** (Hiob 32,8; lesen Sie noch dazu Hiob 38 ganz und 35,10.11; Daniel 3,20.21; Sprüche 2,6; Römerbrief 11,33-36).

Wie könnte diese schwache, gekrümmte menschliche Endlichkeit und Logik Unendlichkeit erkennen, begreifen, erfassen? – Vergeblichkeiten! Wie könnten sterbliche Menschen die EWIGE GOTTHEIT bestätigen?! Aus den tiefen Brunnen eines natur- oder geisteswissenschaftlichen Forschens allein kam und kommt nur das, was eben begrenztes menschliches Wissen hervorbringt: Physik und Chemie mit Hilfe der Naturgesetze. Es kommt kein stilles Schweigen über die Unverfügbarkeit höherer endgültiger Erkenntnis – nur Mystik soll noch Welträtsel lösen. Aber auch dieses religiöse Erklärenwollen ist selbst nur Suche nach Identität und endgültiger Antwort. Sicher können bei Naturwissenschaft und Religion gemeinsame Voraussetzungen gefunden werden, nämlich das Nichtbewiesene, Wahrscheinliche und Geglaubte. Trotzdem kann metaphysisch Mystisches (ob östlicher oder westlicher Art) der MNW und der Ethik keine helfende Handreichung tun, weil sie erstens und zweitens mit vielen Irrtümern, widersprüchlichen Häresien, schrecklichen Sünden belastet sind und drittens, weil sie fundamentale biblische Maßstäbe verleugnen.

Evolutionstheoretisches Denken hat viele wissenschaftliche Disziplinen um ein Jahrhundert zurückgeworfen und ihre Ethik betrogen. Legen wir der Evolutionstheorie ein Denkmodell zugrunde: Wäre sie nicht „passiert", wären die Millionen Menschenopfer des 20. Jahrhunderts nicht „passiert"; wären Volkswirtschaften nicht dem schrankenlosen tierhaften Egoismus verfallen; Arbeitskräfte nicht zur funktionalen „Tierhaltung" degradiert worden, deren Wert geringer ist als ein Börsenpapier; dann wären Menschenwürde und Moral nicht zur Zweckmässigkeit entwertet worden; dann wäre Gender Mainstreaming als feministisch-emanzipierte Kulturrevolution zur Auflösung der Geschlechter, der Ehe, Familie, Mutterschaft und Vaterschaft nicht möglich; dann wären Abtreibung, Euthanasie und Liberalismus noch Feindbilder in der Gesellschaft; dann hätten Menschen noch einen selbstverständlicheren Zugang zu biblischem Wissen und hätten somit Werte, Hoffnung, Sinn und Würde! Hätten wir zwei Inseln auf dieser Welt zur Verfügung, auf der die einen ihre Evolutionstheorie installieren und damit auf ihrer Insel leben müssten, die anderen mit ihrem biblischen Glauben (also nicht mit dem religiösen, der für die Religionskriege verantwortlich zeichnet) auf der anderen Insel, dann wäre die erste Insel mit oben angeführter historischer Entwicklung eine einzige ausgestorbene Landschaft! Es wären ja keine positiv geistlichen und moralischen Gegenkräfte vorhanden. Die zweite Insel mit den bibelgläubigen Menschen wäre auch noch nicht das Paradies, aber sie wäre mit blühender Lebenskultur und dankbaren Menschen erfüllt, die in einer vorläufigen Heimat in Freiheit und Würde leben. Man möge mir diese Skizzierung gestatten, um einmal den Unterschied zwischen zwei der gegensätzlichsten geistigen Strömungen der jüngeren Neuzeit aufzuzeigen.

Die Tiere und die Pflanzen sind nicht zum Bilde GOTTES hin erschaffen – nur der Mensch! Jene, die vom Irrtum zur Wahrheit reisen und zur himmlischen Freiheit finden begreifen, in welchem Verhältnis der Mensch zu GOTT, zur Welt und zum Nächsten steht, woher er kommt, wozu er hier lebt und wohin er unabänderlich und ewig geht. Hier in dieser „Findung" endlich wird der Mensch bekleidet mit seiner Würde, die ihm sein Schöpfergott von Anfang an gab zur moralisch wissenden Verantwortung. Da wird das nackte Spottgebilde der Evolutionisten zum Gespött; an den Pranger gestellt werden auch ihre nackten Thesen: *„Der Mensch ist ein nackter Affe" (D.Morris); „ein Irrtum der Evolution" (A.Köstler) u.a., denn darin spiegelt sich nur ihre denkerische, wissenschaftliche, ethische Verblendung und Unfähigkeit!*

In der Befreiung von der Gefangenschaft an die Diesseitsverhaftung beginnt der Sinn für ein Leben im Diesseits mit GOTT und der Wertschätzung für den Mitmenschen – es kommt zu einer würdevollen ***Bekleidung***. Das Kleid seiner wieder gewonnenen Würde des „Menschseins" zum Bilde GOTTES hin wird ein geistlich sehend gewordener Mensch niemals mehr ablegen wollen, durch keine

Schlussfolgerung! Er wird den alles bedingenden Geist nicht mehr in einem evolutiven Götterhimmel, in der New-Age-Spiritualität oder in der Materie suchen, die erst durch diesen Geist aus dem Nichts hervorgebracht wurde! Er wird auch keinen künstlichen Anfang für alles suchen; er wird glaubend verstehen, dass biblischer Glaube stärker und tragfähiger ist als alle begrenzte wissenschaftliche Vernunft!

Ich füge abschließend drei kurze Stellungnahmen an, die ich einer schweizer Zeitung als Antwort zu ihren Themenausgaben geschrieben hatte. (31. Januar 2009).

Thema 1) „Wo Darwin und GOTT zusammentreffen / Neues Lehrmittel für Volksschule"

Es steht geschrieben: **„Wohl dem Menschen, der Weisheit findet, dem Menschen, der Einsicht erlangt"** (Bibel, Sprüche 3,13). Es ist *OK*, dass die beiden unvereinbaren Bereiche „SCHÖPFUNG und Evolution" nicht nebeneinander in das Schulbuch kommen, denn sie schließen sich wesensmäßig einander aus, da Mensch und Tier *zwei* unterschiedliche Schöpfungsakte- und Ebenen sind, wobei der Mensch auf eine unvergleichbare Ebene über das Tierreich gestellt worden ist! (vgl. Genesis 1,24.25/26-28). Darum denkt und lebt der Mensch mit bewusstem Sinn auf Ziele hin. Und das beginnt besonders in der Schule; da liegt doch sehr viel Sinn drin. *Nicht* OK ist, die biblisch-authentische Schöpfungsgeschichte aus dem angekündigten Lehrmittel zu entfernen zugunsten des neuen Lehrmittels „Evolution verstehen". Hängt das vielleicht zusammen mit dem unter „Bedeutung und Ausrichtung" im Lehrplan des Kantons Bern (NMM 1) erwähnten Satzes: *„Die Natur bildet die Grundlage für alles Leben?"* Es scheint so, denn der ganze Lehrplan steht auf der *Maxime* der Natur und Naturbetrachtung.

Schauen Sie, Natur selbst kennt keinen personalen *SINN*, auch Evolution kennt diesen nicht, ebenso wenig auch einen Geschichtszusammenhang, also keine Geschichte, sondern nur eine Ansammlung von Hypothesen und Modellen eines zufälligen Prozesses, der ziellos und ungesteuert abläuft. Kein denkender Mensch kann realistisch durch *angewandte Evolution* leben bzw. überleben: Er kann das Denken über sein Privat- und Berufsleben nicht dem *Zufall* überlassen, oder? Er kann seine Lebensexistenz nicht auf *ziellose* Hypothesen und Modelle aufbauen, er wird auch kaum *ungesteuert* längere Zeit überleben, auch wenn er super intelligent- und stark ist. Und weil der experimentelle Darwinismus und „Evolution“ als solche für **Menschsein** und **Singebung** out sind, will ich davor warnen, Kindern Darwins Theorien aufzubereiten. Kinder sind „Menschen“, sie sind nicht höher entwickelte „Tiere!“ Zuerst muss die Identitätsfrage gestellt werden, und nicht wie bei der PISA-Studie die evolutive Leistungsfrage. Kinder sollen unterrichtet, nicht abgerichtet werden wie ein Rudel kleiner Wölfe (wobei auch Autoritätsfragen eine Rolle spielen). „Kinder sind Geschöpfe“ – wunderbare Geschöpfe GOTTES, moralische Geschöpfe mit Verstand, Willen, Gewissen und Emotionen.

Aber der Bildungsweg heute ist ein psychosoziales „Programm“, ein Weg der Humanpotenzial-Religion, wo Kinder zum Experimentierfeld werden! Laut dem Kulturausschuss des Europarates soll der *Kreationismus* nicht neben der Evolutionslehre zugelassen werden. Doch Evolutionslehre ist völlig unverantwortlich; sie ist nicht wissenschaftlich, sondern eine Geistesströmung und Ideologie, die auf Manipulation und Kontrolle abzielt! Für das fächerübergreifende Lehrmittel *„Natur-Mensch-Mitwelt“* hätte ich einen Alternativvorschlag an das Bildungswesen: Kreieren Sie aus „NMM“ ein „MNM“ (= Mensch, Natur, Mitwelt), und integrieren Sie darin die biblische Schöpfungsgeschichte. Machen Sie die fundamentalen Aussagen der Bibel zur Grundlage der Bildungsfrage, und entdecken Sie dabei, wie hochaktuell (und weniger antik) die Bibel auch für den heutigen Unterricht ist, dass sie eine geöffnete Wasserquelle wird – lebendig und unerschöpflich.

Für die Biologie wird`s dann auch einfacher, weil diese kein Produkt oder Mechanismus der Evolution sein **kann** (stellen Sie doch nur einmal Bio-Polymere oder Proteine her, mit oder ohne Zufall, und die Nobelpreise werden Ihnen *zu*-fallen). Es braucht keine Ideologie, nur biblisches Wissen, Glauben und Weisheit, die Schöpfung zu erklären, und mit *diesen Voraussetzungen* kann und darf man dann auch naturwissenschaftliche Erkenntnisse und andere Unterrichtsziele an die Schüler herantragen. Denn **„durch Glauben verstehen wir“** (Hebr.11,3). Bestens zu empfehlen ist anstelle von „Evolution verstehen“ das gesunde und objektive „CREATIO“ von Alexander vom Stein; damit man aufgrund realistischer Molekularbiologie die *Entwicklung* des Evolutionsgedankens und der Evolutionsarten wirklich „versteht!“ Denn es soll ja darum gehen: Evolution verstehen – und zu ihr den Unterschied des biblischen Kreationismus.

(Diesem Thema möchte ich noch hinzufügen, dass nach einer repräsentativen Umfrage des MFI *IHA-GfK* im Auftrag von ProGenesis im Sommer 2007

80,4 Prozent (!) der Schweizer Bürger für die Schöpfungslehre im Biologieunterricht sind. Diese Mehrheitsmeinung sollte auch die Bildungspolitiker, Schuldirektionen und Lehrer endlich stimulieren!).

Thema 2) „Hat Darwin GOTT vom Thron gestoßen?"

NEIN, das hat er nicht!, ebenso wenig wie Kindergeschrei die Sonne von ihrem Platz wegrücken kann. Denn es steht geschrieben: **„Mit Wem wollt ihr Mich denn vergleichen, dem Ich gleich sein soll? Spricht der HEILIGE. ICH BIN der HERR, das ist Mein Name; und Ich will meine Ehre keinem anderen geben, noch Meinen Ruhm den Götzen!"** (Jesaja 40,25; 42,8). **„ICH BIN der HERR und sonst keiner!"** (Jes.45,5).

Als Ch. Darwin an Bord der Beagle seine Forschungsreise (1831-1836) zu den Galapagos unternahm, lachten die Schiffsoffiziere, weil er die Bibel als unanfechtbare Autorität in Fragen der Moral zitierte. Erst später löste er sich allmählich vom Glauben, doch widerrief er, so wird berichtet auf seinem Sterbebett seine Theorien, die er „unausgegorene Ideen" nannte, und lies sich wieder aus der Bibel vorlesen. Die Überzeugungskraft der biblischen Offenbarung sowie seine eigene Unsicherheit und nicht endgültige Überzeugung im Blick auf seine Forschungsergebnisse mögen ihn bewogen haben, zurück zur Wahrheit zu finden. Lady Hope, eine Christin aus Northfield in England war Zeugin an seinem Sterbebett unter anderem von diesen Aussagen: *„Ich war ein junger Mensch mit unausgegorenen Vorstellungen. Ich schleuderte meine Ideen und Zweifel hinaus, staunte immerzu über alles, und zu meiner Verwunderung breiteten sich meine Ideen wie ein Buschfeuer aus. Die Leute haben eine Religion daraus gemacht".*

Darwins Beobachtungen der Variabilität und seine Idee der Selektion innerhalb der Arten waren philosophisch gesehen damals schon die Folgen und Gedanken der Aufklärung, wo der Mensch scheinbar GOTTES nicht mehr bedurfte. Darwin selbst war kein Gotteshasser wie zum Beispiel Richard Dawkins und andere es sind. Darwin kämpfte nicht „gegen seinen SCHÖPFER", was Dummheit und Verderben ist; er war nur ein Zweifler, der nicht einen Beweis für die Nichtexistenz GOTTES suchte, sondern in der ihm angeborenen Bescheidenheit und mit dem ihn damals zur Verfügung stehenden Mitteln Verhaltensforschung betrieb. Aber er wusste noch nichts von der Molekularstruktur der DNA und von Proteinen zur Replikation der Erbinformation und von der teleonomischen, fertigen Information und Kreativität in der biologischen Zelle, die diese „befähigt zu wissen", wann und wie und zu welcher Struktur sie wachsen soll, ohne spätere evolutive Nachinformation! Darwin hätte mit seiner damaligen und heute widerlegten Theorie den biblischen Glauben nicht verdrängen müssen, das taten große Naturwissenschaftler wie Kopernikus, Newton, Pascal oder Galilei auch nicht, die in ihrem biblischen Glauben erst die Bestätigung für ihre rationalen Forschungen fanden. Was man trennen soll, ist Religion und Staat; aber *GLAUBE*, Wissenschaft und Staat darf man nicht trennen, weil der Staat auch aus Menschen besteht, die Wissenschaft und Bildung auf der Basis biblisch bewährter Glaubenskonzepte betreiben, und nicht auf einer Basis naturphilosophischer Deutungssysteme. Naturwissenschaft als solche trennt Glaube und Denken nie; das ist eher das Problem atheistischer Wissenschaftler.

Darwinisten schützen ihre Theorien, indem sie Kritik als religiösen Angriff bezeichnen, weil der biblische Kreationismus eben moralische Folgen hat. Evolution ist eine Religion und ein „Programm“, eine fest etablierte Ideologie, womit heute die Herkunft der Dinge naturalistisch erklärt, aber nicht bewiesen wird. Der Glaube gottesfürchtiger Menschen kommt dadurch jedoch nicht in Bedrängnis, weil er auf höherer Ebene steht. Evolution kann GOTTES Offenbarung unmöglich bedrängen oder verhindern, aber Evolution kann Unwissenheit und Unglauben fördern. Als Christen und Kreationisten müssen wir nicht zu irgendwelchen wissenschaftlichen oder psychologischen Mitteln greifen um unseren Glauben zu verteidigen; wir brauchen die plumpen weltlichen Methoden zur Beweisführung nicht, auch nicht „Intelligent-Design auf evolutiver oder theistischer Basis“ oder gar politische Druckmittel. Biblische Wahrheiten sind Wirklichkeiten auf unerreichbaren Höhen, sie sind keine Diskussionsgegenstände für weltliche Kritik und Forumsdebatten. Das „es steht geschrieben….!“ genügt; es hat alle Angriffe durch die Jahrtausende und Jahrhunderte ohne Schaden überdauert, es ist lebendig und lässt Heerscharen von besiegten und gestorbenen Feinden zurück. Es muss nur „bezeugt“ werden, denn jeder Mensch ist frei, der Wahrheit oder der Lüge zu glauben. Die Wahrheit wird euch frei machen, sagte JESUS CHRISTUS.

Charles Darwin fand am Ende seiner Lebenstage zurück zur biblischen Wahrheit, zur „Erhabenheit des Buches“, wie er die Bibel nannte; er sagte zu Lady Hope, der Dame, die ihn in seinem letzten Zustand pflegte: *„Ich besitze ein Sommerhaus im Garten, in das über dreißig Personen hineinpassen“*, er zeigte aus dem Fenster. *„Ich bitte sie sehr, dort zu sprechen! Ich weiß, Sie halten Bibelstunden in den umliegenden Dörfern. Morgen werde ich die Dienstboten und einige Nachbarn einladen…Bitte, sprechen Sie zu ihnen!“* „Worüber soll ich sprechen?“, fragte sie. „JESUS CHRI-

STUS", antwortete er, *„und Seine Errettung. Ist das nicht das beste Thema? Und bitte, singen Sie einige Lieder mit ihnen!"* Dieses Zeugnis ist der Widerruf seiner „unausgegorenen und zweifelhaften Vorstellungen", welche er als junger Mensch in die Welt hinausschleuderte und als alter, gereifter und weiser Mann sehr bereute!

Evolution ist keine Krone der Menschheit; sie ist kein Schlussstrich für den „alten Aberglauben", wie manche „glauben", sie ist nur Teil der *Selbstbestimmung,* die im Sündenfall beginnt und in Involution und Degeneration der Kultur endet. Sie ist selbst gewählter Betrug und Selbstbestrafung! Lasst uns beten, dass noch viele Menschen zum Licht der biblischen Wahrheit finden!

Thema 3) „Wenn Extremisten Darwin schamlos missbrauchen" (Sozialdarwinismus)

Geschrieben steht: **„Zu einem Narren passt keine vortreffliche Rede, so wenig wie zu einem edlen Menschen Lügenreden"** (Sprüche 17,7). **„Selbst ein Narr wird für weise gehalten, wenn er schweigt, und für verständig, wenn er seine Lippen verschließt" (17,28). „ICH sage euch aber, dass die Menschen am Tag des Gerichts Rechenschaft geben müssen von jedem unnützen Wort, das sie geredet haben"** (in Matthäus 12,36).

In der Tat hätte sich Ch. Darwin geschämt von Atheisten so missbraucht und instrumentalisiert zu werden, denn er kannte noch Barmherzigkeit und rechnete den Menschen einen „Instinkt der Sympathie" zu, der sie die *Schwachen* ertragen ließ. Erst Sozialphilosophen wie Herbert Spencer (1820-1903) propagierten das Recht des Stärkeren und prägten den Begriff *„survival of the fittest",* und der Vetter Darwins, Francis G. begründete die Eugenik (Erbgesundheitslehre). Dieser ideologisierte Sozialdarwinismus (SD) war es, der Kapitalismus und Imperialismus legitimierte, der den Menschen nur noch als „funktionale Größe" sah und ihn im tierischen Behaviorismus (von „to behave" = sich verhalten) zum Arbeits- und Leistungstier degradierte. Aber der „Lebenssinn" eines Pferdes ist für den Menschen sinn-*los*, sobald dieser erkennt, dass er mehr ist als ein Tier!

Wir wollen nach Ursachen fragen zum darwinistischen Extremismus. Mit seiner zerstörerischen Selbstverwirklichung trägt er dasselbe Merkmal wie der Neomarxismus und beide wollen ihre Ideologie des „emanzipierten Menschen" und den „Kampf ums Dasein" auf die Entwicklung der menschlichen Gesellschaft übertragen. Beide Bewegungen und Modelle sind *„abhängig von Evolution",* also von mutierender Selbstentwicklung. Philosophisch gesehen sind sie bewusste Rebellion gegen GOTT, politisch und ökonomisch gesehen sind sie bewusst reaktionär und selbstzerstörerisch! Denn keine Gesellschaft, keine Kultur kann dauerhaft mit selbstzerstörerischen Werten überleben – mit humanistischen Werten relativer Selbstgesetzgebung und mitleidloser Selbstliebe.

Der selbsttötende Hass, den K.Marx auf GOTT hatte ist auch die Triebfeder neoliberaler- und marxistischer Sozialdarwinisten; es ist der größte Faktor in ihrem Programm, und so fragen wir: wozu eigentlich dieser nihilistische Kampf gegen einen Gott, den es in den Vorstellungen dieser „isten" gar nicht gibt? Gegen etwas zu kämpfen, dass nicht existiert ist doch pure Dummheit und Sinnlosigkeit, oder? Aber *the crucial point* ist dieser: GOTT, der HERR, hat als Schöpfer des Menschen ihm auch ein „Wissen und Gewissen" über GOTT und moralisches Handeln ins Herz gelegt (vgl. Römer 1 und 2), das jeden Menschen in die Verantwortung nimmt. Und genau gegen dieses *wissende* Gewissen muß der Agnostiker und der Atheist verzweifelt ankämpfen; es ist Donquichotterie, ein Kampf aus der Position getroffener Schwäche. Ihr naturalistischer SD muss fortwährend die Stimme der Vernunft und des Gewissens töten; es ist selbstzerstörerisch, weil sie die eigene Verantwortlichkeit und GOTTES richterliche Autorität ablehnen, es ist typische „marxistische Rebellion."

Schauen Sie sich die Leute an, ob wissenschaftsgläubig, rechtsextrem, neoliberal oder neomarxistisch – wir sehen nur glücklose Gesichter. In ihrem Denken und Tun stimmt die Reihenfolge nicht, es fehlt der Geist, der allem einen *SINN* gibt. Sie hängen am darwinistischen Fliegenfänger und sind bestimmt kein Segen für die Mitwelt, aber das wollen sie auch nicht sein. Ich möchte ihnen sagen, dass auch in einer Welt voll Sünde und Grausamkeit *noch gute Kräfte* walten, die das Böse nicht wollen, sondern das Gute! (vgl. Römer 2). Wenn der SD so fortschrittlich sein soll, dann dürfen dessen Vertreter kein soziales Netz, keinen diakonischen Dienst, keine ärztliche Einrichtung und Hilfe in Anspruch nehmen, ist doch logisch (?) und diese Liste geht weiter.

Nochmals die Frage: *WOZU* soll ein Existenzkampf ums Überleben gut sein und wozu soll er uns helfen, wenn sein Ergebnis wieder nur Angst und Tod gebiert? Hätte ein „Gen", das skrupellosen Egoismus produziert (nach R.Dawkins Wahnvorstellung) für sinnvolles Dasein einen Wert bzw. *SINN??* Das hätte es nicht einmal für die Tierwelt. (Hier liegt selbstzerstörerische dämonisierte Paranoia vor). Hat der SD Adolf Hitlers der Welt etwa Segen gebracht? **„Irret euch nicht! GOTT lässt Sich nicht spotten! Und was der Mensch sät, das wird**

er ernten.“ (Galater 6,7). Und der Mensch HAT gesät und HAT geerntet! Und er sät und erntet fortwährend!

Darwin ist für mich bibelgläubigen Christen kein Feind; wir kämpfen nicht gegen Fleisch und Blut, d.h. gegen Menschen. Der wahre Feind des Menschen ist Satan, der ein Lügner und Menschenmörder von Anfang an ist (vgl. Johannes 8). Er manipuliert die Gehirne und produziert Weltanschauungen gegen die biblische Wahrheit, bringt Menschen durch Lügen in die Unfreiheit und treibt die Menschen in die Selbstzerfleischung! Sie meinen frei zu sein und handeln aus der Position Gefangener. So ist der ideologisierte Darwinismus mehr als ein Falsifikat, er ist eine religiöse Geistesströmung, wo absolute Wahrheit geleugnet und Unmoral legitimiert wird und der Mensch heimatlos in ein Niemandsland läuft. Der Zweck des SD ist die Unfreiheit. Denn wenn der Mensch sich „um seine eigene Sonne bewegt“ (K.Marx), hat er sich in den Kreislauf selbstzerstörerischer Emanzipation eingeschlossen. Dagegen breitet sich im biblischen Panorama ein wunderbares Land aus, ein Leben voller Sinn selbst im Leiden und ein Ziel, welches im Heil beschlossen ist für alle, welche die Einladung und den Ruf des EVANGELIUMS annehmen (Johannes 10,10; 1,12). „The survival of the fittest“ gilt da nicht mehr, und im Wirtschaftsleben bringt biblische Ethik ein ganz anderes Ergebnis als ein tierisch-evolutionärer Existenzkampf. Darwin erkannte in seinen letzten Jahren immer besser, dass Kooperation für das Überleben im Naturbereich oft mehr zählt als Konkurrenz. Denn mit *the fittest* meinte Darwin nicht physische Stärke, sondern die Fähigkeit der Anpassung. Ja! Kooperieren Sie mit GOTT, Ihrem Schöpfer durch Glauben; lernen Sie beten und erfahren Sie Seine Liebe! (Soweit diese Stellungnahmen).

Das sind die Weisen, die vom Irrtum zur Wahrheit reisen.
Die beim Irrtum verharren, das sind die Narren“ (Friedrich Rückert)

Der große englische Prediger Charles H. Spurgeon sagte: *„Hütet euch vor der falschen Weisheit, die sich oft den Anschein von Wissenschaftlichkeit gibt. Man stellt Vermutungen auf und weist auf vermeintliche Tatsachen hin, um diese zu stützen. Eine Zeitlang schwören die Gelehrten auf die neue Ansicht, und man sagt euch, dass ihr euch nicht dem Fortschritt der Wissenschaft und dem Geist der Zeit entgegenstellen dürft. Aber schon nach kurzer Zeit wird die neueste Ansicht durch eine noch neuere vom Thron gestoßen. Die `Weisheit` von gestern erweist sich als Torheit, und sie dient der „unfehlbaren“ Weisheit von heute als Hintergrund. Diese wird aber bald demselben Schicksal verfallen wie ihre Vorgängerin. Wir wollen gewiß die Erkenntnis nicht verachten, sondern nach ihr wie nach einem verborgenen*

Schatz suchen; aber wir wollen uns keineswegs durch unbewiesene Theorien zum Narren halten lassen."

Die Menschen heute leben im Niemandsland ihrer Spiritualität ohne erkennbaren Sinn und Grund für ihre menschliche Existenz. Die Gottesfrage, Wertfrage und der Tod sind tabu. Aber der moderne Mensch (vom anderen geht keine weltverändernde Bedrohung aus) muss die Welt erklären, *„was sie im innersten zusammen hält."* (Goethe). Ruhelos ist er auf der Suche nach Ursache und Wirkung bis in den Bereich der Transzendenz, in die Spiritualität. Die Evolution suggeriert dabei die Möglichkeit eines soziologischen Quantensprungs.

Die Spiritualität des Ostens hat das durch Religion gelähmte christlich-abendländische Bewusstsein längst überwuchert, denn dieses war schon vor der Erschütterung durch die darwinistische Entwicklungslehre (um 1860) ein formales Kultur-Christentum geworden, auch wenn es noch mehrheitlich am biblischen Schöpfungsbericht festhielt. Ein christianisiertes (nicht „christliches") Abendland, das im Formalismus seiner toten Tradition alljährlich den Advent (die Ankunft) des GOTTESSOHNES feiert, die ja schon geschehen ist, die PARUSIE (Wiederkunft JESU) aber nicht mehr im Blickfeld hat, hat der Evolution nichts Wesenswertes mehr entgegenzustellen. Ich sagte oben, dass der Evolutionsgedanke einen wirklichen Christen, einen *„neugeborenen Christen"* keinesfalls in Glaubenszweifel bringt, weil Tod und Auferstehung CHRISTI und die Kraft des HEILIGEN GEISTES ihn von dieser Weltebene einer Naturphilosophie getrennt haben. Er hat das Zeugnis des Wortes GOTTES und des Geistes GOTTES, und das allein genügt! Ausrufezeichen! (vgl. das Wort in Joh. 16,13; Eph. 4,15.17; Kol.2,8; 1.Joh.4,1 als Beispiel von anderen).

Der *geistliche Tod der Evolutuion* findet im Gläubigen keine Nahrung; er findet reichliche Nahrung an wissenschaftsgläubigen Theologen, kirchenkonformen oder anderen nicht aufgeklärten oder einfach atheistisch denkenden Menschen; diese haben weder die Information noch die sittliche Kraft oder den Willen, der dämonischen Geistesströmung der Evolution zu widerstehen. Denn das können wir nach all dem sagen: *Evolution ist eine weitere Folge jener furchtbaren Information im Garten Eden, die als „Halbwahrheit" verpackt den ursprünglichen Fall des Menschen herbeiführte – genommen vom Baum der „Erkenntnis"; und der „Glaube" des Menschen an diese Halbwahrheit brachte eine ganze Menschheit unter den Fluch des „Relativismus", wo absolute Werte der Wahrheit laufend relativiert werden. Evolution heißt daher „sein werden wollen wie GOTT" auf dem doppelten Boden aus wertneutralem Humanismus und spirituellem Liberalismus, stark genug für Spekulation und Irrationalität, zu schwach gegen biblische Wahrheit und exakte Naturwissenschaft. Evolution ist ein Mythos und selbststrafende Dummheit; sie ist ein Produkt des Denkbaren ohne Gottesbezug und damit der Ausweglosigkeit und Hilflosigkeit menschlichen Hochmuts preisgegeben, nichts ein stolzer, gefährlicher nihilistischer und suizidanter „Mut", weltenweit entfernt und unter der Würde zum größeren Mut, zur DEMUT, der hin zur Weisheit und Freiheit führt..*

New-Age und Bildung

Zweckfrage vor Sinnfrage; Schule und Werteerziehung als Spiegelbild der Gesellschaft

„Ich, die Weisheit, wohne bei der Klugheit;…von mir kommt Rat und Tüchtigkeit; ich bin verständig, mein ist die Kraft. Durch mich herrschen die Könige", „HERR, Deine Zeugnisse sind sehr zuverlässig" *(aus Psalm 93+Sprüche 8)* „Wohl dem Menschen, der Weisheit findet, dem Menschen, der Einsicht erlangt! Denn ihr Erwerb ist besser als Gelderwerb, und ihr Gewinn ist mehr wert als feines Gold." *(Sprüche 3,13+14)*

Out of date – (der ausrangierte moderne Mensch)

Wo früher vor dem Schulunterricht gebetet wurde und Schulen noch *Stätten der Bildung* waren, haben Evolution, Modernismus, Neomarxismus und Spiritualismus den christlichen Glauben und die nach biblischen Grundsätzen wertgeleitete Bildung verdrängt und so Bildungsstätten zu „Ausbildungsanstalten" degradiert! Nur christliche Privatschulen haben dort, wo Demokratie noch einigermassen funktioniert, die staatliche Bewilligung, mit oder ohne staatliche Finanzhilfe, Kindergarten und Schule ganzheitlich nach bewährten biblischen Konzepten zu betreiben, und so Menschen zu kreativen, urteilsfähigen und ehrlichen Gliedern der Gesellschaft zu erziehen. Es hat noch jedem Staat genützt, wenn er die christliche Bildung gefördert hat und damit vorzugsweise die sittliche Gewissensbildung, welche dann Bürger hervorbringt, die weder lügen noch stehlen noch Steuern hinterziehen noch abtreiben usw! Auch der private Hausunterricht ist je nach Gegebenheit eine Möglichkeit. Hier (wie in der christlichen Schule) kann der *Erziehungsauftrag* der Eltern aktiv und sinnvoll in die *Bildung* miteinfliessen.

Bildung wirkt erziehend, in postiver oder negativer Richtung. Da lese ich in einer Zeitung für freie Meinungsbildung, Ethik und Verantwortung den Aufruf: *„Die Jugend braucht wieder eine Zukunft"*, und dann wird von „Charakterbildung" gesprochen (….). O wie schön, man hat bemerkt mit oder ohne psychologische Expertisen, dass unsere Jugend tatsächlich kaputt geht und unsere modernen pädagogischen Modelle nicht mehr greifen bzw. nicht gegriffen haben! Die sozio-ethischen Bremsen der Jugend greifen nicht mehr und zu Recht wird in dem Aufruf der Quantensprung ins Informationszeitalter mit seinen absorbierenden und bedrohenden virtuellen Mitteln und die Entleerung der Werte als Hauptproblem angesprochen; gemeint sind humanistische Werte. Jugendliche müssen mit Bevölkerungsexplosion und einer zunehmenden Sinnentleerung des Daseins zurechtkommen in einer digitalen, virtuellen künstlichen Realität und Welt von Internet, Facebook, Handy, CD, MP3-Player und mehr! Und das bringt geistig-ethische Verwahrlosung mit sich. Es wird auch viel über Symptome geredet (und das hört sich immer ziemlich hilflos an, ist aber gut gemeint); nur über die Ursachen findet sich so gut wie nichts. Was läuft denn hier *ganz schief?*

Darf ich zur Charakterbildung kurz ergänzen: Menschen haben drei Arten von Triebwillen: den naturhaften, den verstandesmäßigen (pragmatischen) und den sittlichen Willen. Der naturhafte Wille fragt: Ist es angenehm oder nicht? (Emotion, fun, Feeling). Der verstandesmäßige fragt: Bringt es mir Vorteile? Und *nur der sittliche Wille fragt*: Ist es gut oder böse? Emotion und Willen machen unseren Charakter aus; darum sind Verstandes- und Charakterbildung zu unterscheiden. Letzteres heißt daher „Erziehung zu einem starken sittlichen Willen." Dieser aber braucht den vertrauenswürdigen und starken moralischen Anker! Nicht irgendeinen. Automatisch stoßen wir bei der maßgebenden moralischen Frage auf eine ihr übergeordnete, vorgegebene Instanz. Wenn damit nur „Vertrauen in sich selbst, die Welt und eine Stärkung des Selbstwertgefühls", also Humanismus gemeint ist, werde ich darüber lachen (event. weinen). Denn damit wird weder die Welt, noch das Böse noch der Mensch überwunden; das alles wird im heutigen autarken Liberalismus und intoleranten Humanismus selbst mitgerissen! Wer wird denn bei menschlich-humanen Werten noch Halt finden, die Gut und Böse nur relativ definieren? Der Mensch, der nur auf diese Werte oder auf sich selbst vertraut, steht auf keinem Felsen, er steht auf Sand oder in einem Schiff auf hoher See mit selbstzentriertem Kompass. Auch psycholog. erlernbare Zivilcourage ist kein Felsengrund in der Brandung ausschäumender, radikal zunehmender Gottlosigkeit und Irrseligkeit.

Der moderne ausrangierte Mensch mit seiner humanen Wertorientierung blieb stets derselbe seit seinem Fall in die Sünde. Er ist religiös, ideologisch, materialistsich und humanistisch geworden, aber „er" blieb derselbe. Als „Masse" ging die Menschheit mit Errungenschaften voran, jedoch als „ecce Homo", als

Mensch, geht er degressiv und involutiv in moralischer, sozialer, demokratischer Hinsicht zurück! Da ist kein Halten gegen menschliche und teuflische Dekadenz; „Untugenden spotten den Verhaltensweisen", die Gewalttätigkeit erhebt sich als Rute der Gottlosigkeit, sittliche Gerichtsschläge treffen ein. (Schon gemerkt?). *Noch nie* ist eine Kultur mit gerechten, guten, moralischen Werten *OHNE* die Anerkennung der biblischen Werte entstanden, das weist die Geschichte seit unserer Zeitrechnung aus! Rechtsstaatliche Demokratien in Europa und den USA deduzieren sich aus den biblischen Prinzipien und Geboten! Das, meine Damen und Herren, muß uns wieder neu ins Bewusstsein kommen.

Im Internet habe ich im Jahre 2006 im allgemeinen Sinn darauf hingewiesen, dass wir GOTT und biblisch anwendbare Werte und Prinzipien schon **vor** den Krisen brauchen. Charakterbildung und Werteerziehung auf humaner Ebene ist eine Symptombehandlung, ein soziales pädagogisches und juristisches Notprogramm, das die Welt als Schranke braucht. Doch diese stützenden Kräfte scheitern an den Naturkräften der gefallenen Welt und werden von diesen überrollt! Sittliche Kraft im Triebwillen muß aus einer anderen Quelle als der innermenschlich-humanen kommen; sie kommt unbewußt oder bewusst aus GOTT, dem SCHÖPFER! Sie kam und kommt nie aus irgendeiner der etablierten Weltreligionen oder der esoterischen und spirituellen Formen, denn sittliche Kraft ist das Ergebnis aus einem inneren Wissen von GOTTES guten Geboten.

Zudem ist die wahre Frage nach Sinn und Identität für den Suchenden (jung oder alt) durch humanistische Bemühungen *nicht* beantwortet oder gestillt; am wenigsten durch den Materialismus. Der Mensch als Hybride aus Materie und Geist mit dem Primat des Geistes muß zu der elementaren existenziellen Lebensfrage kommen: *Wie bekomme ich Frieden mit GOTT, meinem SCHÖPFER, um Frieden in die Welt zu tragen?* Darauf gibt ihm die Bibel die Antwort: „Denn so spricht der HERR, der Schöpfer der Himmel: **Wendet euch zu Mir, so werdet ihr gerettet, all ihr Enden der Erde; denn ICH Bin GOTT und keiner sonst!" (Jesaja 45). „ICH Bin der Weg und die Wahrheit und das Leben…!" (Johannes 14) „Und wen da dürstet, der komme; und wer da will, der nehme das Wasser des Lebens umsonst!" (Offenbarung 22,17). „Da wir nun aus Glauben gerechtfertigt sind, haben wir Frieden mit GOTT durch unseren Herrn JESUS CHRISTUS." (Römer 5,1).** ER ist der Fels, der meine/unsere Lebensbahn durch die Gezeiten bewahren kann und der die Grundlage verstandesmässiger und sittlicher Erziehung und Bildung ist!

Persönliche Identität gegen geschlechtliche Gender-Neutralisierung

Das Unterrichtsprinzip „Erziehung zur Gleichstellung" der Geschlechter wird seit 1995 im EU-Raum in den Lehrplänen der verschiedenen Schularten zunehmend aggressiv thematisiert und intensiviert. Geschlechtsvariabilität in der Gleichstellungspoltik der Länder als „*Gender*-Ideologie" ist ein geballter unbarmherziger (!) Angriff hin auf sittliches Bildungswesen und christliche Verankerungen! Es geht hierbei in Gesellschaft und Bildung nicht weniger als um geschlechtsspezifische Sozialisation (was bis dato noch gar nicht ins Bewusstsein der intellektuellen Eliten und des Bürgertums eingedrungen ist)! Wir betrachten weiter unten in Newage und Toleranz diese *Gender*-Entwicklung (= Gender Mainstream). In der Schweiz z.B. wird über Volksschulreformen wie „HarmoS" diese Ideologie vorangetrieben, wobei dann *unbedingte Gleichstellung* in der Erziehung von Buben und Mädchen gefordert und praktiziert wird (Koedukation). Im Lehrplan des Kantons Bern für Volksschulen klingt das Gleichstellungsprinzip noch harmlos und als leere Floskel an: *„Dabei soll die ungleiche Stellung der Geschlechter in unserer Gesellschaft thematisiert wedern. (...) Beiden Geschlechtern soll eine Entwicklung frei von Rollenzwängen ermöglicht werden, (....) ist eine wichtige Voraussetzung, um Mädchen und Knaben gleichwertig zu fördern."* Ihre kindhaften „Wertvorstellungen" sollen neu überdacht werden. Dem voraus und jetzt im Parallelismus dazu wirkt die neomarxistische *Human-Potenzial*-Ideologie. Es wird für christliche Lehrkräfte zunehmend sehr schwierig werden, dem Druck dieser Ideologien so zu widerstehen, dass sie noch Freiheiten gewinnen innerhalb der Doktrinen der Lehrpläne. Mögen sie beten, und möge GOTT ihnen beistehen, und mögen Eltern durch ihre Mitverantwortung im Erziehungsauftrag und im Einbezug ihrer demokratischen Mittel und Möglichkeiten aufstehen!

Das neomarxistische Modell ist ganz geprägt von Evolution, und das staatliche Bildungswesen ebenso; es ist dem global-soziologischen Bewusstseinswandel der *New-Age-Spiritualität* und dessen psychosozialen Lernprogrammen unterworfen bzw. angeschlossen worden. Schon 1985 wurden in Genf von den damaligen Präsidenten der USA und der UdSSR Generalabkommen abgeschlossen und Verträge unterzeichnet, die das westliche Bildungswesen gezielt in die indoktrinäre und geistige Manipulation treiben mit pädagogisch getarnten (schamanistischen) Okkulttechniken, um das Denken der jungen Generation zu steuern. Denn wer die Jugend beherrscht und somit lenkt, kontrolliert die gesamte Gesellschaft! Hier haben animalistische Biologen und Verhaltensforscher zusammen mit den auf östlichen Mystizismus hörigen Psychologen in *höherem Auftrag* ein Schema für sozialpsychologische Kybernetik (Steuerung) entworfen. Regierungen, die in der unseligen UNO vertreten sind, werden diesem Weltlehrprogramm angeschlossen. Initiiert wurde dieses die Würde und den Wert des jungen Menschen ignorierende „Bildungssystem" von UNESCO und ironischer weise UNICEF (der UNO beigeordnete Organisationen). Dieses „Bildungsprogramm" ist von vornherein anti-kreationistisch.

Zweifellos geht es dabei um die Vereinheitlichung von Schulen, Ideologie und Lehrmitteln, im Weiteren um die Isolierung der Kinder von ihren Eltern und deren Einfluss und um die Imprägnierung mit einer Ideologie aus Evolution und Spiritualität in Inhalten und Art der Wissensvermittlung. Das herkömmliche, vom Christentum geprägte Menschenbild und Bildungswesen soll in ein von GOTT gänzlich losgelöstes spirituelles übergehen. Dazu muss das gesamte Bildungswesen in sämtlichen Stufen vom „Kindergarten" bis zur Universität revolutioniert und die Sozialstruktur der Gesellschaft verändert werden. Es ist wieder eine neue Utopie, die eine klassenlose Gleichheit aller Menschen anstrebt, und natürlich wieder von staatlicher Ebene. Diese giftige Ideologie hat den Namen „Gender" (ein Geschlechtsbegriff), und wir werden weiter unten beim „Toleranzbegriff" mehr über diese radikal-feministische Gleichmachung reden.

Der Staat lanciert die Maßnahmen, um schon die Vorschulkinder unter seiner *Obhut* zu prägen; er legt „seine Hand" auf die Kinder. Schritte zu diesem Ziel sind beispielsweise in der Schweiz die Harmonisierungsbestrebungen der verschiedenen Schulsysteme, genannt „HarmoS"; in der BRD wird durch Wirtschafts- und Sozialpolitik Druck auf Eltern ausgeübt, durch abnorme Arbeitsanforderungen ihre Kinder dem Staat (Krippen und andere Tagesschulstrukturen) zu überlassen. (Man hatte seinerzeit das Kindergartenmodell der DDR gerühmt, durch das eine ganze Generation aber zum Kommunismus hin fremdbestimmt erzogen wurde; das war verstaatlichte Zwangserziehung). Auch heute will der Staat gemäß der Praxis ehemaliger sozialistischer Staaten unsere Kinder für eine Zweckbestimmung, und er will auch die Eltern dafür.

Die Ziele dieser Art *Neuprogrammierung* im Bildungswesen klingen wie immer bei schönen Verpackungen gut. Die „Art of Living Foundation" in Deutschland zum Beispiel ist eine Gesellschaft, die mit Unicef zusammenarbeitet; sie nennt sich „Gesellschaft für inneres Wachstum" und ihr Ziel: Die Entwicklung des Menschen zur inneren Freiheit und Selbstbestimmung, sowie die Belebung und Förderung humaner Werte in der Gesellschaft. Das Programm dazu: *meditierend nach innen zu gehen*, und mit Atmungs-und Entspannungsübungen eine bessere

Welt zu schaffen. Diese typische Art New-Age-Spiritualität ist im Weltlehrprogramm des Bildungswesens integriert.

Es ist der Bildungsweg der *Human-Potenzial-Religion*, der die persönliche Identität des Menschen außer Acht lässt und den „eindimensionalen" Menschen fördern (d.h.manipulieren) will. Es geschieht durch angewandte New-Age-Spiritualität zum Freisetzen des immanenten (inneren) Human-Potenzials und durch angewandte neomarxistische Entpersönlichung. Mit Methoden der „Selbsterfahrung" und Psychotechnik wird der Trend zur Vereinzelung verstärkt, und auf der anderen Seite wird Moral mit Leistung, Sinn mit Zweck, Menschsein mit funktionaler Größe vertauscht bzw. verwechselt. Schüler werden abgerichtet, anstatt unterrichtet, indem man sie nur mit Information füttert, diese dann abfragt und mit einer Wertung zensiert. (So kann man auch einen Computer füttern oder Tiere behandeln, was ja auf evolutionäres Denken hinweist).

Gefährliche Imprägnierung – NLP

Ein ganz gefährlicher Zweig der Human-Potenzial-Religion ist NLP (Neuro-linguistisches Programmieren). Zuerst ein kurzer allgemeiner Überblick: Mit der NLP-Psychotechnik sollen innere Ressourcen und Potenziale im Menschen genützt und eine umfassende soziologische Kultur geschaffen werden, die alle Lebensbereiche – von der Schule bis zu Therapieformen, weiters im Privat- und Geschäftsleben – betrifft. „Erfolgreich und angenehm" ist das Aushängeschild dieser Magie im pseudo-wissenschaftlichen Gewand. Es handelt sich im Allgemeinen um eine okkultistische Kultur, die da künstlich geschaffen werden soll; in der Bildung ist es gemäß dem psycho-sozialen Lernprogramm nach eine Imprägnierung, ein unerlaubter Eingriff in die innere personale Struktur der Schüler und Studenten! Im Namen von moderner Pädagogik, Schulverwaltungen und erziehungswissenschaftlichen Broschüren wird NLP in den Schulen gepriesen. Lehrer und Dozenten vermitteln in ihrer Didaktik Schülern und Studenten rituelle Entspannungs- und Atemübungen, yogistische Augenstellungen (Blick nach oben zwischen die Augenbrauen), Visualisierungen (Bilder vor den geschlossenen inneren Augen sehen), Fantasiereisen und mehr. Damit werden Trancezustände erreicht, welche Menschen für die transzendente Welt öffnen. Die Mächte, auf die man dort trifft, sind nicht „Kräfte des Unbewußten", sondern personale dämonische Fremdmächte, welche zerstörerischen Einfluß auf die Psyche des Menschen ausüben!

Die mediale NLP-Technik macht aus willensbegabten Menschen spiritistische Medien. Sogar NLP-Praktizierende warnen vor den möglichen verheerenden Folgen ihrer magischen Praxis: *„Deshalb die ausdrückliche Warnung, auch wenn es dramatisch klingt: Seien Sie bitte sehr vorsichtig mit diesen Übungen….Wir haben die Erfahrung gemacht, dass…(es) zu psycho-somatischen Ausnahmezuständen führen kann, bis hin zu körperlichen Zusammenbrüchen und Desorientiertheiten."* (Schmid-Oumard/Nahler, S.80). NLP ist ein Fluch für jede Schule und jede Schulstufe! Auch wenn sich heute geplagte und verzweifelte Lehrkräfte den unmoralischen und frivolen Auswüchsen ihrer Schüler kaum noch erwehren können, so haben sie dennoch kein Recht, Methoden wie NLP anzuwenden; Beten ist hier die effektive und „unschädliche Alternative! Und wir Eltern haben von GOTT, dem Schöpfer unserer Kinder die Verantwortung für diese übertragen bekommen, und wir werden dafür Rechenschaft geben müssen.

Aufruf an Eltern

Der angezeigte Bildungsweg ist natürlich bestens geeignet, um heranwachsende Menschen auf pädagogische Weise in die spirituelle Welt einzuführen, in eine antichristliche okkulte Welt wertfreier Unmoral. Sensible Kinderseelen sind besonders offen für Lerninhalte jeder Art, für gute oder schlechte! Bedenkt das bitte, ihr lieben Eltern, denn ihr tragt zuerst die Verantwortung für eure Kinder. Ihr habt nach demokratischen Grund- oder Verfassungsrechten und nach bestehenden Schulgesetzen das Recht und die Pflicht, die schulische Erziehung und Bildung eurer Kinder mitzubestimmen! Die **„freie Entfaltung der Persönlichkeit, die Freiheit des Glaubens und des Gewissens"** ist (noch) garantiert. Für den Berner Lehrplan z.B. gibt es gesetzliche Grundlagen (ZGB, VSG, LAG, DVBS) wo im Sinne der Werterhaltungen Eltern mit Lehren gemeinsam pädagogische Fragen erörtern sollen: *„Die Vielfalt der Werterhaltungen erfordert von der Schule und von den Eltern die Bereitschaft, Fragen der Erziehung im Rahmen der schulischen Bildung gemeinsam zu erörtern."* Oder Art. 31 Abs. 2-5 (ZGB) *„Schulkommission, Schulleitung, Lehrerschaft und Eltern sind gegenseitig zur Zusammenarbeit verpflichtet."*

Wenn auch die Eliten dem Intellektualismus ohne sittliche Gegenkräfte nachstreben, so verliert doch das Volk konservative Werte nicht so schnell; wo noch christliche Wurzeln vorhanden sind, zählen diese Werte und Ideale mehr als politische und religiöse Correctness. Eltern, geht in die Kindergärten und Schulen und redet mit den Lehrkörpern und fragt nach den Inhalten der Lehrpläne. Wenn Gender- oder esoterisch-spirituelle Elemente im Lehrplan auftauchen oder außerhalb von diesem praktiziert werden, tut euch zu Elterngemeinschaften zusammen und findet mit den Lehrorganen Lösungen, die gemäß Schulgesetz garantiert sind. Die Schulbehörden müssen verpflichtet werden, das Einverständnis der Erziehungsberechtigten einzuholen, wenn neue Lernmethoden meditativer und spiritueller Art (oft als Pausen- und Entspannungsübungen getarnt) ablaufen. Es gibt Entscheidungsfreiheiten der Lehrpersonen bei der Anwendung von Methoden, aber diese Freiheiten sind wiederum begrenzt in Bezug auf die Individualsphäre der Kinder und deren Schutz. Also, die Lehrer dürfen nicht tun was sie wollen, und die Eltern haben (noch) ein Recht zu wissen, was in der Schule abläuft. Eltern müssen in dieser spirituell geprägten und esoterisch verseuchten Welt lernen zu verstehen, dass Kindergärten und Schulen gefährdet sind und dass Gleichgültigkeit hier einem Opfern der Kinder gleichkommt! Es ist nicht harmlos!

Welchen Wert gebt ihr den Kindern, der ihren Wert, ihre Persönlichkeit und ihre Integrität schützt, sodass sie ihre wahre Identität finden? Gebt ihr ihnen „höhere Bewusstseinszustände mit Hilfe dämonischer spiritueller Kräfte", die zur Fremdbestimmung und Unfreiheit führen, oder gebt ihr ihnen biblische Werte aus dem Evangelium, das ihre Seelen heilt, ihren Geist beflügelt und ihr Herz bewahrt, damit sie letztlich als erlöste und befreite Menschen ihren Lebenssinn finden und als verantwortungsbewusste, urteilsfähige Glieder der Gesellschaft heranwachsen mit einem positiv prägenden Einfluß?!" (Soweit der Aufruf).

Der (un)heimliche Raub der Kinder

Im Human-Potenzial-Programm werden esoterische und okkulte Übungen gemacht mit Trancemethoden wie Fantasie-Reisen, Mandala-Malen, Yoga- und Entspannungsübungen (Meditation), autogenes Training (Selbsthypnose), Mantras (magische indische Formeln) etc. Damit sucht man imaginativ (mit Fantasie und Einbildung) den Weg „nach innen" zum inneren Selbst und zapft dort verborgene Kräfte an. Human-Potenzial-Religion hat ihr Credo, und das lautet: *„Das Kind soll zur Entfaltung seiner Spiritualität befähigt werden"*.

Inhaltlich haben die spirituellen Lernziele die fernöstlichen Versenkungsrituale und okkulten Techniken wie TM, Visualisieren, Mantras, Yoga, Psychospiele u.a., um damit das eigene „Potenzial" zu entdecken und höhere Bewusstseinszustände durch übersinnliche Kräfte zu erreichen. Dabei wird die Kontrollinstanz des Verstandes ausgeklinkt und die bewusste Wahrnehmung eingeschränkt, und so werden Kinder auf eine Reise in die Astralwelt geführt. Wir müssen bedenken, dass Teile dieser Praktiken schon im Kindergarten beginnen! Wenn Kinder und Jugendliche mit Meditation zur Erzeugung eines Dämmerzustandes geführt werden, eines Zustandes der Passivität des Bewusstseins um dort innere Bilder zu sehen und übernatürliche Erfahrungen zu machen, dann ist das eindeutig der Tatbestand eines Eingriffs in die Psyche und Persönlichkeit des Menschen! Und er geschieht ohne Aufklärung und Erlaubnis der Eltern, weil diese den Experimenten der Pädagogen vertrauen. Eltern sollten wissen, dass sie ein Recht über Information und Inhalt der Lehrpläne haben, ebenso über Methoden der Unterrichtsgestaltung; und Pädagogen sollten wissen, dass sie deren Anwendung mit Gewissensentscheidung zu verantworten und die Entscheidungsfreiheit von Eltern und Kindern zu respektieren haben! (Eberhard Ginter hat in seinem Heft „Phantasie-Reisen als Anti-Erziehung!“ Berichte und Erfahrungen von Schülern über Mandalas, Fantasiereisen, autogenes Training u.a. dokumentiert; - www.).

Der Erziehungswissenschaftler und Bildungsforscher Prof. Dr. Reinhard Franzke von der Universität Hannover legte eine wissenschaftliche Arbeit zum Thema „Okkultismus im Klassenzimmer und Kindergarten“ vor, worin er Entspannungsübungen, Visualisierungen, Phantasiereisen und Stille-Übungen unter die Lupe nahm. Das Ergebnis schildert er so: *„Bei den meisten dieser Praktiken handelt es sich um verkappten Okkultismus. Die gesundheitlichen Nebenwirkungen solcher Übungen für Schüler und Kindergartenkinder sind nicht zu unterschätzen! Wissenschaftliche Untersuchungen zu den Risiken und Nebenwirkungen von Meditation und anderen spirituellen Praktiken zeigen Wirkungen von diffuser Unruhe, massiven Ängsten, Alpträumen, Visionen, Halluzinationen bis hin zu epileptischen Anfällen, Selbstmordgedanken und Entzugserscheinungen“*. Auf keinen Fall wird Persönlichkeit und Intelligenz der Kinder und Schüler mit diesem Lehrprogramm gefördert, sondern zurückgebildet; gefördert werden Analphabetismus und Identitätskrisen.

Unsicherheit schützt vor Torheit nicht

Verantwortliche im Bildungswesen beobachten eine große Verunsicherung und Orientierungslosigkeit im gesellschaftlichen Wandlungsprozess und die Variabilität der Werte im sozialen Zusammenhalt zwischen Eltern, Lehrern und Schülern. Eltern sind oft auf sich allein gestellt, Kinder sind Verlusten zunehmender Scheidungen ausgesetzt oder anderen Halb-Familienformen. Zudem wird eine Isolierung, Fremdbestimmung und Vereinsamung von Kindern mit wirtschaftsorientierter Familienpolitik, mit Ganztagsschule und Kinderkrippenpraxis forciert. Und niemand kennt eine tragfähige Lösung. Unglücklicherweise wird dieser schlimme Zustand durch den neomarxistischen Einfluss einer Autorität verweigernden Selbstbestimmung verstärkt, sodass Schüler und Studenten in die offene Revolte geführt werden.

In der westlichen Welt ist die Sozialphilosophie und soziale Beeinflussung im Bildungsgefüge und Bildungswesen nach marxistischer Maxime die einer Herausforderung und Verweigerung. Politologen wie H. Marcuse, Adorno u.a. sind die Visionäre und Führer dieser Gehirnwäsche, welche den Menschen zum eigenen „Souverän" machen soll, der selbst über Gut und Böse „ohne Fremdbestimmung" entscheidet. Was das bringt, sehen wir an den Aufständen der jungen Menschen in den Städten. In der „Masse" wird die Selbstbestimmung zum ungesteuerten Psychoterror. Beides, Spiritualität und Neomarxismus führen in die Unmoral und Unfreiheit des Menschen! Es ist eine teuflische Saat, die da aufgeht und eine zutiefst selbstverschuldete! „Schule mit freiem Unterricht" und ähnliche Modelle sind Abkömmlinge und Stilblüten solcher Ideologien.

Auch in der modernen Sexualerziehung im Unterricht wird die Würde und freie Persönlichkeitsentfaltung des Menschen durch neomarxistische Werte erniedrigt. Im Rahmen von Gender Mainstreaming (GM) wird in Deutschland die staatliche Anleitung (über Familien- und Gesundheitsministerium) zur Sexualisierung von Kleinkindern durchgeführt (mit praktischer Hilfe zur Selbstbefriedigung); ebenso im Kindergarten. Mit Verhütungsunterricht geht es weiter in der (Ganztags)-Schule, und ab zehn Jahren setzen die schulischen Maßnahmen zur Homosexualisierung ein!! Beim Lesen der diesbezüglichen „Anleitungen" steigt mir Ekel auf! Kinderseelen werden beschmutzt und im Weiteren durch pornographische „Aufklärungsmethoden" vergewaltigt. Direkte Folgen sind sexuelle Verwilderung und Geschlechtskrankheiten mit den begleitenden psychischen und geistigen Erkrankungen; da hilft alles Hinterherlaufen mit *Symptom*-Maßnahmen und Verhütungsmitteln nichts. Der heutige Sexualunterricht an den Schulen ist eindeutiger Tatbestand sittlicher, geistiger und körperlicher Gefährdung! Er kommt der Gesellschaft (dem Staat) sozial und fiskalisch teuer zu stehen.

Diese Art von „Erziehung", die den Leib und die Seele des Menschen entkleidet und entwürdigt stammt ja aus einer würdelosen Philosophie und Geisteshaltung, wo Verhaltensforschung an Tieren auf Menschen übertragen werden und unqualifizierte tiefenpsychologische Exegesen ein Erziehungsvotum haben. Es ist integrierter Bestandteil von „Human-Potenzial und Evolution." Und wenn Kinder, die diese \`Sexualpädagogik\` durchlaufen dann im Lustgarten der Beliebigkeit ihre Triebe ausleben und sich nehmen, was sie brauchen – schreit alles auf (einschließlich der Psychologie) und fragt erstaunt: „woher kommt das nur?"

Eltern, die ihr eure Kinder liebt, ihr müsst in die Schulen eurer Kinder gehen und euch über die Sexualunterrichtspraxis erkundigen; ihr dürft dieses sensible und nachhaltige Gebiet nicht fremden Lehrern überlassen! Bitte, nehmt euren Erziehungsauftrag wahr im Namen eurer Kinder!

„Nimm dir, was du denkst, das es dich glücklich macht – Hauptsache, du bist dabei friedlich“, ist die Norm des wissenschaftlichen Humanismus, der mit diesem Credo eigentlich als „wissenschaftlicher Atheismus“ bezeichnet werden soll, obwohl nichts Wissenschaftliches dabei ist. Aber wenn in der Schweiz der Lehrplan 21 ausgearbeitet sein wird, der Grundlagen einer gemeinsamen Sexualpädagogik an den Schulen einführt, werden über einen „Fächerkanon“ verschiedene Unterrichtsfächer das Thema „sexuelle Orientierung“ als obligatorischen Lerninhalt erhalten. Vorgesehen ist, Kinder schon ab fünf Jahren sexuelle Rollenspiele beizubringen, z.B. Geschlechtsverkehr; und hier kommt dann auch (hoffentlich nicht) der wert- und geschlechtsneutrale neutrale Homo-Gender-Einfluss in die Volksschulen! **Lehrer und Eltern wacht auf!**

Ach wären wir doch Menschen – doch da gibt es leider die Evolutionsdoktrin

Der „Entwicklung“ von Erziehung und Bildung gesteht man ein ausreichend großes Maß an Verunsicherung und unsozialem Verhalten zu, als das Alibi für einen evolutionären Fortschritt, denn diesem werden gerne große Zeiten der Verhaltensänderung zugemessen. Zeiten, die uns wohl nicht mehr bleiben?! Wer evolutionär, und damit meist in einer der atheistischen Formen denkt und mit diesem Ansatz an Erziehung und Bildung herangeht, wird auch mit richtigen und guten Motiven **nie** das Wohl von Menschen treffen; nicht weil er es nicht „will“, sondern weil er es nicht kann! Es steht diametral zum Schöpfungsbild des vernunftbegabten, moralischen, emotionalen und willensfähigen Menschen, dessen natürliche schöpfungsgemäße *ethische Anlage* von GOTT her eine **einzig**artige ist. Der Mensch ist von GOTT als freies Wesen geschaffen, das die Möglichkeit hat, zwischen Gut und Böse zu wählen. (Mit *dieser Freiheit* schuf GOTT zwar die „Möglichkeit“ zum Bösen, aber nicht „das Böse“ selbst). Dieser Einschub passt hierher zum Menschenbild und dessen Beziehung zum Gottesbild. GOTT sei DANK für diese Freiheit! Das sollte man ohne sich zu schämen – in Freiheit – aussprechen!

Das „Schämen“ liegt eher bei den „Unfreien“, bei der Absurdität ihres Atheismus als solchen. Vielleicht liegt hier der „tiefste Hund“ begraben, weil man meint, den atheistischen Aposteln wie Feuerbach, Marx, Freud, Nietzsche,

Russel, Sartre, Flew, Mackie, Matson, Camus etc. Rechnung tragen zu müssen, die „glaubten", dass es GOTT nicht gäbe, (weil das Böse auch existiert). Atheismus beruht auf „blinden" Glauben und ist zutiefst irrational und unlogisch, weil man von einem logischen Standpunkt aus GOTT unmöglich widerlegen kann! Stattdessen aber kann man mit den blinden Hunden bellen und den zu erziehenden „Menschen" in ein Naturschauspiel von Evolution und Kompetenzformen hineinpressen, das jeden Gedanken an Seinen Schöpfer ausschließt. (Im Religionsunterricht wird dann ja von verschiedenen „Göttern" gesprochen). Verstehen Sie, wo diese Art von `Bildung` hinführt? Wundern Sie sich nicht, wenn Schüler bewusst oder unbewusst den *SINN* dessen vermissen, was sie zum Menschen macht und sie sich irgendwann nicht mehr wie domestizierte Wölfe „benehmen!" Was schreit ihr auf, wenn auf diesem Hintergrund erzogene und „gebildete" Menschen ungehemmt ihren tierischen Instinkten folgen und zu Killern werden? Schreit doch über die Voraussetzungen auf, die ihr ihnen dazu geschaffen habt.

Darum muss hier moderne Pädagogik generell umkehren! Was sind Soziologie, Pädagogik, Anthropologie oder Psychologie ohne verbindliche und vorauszusetzende Moral, deren Inhalt und Grenzen klar vom SCHÖPFER und Seinem geschriebenen Wort her definiert werden? Bloße Wissensvermittlung ohne *absolute* Grundwerte ist wie leeres Stroh, dem der Weizen fehlt! Darum kann Pädagogik auf evolutionistischer Ebene wohl ein gewisses Wissen vermitteln, aber eben keine „Bildung", weil für *diese* die biblische Information über den Menschen moralische Voraussetzung ist. Humanistisch-anthropologische Menschenbildung reicht wie anderswo auch hier nicht aus, weil auch sie nur das erreichbare Ziel des Lern*stoffes* vor Augen hat, nicht das Kind, die *Leistung* und nicht den Menschen.

Sinnfrage vor Zweckfrage

Die Programme und Lehrpläne werden um ein Vielfaches einfacher, wenn man zuerst von der Identitätsfrage des Menschen ausgeht und nicht von der Leistungsfrage. Das macht alles zu einer konstruktiven **Sinnfrage**, diese muss vor der Leistungsfrage kommen. Pädagogen wie Schüler stellen sich dann die Frage: *Wozu* der Mensch *Mensch* ist, *woher* er kommt und *wohin* er geht. Diese Fragen werden im oben schon angedeuteten Lehrbuch CREATIO sehr ausführlich und wissenschaftlich behandelt. Wenn der Mensch (ob jung oder alt) von der Sinnfrage her behandelt wird, also nicht als ein auf Instinkte und Selektion reduzierter Hominide, blüht er auf, weil er ein ethisches Wesen ist. Natürlich braucht es Erzieher und Pädagogen, die selbst als Persönlichkeiten Vorbilder und verantwortungsbewusst sind hinsichtlich ihrer großen und schönen Aufgabe. Und dafür ist es von grundlegender Bedeutung, sich endlich und für immer vom darwinistischen Mythos und evolutionären Weltbild zu verabschieden. Es geht um das wahre, echte Menschenbild!

Großer Kopf und kleines Herz bringt viel Mühe und viel Schmerz

Die EU mit ihrem Wettberwerbsdruck von außen bringt leider auch viel Druck ins Bildungswesen hinein. Da will man zunehmend nur die intellektuellen Fähigkeiten und Begabungen fördern und möglichst die Anteile an Hochschulabsolventen erhöhen, eben für die EU-Wettbewerbsfähigkeit. Für diese pathologisch zwingende Wettbewerbsfähigkeit sollen die Bildungschancen schon bei Kindern hochgetrimmt werden. Wie reagieren Lehrkörper darauf?

Als Vorbild und Beispiel adäquater pädagogischer Erziehung kann Johann Heinrich Pestalozzi dienen (Schweizer Pädagoge und Philosoph 1746-1827). Seine menschliche Methode der Erziehung und der Bildung beruhte auf „Anschauung"; (ihm könnte der Nobelpreis postum nachgereicht werden). Stopfen Sie die Schüler nicht mit Kopfwissen voll; geben sie Anschauungsunterricht, und für die Sozialkompetenz das „Kopf-Herz-Hand"-Prinzip Pestalozzis. Darin liegt grosses pädagogisches Potenzial. Pestalozzi hatte ein weites Herz und weniger einen grossen Kopf; bei ihm verwaltete die Weisheit die Klugheit. Nicht allein die Erziehung des Verstandes, sondern die des Charakters als die „sittliche Bildung" standen bei ihm im Vordergrund. Was wissen moderne Pädagogen und berufstätige Eltern heute noch von der Kohärenz zwischen Charakterbildung und sittlicher Erziehung? Kinder werden leider meist nur im naturhaften und verstandesmäßigen Willen geprägt, weniger oder gar nicht im sittlichen Willen.

Erzieherischen Wert legte er besonders in das Gemeinschaftsleben. Sein Erziehungsinstitut in Yverdon (CH) wurde weltberühmt und bewirkte eine Erneuerung der Erziehung in ganz Europa. Seine Schüler litten nicht unter postmodernen neurotischen Syndromen mit Sprachheilbedarf und ähnlich typischen Erscheinungen heutiger moderne Pädagogik. Warum sollte die Schweiz nicht auch heute mit so einem „hausgemachten" Konzept à la Pestalozzi richtungsweisend sein? Gute Lernkonzepte sind auf jeden Fall besser als schlechte; doch auch die guten werden nur durch den Faktor des Gebets zum Segen – wollen wir den?

Besonders wenn man von *Bildungskrippen* spricht, wo man den pädagogischen Lernprozess bereits im Windelalter beginnen möchte, muss man grundlegend eines bedenken: Das Kind lernt zwar schon von Geburt an, aber *dieser* Lernprozess besteht aus „Anschauungsunterricht", nicht durch pädagogischen Fremdeinwirkungen; es entfalten sich nur die Bereiche der Triebanlagen, der Phantasie usw. Man darf und kann die biologische Uhr in der Entwicklung des Kindes nicht forcieren! Was HarmoS und die PISA-Meinung miteinander verbindet ist ihr Drang, Bildung per „Programm" zu „erzeugen", und so Kinder in eine gezielte Unfreiheit zu bringen. (Zwar wurde dem Schweizer Volk ein modern intervenierender „Bildungsartikel 62 verkauft" samt dem nachfolgenden HarmoS-Konkordat, aber glücklich macht das jetzt niemand, weil das Volk dadurch sich selbst das Mitbestimmungsrecht im Bildungswesen nahm. HarmoS wird längst nicht von allen Kantonen angenommen und ist so als gescheitert zu betrachten).

Dieses installierte evolutionäre Weltbild und dessen Humanpotenzial für den Erziehungs- und Bildungsauftrag an Menschen (die keine hoch entwickelten Tiere sind) ist untauglich, schädlich und äusserst kontraproduktiv! Wir haben heute eine zweckoptimierte, aber nahezu kulturlose weil *Werte*-lose Zivilisation, die ohne tieferen Lebenssinn und Geistesbildung auskommt und doch zugleich über ihre Krankheiten, Identitätskrisen und Defizite so hilflos jammert und nichts sagend diskutiert. <u>Wollen wir das?!</u> Bei der Frage um die lebbaren Werte hört man den genialen Lapsus *„Die Bibel ist nicht mehr zeitgemäss und sie sei nicht wahr,"* in Wirklichkeit sind die Zeiten nicht mehr wahr, da die Menschen die Wahrheit der Bibel ablehnen, wodurch sie unaufhaltsam dem Irrtum verfallen (vgl. 2.Thess.2,10.11). Wenn die Identitäts- und Wertfrage im Bildungswesen und darüber hinaus umfassend für alle wissenschaftlichen Disziplinen, nicht aus einer geschichtlich objektiven und absolut unverrückbaren Grundlage kommt, (und wir meinen die biblische, welche menschenwürdige Kulturen hervorbrachte und andere überlebte), sondern nur auf dem Treibsand humanistischer Relativität und Subjektivität besteht, wird für alle nur wertvolle Zeit vergeudet. Ohne diese Grundlage im Bildungswesen sind Chancengleichheit, Solidarität, Selbst- Sach- und Sozialkompetenz wie Vögel mit gestutzen Flügeln und ohne Nestwärme.

Vergesst eure Wurzeln nicht

<u>Die Ethik braucht eine absolute Grundlage und Kraft, einen sittlich moralischen Maßstab</u>, nach dem man handeln und sich zu diesem Handeln dann bekennen kann. Das gilt für die Wirtschaftswelt, Finanzwelt oder politische Welt

genauso wie für die Bildungswelt! Die unbestechliche Geschichte führt uns genügend klar die Beweise vor Augen, dass Erziehung und Bildung auf biblisch-christlicher Grundlage (also nicht auf einer religiös-indoktrinierten) der gute Boden für gesundes Menschentum ist. **„Die Freiheit des Glaubens, des Gewissens und die Freiheit des religiösen und weltanschaulichen Bekenntnisses sind unverletzlich"**, heißt es in den Grundgesetzen demokratischer Länder. Es gibt Rechte der Eltern zur Mitbestimmung bei der Erziehung und Bildung ihrer Kinder. Und solange noch das Rechtsstaatsprinzip an Schulen gilt, gibt es eine Freistellung (Dispensation) vom Religionsunterricht wie eine solche auch bei differenzierter weltanschaulicher Ansicht der Eltern. (Freistellung muß auch vom staatlichen Sexualkundeunterricht gewährleistet sein oder werden)! Eltern müssen sich ihrer Erziehungsverantwortung bewusst sein und diese nicht gänzlich der Schule überlassen, und beiden, Eltern und Lehrern will ich ans Herz legen: lernen Sie beten, das ist die beste und intelligenteste Kommunikation im Universum! In den USA fordern konservative Republikaner das morgendliche Schulgebet als höhere Gegenkultur zur Situationsethik. Sie spüren den geistigen Abwärtstrend und betonen ihre geistlichen Wurzeln! Wo ist man sich bei uns dieser Wurzeln noch bewusst?! Beten Sie zu GOTT im Namen JESU – und wenn Hilfe eintrifft, brauchen Sie dafür keine rationalen Erklärungen mehr. Verstehen Sie, dass es GOTTES bedarf, um ein Mensch zu sein; ohne IHN zu leben ist „Zielverfehlung" (griech. *„harmatia"*, Sünde) und heißt ohne Hoffnung sterben. Das kann nicht der *SINN* für uns und unsere Kinder sein!

Vielmehr besteht der höhere und tiefere Sinn für Volk und Bildung darin, zur göttlichen Schöpfungsordnung zurückzukehren; *zu den Prinzipien der Heiligen Schrift*. Inmitten dieser gefallenen Welt ist das Kreuz des Sohnes GOTTES aufgerichtet, und das Wort vom Kreuz ruft Menschen in die Versöhnung mit GOTT! Und obwohl *dieses* gegenwärtige Weltsystem ein Auslaufmodell ist und in diesem Äon keine Theokratie sehen wird, besteht die Möglichkeit, Menschen und Gesellschaft durch diese Botschaft zu verändern (siehe Gemeinde und Verkündigung). Nur dann können multikulturelle *Überfremdung* wie beispielsweise die islamische und die Einschüchterung durch die pluralistische Gesellschaft und deren Meinung überwunden werden. Ansonsten wird die Auflösung **wertschöpfender** Bildung rasant weitergehen (!), und Angst und Ratlosigkeit und steigende Sozialausgaben für Psychologen und Psychotherapeuten sind dann „Errungenschaften" moderner Multi-Kulti-Bildung. Warten Sie daher nicht auf Ihren Nachbarn oder andere Menschen, wenn es um die Rückkehr zur göttlichen Ordnung geht, denn der Weg dahin beginnt mit Ihrem persönlichen Gebetsdialog, von dem wir hier schon öfters gesprochen haben. Unsere Kinder brauchen Wurzeln und Flügel, die wir ihnen geben sollen gleich unseren christlichen Vorfahren.

Unsere Vorgenerationen wussten von göttlicher Schöpfungsordnung und christlichem Menschenbild und waren up to date! Denn solange sie ihr Leben daran orientierten, waren gesunde Demokratien, wissenschaftlicher Fortschritt, hohes Bildungsniveau und ausbalancierte Ökonomie die Folgen; in der Tat, keine schlechten Folgen! Denn nicht nur der Bauer rechnete mit dem Segen GOTTES, den er für seine Ernte erbat. Dialog mit CHRISTUS und gesegnetes Menschentum gehören zusammen, sind Seiten *einer* Münze! Was der *moderne* Mensch dagegen darstellt, in welcher Abhängigkeit und Unfreiheit er lebt werden wir im Thema „New-Age-Toleranz" beleuchten.

Wir haben die guten und gerechten und heiligen Gebote und Anweisungen GOTTES nicht vom humanistischen (griechischen) Bildungsideal bekommen, sondern aus der Heiligen Schrift mit ihrer uneingeschränkten geistlichen und geschichtlichen Authentizität! Und von dieser Quelle lebt auch jedes gesunde Bildungswesen bzw. es gibt die Möglichkeit der Umkehr zu diesen christlichen Wurzeln. Als Ermutigung und Ermunterung mag folgendes Zitat dienen, das von Prof. Max Thürkauf anlässlich eines öffentlichen Referates stammt: *„Die Wissenschaftler sollen nicht nur über Gott sprechen, sie sollen mit Ihm reden. Das Gebet ist ja die höchste Sprache, die Sprache mit GOTT. Und was muss man tun, wenn man eine Sprache nicht kann? Man muss sie einüben und lernen. Aber es gibt Viele, die die Sprache des Gebets nicht lernen, und wenn man ihnen sagt, sie sollen beten, antworten sie: das hat keinen Wert. Jeder, der das sagt gleicht jenem, der nach Frankreich geht ohne französisch zu lernen und kommt nach drei Wochen zurück und sagt: Es hat also keinen Sinn, mit den Franzosen kann man nicht reden. Das ist nicht sehr intelligent, nicht wahr?"*

Vergesst die Sirenen nicht!

Im modernen progressiven Bildungswesen allgemein haben wir es mit einer Staatspädagogik reaktionär transformistischer und spiritueller Art zu tun. Diese humane Pädagogik hat den negativen Wert der schleichenden Entpersönlichung des Menschen, der „Gleichmachung" hin auf eine manipulierte und gesteuerten Ein- und Entwilligung des Menschen. Der Hokuspokus okkulter oder esoterischer Spiritualität kann Menschen nur verdummen und versklaven, ihren Geist verwirren, ihre Seele vergiften und ihre Würde rauben. Es in der Tat ein buchstäblich unheimliches „Erziehungsprogramm zum Übersinnlichen hin." Der Bogen spannt sich weiter bis hin in die Freizeitkultur. Wenn Sie von folgenden

Bildungs- und Lebensverbesserungsangeboten hören oder lesen, sollten Sie Ihre Sirenen einschalten:

„Wege der Intuition, Atem-Entspannungsübungen, Yoga, Biofeedback, Lebensberatung-(Hellsehen), Kartenlegen, Kreative Ruhe, Thematische Entspannung, Psychospiele (einschliesslich Horror- und Gewalt-Computerspiele), alle Arten der Psychoanalyse- und Therapie, High und Lichtenergie, Farb-Therapie, Tai Chi, Halloween, Kinesiologie, Charka, Ganzwerdung im Kosmos, Intuition und meditaive Führung, Rebirthing, Born again, Prana, Reiki, Silva Mind Controll, Neuro-Linguistisches-Programmieren (NLP), Imagination, Mandala-Malen, Visualisieren, Telepathie, Gedankenreisen in Trance, Canneling (Weg über ein Medium), Pendeln, Mysterienspiele, Magie, Hypnose, magisch-esoterische Fantasiereisen, meditative Übungen, Quija-Brett, Gläserrücken, neue Hexenzirkel, tibetanische aufsteigende Meister, Intuition und Energie, All-Energie auf Meridianen, Besprechen und Brauchen mit heiligen Namen, Persönlichkeitsbildung durch Bewusstseinserweiterung, Kompensation mit An- und Entspannung, Finde dich selbst in deiner Selbstverwirklichung, Biogenetik mit Go-Yo-Therapie, Aktivierung des Glückshormons Serotonin durch Energieübertragung, Wunderheilungen, meditative Führungen, Zauberei, Fantasiefilme- oder Bücher wie „Harry Potter, Psychotechnik-Therapie und weitere mehr. Es kommen ständig neue ausgefallene blumige und exotische Bezeichnungen hinzu. Lassen Sie sich durch diese nicht täuschen.

Dieses kaleidoskopische Spuck- und Fantasiegebilde esoterischer Spielart von religiös bis säkulär diffundiert sich in der Gesellschaft – und Teile davon in Meditationsformen als Unterrichtskonzept auch in die Schulen. Im Trend liegt daher das Aufgeben herkömmlicher Lehr- und Lernsysteme“ und ähnliche Forderungen, und viele Rektoren und Lehrer „checken das nicht“. Sie wissen vielleicht auch nichts von den Generalabkommen der Supermächte in Genf zum „Bildungswesen“, das den Okkultismus in den Schulen gezielt freigibt und fördert. Sie haben die moralische und „heilige Verpflichtung“ vor GOTT und Mensch, die Lehrpläne- und Konzepte zu prüfen und sauber zu halten bzw. bei den zuständigen Ministerien und Erziehungsdirektionen zu intervenieren!

Eine weitere Alarmstufe warnt vor dem zunehmenden Satanskult an den Schulen; Jugendliche suchen den Draht zum Jenseits, nachdem sie einige der oben angeführten Angebote als Einstiegsdroge ausprobiert haben. Wenn dann junge Menschen, wie in der jüngsten Vergangenheit geschehen, mit Kampfanzügen und schwer bewaffnet in Schulen und andere Einrichtungen stürzen und

Menschen „hinrichten“, schreit die Gesellschaft auf. Tut sie das wirklich? Nur die engen Angehörigen tun das, weil sie unmittelbar betroffen sind. Hingegen wird die „Gesellschaft“ diese „Vorfälle“ bald vergessen haben. Das ist das eigentlich Schreckliche! Denn die Gesellschaft (jung und alt) konsumiert selbst ein Dauerfeuer an Gewalt, Perversität und Horror in ihren TV-Konserven – *und sie schreit dabei nicht auf!*

Sollten Menschen, die diesen Einflüssen freiwillig ausgesetzt sind sich dann wundern, dass Mitmenschen unter ihnen diese seelischen und okkulten Imprägnierungen irgendwann in die Tat umsetzen? Glauben Sie wirklich, dass Mediengewalt wie Zuckerwasser ist, das sich harmlos im Organismus auflöst? In den USA werden Soldaten per Gewalt- und Kriegs-Computerspiele gezielt auf Befehlsempfang und Tötung abgerichtet, weil das menschliche Gehirn (insbesonders die Passivschaltung des Verstandes) durch fortgesetzte manipulative Beeinflussung programmierbar ist und Hemmschwellen in der Wirklichkeit leichter ignoriert werden. Wenn die Expertisen der Psychologen zu keinem anderen Ergebnis kommen als zu warnen, dass gewalthaltige Computerspiele nur ein Faktor im Zusammenhang mit anderen Ursachen ist, der zu gewaltsamen Personen und Aktionen führt, sonst aber keine direkte Wechselbeziehung zwischen Killergames und realer Tat besteht, sagt das nicht viel, und es hilft auch nicht viel. Es sagt nichts darüber aus, wie es ohne diesen Faktor aussieht oder aussehen könnte.

Die vorhandenen Fakten und Beobachtungen solcher Ereignisse hinken doch den unterschiedlichsten individuellen Realitäten hinterher; man kann doch im Bereich menschlicher Persönlichkeiten nicht vom Einzelnen auf das Allgemeine schließen. Also muss man Voraussetzungen ändern. Wie wäre es mit einer Studie, die alle sozialen Möglichkeiten einschliesst, aber die mediale Gewalt in jeder Form ausschließt um herauszufinden, ob der monokausale Erklärungsansatz „Mediale Gewalt führt zu realer Gewalt“ zutrifft oder nicht?! Hierzu sollten viele Personen einbezogen werden. Der gute Rat an die Politiker lautet aber schon jetzt: Habt die sittliche Kraft im Verantwortungsbewusstsein und in einer Gesetzgebung, die diese Gewalt verherrlichenden Computerspiele inclusive Pornographie verbietet und diverse Filme wie Harry Potter, Exorzist, Poltergeist u.ä. oder Michael Endes Produktionen restriktiv zensiert. Lassen Sie zugunsten Ihrer Kinder und einer jungen Generation publik werden, wie gefährlich destruktiv, verachtenswert und zugleich kitschig solche *Pseudohelden* und Schießbudenfiguren in den Medien sind (außer den Okkultproduktionen, dahinter stehen reale dämonische Mächte, deren zerstörerischen Einfluß auf die Gesellschaft Sie nicht unterschätzen dürfen!), bitte tun Sie das bald – Sie sind dazu verpflichtet!

Wer vor der visuellen oder virtuellen Bildschirmgewalt nicht „aufschreit", der schreit nur dann *wirklich* auf, wenn es plötzlich ihn selbst betrifft oder wenn er mit der Wirklichkeit dessen konfrontiert wird, was er sonst in der unwirklichen Welt täglich bequem im Sitzen konsumiert. Über Gewaltfilm- und Spiele hinaus immunisieren esoterische und okkulte Methoden, aber auch Fantasiefilme das Gewissen, und damit kommen wir wieder zurück zu New-Age und dessen „Bildungsangeboten". New-Age hat viele Maschen und viele exotische Namen – umso „neuer" umso „besser oder wahrer". Es ist ein globaler Verfall in den Irrtum, wo jeder „Spass" erlaubt scheint; nur verschweigt der Teufel, dass es hinterher niemand mehr Spass machen wird! Wegen der neurologischen und psychologischen Schädigung muss man hier noch einmal die gefährlichen Computerspiele erwähnen, sowie die überbordene virtuelle Internetbenutzung, in die viele Jugendliche abtauchen und Sprach- wie Beziehungsstörungen ernten. Und die Anonymität im Internet führt zu einer gezielten Enthemmung besonders der sexuellen Reizbarkeit. Cybersex zerstört familiäre, berufliche und gesellschaftliche Beziehungen, weil diese Sucht durch alle Alters-und Gesellschaftsschichten geht. Vierzig Prozent der Internetangebote sind pornographisch, und 74 Prozent aller Internet Einnahmen kommen aus seinen Sex-Angeboten. Niemand soll denken, dass der Dauerbeschuss der Informationsflut im Netz „klug" oder „glücklich" macht. In Wirklichkeit ist das Gegenteil der Fall; er führt zu systematischer Verblödung im Allgemeinen und zur Analphabetisierung der Jugendlichen. Das Internet macht leicht süchtig und hinterlässt „coole Losertypen", es ist eben kein neutrales Medium!

Die andere Seite im Bildungswesen, die Verhaltensregeln im Sinne der Frankfurter Schule mit dem Neomarxismus als Zugpferd, die Freigabe der *Selbstbestimmung* junger Menschen, um sie sich selbst zu überlassen und in den Aufstand gegen bestehende Autoritäten zu bringen, ist ebenso nur auf dem Boden atheistischer Evolutionslehre möglich geworden. Hier kann nur die WAHRHEIT freimachen, und diese ist nicht eine andere, bessere Weltanschauung, sondern EINE PERSON, CHRISTUS! „Zurück zu IHM oder Untergang! Ende oder Wende! Gnade oder Schwert! LICHT oder ewige Finsternis! LIEBE oder Hass! Narrentum oder Würde! LEBEN oder Tod! Dies sind die Wahlmöglichkeiten jedes Menschen ganz persönlich und die einer Gesellschaft, eines Volkes!

Nochmals Sinn- vor Zweckfrage

Nochmals: Es ist keinesfalls empfehlenswert sondern SÜNDE, Menschen (aller Altersgruppen) anthropologischer und animalischer Verhaltensforschung auszusetzen und als Experimentierfeld zu missbrauchen, wie das im Human-Potenzial-pädagogischen Programm geschieht! JESUS, der HERR, hat vor Verführungen gewarnt und denen, durch die sie eintreten gewünscht: **„es wäre besser sie mit einem Mühlstein um den Hals ins Meer zu versenken als dass sie einen dieser „Kleinen" Anstoß zur Sünde geben"** (vgl. Matth.18,6). Wird weiterhin das biblische GOTTES- und Menschenbild ausser Acht gelassen, ernten wir genau dass, was heute als unlösbares Problem in Bildung und Erziehung diskutiert wird. Wo ist sie geblieben, die so hoch eingeschätzte Intelligenz? Vielleicht sollte man mit dieser Bezeichnung zukünftig vorsichtiger und überlegter umgehen, wenn uns noch die Zeit bleibt.

Und insbesonders auf dem hypersensiblen Gebiet der Sexualpädagogik darf nicht der „Zweck" herrschen und bestimmen! Im Sinne ausschließlicher Zweckfragen wird das Bildungswesen heute durch die Gender-M. Ideologie global moralisch und ethisch bedroht! In der Schweiz z.B. durch „HarmoS" in der Volksschulreform (geschlechtsneutrale Koedukation). Wie das weiter „outen" könnte, schlug der homosexuelle Berner Bildungsdirektor B. Pulver anlässlich seiner Teilnahme an der Lesbian/Gay-Pride Parade in Biel vor: *„Sexualpädagogik gehört zum obligatorischen Inhalt des Lehrplans. Homosexualität ist dabei zu thematisieren. Ich werde mich persönlich dafür einsetzen. (….) Es gibt Ansätze, dass externe Spezialisten dieses Thema (Homosexualität) in der Schule anpacken."* Bildungspolitiker oder Pädagogen, die ihre Homosexualität auf die Lehrpläne übertragen wollen, sind nicht geeignet für ein menschengerechtes Bildungswesen! „Denkt um!"

In der Erziehungs- und Bildungsdiskussion werden Grundlagen thematisiert. Welche denn? Zweck- und Leistungsfragen (also *Zweckfragen*) natürlich, denn sie sind Leitlinien im darwinistischen Bildungsmodell. Wissenschaft mit biblischem Grundbild stellt die viel *höhere bildende* „Wertfrage" (*Sinnfrage*); sie bringt die erwünschte Wertschöpfung im Erziehungs- und Bildungswesen. Und solange Politiker und Pädagogen bei ihren eindimensionalen Wertvorstellungen und Konzepten neomarxistischer und spiritueller Art bleiben und damit weiterwursteln, wird nur die Zweckfrage gestellt und kann kein Bildungsfortschritt eintreten; die Schuld dafür muss nicht bei den gesellschaftlichen Veränderungen gesucht werden, sondern bei denen, die diese durch regressive Bildung und unkompetente politische Entscheidungen mit verursachen.

Präventive Enthaltsamkeit – als „Tugend" – ist besser als präventive Verhütung

Erfreulicherweise gibt es in der landschaftlich schönen Schweiz ein Aufwachen im Blick auf Jugendgewalt- und Kriminalität in den Schulen; wenn auch sehr spät – immerhin, es muss nicht zu spät sein! Es wird weniger „toleriert" und mehr „hingesehen und thematisiert." Das Rechtssystem scheint zu begreifen, dass ein Verzicht auf Tugenden wie Ordnungsliebe, Zuverlässigkeit, Treue, Pünktlichkeit, Höflichkeit zu argen Verhältnissen in Elternhaus, Schule und Staatswesen führt. Man rückt immer mehr davon ab, über die „Sekundärtugenden" zu lachen; diese von den 4 Grundtugenden Platons abgeleiteten Tugenden wurden in den 68ern noch verspottet, denn die 68er waren für die Würde der Tugend untauglich geworden. Und auch heute sollten die, die Gehorsam einfordern, selbst Gehorsam gelernt haben – als Grundsatz der Tugenden. Tugend geht der Erkenntnis voran; es nützt gar nichts, viel Lernstoff aufzunehmen, während die Tugend leidet. Gebt Kindern und Teenagern „Tugend", lebt sie vor! Wie jemand richtig sagte: *„Wir müssen nicht glauben, dass der Mist schon gefahren ist, wir dürfen aufstehen und umkehren."* Schüler werden, wenn auch mit pädagogisch später Einsicht, mit Handyverbot und moralischen Grenzen konfrontiert und zu einem sinnvollen Verhaltenskodex geführt. Der junge Mensch *muss* Erziehung „erfahren"; seine moralische Natur ist darauf hin ausgerichtet, und er wird es (vielleicht nach überwundener gradueller Rebellionsphase) dankbar quittieren. Und dass der moralische Aufklärungsansatz gute Ergebnisse hat, zeigt eine US-Studie, nach der sexuelle Enthaltsamkeit besser ist als Sexualaufklärung, die auf Verhütung durch Kondome etc. setzt.

Aufgewachte Politiker votieren für frühe Prävention in den Schulen, Verbote von Drogen und Alkohol und bei Vergehen im Zusammenhang mit solchen eine rigorose Ahndung und schärfere Strafmassnahmen zum Aufbau gesunder Hemmschwellen etc. Der Schweizerische Lehrerverband hat ein Positionspapier verfasst, das allen Lehrern Mut macht, die „unverrückbaren Werte" der abendländischen Kultur wieder zu entdecken und zu vermitteln. Gratulation! Die Wahrung konfessioneller Neutralität in den Schulen kann nicht die Wahrung gemeinsamer Werte aus der abendländischen Reformation und deren Wurzeln aufheben, denn diese haben die Gesamtkultur des Westens geprägt. Und ein Land muss sich seiner Wurzeln bewusst sein oder werden, wenn es nicht identitätslos in der multikulturellen Überfremdung versinken will. Will das jemand wirklich? Um beim Beispiel der Schweiz zu bleiben: ist es denkbar, dass dieses Land mit seinen unterschiedlichen kulturellen Traditionen, aber christlichen Wurzeln sich in naher Zukunft der zweitstärksten religiösen Kraft des Islam beugen und sich den Imamen und Muezzins unterwerfen wird? „Besinnt euch, wer ihr seid und betet, Schweizer, betet euch frei!“ Und *dann* ergreift eure erkämpften (noch) demokratischen Rechte!

Der multikulturellen Gesellschaft in Europa gefällt die abendländisch-religiöse Tradition nicht, besonders im Raum staatlicher Schulbildung. Um die kofessionellen multikulturellen Spaltungen aufzuheben und weltanschauliche Spannungen auszugleichen, werden neue Lehrfächer wie NMM zur Werte- Normen und Lebensgestaltung in den Schulen eingeführt. Hierzu soll die „Toleranz“ ein gemeinsamer Nenner sein; das scheint der europäische Weg zu sein. Es ist aber kein christlicher Weg, denn Europa wurde durch das Christentum des biblischen Evangeliums erst zum demokratischen Gebilde! Dieses virulente Toleranzverhalten in der „Werteerziehung für alle“ ist ein zutiefst humanistisches Machwerk, das dem Links-Rechts- und religiösem Extremismus, dem Okkultismus, der Esoterik und spiritistischen Mystik keine Schranken entgegenstellen kann und damit diesem elaborierten Gleichheitstrend die christlich-abendländischen Werte opfert. Nur das Gegenteil kann Werterhaltung bringen, denn das Evangelium war und ist stets kulturübergreifend und spricht alle Konfessionen und Zielgruppen an, indem es die Kraftquelle ist, die dem pluralistischen Sumpfgebiet und der ethisch-sozialen Degeneration und Dekadenz Boden und Widerstand gebietet. Nur Gebet um sittliche Kraft kann hier zu kulturpolitischen Grundsätzen und Dekreten führen und zu Menschen, welche sich im demokratischen System noch mit ihrer Stimme zu erheben wagen. Dann kann noch viel Gutes geschehen und zurückgewonnen werden!

Der Verein „Pro-Genesis“ lanciert eine Volksinitiative für einen wertneutralen Unterricht an öffentlichen Schulen, um der atheistischen Evolutionslehre entgegenzutreten. Die Initiative verlangt den biblischen Schöpfungsbericht als gleichberechtigt im Biologie-Unterricht. OK. Hier ist noch eine zweite Volksinitiative nötig, da der herkömmliche Religionsunterricht in der Schweiz mit dem neuen Lehrplan 21 unter den Tisch fällt und der christliche Glaube keine Priorität mehr hat, sondern durch das *fächerübergreifende* Fach NMM den anderen Weltreligionen als „interreligiöses Lernen“ gleichberechtigt dargestellt wird. Das darf und kann das Christentum der Schweiz nicht zulassen. Ohnehin wollen über 80 Prozent der SchweizerInnen die biblische Schöpfungslehre in den Schulen als Alternative neben der Evolutionslehre haben. Das ergab im Juli 2007 die Umfrage des IHA-GfK im Auftrag des Vereins ProGenesis. Auch hier wünschte eine Mehrheit einen für die biblische Schöpfungslehre offenen Biologie-Unterricht.

Also, *back to the roots*, „zurück zu den Wurzeln", oder wie M.Luther sagte: *„ad vontas"*, zu den Quellen! Das kann ein intelligenter, herausfordernder und vielversprechender Weg sein, und ein sinnvoller! Er hat eine eindeutige und geschichtlich zuverlässige Zielvorgabe: „Zurück zur „Bildung und Zukunft!" Ihr müsst dabei nur nicht zu sehr die Traditionen in die Mitte stellen, sondern die aus der Bibel deduzierten „unverrückbaren" Prinzipien und Werte, die der genannte Schweizerische Lehrerverband wieder entdeckt bzw. noch nicht aufgegeben hat! Dafür zollen wir ihm Dank und Respekt! Denn da wird lebenswerte Kultur auf den altbewährten und zuverlässigen Boden gestellt, nicht auf *Treibsand*-Bildungswege. Die reformatorisch-historische Grundlage von Kultur und Bildung ist doch plausibel genug, als *„Durchblick"* thematisiert zu werden, und als solches auch tauglich, ein gutes Klassenklima zu schaffen. Bewahrt dafür innerhalb und außerhalb der Schule die Voraussetzung „its time to pray!" *(Das schreibt auf Tafeln und Pulte).*

Die Bildungsministerien der EU-Länder haben das Unterrichtsprinzip „Erziehung zur Gleichstellung von Frauen und Männern" in den Lehrplänen der meisten Schularten verankert. Dies entspricht dem Grundsatz des Gender-Mainstreaming, zu dem sich die Europäische Union bekennt. Und die parlamentarische Versammlung des Europarates votiert gegen den biblischen Kreationismus, dessen Schöpfungslehre sie als „Gefahr" und „Bedrohung" für die Menschenrechte sieht bzw. interpretiert; (Resolution vom 04.10.2007). Die Theorie der Evolution wird vorgezogen, und der Kreationismus als „hemmend für die Entwicklung der Gesellschaft" hingestellt. Vertreter der biblischen Schöpfungslehre, also die überzeugten Christen, werden in den „religiösen Extremismus" und mit diesem in den „Rechtsextremismus" hineinstigmatisiert. Diabolischer kann es ja bald nicht mehr gehen – nur, und das wissen halt diese schuldigen und blinden Parlamentarier (noch) nicht: ihre destruktiven, unwahren und gesellschaftsschädigenden Entscheidungen fallen unter das Gerichtswort in Jesaja 5,20: **„Wehe denen!"** Während für uns das Wort in der Bergpredigt gilt: **„Glückselig sei ihr, wenn….!"** (Matth.5,11).

Die Täler entlang, klingen meine Lieder

Lassen Sie mich zum Schluss noch ein *altbewährtes*, nicht alt- oder neumodisches Rezept empfehlen, das uns allen mehr oder weniger abhanden gekommen ist: das Singen! Hah, wie bitte? *Singen?* Yes. Exakt. „Singen" befreit das seelische Gemüt (auch in Zeiten der Rezession und nicht zu schwerer Depression) und verändert unsere Wahrnehmung. Schaut euch doch einmal um! Da sehen wir vor allem junge Menschen, die total „verkabelt sind“, die fast alles auf elektronischem Wege über Konserven aufnehmen, deren Wahrnehmung abstumpft und deren Intuition verkümmert, vergewaltigt und verwahrlost wird. Aber nicht nur diese, auch die Mittelschicht hängt an diesem multimedialen Tropf. Was da an Sound und Cyberspace die Herzen und Gehirne verseucht, geht auf keine Kuhaut mehr. Die innere Kulturlandschaft unserer Jugend ist ein verbranntes Land, zum Teil leer und trostlos. Sie kommen daher wie gefangene Vögel im Käfig, die nicht mehr singen können oder wollen und über keinen gesunden Sprachschatz mehr verfügen. Weiter oben haben wir über den Zusammenhang von Sprache und Kultur gesprochen.

Selbstverständlich ist die Geschmacksrichtung des „Singens“ eine Sache der Gewöhnung, und bei Kindern eine Angelegenheit des Angebotes in ihrem Umfeld. Wollen wir keine Kinder mit kaputter Geisteskultur, müssen wir ihnen anstatt Konserven „kreative Kultur“ bringen, wie das ja noch häufig in den Kindergärten mit vielen Aktivitäten und Gesang getan wird. In den ersten Schulstufen werden Singstunden daher sehr empfohlen und sollten alle weiteren obligatorischen Klassen durchdringen. Ich erlebe *Singen* sehr bewusst, und es steckt andere an. Man muss nur ein gewisses Maß an Empfindungsvermögen haben, damit man damit niemanden zu sehr auf die Nerven geht. Öfters schon, wenn ich Lieder sang und Leute mich irgendwo hörten sagten sie: „nicht aufhören, weitersingen“, oder „ das klingt ja gut“. Dabei war meine Stimme nicht ausschlaggebend, vielmehr ist es die Seltenheit, dass heute jemand nüchtern und solo die Freiheit hat beim Spazierengehen Lieder leise oder laut zu singen, „gute“ Lieder, keinen lärmigen Sound. Und wenn schon Musik, dann vergleichen Sie einmal das Geheul eines Rockkonzertes mit den „Klängen“ von Beethovens Sonata quasi una Fantasia – und es ist kein Kommentar mehr nötig darüber, was Lärm und was Musik ist. Ich singe nicht primär der Leute wegen, sondern nach eigenem Empfinden und Gemütszustand oder auch für diesen. Man kann ja auch summen; jedenfalls gibt es ein Feedback in der eigenen Seele, und es bringt Kinder in ihrer pädagogischen Entwicklung ein gesundes Stück voran. So will ich Ihnen gerne sagen, wie wichtig und von hohem ethischen Wert der Gesang ist. Auch zu Hause als Familie praktizieren wir (nicht übertrieben) Gesang, ohne eine sehr musikalische Familie zu sein.

Singen ist Sprache und Kultur, im Einklang mit Inhalt und Wert der gesungenen Sprache; sie bringt die verborgenen Quellen zum Ausdruck, lässt intime Saiten anklingen und erbaut den Menschen. Ein MP3-Player kann das nicht, da kommt nichts aus der Seele zurück; das Bewußtesein wird passiv auf Apathie geschaltet (ähnlich wie beim TV-Konsum). Füllt eure Häuser mit Gesang! So wie ein Gottesdienst ohne Gesang undenkbar wäre, ist Gesang als Kreativität denkbar. In einer Zeitung stand kürzlich zu lesen, dass viele Lehrer vor nicht allzu langer Zeit in den Klassenzimmern das gemeinsame Beten und Singen praktizierten. Anscheinend erkennt man den Wert dieses Mediums wieder, denn Lieder mit einer einfachen klangvollen Melodie und mit vernünftigem Text sind eine gesunde Gegenkultur zur unsingbaren, verblödenden Rock, Rap, Hip-Hop und Technokultur; diese hört man ja auch beinahe ununterbrochen in der Landschaft. Und zu diesem wohlbewährten Rezept des Singens, was das Sprachzentrum und damit auch die Psyche stimuliert, ist noch ein Zweites sehr empfehlenswert: das „Lesen." Richtig! Während die audio-visuellen Bild- und Tonträger den Verstand auf passiv schalten, erweitert Bücherlesen Wortschatz, Grammatik und Lesefähigkeit und damit direkt „Sprachfähigkeit und Sprachbildung." Lesen guter Bücher kann und soll wieder up to date werden!

Diesen guten und gesunden in Richtung „*würdige* Kultur" gehenden Schritten ist eine weite Verbreitung, Nachahmung und Unterstützung zu wünschen in Verbindung mit der Erkenntnis, dass in Konfliktsituationen und davor das Gebet zu GOTT (von Dem alles lebensbejahende Erziehungswesen ja ausgeht) mehr und Besseres bewirkt als Ignorierung, Verharmlosung und „meditative Stilleübungen." Tun Sie das bitte nicht! Gehen Sie nicht auf eine Reise nach „innen", sondern nach „oben" zu GOTT. Tauschen Sie Spiritualität gegen persönliches Gebet aus und lernen Sie wieder staunen! Schauen Sie, es gibt keinen voraussetzungslosen Glauben und keine voraussetzungslose Wissenschaft. Wenn man nun vom evolutionären Weltbild und vom humanistischen spirituellen Bildungsgut als Voraussetzung ausgeht und innerhalb dieser keine befriedigenden Ergebnisse erzielt und feststellt, liegt es nahe, die Voraussetzung zu ändern. Im Klartext: Der biblische Glaube setzt GOTT als Kreator der menschlichen Spezies voraus und gibt auch die Lebensgrundlagen dazu, die sich in der Geschichte der Völker, im sittlichen Denken und Handeln, in Kultur schaffenden Werten, in menschenwürdigen Lebensrechten, in gegenseitiger Wertschätzung bewiesen haben! Schaffen Sie den widerlegten Darwinismus als untaugliches Modell aus ihren Köpfen und Bildungsstätten! Ersetzen Sie variable Werte, die niemand glücklich machen durch absolute **Grund**Werte der BIBEL. Überwinden Sie Ihre Angst vor der Wahrheit, indem Sie der persönlichen und erfahrbaren Wahrheit glauben, die CHRISTUS ist! *Diese absolute* Wahrheit wird Sie frei machen! Diese „Bemühung" wird sich mit hohen Zinsen lohnen, und wir werden wieder Stätten der Bildung haben!

<u>*Bildung in welches* Bild?</u>

Eine Schlussbemerkung zum Human-Potenzial-Bildungsweg: *Dass es sich um einen subversiv anti-bildenden Weg handelt zeigen die angezeigten Tatsachen. Hier geschieht keine Freiheit, sondern versklavende Persönlichkeitsspaltung. Der spirituell okkulte Einfluss ist integrierter Teil der Bildungssysteme geworden, und der neomarxistische Einfluss zur Selbstbestimmung und Autonomie ist ein Gesellschaftstrend, der schon im Kindergarten begonnen hat. Wir können die Ursachen nur bei den jeweiligen Quellen finden und von dort aus beurteilen. Natürliche Menschen, die das biblische Menschenbild und die geistlichen Auseinandersetzungen nicht wahrnehmen und verstehen, werden nie hinter den dunklen Schleier schauen, der den gesamten Kosmos bedeckt; sie werden stets nur vordergründige wissenschaftliche Etiketten sehen und glauben, dass die Etikettierung identisch ist mit dem Inhalt und den Gutachten der Experten. Die geistliche Betrachtungsweise aber, und nur sie ist die objektive, zeigt uns, dass der Mensch, der im Bilde GOTTES (IHM ähnlich) erschaffen ist, unter dem Einfluss des oben behandelten Bildungsweges hin zum „Bilde Satans" transformiert werden soll! Die Sympathie für diesen Menschenmörder (vgl. Joh.8) wird in den genannten Programmen, die gegen die biblischen Prinzipien und klaren Gebote stehen, deutlich; in dieser geistlich-geistigen Auseinandersetzung stehen Lehrkräfte und Schüler zwischen zwei Mächten.*

Folgende authentische Beispiele im europäischen Raum mögen für viele andere stehen. 1): Lehrkörper, die den christlichen Glauben vertreten, haben „alle" modernen pädagogischen Lehrprogramme für den Unterricht geprüft und sind zur Überzeugung gelangt, dass sie „keines" davon mit ihrem Gewissen vereinbaren und einsetzen können. 2): Eine bibelgläubige Person steigt in den Zug und erblickt in einem Abteil eine Gruppe junger Mädchen, die in ein „Gebet vertieft" sind. Die Feststellung, dass diese jungen Menschen aber zu Satan für die Zerstörung der Familien beteten, ist ein Schock für die Person! 3): Eine bibelgläubige christliche Familie erfährt von einem „Hexen-Projekt in einem katholischen Kindergarten", dass fünf Wochen ausführlich das Thema „Hexen" behandelt. Die Erzieherinnen relativieren ihr Programm und argumentieren, dass es sich dabei um „gute Hexen" handelt (dieselbe Dummheit hört man oft, wenn von Transformation weisser in schwarzer Magie geredet wird; der Teufel ist immer böse, und wenn er sich als „gut" ausgibt, dann sind es die noch böseren „guten Seiten" des Bösen). Die wissenden Eltern wollen ihre Kinder dieser Beeinflussung nicht aussetzen und nehmen sie aus dem Programm!

NIEMAND kann sich wegen „Unwissenheit" der Verantwortung vor GOTT entziehen! Und JEDER darf wissen, dass es die Möglichkeit zur Umkehr und Hinwendung zu CHRISTUS gibt, wie geschrieben steht: „Wendet euch zu Mir, so werdet ihr gerettet, all ihr Enden der Erde; denn ICH Bin GOTT und keiner sonst!" *(Jes. 45,22). Es beginnt mit einem Herzensgebet! „It`s time to pray!", sonst wird die Inschrift auf* *dem Grabstein dieser Epoche lauten: „Sie fanden nicht des Lebens Sinn, weil sie IHN nicht suchten; sie fanden die Zwecke, womit sie alles verloren!*

Es ist letzte Zeit – to turn back!

Wir fassen zusammen: Gut ist, dass die säkulare Erziehungswissenschaft erkennt, dass Erziehung und Bildung zusammengehören; nicht gut ist, dass diese beiden Aspekte als wertneutral angesehen und vom christlichen Glaubens- und Gedankengut getrennt werden. Maßgeblich dafür ist das aufklärerische Gedankengut von der „guten Natur des Menschen" (J.J. Rousseau); auch ihm fehlte ein Garten vor seinem Fenster und genügend objektive Nüchternheit. Diese Denkprägung eines dementen Sinnes steht gegen alle indizierten Vernunftgründe und gegen biblische Wahrheit generell. Denn vor der Epoche der Aufklärung waren *Glaube* und *Denken* – die geistliche Verantwortung in Erziehung und Bildung einerseits und das säkulare Leben andrerseits – nicht in zwei unterschiedliche Weltanschauungen getrennt. Maßgeblich dafür war das Bewusstsein aus dem christlichen GOTTES-, Welt- und Menschenbild. Die Vermittlung von elterlicher und pädagogischer Erziehung und Bildung geschah auf diese ganzheitlichen Wertmaßstäbe hin. Die Loslösung des Denkens vom christlichen Offenbarungsglauben im 18. Jh. sowie in der Folge die Evolutionstheorie im 19. Jh. sind *die* entscheidenden Fehlentwicklungen in der Menschheit auf ihrem Weg in die jüngere Neuzeit, die dem Tierreich der Primaten näher kommen als der Gattungsart unwürdiger, aber vernunftbegabter Menschen!

Einbrüche von Psychologie und Wissenschaftsgläubigkeit in die verfinsterten Denksysteme dieser Epochen sind weitere Folgen dieses geistigen Genozids und haben die Gespaltenheit unseres modernen Denkens darin „eingewöhnt", den christlichen Glaubensbereich als separaten Sektor vom übrigen Lebensbereich (inclusive Erziehung und Bildung) zu isolieren: Hier die „christliche Erbauung", dort das „allgemeine Leben." Aber heute sollen und müssen wir uns doch eingestehen, dass dieses System eines zertrennten Weltbildes in Kategorien in seinem Gesamtspektrum total versagt hat und völlig unqualifiziert ist! Im Bereich der pädagogischen und ethischen Erziehung zertrennt es den heranwachsenden Menschen; anstatt einer ganzheitlichen geistlich-geistigen und kulturellen Bildungserziehung zerstört es die Identität des jungen Menschen. Der große und furchtbare Irrtum der geistesgeschichtlichen Aufklärungs- und Evolutionsepoche ist von jenen auch erkannt und eingestanden worden, die nicht länger im Irrtum verharren wollen und die wissen, dass eine Regeneration zuerst im Denken und in der Gewohnheit stattfinden muß. Diese Möglichkeit zur Umkehr existiert!

Sobald der Staat das Bildungswesen übernimmt, beginnt die säkulare Überwucherung, und Schulen wie die in den westlichen Ländern bleiben im neuheidnischen Denken gefangen. Schon im Bereich der Primarstufen wird Gehirnwäsche betrieben, indem man z.B. absolute Werte aufhebt und per Gender-Sex-Aufklärung die Kinder systematisch verblödet. Hinzu kommen die oben genannten spirituellen esoterischen bis okkulten Einflüsse in den Schulen. Damit schwindet das Bewusstsein von Gut und böse, und wenn das geschieht, verschwindet auch der moralische Kompaß in der Wertung des jungen Menschen! Und alle, die das als Normalität betrachten, haben kein Recht und sollen nicht aufschreien, wenn Kinder mit dieser Denkprägung früher oder später Dinge tun, die für sie \`normal\` geworden sind wie: sexuelle Übergriffe und Hurereien, Drogensüchtigkeit, lügen und stehlen was das Zeug hält, andere Mitmenschen schlagen, berauben oder erschießen – wollen Sie mehr hören? Dann lesen sie diese Beschreibung weiter in der biblischen Darstellung Römer 1,28ff; und 2.Timotheus 3,1ff., und in den Tageszeitungen! Welch ein Spiegelbild der Errungenschaft progressistischer, eindimensionaler Bildungserziehung!

Es muß und soll ein Umdenken hin und zurück zum ganzheitlichen christlichen Erziehungs- und Bildungswesen stattfinden, indem man die Fragen der Erziehung und Bildung nicht mehr von den Fragen des Glaubens trennt. Die Verantwortung auch im Bildungswesen muß darum von Christen getragen werden oder von solchen, die dem christlichen Glauben mit seinen Werten positiv gegenüberstehen. Da aber der Säkularismus und Relativismus so stark das heutige Denken und die Gewohnheiten mit der suggestierten Meinung imprägniert: Glaube und „eigentliches Leben seien zwei voneinander getrennte Bereiche, ist die logische Alternative die „christliche (Privat)Schule!“ Um der antichristlichen Ausrichtung der Bildung entgegenzuwirken, darf das „normale und eigentliche“ Leben und auch das „pädagogische Bildungsleben“ nicht als wertneutral betrachtet werden, sondern beides muß ganzheitlich aus dem Glaubensleben betrachtet werden. Der Satz „Glaubensleben ist nicht Privatangelegenheit“ zeugt von dieser Wahrheit, es impliziert aber zuerst die Existenz dieses Glaubenslebens, die nur bei einer Minderheit noch da ist. Aber in der Geschichte waren es immer die Minderheiten, die richtungsweisend gewesen sind!

Während z.B. in islamischen Staaten die Religion das gesamte Leben ohne Rücksicht auf Zustimmung beherrscht, sind in demokratischen Staaten die Christen eine Minderheit, welche der Staatsreligion nicht unterworfen sind, wohl aber zwanglos der Staatsobrigkeit, solange diese nicht das Gewissen der Gläubigen zu Übertretungen der göttlichen Prinzipien verletzt. In demokratischen

Rechtstaaten geht darum die elterliche Erziehungshoheit *vor* der staatlichen Schulhoheit! Die Thesen von Danton oder von Robespierre, der gesagt hat *„das Vaterland allein hat das Recht, seine Kinder zu erziehen. Es kann dieses ihr anvertraute Gut nicht dem Stolz der Familie überlassen"*, sind denen der französischen Revolution ebenbürtig und mit dieser einschließlich der oben genannten „liberalen" Schulpolitik gescheitert!

Das Bildungsprimat liegt nicht beim Staat

Gewöhnungen bedürfen der Wiederholuung; so auch hier: „Um geistliches, christliches Glaubens- und Gedankengut im Sinne guter, positiver Erziehung und Bildung wieder mit „alltäglichem" Leben in Familie, Schule, Beruf, Wissenschaft und Kultur *ganzheitlich zu verbinden*, muß das Gedankengut der Gewöhnung vom staatlichen Erziehungs- und Schulmonopol im Gedankensystem niedergerissen werden – das heißt einfach: Umdenken!" Merksatz: Wertneutrale, von biblisch- menschenwürdigen und lebensfördernden Grundwerten und Prinzipien getrennte Bildung und Erziehung gibt es nicht! (Ebensowenig wie es wertneutrale Forschung gibt)! Staatlich verordnete Zwangsschulen, Kindergärten oder Tagesschulen sind Rückschritte in den Nationalsozialismus und in Verbindeung mit der Gleichstellung der Geschlechter und Auflösung der Familie der Gesamtbankrott der Gesellschaft! Der Staat greift heute wieder nach unseren Kindern, wie es die sozialistischen Staaten in der Vergangenheit taten; er legt Zwang an Kinderkrippen, Kindergarten und (Ganztag) Schule. Eva Herman sagt: *„Ich bin Krippengegnerin, denn wenn man Krippenausbau betreibt, ändert man auch die Mentalität der Gesellschaft. Sie wird roher, verantwortungsloser, kälter."* (EDU-Standpunkt, Januar 2010)

Die öffentlichen „Schulen" haben in ihrem Einflussbereich keine sittliche Kraft und Gegensteuerung gegen die Gewaltbereitschaft- und Ausübung, gegen Kriminalität und Drogensüchtigkeit, gegen sexuelle Verwilderung und Abtreibungsmorde, gegen Disziplinmangel und Beziehungsunfähigkeit, gegen paranoide Zerstörungswut von Mensch-Gesellschaft-Umwelt-Wirtschaft-Staatsordnung bei ihren „Schülern." Und sie tragen als progressistische Ausbildungsanstalten inclusive ungenügender Gesetzgebung dazu die vollste „Mitverantwortung!" Der Bildungsauftrag an öffentlichen Schulen ist weder lehrplanmäßig, noch ethisch noch unterrichtsmäßig vorausgesetzt und erfüllt – die modernen Schulen verfügen über keinen solchen. Die einzig rettende Orientierung kann nur von den christlichen Schulen kommen! Nur dort wird bewusst und zielgerichtet dem antichristlichen Gesellschaftszerfall entgegengesteuert, damit junge Menschen in

Selbständigkeit, Eigenverantwortlichkeit, im ehrlichen und kreativen Verhalten untereinander, in Wertschätzung und Liebe ihren Gaben und Fähigkeiten entsprechend und ohne Evolutionsdruck zu verantwortlichen und urteilsfähigen Gliedern der Gesellschaft heranwachsen!

Gab es das schon?

Verstaatlichung der Erziehung und Bildung ist mit ein Produkt des Modernismus. Aber früher, im Zeitraum der Reformation, entstanden Schulen in Zusammenhang mit der Entstehung und Entwicklung demokratischer Staaten im Geiste des Christentums; und sie brachten blühende Kulturen hervor. Christliche Pädagogen im 16. 17. 18 und 19. Jahrhundert hatten bahnbrechende Bedeutung im Bildungs- und Erziehungswesen, und mit ihnen haben heute christliche Pädagogen das gleiche Ziel, Schule und Bildung nach biblischen Grundsätzen und Prinzipien zu gestalten. Die Staatsschulen haben ihr doktrinäres Lehrprinzip, während die christlich geführten Schulen die Schüler nicht mit Bibelwissen vollstopfen, sondern in den normalen Lehrplan die biblisch-sinngebenden, geistlichen Bezüge miteinfließen lassen. Dabei harmonisieren der Geist des Lehrkörpers und der „Geist" der Schule. Es gibt so viele gute Beispiele und Vorbilder für heutige christliche Privatschulen, die wegen ihres positiven Einflusses frequent auch von Kindern nicht christlicher Eltern besucht werden. Es gab im europäischen Raum die pädagogischen und diakonischen Lehranstalten von August H. Francke, H. Wichern, Friedrich W. Dörpfeld, Abraham Kyper, Christian H. Zeller oder Chr. Friedrich Spittler. In den USA gab es die christlichen Bekenntnisschulen, und heute, so liest man, belegen über 25 Prozent der amerikanischen Schüler christliche Privatschulen. (Bitte verwechseln Sie die christliche Privatschule nicht mit den unchristlichen anthroposophischen Rudolf Steiner-Schulen).

Diese Art von Freiheit existiert in Europa – in der Europäischen Union – nicht mehr. In einzelnen Staaten gibt es keine Subventionen für Privatschulen, obwohl es diese so dringend braucht. Jedoch die Vielgestaltigkeit des Bildungswesens und der Bildungsfreiheit ist in der EU – Menschenrechtskonvention garantiert, und es geht um die gesetzlich erlaubte staatliche Förderung, nicht um eine staatliche Einflussnahme in den Bereich der Privatschule. Eine optimale Lösung wären christliche Schulgemeinden mit einer Trägerschaft aus Elternrat und Schulrat. Zumindest soll es eine staatliche Förderung von christlichen Privatschulen im Interesse der Gesellschaft und des Staates selbst geben; diese kann z.B. in der Schweiz durch das Instrument des Volkes im fakultativen Referendum errungen werden.

Machen wir unser Fazit daraus: **A:** Der Staat darf die Familie und insbesonders die bewährte christliche Glaubensbildung nicht ignorieren und aus dem Bildungswesen verdrängen! **B:** Er darf nicht den physischen Erziehungsauftrag und das Gewissen der Eltern zugunsten staatlicher Interessen missbrauchen! **C:** Um der Verstaatlichung der Erziehung in Krippen, Ganztagesschulen und Schulen zum Zwecke ideologischer Prägung entgegenzuwirken, muß der demokratische Staat entsprechende Gesetze erlassen; er darf aus allgemeiner Schulpflicht keine Monopol- und Zwangsschule machen! **D:** Es ist dafür Sorge zu tragen, dass Kinder vom Unterricht, welcher differenzierte Weltanschauungsfragen, Religion und Sexualaufklärung betrifft, jederzeit freigestellt (dispensiert) werden können! **E:** Spirituelle, esoterische und okkulte Elemente in jeder Form müssen von Schule, Lehrplan und Unterricht obligatorisch und legal ferngehalten werden! **F:** Die staatlichen Gender-Mainstreaming-Anleitungen (GM) zur Sexualisierung in Ratgebern zur Kindererziehung und im Kindergarten, der Verhütungsunterricht (`Sexualkunde`) in der Grundschule sowie die Homosexualisierung und Gleichmachung der Geschlechter in den entsprechenden Fächern sind verfassungsrechtlich und forensisch rückgängig zu machen! In der Schweiz betrifft GM die Volksschulreformen (HarmoS) und die geschlechtsneutrale Koedukation.

Wir wollen nicht den verwahrlosten, willenlosen Gender-Menschen und Losertyp als identitätslosen Baustein für einen Totalitarismus! Charakter- und Persönlichkeitsbildung war noch zu keiner Zeit so Grund – legend und Not – wendend wie heute, viel mehr als Wissensbildung! Darum muß gerade hier die bibisch-christliche Grundhaltung von Eltern, Lehrern, Schul- und Erziehungsdirektionen und Ministerien akzeptiert, toleriert und ernstgenommen werden – im Sinne der Gesellschaft und des Staates!

New-Age und „Toleranz“

Freiheit ist der Zweck des Zwanges

Es steht geschrieben: „Darum, weil ich rufe und ihr mich abweist, weil ich meine Hand ausstrecke und niemand darauf achtet, weil ihr vielmehr allen meinen Rat verwerft und meine Zurechtweisung nicht begehrt, so werde auch ich über euer Unglück lachen und über euch spotten, wenn das kommt, was ihr fürchtet, wenn das, was ihr fürchtet, als Verwüstung über euch kommt und euer Unheil euch überraschen wird wie ein Sturm, wenn euch Angst und Not überfällt! Dann werden sie mich anrufen, aber ich wer-

de nicht antworten; sie werden mich eifrig suchen und nicht finden, weil sie die Erkenntnis gehasst und die Furcht des HERRN nicht erwählt haben, weil sie meinen Rat nicht begehrt und alle meine Zurechtweisung verschmäht haben" *(Sprüche 2,24-29).* **„Wenn sie nämlich sagen werden: Friede und Sicherheit", dann wird sie das Verderben plötzlich überfallen wie die Wehen eine schwangere Frau, und sie werden nicht entfliehen."** *(1.Thessalonicher 5,3)*

Wir brauchen den HERRN und Seinen wunderbaren Rat schon *vor* den Krisen!, das sagt uns dieses Wort. Und das diese jetzt auch den satten und so „sicheren" Westen erreicht haben, liegt auf der Hand. Dass Zusammensturz die Göttertürme treffen wird und muss, seien es Finanzen, Wirtschaft, Politik – Materialismus schlechthin, das beweist uns immer schon die Geschichte; nur hat niemand die Zeit für diese Information, weil die „Informationen" des Internet und anderer Medien die geplagten „Insider" mit Psychologie, Ersatzwahrheiten und Sinnlosigkeiten zuschütten! Die so hypnotisierten Menschen sehen und spüren zwar die eingetretenen Gefahren, erkennen sie aber nicht, denn sie können in ihrer Orientierungslosigkeit nichts objektiv und absolut einordnen; das Geschichtsbewusstsein fehlt ebenso sehr wie das Gottesbewusstsein.

Der historisch stattgefundene Sündenfall in Raum und Zeit beim ersten Menschenpaar zog die ganze Schöpfung in die Relativität hinein. War die Schöpfung zum Zeitpunkt ihrer Sündlosigkeit „sehr gut", wurde sie nach dem Fall „Zerfall" (der sicher auch die Elemente mit einbezog). Die Identität der Menschen in ihrer Religionsausübung wurde relativ, alle Systeme soziologischer, kultureller, politischer, wissenschaftlicher Geschöpflichkeit wurden relativ; nie wurden sie *mehr* als das. (Später musste Einstein das nur noch entdecken). Der Relativismus fand seine philosophische Wiege in Griechenland, wo auch die Wiege aller westlichen Philosophie, des Humanismus und der Demokratie steht. Relativismus und Humanismus sind heute äquivalente Ideale aller modernen Kulturen; der „Mensch" mit seiner individuellen subjektiven Erkenntnis ist dabei im Mittelpunkt, wie schon Protagoras sagte: *„Der Mensch ist der Maßstab aller Dinge"*. Und der Prometheus-Mensch setzt sich selbst an GOTTES Stelle und hasst IHN.

Nach dem Mittelalter stieß die Renaissance die Türen weit auf und stellte den Humanismus des Vernunftmenschen mit seiner Diesseitsorientierung in den Mittelpunkt, und die nachfolgende Reformation führte ihren großen Kampf gegen den Katholizismus und den Humanismus. Aber sie konnte diesen nicht „austreiben" wie einen bösen Geist, weil Humanismus seit dem Sündenfall Bestandteil des *natürlichen* Menschen ist. Und so wurde der Humanismus leider auch ein

Werkzeug der Reformation. In der folgenden Aufklärung und Loslösung vom biblischen Offenbarungsglauben konnten Voltaires humanistische Konzepte *"Freiheit, Gleichheit, Brüderlichkeit"* nicht umgesetzt werden, weil der französische Humanismus und seine Toleranz keine andere Basis als den Menschen selbst hat. So hatten auch sie keine ausreichende Grundlage für ein funktionierendes Staatswesen, und die Revolution begann ihre eigenen Kinder zu fressen. Ein österreichischer Dichter sagte *„Humanität ohne Divinität (Göttlichkeit) führt zur Bestialität"*.

Der Toleranzgedanke, welcher durch den Humanismus etabliert wurde, hängt mit dem Relativismus in der Luft; er kann Lüge für Wahrheit und Böses für gut ansehen. Seine Duldsamkeit wird nur von gesellschaftlichen Normen bestimmt, seine Abweichung hat keinen festen Bezug zur moralischen Grösse, weil diese fehlt. Toleranz wird bei New-Age *GROß* geschrieben ganz im Sinne der Aufklärung, die hauptsächlich das Werk der Freimaurerei war, jener okkultistischen Gesellschaft mit humanistischen Idealen. Toleranz ist ein Schlagwort und ein oktroyiertes (aufgedrängtes, aufgezwungenes) Wort in der säkularen und in der religiösen Welt, geboren aus einer philosophischen Geisteshaltung. So gibt es im ökumenisch-religiösen Gebiet viele heidnische, nicht christliche Religionen und Götzenbilder, und man postuliert dafür „Toleranz". Die Revolution der *neuen Moral* war in den christlich-abendländischen Kirchen schon vor 1968 bemerkbar als Abfall und Demoralisierung des Christentums als der Glaube an „Mensch – Politik – Okkultismus – Technik". Aber sie sieht sich immer noch als „Kirche" und Institution für allgemeine Meinungsbildung und Orientierung und gibt an, was Recht oder Unrecht sei. Doch sie hält sich in ihrer Amoral längst nicht mehr an die Gebote GOTTES.

Bei säkularen homosexuellen Beziehungen und Homo-Ehen z.B. fordert man ebenso „Toleranz". Dem evolutiven Nimbus folgend erklärt man sogar eine Weiterentwicklung des Rechtes als Merkmal „fortschreitender Demokratie." Die weltweite Homo-Lobby fordert Toleranz in der Gleichstellung gleichgeschlechtlicher Paare mit heterogenen Ehepaaren und eine solche auch auf Elternrechte und Adoption. Ihre abartigen Neigungen stützend, berufen sie sich auf das Diskriminierungsgesetz in der Verfassung und der Menschenrechtscharta. Geht es gegen Kindes-Tötung (!) im Mutterleib, schreit die Masse *„man muss tolerant sein"*; nur wenn es um das eigene Leben geht, hört diese Toleranz auf.

Toleranz ist ein humanistisches, kein göttliches Gebot. Das biblische Gebot verbietet im Alten- und Neuen Testament diese hier genannten Erscheinungsformen und bezeichnet sie als Sünde, Krankheit und Dämonie, wie sie das auch bei okkulten Tätigkeiten dezidiert tut! (vgl. 3.Mose 18.19.20; Römer 1; Judasbrief). **„Wehe ihnen!" und „Dahingegeben"** ist das Schicksal, das diese Bibelstellen über eine „Toleranz der Sünde" aussprechen. Doch bietet die Gute Nachricht im Evangelium allen Sündern Erlösung, Versöhnung, Errettung und Heilung durch Umkehr und *Glaubens*-Zugriff an. Im toleranten New-Age-Denken aber scheint alles erlaubt zu sein, alles, was eine Gesellschaft für tolerant erklärt. Somit ist *Toleranz* ein Absolutum der Gesellschaft, ein Axiom ihrer tolerierten Werte.

Die Gesellschaftsphilosophie im Pluralismus (= Vielheit von Prinzipien und Elementen) ist immer für eine nur relative Vielheit, sie ist dadurch zugleich „gegen" absolute Werte und absolute Moral. Die Mehrheit im demokratischen Gesellschaftssystem setzt das allgemein gültige Wert- und Normensystem fest. Wenn demnach eine Vielheit in der pluralistischen Gesellschaft nicht dafür ist, ihre Werte von den bewährten und glaubwürdigen biblischen Werten und Prinzipien her zu bestimmen und abzuleiten, sondern von humanen und relativen, dann ist Demokratie zur heidnischen Staatsphilosophie geworden. Sie ist auch dann noch „Obrigkeit", aber sie ist mit ihrer pluralistischen Toleranz intolerant gegen jene, die absolute biblische Werte vertreten und diese auch leben wollen. Die Christen, die sich im römischen Imperium zu CHRISTUS bekannten, wurden nicht wegen ihres Glaubens willen verfolgt, denn jeder durfte an seine eigenen Götter glauben; das erlaubte der römische Pluralismus. Der Skandalon bestand darin, dass die Christen die Gesellschaftsgötter der Römer ablehnten und den GOTT der Bibel über den römischen Pontifex Maximus, den Kaiser stellten, der für sich als obersten Priester und Herrscher Anbetung einforderte.

Kleine Zäsur: Der moderne gesellschaftliche Niedergang durch die galoppierende moralische Inflation ist nicht aufzuhalten, solange die Gesellschaft einen Götterglauben hat (auch in verchristlichter humaner Form), in dem der Mensch selbst das Größte ist. So einen Götterglauben hatten auch die alten Römer; die Götter der Römer waren nur übermenschliche Projektionen und Gestalten, aber sie besaßen keine personale Göttlichkeit, sondern waren abhängig von der Gesellschaft. So war der Zeitabschnitt römischer Dekadenz vom „Glauben an ihre Götter" geprägt, die nicht groß genug waren, den sittlichen und staatlichen Untergang des römischen Imperiums aufzuhalten. Sie hatten kein zuverlässiges Wertesystem für ihr Denken und Handeln und daher keine ausreichende Kraft für die politischen und persönlichen Spannungen – Rom hatte keine tragfähige Grundlage und keine Antwort, und so musste es untergehen. Die Götter der Römer waren dem gleichen Schicksal wie dem der Menschen unterworfen, und die Römer übertrugen ihre Eigenschaften lediglich wieder auf ihre Götter. Diese anthropomorphe Haltung hatten sie von den Griechen übernommen mitsamt dem philosophisch-abstrakten Gottesbegriff. Der griechische Polytheismus wurde zum römischen, und beide Völker waren antike

Spiritualisten mit einer Vielzahl an Ideen, Mythologien und Göttervorstellungen. Beide Völker aber waren nie (!) im Besitz einer verbindlichen, dauerhaften, moralischen und geistlichen Integrität. Welch tragische und schauderhafte Ironie! Rom verpasste und verfolgte den Einfluss des Christentums und musste untergehen. Das Christentum überlebte und die Christen gingen aus den Trümmern Roms hervor – unzerstörbar durch den Glauben und das Leben JESU, den wahrhaftigen GOTT!

Aber Zusammenbruch trifft die Übertreter (vgl. Jes.1,28)

Obschon die Demokratien der christlichen Abendländer und der USA durch den Einfluß des *EVANGELIUMS* entstanden, ist heute nur noch ein Gesellschaftschristentum übriggeblieben; es ist nur noch eine Form, eine Hülse ohne Glaubensinhalt, ein Etikett für gewisse Anlässe und religiöse Traditionen ohne Substanz – toter Materialismus im ausgebrannten Staats-Christentum. Es gibt nur noch eine Minderhet an fundamentalen bibelgläubigen Christen, der Rest ist „Massenchristentum", nicht identisch mit biblischer Wahrheit und Lebenswirklichkeit. Amerika ist sehr tief gefallen und muss den Kelch des Zornes GOTTES und des Niedergangs schlürfen. Und wie sieht`s im Okzident aus? Hier in Europa herrscht ebenso religiöse Selbstherrlichkeit im christlichen Gewand, und leichentuchbelasteter Sakramentalismus zeichnet Volks- und Freikirchen aus. Es ist ein im Materialismus schlafender Kulturprotestantismus, mehr nicht. Der Name „reformiert" kennzeichnet eine tote staatliche Ritualkirche, die ihre Wurzeln nicht mehr in den ehemaligen Werten der Reformation selbst, sondern in den Relikten römisch-katholischer Traditionen hat, von welchen sich leider schon die Reformatoren nicht endgültig getrennt hatten. Dies gilt für die Lutherische, Griechisch und Russisch-orthodoxe und die anglikanische Kirche ebenso. Gemeint ist der Sakramentalismus. *Toleranz* scheint im abgewandelten Christentum das höchste Gut zu sein.

Man beugt sich immer mehr der europäischen Islamisierung, der EU-Diktatur, dem ökumenischen Druck und der religiösen Toleranz. Auch das einst so „bibeltreue" evangelikale Lager hat Repräsentanten, die im Oktober 2007 ein Antwortschreiben an muslimische geistliche Führer unterzeichnet haben, in welchem sie u.a. den Gott der Moslems für die Kreuzzüge um Vergebung bitten. Das geschieht aus geistlicher Kapitulation heraus; insofern ist der Islam eine Zuchtrute für ein abfallendes, kraftloses Christentum! Aber der Islam wird und kann nicht über den biblischen fundamentalistischen Glauben siegen, ebenso wenig wie Goliath über David, denn dieser Glaube verbindet uns mit CHRISTUS, den Sieger!

Dass diese zwei großen westlichen Gesellschaftssysteme USA und Europa der Dekadenz und Unmoral folgen müssen, weil es ein Vakuum im System nicht gibt, liegt auf der Hand. Wo kein glaubwürdiger und verbindlicher moralischer Boden ist, darf jeder seine Begierden befriedigen, und das einzige Gebot ist dann *die Toleranz*. Der dekadente heroische Westen folgt dem nihilistischen Weg Roms. Aber er folgt dabei über den Weg des Neoliberalismus und der Pseudo-Religiösität dem Toleranzgedanken der globalen Freimaurerei, deren Ziele wir weiter unten in den Szenarien der religiösen Seite darstellen. Die Freimaurerei verfolgt nicht göttliche Ziele; bei ihr gilt das Philosophenwort: *„Der Mensch ist das Maß aller Dinge"*. Daher haben sich die Europäischen Kirchen im ökumenischen Kirchenpapier der europäischen Charta Oecumenica mehreren zentralen Anliegen der Freimaurer verpflichtet: 1) *„Gleichwertigkeit"* des Christentums neben anderen Religionen; 2) eine religiöse Wegbereitung für allgemein akzeptierte Werte und Weltanschauungen; 3) weiters „Annahme moralischer Forderungen" für das Geflecht der freimaurerischen Bruderkette der Menschheit.

Im Ideentempel der Freimaurer werden Menschen „veredelt" zur Weltbruderschaft einer einzigen *Menschheitsfamilie; (dieses Schlagwort hören wir vermehrt von politischen und religiösen Führern)*. Auch die Charta der UNO sowie die „Allgemeine Erklärung der Menschenrechte" sind tatsächliche freimaurerische Schöpfungen auf dieses Ziel hin. Um die religiösen Ziele zu erreichen muss die absolute biblische Wahrheit relativiert und absorbiert werden, damit sie ins Geflecht der anderen Religionen hineinpasst. **„Tolerare"** ist dabei der Schlüssel und zugleich das Bindemittel, um „eigene subjektive Wahrheit" gesellschaftlich der absoluten vorzuziehen. Dem trägt die ökumenische Kirchen-Charta Rechnung. Di Bernado schreibt: *„Für Christen ist die Wahrheit absolut…für den Freimaurer ist sie nur ein gedanklicher Richtpunkt…Kein Freimaurer kann für sich in Anspruch nehmen, die Wahrheit zu besitzen."* **„Freiheit, Menschenrechte, Toleranz und Solidarität (Brüderlichkeit)"** sind die zentralen freimaurerischen Begriffe, wobei „Toleranz" der Schlüssel ihres Denkens und Handelns ist.

Der relativierende Toleranzbegriff freimaurerischer Art und Handschrift liegt auch im Lissabonner Vertrag der Europäischen Union vor. In der Präambel der EU-Verfassung steht: *„Schöpfend aus dem kulturellen, religiösen und humanistischen Erbe Europas…"* GOTT ist hierin ausgeschlossen. Zugleich aber mit diesem humanistischen Erbe Europas entmachtet der EU Reformvertrag die Gerichtsbarkeit europäischer Staaten und ihre Souveränität! So wird Europa in den Zentralismus der freimaurerischen Einheitsidee geführt; Hauptverfasser dieses EU-

Vertrages ist der Hochgradfreimaurer und ehemalige franz. Staatspräsident als Vorsitzender des Europäischen Konvents Giscard d`Estaing. Und so wird aus den schwachen Demokratien europäischer Republiken die „Eurokratie" des EU-Zentralismus hervorgehen mit zehn Einzelstaaten, deren Regierung aber ihre Souveränität der EU-Regierung und Führung unterstellen werden. Geschlossene politische Gegenkräfte gibt es jedenfalls keine – es gibt nur die geistliche Gegenkraft, wenn sie vorhanden ist! „Beter in Europa, tretet ein mit Freimut in die geistliche Endzeitschlacht, bevor die unwirksame Nacht kommt! Bedenkt! Wir haben mächtigere Waffen als politische!" Laßt euch durch Spurgeons Worte ermuntern: *„O Zion, zähle nicht deine Heerscharen, denn deine Stärke ist deine Ohnmacht; berechne nicht deinen Reichtum, denn dein Reichtum ist deine Armut und Abhängigkeit, und diese dein Reichtum."*

Humanistische zwanghafte EU-Toleranz

Das Zauberwort im Toleranzsystem einer modernen Gesellschaft heisst: „Relativismus", mit dem man absolute Standpunkte ausgrenzt und der Allgemeingültigkeit unterwirft. (Er wird aber im obsessiven Computer-Zeitalter bald zum „reaktionären" Relativismus werden). Zeitgemässe Toleranz orientiert sich am Verhaltensmuster der Gesellschaft und ergibt nie ein Ganzes, sondern bleibt nur ein relativer Nenner, der die allgemeinen Interessen nennt. Toleranz ist daher eine Ideologie, die obwohl human zur allgemeinen Akzeptanz hin zwingt. Besonders stark wird dieser Zwang, wenn es um politische, wirtschaftliche oder religiöse Interessen geht. Diese stark reaktionären Interessen stellen das gesellschaftliche Sein über das Bewusstsein des Einzelnen wie im Marxismus. (Beim biblischen Glauben ist ja das Gegenteil der Fall). Der Wert des einzelnen Menschen wird dabei von einer Mehrheit bestimmt, ist also irrelevant. Ein Mensch, bestimmt von der allgemeinen Toleranz der Masse ist fremdbestimmt; er kann seine individuelle Identität nicht erkennen, und wenn er aus der Masse ausbricht, ist er ein Außenseiter, eine inakzeptable Person.

E. Kants kategorischer Imperativ ist ein Sittengesetz, das nur dann einen Sinn hätte, wenn der Mensch keine sündige Natur wäre. Wenn nun die große Masse von Sündern sich irrt, wie sie das immer tut, und der Einzelne in seiner Gewissensbindung an GOTT und Seine Gebote nicht mit der Masse mitgehen kann, kommt der Konflikt mit der „Toleranz der Masse" und somit auch mit Kants Moralvorstellungen oder mit denen seiner Philosophen-Kompagnons. Also entweder GOTTES Gebot oder Humandiktatur – innere Freiheit oder Gefangenschaft. Es ist klar: die Masse kann nicht verbindlicher Wertmassstab sein, das kann nur das unveränderliche und absolute Wort der Bibel, das mein Gewissen lenkt. Die Gesellschaft darf *nie* die Autorität über mein Gewissen bekommen, wenn ihr Gewissen nicht an das Wort GOTTES gebunden ist! Die humanisierte Gesellschaft hat weder Selbst- noch Gotteserkenntnis und daher kein Empfinden für Schuld und Verantwortung vor GOTT. Ihr fehlt auch objektives Geschichtsbewusstsein, und sie weiss nicht mehr was das bedeutet: **„Du sollst, und du sollst nicht!"** (vgl.2.Mose 20).

Der gesellschaftliche pluralistische Relativismus hat die Absolutheit GOTTES ersetzt und sich selbst zur Absoluta der Gesellschaft gesetzt. Auf diese Weise können demokratische Grundrechte ihre relativen Werte als \`absolut\` setzen und diese Grundrechte (zum Beispiel auf Leben im Mutterleib, Freiheit der Person, Freiheit des Glaubens usw.) mit den beigegebenen Zusatzartikeln uminterpretieren. Das Grundgesetz der BRD z.B. sagt in Artikel 2 Absatz 2: *„In diese Rechte darf nur auf Grund eines Gesetzes eingegriffen werden"*. So wird in Deutschland der Glaube an die absolute Autorität und Wahrheit der Bibel grundgesetzlich nicht geschützt, und Bibelzitate vor Gericht werden relativiert zu „subjektiver Bibelinterpretation". Sobald ein demokratisches Gesetz gegen ein absolutes Gebot GOTTES steht schützt kein Artikel im Grundgesetz die Befolgung der Gebote – der Christ wird bestraft.

Der riesige Spielraum der demokratischen Toleranzideologie gibt dem EU-Parlament Freiheiten, innerhalb der EU demokratische Freiheiten abzubauen und einen anti-demokratischen Kurs zu verfolgen. So ist zum Beispiel der seit August 2004 gültige Europäische Haftbefehl (EHB) ein Überbau über Grundgesetze, der im gesamten europäischen Raum eine neue Rechtsgrundlage geschaffen hat! Ab diesem Datum kann und darf jeder europäische Staat einen EU-Bürger eines anderes EU-Staates anklagen und diesen ausliefern (überstellen) lassen, wenn die Straftat mindestens ein Jahr Haft bringt; der Tatbestand der „Verdächtigung" reicht schon aus, und der „Angeklagte" hat keinen Anspruch mehr auf einen natürlichen Richter, Zeugenschaft oder dgl.; Vermögen werden eingezogen. Bitte bedenken Sie, was dass (möglicherweise für Sie selbst) bedeutet. Damit können Dissidenten und Prediger des Evangeliums sehr schnell und unbürokratisch aus dem Weg geräumt werden, dennoch können sie unser Zeugnis nicht aufhalten!

Die EU-Staaten haben sich in ihrem Katalog auf 32 Straftaten geeinigt, unter denen folgende wie „Rassismus, Terrorismus, Diskriminierung, Umweltkriminalität, Fremdenfeindlichkeit u.a." fallen. Für uns als bibelgläubige Christen wird es dann eng, denn unter „Diskriminierung" beispielsweise ist auch die „Herabwürdigung" von Menschen zu verstehen, deren Lebenswandel die Bibel als „Sünde" bezeichnet (obwohl wir die Sünde, und nicht den „Sünder" herabwürdigen). Und da man die Bibel nicht verhaften kann, werden Christen, die den Komplex der Homosexualität öffentlich als Sünde bezeichnen und zur Umkehr aufrufen, unter die Repressalie des EHB fallen. (In Schweden und Holland kam es hinsichtlich dazu bereits zu Geld- und Gefängnisstrafen). Es kann auch andere Themen und Überzeugungen betreffen, die unter das Verdikt des EHB fallen. (Zum Beispiel die kritische Äusserung zu anderen Religionen).

Dr. Lothar Gassmann schreibt: *„Der Europäische Haftbefehl besagt also, dass eine in Deutschland nicht stafbare Handlung zur Auslieferung an ein anderes EU-Land, in dem dies einen Strafbestand darstellt, führen kann. Dies war Anlass für ein Verfahren vor dem Bundesverfassungsgericht im Jahre 2005, welches das Ergebnis hatte, dass ein Deutscher – ge-*

mäß Art. 16 Abs. 2 GG – nicht an das Ausland ausgeliefert werden darf, wenn die vorgeworfene Tat einen „maßgeblichen Inlandsbezug" hat (Reuters/ ap 25.11.2005). Noch schützt uns (Deutsche) das Grundgesetz und dieses Urteil des Bundesverfassungsgerichtes. Wenn dieses aber nichts mehr Letztgültiges zu sagen hat, wenn nur noch der Europäische Gerichtshof europäisch verbindliches Recht zu sprechen hat, dann fällt dieser Schutz weg. Wer auf Dinge hinweist, welche die Bibel Sünde nennt, kann dann europaweit geahndet und verfolgt werden. (….) Wer wird dann noch deutlich predigen? Hoffentlich viele!"

Die Diffamierung des biblischen Glaubens und der biblischen Christen wird fortschreiten – das ist uns vorhergesagt und bewirkt nötige Scheidungsprozesse. Wie WorldNet Daily (29.Okt.2009) berichtet, betreibt die Organisation „Islamic Conference (OIC) über die Vereinten Nationen eine Resolution mit der Bez.: „Diffamierung von Religionen." Kommt sie durch, würde sie eine „Kritik" von Religionen weltweit verbieten. Fokus der Agenda dieser Resolution ist der Titel „Diffamierung des Islam." Das würde wahre Christen schon deswegen zu „Verbrechern" machen, weil sie einen anderen Glauben haben. Die Resolution plant eine Art weltweites Blasphemiegesetz. Hier, wie in den anderen erwähnten EU-Beschlüssen ist unser Gebetseinsatz gefordert!

Das EU-Parlament hat im Januar 2006 eine Entschließung zur „Homophobie in Europa" B6-0025/2006 verabschiedet. Darin wird die Aversion zur Homosexualität, Schwulen-und Lesbenbewegung, Bisexuell- und Transsexualität auf die gleiche Stufe mit Rassismus, Xenophobie (Fremdenfeindlichkeit) und Antisemitismus gesetzt. Weiters heißt es in der Entschließung: *„Es seien sowohl auf EU-Ebene als auch auf der Ebene der Mitgliedstaaten weitere Maßnahmen notwendig, um die Homophobie auszumerzen durch äußerst effiziente Anwendung"*. Damit wird ein Widerstand gegen die Homosexualisierung der Gesellschaft kriminalisiert und „Homophobie" zu einem Schimpfwort und juristischen Tatbestand gemacht. Antidiskriminierungsgesetze und „hate laws" in vielen Ländern kämpfen für die Gleichstellung der Geschlechter, indem sie heterogene Ungleichartigkeit verdammen und Homophobie ausmerzen wollen. Deutsche Landeskirchen sind bereits auf die Linie dieses Antidiskriminierungsgesetzes eingeschwenkt und verlangen von ihren Angestellten „per Unterschrift" ein konformes Verhalten. Freunde, da ist es höchste Zeit auszutreten!

CHRISTUS ist der Sünde gegenüber (nicht dem Sünder) absolut unduldsam, denn ER ließ Sich ja „zur Sünde machen und am Kreuz dafür hinrichten!! - um den Sünder von seiner Sünde und seinem Gericht zu erlösen!!" ER ist wie ER sagt *DER* Weg (aus allem Irrtum), *DIE* Wahrheit (inmitten allen Irrtums) und *DAS* Leben (frei von allem Irrtum). ER ist DER Absolute in allen Seinen Eigenschaften! Und darum verneint Er zugleich jeden Lebensweg und jede Wirklichkeit außerhalb Seiner göttlichen, gerechten und Heiligen PERSON! Jeder christusgläubige Mensch hat seine Identität durch den Geist CHRISTI und wird mit IHM außerhalb der pluralistischen Duldung (Toleranz) stehen, das hat unser HERR vorausgesagt!

Ich muss es an dieser Stelle wiederholen: Kein wahrer Christ muss sich fürchten, wenn auch für Europa die offene Verfolgung kommt; das ist eine von GOTT zugelassene *Verordnung,* und wir protestieren nicht dagegen, sondern es wird uns dienen! Wir sind der Obrigkeit solange untertan, wie diese uns nicht zwingt, gegen die Gebote GOTTES zu handeln und den Anspruch übernehmen will, unser Gewissen zu sein. Denkt an Matthäus 5,10.11; 10,28; 24,13 und Johannes 15,18-21; 16,2; oder an 2.Timotheus 2,11.12; 3,12; Hebräer 11 und Offenbarung 12,11! **„Und siehe, ICH Bin bei euch alle Tage bis ans Ende der Weltzeit!"** spricht der HERR. Darum habt keine Furcht, glaubet nur!

Kein Friede den Gottlosen, spricht der HERR

Wir haben in unseren bisherigen Betrachtungen der New-Age-Ideologie den Terminus „indoktrinäre humanistische Toleranz" verwendet und den Zusammenhang unter die Überschrift „das weiße Pferd" gestellt. Wir können jetzt immer besser erkennen, dass das Gesicht der demokratischen Toleranz alles toleriert und erträgt, was ausserhalb absoluter Wahrheit ist. Und das zeigt uns die Herkunft bzw. „Quelle" und den „Zweck" dieser endzeitlichen Erscheinung – es geht um die Isolierung und Zerstörung des biblischen Glaubens, der im okkulten Weltprogramm der mächtigsten Polit- und Geheimbünde kein „Baustein" sein kann und dem „Fürst dieser Welt" nicht unterworfen ist, sondern vielmehr den Sieg des LAMMES CHRISTUS über ihn verkündigt! **„Denn das Geheimnis der Gesetzlosigkeit ist schon am Wirken,....Denn es wird eine Zeit kommen, da werden sie die gesunde Lehre nicht ertragen, sondern sich selbst nach ihren eigenen Lüsten Lehrer beschaffen,.....Darum wird ihnen GOTT eine wirksame Kraft der Verführung senden, so das sie der Lüge glauben, damit...!"** Nehmen Sie die Bibel zur Hand und lesen Sie selbst diese Stellen in 2.Thessalonicher 2 und 2.Timotheus 4. Wir sind hier vorgreifend beim folgenden und letzten New-Age-Thema „Charismatik", das entscheidenden religiös-politischen Endzeitcharakter trägt. Ich will aber das Thema „Toleranz" nicht abschließen, ohne noch eine typische „Frucht" dieses giftigen Toleranzbaumes der New-Age-Ideologie aufzuzeigen.

Der „neue“ Gender-Mensch („Gender“ engl. dschender = Geschlecht)

Es gibt die *Gender-Studies* als interdisziplinären Forschungsansatz aufgrund eines angenommenen Doppelcharakters des Geschlechtes in sozialer und biologischer Kategorie. Aus diesem Ansatz wird das Geschlechtsverhältnis zwischen Männern und Frauen untersucht, wie es sich in den verschiedenen Kulturen historisch herausgebildet hat. Das wäre die rein wissenschaftliche Definition von Gender, aber diese erfuhr einen subversiv-soziologischen Quantensprung!

„Gender Mainstreaming“ (GM) nennt sich die neue, *moderne* und subversive Kulturrevolution, eine Geburt des Radikalfeminismus. Auch in dieser Ideologie ist der philosophische Hintergrund der humanistische Relativismus, der auf unverbindlichen, selbstzentrierten Massstäben schwebt. Radikalfeminismus und Neomarxismus sind die Triebfeder dieser auf totaler Selbstbestimmung bauenden „Wesensbestimmung der Geschlechter“. Was will GM? Sie will die heterogene *Zweigeschlechtlichkeit* (also männlich und weiblich) **aufheben** und ein androgynes emanzipiertes Fabelwesen schaffen, wo man Frau und Mann per se nicht mehr unterscheidet. Es geht hierbei nicht mehr um Gleichberechtigung oder Gleichwertigkeit von Mann und Frau, denn das wäre der christliche Status der beiden Geschlechter, wobei die Bibel die biologischen Geschlechtsunterschiede eben wohlweislich nicht aufhebt, wie sollte sie das! Hat doch GOTT, der HERR, die Menschen als „Mann und Frau“ geschaffen. Auch gibt es biblisch den klaren Unterschied in der schöpfungsmässigen Rangordnung, jedoch nicht einen solchen in der *Wertigkeit* der Geschlechter.

Das Gender-Projekt will etwas anderes; es will die Gleichmachung der Geschlechter zur „Geschlechter-Gleichheit“, einen Umbau hin zu einer „geschlechtsneutralen Gesellschaft.“ Es geht dabei über die *Gleichstellung* von Männern und Frauen hinaus zur „Sicherstellung der *Gleichheit*“ von beiden Geschlechtern. Welch eine Errungenschaft (!) Die biologischen Unterschiede werden für bedeutungslos erklärt, und die Identität des Menschen mit seiner (beliebig) sexuellen Orientierung wird zu seiner „Freiheit“ gerechnet. Es wird also sehr große Toleranz geübt bzw. doktriniert. Heterosexualität, Bisexualität und Homosexualität ergeben dabei jeweils für Mann und Frau (2x3) „sechs“ Geschlechter. GM verleugnet die spezifisch geschöpfliche Wesensbestimmung und biologische Identität von „Mann und Frau!“

Chancengleichheit der neu evaluierten Geschlechter wird zur aufgezwungenen „Gleichheit“, das heißt die Gleichberechtigung von Mann und Frau **in**

allen Lebensbereichen wird gefordert (Schlusserklärung im „UN-Beirat für den Weltrieden am 31.08.2000). Die offene Rebellion gegen die guten Ordnungen GOTTES in der Bibel werden immer herausfordernder, die Waagschalen füllen sich immer schneller mit Gerichtsgewichten, die Gerichtsruten der sozialen und wirtschaftlichen Zusammenbrüche und der darauf folgenden anarchistischen Zustände sind nur die logischen Konsequenzen und nur die Vorboten für kommende irdische und kosmische Erschütterungen! **„Denn sie haben die Gesetze übertreten, die Ordnungen überschritten, den ewigen Bund ungültig gemacht! Darum hat der Fluch die Erde verzehrt, und es büssen, die auf ihr wohnen. Siehe, da ist der Tag, siehe, er kommt! Das Verhängnis bricht an; die Rute blüht, es grünt der Übermut!"** (Jes.24,5.6; Hesek.7,10).

Die schlimmen Zeiten der letzten Tage (vgl.2.Tim.3,1ff)

Es sind nicht so sehr die Zeiten, die schlimmer werden, sondern die Menschen, die diese Zeiten prägen, werden schlimmer. Indem GM die Hetero-Geschlechtsidentität auflösen will, werden Ehen, Familien, Erziehung und Mutterschaft, Arbeit und Kultur zerstört! Ist Ihnen das klar bewußt, meine Damen und Herren? Dieser „Entwurf" ist ein Auswurf des Irrwahns, und dessen delphische Quelle ist wiederum Satan, die alte Schlange und der Menschenmörder. **Aber „Irret euch nicht! GOTT lässt Sich nicht spotten; Denn ER wird den Spöttern spotten!"** So grauenhaft dieser gezielte Angriff auf GOTTES Heiligkeit und die Menschenwürde schlechthin ist, so grauenvoll ist die Einwilligung von 190 (!) Staaten in dieses Programm, das auf der 4. Weltfrauenkonferenz 1995 in Peking initiiert worden ist. Die „Gleichstellung" von Männern und Frauen liegt im EU-Vertrag von Amsterdam 1999 vor, und später folgte die „Sicherstellung" dieser „Gleichheit." Die meisten öffentlichen Medien im EU-Raum sind EU-konform bzw. werden es unter Zwang. Ich habe vernommen, dass „The Daily Telegraph" als größte engl. Tageszeitung den anti-demokratischen Kurs der EU-Bürokratie dokumentiert. Also wird man hier mehr Ungefärbtes und Kritisches finden als im „Spiegel oder Focus."

Sogar in der Resolution des Uno-Krisengipfels 2009, der als Credo intellektueller Unredlichkeit und Ohnmacht brilliert, fand sich der konspirative GM-Passus. In dieser Resolution der Uno-Generalversammlung (A/63/L.75) vom Juli 2009, die das Ergebnis des Krisengipfels zur globalen Finanz- und Wirtschaftskrise – ihre Ursachen, Auswirkungen und Reaktionen – darstellt, wurden als behebende Maßnahmen u.a. *„der Gleichstellung der Geschlechter nachhaltig Rechnung getragen."* Es wurde bei all den Statements und human formulierten Erklärungen über die Entstehung der Krise offensichtlich, dass sie neben anderen Maßnahmen ein „Mittel" für diese Gender-Gleichstellungs-Ideologie ist (als Knechtung und Knetung der Masse). Währenddessen wahre Ursachen der monetär gesteuerten Krise durch das *Fed*-Notenbanksystem der USA unerwähnt bleiben mussten. Das konnte u. wollte diese Konferenz auch nicht, da sie selbst unter dem Bleideckel obsessiver Omnipotenz befangen liegt. Interessant war das Geständnis eines „Umdenkens", das „wieder" **den Mensch in das Zentrum** stellt, und die im darauffolgenden Satz genannten „ethischen Prinzipien" für die Weltwirtschaft mussten ja erwähnt sein. Man kann die ganze Stellungnahme per se als süffisante Suggestion bezeichnen, nicht aber als *die* das *„mysterium iniquitatis"* (= Ungleichgewicht des Bösen) behebende Antwort. Denn, um es in zwei drei Sätzen zu sagen: „der Mensch" *war* ja schon im Zentrum als Auslöser der Krise; und seine heroischen Ethos-Regeln wie „Solidarität, Transparenz, Kohärenz, Gerechtigkeit u.ä." sind seit dem Humanistischen Manifest und der Deklaration der Menschenrechte im menschlichen Bewusstsein enthalten. *Doch waren und bleiben sie im „eth. Humanismus" nur abstrakte, zu hoffende Denkmuster, vom Dinglichen gelöst – ohnmächtig ohne den bedingenden sittlich-moralischen allgemeinen Triebwillen.* Humandiktatorische Zwangsmaßnahmen, wie sie im EU-Konzept und IWF als forcierte Inflationsfalle praktiziert werden als Paradigma für die zu kommende Weltwährung- und Diktatur überlagern diese Uno-Schaukonferenzen und Setting-Agendas mit ihren angstvollen Zweideutigkeiten. O ja, sie werden etwas in „Bewegung" setzen, den Karren im Sumpf hin und herschieben; aber herausbringen wollen und werden sie ihn nicht!

Die Universitäten westlicher Länder lehren die GM-Theorie, wie sie es schon mit der Evolutionstheorie tun, und Politik und Medien sind auf Gender eingeschworen. Die Gender-Ideologie ist auch federführend bei *den Werten* der Europäischen Union. Dort heißt es in Artikel 2: *„....Diese Werte sind allen Mitgliedsstaaten in einer Gesellschaft gemeinsam, die sich durch Pluralismus, Nichtdiskriminierung, Toleranz, Gerechtigkeit, Solidarität und die Gleichheit von Frauen und Männern auszeichnet."* Gender Mainstreaming ist eines der Fluch- und Hauptwerkzeuge, durch die eine endzeitliche Menschheit in die antichristliche transformiert wird – man muß regelrecht staunen, wie irrational und irreal dabei noch eine pathologische Hoffnung von „Frieden" diese Strömung begleitet. „Selbstzerstörerisches Chaos" und furchtbares Gericht wird diese Teufelssaat einbringen!

Eva Herman, die ihren selbstzerstörerischen, familienfeindlichen Karriereweg durch Krisen, Zerbruch und gesundes Denken hinter sich ließ, bezeichnet Linksfeminismus, Emanzipation, Sozialismus und Kommunismus als Zerstörungswerk von Leben, Familie und Gesellschaft. Sie sagt: *"GM ist, aus meiner Sicht, das größte Menschenexperiment aller Zeiten, weil es praktisch die Geschlechter auflöst, sie entnaturalisiert. (...) >Gender< sagt, es gebe keine geschlechtlichen Unterschiede,...die Geschlechter Mann und Frau existieren nicht, sondern wir sind von Geburt an alle gleich...und alle müssten gleich erzogen werden. Das >Gender< können Sie auch auswechseln wie Sie wollen, (heute lesbisch, morgen bisexuel und übermorgen vielleicht transsexuel...) " (EDU-Standpunkt, Januar 2010).*

In *ZUKUNFT CH* 5/2008 schreibt Gabriele Kuby unter anderem: *„Die Gender-Ideologie ist ein Rückfall hinter die Aufklärung mit ihrem Ideal der wissenschaftlichen Rationalität und Wahrheitsverpflichtung. Sie ignoriert die Ergebnisse der Gehirnforschung, Soziologie und Psychologie, welche die unaufhebbare Differenz und Ergänzungsbedürftigkeit von männlichem und weiblichem Geschlecht zeigen. Der ideologische Charakter des GM zeigt sich an seinen Widersprüchen: Gender bekämpft die Ehe zwischen Man und Frau, erhebt aber die homosexuelle Lebensgemeinschaft gesetzlich in den Rang der Ehe. Gender bekämpft die Familie, erzwingt aber das Adoptionsrecht für homosexuelle Paare. Gender erklärt das Geschlecht und die geschlechtliche Orientierung zu einer Sache der „freien" Wahl, will aber Informationen und therapeutische Angebote zur Veränderung homosexueller Neigungen eliminieren."* Dieser Art entarteter, kranker Toleranz müssen wir das Wort entgegenhalten: **„Wehe denen, die das Böse gut nennen und das Gute böse; die Finsternis zu Licht und Licht zu Finsternis machen; die Bitteres zu Süßem machen und Süßes zu Bitterem!"** (Jesaja 5,20).

Geschrieben steht: „Verflucht sind, die von Deinen Geboten abirren!" (Ps.119,21).

Die Auflösung der gesellschaftlichen Identität erfasst die Gesellschaft schon auf den untersten Bildungsstufen; Familien mit Kindern werden durch Steuer- und Sozialgesetzgebung benachteiligt, während kinderlose Familien begünstigt werden durch beiderseitige Erwerbstätigkeit. So kontrolliert der EU- Staat sein Volk, um den Gender-Menschen schon von der Krippe an zu schaffen – weg von der Familie, hinein in die Fremderziehung! GM wird im Bereich Kindererziehung bereits als Sexualaufklärung eingesetzt; in den unteren Schulstufen als staatliche Sexualisierung („Verhütungs- *Anschauungs-* Unterricht"). Die Schulsysteme werden zur Homosexualisierung getrimmt bis in die Lehrfächer Ethik, Geschichte, Sozialkunde, Sprachen, Biologie etc. Auch in dem noch-nicht EU-Land Schweiz will man mit brachialen Methoden die schulische Homosexualisierung von zumeist selbst homosexuellen Bildungspolitikern durchsetzen. Es ist sehr zu wünschen, dass diese von der Bühne verschwinden oder radikal umkehren! Denn geschrieben steht: **„Verflucht sind, die von Deinen Geboten abweichen!"**

Sogar die Gerichte umgehen Verfassungsrechte und Klagen gegen den Teilnahmezwang am Sexualunterricht; z.B. wurden in Deutschland solche abgelehnt. Hier geschieht und wächst UN und EU Totalitarismus zusammen.

Es geht also um die gezielte Auflösung der persönlichen naturalen Geschlechtsidentität des Menschen, des „Gender-Menschen", um ein wertneutrales sexuelles Verhalten losgelöst von allen herkömmlichen moralischen und kulturellen Normen. GM ist darum die gezielt gewollte moralisch-ethische Verwahrlosung und Zerstörung einer Volksidentität schlechthin und mithin aller Bildungsstufen – und des Christentums!! Auf dieses Letztere zielt der Hauptangriff, weil nur vom biblisch reformierten Christentum ausgehend das moralische und demokratische Wert- und Normgefüge für den Westen bestimmend war und sein kann, und weil UN und EU ihre politischen, sozialen und soziologischen Programme nur „ohne" Absolutwerte im Bewußtsein der Völker durchführen können. Mit dieser geschlechtsvariablen gleichgeschalteten Volksmasse kann der politische Apparat alles anstellen, was seinen Zielen dient. Besonders in Deutschland wird diese böse Ideologie von der „Christlichen SU" vorangetrieben, und solange die Menschen nicht enteignet und in ihren Triebbefriedigungen bestätigt werden, akzeptzieren sie jede Form ideologischer und unmoralischer Manipulation und Herrschaft. Für die (noch) volkssouveräne Schweiz muß man sagen: erhaltet euch die Neutralität und ergreift das Instrument des Referendums gegen GM, ansonsten geht es mit eurer Freiheit, Mentalität und Identität schnell bachab, und der Jeremias Gotthelf müsste sich im Grabe schämen!

In dieses Vakuum an Volksidentität, moralischer Orientierung und gesellschaftlicher Auflösung dringt auch die oben schon erwähnte Geistesströmung „NLP" hinein. Die wertneutrale Toleranz der heutigen Gesellschaft erträgt dem Imperativ ihres Zeitgeistes gemäß sehr viel, sie erträgt es gerne, wenn ihre Abgöttereien und pseudoreligiösen humanistischen Lebenseinstellungen auf alle erdenkliche Weise wissenschaftlich oder unwissenschaftlich gestützt werden. NLP ist eines dieser Phänomene. NLP schafft neben seinem Einfluß im Bildungssektor neue Sozialstrukturen bzw. beabsichtigt das durch Großgruppenmanipulation in ländlichen und städtischen Gebieten. Bewährte Strukturen der Volkssouveränität und Demokratie werden untergraben durch ein *aufklärerisch wirkendes „Social Engineering."* Selbsternannte Sozialingenieure treten als neoliberale Verfechter von Deregulierung, Marktliberalisierung und Privatisierung auf, indem sie mit Coaching von Beraterfirmen wie *„kon-sens, flow,* oder dem Verein *Metalogikon" soziolinguistisch,* mit Psychologie geputschte Zukunftswerkstätten *einführen.* Dabei wird Unzufriedenheit mit herkömmlichen Gemeindestrukturen gesät und über Gruppenprozesse erzeugt. *„Zukunftswerkstätten zur Gemeindeentwicklung"* z.B. nennen sich diese spalterischen psychotechnischen Großgruppen-Prozesse, die vorwiegend in Mehrzweckhallen ablaufen. Diese Versanstaltungen sind nicht von planmäßigem Handeln oder demokratischem Verfahren geprägt, sondern von eigenmächtig handelnden Personen, die mit NLP-Phantasien und „Visionen" und mit Psychotechnik (pseudo-linguistisches Programmieren) arbeiten und Menschen dabei bloßstellen, für dumm verkaufen. Mit exotischen Namen wie „World Cafe" oder „open space Technologie" und Gruppensuggestion manipulieren sie gezielt breite Schichten der Bevölkerung. Im europäischen Raum verteilt sind sie ein Angriff auf demokratische Gewaltenteilung und auf das Öffentlichkeitsprinzip schlechthin. Es scheint eine EU-Strategie zur Metropolitanphilosophie zu sein; jedenfalls hat NLP auch staatspolitischen Hintergrund.

Blickwechsel in eine bessere Richtung

Halten Sie eine kleine Münze vor Ihr Auge, und Sie werden die riesige Sonne oder die Berge oder den Ozean nicht mehr sehen. Ich möchte ein wenig das Geschichtsbewusstsein wecken und die Gedanken wegblasen, die uns der Utilitarismus suggeriert, indem ich den Einfluss des EVANGELIUMS vor die Augen stelle. Es soll keiner behaupten, das Evangelium GOTTES hätte keinen positiv wirksamen Einfluss auf die Gesellschaft, Politik und Wirtschaft. Jeder Historiker weiß um die protestantische Arbeitsethik und politische Gewissensbildung. Dort wo das *EVANGELIUM* in reformatorischer Zeit und späteren Erweckungszeiten „in geistlicher Kraft" wirkte, bekehrten sich nicht „nur" Menschen aller Klassen, es „bekehrten" sich auch Systeme, und die Demokratie konnte aufblühen! Das, meine Damen und Herren ist Geschichte! Denken wir an Nordeuropa und Nordamerika. England hätte ohne den gewaltigen Einfluss des Evangeliums durch die Predigten von John Wesley und George Whitefield kaum ein anderes Schicksal erlebt und erleiden müssen, als die Qualen der französischen Revolution. Die Kraft des geglaubten göttlichen Wortes entfaltete sich im Einfluss auf die Werte und die Politik und inspirierte auch wirtschaftliche Reformen, weil die biblischen Absoluta die Voraussetzung in den Grundwerten war. So entstand Freiheit ohne Chaos, sie geschah und geschieht durch Intoleranz gegenüber der Lüge und Gottlosigkeit und Destruktion !

In der Tat, das biblische Christentum war und ist intolerant in vielerlei Hinsicht dadurch dass: A) JESUS CHRISTUS als Sohn GOTTES der ABSOLUTE in Wahrheit und Leben der Gläubigen ist und dadurch auch ihre Lebenskraft und Lebenswirklichkeit; B) CHRISTUS der einzige Weg und das alleinige Heil zum ewigen Leben ist; C) die BIBEL von GOTT inspiriert das einzige Buch erfüllter Prophetie ist und dadurch absolut wahr, authentisch und autoritativ ist; kein Ergebnis der Wissenschaft und Archäologie hat sie je widerlegt, sondern sie wurde und wird durch diese bestätigt!; D) nur CHRISTUS Schöpfer, Erlöser und alleiniger Mittler zwischen GOTT und Menschen ist und nur ER den VATER offenbart! Diese Wahrheiten sind ein Ausschitt aus dem großen Spektrum biblischer Offenbarung, und für Menschen, die gerne Wahrheit der Lüge vorziehen ist biblisches Christentum keineswegs intolerant, sondern befreiend!

Für jene Feinde der Wahrheit jedoch wirkt die Bibel intolerant wie keimtötendes Antiseptikum für eine Wunde; und das muß so sein, denn sonst wäre die Bibel nicht wahr. Schauen Sie, wenn am Morgen die große Sonne die Dämmerung und Nebelschleier durchbricht und die Welt mit Tageslicht überflutet, vertreibt sie sehr intolerant die dunkle Nacht, und wenn Sie ein nötiges Medikament in Ihrer Apotheke abholen, wirkt dieses sehr intolerant gegen Ihre Krankheit. Diese „Intoleranzen" sind lebenserhaltend und bedingend für das *physische* Leben. Die *geistliche* Intoleranz der biblischen Wahrheit war und ist bis dato die Grundverfassung für die Erhaltung der Schöpfung, insbesonders des Menschen geblieben. Von ihr her sind christliche Werte deduziert und demokratische Rechtsstaatlichkeit abgeleitet worden. Von diesen Werten zehren heute noch alle die, welche die Intoleranz der Wahrheit vorziehen; emigriert bitte in kommunistische und islamische Länder, wo diese Werte nicht akzeptiert werden und macht die Augen auf! Vergleicht, denkt nach und schweigt über „christliche Intoleranz." Wenn ihr diese Abgründe ein wenig mit bibelchristlicher Ethik vergleicht, werdet auch ihr vielleicht die Frage stellen, warum gerade der moderne Mensch sich erdreistet, von christlicher Intoleranz zu sprechen!

Schauen Sie, was ist er denn eigentlich, der moderne Mensch? Steht er wir eine Ikone für spätere Generationen da? (falls es die noch gibt), als Typos für Würde, Gerechtigkeit, Integrität und kulturellen Fortschritt, oder eher wie ein Häuflein Elend mit einer Identität, die er gradueller weise in Leistung, Erfolg, Schönheit, Macht und Reichtum, im Konsum- und Digitalrausch und in der spirituellen Wirklichkeits- oder Drogenflucht sucht und so eben immer nur auf der Suche ist? Auf der Suche auch nach religiöser und spiritueller Identität, die ihm die ersehnte Ruhe bringen soll? Wie wird eine nachfolgende Zivilisation auf die vergangene, unsrige blicken?

Lassen Sie uns zwei Gegensätze betrachten: Als JESUS CHRISTUS vor dem römischen Prokurator Pontius Pilatus stand, hatte ER die furchtbar grausame Geißelung hinter Sich! Und Pilatus rief aus: **„Ecce Homo!" – „siehe, der Mensch!"** (vgl. Joh.19). **Hier** stand ein „Mensch" vor ihm, der reine, vollkommene Prototyp von Mensch, wie GOTT sich ihn gedacht und wie ER ihn gewollt hatte: voller Demut, Sanftmut, Liebe, Weisheit, Integrität, Würde, Erbarmen! Pilatus hatte schon viele Menschen vor seinem Richterstuhl gesehen, deren Charaktere die von Schlangen, Wölfen, Hunden, Hyänen und Tigern waren – doch hier stand „der Mensch!" Was ist dagegen der moderne Mensch? Ja, ein Häuflein Elend, ein ausrangiertes Modell, mental abgestumpft, beherrscht von seinen eigenen Trieben, skrupellos und böse, den Machtinstinkten folgend, dem Leben GOTTES völlig entfremdet, geistlich und geistig ruiniert und kaputt!

Der moderne Mensch, meine Damen und Herren ist ein untaugliches Modell für eine bessere Welt; die jetzige ist kein Zukunftsmodell, sondern ein Auslaufmodell. Doch der moderne Mensch hat kein Organ, GOTT, sich selbst und die Welt zu erkennen. Aber er muss einmal, und das wird sehr bald sein, vor dem furchtbaren Tribunal der erhabenen Hoheit JESU CHRISTI erscheinen, dessen Thrones Grundfeste Gerechtigkeit und Recht sind! (vgl. Psalm 89,15). Und in Seinem Gerichtssaal steht nur noch die eine brennende Frage im Raum: auf ewig gerettet oder auf ewig verloren!! Hier zählen keine humanen religiösen Leistungen mehr; hier gilt die Währung des „guten Menschen" und sein „Selbstwert" nichts mehr! Denn es waren und sind Pseudowerte. Hier steht jeder Mensch völlig entblößt und transparent im schrecklichen Lichtglanz des unbestechlichen Gerichtes! Hier gilt nur die Währung „GNADE, BLUT UND GLAUBE! Darum muss unsere brennende Frage *HEUTE* sein: „Wie bekomme ich Sünder Frieden mit GOTT?" Die rettende Antwort steht im Evangelium der BIBEL!

Demokratie ohne die innere Verbindung oder wenigstens das Bewusstsein zur biblischen Divinität entartet!, ist ein leeres Gefäß ohne sittliche Kraft und Zufriedenheit. Die geistige und moralische Armut heutiger Demokratien zeigt sich darin, dass ihr Pluralismus zu einem Dogma geworden ist, welcher das Weglassen göttlicher Leitlinien fordert. Was ist der Wille eines Volkes in einer Volksherrschaft wert, wenn die biblischen Werte verlorengegangen sind und das Wegnehmen dieser Leitlinien widerspruchslos hingenommen wird? Dann ist Demokratie wert(e)los geworden und taumelt mit psychologisierten „Selbstwerten" dahin. Dann bleiben von Freiheit und Recht nur noch die Hülsen und Etiketten übrig. Jörg Swoboda schreibt: *„Mit dem nebulösen Thema „Toleranz" ist das ähnlich, denn in ihrem Namen kann die Freiheit um ihren Sinn gebracht werden. Im Blick auf Abtreibung etwa, machen Politiker im Namen der Demokratie aus Unrecht Recht"*.

Toleranz kommt von *tolerare* (lat.) und heißt im technischen Sinn „zulässige Abweichung", und im moralischen Sinn „Duldsamkeit, ertragen". Unsere Toleranz als Christen ist das Dulden auch im Leiden und das Ertragen von Trübsalen und gottfeindlichen Menschen durch die Gnade GOTTES (vgl.1.Kor.4,12; 13,7; 2.Thess.1,4). Gläubige Christen sind wissende Menschen; sie werden mit ihren Gebeten die Obrigkeit stützen, aber sie werden die biblische Wahrheit nicht verkürzen und den Göttern des Materialismus, der Vernunft, des Humanismus und des Relativismus, der profanen Wissenschaft und der unwissenschaftlichen Psychologie, den Weltreligionen und New-Age-Imitationen nicht dienen und sich auch vor dem goldenen Bild des letzten Antichristus und seinem Propheten nicht beugen! (vgl. Daniel 3,18; Offb.13-14,9). Sie werden ihren Gehorsam gegenüber der politischen Obrigkeit nur dann verweigern, wenn dieser Gehorsam den Ungehorsam gegen GOTTES Wort verlangt (vgl. 2.Mose 1,17; Apg.4,19.20). Es ist nötig und gut, wenn unsere Herzen *JETZT* fest werden in der Gnade und im Wort GOTTES! Denn an JESUS CHRISTUS zu glauben und zugleich dem Antichristus folgen, das wird eben NICHT möglich sein! Wir, die wir JESUS kennen und folgen, wollen in Abhängigkeit von IHM *bleiben*!

New-Age und Charismatik -1

Psychologie und Suggestion

„So spricht der HERR: ICH, Ich bin der HERR, und außer mir gibt es keinen Erretter. Ich habe verkündigt, gerettet und von mir hören lassen....Gibt es einen GOTT außer mir? Nein, es gibt sonst keinen Fels, ich weiß keinen!" (Jes. 43,11.12; 44,8). „Recht und Gerechtigkeit sind die Grundfeste Deines Thrones, Gnade und Wahrheit gehen vor deinem Angesicht her. Dein sind die Himmel, dir gehört auch die Erde, der Erdkreis und was ihn erfüllt; Du hast alles gegründet. Denn der HERR ist ein großer GOTT und ein großer König über alle Götter. Das Lob Deiner großen Güte soll man reichlich fließen lassen, und deine Gerechtigkeit soll man jubelnd rühmen!" *(Psalm 89,15.12; 96,3; 145,7)*

GOTT, den HERRN über alles, passend und angemessen anzubeten und IHN geziemend zu lobpreisen kann nur geschehen, wenn Christen voll des Wortes und des Geistes werden; wir haben dazu die neutestamentliche Aufforderung und Ermunterung in Epheser 5,18.19 und Kolosser 3,16; beide bedingen einander, wobei das Lob dann aus dem Herzen „nach oben" steigt. Wir sprechen noch darüber.

Die Reise nach „innen" (nicht nach oben) ist der Weg der Mystiker. Die Psychologie als wesentlicher Baustein im ganzheitlichen Newage-Denken sieht ebenfalls Kräfte im Unterbewusstsein als Potenzial und schöpferische Kraft an. Psychologie und Parapsychologie sind heute (aufgrund ihrer Hinwendung zur östlichen Mystik) Verbindungsglieder zwischen moderner Naturwissenschaft und dem Okkultismus. Ganzheitliches Denken wird heute von naturwissenschaftlichen Exponenten wie etwa dem österreichischen Physiker Fritjof Capra favorisiert. C.G. Jung war ein „begeisterter" Mystiker und beschrieb Yoga als unbewusste pränatale Ganzheitlichkeit. Das klingt doch schön wissenschaftlich, oder? Nur wissen die meisten aufgeklärten Menschen nicht mehr, dass auf dem wissenschaftlichen Etikett die Inhaltsangabe nicht mehr stimmt, weil im Inhalt wenig oder keine Wissenschaft mehr „drin" ist. Es gibt in der modernen Naturwissenschaft samt ihrem Denkkonzept aus Aufklärung und Revolution eine neue Frontstellung – eine Alchemie des Geistes, einen Tod des Materialismus, und eine Geburt des „wissenschaftlichen" Mystizismus. Das Bewusstsein wird nun als geistige Energie der Gedanken definiert, als das Fundamentale, von dem die Materie nur die Ableitung ist. Das hat mit dem spirituellen Bewusstsein des zwanzigsten und 21. Jahrhundert zu tun. Das herkömmliche Know-how, das „Wie" der Dinge und ihrer Handhabung ist nicht mehr hinreichend im kosmischen Zeitalter einer neuen Weltbetrachtung, sondern es wird dazu fernöstlicher Mystizismus auf die Altäre der Wissenschaft gelegt.

Daraus hat sich eine transpersonale Psychologie entwickelt, wo magische Geisteskräfte unter dem Zylinder des „Unbewussten" aufgestöbert werden und Antwort bringen sollen, was in den Humanwissenschaften deutlich wird. (Es kann uns nicht interessieren, auf die ungezählten psychologischen Systeme einzugehen, die sich untereinander widersprechen). Da auch Psychoanalyse, Psychologie und ihre Therapien im westlichen rationalen Schema nicht die erhofften Resultate bringen (denn unter ihren Anwendungen werden Krankheiten behandelt, die sie selbst erzeugen), geschieht bei diesen die Anleihe zu okkulten östlichen Methoden. Fest steht, dass die Anwendung okkult-psychologischer Methoden im geistig mentalen Bereich des Menschen Manifestationen und Erfahrungen von Kräften hervorbringen, die als Kräfte des Unterbewusstseins definiert werden, die aber Einwirkung von Fremdkräften bzw. personale Fremdwesen (Geister und Dämonen) sind. Die ökologisch orientierte Sicht der Wirklichkeit bei F.Capra wird auf diese Weise keine „Aufwertung" erfahren, das ist gesichert; sie wird in ihren konzentrischen Kreisen sich selbst und andere weiter verwirren und *be*irren.

Psychologie und Psychoanalyse kommen von einer evolutiven Anschaulichkeit her, und jeder weiß, dass sie aus Sünde immer noch eine Krankheit machen, also die Schuldfrage nicht entsorgen können und so nur der Fluchtort für ein anklagendes Gewissen sind. Der „Schuldige" ist „der andere und sind die Umstände" usw. Und so ist die Psychologie auf ihrem Weg nach innen mit ihren vielen Möglichkeiten, die das New-Age-Spektrum bietet, nicht nur maßgebend für Lebensfragen, indem sie dem ausrangierten Modell des natürlichen Menschen noch einen positiven Selbstwert zu geben versucht, sondern auch Wegbereiter einer religiösen und mystischen Pseudowissenschaft und geht mit der evolutionären Fabel einer Höherentwicklung bis zum androiden „Gottmenschen" in ein neues Zeitalter ein, in das New-Age-Wassermann-Zeitalter, das aber das „Endzeit-Zeitalter" und Ende aller illusionären Träume ist und sein wird!

Da moderne Psychologie Recht oder Unrecht relativiert, den Täter als Opfer sieht und den „Selbstwert" des Menschen als seine Rettungsmöglichkeit betrachtet, ist sie ein gefährlicher „Wert" und <u>für das Christentum ein Feind</u>! Denn Psychologie erkennt und anerkennt nicht das „Kreuz im Evangelium", das den Sünder verurteilt und zugleich errettet; sie sieht keine Hilfe, keinen Fortschritt und keine Wahrheit (vermöge ihrer Relativität) im Evangelium – es ist ihr eine Torheit; und sie erfüllt dabei das allzeit gültige biblische Verdikt in 1. Korinther 1,18-25 über sich selbst. Psychologie erforscht und behandelt lieber die Symptome als die Ursachen; sie kennt nur subjektive selektive Wahrnehmung – sie ist eine unbarmherzige Täuschung! Über den „Selbstwert", den Psychologie vom humanen, nicht vom biblischen Maßstab her projiziert, werden wir noch zu sprechen kommen. Hierbei dürfen wir psychologisch-anthropologische Erkenntnisse, die aus dem Wort GOTTES und <u>unter der Leitung des Heiligen Geistes von gläubigen Menschen</u> angewendet werden, von psychoanalytischer (also humanwissenschaftlicher) Therapie unterscheiden.

Eine globale Geistesströmung – leider keine Utopie

Wir haben nun New-Age-Bausteine betrachtet und sehen, wie Moral, Humanismus, Naturalismus, sogar moderne Naturwissenschaft, Evolution, Bildung, Toleranz und Psychologie in das New-Age Gedankengut einbezogen und dadurch katalytisch von Spiritualität geprägt sind – global! Diese unaufhaltsame Geistesströmung hat die Hemisphären der Erde eingenommen, hat die Menschheit erfasst. Der Mensch als westlicher Weltbürger wird vom Kindergarten an bis zum Altenheim der New-Age-Hydra ausgesetzt. Geht er in den Kindergarten, wird er bereits mit der Welt der Kobolde, Elfen und Hexen konfrontiert (Bibi

Blocksberg etc…) und über den Regenbogen kommen die Glücksbärchies (helfende Geister) ins Kinderzimmer. Im Spielzeugladen findet das Kind eine Welt voller dämonischer Spielzeugmonster; geht es dann zur Schule, geht es weiter mit esoterischen Programmen, die bis hinauf ins Gymnasienalter an okkulten und neomarxistischen Elementen zunehmen (denken wir dabei auch an die Gewalt erzeugenden Computerspiele, siehe oben bei „Bildung"). Zu Hause folgt die Fortsetzung per „Homecomputer", Cyberspace und okkulter Fantasiespiele als Einführung in okkulte Welten. Diese okkulte Welle donnert über die gesamte Jugend dahin und soll ihre Gesinnungswelt dämonisch prägen, einnehmen und manipulieren und sie zu Empfängern des Übersinnlichen machen. Schaut er in die Zeitung oder schaltet Radio oder TV ein, kommt ihm überall diese Los-von-GOTT-Geistesströmung entgegen; (die Dauerberieselung erzielt allerdings eine Immunisierung der subjektiven Wahrnehmung und des Gewissens). Macht er einen Management-Kurs oder ein Coaching-Programm, wird er mit Psychologie, NLP, Mental-Training, Prana, Reiki, Kinesiologie, Dianetik oder Bachblüten eingedeckt. Undurchdringlich und unerschöpflich tut sich der esoterische Newage-Dschungel auf und führt in ein Labyrinth, wo der Mensch heimatlos wird und für ihn kein Licht im Fenster steht, wo die Suche nie ein Ende findet und wo er endogen verarmt, samt seinem Portemonnaie.

Der Widerspruch in der Ablehnung des biblischen Glaubens und zugleich in der Öffnung zum fernöstlichen Glauben zeigt sich auch am Beispiel des weltlichen Oberhauptes des Lamaismus, der wie ein Gott verehrt wird. Dass Tibet aber vor dem Einmarsch der Chinesen kein Paradies, sondern eine klerikal feudale Tyrannei im unbarmherzigen Buddhismus war, verschweigt dieser König ohne Reich, dessen Lächeln nicht echt ist und der zwei Gesichter hat: eines für den Westen und eines für seine Untertanen. Aber für New-Age ist er ein Potenzial, und der moderne Mensch wird damit „angereichert." Verkabelt von oben bis unten lebt, besser gesagt „treibt" der moderne Mensch in deterministischer, apathischer, moralischer Unfreiheit dahin. *Das gesellschaftliche „Sein" bestimmt sein* „Bewußtsein"**.** Nur der gläubige Christenmensch hat die geistliche und sittliche Kraft, diesem Unausgesetzt*sein* zu widerstehen, **weil bei ihm sein Bewusstsein das Sein bestimmt!**

Den Bausteinen und „Werkzeugen", die mit Beginn der früheren Neuzeit das biblische Menschenbild mit zunehmender Beschleunigung verzerrt und in das Bild Satans verändert haben wollen, stellen wir folgendes vor Augen: <u>Die göttlichen absoluten unveränderlichen biblischen Wahrheiten und Ansprüche</u>

sind seit Jahrtausenden festgelegt und in den Dokumenten der Bibel niedergeschrieben! Diesen Kanon wird keine Macht in den *Epouraniois* (den Himmeln) und in dieser sterblichen Welt aufbrechen, verändern oder erweitern! Hierin wird uns das göttliche absolute Leitbild des Menschen gezeigt, JESUS CHRISTUS, der alle anderen Wertmaßstäbe umstürzt! Und die moralische menschliche Verantwortung ist in das Gewissen der Menschen hineingeschrieben worden – objektiv und endgültig! *„In Ewigkeit, HERR, steht Dein Wort fest in den Himmeln!" (Psalm 119,89).*

Diese letzten hinter uns liegenden Jahrzehnte sind in der Tat ein riesiger Sog hinein und hinab in eine neue Wendezeit; man spürt das experimentelle Suchen nach einem neuen Weltbild, und es wird der Welt aufgezwungen werden. Aber gerade jetzt in den Zeiten grosser Krisen und zunehmender atomarer Kriegsgefahr (!), wo die politischen Bremsen nicht mehr greifen, wo Ratlosigkeit die Bereiche der Wirtschaft, Politik und Religion erfasst, und **„die Menschen in Ohnmacht sinken werden vor Furcht und Erwartung dessen, was über den Erdkreis kommen soll, da die Kräfte des Himmels erschüttert werden"** (JESUS in Luk.21), indem die apokalyptischen Reiter und die Posaunen- und Zornschalengerichte hereinbrechen, spricht die Offenbarung der Bibel von einem *„weißen Pferd"* mit seinem Reiter, der einen begrenzten Weltfrieden einführt. Und erst nach diesem werden die letzten Gerichtsschläge GOTTES über die Erde kommen und GOTT, der HERR, wird die Meßschnur der Verwüstung und das Senkblei der Verödung über die Nationen spannen! (vgl. Jes.34 repräsentativ für alle Nationen; Jes.13; 24; Hab,2 u.a.) Denn die Prophetien des AT gelten ein zweites Mal und in bestimmungsgemäßer Weise im Raum der Neutestamentlichen Gemeinde und im Raum Israels und der Nationen!

Es wird und kann nur ein *imitierter und künstlicher* Weltfriede sein, ein Friede der humanistischen Welttoleranz – kein christlicher Friede im biblischen Sinn, denn dieser geht immer zuerst und zuletzt von GOTT aus. Zu diesem künstlichen Frieden braucht es den charismatischen „Peacemaker" als Friedensbringer, der durch die Entwicklungen, die wir oben angezeigt haben eine weltweite Akzeptanz erfährt. Ich habe bereits die Bedeutung der Farbe des Pferdes angesprochen. Weiß kennen wir vom Weißen Haus, aber auch vom Kleid des Papstes. Das weiße Pferd repräsentiert sowohl eine Geistesmacht wie auch das eintretende Ereignis einer geschichtlichen Entwicklung wie auch eine Persönlichkeit. „Weltfriede" bedingt religiös-politische Bündnispartnerschaft. Die religiöse Macht wird sich vorübergehend mit der politischen Macht verbinden. *„Ohne universalen Religionsfrieden keinen Weltfrieden"* (Hans Küng). Um das Logo der Vereinten Nationen (UN) sind die Symbole der Weltreligionen zu sehen, und der Gedanke der UNO ist eine freimaurerische Schöpfung und Geistesströmung.

Szenarische Skizzen zur religiösen und politischen Seite

Die Zeiten der Geschwätze und frommen Phrasen sind vorbei; klar ist, dass Schwätzer und Phrasenredner trotzdem nicht den Mund halten werden, um ihre Hilflosigkeit zu übertünchen, aber GOTTES Gerichtsschläge klopfen immer lauter an die Welttüren! Es gibt keine befriedigenden Erklärungen von Expertisen – es herrscht Ratlosigkeit auf politischem, wirtschaftlichem und religiösem Gebiet! Geschrieben steht: **„Und es werden Zeichen geschehen an Sonne und Mond und Sternen, und auf Erden Angst der Heidenvölker vor Ratlosigkeit bei dem Tosen des Meeres und der Wogen, da die Menschen in Ohnmacht sinken werden vor Furcht und Erwartung dessen, was über den Erdkreis kommen soll“** (Lukas 21,25.26). Und wiederum: **„Der HERR macht den Ratschluss der Heiden zunichte, Er vereitelt die Gedanken der Völker. Der Ratschluss des HERRN bleibt ewig bestehen, die Gedanken Seines Herzens von Geschlecht zu Geschlecht“** (Psalm 33,10+11).

Zur religiösen Seite und Entwicklung ist zu sagen, dass religiöser Friede *humaner* Friede ist, ein sehr relatives Konstrukt, bedingt nicht durch feindesliebende Menschen, sondern durch gegenseitige Angst der Abschreckung. Den Friedensbeteuerungen der Politiker glaubt kein Mensch, weil sie Bluff sind, darum sind zuerst die Kirchen gefordert, wie das aus der europäischen *Charta Öcumenica* hervorgeht. Diese Verfassungsurkunde verbindet politische Menschenrechte mit religiöser Toleranz im Versöhnungswerk von Kirchen, Kulturen, Völkern und Religionen, wobei die *Konferenz Europäischer Kirchen (KEK)* die Verpflichtung haben, den *europäischen* Kontinent zur Einheit (= „Frieden“) zu führen. Dabei müssen allgemein akzeptable Werte und christlicher Glaube als eine Kraft neben anderen Kräften in ein humanes *„Gleichwertigkeitsgefüge“* im moralischen, soziologischen und religiösen Sinn gebracht werden.

Hier wird die Ökumene von Newage-Friedenssehnsüchten große gesellschaftliche Unterstützung finden, denn beide Strömungen glauben an das *Gute im Menschen*, dem man mit humaner, religiöser und übersinnlicher (esoterischer) Hilfe begegnen soll; sie glauben nicht an das *böse Herz* und die verdorbene Sündennatur des Menschen, der Erlösung braucht, wie es in der Bibel geschrieben steht. Es geht also mit ökumenischen Kräften in einem weiten spirituellen Sammelbecken in Richtung religiös-politischen Frieden. Durch die charismatischen Kräfte, den universalen interreligiösen Dialog und die Forcierung durch die Vereinten Nationen ist die Ökumene heute die größte global-religiös-humane Kraft durch Instrumentalisierung der Kirchen und *deren* Kontrolle unter der röm.-katholischen Kirche. Über die „glatten Lippen" der Ökumene werden wir noch sprechen; ihre falsche Friedensbotschaft jedenfalls ist ein starkes weißes Pferd; oder wie man vergleichend sagen kann „ein weißes Lamm mit Drachennatur!" (vgl. Offb.13,11).

New-Age-Charismatik – imitiertes Christentum

Die *sanfte* New-Age-Verführung ist eine gezielte *Verschwörung*, die durch suggestive Bewusstseinsveränderung die „Erfahrung" übersinnlicher Kräfte in die Mitte des Christentums stellt. So wird das „geschriebene Wort der Heiligen Schrift" relativiert und verdrängt, und so wird auch der psychologische, spirituelle und tolerante Anteil von Newage in der „Charismatischen Erneuerungsbewegung" sichtbar. Alle bisherigen ökumenischen Strömungen wie „christliche, abrahamitische und adamitische Ökumene", sowie die Pfingstbewegung und Charismatische Geistesströmung haben in den Synkretismus (Vermischung) von religiösem Heidentum und Politik geführt, auch wenn es in diesen Bewegungen wirkliche Christen gibt, die in vieler Hinsicht eine hingegebene und gesegnete Arbeit getan haben. Dennoch sind bei den Manifestationen und dem Verständnis von Charismen die Dinge aus dem Ruder gelaufen, die Segel sind in die falsche Richtung gesetzt, und das pfingstlich-charismatische „Vergnügungsschiff" fährt heute im Zeichen von New-Age mit psychologischer Täuschung und esoterischen Irrgeistern beladen dahin. Das „Amen, es steht geschrieben" wurde längst zum *begeisterten „Wow, lasst uns zusammen feiern, was wir erfahren und erleben, lasst uns lustig und fröhlich sein"* umgetauft. Welch ein counterfeit!, wenn der Himmel nicht mitfeiert und die himmlischen Heerscharen in dieses Geplärr und Hip-Hop, Pop, Rap oder gar Rock-Spektakel nicht einstimmen, sondern sich erschaudernd abwenden! Denn sie stehen in unmittelbarer, heiliger und furchtbarer Gegenwart GOTTES!

Ich weiß sehr wohl von solchen leitenden Männern (ich denke z.B. an Reinhold Ulonska, den früheren Präses der PFB), die die Pfingstbewegung (wenigstens im deutschen Sprachraum) noch als *Geist-und-Wort*-Begabte mitsteuern konnten und zur Nüchternheit und zum Wort der Bibel riefen. Sie mussten warnen vor dem esoterischen New-Age-Einfluss. Dort wo sie noch echte Charismen hatten, befinden sich heute weite Teile der Pfingst- und charismatischen Bewegung im allgemeinen New-Age-Sumpfgebiet, in das auch die Neo-Evangelikalen hineinsteuern.

Die Endausgestaltung dieser Verführung geschieht im Geiste Laodizeas, der letzten christlichen Erscheinungsform auf Erden, einer **morphosis** *(äußere Form der Scheinfrömmigkeit)* ohne die bedingende Kraft und Innewohnung des Geistes GOTTES! (Offb.3,14-22; 2.Tim. 3,5). Es ist ein ohnmächtig vermischtes System, das sich inmitten der okkult beherrschten Welt darstellt. Das bei Laodizea gebrauchte **„Ausspeien"** (griech. *emeo*) jedoch hat im (ingressiven) Sinn der verwendeten Zeitform des griechischen Aorist noch die bewusste Möglichkeit der *UMKEHR* offen gelassen! Denn *SEINE GÜTE* ist so groß! Sie leitet zur Umkehr. Dann ist es auch die Erscheinung vorgetäuschter Macht falschen Prophetentums und falscher Messiasse im humanen Christentum der Anpassung und Toleranz (Matth.24,11.12.24). Und es ist der letzte große Abfall *(apostasie)* vor dem Erscheinen des letzten Antichristus (2.Thess.2,3; 2.Tim. 3,5; Tit. 5.6.7.11).

Zur **politischen** Seite und Entwicklung ist zu sagen, dass es die Idee des Liberalismus mit seinen geschichtlichen Stationen durch die Revolutionen ist, wo er sich besonders im Humanismus und Freimaurertum ein „weißes" Gewand anlegte. Dieses humanistische weiße Pferd war siegreich schon in der Etablierung des von GOTT gelösten neuen Menschenbildes seit der Renaissance. Ich zitiere den französischen Freimaurer J. Mitterand, der sagte: *„Den Menschen auf den Thron zu heben anstelle GOTTES, wenn das die Sünde Luzifers ist, dann begehen alle Humanisten seit der Renaissance diese Sünde".* Die *weißen Eliten*, die diese Welt im Dunklen führen, werden nicht in den Medien kommentiert, es sind die mächtigsten Rohstoffmagnaten und Lenker der Weltfinanz und in mächtigen Gruppen wie Bilderberger, Council on Foreign Relations (CFR) oder Trilaterale Kommission vertreten. Sie sind die Lenker der US-Notenbank *Federal Reserve* System (Fed) durch Privatbanken wie JP Morgan Chase & Co, Citigroup, die Bank of Amerika.

Durch die heutige obsessive Globalisierung mit ihren internationalen Verträgen werden Demokratien entmachtet, Mitbestimmungen bürgerlicher Souveränität von höheren Zweckbestimmungen absorbiert, Europarechte ersetzen Verfassungsrechte von EU-Mitgliedsstaaten, Entscheidungen werden zentralisiert und der Weg der Zwangsliberalisierung führt in die Humandiktatur. Es ist bald vorbei mit der „demokratischen Freiheit" im Westen; Aufstände und Anarchie über Europa und den USA sind geplant und führen zur „One-World!

Reinhold Schneider sagte: *„Europa wird christlich sein, oder es wird nicht sein!"* Klarer Fall! Die Göttin Europa, die in der griechischen Sage von Zeus in Stiergestalt entführt wird, steht für ein vom christlichen Glauben abgefallenes Europa; was wird es dann sein, moslemisch? Schon möglich, denn die Stiergestalt im Europäischen Parlament von Straßburg hat Halbmondhörner, und ein solcher kläglicher Überrest an Protestantismus in deutschsprachigen Ländern Europas hat dem fundamentalen Islam nichts Wesentliches entgegenzusetzen – es sei denn, aus „christlich" sein wird wieder „fundamentales Christsein!" Dann kann Europa noch einmal, ein letztes Mal (!) für eine letzte Ernte erwachen! Amen.

Europa kann und wird nicht mehr das sein, was es einmal war im bahnbrechenden, sittlichen und wirtschaftsfördernden Einfluß biblisch angewandeter Werte auf die Gesellschaft im 18. 19. und 20. Jahrhundert. Europa hat seine Identität verloren, und der unsichere Euro bringt diese nicht zurück. Man hat Europa *künstliche* Werte gegeben, für die niemand sterben will! Es ist nur noch eine Zweckgemeinschaft ohne Identität und tieferen Sinn, gesteuert und kontrolliert aus den Parlamenten in Brüssel und Straßburg, die dem babylonisch-zentralistischen Turm-System nachgebaut sind. Und in Berlin dominiert dazu der Pergamusaltar, der historische Thron des Satans. Ironischer weise gibt es in Straßburg in einer Kirche eine Wandmalerei aus dem 13. Jahrhundert, das die europäischen Länder als Reiter darstellt mit den Fahnen ihrer Länder. Sie reiten auf das Kreuz JESU CHRISTI zu, unter dem zu lesen ist: **„O Kreuz, du einzige Hoffnung!"** *DAS* ist die Botschaft an den Europarat, aber zuerst an das „christliche" Abendland!

Während das Europäische Haus sein EU-Zentral-Gehirn vervollständigt und seine Mitgliedsländer politisch immer mehr entmachtet werden, die spirituellen Kräfte eines humanen Christentums jedoch immer mehr an Macht gewinnen (im Sinne der europäischen Charta Oecumenica und im Sinne der universal-humanistischen Weltreligion), drohen große Gefahren im Nahen und Mittleren Osten! Diese werden nicht auf herkömmliche politische Weise gelöst. *„Die iranische Bedrohung durch die Atombombe erschüttert die Stabilität der Welt"*, sagte Dennis Avi Lipkin, ehemaliger Pressesprecher der israelischen Armee. Israel wird **nicht zulassen,** das Iran die A-Bombe hat! Israels Atommacht wird handeln! Und der Schutzschild Amerikas für Israel? GOTT Selbst kann diesen beseitigen, wenn Israel weiter auf militärische Bündnissse vertraut und sollte Amerika weiter Seinen Zorn herausfordern, denn es ist tiefer gefallen als Sodom und Gomorra! Russlands Atomraketen sind auf Amerika gerichtet…! Amerika! Zurück zu GOTT, hin zur Busse! Wie schnell können deine Lichter verlöschen! Denn wie der Blitz kann Unheil aus dem Norden über dich kommen!

Weiters gibt es im Siegeszug des galoppierenden Antichristentums die Evolutionstheorie und die liberale Theologie, die Befreiung von Moralvorstellungen in der Abtreibung, Euthanasie und Homosexualität, die Auflösung der Ehen, den Gender-Mainstream, die Toleranz etc. Zeitgeschichtlich und metaphorisch auf das Haupt gedrückt wurde dem ersten apokalyptischen Reiter sein Lorbeerkranz unter Mitwirkung der UNO, dieser staatlichen Zweckverbindung zur Wahrung des Weltfriedens im Hinblick auf die „One World" (neue Weltordnung), deren Lorbeerkranz die ganze Welt umspannt. *Religiös* tätig im Sinne ihres *Weltfriedensprogrammes* wurde die UNO schon 1975 mit einem in New York stattgefundenen „*Spirituellen* Gipfeltreffen".

Und jetzt müssen wir noch die betreffenden in Frage kommenden **Personen** in diesem Endzeitdrama ansprechen. Beginnen wir auch hier mit der **religiösen** Seite. Der jetzige Papst Benedikt XVI. gab im Januar 2008 in seiner Botschaft zum Weltfriedenstag eine allgemeine Erklärung, in der er die ganze Menschheit als *„Menschheitsfamilie"* bezeichnet und die Menschenrechte als einen großen Schritt zum Weltfrieden. Die Mutter der Menschheitsfamilie sei – semper eadam – die katholische Maria. Diese Botschaft ist nichts Neues unter der Sonne, es ist eine päpstliche, keine biblische Botschaft; „*semper eadem*" (immer dieselbe). Sie enthält kein Salz, sondern ist Spreu im Stall humanistisch-religiöser Diktatur. Als Papst tut sich Josef Ratzinger schwer mit der Spiritualität der charismatischen Erneuerung in seiner Kirche und auch außerhalb dieser. Er, der Erzkonservative – und anders kann sein augustinisches Selbstverständnis der römischen Kirche nie sein – geht den Weg der Religionsphilosophie und Theologie und möchte christlich abendländisches Denken über den Modernismus und Relativismus stellen. Der historische Kurs muss für ihn und seine Kirche „Glaube und Erfahrung, Vernunft und Transzendentalphilosophie" unterwerfen. Öffnungen hin zum Protestantismus oder zu charismatischen Erneuerungen sind nur ein „roter Teppich" auf den Weg zurück nach Rom. Wie schon sein Vorgänger führt er die Linie des Tridentinums (Tridentinisches Konzil 1545-1563 sicherte Vorrang des Papsttums) und des 2.vatikanischen Konzils (1962-65 mit seinen über einhundert Verdammungsurteilen gegen Andersgläubige und der Verwerfung der Authentizität und Autorität der Bibel) als „Papst" unbeirrt weiter, auch wenn ihm als „Mensch" Fehler unterlaufen.

Ich fragte einmal einen mir bekannten messianischen Juden, der zur Zeit von

US-Präsident Ronald Reagan Gebets-Frühstücke im Weißen Haus durchführte, warum der damalige Verteidigungsminister in einer damaligen Situation eine so unsinnige Entscheidung getroffen habe, worauf er mit einer sinngemäßen Aussage des Präsidenten antwortete: *„menschliche Entscheidungen sind in den seltensten Fällen identisch mit politischen Entscheidungen; es kommt nicht oft das Wünschbare als Ergebnis zustande"*. Nun, auch der Vatikan macht Fehler, und auf dem Papstthron sitzt nur ein Mensch, kein „Gott", und dieser Mensch ist fehlbar, auch in seinen durchdachten „menschlichen" Entscheidungen. Denn so einfach, wie manche denken, sind Regierungen nicht zu führen. Dem Relativismus kann man nicht so leicht entfliehen, auch ein *Mensch* auf dem Papstthron nicht, denn dort sitzt eben kein Gott. Darum sollte man es Eminenzen Ratzinger & Co. nicht allzu sehr nachtragen, wenn sie zwar den Relativismus verurteilen, selbst aber in ihm schweben und sich aus kirchenpolitischen Gründen nicht von ihm verabschieden.

Weniger durch persönliche Fehler, sondern abgestimmt auf einer breiten Basis war das Statement von Papst Benedikt zum G8-Gipfel Anfang Juli 2009, worin er in seiner Enzyklika „Caritas in veritate" (Die Liebe in der Wahrheit) die Schaffung einer politischen „Weltautorität" zur wirtschaftlichen Steuerung und Friedenssicherung forderte. In der Ausführung wäre dies eine militärisch-politische Allianz unter Führung einer Weltelite. Schlagen Sie einmal Offenbarung 13 in der Bibel auf und lesen Sie ab Vers 11-16; wir sehen hier exakte Abläufe religiös-politischer Konstellationen. Das politische Pendant dazu wäre die Erklärung des langjährigen Vizesekretärs der Vereinten Nationen, des Esoterikers und Newage-Anhängers Robert Müllers: *„Mein Traum ist es, eine riesige Allianz zwischen allen Hauptreligionen dieser Welt und den Vereinten Nationen aufzubauen."* (The Criminalization of Christianity, S.94). Er erwähnte dabei die „verdammten Christen und Fundamentalisten" als das einzige Hindernis auf sein Ziel hin.

Bei all der „christlichen Freundlichkeit des christlichen Papstes" (er präsentiert sie auch telegen und medienwirksam) muss für Menschen, die an die biblische Offenbarung glauben klar sein, ob ihr Name **im Lebensbuch des Geschlachteten Lammes steht** (Offenbarung 13,8). Denn das *andere christliche Lamm* mit der Wolfsnatur und dem Drachenmaul als Kopfbedeckung wird bald Beugung und Anbetung erzwingen (Offenb.13,11f). Niemand kann die Wiege selbst bestimmen, in die er als Kind hineingelegt wird. Aber jedes entscheidungsfähige Individuum muss seinen Weg und seine geistige Identität finden und wird dafür verantwortlich vor GOTT. Und so wie ein Moslem für seine ewige Errettung zu dem biblischen CHRISTUS kommen muss, so muss das auch ein Hindu oder Buddhist oder Katholik. Dieser CHRISTUS JESUS, als das für alle gültige Opferlamm lässt keine zwei Wege zu (Matth.7,13). ER steht nicht eloquent neben anderen Religionen. ER steht als HERR, CYRIOS und Haupt über allen anderen! (Kol.1,16.17; Hebr.1,3), als Regent über alle Mächte und Gewalten (Kol.1,10; Eph.1,21)! **IHM sind sie unterworfen** (1.Petr.3,22)!

Das menschlich Humane und Religiöse verblasst vor IHM, wird zu Asche vor Seinem furchtbaren Glanz heiliger Auferstehungsherrlichkeit! Zwar ließ Er Sich in Menschengestalt herab und um „unseretwillen" durch die Hand der Religion und weltlichen Politik kreuzigen! ER ist danach in Seiner Auferstehung von den Toten wieder zur Machtfülle des Sohnes GOTTES erhoben worden und sitzt nun zur Rechten der Majestät in der Höhe auf dem Thron Seines Vaters, ausgestattet mit aller Macht im Himmel und auf Erden (Matth.28), **„damit in dem Namen JESU jedes Knie sich beuge, der Himmlischen und Irdischen und Unterirdischen, und jede Zunge bekenne, dass JESUS CHRISTUS HERR ist, zur Ehre des VATERS."** (Phil.2,10.11). Amen.

Irdische Vorrangstellungen

Dem Katholizismus ging es seit dem installierten Papsttum- und Thron um religiös-politische Vorrangstellung in der Welt. Nun kämpft aber der Islam auch um die Weltherrschaft (es handelt sich hierbei um den wahren Islam, der sich keiner Herrschaftsform unterwirft, nicht um den modifizierten moderaten Wohnzimmer-Islam des Westens; auch über diesen realen Islam habe ich in einem Forum schon 2006 geschrieben). Die politischen Weltmächte wollen diese Weltherrschaft auch. Und jetzt gibt es noch dazu die Mentalität schaffende und Weltanschauung erzeugende Kraft der New-Age-Geistesströmung, die man als religiöse Ideologie bezeichnen muss. Katholizismus und Islam haben keine neu zu erzeugende Weltanschauung in ihren Systemen, da liegt alles fest gemauert in Lehren, Traditionen und Dogmen. Die ältere und ursprünglichere religiöse Tradition ist dabei zweifellos die der römisch-katholischen Kirche, auch wenn ihre Sukzession *(petrinisch-apostolische Rechtsnachfolge)* anachronistisch und unhistorisch und eine infame Lüge ist. Der Islam wird seine endzeitliche zugemessene „prophetische" Rolle spielen, aber er wird nicht das „Antichristentum" präsentieren, denn er ist und war nie eine „christliche Religion", auch wenn er sich von der biblischen Gestalt Abrahams ableitet. Denn die biblische Geschlechts- und Heilslinie läuft über Abrahams Sohn Isaak zu Jakob und den zwölf Stämmen Israels und von dort über David zum MESCHIACH, dem CHRISTUS! Die Linie Ismaels als Abrahams Sohn verläuft als Nebenlinie und wird nach der Zeit König Davids nicht mehr erwähnt.

Eine kleine Zäsur: Die geistliche Nachkommenschaft Israels als Verheißungslinie geht nach der Bibel über Isaak: **„Denn nicht alle, die von Israel abstammen, sind Israel; auch sind nicht alle, weil sie Abrahams Same sind, schon Kinder, sondern nur in Isaak soll dir ein Same berufen werden.“** (Röm.9,7; vgl.1.Mo.21,12). Hier nimmt der Apostel Paulus eine natürliche und eine geistliche Trennung vor. Die natürliche (leibliche) betrifft die natürliche Nachkommenschaft Abrahams aus Ismael und Issak; Ismael verläuft, obwohl auch gesegnet, in eine Nebenlinie während Isaak von GOTT bestimmungsgemäß in die Segenslinie berufen wurde (vgl. 1.Mo.21; Gal.4,21ff). Von Isaak kommen Jakob und die zwölf Stämme Israels, und Jakobs Söhne werden in der Bibel Söhne Israels genannt. Als natürliche, nationale Erfüllung der Verheißung auf Davids Dynastie im Tausendjährigen Reich (Millenium) und als Volk in GOTTES Eigentum wird Israel *„laos“* genannt, und die Nationen *„ethnos.“* Ismaels Charakter wird in 1.Mose 16,12 als *„wilder Mensch“* bezeichnet, und die orientalischen Wüstenstämme der Ismaeliten waren Feinde Israels, wie es bis heute im Nahostkonflikt deutlich wird. (Im Geschlechtsregister nach Matthäus 1 kann man die Verheißungs- und Segenslinie sehr klar sehen).

Die geistliche Trennung bezieht sich im inneren Verhältnis Israels zu GOTT; es gibt eine natürliche (genuine) Abstammung wie auch eine geistliche (pneumatische) Gotteskindschaft; beide sind nicht dasselbe, und schon Nikodemus als Lehrer Israels verstand das nicht (vgl.Joh.3 – Gespräch mit JESUS). Der Apostel Paulus hat diese Unterscheidung sehr deutlich herausgestellt in Römer 9 und Galater 4, indem er die nationalen Verheißungen an Israel „nur“ den leiblichen Nachkommen Isaaks zuschreibt. (Die anderen Kinder Abrahams von Hagar und Ketura stammen nicht von Isaak ab). Die geistlichen Verheißungen aber gelten innerhalb Israels nicht allen Kindern Abrahams und Isaaks, sondern die **„welche aus Glauben sind, gesegnet mit dem gläubigen Abraham.“** (Gal.3,4). Hier geht es um eine Gotteskindschaft *aus dem Geist* (vgl.Hesek. 36; Jerem.31; Joh.3,5+6 und Römer 4). Es geht hier um Höheres als „nur“ um leibliche, nationale Nachkommenschaft Isaaks, um Kult und Tradition und Blutsverwandschaft. Hier wird die geistliche Nachkommenschaft Abrahams angesprochen, die nur durch eine „Neue geistliche Geburt“ stattfindet „durch den Glauben!“ (vgl.Gal.3+4). Und in diesem Aspekt dient der Ausdruck „Israel“ als das Israel GOTTES (nach Gal.6,16) zur Unterscheidung zwischen den säkularen und den messianischen Juden; Letztere sind im Neutestamentlichen Sinne dann „Christen.“

Aber nochmals zurück zum Pontifex in Rom. Das Papsttum ist als solches auch ein entscheidender Machtfaktor in den diversen oligarhisch gelenkten interaktiven Geheimbünden, denn die ökumenische und ökologische und soziale Ausrichtung eines humanen „Christentums" ist die Doktrin einer „*Bruderschaft aller Menschen*"; (ein Slogan der Weltfreimaurerei). So muss man bei diesem oder einem folgenden Papst nicht nur fragen, was er tut; man sollte besser fragen, was er nicht tut. Er ist nicht gegen das Konzil von Trient (1545-1563), sondern bestätigt es wie schon Papst Paul II und spricht so die Verdammungsurteile weiter über alle Nichtkatholiken aus; er ist ferner nicht gegen die historisch-kritische Theologie, oder gegen die psychoanalytische und feministische Theologie. Auch wenn er selbst konservativ katholisch bleiben wird (denn ohne die röm.-katholischen Dogmen, Traditionen und Sakramente gibt es keine römische psycho-Machtkirche), ist er nicht gegen die ökumenische und charismatische Bewegung, für die der Vatikan längst einflussreiche Bischöfe und Kardinäle eingesetzt hat, die diese Bewegungen unter den „Segen des Papstes und der Fürsprache Marias" brachten und die sich im Rahmen der katholischen Dogmen entwickeln. Und so entwickelt sich der protestantisch-evangelikale und freikirchliche Teil des Christentums in Richtung Rom, auch der Islam und Buddhismus und Taoismus samt allen anderen Religionsformen wird dort noch Platz finden. (Am Universalismus aller Menschen und Religionen, der das Ziel der letzten Form der Ökumene ist, ist die UNO ebenfalls stark beteiligt).

Ist das weiße Pferd nun das Papsttum schlechthin oder repräsentiert es die politische Macht des Weißen Hauses oder beides? Und wer ist der Reiter? Nein, wir müssen nicht spekulieren, und ich will kein falscher Prophet sein, der Trugschlüsse redet. Jedenfalls sind diese beiden Systeme, Politik und Religion und ihre leitenden Personen typologische Gestalten auf Kommendes hin, und wir werden noch weitere Kennzeichen betrachten. Der große Abfall vor dem Wiederkommen des HERRN (parousie) hat begonnen und ist gekennzeichnet durch ein humanes Christentum der Anpassung und Toleranz. Dies zeigt sich deutlichst in der Entwicklung der Ökumene, deren Haupt Papst und Vatikan sind, und unter dieser katholischen Zwangsführung wird heute New-Age-pantheismus und Evolution begrüßt. Diese und andere charismatisch und heidnisch-spirituelle Elemente sind Handreichungen der römischen Kirche für die Einheitsbestrebungen zu den anderen Weltreligionen. Die interreligiösen Dialoge und die charismatischen Erneuerungsbewegungen sind dabei die Bindeglieder zu den protestantischen Kirchen und Gemeinschaften.

„...und ich sah eine Frau auf einem scharlachroten Tier sitzen..." (Offenb. 17,3). Tiere haben in den biblischen Schriften Daniels oder in der Offenbarung stets den symbolischen Ausdruck für politische Staatssysteme, und die

„Frau als Typologie" deutet jeweils auf ein religiöses System hin. Wenn sie als Hure bezeichnet wird, ist die Typologie Synkretismus (Vermischung) und religiöse Prostitution. Damit steht fest, dass das weiße Pferd sowohl die kommende staatsreligiöse Macht sein wird und sein Reiter ein religionspolitischer Führer. Diese Macht wird religiös beherrscht, aber politisch-wirtschaftlich tätig sein; es wird zwei Führungsgestalten (politisch, religiös) geben und beide Führer werden wie die dazukommende dritte Gestalt des falschen Propheten religiös-charismatisch gesteuerte Personen sein. Religion und Staat mit dämonisch humaner Prägung werden eine gewisse kurze Zeit in einer direkten Wechselbeziehung sein, bis Offenbarung 17 geschieht – der Untergang Babylons.

Es ist nicht unsere Aufgabe, den Antichristen zu identifizieren; man wird es wissen, wenn er da ist. Unser Blick muss fest auf JESUS CHRISTUS und Seine Verheißung gerichtet sein: **„Wenn aber dies anfängt zu geschehen, so richtet euch auf und erhebt eure Häupter, weil eure Erlösung naht"** (Luk.21) **„Euer Herz erschrecke nicht! Glaubt an GOTT und glaubt an mich! Im Hause meines Vaters sind viele Wohnungen...Ich gehe hin, um euch eine Stätte zu bereiten. Und wenn ich hingehe und euch eine Stätte bereite, so komme ich wieder und werde euch zu mir nehmen, damit auch ihr seid, wo ich bin"** (Joh.14)

Was ich bisher aufgezeigt habe, ist eine nüchterne Reigenfolge im geistgeschichtlichen Verlauf der Epochen seit Anfang der frühen Neuzeit. Da der Fürst dieses Äons und dieser Welt der Satan ist, wurde möglichst alles, was noch nachreformatorische Wirkungen zeigte in sein Reich hinabgetrunken (mit Ausnahme derer, die ihre Knie vor Baal nicht beugen)! Die geistlichen Strömungen nun, die wir bisher betrachtet haben, führen ganz gezielt und damit *zwangs*läufig in eine übersinnlich dämonisierte Welt, und New-Age hat sich bestens dafür bewährt. Im Einflussbereich dieser Mentalität „müssen und wollen" Menschen die endzeitliche Führungsgestalt eines „Weltpräsidenten oder Weltcharismatikers" auch in Diktatorgestalt annehmen, denn die New-Age-Trimmung zielt hin auf „Mythos, Identifikation und Vergottung" – also Götzendienst pur! Ein kurzer religiös-politischer Weltfriede wird kommen, erzwungen durch entsprechende weltbedrohende und weltpolitische Geschehnisse. Wenn dieser falsche Bündnisfriede gefeiert werden wird, kommt über Nacht Grauen und Verderben wie bei Belsazars Orgie, und sie werden nicht entfliehen!

Wir kommen zur politischen Person. Zur Zeit ist die Weltpolitik in schwerer Seenot; Krieg steht bevor! Der zweite Weltkrieg wurde durch den Abwurf der

Atombombe beendet. Heute käme es zum atomaren Schlagabtausch zwischen Atommächten, weil man mit einem „begrenzten“ nuklearen Einsatz kalkuliert. Regierungen bereiten sich auf das Chaos sozialer Krisen vor, bedingt durch Massenarbeitslosigkeit, Einkommensverluste, Nahrungsmittelknappheit und Revolten. Ein nächster Finanz-GAU in USA und Europa steht bevor. Angesichts der eskalierenden Krisen sprach Hans-Dietrich Genscher (ehemaliger deutscher Außenminister) im August 2008 von einer „neuen Weltordnung, einer globalen Kooperation auf der Grundlage von Gleichberechtigung und Ebenbürtigkeit der Völker und Staaten.“ Henry Kissinger (ehemaliger Außenminister der USA und Freimaurer) sagte im US-Sender CNBC, Obamas Aufgabe sei es *„in diesem Zeitraum, in dem wirklich eine neue Weltordnung geschaffen werden kann, eine* übergreifende *Strategie für Amerika zu entwerfen.“* Die globalen Krisen werden also als Chance gesehen, sogar als Voraussetzung, die neue Welteinheit zu erreichen.

Politiker und Medien reden immer öfter von Weltwährung und Weltregierung. „One World“ hat man schon von *Busch Senior* oft gehört. Vielen Staaten, auch den USA droht der Bankrott, die Staatspleite. Und obwohl es ein offenes Geheimnis ist, dass die Inflationspolitik der USA seit Alan Greenspan einen künstlichen Absturz herbeiführen *mußte* und im Falle des Staatsbankrotts zugunsten einer Währungsreform keine US-Schulden mehr da sind, hofft man auf eine Erholung des Dollars. Das kann man nur, weil die Menschen lieber den Irrtum vergöttern als unangenehme Wahrheiten zu akzeptieren. Und dasselbe Prinzip der Inflationspolitik und der Ignorierung bis zum Endcrash gilt auch für Schuldnerländer in Europa, wenn die Forderungen ihrer Gläubiger die Binnenwirtschaft und den Handel verunmöglichen und zerstören!

Aphorismen

Die riesige unkontrollierbare Schuldenwelle hat den europäischen Kontinent erfasst und bringt hier die Länder in die wirtschaftliche und finanzielle Notlage! Staatsfinanzen und Budgets gehen aufgrund von nahezu grenzenlosen Ausgaben (Konjunkturpakete, Schuldenzinsen) immer mehr in ihre IWF-Schuldenfalle. Der Kapitalismus erwürgt den Materialismus, während dieser meint, mit dem Kapitalismus noch zu spielen. Die Schulden zwingen zu höheren Steuern, die wiederum Investitionen und Wertschöpfung verringern. Außerdem werden laufend Staatseinnahmen für Schuldzinsen verwendet; inflatorisches Geld wird für den Ankauf der Staatsschulden gebraucht – die Märkte der Euroländer kollabieren, die Kreditfinanzierungen dienen nicht mehr der öffentlichen Haushaltsdeckung, sondern zur Finanzierung der Tilgungs- und Zinsausgaben. Dadurch fehlt nicht nur das Geld für Infrastrukturen, Gesundheits- und Bildungswesen; es muß und wird logischerweise in den letzten Zusammenbruch führen! Der

IWF als internationaler Währungsfonds und autonome Sonderorganisation der UNO stellt die Schuldnerländer mit den Rücken zur Wand und zwingt sie im Deal mit der EU durch Abschnürungsmaßnahmen („Sparmaßnahmen") in ihren wirtschaftlichen Ruin und finanziellen Bankrott! Er weist europ. Länder an, private Schulden durch Staatsanleihen zu ersetzen, ihre öffentlichen Ausgaben zu streichen, ihre Löhne zu stoppen und die Ersparnisse der Bevölkerung aufzubrauchen – zugleich aber ihre Steuern zu erhöhen! Beispiele sind Lettland, Island und Griechenland, und es werden weitere hinzukommen. Die unter Repressalien geduckten eurpäischen Politiker verlieren das Gefühl für Wert- Geld- und Rechtsstabilität ihrer Bürger und plündern sie weiter aus für Geldpakete, die alte Schulden in neue verwandeln und nirgends etwa den Staatsdefiziten dienen, sondern nur den Banken! (Derzeitige Rettungsfonds bestehen auch wieder nur durch Staatsschulden und finanzierten Schulden). Hier ist nicht nur das Kapital außer Rand und Band, sondern ursächlich die Gier jener Menschen einer kleinen Elite, die sich nicht den Regeln der menschlichen Gemeinschaft unterwerfen will, sondern neue „schafft!"

Diese diktatorischen Maßnahmen verunmöglichen jegliche Binnenwirtschaft und monetäre Wertschöpfung und zwingen die Staaten in die Abhängigkeit der EU-Mitgliedschaft. Das werden sich nicht alle Länder gefallen lassen wollen. Die Ziele des IWF in der Überwachung des internationalen Währungssystems und in der Schaffung eines multilateralen (richtiger „multinationalen") Zahlungssystems werden wohl in das neue, letzte Weltwährungssystem führen, (indem die Regierungen der EU-Staaten ihrem Schulden-Desaster durch eine verzweifelte, Wertevernichtende Inflationspolitik entfliehen?!). Jedenfalls, der unvorstellbare Schuldenberg aller Nationen, den die US-Ratingagentur Fitch Ratings bis 2011 auf 51,5 „Billionen" Dollar einstuft wird auf herkömmlichen Weg nie mehr abgetragen werde können; die Frage für das westliche Finanzsystem ist nicht „ob", sondern „wann" es endgültig zusammenbricht. Aus aktuellsten Anlässen fahre ich aphoristisch fort:

Gier – Geld – Euro – und EU

Es steht geschrieben: **„Das sollst du aber wissen, dass in den letzten Tagen schlimme Zeiten eintreten werden. Denn die Menschen werden selbstsüchtig sein, geldgierig, prahlerisch, überheblich, Lästerer…."** (aus 2.Tim.3). Schon *diese* aktuelle Beschreibung unserer heutigen Zeit beweist die Wahrheit biblischer Inspiration ebenso wie folgende: **„Sie verlassen sich auf ihr Vermögen und prahlen mit ihrem großen Reichtum. Nur um Nichtigkeit machen sie so viel Lärm! Der Mensch häuft auf und weiß nicht, wer es einsammeln wird."** (aus Psalm 49+39).

Diese furchtbare Geldgier und Hybris, dieses „Böse" zeigt den Habitus nicht nur einiger Bankmanager, sondern einer ganzen Gesellschaft auf, und es zeigt ihre Entfernung von GOTT! Es heißt ja oben **„denn die Menschen…“** In 1.Timotheus 6,10 steht dazu: **„Denn die Geldgier ist eine Wurzel alles Bösen.“** Das *Böse* (griech. *kakos*) bezeichnet die böse Natur jedes Menschen. Aus seiner bösen Wurzel (der ererbten Sünde) kommt das Übel, das sich je ungehemmter zeigt, je mehr moralische Schranken sich ihm entgegenstellen. Geldliebe ist nur eine, aber besonders giftige Eigenschaft dieser sündhaften menschlichen Natur; Geldliebe (griech. *philargyria*) bezeichnet Geldgier und Liebe zum Geld als zu einem „Wesen“, dem man existenziell vertraut. Es bezeichnet genau das große allgemeine Manko im biederen Bürgertum, das sich in der Bereicherung derer, die dazu die Mittel und Möglichkeiten haben nur reflektiert. Es ist *die Begierde*, die den Menschen dazu treibt, seinen Besitz krampfhaft zusammenzuhalten und zu vermehren. So dienen die Menschen dem Geld, dem Mammon; nur bei wenigen Ausnahmen gilt die umgekehrte Reihenfolge. Irdischer Reichtum ist noch kein Wohl-stand; es wird einem nicht wohl bei diesem Stand, weil er ein Getränk ist, das immer mehr Durst macht.

„Mammon“ (griech. *mamonas*) ist das umfassende Wort für Besitz jeder Art, Verdienst und Gewinn und materiellem Wert und involviert graduell alle Menschen, denn auch die Besitzlosen wollen „besitzen.“ Das Statussymbol der modernen Gesellschaft ist doch das „Haben“ nicht das „Sein.“ Kaum einer ist zufrieden mit dem, was er hat, sondern man ist unzufrieden wegen dem, was man nicht hat. Wer neidet seinem Nächsten nicht das schönere Auto, das höhere Einkommen, das größere Haus, den längeren Urlaub, den gehobeneren Lebensstil bis hin zur begehrenswerten Frau? Und wer, bitteschön, von den Kritikern der ungerechten Bankmanager würde nicht selbst ach so gern der Sucht erliegen und einen Koffer voller Geldscheine als Tantiemen und Bonies entgegennehmen? *„Ich nicht“* monieren viele ehrliche Bürger aus latentem Neid und gehen hin, ihre Lotto- und Totoscheine auszufüllen. Nein nein, das Wesen des Geldes ist eine Macht, eine inkubatible (krankheitserregende) Macht, der man erliegt – es sei denn,…es sei denn *WAS?* Es sei denn, der „WERT“ und die Macht des Geldes unterliegen freiwilligen sittlichen höheren Werten und Normen! Jeder Mensch trifft die Entscheidung, *WEM* er dient.

In Matthäus 6,24 sagt der HERR: **„Niemand kann zwei Herren dienen, denn entweder wird er den einen hassen und den anderen lieben, oder er wird dem einen anhängen und den anderen verachten. Ihr könnt nicht GOTT dienen und dem Mammon!“** In Lukas 6,20 spricht ER:**“Glückselig seid ihr Armen, denn das Reich GOTTES ist euer!“** Die Armen sind hier sowohl die im Bewusstsein ihrer Schuld und Unwürdigkeit vor GOTT zerbrochenen Herzen wie auch die Menschen, die der Versuchung zum Mammon widerstehen. **„Habt acht und hütet euch vor der Habsucht! Denn niemandes Leben hängt vom Überfluß ab, den er an Gütern hat." „Ist nicht das Leben mehr als die Nahrung und der Leib mehr als die Kleidung?"** (Luk.12,15; Matth.6,25). In der Tat kann uns die Gier um das Himmelreich bringen, wenn unser gefallenes Herz bei unseren kleinen oder großen Schätzen ist und nicht reich ist in GOTT; darum sprach der HERR: **„Wie schwer werden die Reichen ins Reich GOTTES hineinkommen!" (Luk.18,24). „Aber wehe euch, ihr Reichen, denn ihr habt euren Lohn schon empfangen!"** (Luk.6,24). Es geht um unser Verhältnis zum monetären oder materiellem Besitz (Mammon); ob damals in der antiken Welt, oder heute im materialistischen Zeitalter. Jedenfalls, wenn wir unsere Abhängigkeit von GOTT erkennen und im Geiste sind, werden uns die materiellen äusseren Dinge nichts Wesentliches bedeuten. Wir werden frei von Geldliebe sein und uns mit dem Vorhandenen begnügen (vgl.1.Tim.6,8; Hebr.13,5). Du kannst viel oder wenig haben – entscheidend wird sein, wo „dein Herz ist!" **„Denn wo euer Schatz ist, da wird auch euer Herz sein."** (Luk.12,34).

Kommen wir nochmals auf die Wurzel des Bösen zu sprechen. Da gab es in den USA als Antwort auf die Terroranschläge des Word Trade Center folgendes nüchternes Statement: *„Wir haben GOTT gesagt, dass ER aus unseren Schulen, Regierungen und unserem Leben verschwinden soll – kein Gebet in den Schulen; keine Züchtigung unserer Kinder (weil sie sonst Persönlichkeitsschäden erleiden könnten); unseren Töchtern erlaubten wir Abtreibungen (Morde); dann überzeugten uns Pädagogen von Verhütungsmittel (Kondome) für unsere Jungen; Regierungsbeamte sagten uns, dass es völlig unbedeutend sei, was wir im Privaten tun, solange wir nur unsere gewerbliche Arbeit machen und die Wirtschaft gut „funktioniert"; wir legalisierten Pornographie und nannten es gesunde Bewunderung des weiblichen Körpers; wir liesen es zu bis zu den Exzessen der Kinderpornographie; so wurden immer mehr Bücher, Filme und Musik verbreitet, die zu Vergewaltigungen, Drogen, Selbstmord, Satanismus aufrufen und zu Kontakten mit übernatürlichen, überirdischen finsteren Mächten – das alles sei ja nur Spaß und hätte keine schlechten Folgen." (Ende des gekürzten Statements).*

Es hatte und *HAT* aber Folgen! Das Gesetz von Saat und Ernte sagt: was der Mensch sät, das wird er ernten! In diesem Statement oben wird die Gottlosigkeit angesprochen, der Bruch mit den Moralgesetzen und Geboten GOTTES – und dann trifft Zusammenbruch die Völker! Denn geschrieben steht: **„Denn Du bist nicht ein Gott, dem Gesetzlosigkeit gefällt; wer böse ist, darf nicht bei**

Dir wohnen....und das Zelt der Gottlosen wird nicht mehr sein! ....Wehe dem Gottlosen! Ihm geht es schlecht...Und Ich werde an der Erde ihre Bosheit heimsuchen und an den Gottlosen ihre Schuld; und Ich werde die Prahlerei der Übermütigen zum Schweigen bringen und den Hochmut der Gewaltigen erniedrigen!" (Psalm 5,5; Hiob 8,22b; Jes.3,11+13,11). Wenn Menschen, wenn Völker der frevelhaften Vermessenheit und dem Wahn verfallen, die Wahrheit GOTTES mit der Lüge vertauschen und das Geschöpf und die Götzen (Mammon und Materialismus) verehren anstatt den SCHÖPFER, wählen sie die Selbstzerstörung und die Gerichtsruten und den Gerichtswein des Zornes GOTTES!

Was hat das alles mit der EU zu tun? Wer angesichts der Hilflosigkeit der globalen Finanzkrise nur „stabiles Geld" und „sichere wirtschaftliche Grundlagen" als Lösung anprangert, denkt zuwenig mit und kann mit diesen humanistischen Forderungen nicht aus dem Kreislauf des Niedergangs aussteigen. Denn die Entwertung des Geldes bringt zwar den Zerfall von Demokratien und Marktwirtschaften herbei, ist aber nicht die Ursache der Krise. Wenn ganz Europa inclusive die USA sich so drastisch von den Moralgeboten GOTTES abwendet und sittlich entscheidungsunfähige Politiker durch Geldschuldenpolitik das Finanzsystem ihrer Länder eliminieren, dann IST das zuerst die Folge ihrer Gottlosigkeit, welche Menschen verblendet und dumm macht – und erst in zweiter Linie die Folge elitärer Interessen globaler Hochfinanz, die ihren One-World-Tempel auf den Ruinen zerstörter herkömmlicher Ordnungen aufbaut!

Und die Öffentlichkeit? Nein, die Öffentlichkeit wird aufgrund ihrer hedonistischen und materialistischen Selbstsucht nicht mitmachen, um den Euro oder eine andere Währung zu „erhalten" oder zu retten, solange sie selbst nicht zum Anker der moralischen Gebote zurückfindet, zu einem sittlichen Gewissen, und solange das politische System (wie immer es sich ausartet) ihr noch ein Maß an Wohlstand und ein Gefühl von Selbstwert lässt. *SO* sieht die materialistische Philosophie des aufgeklärten Bürgers im 21. Jahrhundert aus; er ist selbst ein Gefangener der Begierden, die das humanistische System in den Untergang treibt! Und solange er nur mit Human Resources im verfinsterten paralysierten Verstand die zerstörte Stabilität und Infrastruktur des „Geldes" sieht und retten will, wird der Fluch auch auf diesem seinen Tun bleiben und er selbst Opfer seines Götzen werden (vgl.Jerem.17,5.6).

„Ihre Götzen stehen mit Schanden und ihre Götter sind zerschmettert!" (Jeremia 50)

Weltwährungsreform, Weltwährung und Weltregierung werden kommen; hier braucht man nicht Prophet zu sein. Das kann *vor* oder *nach* einem großen, aber begrenzten atomaren Krieg geschehen. Aber auch das ist „planmäßig“ im Risiko der Ereignisse, dass der Plan des *global*-Liberalismus weitergehen muss, bis er sein Ziel erreicht, auch und gerade durch nationale und globale Krisen hindurch. Artikel 21 (Ziele der Europäischen Union), Abschnitt H besagt: *„Das Ziel ist es, „eine Weltordnung zu fördern, die auf einer verstärkten multilateralen Zusammenarbeit und einer verantwortungsvollen Weltordnungspolitik beruht.“* Gotthold Ephraim Lessing, Freimaurer der Hamburger Loge, schrieb: *„…dass es letztlich darum geht, alle politischen, nationalen, religiösen und sozialen Schranken zwischen den Menschen weltweit zu beseitigen“.* Der Weltplan der Freimaurer und ihrer Bünde ist eine demokratische, globale Herrschaftsform zu errichten, die zugleich auch Welthumanismus und Religion ist, die „Religion des Geistes“.

Dieser kommenden Herrschaftsform mit einer neuen Weltwährung und einem künstlichen, diktatorischen Weltfrieden wird der Weltpräsident vorstehen, ein „gemachter Messias“, ausgerüstet mit der Vollmacht Satans (vgl.Offb.13). Er wird den Lorbeerkranz eines Peacemakers, eines Friedensbringers tragen, weil weltpolitische, wirtschaftliche und religiöse Interessen ihm diese Macht übertragen (vgl. Offb.17,12). Er wird auch ein wirtschaftlicher und politischer Führer sein, doch mit religiösem demokratischen Charisma. Bankenwesen und Handel werden fest in seiner Hand sein. Er wird das politische Oberhaupt einer globalen „Gesellschaft“ sein.

Als sich 1995 in San Franzisko zum ersten Mal hunderte politische, wirtschaftliche und religiöse Führer zu einem jährlich geplanten Weltforum versammelten, waren das Zeichen auf die kommende globale Zentralregierung hin. Ziel dieses ersten Weltforums war, die erste globale Zivilisation aufzurichten mit den Inhalten einer gemeinsamen Sprache und der Vereinigung aller Religionen. Hautnah erleben wir es heute, wie nationale Interessen zugunsten einer Einheitsregierung zurückgestellt werden. Bald wird es ein zentrales globales Kontrollsystem geben und ein zentrales Weltparlament inclusive Währungsreform und zentrales Bankenwesen – lesen Sie Offenbarung 13+14!

„Yes we can“ – sorry „yes we need!“

Barack Hussein Obama, den ich eingangs erwähnte, ist eine starke visionäre und charismatische Gestalt, ein Typos des gemachten Weltpräsidenten; in gewisser Weise war er schon im Wahlkampf zum Mythos gemacht worden. „*Yes we can*" war und ist ein Identifikationsbedürfnis der Masse, die gemeinsam stark sein will und einem „Führer" gern ihr Vertrauen und einen Teil ihrer Selbstverantwortung abgibt. Wenn da noch die große Angst vor der Zukunft dazu kommt, wird aus einem politischen Führer ein „Messias", auf den die Menschen ihre Hoffnungen setzen. Aber was bei Obama „Messiasbedürfnis und Wahl der Masse" war, wird bei der Einsetzung des Antichristen „die Wahl Satans persönlich" sein.

Es gibt bis jetzt so etwas wie eine Vergottung dieses *Epos*-Präsidenten Obama, die aber schrecklich umschlagen kann und wird, sollte er die Massen *ent*täuscht haben. Das könnte bereits der Fall sein, wenn Amerika entdeckt, dass Obama ein Diener des Islam ist, einer Macht, die Amerika verflucht. Obama, dessen Vater sunnitischer Moslem aus Kenia war, ist ein Muslim und stellt sich auch politisch dazu, beispielsweise wenn er eine Koalition von sunnitischen Ländern gegen die Schiiten im Iran anstrebt. Deutlich wird seine islamische Favoritenrolle unter anderem darin, dass er als erster Präsident auf einer Nahost-Reise Israel nicht besuchte, sondern in Saudi Arabien und Ägypten höchste Auszeichnungen empfing; er wurde auch dort „gemacht" zum Pharao und Hoffnungsträger der Moslems, und Obama drängt mit aller Kraft um eine Annäherung der USA an den Islam. Das wird auch deutlich in einer vom weißen Haus veröffentlichten Erklärung zum islamischen Ramadan (Fastenmonat), in der Obama eine Grußbotschaft an 1,5 Milliarden Muslime versendet. Er würdigte den Islam mit den Worten: *„Der Islam war immer ein Teil Amerikas."* Inzwischen hat er durch Zugeständnisse an Israel die Moslems enttäuscht, aber Obama ist Politiker sowie Taktiker, und er trifft seine Entscheidungen nicht allein.

Im Moment ist Obama noch populärer als seine Politik; aber was bedeuten hier Momente. Grosse Zeitungen nannten ihn den kommenden Weltpräsidenten. Ob er es ist oder sein Nachfolger, ist nicht die wichtigste Frage. Man muss auch hier kein Prophet sein um zu wissen, dass seine Rolle von seinem Verhalten zu Israel abhängt, denn dort wird der siebenjährige Friedensplan- oder Vertrag als „Bündnis" geschlossen werden, und zwar vom Antichristen persönlich. Dazu braucht man nur die Danielischen Prophezeiungen zu lesen. Der Antichrist ist nicht der Fokus wahrer Christen. Wir warten auf CHRISTUS! ER kann jederzeit in unsere Welt hereinbrechen und Sein Volk herausholen, und ER sagt **„Wachet und betet!" „Denn der Sohn des Menschen kommt zu einer Stunde, da ihr es nicht meint." (Matth.24,44).**

Wahlkampfstrategen in Amerika präparieren ihren Präsidenten auf elektronische Weise, und das Publikum sieht einen smarten, warmherzigen, heiteren Menschen, den man mögen muss. Ein bekannter Medienfachmann sagte, dass Politik „nur zu einem ganz kleinen Teil eine Sache des Verstandes" sei. Entsprechend gewinnt eine Wahl nicht derjenige, der Probleme lösen kann, sondern der, welcher den besseren äusseren Eindruck, das bessere Image hat. Präsident Barack Obama nützt seine Empathie und Sympathiepunkte natürlich medienwirksam aus, denn in den USA gibt es fließende Grenzen zwischen Politik und Unterhaltung, und er kann im Fernsehen bessere *PR* betreiben als von Washington aus. Allerdings ist das politische Programm, das Präsident Obama kurz nach seiner Vereidigung in Gang brachte, alles andere als christlich. Er setzt sich für ein Grundsatzurteil ein, das Spätabtreibung erlaubt; er ist progressiv für Homosexualität und für Stammzellenforschung; in der Familienpolitik gibt es keine „hervorragenden" Verbesserungen; er will für Homo-Ehen die gleichen Rechte wie für heterogene Ehen, und er will die „Gleichberechtigung" für Lesben, Bisexuelle, Transsexuelle und Schwule. In seiner Gesundheitsreform spricht er sich für die Kürzung von Ansprüchen an geistig Behinderte aus und wertet das menschliche Leben erst nach dem dritten Schwangerschaftsmonat als lebenswert! Die Maskerade des Obama fällt schnell, und er zeigt in seinem antichristlichen Vorgehen schon jetzt die Züge eines Tieres, denn er hatte sich bereits als Senator für den Mord an Menschen im Mutterleib ausgesprochen, wobei er grauenvollste Mordprozeduren befürwortete. Möglich ist, dass Obama bei alledem und was noch kommen wird, nicht der Stimme seines Gewissens folgt, sondern der Stimme jener mächtigen Geheimbünde, die ihn aufgebaut haben und ihre Ziele verfolgen. Das wird niemand besser beweisen und sagen können außer er selbst.

Als Mensch mag er ein „smarter Kerl" sein und sogar ein liebender Vater, aber als Idol ist er in der anthropomorphen Rolle des „Helden", und als solcher auch noch Befehlsempfänger höherer Interessen. Es wird eine riesige Zerreissprobe für ihn, den Mr. Cool sein, die ihn hoffentlich noch in die Arme *DESSEN* treibt, der am Kreuz von Golgatha gestorben ist! Herr Obama! Kennen Sie IHN?! Amerika, kennst du IHN?! Ich meine nicht euren projizierten Gesellschafts-christus, mit dem ihr tun könnt was ihr wollt und der gerade gut genug ist, euren Wohlstand zu sichern. Ich rede vom SOHN GOTTES, der einst im Bewusstsein und Herzen vieler Amerikaner anwesend war. Heute beginnt ihr zu spüren, dass ihr Götzen mit IHM vertauscht habt, und ihr müsst den Kelch trinken und ausschlürfen, den Kelch des Leidens, ihr müsst ihn zitternd aus *SEINER* Hand entgegennehmen, der die Nationen heimsucht und sie Erkenntnis lehrt und jedem vergilt nach seinem Tun! **„Nur ein Hauch sind die Menschen-**

söhne, Lüge die Herrensöhne. Auf der Waagschale steigen sie empor, sie sind allesamt leichter als ein Hauch“. (Psalm 62,10). Die Zuchtruten haben ihr Werk begonnen; der Glaube an das Machbare wird erschüttert; das Zittern beginnt; der Demütige möge sich bergen bei IHM. **„Denn ein Becher ist in der Hand des HERRN, schäumender Wein……Ja, seine Hefen müssen schlürfen alle Gottlosen der Erde“** (Psalm 75,9). *Dieser* Wein ist nicht aromatisch – er bedeutet Gericht, das die Nationen taumeln lässt! **„Einmal rede Ich über ein Volk oder ein Königreich, dass Ich es ausrotten, verderben und zugrunderichten will; wenn aber jenes Volk, über das Ich geredet habe, von seiner Bosheit umkehrt, dann reut mich das Unheil, das Ich über sie zu bringen dachte.“** (Jerem.18,7.8). Das ist die sehr klare Sprache GOTTES für eine reuevolle Haltung. **„Denn Du rettest das elende (hilfsbedürftige) Volk und erniedrigst die stolzen Augen.“** (Psalm 18,28).

Ja, Demut und Glaube bringt Rettung! Doch das Lächeln Barack Obamas ist genauso unecht wie das des Dalei Lama, und seine Phrasen am 24.07.08 vor der Berliner Siegessäule, wo er sich als „brüderlicher Weltbürger“ bezeichnete und aufforderte *„Die Bürde der Weltbürgerschaft müsse die Menschheit zusammenschweissen“*, verraten seine freimaurerische Identität (die auch sein Vorgänger Busch hatte). Denn diese Slogans sind Freimaurerslogans. Ob die oben genannte Aussage von Ronald Reagan auch auf die politischen Entscheidungen Obamas zutrifft, wird er selbst am besten wissen.

So gibt es nicht nur eine politisch „weiße“ Seite, sondern auch eine „schwarze“, und dasselbe gilt für Papst und Vatikan. Und darin sehen wir die IMITATION, weil das „weiß“ nur die getünchte Farbe ist. Man könnte das Weiße Haus ohne Zögern schwarz anmahlen und dem Papst einen schwarzen Rock anziehen, es wäre kein Irrtum und würde nur ihrem Charakter entsprechen und ihre wahre Geschichte bestätigen!! Aber dem HERRN JESUS sei Dank, denn Seine Stunde wird bald und sehr schnell kommen **„Ehe noch eure Töpfe heiß werden vom Dornfeuer, wird er sie hinwegfegen, sei es roh, sei es in Gluthitze“** (Psalm 58,10). Wir sehen, wie die oben genannten Entwicklungen in der Gesellschaft einem politischen Führer die Legitimation geben, auf dem Teibsand von New-Age-Elementen sein gottloses Programm zu bauen und durchzusetzen. Bei einem Abraham Lincoln wäre das noch nicht gelungen, und ihm wäre das ohnehin ein Greuel gewesen. Obamas erste Vereidigung musste ja wegen eines Sprechfehlers des obersten Richters der USA, John Roberts ein zweites mal wiederholt werden, und bei dieser zweiten Vereidigung schwor Obama nicht mehr mit seiner Hand auf Lincolns Bibel; Obama hatte seine Bibel vergessen, hieß es.

Auch dieser würdelose „Lapsus" zeigt die Verblendung und Ignoranz der Massen und Politiker, die sich von Imitationen betören und verschlingen lassen.

Ein Dollar - Schein

Die „neue Welt, die One World Ordnung" entsteht mit einem planetarischen Bewusstsein zu einem System mit neuen Denk-, Wert- und Verhaltensmustern, die im Sinne der Vernunftreligion durchgesetzt werden müssen. Internationale Freimaurerei mit ihren weltpolitischen Größen und religiösen Führern samt den mächtigsten Geheimbünden sind Träger der Grundideologie zur Schaffung einer neuen Weltordnung und Welttoleranz. Diese kosmokratorische Einheitsidee findet ihren Ausdruck plastisch auf jeder US-Ein-Dollar-Note. Dort steht unter der Pyramide die Aufschrift „Novus ordo seculorum" (= neue Weltordnung). Die Pyramide ist mit dem Auge Luzifers gekrönt. Bekanntlich waren bei der Gründung der UNO freimaurerische Politiker maßgeblich beteiligt. Die Pyramide links und der Kreis rechts tragen Zeichen freimaurerischer Sprachsymbolik. Das freistehende ONE weist mit der nebenstehenden Pyramide auf die „One World" hin. Diese gemauerte Pyramide im gezirkelten Kreis ist oben abgestumpft; darüber schwebt ein Dreieck mit dem allseitig sehenden Auge. Auf beiden Seiten des Auges stehen die Worte „Annuit Coeptis", was heisst „Er hat dem Begonnenen wohlwollend zugenickt". Unterhalb der Pyramide steht Novus Ordo Seclorum – „Neue Ordnung der Welt". Die Pyramide ist aus dreizehn Steinen gemauert (Obamas Ehefrau trug bei den Festlichkeiten nach der Vereidigung ihres Mannes dreizehn Armreifen); auf der untersten Stufe steht die Jahreszahl der Gründung Amerikas 1776, dies war auch das Gründungsdatum des Illuminatenordens, dessen erklärtes Ziel die Weltherrschaft ist; die Dollarpyramide wird als Illuminatensiegel bezeichnet. Präsident Roosevelt, Hochgradfreimaurer des 32. Grades hat im Jahr 1933 dieses Symbol auf die Dollarnote setzen lassen. Der rechte Kreis hat in der Mitte einen Adler mit neun Schwanzfedern. (Die Zahlen und Symbole sind wichtige Erkennungszeichen der Freimaurerei, und wie immer die neue Weltwährung aussehen oder heissen mag, dieses Symbol des Kreises mit dem Adler wird wohl bleiben). Vor der Brust trägt der Adler einen Schild mit 13 Streifen, und in der linken Kralle 13 Pfeile, in der rechten einen 13-blättrigen Ölzweig. Über dem Kopf des Adlers schwebt ein Kranz aus 13 winzigen Pentagrammen, die ein Hexagramm bilden, den Judenstern. Das Geldkapital war und ist in der Weltfreimaurerei der alles beherrschende Götze (auch vertreten durch die mächtigsten Rohstoffmagnaten und Grossbankiers, zu denen auch die Rothschilds gehören, welche Juden sind). Die Pyramide auf der Dollarnote zeigt die 13 Stufen vom profanen Humanismus bis hinauf zum „Rat der 13" auf der zwölften Stufe. Auf der 13ten klafft eine Lücke, die anzunehmender weise die Stufe des Antichristen ist bzw. sein wird.

Die Dollarnote besteht aus freimaurerischen Symbolen; das wissen nicht nur die Insider. Die internationale Freimaurerei (Fm) als humanistische Ideologie will die Schaffung einer neuen Weltordnung und Welttoleranz. Die Idee des Welteinheitsstaates, die politische, wirtschaftliche und religiöse Vereinigung der Menschen durch Auflösung nationaler Souveränitäten durch überstaatliche Vereinigungen wie die der UNO sind die Ideale und Kontrollinstanzen. Schon der Gründer der Paneuropa-Bewegung und Vater der EG, der österreichische Diplomat und Fm. R.Nikolaus Graf C.Kalergi wusste um die Strategie nationalistischer Kriege und ethnischer Konflikte, welche aus Angst und Notwendigkeit zu einem Ergebnis hinführen, eine multikulturelle Gesellschaft (Weltbruderschaft) mit einem Weltparlament zu schaffen. Daraus erwächst durch die monetäre Weltbruderschaft der Freimaurerelite die geplante Einheitszivilisation, geboren aus Erschütterungen politischer und religiöser Angst, welche schliesslich Thron und Altar zusammenbringt als „die Religion dieses Fm.- Weltvereinigungsgeistes."

Wenn der US-Dollar bis zur neuen Weltwährung- und Regierung noch existieren darf, dann deswegen, weil die überstaatliche Körperschaft für eine monetäre neue Weltordnung noch „in Arbeit" ist; sie ist im Entstehen. Vom Dollar-Crash und vom Verlust des US-Status „wirtschaftliche Supermacht der Welt" wurde in den Medien schon gesprochen, vom Verlust des Status „politische und militärische Supermacht" bisher noch nicht.... Aber wenn nur noch die Vereinten europäischen Nationen den Status „One-World-government" und „One-World-religion" beanspruchen, braucht es keine autarken Supermächte mehr – kann es keine mehr geben, und das könnte bedeuten.....?!

Es ist schicksalhafte Dummheit, zu denken, dass Volksvernichtung im Sinne von Weltwirtschafts- und Weltpolitikinteressen unmöglich bzw. undenkbar sind. Gab es diese Weltkonflikte nicht schon irgendwann? Wer hat diese wohl finanziert?, z.B. den zweiten Weltkrieg? Etwa der kleine gefreite und unadelige A. Hitler mit seiner Proletariatspartei? Da waren ganz andere Mächtige am Werk – die Pharmaindustrie der USA und Europas sowie der mächtigste Money Trust amerikanischer Banker und Lenker der Hochfinanz wollten und planten ihren Weltmarkt, und wie der Kuchen nach dem Krieg aufgeteilt werden soll, wenn Europa und Russland gegenseitig ausbluten. Es waren jene Bankiersdynastien Amerikas im Range Rockefeller und Rothschild und anderer Industrien, die schon die bolschewistische Revolution von New York, London und Paris aus unterstützen und lenkten – die den Kapitalismus als Ambos und den Kommunismus als Hammer gebrauchten. Die ehemalige UdSSR wurde nicht in Petrograd oder in Moskau, sondern in den USA geschaffen (und von dort aus kontrolliert)!

Die Hegemonie Amerikas steht auf dem Spiel, sie ist im „Spieleinsatz"; nicht nur der Dollar soll und muß weichen sogar im Sinne dieser Noch-Weltwährung. Doch wie die Macht der USA einst Russland zur UdSSR lenkte und das Dritte Reich Hitlers finanzierte und es inszenierte, dass beide Mächte sich durch einen Weltkrieg gegenseitig zerstören für eine Auferstehung Amerikas, so könnte diesmal der völlig andere, vielleicht umgekehrte Fall eintreten; die Rollen von Hammer und Ambos könn(t)en als Waffen bleiben, aber die Rolle der Mächte könnten tauschen. Hören Sie zu: Wenn Völker hingeopfert wurden und werden im Kriegsprofitinteresse von Supermächt(ig)en; wenn die grausame römisch-Kath. Inquisition und wenn der furchtbare Genozid des jüdischen Holocaust möglich war; wenn ein amerikanischer Präsident wie John F. Kennedy und sein Bruder vor den Augen der Öffentlichkeit von einer wirtschaftspolitischen und kriegsverherrlichenden Elite hingemordet wurden und dies durch Medienkontrolle bis dato suggestiv verschleiert werden kann; wenn Abtreibungsmorde an ungeborenen „UNGESCHÜTZTEN" Menschen per Zerstückelung möglich *SIND;* wenn eine Milliarde Menschen permanent unterernährt sind und alle fünf Sekunden (!) ein Kind unter zehn Jahren an Hunger stirbt und Jean Ziegler im Hinblick zur kannibalischen Weltordnung zu Recht sagt*: „Es gibt keine Fatalität! Ein Kind, das* heute *an Hunger stirbt, wird ermordet!" Und* wenn Millionen Menschen allein in Europa wegen pharmazeutischen Volkskrankheit schaffenden Investmentgeschäften jährlich sterben – und das Gewissen der Menschheit sich nicht mit Empörung erfüllt und NIEMAND aufschreit über all das, *WAS* ist dann noch nicht-möglich?!? Hypnose und Apathie haben die Massen mental total gelähmt! **„...und daher arbeiten die Völker vergebens und die Nationen mühen sich für das Feuer ab...Zusammenbruch trifft die Völker alle!"** (vgl. Jerem.51,5; Hab.2,13; Zeph.1,18).

Für die Einen „Verherrlichung", für die anderen.....!?

Die wahren Gläubigen in Nordamerika haben einen Feuertod nicht zu fürchten! Ihr seid in jedem Augenblick in GOTTES Hand, der gesagt hat: **„...und die Flamme wird dich nicht versengen!"** Es geht hierin nicht um die leibliche Bewahrung, sondern um die personale, geistige und seelische Existenz! Sowohl im Alten- wie im Neuen Testament ist den Gottesfürchtigen die Verheißunmg gegeben, dass keine Macht sie aus GOTTES Händen reißt und *kein Tod* ihren Seelen etwas anhaben kann! Denn Ihr seid in demselben Augenblick bei dem HERRN! Dem Rest der Amerikaner lege ich dringendst ans Herz, die noch geschenkte Gnadenzeit nicht zu versäumen und sich von ganzem Herzen zu JESUS CHRISTUS zu wenden! **„Wendet euch zu mir, spricht der HERR, so werdet ihr gerettet; denn ICH bin GOTT und keiner sonst!"** (In Jesaja 45)

Die Uwissenden mögen unter den Tisch kriechen, es wird sie nicht retten. Die Endausprägung des freimaurerischen Liberalismus und seiner Ideologie ist der diktatorische, unbarmerzig kalte Humanismus inmitten universaler demokratischer Gleichheit, unter Herrschaft der Religion des Geistes ohne konfessionelle Grenzen. Aber der durch Hybris blockierte Geist der Freimaurer lässt sie nicht begreifen, dass SÜNDE nicht „nur" böse Taten sind, sondern böses „Sein". Und der HERR spricht: **„Wenn Mein Zeitpunkt gekommen ist, werde ICH gerecht richten!" (Ps. 75,3)**

„....und der darauf saß, hatte einen Bogen; und es wurde ihm eine Krone gegeben..." (Offb.6,2). Der kommende Friedensbringer (durch Bündnisse und Machtübernahme der ihm zufallenden Allianzen) wird nach seiner Etablierung (hierfür stehen der 13-blättrige Olivenzweig) die Pfeile abschießen. Die Zahl 13 nach biblischer Bedeutung ist „Empörung, Vernichtung, Revolution", die Zahl „1" (= vollkommene Einheit), und die „3" (= in diesem Zusammenhang „ das Tier, falscher Prophet und Antichrist"); beide ergeben wieder „13". Schließen wir diese szenarischen Erläuterungen mit einem wunderbaren Wort in der biblischen Verheißung: **„Denen, die DICH fürchten, hast DU ein Signal gegeben, dass sie fliehen können vor dem Bogen" Psalm 60,6. „Und sie haben ihn überwunden wegen des Blutes des Lammes und wegen des Wortes ihres Zeugnisses, und sie haben ihr Leben nicht geliebt bis zum Tod!" (Offenbarung 12)**

„...kann, was Asche ist genesen? Zu den Toten fährt das Tote,
sei es noch so schön gewesen."

New-Age, was für eine universale Täuschung und Imitation! Auch für die, welche das Gewissen mit wohlmeinenden (humanen) Motiven bedecken! Sie haben eine hoch technologisierte, ökologisierte, kontrollierte Welt vor Augen mit einer universalen, diktatorischen, humanistischen Spiritualität, und zugleich rennen sie in ihr unentrinnbares Schicksal! Ganzheitliches Denken mit dem Glauben an kosmisches Bewusstsein und evolutionäre Höherentwicklung, und doch keine

„Wendezeit", sondern ENDZEIT, denn während sie von „Newage" sprechen, spricht die Bibel von „Last-Age!" Philosophische und esoterische Bausteine zu einer Umgestaltung der Welt, für ein Weltbild experimenteller Hoffnung, und doch nur Energieverschwendung für ein Auslaufmodell! Die Welt bricht auseinander: sie zerbricht in ethnischen, völkischen, militärischen Konflikten, in rasender Sinnlosigkeit moralischer Degeneration, in unberechenbaren irreversiblen „Pannen", in Unsicherheit, elementarer Verlustangst über herkömmliche materielle Werte – in Ohnmacht schlechthin!

New-Age, ein astrologisch-okkulter Nimbus aus der Welt der Mystik. *„Mystik wird uns Einsicht schenken, und der Mensch lernt wieder denken"*, heißt es in einem Song aus dem Musical „Hair", not at all!, dem ist überhaupt nicht so! Nein, Newage ist nur eine mystische Idee, die Geist und Wahheit umnebelt und Menschen knebelt!

Natürlich suchen Menschen verzweifelt oder überzeugt nach Lösungen, die ganzheitliche Zersplitterung der Welt wieder in ein ganzheitliches Bild des Geborgenseins und Menschseins zu re-integrieren. Der Wunsch nach einem lohnenden, nachhaltigen Lebenssinn inmitten all der betäubenden Konflikte, Krisen und Bedrohungen, der sinnentleerten Zwecke, Vergnügungen und Forderungen des modernen Zeitalters treibt Menschen zu irgendwelchen Hoffnungsträgern, um bei ihnen Antwort, Hoffnung und Geborgenheit zu finden. Die okkulte New-Age-Explosion und Spiritualität der vergangenen Dezenien *scheint* diesen Verlusten zu begegnen, indem die *materialistische Sinn-und Werterhaltung* durchbrochen wird, Mikro- und Makrokosmos (also Mensch und Universum) wieder eine „gedachte" Einheit und Ganzheit werden, und in dieser kosmischen Einheit die Menschheit Erlösung finden soll. In diesem okkulten pseudo-parallel-Evangelium gibt es dann den biblischen GOTT und Glauben nicht mehr, dafür aber den „Gender-Übermenschen." Dieser androgyne geschlechtsneutrale Gleichheits- oder Einheitsmensch kommt aus der Newage-Retorte. *Androgynie* steht für Vereinigung männlicher und weiblicher Körper- und Wesensmerkmale zu „einer" Person. In diesem Neutrum wird der Mensch „keines" von beiden Geschlechtern; er wird zu einem undefinierbaren „Es", zu einem künstlichen Reagenzprodukt, das beliebig form- und beeinflussbar ist.

Jemand hat mit Recht festgestellt, dass im New-Age-Gefühlsrausch Vernunft keinen Platz hat und reale Gefahren mit Meditieren wegphantasiert werden. Unsere moderne politische, wirtschaftliche und religiöse Welt liegt in dieser New-Age-Pandemie gefangen! Und in diesem Gefängnis gibt es keine wahre Freiheit, keine echte Liebe und keine wirkliche Identität – es ist eine **sinnlose** Hoffnung, Betrug! Die sanfte Newage-Verschwörung betrügt nicht nur andere sondern sich selbst, und sie wird ihre eigenen Kinder genauso fressen wie schon die französische Revolution die ihren fraß. Denn der Übermensch kann und wird nie existieren, weil er nur eine paranoide Idee ist, eine Wahnvorstellung, an der er aussterben wird!

Gustave Le Bon sagte: *„Nie haben die Massen nach Wahrheit gedürstet. Von den Tatsachen, die ihnen missfallen, wenden sie sich ab und ziehen es vor, den Irrtum zu vergöttern, wenn er sie zu verführen vermag. Wer sie zu täuschen versteht, wird leicht ihr Herr, wer sie aufzuklären sucht, stets ihr Opfer."*

New-Age heißt „durch Spiritualität zur Selbsterlösung und von da zur Selbstverwirklichung" unter Anwendung der genannten Elemente und dem Stigma der Evolution, die ja auch nur eine Phantasiewelle ist. Es wird so die mittelalterlich unwissenschaftliche Prozedur, unedle Stoffe in edle zu verwandeln, wiederholt. Aber man gelangt nur in eine übernatürliche alchimistische Welt der Irrationalität, Bewusstseinserweiterung und Entmenschlichung! Für uns als Christen, die wir an JESUS CHRISTUS als den GOTTES- und Menschensohn und an die biblische DREIEINIGKEIT (vgl. Luk.3,21.22; 1.Joh.5,7.8) glauben, gibt es das wunderbare ERBE, das im Himmel für uns aufbewahrt ist, und das uns die religiösen Übergriffe, der „inneren Kräfte", des „passiven Willens und der Vernunftverdrängung" als letzte Versuchung überwinden lässt. Dieser Glaubenskampf ist uns verordnet, weil er uns zur Läuterung und damit zum Besten dient und GOTT verherrlicht!

Wir, die wir die Dinge und Entwicklungen mit nüchternen Sinnen und geöffneten Augen betrachten und einordnen können vermöge der Kraft des HEILIGEN GEISTES und Seines biblischen Wortes, wir wissen, dass diese zeitlichen und endzeitlichen (geistig-geistlichen) Auseinandersetzungen nicht gegen die Welt gerichtet sind (*die ja schon im Machtbereich des Bösen ist*), sondern gegen das Volk GOTTES und so mit gegen GOTT Selbst! Darum hängt unser Kampf nicht von unseren Siegen oder Niederlagen ab ist, sondern vom historischen vollbrachten SIEG JESU CHRISTI! Es ist ein guter und herrlicher Kampf voller Sinn; **denn der große Krieg wurde schon gewonnen**, selbst wenn wir noch Schlachten und Fronten geschlagen verlassen können. Nach einer Weile der Genesung und der Busse dürfen wir mit gereinigten Herzen und Motiven uns dem HERRN und KÖNIG ALLER KÖNIGE erneut zur Verfügung stellen, denn wir sind durch JESU Sieg und unseren Glauben auf **immerwährenden Gnaden- und Siegesboden** gestellt, wo nicht unsere Kapazitäten und Potenziale gelten oder Vorrang haben, sondern der Geist der Kraft und Seine Gnade!! Und je mehr wir in der Gnade, also nicht im „eigenen Gutsein und in eigener Kraft", wachsen, umso rascher werden wir nach dem Fallen aufstehen, stehen und widerstehen!

Über diese Teile, vom Humanismus über die Wissenschaft bis zum Toleranzorakel können wir das Wort des HERRN in Jesaja 2,12 stellen: **„Denn es kommt ein Tag des Gerichts von dem HERRN der Heerscharen über alles Stolze und Hohe und über alles Erhabene, und es wird erniedrigt werden!"**

Wer aber hat, *dem wird gegeben werden*

„Gelobt sei der GOTT und Vater unseres Herrn JESUS CHRISTUS, der uns aufgrund seiner großen Barmherzigkeit wiedergeboren hat zu einer lebendigen Hoffnung durch die Auferstehung JESU CHRISTI aus den Toten, zu einem unvergänglichen und unbefleckten und unverwelklichen Erbe, das im Himmel aufbewahrt wird für uns, die wir in der Kraft GOTTES bewahrt werden durch den Glauben zu dem Heil, das bereit ist, geoffenbart zu werden in der letzten Zeit". (1.Petrus 1,3-5). Unsere Hoffnung ist im Unterschied zur Hoffnung der ungläubigen Welt eine feste Gewissheit, weil sie sich auf GOTTES Wort gründen kann, Der nicht lügt! Unsere Hoffnung ist nicht eine ungewisse oder eine, die uns hoffen lässt errettet zu werden, sondern die Hoffnung ließ uns die Errettung, die eine Gewissheit und Tatsache ist, ergreifen! Bibelgläubige Menschen sind „Habe-Menschen" im wahrsten Sinn! Die himmlischen Segnungen schon in diesem Zeitalter sind von unerschöpflicher Tragweite (vgl. 1.Kapitel im Epheserbrief !). Wir *hoffen* nicht auf Vergebung, wir haben sie! (1.Joh.2,12; Kol.1,14). Wir *hoffen* nicht auf Rechtfertigung, wir haben sie! (Röm.5,1.9). Wir *hoffen* nicht auf unsere innere göttliche Neugeburt, wir haben sie! (1.Joh.5,1). Wir *hoffen* nicht auf ewiges Leben, wir haben es! (Joh.3,36; 1.Joh.1,2). Wir *hoffen* nicht auf Frieden, wir haben ihn! (Röm.5,1). Alle Nobelpreise dieser Todeswelt sind ein „Nichts" gegenüber diesen göttlichen Tatsachen!!! Wir dürfen sie im Glauben aussprechen und dadurch unseren Glauben üben und stärken!

Und angesichts all dieser wunderbarsten Wahrheiten und Segnungen des Glaubens haben wir doch noch nicht alles, was GOTT denen bereitet hat, die IHN lieben! Hierin ist unsere Hoffnung nun auf das Zukünftige gerichtet. Dort wartet ein unsterblicher und verklärter Leib auf uns, der keine Sünde mehr in sich trägt! Ja, wir gehen durch ein Lichtgericht hindurch, das alles ans Licht bringt bis zu den Wurzeln, aber es wird kein Verdammungsgericht sein, wohl aber ein Feuergericht im Angesichte GOTTES! Davon redet die Bibel mehrmals. Doch erwartet uns über das Tausendjährige Reich hinaus die unbeschreibbare Herrlichkeit des Neuen Himmels und der Neuen Erde; die Wonne dort – es fehlen Worte, aber wir werden es erfahren! Gepriesen sei der NAME DES HERRN! Alles auf dieser Erde ist dem Verfall und der Vergänglichkeit unterworfen, alles welkt dahin wie die Blume des Feldes. ABER, was in Auferstehung aus GOTTES Geist geschieht und getan wird, wird verherrlicht! Amen! Geschrieben steht: **„Es wird gesät in Verweslichkeit und auferweckt in Unverweslichkeit; es wird gesät in Unehre und wird auferweckt in Herrlichkeit; es wird gesät in Schwachheit und wird auferweckt in Kraft!"** (1.Kor.15).

Wenn unsere Hoffnung nicht auf CHRISTUS gerichtet ist und um IHN kreist, sind wir wie die Irrsterne (Judas 13). New-Age ist so ein Irrstern! Uns aber gilt: **„Denn alles, was zuvor geschrieben worden ist, wurde zu unserer Belehrung zuvor geschrieben, damit wir durch das Ausharren und den Trost der Schriften Hoffnung fassen". (Röm.15,4).**

KAPITEL 2

New-Age und Charismatik – 2

Religion – Mystik – Tradition – Imitation

„Singt GOTT, lobsingt Seinem Namen! Macht Bahn Dem, der durch die Steppen fährt, HERR ist Sein Name, und frohlockt vor IHM....der Gefangene hinausführt ins Glück; aber die Widerspenstigen wohnen in dürrem Land. Regen in Fülle hast Du ausgegossen, O GOTT; Dein Erbe, das ermattet war, hast Du erquickt." *(aus Psalm 68)* „GOTT ist sehr gefürchtet im Kreis der Heiligen und furchtgebietend über alle um IHN her....Recht und Gerechtigkeit sind die Grundfeste Seines Thrones, Gnade und Wahrheit gehen vor Deinem Angesicht her". *(aus Psalm 89)* „Erhebe Deine Schritte zu den ewigen Trümmern! Alles hat der Feind im Heiligtum verwüstet. Vergiss nicht die Stimme Deiner Widersacher, das ständig aufsteigende Getöse derer, die sich gegen Dich erheben" *(Psalm 74,3)*

Im alttestamentlichen Vorbild der Wohnung GOTTES, der Stiftshütte, war der Ort der Gegenwart GOTTES *das Allerheiligste* – der kubische Raum im hinteren Teil des Heiligtums. Während der Vorhof dieser Wohnung mit seiner weißen Umzäunung und farbigen Eingangstür die Länge und Breite anzeigte, war der Brandopferaltar im Vorhof die „Höhe" in diesem räumlichen Gebilde – weil dort nicht nur physikalische Dimensionen zählen, sondern auch die geistlichen. Doch im Heiligtum kamen noch zwei andere Dimensionen dazu, die „Tiefe" und die „Ewigkeit." In der Tiefe, die GOTT bewohnte (der hintere Raum des Heiligtums, das *„Allerheiligste"*) war die Dimension der Ewigkeit gegenwärtig! (Wieviele Dimensionen nun diese selbst umfasst ist den Menschen nicht geoffenbart, GOTT allein weiss es). Dieser hochheilige, göttliche, übernatürliche Raum war der Ort zeitloser Ewigkeit und Gegenwart GOTTES in unendlicher Tiefe innerhalb eines irdisch begrenzten dreidimensionalen Raumes und Heiligtums.

Als GOTT Menschengestalt annahm – „in Seiner äußeren Erscheinung als ein Mensch erfunden" (Phil.2,8) – und in JESUS CHRISTUS als wahrer Mensch die von IHM geschaffene Erde betrat – und dennoch „in der Gestalt GOTTES war" (Phil.2,6) – lebte ER ca. 33 Jahre in einem äußerst begrenzten menschlichen Leib. Eine für uns unvorstellbare Entäußerung! Denn der Unendliche, Unbeschränkte, der alle zeitlichen und überzeitlichen Räume und Dimensionen und Himmel erfüllt, lebte hier freiwillig in der menschlichen Einschränkung und Einengung – doch ohne Sünde! In dieser Knechtsgestalt (Philipper 2,7) war ER ganz dem Willen GOTTES, des Vaters hingegeben, denn nur in dieser Gestalt des „Menschen“ *(morphe)* war ER in der Lage für Menschen die Gerechtigkeit GOTTES zu erfüllen und Sein Blut als Sühnemittel zu vergießen! Als *Menschensohn* durfte ER, der im alttestamentlichen Tempel dort im Allerheiligsten als GOTT und Geist gegenwärtig war und im lieblichen Geruch der Brand- und Feueropfer und vom Räucheraltar Anbetung entgegennahm, wie auch das Blut am großen Versöhnungstag (Yom Kippur) zur Bedeckung der Sünden Seines Volkes Israel, jetzt nicht in das Heiligtum des jüdischen Tempels *(naos)* treten. JESUS hielt sich (als „Menschensohn“) nur im Vorhof *(hieron)* auf, wenn ER das Tempelareal betrat. Bei Seiner Versuchung durch Satan konnte der Teufel IHN in die heilige Stadt führen und bis auf die Zinne des Tempels stellen, um Seine Gottessohnschaft zu „beweisen“; das alles geschah mit dem „Menschen“ JESUS in Seiner menschlichen begrenzten Natur.

Der Versucher durfte JESUS nicht in das Heiligtum des Tempels bringen, er konnte die Sohnschaft GOTTES und GOTT nicht versuchen, nur den „Sohn des *Menschen*“, also die menschliche Natur JESU. Das Allerheiligste im jüdischen Tempel war zur Zeit JESU leer, die Bundeslade war nicht mehr anwesend; dafür war CHRISTUS jetzt anwesend, der die Lade des Zeugnisses (Bundeslade) und ihren Inhalt realisierte, d.h. in Seiner Erscheinung verwirklichte. Denn ER ist das wahre Brot vom Himmel *(Manna – Joh.6);* ER ist die Verwirklichung der Zehn Gebote *(Logos – Matth.5-7);* ER ist das Haupt der Priesterschaft des Neuen Bundes *(Aarons Stab – Hebr.7,24; Eph.1,22).* „Zehn Gebote, Manna und der Stab Aarons“ waren der Inhalt der Bundeslade gewesen. ER aber, JESUS CHRISTUS, ist die Erfüllung des Zeichens der Bundeslade, die 850 Jahre lang für die Israeliten die Gegenwart GOTTES symbolisierte, eines heiligen, gnädigen und richtenden GOTTES! So ist der **CHRISTUS**, der gesalbte Meschiach als Mensch (*der Menschensohn*) nicht in ein irdisches von Menschenhänden gemachtes Heiligtum hineingegangen; dafür ist ER später als der **AUFERSTANDENE** aus den Toten in das Himmlische Heiligtum und Original hineingegangen in Seinem hohenpriesterlichen sündentilgenden Wirken, zur Geltendmachung Seines am Kreuze vollbrachten Sühnopfers, um JETZT „für uns“ vor dem Angesicht GOTTES als Mittler zu erscheinen und ebenso als Anwalt und Fürsprecher gegen alle Anklagen des Teufels! (s. Hebr.4/7/9). Und mit dem SOHN hat GOTT der Menschheit alles geschenkt: **JESUS und das Kreuz, das Wort und den Geist GOTTES!**

Der Satan konnte und kann GOTT Selbst nicht versuchen oder berauben, das ist unmöglich! Er kam auch mit keiner Anklage durch bei JESUS, er konnte IHN mit keiner Versuchung verführen oder in Verlegenheit bringen. JESUS bezeugte: **„der Fürst dieser Welt hat nichts in mir“** (vgl.Joh.14,30). Der Teufel konnte IHN nicht fassen und greifen, aber er konnte und kann das Volk GOTTES durch Nachahmung und Imitation betrügen und berauben: Den Sohn GOTTES imitiert er durch Wunder tuende falsche Jesusse mit falschen oder gar keinen Nägelmahlen (vgl. 2.Kor.11+Matth.24); das Wort GOTTES ahmt er nach durch ein humanistisches anthropozentrisches „anderes Evangelium“ einer Art charismatischer Bedürfnisreligion (2.Kor.11+Gal.1); den Geist GOTTES imitiert er durch Pseudocharismen, falsches Prophetentum und Okkultismus (2.Kor.11; 2.Petr.2; 1.Joh.4,1f)); und das Kreuz JESU entwertet er durch die große psychologisierte Betonung vom *Selbstwert* des Menschen und der Selbstverwirklichungslehre humanistischer Psychologie, eine Art der Selbstrettung und Selbsterlösung als ein Fluchtweg vor dem Kreuz (1.Kor.1,18).

Er hat führende Evangelikale, Pfingstler, Charismatiker und Juden mit der Strategie überwunden, mit der er an JESUS gescheitert ist ; er hat sie dazu verführt: a) das Prinzip des Einverständnisses mit den Grundsätzen seiner Weltregierung anzunehmen; b) durch den Missbrauch der Heiligen Schrift, und c) durch den Lohn der Ungerechtigkeit im Empfang hoher Ehrungen und Macht in den Wegen Bileams. So hat der Teufel mit Lügen viele Menschen verführt, große Schlachten gewonnen und das Heiligtum verwüstet (vgl. Psalm 74, 3.4). Er hat es fertig gebracht, Menschen vom Worte GOTTES weg hin zur *Imitation* zu bringen, sie zu präparieren, dass sie nur noch in ihrem Verstand und von ihrem Gefühl geleitet werden, aber ohne den bedingenden Heiligen Geist GOTTES. So gehen auch „Geistliche“ jeden Sonntag in Versammlungsräume, um dort dann GOTT „zu dienen“. Auch hier ist das Geheimnis der Gesetzlosigkeit am Wirken, das den Irrtum neben die Wahrheit setzt. Doch es gibt die vielen Schlachtfelder der Erweckungen, wo der Teufel Land und Seelen verloren hat auf ewig! Und den Krieg selbst hat der SIEGER CHRISTUS längst gewonnen! „RUHM UND EHRE!“

Wenn wir im folgenden die Pfingst-charismatische Bewegung und Strömung und die Neo-Evangelikale Bewegung samt Ökumene kritisch betrachten, wollen wir nicht durch den ganzen Wald gehen und den großen Bestand von Meinungen, Erklärungen und Antithesen betrachten, sondern nur einzelne Bäume, die den Wald kennzeichnen, sonst verstehen wir wegen der Dichte des Waldes weder das Einzelne noch das Ganze. Im Besonderen wollen wir trotz aller gebotenen Urteilsschärfe nicht Holzfäller sein und wahllos Bäume umhauen; es gilt immer das Gute Vorhandene zu *be*halten und durch Liebe zur Wahrheit das Schwache zu *er*halten! So werden uns einige objektive Grundprinzipien und Stellungnahmen mehr sagen und helfen können, als das Polarisieren so vieler Meinungen und Informationen. Schon im ersten Buch der Bibel begegnen uns maßgeblich nicht große Wälder, die auch da waren, sondern in diesen nur *zwei Bäume* – der Baum des Lebens und der Baum der Erkenntnis des Guten und des Bösen. Und wir erkennen schon dort das geistliche Prinzip der Schrift: beim Baum der Erkenntnis die intellektuelle und willensmäßige Selbstbestimmung des Menschen mit dem Ergebnis „Tod"; beim Baum des Lebens aber die geistliche Abhängigkeit von GOTT als dem Schöpfer mit dem Ergebnis „Leben", unzerstörbares und EWIGES (nicht nur biologisches) Leben! Gepriеßen sei GOTT!

Diese zwei Prinzipien der zwei Bäume wollen wir auch als Leitlinien nehmen, wenn wir das religiöse Element im pfingstcharismatischen, (neo)-evangelikalen und ökumenischen Raum betrachten. Zuerst dazu folgende Aphorismen.

Mystisches Dämmerlicht der Religionen – und das Trauma ungläubiger Theologie

Die Geschichte kennt viele Religionen heidnischen Ursprungs mit ihrem Glauben an überirdische Mächte oder an irdische Kräfte. Sie kennt große diktatorische Zivilisationen, aus einer politisch-religiösen Angst geborene Einheitszivilisationen, die zugrunde gingen. Die erste große dieser Zivilisationen entstand in Babylon um 2650 vor CHRISTUS, und die Babylonier nannten ihr Reich „Gottespforte". Nimrod herrschte dort mit seiner Frau Semiramis in einer Diktatur, in der er zugleich Diktator und Oberpriester seiner Astrologen, Wahrsager und Magier war. Die babylonische Reichsideologie war die Einheit von `Thron und Altar`. Der gewaltige Turm von Babel brachte das zum Ausdruck als Verkörperung und Zentrum widergöttlicher politisch-religiöser Macht. Das Turmsymbol blieb bis heute warnendes Zeichen menschlicher Überheblichkeit, Sprachverwirrung (= Gericht) und Zerstreuung!

Das babylonische Modell der Einheit von Religion und Staat blieb seither Vorbild vieler unheiliger Allianzen zwischen zivilen Regierungen und der religiösen Instanz. In einem politischen Schachzug brachte Kaiser Konstantin d.Gr. diese Ideologie in das römische Reich, als er Heidentum und Christentum zusammen zur Staatsreligion erklärte. Der Kaiser selbst in seiner weltlichen Macht blieb Oberhaupt der abendländischen Kirche und zugleich Oberhaupt der heidnischen Priesterschaft. In dieser Funktion als Herrscher über Kirche und Staat nannte er sich Pontifex Maximus, *Vicarius Christi.* Die römischen Bischöfe übernahmen später diesen Titel, bis er sich schließlich im Papsttum als einzige religiöse und weltliche Macht manifestierte. Der staatsreligiöse römische Absolutismus hat sich seither immer willkürlich mit Gesetzgebungen, Konzilsbeschlüssen und Dogmen gegen Demokratisierung, Glaubens- und Gewissensfreiheit gewendet.

Interessant und wichtig ist in der Geschichte außerdem, dass nach Nimrods Tod seine Frau ein weiteres Kind gebar, welches sie Tamuz nannte und als Reinkarnation Nimrods bezeichnete. Ihr Kind wurde zum Sonnengott Baal vergöttlicht, und sie selbst zur Königin des Himmels, wodurch sie auch als Mutter der Menschheit verehrt und angebetet wurde. Als die Menschen Babylons durch das Göttliche Gericht der Sprachverwirrung in alle Welt zerstreut wurden, nahmen sie ihre Religion und ihre Götzen mit, und es ist religionsgeschichtlich sehr bedeutsam, wie in nahezu allen nachbabylonischen Kulturen die „Mutter-Kind-Figuren" auftauchen und eigene Namen erhielten. So zum Beispiel in Rom Venus und Jupiter als Göttin und Kind, in Ägypten Isis und Horus, in Indien Devaki und Krishna usw. Semiramis und Tamuz, das ist die Madonna mit dem Kind – die römisch- katholische Maria mit ihrem Kindlein.

Wir müssen uns um eine klare Geschichtsauffassung bemühen, wenn wir in unserer Endzeit, die in vielen Geistesströmungen liegt, nicht gänzlich jede Objektivität und Orientierung verlieren wollen. Zeiten frommer Phrasen sind vorbei, und jede Stellungnahme ohne das göttliche Instrument des geistgelenkten Wortes ist disqualifiziert. So wie einst `heilige Kriege` im Namen des Kreuzes ausgerufen wurden, kennzeichnet unsere Zeit eine religiöse Verführung reaktionärer und pseudochristlicher Art. Sie kommt mit religiös-spirituellen Wundern, und Zeichen psychologisch- suggestiver, dämonischer Art daher. Sie kommt im Zeichen von Humanismus und Toleranz!, darum ist sie so gefährlich. Das prophetische Wort der Heiligen Schrift gibt auch hier den Beweis seiner Unfehlbarkeit und teilt uns deutlich mit, dass in den letzten Tagen das Geheimnis Babylon wieder erstehen wird und mit diesem auch das Geheimnis der Gesetzlosigkeit (Offb.17; 2.Thess.2). Die Schrift spricht vom „Geheimnis Babylon, der Mutter der Huren und Greuel der Erde." CHRISTUS hat in Seinen Endzeitreden dazu Stellung genommen und Seine Apostel taten das auch.

Babylon ist ein religiöses System, ebenso aber auch ein politisch-wirtschaftliches (vgl. Offb.13+17). Nur zum Vergleich möchte ich den Islam anführen, der uns zeigt, dass ein religiöses System total die staatliche Identität und die Menschen bestimmt. In keiner monotheistischen Religion ist die christliche Erfahrung

„CHRISTUS in mir, die Hoffnung der Herrlichkeit" zu finden, weil Christentum und Religion nicht kompatibvel sind. Denn die Bibel offenbart CHRISTUS, den Sohn des lebendigen GOTTES als personifizierte Wahrheit und Mensch gewordenen GOTT, den man durch Glauben aufnehmen und erfahren kann! Wer JESUS CHRISTUS nicht persönlich das eigene Leben übergibt und IHN so im Geist subjektiv erkennt, erkennt weder GOTT, noch die Wahrheit, noch die Liebe noch sich selbst und den tieferen Sinn seiner Existenz. Bei CHRISTUS sind Weg und Ziel identisch, die Weltreligionen gehen ihren Weg ohne diese entscheidende Gotteserkenntnis, einen „Weg ohne Ziel." Darum stehen sie auch unter dem Verdikt: **„Es treten auf Könige der Erde und Fürsten tun sich zusammen gegen den HERRN und Seinen Gesalbten: Lasst uns zerreissen ihre Bande und von uns werfen ihre Stricke! Der im Himmel thront, lacht; der HERR spottet über sie"** (aus Psalm 2).

CHRISTUS ist das Licht der Welt (Johannes 8,12 + 12,46); während bei den Religionen die *Verdunkelung* der Mystik und spirituellen Kontemplation herrscht. In diesem Dämmerzustand gibt es ein ökumenisches Schlagwort: „Einheit in der Vielfalt mit Toleranz und Solidarität", oder die Pointe „es gibt mehr das uns eint, als was uns trennt." Das ist der Weg humanreligiöser Philosophie ohne göttlichen Ursprung; er kennt und hat kein göttliches Ziel, nur ein human menschliches. Der Glaube nach der Bibel aber ist seinem Wesen nach prophetischer, nicht philosophisch-humanreligiöser Natur, gemäß seinem göttlichen Ursprung. In diesem Bewusstsein ist Christsein gegen alles Ungöttliche und daher der Widerspruch zur Toleranz der Vielfalt religiöser Natur. Kierkegaard sagte: *„Die Idee der Philosophie ist die der Vermittlung, die des Christentums der Widerspruch"*. Der prophetische Glaube des Christentums steht im Denken mitten im Alltag, ohne dem Zeitgeist und pluralistischen Weltbild verpflichtet zu sein. Wenn er es wäre, hat er aufgehört biblisch zu sein. Das was die liberalen Gegner dieses Glaubens mit „Fundamentalismus" beschimpfen ist ein ungewolltes Kompliment für die Echtheit biblischer Identität, die die ganze Existenz des Glaubenden einnimmt, nicht nur einen verstandesmäßigen Prozess.

Unter dem Wort „prophetisch" und „biblisch" darf man sich nicht abstrakte Begriffe vorstellen, wie das heute in der historisch-kritischen, liberalen, psychologischen und feministischen Auslegungspraxis getan wird. Mit ganzer Überzeugungskraft weisen wir darauf hin, dass es hierbei um GOTT Selbst geht, Der Sein Wort durch Übermittlung und Inspiration gegeben hat und durch den LOGOS Seines Sohnes darin zum Ausdruck kommt! Den Bibelbuchstaben allein kann auch der Teufel zitieren, wie wir aus JESUS Versuchung erkennen, aber den Geist der Schrift erfasst der Satan nicht. Denn dazu bedarf es der Person und Ermächtigung des HEILIGEN GEISTES, der den Kindern GOTTES gerne austeilt. Ein nicht vom Geiste des HERRN innerlich erneuerter Mensch hat keine Möglichkeit, in den Inhalt der Heiligen Schrift einzudringen, weil das natürliche Mittel des Verstandes dafür ein unzulängliches Instrument ist. Das bezeugt ja die Schrift selbst: **„Der Mensch kann von sich aus, mit seinen natürlichen Fähigkeiten, nicht erfassen was GOTTES Geist sagt. Für ihn ist das alles Unsinn, denn GOTTES Geheimnisse erschließen sich nur durch den Geist GOTTES“** (1.Kor.2,14). GOTT schützt Sein Wort durch die Barriere Seines Geistes; ER wirft Seine Perlen nicht wahllos vor die Schweine. Das Wort der Schrift wird erst verfügbar in seinem *inneren Gehalt*, wenn ein Mensch demütig glaubend die *geistliche* Neugeburt durch den GEIST empfängt.

Zwar ist das Wort GOTTES, wenn es durch den Geist gebraucht wird, ein scharfes Schwert und ein Mittel, das Gewissen verlorener Menschen aufzurütteln, damit sie ihre Verlorenheit erkennen und ihre Erlösung annehmen. Im Besonderen aber ist es der Schatz im irdischen Gefäß des Bibelbuchstabens, der HEILIGE GEIST, der das geschriebene Bibelwort zum „machairan distomon“, zum scharfen zweischneidigen Schwert macht, zu einer lebendigen Stimme (Rhema), und der uns den lebendigen GOTT mehr und mehr erkennen und genießen lässt. Wie geschrieben steht: **„Wir aber haben nicht den Geist der Welt empfangen, sondern den Geist, der aus GOTT ist, damit wir die Dinge kennen, die uns von GOTT geschenkt sind. Denn das Wort vom Kreuz ist denen, die verloren gehen Torheit; uns aber, die wir errettet werden, ist es GOTTES Kraft!“** (1.Kor.2,12; 1,18).

Entmythologisiert den Mythos, nicht die Wahrheit!

Das entsetzliche Trauma einer historisch-kritischen, modernistischen Bibelbetrachtung und liberalen Theologie ist, dass sie beide den Geist der Schrift von der Schrift abstrahieren und so etwas Abstraktes geschaffen haben. Nur mit ihrem Verstand (der den Geist der Schrift leugnet) laborieren sie im Mystischen, und das ist eigentlich das Sakrileg, das entmythologisiert werden muss! Geschrieben steht: **„Wehe denen, ...die Licht zu Finsternis erklären.“ „Hin zur Weisung und zur Offenbarung! Wenn sie nicht nach diesem Wort sprechen, dann gibt es für sie keine Morgenröte.“** (Jesaja 5+8). Zudem hat die Antisprache der modernen atheistischen Theologie dem hungernden, ausgelaugten und geplünderten Volk zu seinem materialistischen Suizid obendrauf noch einen falschen, betrügerischen Frieden aufgesetzt und den geistlichen Tod noch verstärkt. Da sie keine biblische Wahrheit und Gnade vermitteln können, sind sie Opium fürs Volk. Der HERR JESUS nannte schon ihre Vorfahren Blinde und Blindenleiter, Otterngezüchte und Gräber voller Totengebeine, über die man geht, ohne es zu merken. Nein! Mit ein wenig christlich-religiöser Schminke getüncht und mit ein wenig Taufwasser besprengt worden zu sein taugt nicht zum Leben und zum Sterben; es macht höchstens immun gegen die Wahrheit des Evangeliums. Aus der unbiblischen Kindertaufe ist noch kein erneuerter Christenmensch hervorgekommen, und durch moderne (...) Theologie öffnen sich keine Himmelpforten.

Zu uns redet das Wort GOTTES im Alten- und Neuen Testament: **„Ach, mein Volk, seine Antreiber sind Mutwillige, und Frauen beherrschen es. Mein Volk, deine Führer sind Verführer, und den Weg, den du gehen sollst, verwirren sie. Das Land wurde voll von Götzen; man wirft sich nieder vor dem Werk seiner Hände! Zu wem soll ICH noch reden und wen warnen, dass sie hören? Siehe, das Wort des HERRN ist ihnen zum Hohn geworden, sie haben kein Gefallen daran. Denn von ihrem Kleinsten bis zu ihrem Grössten machen sie alle unrechten Gewinn. Und vom Propheten bis zum Priester üben alle Falschheit, und sie heilen den Bruch...oberflächlich und sagen: Friede, Friede! – und da ist kein Friede. Wie könnt ihr sagen: Wir sind weise, und das Wort (Gesetz) des HERRN ist bei uns? In der Tat! Siehe, zur Lüge hat es der Lügengriffel der Schriftgelehrten gemacht. Die Weisen werden beschämt, sie sind schreckerfüllt und werden gefangen. Siehe, das Wort des HERRN haben sie verworfen, und was für eine Weisheit haben sie nun?“** (Jes. 3,12b; 2,8; Jerem. 6,10.13.14; 8,8.9).

Die neutestamentliche Entsprechung dazu: **„Es ist so, wie GOTT gesagt hat: Bei Mir zählt nicht die Weisheit der Welt, nicht die Klugheit der Klugen. ICH werde sie verwerfen. Was aber haben sie dann noch zu sagen, all diese gescheiten Leute, die Gelehrten und Philosophen dieser Welt? Hat GOTT ihre Weisheit nicht als Unsinn entlarvt? Obwohl GOTTES Weisheit sich in Seinen Werken zeigt, haben die Menschen mit all ihrem Scharfsinn GOTT nicht erkannt. Deshalb beschloss ER, alle zu retten, die einer scheinbar so unsinnigen Botschaft glauben. Was GOTT getan hat, übersteigt alle menschliche Weisheit, auch wenn es unsinnig erscheint; und was bei IHM wie Schwäche aussieht, übertrifft alle menschliche Stärke! Wie könnt ihr glauben, die ihr Ehre voneinander nehmt und die Ehre von dem alleinigen GOTT nicht sucht?“** (1.Kor. 1,19-21; 25; Joh.5,44).

Diese göttliche Überführung ist das Aus für alle Dogmen und Denkanstrengungen philosophisch-religiöser, liberaler und theologie-konformistischer Natur. So wie das rettende *EVANGELIUM* für Menschen, die es ablehnen, eine unverständliche Torheit ist, so ist die Weisheit dieser Welt (ebengenannte) vor GOTT die allergrößte Narrheit und Dummheit! Es ist auch die Disqualifikation und das Aus für alle religiösen Sekten und Strömungen, die mit oder ohne Zuhilfenahme des biblischen Vokabulars irgendeine Gottfindung- oder Erkenntnis proklamieren. (vgl. Joh.5,39; 6,43; 1.Joh.5,12; Joh.14,6 und Kap.8). Es existiert eine einfache und gültige Gleichung: GOTT ohne die Welt ist GOTT; die Welt ohne GOTT ist Null! In der Tat hat ER seit vielen Generationen bis in unsere Moderne gezeigt, dass sämtliche menschlichen Systeme politischer, philosophischer und religiöser Art die Menschheit nicht ins Paradies geführt haben, sondern in die Katastrophen und Zusammenbrüche! Hat alle gesammelte Intelligenz der Welt, die heute zur Verfügung steht, den jammervollen Schauplatz dieser Todeswelt in irgendeinem Punkt zu hoffnungsvoller, dauerhafter Veränderung gebracht oder die Menschheit zu ihrer Identität?!

Über den theologischen Fakultäten und ihren Einflüssen herrscht die wissenschaftliche Methode der Vertreter der Aufklärung, die alles, was ihre begrenzte Vernunft übersteigt ablehnt. Und obschon heute im humanwissenschaftlichen Denken Übersinnliches forciert wird, darf in der historisch-theologischen Betrachtungsweise jedes übernatürliche Geschehnis in der BIBEL nur auf der allgemein natürlichen Ebene erklärt und durch Analogien belegt werden. Man hat hier die göttliche Sprache zu einer naturwissenschaftlichen Sprache gemacht. Natürlich sind es auch nicht Gläubige, die mit einer solchen Sprache Theologie lehren, sondern Agnostiker und bestenfalls deistische Skeptiker. Es sind religiöse Denker, aber nur in der Art kainitischer Selbstherrlichkeit, die seit dem Sündenfall allen Menschen eigen ist. Sie haben nie den LOGOS im schöpferischen, lebendigen Wort der Bibel erkannt und sind nie CHRISTUS in realer, geistlicher Erfahrung begegnet. Die „Weisheit", die sie weitergeben hat den Wert von leerem Stroh als Spreu für den Tierstall, sie bringt den Menschen nicht zu GOTT. **„Denn alle Weisheit dieser Welt ist in den Augen GOTTES nichts als Torheit….Der HERR durchschaut die menschlichen Gedanken in all ihrer Sinnlosigkeit!"** (1.Kor.3,19.20; vgl. Psalm 94,11).

Wenn historisch-kritische Forschung mit ihrer Bibelkritik wie bisher die göttliche Verbalinspiration der Schrift und ihren Wundern, übernatürlichen Realitäten und erfüllten Prophetien leugnet, leugnet sie den SCHÖPFER des UNIVERSUMS und der Menschheit! Diese unselige tote Forschungsmethodik hat absolut nichts mit der erwiesenen Wirklichkeit und Erschaffung unserer Existenz und Identität zu tun. Sie hat nichts zu tun mit unserer Denkfähigkeit zu biblisch logischen Schlussfolgerungen (vgl. Römer 1,18f; Kolosser 1,15f; Apostelgeschichte 17,22f; Johannes und Hebräer 1) und unserer Erfahrung durch den Glauben. Darum ist das Trauma einer ungläubigen Theologie in schizophrener Weise eine tödliche Waffe gegen sich selbst, weil sie gegen den Schöpfer und Sein Wort ist! Sie ist nur das Produkt einer niedrigen materialistischen und atheistischen Weltanschauung, aber keine biblische Theologie; sie ist neue giftige Frucht vom alten Baum der Erkenntnis des Guten und Bösen.

Jetzt noch, in einer kurzen geschichtlichen Zeitspanne, in biblischen Maßstäben ausgedrückt mit Sekunden vor der Wiederkunft CHRISTI, können Vertreter der modernen Bibelkritik, der feministischen Theologie oder der tiefenpsychologischen Exegese ihre Thesen vortragen. Und dann ist die Zeit gekommen, wo sie ihre Knie vor dem eingetroffenen König und Richter beugen müssen und das geschriebene Wort erfüllt ist: **„Der Törichte wird nicht mehr edel genannt und der Schurke nicht mehr vornehm geheißen werden. Denn ein törichter Mensch redet Törichtes, und sein Herz bereitet Unheil, Ruchloses zu tun und Irreführendes gegen den HERRN zu reden, um die Seele des Hungernden leer zu lassen und dem Durstigen den Trank zu verweigern….. um die Elenden durch Lügenreden zugrunde zu richten, selbst wenn der Arme redet, was Recht ist. Aber der Edle beschließt Edles, und auf Edlem besteht er.“** (Jes. 32,5-8).

Globale religiöse Verführung und Abfall (apostasie)

Abfall nach 2.Thessalonicher 2,3f ist die bewusste Abkehr von biblischer Wahrheit. Abfallen von der Wahrheit kann nur das Kirchentum, nicht das Heidentum. Schon dass die meisten Denominationen heute die biblischen Grundlehren aufgegeben haben, ist mehr als ein Anzeichen (Indiz), es ist bereits Apostasie (Abfallswesen)! Im dämonisierten Irrlicht der Pseudocharismatik wird dieser Kontrast noch spezieller, wie wir noch sehen werden. Diese Denominationen innerhalb des Christentums stürzen auf die säkulare Staatskirche und Ökumene zu. Mit dem Sturz des Abfalls geschieht der Sog in das Sammelbecken endzeitlicher Religionsvermischung (Synkretismus). Und da, wo das geschieht, sind die Wege am Anfang oder im Verlauf und am Ende nicht GOTTES Wege gewesen. Das Gleichnis JESU vom Unkraut unter dem Weizen (Matthäus 13) wird mit der nahenden Ernte immer wirklicher und deutlicher. Zusehends kommt das Reich der Himmel auf Erden in Bedrängnis durch Vermischung und satanische Wirksamkeit. New-Age-Spiritualität, Humanismus, Sakramentalismus, Säkularismus, Formalismus und viel Psychologie bedrohen und infiltrieren das Christentum. Was nicht mit himmlischen Materialien (neugeborenen Menschen, Gnadengaben und biblischen Charismen) nach neutestamentlichen Vorgaben gebaut wird, wird in den Sog hinein- und mitgerissen, ob evangelikal oder pfingst-charismatisch. Je stärker diese Einflüsse der Vermischung in den Denominationen Raum gewinnen, je stärker wird das religiöse Antriebselement seelischer Kraft des *„anthropos psychikos"*, des seelisch-religiös bestimmten Menschen. Dieser steht dann im Mittelpunkt; er kann sehr humanistisch, überfromm und charismatisch sein und eifrig die Bibel zitieren, aber es ist nicht der HEILIGE GEIST, der auf diesem Instrument spielt. Dieser religiös geprägte Mensch kommt *nie* in das Heiligtum GOTTES hinein, zur Begegnung mit IHM, in die andere Dimension, in die innere Ruhe des Geistes, er kommt nur in den Vorhof, wo das natürliche Licht seines Verstandes und seiner Fähigkeiten scheint und wo er seine mystischen „Stilleübungen" praktiziert. .

In diesem religiösen äußeren Vorhof, wo auch die Nationen (Heiden) Zutritt haben, tummeln sich viele Arten von Menschen mit einem christlichen Bekenntnis irgendeiner traditionellen oder denominationellen Art, mit ihren politischen und religiösen Wechselstuben und Krämerläden (Matth.21,12; 24,11.12; 25,9). Das Spektrum der Anpassung und die weltlichen Stilelemente im evangelikalen und freikirchlich-charismatischen Raum oder die ökumenischen Veranstaltungen und Kirchentage zeigen ja diese religiöse Show. Es formiert und zeigt sich immer deutlicher ein geistlich totes, dem Baal ergebenes Christentum! Und dass sich diese finsteren Konturen zeigen ist für jene gut, die noch Unterscheidung haben und sich absondern. In diesen Vorhöfen werden einfach heidnische Münzen in fromme umgetauscht, und es ist wahrlich kein Wunder, wenn die modernen Menschen diese Art von Evangelium zertreten und sich angewidert davon abwenden! (vgl.Offenb.11,2 + Matth.5,13b). Das *Wahre* EVANGELIUM war und ist immer nur im *Widerspruch* zur Welt ein Salz und Segen für die Welt gewesen, nie in der Konformität mit dieser – so wie jedes wirksame Medikament im Widerspruch zur Krankheit sein muss, um diese zu besiegen!

Dieses erstorbene anthropozentrische (Menschzentrierte) Christentum ist nur noch nütze zum Weltvereinigungsdienst des endzeitlichen babylonischen Mysteriums. Das ist umso tragischer, weil diesem Abfall ein Jahrhundert früher grosse geistliche Aufbrüche vorangegangen waren. Heute aber wird der größte

Teil des Christentums wieder in die babylonische Gefangenschaft der religiösen, ökumenischen Systeme geführt (und ist schon dorthin geführt worden), in solche der Pseudocharismatik und angepassten Weltweisheit und Weltvernunft, wo die getünchten Wände ökumenischer Art mehr Leuchtkraft und Gewicht haben als die Entschiedenheit für die biblische Wahrheit. Man findet Kompromissformulierungen für eine Akzeptanz aller Konfessionen, einschließlich der Staatskirchen des Heidentums. Apostasien und Häresien (Irrlehren) haben Hochkonjunktur, aber dennoch existiert ein heiliger Überrest von Christen, die wie Jehu und Josia die Höhen abbrechen, die Altäre Baals niederreißen und seine Bildsäulen verbrennen und die gegossenen und geschnitzen Aschera-Standbilder vernichten! Wie? Durch kompromisslose Liebe zur geschriebenen und gesprochenen Wahrheit der Bibel und durch radikale Absonderung! (vgl. 5. Mose 7,5; 2.Könige 10,28; 2.Chronik 34,3ff; Apg.19,9; 2.Kor.6,17). **„Hier Schwert des HERRN und Gideon!"**, proklamieren sie mit himmlisch unverfälschter Salbung und kämpfen den Guten geistlichen Kampf des Glaubens vom Sieg her. „Seine Wahrheit ist Schirm und Schild!"

Es ist eine heilige Minderheit, die noch mit GOTT rechnet und für IHN eifert und mit der GOTT auch handelt! Sie überwinden in ihrem Lebens- und Wirkungsbereich diese Götzen durch Kompromisslosigkeit und Gebetskampf und durch das Wort ihres Zeugnisses. GOTT zeigte schon im Alten Testament sehr klar, dass IHM Mehrheiten nichts bedeuten, wenn sie nicht auf Seinen Wegen wandeln wollen. Gideon schickte die meisten seiner „Soldaten" wieder nach Hause, und GOTT, der HERR, handelte siegreich mit dem gläubigen Überrest-gegen eine feindliche Übermacht! Es ist für GOTT nicht schwer, durch viel oder wenig zu retten! Es waren und sind immer Minoritäten, die in GOTTES Hand bahnbrechend und wegweisend sind, besonders dann im Neuen Testament und in der großen Heilsgeschichte! Der großen Masse, die sich zum Christentum, aber nicht zu CHRISTUS bekennt, bleibt nur die einzige Möglichkeit zu den Ordnungen GOTTES und zum Glaubensgehorsam zurückzukehren; nur dann kommen ihre Götzen zu Fall. „Revokation", der Widerruf zur Ökumene und „Reformandum", der Zwang sich zu erneueren bringt „Revival", geistliche Erneuerung! Und sie werden wieder von GOTT angenommen für Seine Ziele! Der große Geisterzug der Ökumene und des evangelischen und reformierten Staatschristentums ist längst in Richtung Rom abgefahren, aber immer noch kann abgesprungen werden, solange die Geschwindigkeit nicht zu groß wird! Auch von den ökumenischen Gesangbüchern und Liedertexten sollte man sich trennen (auch das gehört zur Absonderung).

Römisch-katholische Mystik in Glaube, Tradition und Sakrament

Geschrieben steht: **„Indem sie sich für weise hielten, sind sie zu Narren geworden....und wie sie es nicht für gut fanden, GOTT in der Erkenntnis festzuhalten, hat GOTT sie dahingegeben in einen verworfenen Sinn, zu tun, was sich nicht geziemt“** (Römer 1) *„Dahingegeben in einen verworfenen Sinn“*, das ist ein Gerichtswort, ein schreckliches Wort! Alles „humane Tun“ unter dieser verworfenen Gesinnung wird von göttlicher Seite her abgelehnt, wie das griechische Wort für *„nicht geziemt“ (katheko)* ausdrückt. Es wird von GOTT nicht anerkannt, sondern gerichtet. *„....GOTT nicht in Erkenntnis festgehalten“*, führt hin zu dieser unwürdigen Gesinnung. Woher kommen denn die mystischen Sakramente in der römisch-katholischen Kirche, wenn nicht aus den eingesponnenen griechischen Philosophien?

Die antiken philosophischen Griechen waren Weltmeister im Konstruieren neuer Weltbilder. Ihre Ideenwelten machten aus heidnischer Mystik ein tugendhaftes Weltbild, in dem Vernunft und Wissen das Höchste waren; *„der Tugend voran die Erkenntnis (griech. Gnosis)“* war ihr Credo. Sie laborierten mit den psychischen Kräften ihres Verstandes und Willens, und damit wollten sie sogar die sinnlich nicht fassbare (übersinnlich-transzendente) Welt erfassen und begreifen, aber sie fanden dort auch nur die *Ideen* des Guten, wie sie es nannten, die sie dann als Höchstes bezeichneten (Platon). Dieses Wissen war ihre Tugend, wobei die Wahrheitsfrage stets nur in der Subjektivität verblieb, ohne Findung. Es war und bleibt immer nur ein Suchen, wo Vernunftwesen, Erfahrung, Wissen und Tugend in einer unruhigen letztlichen Ungewissheit schweben und ihre Thesen und weitschweifigen Gedankenkreise stets mit großen Fragezeichen der Vorläufigkeit enden. Nie hat auch nur einer dieser Philosophen sein individualistisches Gefängnis hin zu unabhängiger Freiheit und neutraler Geschöpflichkeit durchbrochen; der „Mensch“ musste im Mittelpunkt der Dinge in Unfreiheit verweilen. Darum hatte auch grotesker weise das griechische Volk, wie später das römische nie eine endgültige geistige und moralische Identität, weil Philosophie und auch Religion stets auf der Suche nach dieser sind.

Der Bogen naturphilosophischer Weltvernunft spannt sich von vorchristlicher Gnosis bis zur Scholastik und stellt den Menschen in den Mittelpunkt des Denkens und Strebens. Dieses Denken wurde über die römische Philosophie, den Humanismus, die Renaissance und die Aufklärung und Revolution bis ins 21. Jahrhundert getragen. Wir reden über philosophische Prägungen und Einflüsse und wir wissen, dass die frühmittelalterlichen Päpste heidnisch-philosophische

Spekulationen (Neuplatonismus) als Glaubenssätze in ihre Lehren aufnahmen. Im zwölften Jhdt. erdachte der scholastische Philosoph und Dominikaner Thomas von Aquin, der ein Mystiker war, ein geniales Kirchensystem – ein diesseitiges! (In Gemälden kann man ihn zwischen den Philosophen Aristoteles und Platon sehen). Thomas v.A. wollte den Widerspruch von Glauben und Wissen innermenschlich sehen und lösen, weil er den *Verstand als nicht vom Sündenfall betroffen* ansah. Seine spekulative Theologie der Vernunft erbrachte daher ein innerweltlich-anthropozentrisches und sichtbares Erlösungsmodell, wo die Sakramente auf materieller Weise funktionieren.

Weit, himmelweit entfernt zur biblischen Botschaft der Erlösung, die ohne menschliches Zutun nur in CHRISTI Kreuz und Auferstehung und in Glauben daran begründet ist, installierten hier blinde Augen und taube Ohren ein System, das zur Grundlage des katholischen und evangelischen Sakramentalismus wurde. *„Sacramenta operatur exopore operato"*, d.h. die erdachten Sakramente werden *wirksam* durch den *„Vollzug der Handlung"*, die ein ordinierter Priester oder Pastor `spendet`, indem er eine Formel murmelt, und damit angewandte Magie betreibt. Sie fanden es nicht für gut, GOTT in der klaren Erkenntnis *(epignosei)* festzuhalten, IHN in Anerkennung zu würdigen, darum hat sie auch GOTT dahingegeben, und die geistigen Fürsten der Finsternis wurden Paten einer Theologie des Menschenverstandes, wo der Mensch durch das „Göttliche in ihm zu Gott wird", wie es der Neuplatonismus lehrt.

Nun ist dieses religiöse System diesseitig geschlossen, ohne die jenseitige geistliche Dimension berühren zu können und zu wollen, denn dieser äußerliche Ritus ist kennzeichnend für heidnische Magie – er ist okkult! Niemals vermag ein solches rituelles Sacrament in die himmlische Dimension einzudringen oder dort etwas zu bewirken. Diese von Rom über die Konzile von Florenz, Trient bis zum zweiten Vatikanum (1962-1964) ausgehändigten Garantiescheine in den Himmel sind ein Werk der Zauberei, ein Werk der Bannsprecher. In der Botschaft des Gerichts über Babylon wird der Faktor der Zauberei als „Verführung aller Völker" gezeigt (Offenbarung 18,23) und steht in Offb. 21,8 zwischen Hurern und Götzendienern als Ausdruck größter religiöser Verkommenheit – **„deren Teil wird in dem See sein, der von Feuer und Schwefel brennt; das ist der zweite Tod."** (vgl.22,15). Mit *Hurerei* meint die Bibel über kultische Prostitution, Pornographie und unehelichen Geschlechtsverkehr hinaus die geistliche Hurerei und Untreue mit heidnischen Religionen und Göttern, was schon in den ersten der Zehn Gebote des Dekaloges absolut verboten ist. Ein bibelgläubiger Christ „kann" nicht und „will" nicht andere fremde Götter neben dem Einen Wahren

GOTT der Bibel anbeten! Aber die Ökumene, ganz im Sinne des synkretistischen Gebetes des Papstes in Asisi kann und tut das und öffnet sich ganz gezielt für alle Weltreligionen, und ihr Weihrauchlager ist angefüllt mit allen Arten religiöser Hurerei und Zauberei! Wir müssen verstehen, dass der römische Katholizismus nicht mehr ist als das Produkt von okkulter Naturphilosophie und Weltvernunft und das er insofern nur auf dieser Ebene seinen Doktrinismus ausüben kann.

Der unbiblische Sakramentalismus erzeugt eine „Sakramentenangst", die Verlustangst, ohne das Sakrament das Seelenheil zu verlieren. Aber ohne den **Geist** aus GOTT, aus Dem und durch Den der Mensch Vergebung und Heil empfängt, kommt kein Kontakt zum geistlichen Leben und zur himmlischen Wirklichkeit zustande und bleibt der Glaube an die Spendung von Sakramenten nur ein seelisch-psychischer Dienst des Todes und der Verdammnis. Der *psychikos*, sagt die Bibel, ist irdisch, natürlich, sinnlich; der *pneumatikos* ist geistlich und himmlisch gesinnt und durch GOTT (nicht durch einen Menschen) versiegelt mit dem Heiligen Geist und Erbe der göttlichen Sohnschaft! Der aus dem Geist GOTTES Geborene (Bekehrte) hat Leben aus GOTT empfangen, CHRISTI Leben! Ihn interessieren die himmlischen und biblischen Dinge, an den toten Dingen der Religion findet er keinen Gefallen mehr; es ist eine Frage der erneuerten oder unerneuerten Gesinnung. JESUS sagte: *„Lass die Toten ihre Toten begraben, folge du Mir nach*". Die Bibel bezeichnet den in Sünde geborenen Menschen einen natürlichen und geistlich toten Menschen, auch wenn er eine christliche Religion annimmt (Eph.2,1-3; 4,17); er braucht das Bad der Wieder- oder Neugeburt, um *geistlich erneuert* zu werden (Tit.3,4.5). Ohne diese bedingende geistliche Geburt in seinem Geist kann kein Mensch GOTTES Reich sehen und in dieses eingehen (Johannes, 3)!

JESUS CHRISTUS redet die religiöse Elite zeitlos als geistlich Tote an: **„Wehe euch, Schriftgelehrte und Pharisäer, Heuchler! Denn ihr gleicht übertünchten Gräbern, die von aussen zwar schön scheinen, inwendig aber voll von Totengebeinen und Unreinigkeit sind"** (Matth. 23,27), und ER sagte zu den Sadduzäern: **„GOTT ist nicht ein GOTT der Toten, sondern der Lebendigen"** (Matth.22,32). Es macht eben keinen Sinn, geistlich Toten (religiösen) Menschen mit geistlich toten Sakramenten zu dienen, sind es doch nur religiöse Spielarten, mit denen der Teufel das wahre Heil, das CHRISTUS bringt, nachäfft und raubt. Tote Werke, sagt die Bibel, können nur durch das kostbar teure Blut des LAMMES JESU weggereinigt, und Sünden nur durch Sein Blut gesühnt und vergeben werden (vgl.Hebr.9,14 + 1.Joh.1,9).

Der mystische Sakramentendienst der römisch-katholischen Kirche ist mithin auch ein Pseudorelikt aus den alttestamentlichen hebräischen Dienstleistungen und Gottesdiensten. Dort gab es Satzungen, Ämter, Priesterkleider und Formen, die alle ihre typologischen Hinweise auf CHRISTUS hatten, der noch kommen sollte. Der Weg in das Heiligtum GOTTES, in Seine Gegenwart war damals noch nicht möglich, weil nur CHRISTUS den inneren Vorhang zerreißen konnte, als ER am Kreuz auf GOLGATHA **als Opfer und Mittler** zwischen GOTT und Menschen und als Sündopferlamm ausrief: „ES IST VOLLBRACHT!" (Joh.19,30; vgl.Hebr.9,15).

Wäre die katholische Kirche auf den Neuen Bund des Neuen Testamentes gegründet, wären ihre alttestamentlichen Plagiate (=Diebstahl geistigen Eigentums) in nachgemachten Satzungen, Formen und Gewändern nicht möglich oder denkbar. Im Neuen Bund gilt nicht mehr der Mittlerdienst von Priestern, sondern das Allgemeine Priestertum der erlösten, lebendigen und heiligen Gläubigen, weil CHRISTUS mit einem vollkommenen Opfer die Seinen geheiligt hat! (vgl. Hebr.10,10.14). Seitdem braucht es keine Opfermessen mehr! So sagt die Schrift: **„Zu IHM kommend als zu einem lebendigen Stein, von Menschen zwar verworfen, bei GOTT aber auserwählt, kostbar, lasst euch auch selbst als lebendige Steine aufbauen, als ein geistliches Haus, ein heiliges Priestertum."** (der Apostel Petrus in 1.Petr. 2,4.5.9a). Und was die Menschen sakrale Orte oder Bauten nennen, wird im NT nicht beachtet: **„Der GOTT, der die Welt gemacht hat und alles, was darin ist, ER, der HERR des Himmels und der Erde, wohnt nicht in Tempeln, die mit Händen gemacht sind."** (Apg.17,24). Der Dienst aller Religion findet im diesseitig Immanenten statt, im materiell sichtbaren Ritus. GOTTES Wesen und Wohnort aber ist der „Geist", und als solcher wohnt ER im Geist des bekehrten, gläubigen Menschen, denn *der* ist ein Tempel des Heiligen Geistes (vgl. Joh.4,24; 1.Kor.3,16+6,19+15,48).

Und ER sprach: **„Aber wehe euch, ihr Schriftgelehrten und Pharisäer, ihr Heuchler, dass ihr das Reich der Himmel vor den Menschen zuschließt! Ihr selbst geht nicht hinein, und die hineinwollen, die lasst ihr nicht hineingehen."** (Mtth.23,13).

Die Kirche Roms blockiert den Zugang zur biblischen Wahrheit des ewigen Heils oder besser gesagt, sie kann nicht geben, was sie selbst nicht hat. Der Katholik darf und kann sich nie der vollen Vergebung seiner Lebensschuld und seiner „Erlösung aus Gnaden allein" bewusst werden und erfreuen. Rom gebraucht die Unterwerfung unter Dogma, Zwang und Tradition. (Zu vergleichen mit dem

Investmentgeschäft der Pharmaindustrie, deren Markt die Aufrechterhaltung der Volkskrankheiten, nicht aber deren Beseitigung ist). Der Katholizismus hat die eine, reine und heilige von GOTT inspirierte Schrift mit ihrer geoffenbarten Wahrheit zugunsten seiner religiösen Lehren mystifiziert, unkenntlich gemacht und verworfen. „Geheimnis und Mystik" sind das innerste Zentrum des religiösen Katholizismus (es gibt dort auch einen politisch-wirtschaftlichen Kern); vom misteriösen *„Misterium fide"* (Geheimnis des Glaubens) bei der angeblichen Wandlung von Brot und Wein (Transsubstantiation) bis hin zu den dämonischen Marienerscheinungen liegen gezauberte Trugbilder vor. In der Beurteilung der Heiligen Schrift werden solche Phänomene von den Aposteln JESU als *dämonische Lehren und ausgeklügelte Fabeln bezeichnet.* (vgl. 1.Tim.4,1+2.Petr.1,16). Als authentischer Augenzeuge spricht Petrus in 2.Petr.1,16 von seiner wirklichen Begegnung und Gemeinschaft mit dem auferstandenen HERRN JESUS und von der herrlichen Majestät JESU auf dem Berg der Verklärung in Lukas 9,35. Und diese persönlichen Erlebnisse und Begegnungen waren die Voraussetzung für die Wahrheit der göttlichen Inspiration der Schriften der Apostel – der **geistgehauchten** Schrift! (2.Tim.3,16).

Der griechisch originale Grundtext im Johannes-Evangelium Kap.1, Verse 1+4a; 14a

„En arche ten ho Logos, kai ho Logos ten pros ton Theon, kai Theos ten ho Logos – en auto Zoe ten – kai ho Logos sarx egeneto." Und zu Deutsch: **"Im Anfang war das Wort, und das Wort war bei GOTT, und das Wort war GOTT – In IHM war das (ewige) Leben – Und das Wort wurde Fleisch."**

Allein die biblische Heilige Schrift ist daher von göttlicher Herkunft. Sie verbietet an vielen Stellen jede Art von philosophisch-religiöser Beimischung, Elementen dieser Welt. (vgl. Kol.2,8). Bei der Entstehung und Beurteilung biblischer Schriften gelten gänzlich andere Maßstäbe und Kriterien als bei jedem Werk irdischer Weltliteratur! Die göttliche Inspiration der Heiligen Schrift ist ihre Autorität, die himmelhoch über allen anderen Autoritäten steht! Der LOGOS (siehe Kap.3-*Bekenntnis zur BIBEL*) ist das *gesprochene* und *geschriebene* biblische Wort des HERRN, und GOTT ist der LOGOS: *„kai Theos en ho Logos"* im griech. Grundtext heißt **„und GOTT war das Wort".** *„En auto Zoe en"* heißt **„in IHM war das Leben"** und *„kai ho Logos sarx egeneto"* = **„und das Wort wurde Fleisch (=Mensch**)."

Diese Worte im Johannesprolog zeigen uns, dass das Wort GOTTES, der Logos in der Gestalt JESU, Mensch wurde, und das Wort **„egeneto"** bedeutet, dass es keine Spaltung zwischen dem göttlichen Wort und Dem ins Fleisch gekommenen JESUS gibt. JESUS, der CHRISTUS ist das wahre und ewige Leben und das Wort GOTTES! ER ist der *Baum des Lebens*, der schon im Garten Eden stand, und ER ist der Fels, der Israel durch die Jahrhunderte trug, und ER ist **„in Seiner äußeren Erscheinung, Gestalt und Beschaffenheit als ein Mensch erfunden worden“** (Phil.2,7.8), der ganz in das menschliche Wesen einging und FÜR den gefallenen Menschen den SÜHNE- UND KREUZESTOD AUF SICH NAHM, und der uns das Neue Testament gegeben hat! (1.Kor.10; Gal.1,4u.a.). ER ist der leiblich auferstandene GOTTMENSCH, in dessen Bilde der erlöste Mensch hineingestaltet werden soll und wird!, und ER erscheint im Buch der Offenbarung wieder als BAUM DES EWIGEN LEBENS im kommenden Paradies, und ER ist das heilige, verzehrende Feuer, das Holz, Heu, Stroh und Spreu mit unauslöschlichem Feuer verbrennt! (vgl.Matth.3,13; 1.Kor.3,12.13; Offb.1,14f; 22).

Tote Kirchentraditionen, im christlichen Bereich die römisch-katholischen und protestantischen in umfassender Weise und deren tote Werke sind Holz, Heu und Stroh; sie werden reiche Nahrung für das zukünftige Gerichtsfeuer, wie geschrieben steht: **„...so wird das Werk eines jeden offenbar werden; denn der Tag wird es klar machen, weil er in Feuer geoffenbart wird.“** (1.Kor.3,13). Weil die römische Kirche nie dem Auferstandenen begegnet ist und es hier nirgends in der Geschichte zu einer Vereinigung mit IHM (Unio mystica) gekommen ist, hat sie weder Legitimation noch Anteil am Baum des Lebens, denn sie ist eine Sakramentenkirche des Toten. Darum ist ihr `mysterium fide` kein „mysterium vita“ – kein Geheimnis des Lebens. Ihrem Sakramentalismus wird zwar eine geheime Macht zugesprochen, wie sie Kennzeichen von Magie ist, aber es bleibt nur eine Verschleierung, ein Totenschleier, der das geistliche Leben verhüllt und das Tote verdüstert umnebelt. Es steht geschrieben: **„...und sie werden ihre Ohren von der Wahrheit abwenden und sich den Legenden (mythen) zuwenden.“** (2.Tim.4,4). Dieses Wort gilt ebenso den großen protestantischen Landeskirchen des Abendlandes, wobei das griechische Wort „mythous“, zu Deutsch *mythos* einfach menschlich Erdachtes und Lügenhaftes bezeichnet. Im Neuen Testament wird dieses Wort mit profanen Lügengeschichten dargestellt und deren Ansprüchen, etwas zu sein, was sie nicht sind. Die modernistisch geprägten katholischen und protestantisch-evangelischen Theologen und Pfarrer nehmen die Bibel in die Hand und zitieren daraus, aber dann geben sie dem Bibeltext „ihre“ eigene gedanklich-gesponnene Auslegung, „ihren *mythos*“ und begehen das Sakrileg der Eigenmächtigkeit gegenüber dem inspirierten Wort; aus Weizen machen sie Spreu. Das geistgehauchte Wort der Bibel benötigt einen anderen Zugang als den intellektuell-spekulativen, es braucht analog eben diesen Geist, der das Wort „gegeistet" hat (2.Tim.3,16).

Es wäre ein Ungleichgewicht zur röm.-kath. Kirche, die New-Age-Mystik der modernen protestantischen Kirche unerwähnt zu lassen, und eben auch hier den vorwiegend intellektuell-spekulativen Bereich. Dafür zeugen die undifferenzierte, unbiblische Abendmahlshaltung, die Kinder(taufe), die keine ist, ökumenische Gottesdienste, Zen-Buddhismus, islamische Esoterik, Yoga, Allversöhnung, Anbetungstänze, Meditation, Autogenes Training, Verweiblichung der Gottheit (Feminismus) und dazu die Frauenordinationen, politische Synkrise, Bejahung der Homosexualität u.a.m. Der konturlose, kraftlose Kulturprotestantismus wird schleunigst in die katholische „Mutterkirche" hineingezogen, und sie fressen ihr willig aus der Hand, <u>was die Reformatoren eben nicht taten um der Ehre ihres GOTTES und Glaubens willen!</u> Was nützen den Protestanten ihre rituellen Glaubens- und Lippenbekenntnisse (Matth.15), religiöse Überzeugungen und Weltanschauungen, die im Ernstfall alle zusammenbrechen. Auch den Ägyptern halfen ihre vielen Götter nicht, als die tosenden Fluten des Roten Meeres auf sie zukamen und das Grauen des Verderbens sie verschlang, während das Volk Israel wunderbar hindurchgerettet wurde und Seinem GOTT Loblieder sang! (vgl. 2.Mose 14+15).

Wie wir gesehen haben ist römisch katholische Mystik ein Ergebnis aus spekulativer Theologie und griechischem Neuplatonismus, in dem es keinen personalen und **persönlich** erfahrbaren Gott gibt. Das unpersönliche „Etwas" dieses Gottesbildes strahlt etwas aus, das der \`Weltgeist\` ist, der auch Träger der Ideen und Schöpfer der Seele ist. (Daraus kann man auch das Weltethos von Hans Küng ableiten). Das ist wie gesagt der griechisch-philosophische Einfluss auf die katholische Theologie im Mittelalter gewesen, und mit diesem Einfluss verbleibt im Katholizismus *nur ein abstrakter Gott, ein Vernunftgebilde*, das wohl die personalen Kennzeichen von Vater und Sohn in der Schrift trägt, mit dem es aber niemals zu einer biblisch-identischen subjektiven Begegnung kommt, die einen Menschen total von innen her verändert. Es bleibt nur das \`Geheimnis des Glaubens\` (mysterium fide), nebulös, fremd und kalt, welches wie das Sakramentengebäude ohne Bezug zur biblischen Realität erscheint. Daran sind viele katholische Priester zerbrochen, weil sie selbst in dieser toten Religionsausübung keinerlei Identität, Sinn und Frieden fanden und finden können. Ein katholischer Priester sagte: *„....was wir an Sakramenten dem Volk Gottes zu glauben eingeprägt haben, ist nichts anderes als Hokus Pokus. Das Schlimmste daran ist, dass dieser Unsinn den Menschen seit dem früher Mittelalter in Blut und Seele eingeimpft worden ist als Gottes Machtspruch.*" Die ganze römisch-katholische Liturgie in ihrem Mystizismus gleicht einer kultischen Naturreligion. Sie ist mit dem Ökumenismus zusammen daher auch nicht die Gute Frucht vom Baum des Lebens, sondern schlechte Frucht vom Baum der Erkenntnis des Guten und Bösen.

Ökumene, die Frau mit glatten Lippen

„Denn von Honig triefen die Lippen der Verführerin, und glatter als Öl ist ihr Gaumen. Durch ihr eifriges Zureden verleitete sie ihn und riss ihn fort mit ihren glatten Worten" *(Sprüche 5,3; 7,21)*

Der spirituell-religiöse Einfluss von New-Age umfasst alle westlichen Kulturen; er beeinflusst und steuert ihre Demokratien, Religionen und ihr ökonomisches Denken. Die Kulturrevolutionen im ausgehenden 20. und angebrochenen 21. Jahrhundert sind New-Age-gespeiste Anti-Moral-Revolutionen; sie erzeugen die Ideologien gegen bisher herrschende Sozialstrukturen der Gesellschaft. Ölindustrie, Stahlindustrie, Autoindustrie, Pharmaindustrie und Politik wirtschaften sicher nicht vorwiegend im Dienste der Menschheit, sondern im Dienste des Kapitalismus und der Hochfinanz, aber auch sie werden von der Macht der religiösen Endzeitentwicklung beherrscht werden, das können wir in der Offenbarung Kapitel 13 und 17 lesen. New-Age ist zur antichristlichen Kultur geworden, zu einer spirituell-okkulten Götterpforte, die gerade wegen ihres unbarmherzigen Humanismus eine Fabrik der Geister ist, und was die alles einschließt, haben wir in den ersten zwei Kapiteln beschrieben.

Man muss New-Age auch eine religiös-ideologische Kraft der Verführung und Täuschung nennen, aber noch mehr eine hoch reaktionäre Kraft, die besonders die Zielsetzung hat, alles bibelidentische Glaubensleben zu zerstören. Es geht um die Ablösung der bisherigen Normen in allen kulturellen- und Sozialstrukturen und im gesamten Wertsystem der Staatsformen (beispielsweise der Demokratien) und was dort an biblischen Absoluta und Axiomen noch übrig ist. Denn es geht nicht weniger als um „Herrschaft" auf der Erde. Für diese Strategie sind die ungläubigen christusfernen Massen kein Hindernis, aber die biblischen Absoluta und CHRISTUS Selbst ganz bestimmt! Darum frisst sich New-Age mit spirituellen Imitationen in alle christlichen Gruppen hinein, mit vielen Gesichtern und Maschen. Befallen von diesem tödlichen Virus sind alle ökumenisierten und pseudocharismatischen Richtungen, die auch die besten Transportwege für diese Krebszellen sind. Die Metastasen, die entstehen, führen zu einer Herausforderung und Abwehrhaltung von Freikirchen und protestantischen Gruppen gegenüber den Fundamentalisten. Es ist ein Konflikt immer aggressiverer Polarisierung, und möge GOTT, der HERR, noch Gnade schenken, damit es nicht zu einem Ausgang wie bei Kain und Abel entartet, sondern wahre Brüder und Schwestern sich auf dem Boden von Liebe und Wahrheit finden und versöhnen! In der Ekklesia ist dafür die Möglichkeit gegeben. (Siehe Kapitel 3).

Ökumenische Prozesse

Die Nacht wird immer schwärzer und tiefe, geistliche Dunkelheit bedeckt die Nationen (vgl.Jes.60,2). Der Schauplatz der geistlichen Auseinandersetzung zwischen Licht und Finsternis, zwischen Himmel und Hadesabgrund verlagert sich vom Ouranos (Himmel) her mit zunehmender Grausamkeit auf die Erde. Denn *hier* geschah der Einbruch der Sünde in das Menschengeschlecht und zog dieses in die Rebellion Satans mit hinein, und *hier, in diesem zeitlichen Äon* wurde der Sieg am Kreuz auf Golgatha über Satans Mächte und Gewalten, über die Sünde und Rebellion gegen GOTT vollbracht!! Und *hier* werden die letzten Kämpfe ausgetragen gegen die teuflische Symphonie von Lüge, Hass, Unglaube, Auflehnung, Perversion und Antichristentum. (vgl.Offb.12,7ff); es ist der geistige, pneumatisch-kosmische Kampf zwischen *LICHT* und **Finsternis!!**- zwischen dem gegenwärtigen, dämonischen Äon und dem schon angebrochenen und kommenden Göttlichen Äon!

„und die ganze Welt liegt in dem Bösen" – „kai ho kosmos holos en to ponero keitai" (griech.)

Dieses Wort der Schrift in 1.Johannes 5,19b spricht vom gegenwärtigen Weltlauf und Zeitalter. Die Bibel zeigt die „WELT" in zwei griechischen Begriffen; einmal das Wort *„äon"* für den zeitlichen Aspekt (also Zeitalter), und im anderen Wort *„kosmos"* die räumliche Bedeutung. Und beide Begriffe bezeichnen die in dem Zeitalter herrschenden Zustände mit ihrem Charakter. So drückt „Äon" für das gegenwärtige Zeitalter die völlig divergierende Grundhaltung zum kommenden Aion und Zeitalter auf. Der gesamte, aus tiefster antigöttlicher Inspiration kommende gegenwärtige Weltzustand liegt in völliger Disharmonie, Ablehnung und zugleich Auflehnung zur göttlichen Weisheit des göttlichen Willens! Der Begriff „kosmos" bringt das in Bezug auf die „Menschheitswelt" ebenso zum Ausdruck und sieht die „Welt" im Bösen liegen; „böse – *poneros*" im ethischen und geistlichen Sinn. „Kosmos" hat zudem noch andere Bedeutungen in der Schrift wie „Schmuck, Zierde, (Kosmetik), ein geordnetes Ganzes, Weltall, Erdkreis,

Erde und bezieht das auf die „gesamte Schöpfung GOTTES." (vgl. Apg.17,24; 1.Kor.8,4 u.a.).

Eine geistliche Decke hängt wie ein undurchdringlicher Dunstschleier über den Juden und den Nationen, so sagt die Schrift in 2.Kor.3,14-16; 4,3.4. Eine Decke im Sinn von Verblendung und fehlendem Sehvermögen; und diese hängt auch über denen, die gläubig werden und wieder unter die Decke des Judentums und der Religion in ökumenischer Gestalt kriechen. Die Bibel bezeugt es, dass dort, wo Glaubens*leben* mit Religions*tod* vermischt wird, geistliche Hurerei und Abgötterei entsteht. „Ökumene" bedeutet „bewohnter Erdkreis" und bezieht sich generell auf diese gesamte im Bösen (poneros) liegende Menschheitswelt und ist mit ihrem Wesen eins! Welch ein UNTERSCHIED zur Einheit im Johannes-Evangelium, Kap. 17!

Schauen wir einmal in den ökumenischen Prozess hinein. Um die konfessionellen Grenzen zu überwinden, hieß es zuerst „*Christen* in aller Welt, vereinigt euch!" In einer zweiten Phase des Weltkirchenrates (ÖRK) hieß es ;„*Religionen* der Welt, vereinigt euch!", und in einer dritten heißt es „*Menschen* in aller Welt, vereinigt euch!" Es wird also immer säkularer, hin zum Massenwesen der Welt. Der spirituelle Weg der Ökumene hin zum Universalismus *aller Menschen* ist heute das globale religiös-politische Notprogramm der Regierungen schlechthin, nicht nur ein subversives kirchenpolitisches. Es ist **nicht** das Programm des HEILIGEN GEISTES! Bei der Betrachtung der New-Age-Toleranz haben wir einiges davon beleuchtet. Diese neue Toleranz wird vom Weltgipfel der Religionen (Forum der Weltreligionen) *und* der UNO nicht nur empfohlen, sondern gefordert mit der Voraussetzung, dass es keine **a.b.s.o.l.u.t.e.** Wahrheit geben darf! Denn nur aufgrund eines *relativen* Konsenses *kann* Ökumene entstehen und bestehen. Die Ökumene hat sich zum antichristlichen System des synkretistischen Christentums entwickelt, zu einem Tiergebilde aus Heidentum, Christentum und Politik. Doch was sagt die Frau mit den glatten päpstlichen und politischen Lippen? : *„Nichts desto weniger ist die Heilige Schrift beim ökumenischen Dialog ein ausgezeichnetes Werkzeug in der Hand Gottes, um jene Einheit zu erreichen, die der Erlöser allen Menschen anbietet"* (P. J. Paul II in der „Enzyklika für die Ökumene – ut unum sint" – auf dass sie alle eins seien). Und als ökumenisches Endziel nannte und nennt der Papststuhl dann immer wieder die katholische eucharistische Gemeinschaft aller Konfessionen (per perpetuum utopia); ja, es ist eine „Gemeinschaft", jedoch keine neutestamentlich-christliche!

Die Protestanten, der Protestantismus lässt sich dahingehend sukzessive wehrlos aufweichen und es muss und wird die Folge sein, dass ohne radikale Besinnung und bei Nichtunterscheidung zwischen ökumenischer und neutestamentlicher Einheit und biblischer Normen die vatikanisch-ökumenischen Ziele erreicht werden, und das „protestantische" Volk sich dem überlieferten Lehramt und dem katholischen Katechismus unterwirft; denn dieser legt fest, wie die Bibel auszulegen ist und nivelliert die „heilige katholische Überlieferung" mit der Bibel. Wer das allerdings schon nicht mehr sieht oder sehen will, ist geistlich schon abgestorben! Hier ist dann eine von der Heiligen Schrift selbst gebotene Prüfung nicht mehr möglich.

Es gab Vorreiter und Wegbereiter des ökumenischen Denkens, wie den britischen Theologen John H. Newman und andere, aber der Ursprung der Ökumene kommt aus einer hinduistisch-okkulten Wurzel; der geistige Vater der Ökumene war der Erzbischof von Uppsala, Nathan Söderblom. Er empfing seine ökumenische „Vision einer Welteinheitskirche" 1904 im Feuertempel „Ahura-Mazda" bei Bombay (Indien) durch den damaligen Oberpriester Rastanji E. Durch *diese* Inspiration lehnte Söderblom im Folgenden die Inspiration der Bibel und gleich auch die Reformation ab! Neben der Statue von Moses stellte er in *seiner* Kirche in Stockholm die Statuen von Plato und Sokrates auf. Er begründete mit der Weltkirchenkonferenz für „Life und Word" in Stockholm 1925 einen der Hauptzweige des später folgenden Weltkirchenrates. Söderblom sagte: *„GOTTES Offenbarung ist nicht abgeschlossen, sie geht immer fort…Gott ist ein werdender Gott". So seien auch das Christentum und die anderen Religionen in einer Weiterentwicklung – und alle Religionen entwickeln sich hin auf das Christentum.* Also aus der Bibel hat er das nicht lesen können, woher kam aber dann diese Inspiration? (Mehr dazu in „Forschet in der Schrift"). Söderblom hat hier einfach eine stupide Idee installiert, was nach diabolischem Streben andere vor und nach ihm bereits getan haben.

Identisch mit dieser Inspiration war ja auch der Weltgebetstag der Weltreligionen am 27. Oktober 1986 in Assisi, wo Hindus, Moslems, der Dalei Lama, ein englischer Erzbischof, Sikhs, Schintoisten, Schlangenanbeter und Kultpriester zu ihren Dämonen beteten. Und vor einem hinduistischen Publikum dort sagte der letzte Papst, Karol Wojtyla: *„Indiens Auftrag …ist aufgrund seiner Erkenntnis über das spirituelle Wesen des Menschen von entscheidender Bedeutung".* Vielleicht wusste er nicht, dass der Hinduismus keinen persönlichen Gott und keine Erlösung kennt. Als Einigungspapst sprach er 1981 in Tokio zu Schintoisten und Buddhisten und lobte die Weisheit *aller* Religionen; in Togo (Westafrika) rühmte er sich, mit Animisten zu ihren Naturgeistern gebetet zu haben. In Brüssel sagte er 1985 zu Muslimen: *„Christen und Muslime, wir begegnen uns einander im Glauben an den einen Gott";* so auch 1993 in Westafrika, wo dieser Papst Christen, Moslems und Anhänger von Naturreligionen zu gegenseitiger Anerkennung aufrief, also nicht zu ihrer Evangelisierung. Selbst der grauenhafte Voodookult, der heute noch Kinderopfer fordert, war für Wojtyla kein Hindernis zur ökumenischen Einheit, denn er fand 1993 eine „gemeinsame Grundlage" mit den Anhängern dieses Kultes. Und so geht es weiter mit allen Religionen – Roms Moloch frisst alles, aber wehe denen, die sich nicht fressen lassen! Roms Macht, List und Grausamkeit ist gross. Aber zurück zum Gründer der Ökumene.

Söderblom verstand die Jungfrauengeburt und die Auferstehung nur symbolisch und er glaubte an ein Gottesreich in dieser Welt vor der Parusie (Wiederkunft) JESU CHRISTI. Auch sei die göttliche Offenbarung nicht auf die Bibel allein beschränkt, sondern offenbar werdend in allen Religionen und in der Geschichte der Welt. So könnte man heute wieder in einem Hitler oder Stalin Gottes Offenbarung erkennen. Dieses Bild erkennt man sogleich in der Ökumene wieder; diesen Geist atmet sie. Männer der Ökumene haben diese geisteskranken Gedanken weiterentwickelt, und so stellt sich die Ökumene dar: ein dünner, brüchiger, illusorischer Boden über einem bodenlosen Abgrund, angefüllt mit Greueln! Ein Kelch der Dämonen, bereitet für das furchtbare Zorngericht GOTTES!

Ökumenisches Orakel – ein Weg zum Scheol - (griech. „Hades"- Aufenthalt der Toten)

„Kein politisch-globaler Friede ohne religiös-globale Einheit", das scheint die Erkenntnis der Weltregierungen zu sein. Das viel gerühmte Instrument zu diesem Ziel ist die Ökumenische Bewegung. Die andere Seite hin zu einer globalen Weltordnung ist politischer Natur. Oberste Freimaurer in ihren mächtigen Organisationen wie die Trilaterale Kommission oder die Bilderberg-Gruppe arbeiten vehement daran, und der ehemalige US-Außenminister Henry Kissinger sprach auf der letzten Jahrestagung der Trilateralen Kommission von einer Chance in der weltweiten Finanzkrise zur Schaffung einer neuen Weltordnung. Zu einer globalen Wirtschaft müsste sich ein globales politisches System entwickeln, nicht mehr die Vorrangstellung von Supermächten. Er sagte: *„Ich glaube nicht, dass es möglich oder wünschenswert ist, die vorherrschende Stellung der Vereinigten Staaten wiederherzustellen."*

„ONE World", aber nicht ohne *„global peace"*, sonst kracht die ganze Welt zusammen. New-Age und Ökumene sind in dieses Endzeitprogramm involviert und bringen teleonomisch (zielgerichtet) ein Neues Bewusstsein in die Welt – ein kosmisches Bewusstsein mit kosmischem Frieden. Auch hierin ist New-Age nur eine Wiederholung vom Old-Age altbabylonischer Diktatur. Zur Zeit der ersten großen antiken babylonischen Zivilisation gab es die „einheitliche Menschheitswelt", sogar mit einheitlicher Sprache. Es war ein gottwidriger religiös geführter Zentralismus – eine One World Komposition mit dem Credo: „*Wir* sind Gott, lasst *uns* eine Stadt und einen Turm bauen und *uns* einen Namen machen" (vgl.1.Mose 11). Gegen diese Omnipotenz stand das kategorische Nein GOTTES! ER fuhr herab und zerstreute diese geschlossene Menschheit in die völkische Zerstreuung, in den Nationalismus, um diese kompakte Macht zu zerschlagen. Die gegenwärtige Endzeit der Nationen wird wiederum zu einem „Babel", weil der Gott dieser Welt, Satan, noch einmal die „Vereinten Nationen" komponiert und sie durch Gleichmachung zum Welteinheitsstaat führt. „Gleichmachung und Gleichwertigkeit" schreibt uns das Toleranzdenken, die Ökumene und die UNO heute schon vor. Aber es kommt laut Bibel noch viel „hautnaher", bis zum Code auf der Haut (vgl. Offb.13); dann ist der totalitäre Welteinheitsstaat Wirklichkeit geworden, Freiheiten und Spaß sind dann dahin und die Zorn- und Schalengerichte GOTTES erschüttern alles und raffen die Spreu der Erde hinweg!!

Heute bringen wirtschaftliche, politische und religiöse Verhältnisse östliche Theoretiker und westliche Praktiker zusammen, und im gemeinsamen Kampf um einen Weltfrieden und eine Weltordnung muss sich die ökumenische Weltkirche wieder mit den Weltnationen vermählen. Weltfriede ist Plattform für Welteinheit – ohne Religionsfrieden kein künstlicher Weltfriede. Schauen wir einmal näher hinein in die spirituelle Wirkungsweise der Ökumene. JESUS CHRISTUS spricht sehr deutlich davon, dass die größte Verführung in der Geschichte der Menschheit vor Seiner Ankunft (parousia) eine religiöse sein wird, die drei Merkmale zeigt:

1.) falsche Propheten: hier sehen wir eine Vielzahl von Visionen und neuen Offenbarungen und zugleich ein Ablehnen biblischer Offenbarungen. (Ein Wissen aufgrund seelisch-mentaler Möglichkeiten wird von den Wissenschaften zunehmend beachtet).

2.) falsche Messiasse: östlicher und katholischer Mystizismus verdrängt den biblischen Glauben; er bekämpft ihn. Falsche, reinkarnierte Christusse ohne

Wundmale weisen Wunder vor und täuschen viele quer durch das Spektrum des Christentums.

3.) falsche Wundertaten: auf suggestive, psychologische und dämonische Weise werden Phänomene erzeugt, die nicht auf CHRISTUS hinweisen, sondern auf das Geschöpf und dieses verherrlichen wollen; (diese werden ebenfalls von den Wissenschaften als Kräfte des menschlichen Geistpotenzials – PSI – akzeptiert und „geglaubt").

Die entwurzelten Menschen unserer kulturarmen Endzeitzivilisation suchen für ihre verlorene Identität Inseln des Trostes im trostlosen Dasein. Kulturseligkeit gibt es nicht und bloße Technokratie befriedigt den Individualismus nicht, die tiefere Sinnfrage bleibt offen. Der Weg nach innen, in eine innere Geborgenheit wird zunehmend gesucht und auch praktiziert. Die seelische Spiritualität und das Paranormale sind zu einer grossen Bedürfniswelt geworden; dafür steht ein Supermarkt kosmischer Heilmittel und Weltanschauungen zur Verfügung: New-Age, griechische Instantmystik oder Philosophie, Psychologie, Hypnose, östlicher Mystizismus, Hinduismus, Schamanismus, Buddhismus usw. Dieser Pluralismus wird als ein *Neues kosmisches Bewusstsein* bejaht, weil man damit unter anderem das klassische analytische Denkkonzept des Abendlandes überwinden und endlich zum „Göttlichen" im Menschen – zum Teil *des Ganzen* finden will. Man möchte *zu sich selbst* finden und im „Selbst" zum unbewußten Archetypus des Gottesbildes. Das sei dann mit einer Umgestaltung der Welt zu einer spirituellen Einheit die Lösung für die Welt und ihre Probleme.

Die Reise ins innere Ich wird durch die Traumdeutung erleichtert (der säkulare Prophet C.G.Jung nannte die Träume „Wirklichkeiten"). Und hier steigen auch Christen ein mit Angeboten für Traumseminare, Workshops für Wunder und Prophetie etc. Okkulte Praktiken in psychologisierter Form dringen heute in Volks- und Freikirchen ein. Aussagen des christlichen Glaubens hören sich heute allmählich an wie humanistische Psychologie. Sünde wird da auch als psychologisches Problem betrachtet, und die Theologie schwimmt auf dem Rücken des Selbstwertgefühls dahin. Die Menschheitsfamilie soll ja zusammenwachsen zu einer synkretistischen Einheit von Religion, Wirtschaft und Politik. In diesem Neuen Bewusstsein ist die Ökumene psychologisch und ideologisch vollbewusst integriert. Ihre Theologen sagen, der Mensch könne selbst erkennen, was gut ist (Baum der Erkenntnis), und ihre Soziologen behaupten, die Moral der inneren verkümmerten Werte im Menschen seien der Grund für den globalen Unfrieden. Der Mensch ist also demnach der Maßstab aller Dinge, wie es Papst Joh. Paul II bei seinem Wienbesuch 1983 erklärte: *„Der Mensch ist Maß und Ziel aller Anstrengungen, die wir in dieser Welt unternehmen"*.

Oh, der Schatten, das ist meine süsse „Rechtfertigung?"

Der gefährlichste Teil im Neuen Bewusstsein der Ökumene liegt in dem Anliegen der „Integration" der sündhaften Menschennatur. Es geht hierbei um die These, dass Sünde nicht die Schande und das Verderben der Völker ist (vgl. Sprüche 14,34), sondern nur *ein Schatten*. Der Schatten tritt auf, wo auch das Licht ist; Schatten sind Persönlichkeitsanteile, die man *integrieren* muss (das ist in C.G.Jungs Psychologie eine wichtige Rolle). „Es kann niemand über seinen Schatten springen", er gehört zum Leben, heißt es. Also die Sünde gehört als integraler Bestandteil zum Leben als eine „menschliche" neutrale Eigenschaft, denn der Mensch sei nicht notwendiger Weise böse; er soll sein Leben ausleben, weil das Böse zu seiner Natur gehört. Das drücken Psychagogen und auch Theologen so aus: *„Am Bösen reifen wir, wenn wir zu unseren Schatten stehen"*. Sie heben den Unterschied von Gut und Böse auf und schaffen so einen gemeinsamen humanen Grund, eine möglichst niedrige ethische und ethnische Hemmschwelle. Der Gemeinsame Nenner in der Ökumene ist nicht CHRISTUS UND DAS KREUZ, sondern die gemeinsame „Menschlichkeit". Kardinal Hume brachte das so zum Ausdruck: *„Wir müssen uns auf das konzentrieren, was uns eint…..wir müssen uns auf unsere gemeinsame Menschlichkeit konzentrieren"*. (Sprachlich beinahe identisch mit 1. Mose 11,4 – Babel).

Es entsteht also eine ökumenische ´Einheit` auf der Basis religiös-humaner Menschlichkeit ohne das Mitgekreuzigtsein, ohne Erlösung des alten, natürlichen Menschen *von* seiner alten, sündigen Natur, und insofern eine Einheit ohne innerlich erneuerter Menschen. Es mögen vereinzelt geistlich erneuerte Menschen darin zu finden sein, aber das ist nicht die Basis, sondern der gemeinsame Grund ist „Adam“, nicht CHRISTUS. Eine innerweltliche Einheit unerlöster Art ohne den bedingenden Geist GOTTES – das muss und wird letztlich ins Chaos führen, und das wird die Endzeitkirche sein. Das Neue Testament lehrt: **„Der erste Mensch, Adam, wurde zu einer lebendigen Seele; der letzte Adam zu einem lebendig machenden Geist….Der erste Mensch ist von der Erde, irdisch; der zweite Mensch ist der HERR aus dem Himmel. Das sage ich aber, Brüder, dass Fleisch und Blut das Reich GOTTES nicht erben können; auch erbt das Verwesliche nicht die Unverweslichkeit“.** (1.Kor.15,45.47.50). Diese Art ökumenischer Einheit, die ihren Ursprung im Ideellen und irdisch Natürlichen hat, ist menschlich das Wünschbare als vereinte Menschheitsfamilie, aber leider ist sie nur ein Hineinsäen in das Sterbliche und Verwesliche und wird das Reich GOTTES nicht erben!

Für die ökumenische Bewegung und ihre Beteiligten ist das *Wort vom Kreuz* ein Ausdruck, mit dem sie nichts anzufangen wissen (falls sie es überhaupt kennen); es ist ihnen im biblischen Sinn „eine Torheit“ (vgl. 1.Kor.1,18). Und wie es auch für höchste katholische Amtsträger eine Torheit ist und ein verschlossener Garten, der das Evangelium in seiner ganzen Fülle enthält, ist das Wort vom Kreuz für ungezählte Katholiken und Angehörige anderer Religionen ein unverständlicher Skandalon. Oh ja, man trägt ein Kreuz als Schmuckstück oder gar als Talisman um den Hals oder an den Ohren, und in den Kirchen steht es da, mit oder ohne Holzkorpus. Aber was da am Kreuz geschah, ein Geschehen, dass die ganze Welt und eine ganze Schöpfung einschließt, ist vielen eben eine Torheit, allerdings eine unverzeihliche! Mit Kreuzsymbolen kann man natürlich tun, was man will; mit dem Auferstandenen CHRISTUS, dem LOGOS und Herrscher der Welten kann man das nicht mehr! (Mehr dazu im *„kerygma* der Verkündigung“).

Heute dringt das Gespenst der Ökumene unaufhaltsam hinein in das Volk GOTTES (vgl. Matth.24,12.24)! Man sagt: „Liebe nicht nur deinen Nächsten, sondern auch den Gott deines Nächsten.“ (Ein Argument aus der Finsternis der Unterwelt). Im Dialog mit den Weltreligionen wird das zu verwirklichen versucht. Dazu gibt es ein ethisches Friedensideal, soziale Entwicklungshilfen und theologische Entwicklungsinitiativen, letzteres beispielsweise für die Moslems. Für die Buddhisten nimmt man Zen-Meditationen, die zur Förderung der Besinnung in den Kirchen dienen als Stärkung des Dialogs. Die Sprachform der Ökumene ist die Sprache des natürlichen unerlösten Menschen (anthropos psychikos). Die Begriffsinhalte zwischen dem Geist der Heiligen Schrift und dem ökumenischen Sprachschatz lassen das deutlich unterscheiden:

Heilige Schrift der Bibel	*Ökumene*
Leib CHRISTI (Röm: 12,4; 1.Kor: 12,12)	Leib der Kirche
Durch Neugeburt aus Wasser und Geist in den *Leib CHRISTI* hineingetauft (1.Kor: 12,13)	Taufwiedergeburt und Weih-erneuerung für die Kirche
Versiegelt mit dem *Heiligen Geist* (Eph: 1,13)	Versiegelt durch das Sakrament der Kirche
Die Jünger *aus* den Nationen taufend (*baptizontes autous*) = „taufend dieselben" durch Untertauchen in JESU Tod (Matt:28, 19)	Das Sakrament der Kindertaufe und Taufwiedergeburt in Volkskirchen
Das Evangelium der ganzen Schöpfung zum *„Zeugnis"*, zur Auswahl und Vollzahl (Matt:24,14; Röm:11,7; 1.Thess:1,4; Röm:11)	Power-Evangelisation als Programm zur Christianisierung der Welt: Mission zum Zweck einer Zivilisation der Liebe
Friede durch CHRISTUS global *im Tausend jährigen Reich* zeitlich nach den Endzeitge-richten (Offb:20,1-6; Jes:65,17f; 11,12 u.a.)	Gemeinsames Bestreben, durch Ver-schmelzung aller Religionen Weltfrieden zu bringen mit Papst als religiösen Führer
Von Zion (=Jerusalem) wird Weisung ausgehen und des HERRN Wort von Jerusalem (Jes:2,3; 24,23; 46,13; 52,7.8; 60 u.a.)	Rom ist Zentrum der Neuen Weltreligion mit den Amtsträgern der röm.- kath. Hierarchie (Offb:17)

Drei Grundbausteine im ökumenischen Wesen: New-Age-spirituelles Bewusstsein, ökologisch-spirituelles Bewusstsein, sozial-spirituelles Gleichheits-Bewusstsein.

New-Age ist mehr als ein Baustein, es ist Bausubstanz im multireligiösen und politisch-ökologischen Friedensprogramm des Vatikans und der Weltregierungen. Das zeigen die Verbindungen mit allen mystischen und okkulten Religionen. Die römisch-katholisch-ökumenische Zusammenarbeit wurde auf der Konferenz des „Ersten Parlaments der Weltreligionen" in Chicago so formuliert: *„Eine Gesellschaft, in der sich westliche Wissenschaft, Sozialismus und östliche Geistlichkeit (Spiritualität) vereinigen"* (S.Vivekanada, indischer Mystiker). Darin ist die soziopolitische, wirtschaftliche und spirituelle Dimension klar erkennbar. Auf der fünften Weltkonferenz für Glauben und Kirchenverfassung weltweiter christlicher Gemeinschaften (WCC) einigten sich die Abgeordneten auf folgende Aussage: *„Es gibt keinen Weg zurück…von der alleinigen ökumenischen Bewegung, die die Belange der Einheit der Kirche und die Belange bezüglich…der Probleme der Welt in sich vereint".* Hier wurde deutlich, dass die kommende Welteinheitskirche mit einer kommenden Weltregierung kooperieren muss und wird. Und der Katholik Robert Müller, ehem. Stellvertretender UNO-Generalsekretär forderte: *„Was wir brauchen, ist eine Welt- oder kosmische Spiritualität…Ich hoffe darauf, dass sich die Religionsführer zusam-*

mentun und die kosmischen Gesetze definieren, die in allen Religionen gleichermaßen enthalten sind…"

Innerhalb röm.-kath. Tradition gibt es eine Vielfalt an New-Age Komponenten jesuitischer und dominikanischer Art. So sprach unter anderem der Jesuit Teilhard de Chardin von einer *Evolution eines neuen Wesens* (…) und einer neuen Gesellschaft. Katholische Theologen nennen das *„Deifikation", die Gottwerdung des Menschen* und die Erlösung des menschlichen Geistes aus den Fesseln der Materie. Also die alchemistische Zauberkunst als eine Herausläuterung des Göttlichen aus dem Menschlichen. Das alles ist im neuen Bewusstsein der pantheistischen ökumenischen Bewegung enthalten. Nehmt zur Kenntnis, ihr ökumenischen Theologen, was die Schrift sagt: **„Denn du vertrautest auf deine Bosheit und sprachst: Niemand sieht mich…Und du sagtest in deinem Herzen: Ich, und sonst gar nichts! So kommt Unheil über dich, gegen das du keinen Zauber kennst. Und ein Verderben wird über dich herfallen, das du nicht abwenden kannst…!"** (Jes.47,10.11).

Kaum zu glauben, was man alles glaubt, wenn man nicht glaubt

Es gibt im 21. Jahrhundert heute in der Tat eine globale Spiritualität als Strömung und Bewegung entsprechend dem oben angezeigten „dämonischen Äon." Alles formiert sich in diesem antichristlichen Geist gegen die biblischen Normen. Diese Geistströmung bringt keinen Fortschritt in Wissenschaft, Erziehung oder Bildung, sondern eine aggressive Entwicklung hin zur Unfreiheit und Gedankenkontrolle des Menschen. Kein Zweifel, die gegenwärtige Weltkultur ist eine spirituelle, dämonische, die sich zur globalen Revolution des menschlichen Bewusstseins hin entwickelt!

Dann gibt es darin das breite, ökologische Bewusstsein im ökumenisch-spirituellen Garten. Im Zeichen von Christentum und Ökologie, und dort besonders im Klimabereich wird ökumenischer Glaube mit interreligiösem New-Age-Glauben verknüpft. Die weltweite Friedensbewegung des Vatikans schließt das ökologische Umweltbewusstsein zielsetzend dafür ein, soziale Gerechtigkeit, Bewahrung der Umwelt und Weltfrieden als Lösung der Probleme zu verstehen. Wie die marxistisch-kommunistische Ideologie ein revolutionäres Modell ist, so ist auch die ökumenische Ideologie ein revolutionäres Modell und Programm im Sinne sozialpolitischer und religiöser Reformen. Stichwort „sozial" im ökumenischen Sprachgebrauch täuscht einen gesellschaftlich kollektiven Gemeinsinn mit neuen Wertvorstellungen vor, basierend auf christlich-humanen und politischen Ideen.

Ach, das muß doch gut sein, und jedermann sieht das auch ein, weil es alle betrifft, nicht wahr? Schauen Sie, im Römerbrief des Neuen Testaments, dem maßgeblich grundlegenden Brief an die heidnischen Nationen mit der weitmöglichsten Erfassung der Wahrheit des Heils im Evangelium, wird der Mensch unvergleichlich klar in seinem Wesen dargestellt. Tiefste Tiefen öffnen sich dort, die sonst verborgen bleiben. In Kapitel sieben dieses Briefes wird der unerlöste Mensch unter dem Gesetz GOTTES dargestellt, er wird durchleuchtet und diagnostiziert, und auch das ist im Neuen Testament „Gute Nachricht" für uns!

Warum rede ich hier vom Römerbrief? Weil ich Ihnen gerne vor Augen stellen will, dass auch das so genannte Gute der humanen Art im Interesse des Bösen stehen kann. Dazu nur vier Verse: **„Ich weiß wohl, dass der Mensch von Natur aus nicht gut ist. Deshalb werde ich niemals das Gute tun können, so sehr ich mich auch darum bemühe. Das Gute, das ich mir vornehme, tue ich nicht; aber was ich verabscheue, das tue ich. Denn die Sünde benutzte das Gebot und betrog uns, indem sie statt des versprochenen Lebens den Tod brachte. Kann aber etwas, das heilig, gerecht und gut ist (nämlich das Gesetz GOTTES) unseren Tod bewirken? Nein, ganz und gar nicht. Sondern die Sünde hat, damit sie als Sünde offenbar werde, durch das Gute meinen Tod bewirkt; durch das Gebot ist sie in ihrer ganzen Abscheulichkeit sichtbar geworden"** (V.18.15.11.13) *„Denn die Sünde benutzte das Gebot und betrog uns"…,* neben der theologischen Bedeutung dieser Verse zeigen sie auch, dass das Böse durch das `Gute` eindringen kann bzw. die Verlockung und Versuchung als „süsse, begehrliche und glücklichmachende" Frucht vor Augen stellt – und hernach „tötet." (vgl. 1. Mose 3; Jak. 1,13-18).

Mit Vorliebe benutzt der Teufel *dieses* Gute, um das Böse zu bewirken; das sind die guten Seiten des Bösen, die humanen Ideen des humanen Teufels, meine Damen und Herren. Das geschieht im Einzelnen und/oder in der Gesellschaft. Ausführen lässt er seine Ideeninspirationen dann durch Menschen, die plötzlich von Ideen verschiedener sozialer oder sozialistischer Systeme bis hin zum Nationalsozialismus oder der Soziallehre christlicher Kirchen befallen und begeistert sind; es können auch kommunistische oder kapitalistische Ideen sein. Der Teufel inspiriert zuerst die Idee, dann installiert er ein System, nehmen wir als Beispiel den Kapitalismus, manifestiert ihn durch Kartelle der Pharma,-Öl- und Bankenindustrie, besetzt diese mit Oligarchien einer selbstsüchtigen, satanistischen Truppe und regiert mit diesen einen Teil seines Weltsystems. Vordergründig aber steht auf den Aktienpapieren nicht „schlechter Zweck und falsche Anlage", sondern die bestmögliche Werbung. Christlich-*humane* Ideen sind dabei oft noch gefährlicher, weil sie als Rückversicherung noch etwas Moralisches enthalten. (Vergleiche diese Vorgänge mit Eph.2,1-3; 6,12; 2.Tim.3,5; 2.Kor.11,14; Kol.2.8 oder im Alten Testament 1 Mose Kap. 3).

Bei dem Wesen der Ökumene als dem Teil von jener Kraft, die das Gute (als Vorwand) will und doch das Böse schafft, geht es in der weltweiten Friedensbewegung „Gerechtigkeit, Friede und Bewahrung der Schöpfung" nicht nur um die Umsetzung durch Verschmelzung aller Religionen, sondern auch um die Integrierung und „christliche Legitimierung" des neuen, spirituellen Weltbildes aus der New-Age-Fabrik. Die römisch-heidnische Ökumene, wie sie sich heute und morgen präsentiert, schafft kein Gleichgewicht unter den religiösen Kräften, sondern ein „Ungleichgewicht des Bösen", wieder ein *mysterium iniquitatis* zugunsten und zuvorderst für „Roms Vorrangstellung."

„Vereinheitlichung" europäischer Demokratien durch Gleichheitsnivellierung aus Rom und Brüssel, sozial-ethisches Gleichheitsbewusstsein auf religiöser Ebene – hier erfahren *politisches* und *religiöses* Gleichheitsstreben eine gegenseitige Beeinflussung (Interferenz) durch ihre gegenseitige Abhängigkeit (Interdependenz). In unserer total vernetzten und kontrollierten Welt, dem „globalen Dorf", sind auch die Mächte und Machtverhältnisse nicht mehr isoliert, auch wenn die gegenseitige Bedrohung aufrechterhalten bleibt. Es sage niemand, die militärische Macht an sich sei die größte auf Erden, und jene Politiker seien die mächtigsten, die die besten Wissenschaftler haben, um die modernsten Waffensysteme zu bauen – die große entscheidende Frage war und wird sein, *wer* diese Politiker lenkt, und damit die militärische Macht! CHRISTUS wurde zwar durch „die Hand" der Römer gekreuzigt, aber die Macht der Entscheidung für diese Tat lag in den Händen der religiösen Obrigkeit. Natürlich haben sich die Verhältnisse seit damals verändert, die Prinzipien von Machtverhältnissen aber nicht. So waren bei der Planung und Entscheidung zum zweiten Weltkrieg die großen Pharmaunternehmen Deutschlands (IG Farben), US-amerikanische „Interessen" sowie der Vatikan „zuständig"; die Ausführenden waren die Nationalsozialisten. Dieser Weltkrieg wurde durch eine *teuflische*, *skrupellose Elite* entworfen, finanziert und möglich gemacht!

Der Gedanke bzw. die Idee der gemeinsamen Gleichheit ist ja nichts Neues unter der Sonne. Viele Visionäre und Staatsmänner haben diese Utopie angepeilt und sie mit Revolutionen und Kriegen herbeizuführen versucht, aber sie alle mussten an der sündhaften menschlichen Natur scheitern. Und wenn alles in Staub und Asche lag, stand doch kein neuer Mensch daraus wieder auf, sondern immer nur *der alte (semper eadem);* alle Atombomben der Welt werden nicht die gefallene *Natur* des Menschen verändern können (ich rede vom inneren *Wesen,* nicht von einem äußeren Verhalten). Aus diesem Grund werden die irrealen Träume von einem human-ökumenischen diesseitigen Paradies nur Träume bleiben. Dennoch, die ökumenische Front schreitet vorwärts, unterstützt, gefördert und mitforciert von den schwerreichen Logen der Freimaurer mit dem Ziel ihres Welteinheitsstaates und abgesegnet unter der vorläufigen Schirmherrschaft des Vatikans. Die Visionäre der Ökumene sehen hingegen kein inneres Einssein (wie viele Christen das mit Joh.17,21 verstehen), sie wollen keine „durch Glauben vereinte" Weltkirche, sondern nur eine äußere, sichtbare Einheit unterschiedlichster Religionen.

„Einheit und Gleichheit!" Religiös-politische Forderung zum Überleben der Menschheit?! Sind die Meilensteine auf dieses Ziel hin wirklich menschenfreundlicher Art? Oder geht es hierbei vielmehr um ein alles kontrollierendes Herrschaftssystem? Lesen Sie die Offenbarung des Johannes langsam und mit dem Gebet um Weisheit durch, und Sie werden die Antwort finden. Völkerbund, Vereinte Nationen, NATO, Europäische Gemeinschaft, EU / UNO sind Meilensteine auf dem Weg zur Integration aller Völker, Rassen und Nationen. Die religiöse Strategie (verbunden mit der politisch-zwingenden) wird in diesem globalen Vereinigungsstreben durch die Ökumene am wirkungsvollsten vorangetrieben, weil die kriegerischen und wirtschaftlichen Bedrohungen den Menschen dort am meisten treffen, wo sie am sensibelsten sind – in ihrer religiösen Seele und ihrem Wohlstandsdenken. Der christlich-humane Sozialismus mit reaktionärer Toleranz im ökumenischen Programm wird eine große Rolle spielen, weil die individuelle Willensfreiheit durch das kollektiv-religiöse Bewusstsein immer mehr eingeschränkt wird. Das gesellschaftliche „Sein" wird das individuelle Bewusstsein bestimmen, bzw. tut das schon. Das geschieht heute im christlich-religiösen Bereich. Diese deterministische Ideologie in marxistischer Form wird bis zu dem Zeitpunkt an der Macht sein, an dem das „politische Tier" die „religiöse Hure" abwerfen und vernichten wird. (vgl. Offb.17,16; + Kap.18). Konstantins Vision „in hoc signo vinces" (in diesem Zeichen wirst du siegen), geht dann im ökumenischen Sinn nicht in Erfüllung. Jedenfalls, die große religiöse Endzeiterscheinung wird eine starke reaktionäre Konspiration sein, die hinzielt auf die einheitliche religiös-politische Weltordnung. Beide Richtungen sind nach Ablauf ihrer von GOTT gesetzten Frist für den Kelch des Zorns bestimmt, den sie trinken werden am Tage des Gerichts.

*Nicht eine Untergrund-***Kirche** *– eine* **Untergrund- Gemeinde!**

Wenn der Begriff „Kirche“ (kyriake) richtig verstanden wird als „die des HERRN“, wird er mit der „Ekklesia“ identisch werden, denn diese ist nach dem Zeugnis des Neuen Testaments die „Unvermischte“. *Osteuropa sowie die islamische, kommunistische und buddhistische Welt* kennen eine Gemeinde im Untergrund, die nicht unterging/untergeht trotz Verfolgung, und *Westeuropa* wird ebenfalls diesen Kelch zu trinken bekommen, denn es geht bei der Endausgestaltung der Gemeinde **um die Einheit des Leibes CHRISTI**! Ob und wie sich eine Untergrundgemeinde hier in Europa und bei uns entwickelt und welche Erscheinungsformen sie annimmt – es gibt seit der apostolischen Zeit bis zu den Waldensern und in der nachreformatorischen Zeit bis zu uns variable Formen des Gefäßes – jedenfalls „muß“ sie nicht zwangsläufig eine „verborgene“ sein. Die Ekklesia war immer der LEUCHTER GOTTES und als dieser auch das Ausführungsinstrument des HAUPTES! Das konnte immer nur im Leibescharakter geschehen, der ein Geheimnis ist und auch dort besteht, wo man sich „in den Häusern hin und her“ (also nicht unbedingt in großen Lokalitäten) versammelt und dennoch nicht zertrennt ist, weil derselbe Geist und dasselbe Leben die Glieder durchströmt und auch eine unzertrennte Ältestenschaft besteht. (Historisches Beispiel „Jerusalem, und die sieben Gemeinden in den Sendschreiben; siehe dazu Kapitel 3).

In den Ländern der Verfolgung streben Christen nach Einheit, die ihr Glaube und ihr inneres Zeugnis gebieten. *„Leidende Glieder finden zueinander“* bezeugen Christen in dieser Verfolgung! Da die Bibel keine Denominationen und Konfessionen kennt, kommen Christen durch das Kreuz, durch Sterben und Auferstehung zusammen und bilden auf dem örtlichen Grund aufgrund ihrer inneren Einheit Zellen, die keine zentrale Führung und Organisation nötig haben. Diese kommende Entwicklung müssen wir hier in Westeuropa zu akzeptieren und zu verstehen lernen, solange wir noch in einer vorbereitenden Phase sind. Sehr rasch kann die Situation eintreten, dass z.B. von lokaler amtlicher Seite aus die konfessionalen „Christen“ und jene mit akonfessionalem Bekenntnis zu einer überregulären, selektierenden Registrierung gerufen werden, und bis dahin werden wir uns klar sein müssen, welchen Weg wir zu wählen haben – den des Kreuzes, oder den der Hure Babylon! (Hilfreich dazu die abrufbare Datei: www.ekklesia-nachrichten.com/9/40 „Warum Hauskirchen?“ (mit freundlicher Genehmigung „Christlicher Gemeinde-Dienst“ CGD; Dr.Lothar Gassmann).

Bald werden wir europäische Christen das Psalmlied in Verfolgung singen und beten lernen: **„GOTT ist unsere Zuflucht und Stärke, ein Helfer, bewährt**

in Nöten. Darum fürchten wir uns nicht, wenn auch..." (Psalm 46). So viele Menschen hier im (unfreien) Westen nennen sich Christen, ob kirchlich oder freikirchlich, doch das Geheimnis „Babylon" haben wohl die meisten nicht verstanden oder sich je damit auseinandergesetzt. Die formalen protestantischen Staatskirchen reden nicht von Sündennatur, Gerichtsbarkeit und Bekehrung zum Heil. Viele decken sich in ihrem Glauben mit den gesellschaftlichen Verhältnissen, d.h. mit den gegebenen gesellschaftlichen Normen, andere wollen diese mit politischem Handeln verändern und postulieren eine „revolutionäre Gewalt in christlicher Liebe." Solche Töne wurden schon bei der ökumenischen Weltkirchenkonferenz in Uppsala gemacht. Bewußt oder unbewußt schliessen sie sich hier der marxistischen „Erneuerung der Gesellschaft" an. Die Bibel spricht deutlich von einer „Hure Babylon", eines feminin geprägten *religiösen* Typus, der eine neue Moral in die Gesellschaft einführt und in ihr politisch manipulativ wirksam ist. Im Alten Testament wird „Hure" als abgefallenes Eheweib GOTTES genannt, im Neuen Testament als abgefallenes Gottesvolk oder „der grosse Abfall." Es handelt sich also um ein Prinzip, welches eine selbsternannte „neue Moral" gegen die göttliche „alte Moral" stellt und diese neue Moral auf religiös-politische Weise – „ethisch, theistisch, oder atheistisch, aggressv" – in die Gesellschaft integrieren will. Dass dieser feminine „Entwurf" und Angriff nichts anderes als Rebellion und Empörung gegen göttliche Normen ist, wird von atheistischen Theologen sogar bejaht (!) und mit Dorothee Sölle als „Entwurf und Ethos Christi" bezeichnet, da dieser *durch sein politisches Handeln unabhängig* von GOTT gehandelt hätte. Ich weiss wirklich nicht, welchem Menschen mit durchschnittlichem Verstand noch etwas Dümmeres einfallen könnte, da doch die Evangelien dezidiert die *ABHÄNGIGKEIT JESU* vom VATER erklären, sodass JESUS nur aus diesem Verhältnis heraus handeln konnte! ER bezeugte, *„nichts ohne Seinen Vater im Himmel tun zu können!" (Lesen Sie hierzu im Johannesevangelium Kap. 5/6 und 8).*

Jede Versuchung des Menschen ist die Absicht, ihn ohne GOTT, also unabhängig von IHM handeln zu lassen; das genau war die Versuchung JESU in der Wüste. Doch ER widerstand dem Satan, der Schlange! „**Selbst** das Paradies auf der Erde zu schaffen" ist die Versuchung der Ökumene, der Hure. Darum müssen wahre Christen das Wesen der Hure durchschauen können, um sich gründlich und definitiv von ihr zu verabschieden. Christen, die in kirchlich-religiösen Systemen verharren und den Ruf GOTTES überhören: *„Geht hinaus aus ihr, mein Volk, damit ihr nicht ihrer Sünden teilhaftig werdet und damit ihr nicht von ihren Plagen empfangt!" (Offb.18,4),* haben diese geforderte Scheidung nicht vollziehen wollen oder aus Mangel an Erkenntnis nicht vollziehen können. Darum befassen wir uns in diesem Abschnitt sehr aktuell mit den „glatten Lippen der Ökumene."

Exodus – Auszug in die Heimat

Was der Auszug der Kinder Israel aus Ägypten war, kennen Kinder von der Sonntagsschule her. Wissen die Erwachsenen, was Exodus aus der babylonischen Endzeitkirche bedeutet? GOTT spricht in Offenbarung 18,4 keine Empfehlung oder einen Vorschlag aus, sondern ein Gebot in imperativer Befehlsform: **„Geht hinaus aus ihr, mein Volk!“** Dies ist eine Bestimmung, nicht nur ein allgemeiner Grundsatz wie z.B. in 2.Kor.6,14. Geheiligte Menschen müssen heilige Wege wählen, und Christsein nach biblischen Maßstäben erfordert heilige Entscheidungen. Sollten wir diesen eindeutigen Befehl ignorieren und dann meinen, dass es keine Folgen hat? Es hat Folgen und genau die, die angeführt sind: *„…damit ihr nicht ihrer Sünden teilhaftig werdet und damit ihr nicht von ihren Plagen empfängt!“* **„Geht hinaus!“**…es ist ein Entfliehen wie Lot aus Sodom und ein Hintreten und Ergebensein vor GOTT wie auf dem Berg Karmel, wo Elia das Gottesvolk zu JAHWE zurückrief. So ruft der HERR heute Sein Volk durch Sein Wort, und es wird in entscheidender Weise heissen: **„Her zu mir, wer für GOTT ist“** und *„Wie lange wollt ihr auf beiden Seiten hinken? Ist der HERR GOTT, so folgt IHM nach; ist es aber Baal, so folgt ihm!“*

Ich weiß nicht, was soll das bedeuten

„Die Reformatoren brachten Thron und Altar zusammen“, sagte eine Politikerin in ihrer Ansprache, und sie hatte sicher darin Recht, wenn sie erklärte, dass es auch in der Politik Menschen gibt, die beten. Doch es war ein ökumenischer Buß- und Gebetstag, an dem das gesagt wurde und an dem alle städtischen Kirchen und Denominationen in der Stadtkirche in einer Stadt in der Schweiz teilnahmen, darunter die Heilsarmee, die Evang.-reformierte Kirchgemeinde, die Röm.-kath. Pfarrei, das Evangelische Gemeinschaftswerk, die Evang.-methodistische Kirche, BewegungPlus und die Pfingstgemeinde. Die beiden Letzteren verstehen sich auch als charismatische Gemeinden. Diese Kirchenversammlung war natürlich vermischt mit wahren Christen und mit Namenschristen. Der ökumenische Impuls von „Einheit in der Vielfalt“ war ja schon im Flyer dieser ökumenischen Arbeitsgemeinschaft ersichtlich, und so stach es mir im Herzen, nachdem ich am Vortag die leere Kirche besucht und dort zu GOTT geschrieen hatte, ER möge doch Raum geben, dass Menschen hier zum WORT GOTTES, und nicht zu ökumenischem Spülwasser geführt werden. Ich bekannte IHM die Sünde dieser Vermischung von Gotteskindern und Staatskirchentum. Und als der Pfarrer nach seiner Predigt über Elia von der Kanzel stieg und eine Stille entstand, wartete ich eine kurze Zeit und „sah“ den zeitlichen Raum, der mir von GOTT gegeben

wurde. Also ging ich den Mittelgang nach vorne (so ganz ohne programmgemäße Anmeldung, wo ich bei jedem Schritt ein wenig sterben mußte) und stellte mich vor die vollbesetzte Kirche, holte meine kleine Taschenbibel aus der Jacke und schlug Galater 1,6-10 auf. Bevor ich vorlas, knüpfte ich bei der Predigt des Pfarrers an und sagte: *„Ja, der Elia war ein Mensch wie wir, und auch der Paulus hat in der Gesinnung Elias gesprochen,* nämlich Galater 1,6-10." Nachdem ich diesen Text gelesen hatte, sagte ich: *„Wie lange hinkt ihr auf beiden Seiten? Ist der HERR GOTT, so folgt Ihm nach, ist es aber Baal, so folgt ihm!"* (vgl.1.Könige 18,21). Ich verwies die Anwesenden auf das Wort GOTTES und darauf, dass die Ökumene Thron und Altar (Kirche und Staat) vereinigt, das Evangelium diese aber trennt! Nur in Babylon, der religiösen Hure, geschieht diese unselige Vermählung.

O HERR, gib mir ein ungeteiltes Herz für Deine Ziele!

Jeder, der ein ungeteiltes Herz und ein gesundes Unterscheidungsvermögen anhand des Wortes GOTTES hat (vgl.wie Hebr.4,12), wird sich innerlich erregen über die glatten Lippen und die gespaltene Zunge ökumenischer Einheitsbestrebungen! Von daher ist es auch anzunehmen, dass die meisten der Ökumeniker entweder Unwissende, Unbekehrte oder Verräter am Evangelium sind. Aber solange es noch Gnade zur Umkehr von GOTT her gibt, solange besteht auch noch gute Hoffnung; aber die Nacht kommt rasch, wo Umkehr irreversibel sein wird, auch das sagt die Bibel! Wo immer in der Heilsgeschichte der Gemeinde (Ekklesia) geistliche Aufbrüche geschahen, kam es zur Umkehr zu den Quellen der Schrift und zu geistlichen Trennungen von denen, welche die Autorität der Bibel im Ganzen ablehnten. Licht und Finsternis können nicht auf Dauer beisammen verweilen. Mit einer Hure kann man nicht auf Dauer verheiratet sein; hier heisst es „weiche von ihr und gesunde!" Wir sprachen oben schon vom babylonischen Hurencharakter der Ökumene. Der geschätzte Bruder Dave Hunt sagte: *„Um der Verführung entgehen zu können, die dem Abfall zugrunde liegt, müssen wir die Stimme JESU CHRISTI in Seinem Wort unterscheiden können von der verheerenden Vermischung von Wahrheit und Irrtum, die oft in Seinem Namen verkündet wird."*

Das Geheimnis Babylon zeigt sich im Zusammenwirken mit dem Geheimnis der Gesetzlosigkeit. Die jüngere Neuzeit mit ihrem Einbruch der Moderne (19.Jh.) zeigte ihre Wirkung schon vor der Kulturrevolution der 1968er. Von der deutschen evangelischen Akademikerschaft ging 1967 der Antrag an den Gesetzgeber: „Gotteslästerung, Ehebruch und einfache Homosexualität unter Erwachsenen nicht mehr, und unzüchtige Schaustellung (Striptease) nicht neu unter Strafe zu stellen" (Erklärung der Vertreterversammlung der EAiD 5.4.67).

Die Homosexualisierung drang ein und Theologieprofessoren wurden zu „Bekennern" von homosexuellem und vorehelichem Geschlechtsverkehr. Die gesellschaftliche sexuelle Demoralisierung der 68er drang unmittelbar und ohne bedeutende Widerstände in die protestantischen Kirchen ein. Eine „neue Moral" wurde geboren und post partum ohne vergleichbare geschichtliche Parallelen auch im Raum der christlichen Kirche etabliert! Anschliessend wurden das „Vater unser" oder die „Seligpreisungen" mit blasphämischem Spott entstellt und JESU Liebeshandeln zum „politischen Agieren" degradiert. Das alles und mehr geschah von atheistischen Theologen im Zusammenwirken von Gesetzlosigkeit und Religion – Babylon! Kirchentage wurden und sind „Schaustellungen" dieses Geistes geworden, denn das prägnante Merkmal Babylons ist die Gotteslästerung!

Die Schrift sagt voraus, dass Babylon als Zentrum der Empörung und Lästerung gegen GOTTES Autorität und Wort als religiöses Gebilde, als „die Hure" den Endzeitakt der Weltgeschichte prägt – schrankenlos und dominant. (Lesen Sie Offb.176,3-6). Diese radikale moralische Entblößung im Raum der Kirche, der sittliche Niedergang in Verbindung mit dem Überhandnehmen der Gesetzlosigkeit ist von CHRISTUS vorausgesagt und im globalen ökumenischen Rahmen ermöglicht worden. Das Geheimnis Babylon ist jenes diffundierte Mysterium im Raum der „christlichen Kirche" (katholische, protestantische und reformierte Konfessionen), wo Atheismus und Gottesleugnung, antichristliche Anmaßung und Empörung nicht nur geduldet, sondern gepredigt werden, es ist das heutige protestantistische und katholische Staatskirchentum! Die Zeugen JESU, d.h. Seine Gemeinde, vertreten stets die „Alte Moral" der Gebote GOTTES samt dem Glauben an den HERRN. *SEIN* Tun und Seine Worte fanden stets Niederschlag in umfassender Kultur, in Literatur, Musik, Kunst, Philosophie und Rechtslehre. Die „neue Moral" trägt umgekehrte Wesenszüge; sie trägt den antichristlichen Atheismus zur Schau, statt Reinheit und Absonderung die Hurerei, statt Opferbereitschaft und Liebe ein fluchwürdiges Vergehen und politisch-charismatische Gewaltanwendunmg, statt Recht Unrecht, statt Frieden Unfrieden, Haßattacken und Chaos, statt Glauben Aberglauben und religiöse Spiritualität.

Die Hure in Offenbarung 17 ist weiblicher Natur, es ist eine „Sie", wie sie schon vor und in den „68ern" als aggressive Verweiblichung der Welt begann, als Verstümmelung des mannhaften Charakters, als Umordnung der biblischen Schöpfungsordnung, als der große moderne Angriff auf göttliche Autorität und Meinungsbildung. Die Hure Babylon ruft mit den revolutionären Strömungen

„Freiheit und Selbstbestimmung" aus und versteht sich andrerseits als Kirche und Institution doch wieder als die „conditio humana", als die, welche Bedingungen zum Zusammenleben und Orientierung für viele Menschen gibt – „Babylon", das Endzeitmysterium. In ihr wirkt ein *mysterium iniquitatis*, ein Ungleichgewicht des Bösen, wie es ihre Theologen z.B. so zum Ausdruck bringen: *„Authentisch christliches Verhalten ist heute praktisch atheistisches Verhalten…Theistisches Verhalten wartet auf Gottes Eingreifen, darin ist es antichristlich….Beten ist Gotteslästerung, wenn es nicht zu politischem Handeln führt."*

So *MUß* es zum großen Schisma innerhalb des Christentums, zum großen **Exodus** aus dieser babylonischen Mysterium- und Hurenkirche kommen, bevor die Gerichtsfluten dieses teuflische Konstrukt vernichten werden! Die Gefährlichkeit ihrer Verführungsart zeigt sich in ihrer engen Anpassung an das biblische Vokabular (das sehen wir weiter unten in Sprüche 7 dargestellt). In Sprüche 9 z.B. heißt es: *„Die Weisheit spricht: Wer unverständig ist, der komme herzu! Zu den Uneinsichtigen spricht sie: Kommt her, eßt von meinem Brot und trinkt von meinem Wein…"* In Anlehnung dazu spricht die „Frau Torheit": *„Wer unverständig ist, der Komme herzu! Und zu dem Uneinsichtigen spricht sie: Gestohlenes Wasser ist süß, und heimliches Brot schmeckt köstlich!"* Für den Dialog der Religionen, besonders mit dem Islam stellt man Stühle bereit, teilt man gestohlenes Wasser und heimliches Brot christlich-atheistischer Theologie.

Es ist das Kennzeichen der protestantischen Staatskirche wie das der Ökumene und zugleich ihr größtes Sakrileg, dass die zwei großen Heilsordnungen im Neuen Testament, nämlich Wassertaufe und Abendmahl auf alle Menschen ausgeweitet wird, statt auf die, welche durch echte Umkehr und Bekehrung zu Christen geworden sind! Biblisches christliches Gut wird zu antichristlichem Massengut, Antichristliches präsentiert sich im „christlichen" Gewand und führt Millionen in die ewige Hölle! Und da sitzen mitunter noch wahre Gläubige im kirchlichen System und meinen mit ihrer Präsenz ein „Zeugnis" zu sein. Ja, sie sind ein Zeugnis, aber leider nicht *für* CHRISTUS, sondern für Babylon. Sie können nur Zeugen für CHRISTUS sein, wenn sie die kirchlichen Systeme endgültig verlassen! GOTT hat die Konsequenz im Verbleiben bei Babylon angedroht, und jeder wahre Christ sollte das kirchenpolitische und staatsreligiöse christliche System schnell verlassen und sich zur Ekklesia, zur „Herausgerufenen" hin versammeln bzw. hinzutun lassen (siehe dazu drittes Kapitel). Denn GOTT, der HERR, ist inmitten Seiner Ekklesia, ER ist nicht in der Mitte der religiösen christlichen Systeme. Die Gemeinde der Heiligen ist die Stadt GOTTES auf dem Berge, die leuchtet! Und abermals in Psalm 46 steht geschrieben: **„Ein Strom mit seinen**

Bächen erfreut die Stadt GOTTES, das Heiligtum der Wohnungen des Höchsten. GOTT ist in ihrer Mitte, sie wird nicht wanken!"

Aus der Welt kann man nicht hinausgehen, wohl aber aus einer globalen Abfallskirche! Eine geistlich tote Massenkiche erkennt die Gefahr und falsche Richtung nicht, wie geschrieben steht: *„Frau Torheit ist unbändig, voll Unverstand und erkennt gar nichts."* (Spr.9,13). Aus dem Geiste GOTTES wiedergeborene Christen aber „haben" Erkenntnis und dürfen nicht sagen: *„Ich bleibe im System, weil hier noch teilweise GOTTES Wort verkündigt wird oder weil ich hier Bekannte habe oder…ect.* Dann sind sie nicht weise wie Lot, der noch aus Sodom floh, sondern sie müssen GOTTES Strafe erleiden, *mit*-erleiden! Hätte Lot die Meinung vertreten, daß er im System von Sodom ein göttliches Zeugnis sein kann und im Tor politischen Einfluß ausüben könnte und hätte er sich nicht überzeugen lassen, dass er herausgehen *muß*, wäre er „mit Sodom umgekommen!" Das droht GOTT im Neuen Testament denen an, die das religiöse System nicht verlassen *wollen*. Über den Uneinsichtigen, der sich vor Babylon nicht warnen läßt sagt Sprüche 9,18: *„Er weiß aber nicht, daß die Schatten dort hausen und ihre Gäste in den Tiefen des Totenreiches."* Jede religiöse Gruppe oder Kirche, jede christliche Versammlung, die den Weltgeist der Hure hereinläßt hat Teil am großen Abfallsgebilde des atheistischen Christentums. Auf dem Weg in die Endzeitnacht werden große Scheidungen vollzogen – hin zum heiligen Thron des Kreuzes und der Verherrlichung oder hin zum Schweinetrog der babylonischen antichristlich vermischten Hure. Auf dem Weg der Vermischung ist GOTT nicht mehr dabei, weil ER nicht in ihrer Mitte sein kann! Darum ruft ER heraus in die Absonderung!

Charta Oecumenica – eine freimaurerische Bruderkette

Ökumenische Chartas versuchen Kirchen, Kulturen, Völker und Religionen zu versöhnen entsprechend der Idee des Weltethos für ein friedliches Zusammenleben aller Weltreligionen aufgrund gemeinsamer Werte. Wie sich die röm.-kath. Kirche in dieser Weise engagiert, habe ich oben aufgezeigt. Die abendländischen Kirchen, sofern sie nicht auf den biblischen Grund zurückfinden, haben keine Kraft dem treibenden Geist der vatikanischen und freimaurerischen „Weltbruderschaft" zu widerstehen. Wie die Landes- und Freikirchen mit ihren Zustimmungen in die Ökumene hineingezogen werden, soll eine „Arbeitshilfe zur Charta Oecumenica" zeigen, die von der ACK (Arbeitsgemeinschaft christlicher Kirchen) und dem Bund „Evangelisch Freikirchlicher Gemeinden" (Baptisten) herausgegeben wurde. Das soll klar sein: wer Mitglied in einer Gemeinde ist, die zur ACK gehört, ist automatisch Mitglied in der Ökumenischen Bewegung! Es bleibt also für gottesfürchtige Christen nur der Austritt und das Zusammenkommen auf neutestamentlichen Glaubensgrund!

Einige Punkte aus dieser „Arbeitshilfe der Charta", was wir demnach sollen:

- aus dem ganzheitlichen Menschenbild fernöstlicher Religionen lernen
- an politischen und gesellschaftlichen Bemühungen um Toleranz (…) mitwirken
- miteinander (ökumenisch) beten
- die „Einheit" der Kirchen wo immer möglich bekennen und bezeugen
- mit Moslems gemeinsam beten
- aufeinander zugehen
- Fürbitte tun mit Frauen aus der Kirche, wie der kath. Mystikerin Hildegard von Bingen
- GOTT als Vater und Mutter anbeten
- Die Charta Oecumenica feierlich unterschreiben
- Zwischen Fundamentalismus und „echter Treue" zum Glauben unterscheiden
- Europa-Abgeordnete einladen
- Einen ökumenischen Pilgerweg planen
- Zuhören, ohne zu bewerten, nicht korrigieren

Außer diesen Selbstverpflichtungen gibt es im Arbeitsheft noch weitere Zuspitzungen dieser unbiblischen Verpflichtungen; so wird auf Seite sechs ausgesagt: *„Die Charta hat VERBINDLICHKEIT und GELTUNGSKRAFT, und es wird erwartet, dass die Christen und Christinnen sich die Charta zu eigen machen"*. (Info: Arbeitshilfe unter www.oekumene-ack.de)

Es gibt eine sogenannte versöhnende Ekklesiologie im ökumenischen Prozess, aber diese Versöhnung gleicht eher einer ethischen, religiösen Säuberung, wo die neue Definition von Sünde lautet: Der wahre Sünder ist nicht der Ausgeschlossene, sondern jener, der die anderen ausschließt. Man sieht hier keine Unterscheidungsmerkmale mehr zwischen Kirche und Welt, gläubig und ungläubig, sondern eine versöhnte nationale und bald internationale Kirche als „neue Gesellschaft". In dieser werden dann allgemein akzeptierte Werte aller Denk- und Glaubensrichtungen und Weltanschauungen etabliert. Das ist in Norm- und Zielsetzung das Programm dieser unseligen Charta; sie ist prägend beeinflusst vom proklamierten freimaurerischen Gedankengut und passt wie gegossen in den biblisch vorausgesagten Endzeitcharakter. Diese Art „versöhnender Ekklesiologie“ (wenn sie doch wenigstens nicht biblisch-heilige Begriffe verwenden würden) lebt vom immer intensiveren ökumenischen Dialog und ist ein programmgesteuerter Paradigmenwechsel in der protestantisch-evangelikalen Theologie. Sünde wird umgetauft zur Toleranz. Ersichtlich ist das auch in den zunehmenden Scheidungen und Weltanpassungen in den Pfingstgemeinden im deutschen Sprachraum, in der Akzeptanz wilder Ehen (Konkubinat) in der britischen „Assemblies of God“ oder homosexuellen Pfarrern in der holländischen Charismatischen Bewegung.

Meditation, Kontemplation oder „Gebet?“

Jetzt müssen wir abschließend zu diesem Thema über einen der wichtigsten Indikatoren reden, die eine religiöse Meditation vom biblisch gesinnten Gebet unterscheidet. Viele religiöse Menschen sagen: *„Es gibt nur einen Gott, oder einen Herrgott.“* Einen namenlosen Herrgott oder Feld- Wald- und Wiesengott zu haben heißt noch nicht, den wahren GOTT der Bibel zu kennen, der herrliche Namen und Eigenschaften hat. Der germanische Gott des Krieges und der nihilistischen Opfersucht war auch ein „Herrgott“ für die deutschen Soldaten, und die verführten Massen in der Hitlerkirche hatten einen Mythos zum Herrgott, die Natur, das Volk und das Blut war ihr „Gott.“ Sie kannten den wahren GOTT ebenso wenig wie der Islam das tut, der auch *seinen* Gott anbetet (vgl.2.Kor.4,4; 1.Kor.8,5; 1.Joh.3,10). Und so geht es mit allen Religionen; sie kennen weder den biblischen GOTT als den VATER noch Seinen Sohn JESUS CHRISTUS.

Somit haben sie keinen persönlichen Gott, der sie persönlich liebt und erlöst. Denn die Bibel lehrt uns: **„Jeder, der den Sohn leugnet, hat auch den Vater nicht; wer den Sohn bekennt, hat auch den Vater. Der ist der Antichrist, der den Vater und den Sohn leugnet. Wer den Sohn hat, der hat das Leben; wer den Sohn GOTTES nicht hat, der hat das Leben nicht. Denn dies ist der Wille meines Vaters, dass jeder, der den Sohn sieht und an Ihn glaubt, ewiges Leben habe; und Ich werde ihn auferwecken am letzten Tag.“** (1.Jo.2,23.22; 5,12; Joh.6,40). Wir haben GOTT als Vater nur durch Seinen Sohn JESCHUA = JESUS, denn dieser ist wesensgleich mit dem Vater, und der Vater hat ALLES in den Sohn investiert und in seine Hände gelegt, sodass der Sohn ERLÖSER, HERR, und RICHTER über alles ist! Davon zeugt das ganze Neue Testament, und davon ist die Rede schon im Alten Testament. Immer wieder muss man unter den vielen Kapiteln in der Bibel jene von Epheser 1, Kolosser 1, Johannes 1, Hebräer 1 anführen, um die Universalherrschaft des SOHNES GOTTES zu zeigen! Dies ergeht auch in dem Vers: **„Der Vater liebt den Sohn**

und hat alles in seine Hand gegeben.“ (Joh.3,35). Darum kommt auch niemand zum Vater außer durch den Sohn! (vgl. Joh.14,6).

Also wenn da eine Hitlerfigur oder dergleichen andere von einem „Herrgott“, einer Vorsehung oder einem „kosmischen Christuswesen“ plapperten und plappern und zugleich den biblischen SOHN ablehnen, waren und sind sie nichts als kleine oder große Antichristen. Daß aber jemand den SOHN verbal *auch* erwähnt, reicht noch nicht aus. **„Wer den Sohn bekennt“**, das meint und heißt „in *Übereinstimmung* mit der bekannten oder bezeugten Person von Tatsachen reden“ (bekennen = *homologia*), und das bedingt die persönliche bewusste Lebensbeziehung zu dieser Person, die ich bekenne. Und wie bekomme ich diese Beziehung? **„Durch den Glauben“,** d.h. durch meine innere Umkehr und Hinwendung zu JESUS CHRISTUS. Dann bin ich gerettet! Dann bin ich „In CHRISTUS!“ Und weil ich in IHM bin und bleibe, habe ich eine Gebetsverbindung zu IHM; diese geschieht durch Seinen und meinen Geist und hat gar nichts mit „Besinnlichkeit (Kontemplation), religiöser Betrachtung, geweihten Gegenständen, Meditationen usw“ zu tun. Denn dies ist der Weg über die *Sinne,* aber GOTTES Weg ist der *Geist.*

An irgendeinen Gott zu glauben, ohne ihn zu kognitiv zu kennen, das ist das Prinzip jeder Religion schlechthin. Der Mormonengott gehört da auch dazu. Der GOTT der Bibel aber ist ein persönlicher GOTT des Lebens und der Lebendigen, nicht der Toten, und ER will, dass Menschen, die ER gemacht hat und liebt, IHN erkennen, kennen und lieben! (vgl.Matt,22,32; 1.Joh.4,19). Für die, die IHN nicht kennen, bleibt ER abstrakt, nur eine Vorstellung und religiöse Idee oder ein Aushängeschild traditioneller Art. Der Ökumenismus ist so ein System toter Formen und Tradition, das haben wir schon gesehen. Er ist kein geschlossenes System, solange noch Systeme nicht unter seiner Kontrolle sind; er ist offen für alle Spielarten religiöser, spiritueller, politischer Natur und daher im ethisch-moralisch-religiösem Sinn wertneutral. Im Zenit dieser Wertneutralität steht eine *religiöse oder kosmische* „Erfahrung“, denn diese gibt es in allen Religionen.

Ein Beispiel am Rande: Pater Anselm Grün, der als katholischer Mönch New-Age-Lehren und katholische Mystik weitergibt, hält u.a. ökumenische Vorträge, und wenn er da von „Gotteserfahrungen“ spricht, kommt zwar viel Subjektivität zum Vorschein, es wird aber niemand (auch er selbst nicht) in die Gegenwart GOTTES geführt. Seine Sprache ist eine Gesellschaftssprache, die aus vielen Quellen schöpft: Meditation, philosophische Gedanken über die Bibel und Männer der Kirchengeschichte, Psychologie u.a.m. aber kein Evangelium!

A. Grün bezeichnet die fünf menschlichen Sinne als Orte der Gotteserfahrung, brav nach dem römischen Katholiken und Scholastiker Thomas von Aquino. Also die „Selbsterfahrungen“ seien die Gotteserfahrungen. Und ein zweites Exempel noch dazu: Eugen Drewermann, Psychotherapeut und bekannt für seine tiefenpsychologische Auslegung der Bibel. Er verlegt mit seiner Methode alles rational Unerklärliche in die Seele (Psyche) des Menschen und nennt es dann „religiöse Erfahrung.“ Die biblischen Wunder werden dabei zu menschlich fassbaren Symbolen, die in der Psyche als Resultat einer Evolution vorhanden sind. So wird bei Drewermann das Wesen des geschriebenen Wortes der Bibel zu übertragenen Bildern seelischer Erlebnisreflexionen. Herr Drewermann kennt und hat keinen „Guten Hirten“, der ihn von seiner Verlustangst erlösen könnte; für ihn ist GOTT nur abstrakt. Herr Drewermann, das entspricht nur analog ihrem Gedankenbild, und ich wünsche Ihnen eine rettende „Erfahrung“ mit CHRISTUS, Welcher Sie von Ihrer Mühsal zur Ruhe bringen kann! Denn was nützt Ihnen oder uns ein pantheistischer Glaube an eine imaginäre abstrakte Kraft, wenn wir in Not sind, in existenzieller Angst und Not?! Wir könn(t)en dann auch noch die idealistischen Philosophen anrufen; wer von diesen wird sich aber über uns erbarmen und einen Rettungsanker in die Grube senden? Ihre Traumdeutung wird da versagen.

Die tieferen Wasser im ökumenischen Sammelbecken

Eine wichtige gemeinsame Rolle im Ökumenismus spielt die „Kontemplation und Meditation“, die eine Mixtur aus abendländischem Denken und fernöstlichem Mystizismus darstellt. Wer hier sich treiben lässt, wird in ein spirituelles Labyrinth geführt. Die Bibel mahnt uns, dass wir die Geister prüfen sollen, ob sie aus GOTT sind oder nicht! (vgl. 1.Joh.4). Im orientalischen Denken kennt man keinen persönlichen Gott. Lediglich einen „inneren Gott des Unbewussten“ (wie auch C.G.Jung es glaubte), und man fordert ein Entleeren der eigenen Gedanken und die Einstellung des Denkens, um durch Konzentration auf irgendeinen Gegenstand oder auf das unbewußte „Ich“ den eigenen Geist freizusetzen.

So will man einen erweiterten Bewusstseinszustand erreichen. Konzentriert man sich auf ein inneres Licht, bekommt man Energien; man kann in diesem Trancezustand einen inneren Ratgeber einladen, oder eine „liebliche weiße Gestalt“, oder einen Jesus und dergleichen mehr. (Dass es hierbei um negative Fremdmächte geht, die den Tranceszustand zur Beeinflussung benutzen, ist wohl den meisten nicht bewusst, denn in Trance kommuniziert man wie schon erwähnt nicht mit dem Menschen, sondern mit der Transzendenz). Die neue

Spiritualität ist von den Erfahrungen dieser erweiterten Bewußtseinszustände geprägt. Es sind also keine biblisch legitimierten Erfahrungen. Die fernöstliche Meditationsform ist populär und auf dämonische Weise wirksam. Es gibt viele Varianten dieser Meditation (Yoga, TM, Zen, u.a). In der New-Age-Umweltbewegung z.B. wird Meditation sogar zusammen mit Technik eingesetzt, um die Evolution des Bewusstseins voranzubringen. Glaubensschädigend, weil aus mystischen Quellen sind auch „Stilleübungen im Jahr der Stille 2010." Doch eines ist klar: Mit keiner dieser Meditationstechniken kann man je den Heiligen GOTT erfahren oder erkennen. Es ist wie bei einem falschen Messinstrument, mit dem man zu falschen oder keinen Messergebnissen kommt. Wer mit dem Thermometer eine Kohlenstoffkonzentration misst, wird ent-täuscht sein.

Per Exerzitien (katholische Übungen) in die mystische Stille

In einem Duden steht unter dem Begriff Meditation: „(lat. meditatio = das Nachdenken); 1) sinnende Betrachtung. 2) geistig-religiöse Übung besonders im Hinduismus und Buddhismus, die zur Erfahrung des inneren Selbst führen soll." Kontemplation wird im Duden mit Besinnlichkeit und Sich versenken erklärt und ist insofern auch ein Meditieren. Hier sind zwei Arten der Meditation angezeigt, die wir betrachten wollen. Das Verb „meditieren" oder der Begriff Meditation steht nicht in den biblischen Handschriften; stattdessen sehr oft das Wort „Gebet oder beten." Während Meditation ein sich Versenken und inneres Loslassen mit halbwachen Sinnen in das innere Selbst ist, ist Beten nach der Bibel ein bewusstes Wachen und Wachsein mit wachen Sinnen bei wachem Verstand und mit dem Geist hin zu GOTT. Hier sind die Türen für fremde Mächte verschlossen, und der HEILIGE GEIST und mein Geist zusammen beten in Übereinstimmung zum Vater und zum Sohn.

Die Reise nach „innen" und in das innere „Selbst und zu sich selbst" ist der Weg der Mystiker, und es ist der Weg der psychologischen Therapie. (C.G. Jung empfahl als Okkultist und Esoteriker die Exerzitien Ignatius von Loyola). Die Buddhisten und Hinduisten reisen mit Yoga-Meditationen in ihr inneres Selbst, um dort erleuchtet zu werden und mit einer universellen kosmischen Gottheit zu verschmelzen. Dazu kommen dann noch gewisse Körperhaltungen und Atemtechniken – allesamt im modernen „charismatischen Westen" importiert. Moderne Europäer wissen meist nicht, dass Yoga (im Sanskrit „Joch") das Herzstück hinduistischer Religion ist und das Hindus jeden, der Yoga betreibt, als Hindu betrachten. Man muss nicht zuerst glauben, dass der Urin einer Kuh „heilig" ist, es genügt, wenn man Yoga praktiziert um Hinduismus zu praktizieren. Diese mystische Art der Meditation ist nicht die klassisch abendländische, sondern die östliche, die aber großen Einfluss auf die abendländische hat, weil man sie eingeladen hat.

Solange der abendländische Begriff der Meditation noch unvermischt und frei war von Fremdbestandteilen fernöstlicher Religionen und sich als ein „Nachdenken und daraus resultierendem Dialog" verstand, waren Gedanken und Sinne noch nicht kurzgeschlossen, und es gab noch ein biblisches Gottesbild im Bewusstsein, und man betete. Die Meditierenden heute haben dieses Gottesbild nicht mehr und auch nicht mehr die Disziplin, weil sie nur eine religiöse oder spirituelle Erfahrung auf der Ebene ihrer Sinne und ihrem inneren Selbst suchen, nicht mehr GOTT. Auch die Kontemplation der Katholiken oder der Protestanten verbleibt weitestgehend nur im Raum ihrer Sinne, im Raum heidnischer Meditation und Mystik, und wir werden sehen warum.

Ignatius v. Loyola (1491-1556) als Begründer des Jesuiten-Ordens war ein okkultes Medium wie auch die katholische Mystikerin Jeanne M. Guyon (1648-1717); beide erhielten ihre übernatürlichen Eingebungen (Inspirationen) durch Visionen oder Diktatinspiration eines dämonischen Geistes. Daß der Spiritismus Loyolas, der ein Luther- und Protestantenhasser ersten Ranges war, heute sogar wieder in evangelikaler Literatur empfohlen wird, zeigt auch hier die geistige Vereinnahmung der Evangelikalen durch die katholische Mystik! Und Verlage wie SCM (Stiftung Christliche Medien), Bundes-Verlag, Brunnen Verlag oder Gerth-Medien tragen dazu bei, dass katholische Mystik und heidnische Meditation (Buddhismus, Hinduismus, Taoismus etc.) verbreitet werden, wie u.a. durch ihre Teilnahme an der evangelikalen-ökumenischen-charismatischen Aktion „Jahr der Stille 2010." Es gibt hier so viele religiöse Spielarten, und neue kommen hinzu wie das „meditative Tanzen." Dieser gesamt gesehen mystische Tanz auf dem Vulkan wird die Beitragenden und Fördernden in einen schrecklich-brennenden Abgrund reissen! Darum: „**Metanoeite!** – denkt um und KEHRT UM!!"

Was lehrt denn die Bibel über „Gebet?"

Die Bibel informiert uns darüber, dass GOTT Geist ist und mit dem Geist des Menschen kommuniziert. (Die Trennung GOTTES von den ersten Menschen im Garten Eden resultierte im Geist des Menschen, und der Mensch hatte nun keine Verbindung mehr zu GOTT, er war geistlich gestorben – tot für GOTT). Nicht die Seele des Menschen war erstorben, sonst wäre Adam tot umgefallen, sondern sein innerster Geist war erloschen! Die Kommunikation mit GOTT, dem HERRN, muss folglich durch eine Wiederbelebung, eine Wiedergeburt *im Geist des Menschen* wiederhergestellt werden, was die Bibel „Buße" und „geistliche Neugeburt" nennt. In jeder echten Buße liegt eine geistliche Neuschöpfung, die den Mensch zu einem Kind GOTTES macht, also die zerrissene Verbindung durch den Sündenfall wiederherstellt. Das „Kind" ist nun „durch seinen empfangenen Geist" befähigt mit seinem Vater zu sprechen, zu IHM zu beten. Der religiöse Mensch, der diese geistliche Neugeburt in seinem Geist nicht erlebt hat, hat diese Fähigkeit und Voraussetzung nicht, er betet auch, aber ohne geistliche Identität, ohne geistlichen Kontakt. Wie betet er? Mit seelischen, psychischen Möglichkeiten. Als die Frage des wahren Betens im N.T. im Johannesevangelium gestellt wurde, sprach JESUS: **„Ihr betet an, was ihr nicht kennt"** (Joh.4,22). ER meinte damit die religiöse Gruppe der Samariter – oder religiöse Leute überhaupt. Dann zeigt ER auf, wo die Ebene des Gebets verläuft, das bis zum Vater kommt: **„Im Geist und in der Wahrheit!"** (V.24). Der menschliche Geist ist nicht identisch mit seiner Seele, wirkt jedoch auf sie ein. Für „Seele" wird in der Bibel im griechischen Grundtext das Wort *„Psyche"* verwendet und für „Geist" das Wort *„Pneuma."* (vgl. Joh.4,23.24). Wäre dieser Unterschied nicht relevant, hätte auch der Apostel Paulus in Römer 1,9 oder in Philipper 3,3 ohne weiteres schreiben können, dass er in seiner Seele GOTT diene. Doch er diente zuerst und ursächlich mit seinem Geist, der die Voraussetzung überhaupt ist, GOTT zu erkennen, zu erfahren und IHM geziemend zu dienen.

Das genau ist die wohlbekannte Aussage in Johannes 3,5-7; dort sind **pneumatos** und **pneuma** die wesentlichen Bedingungen, das Reich GOTTES zu sehen und hineinzukommen. Es ist ein großes und schwerwiegendes Dilemma heute, die zwei verschiedenen Funktionsweisen „Seele und Geist" nahezu unbedenklich zu vermischen und zu missbrauchen! Das Neue Testament spricht von Scheidung zwischen Seele und Geist (vgl. Hebr.4), aber die Christen fügen sie zusammen. Dafür leben sie dann ihr Glaubensleben auf der *psychischen Bedürfnis*-Ebene aus (wo man bekanntlich alles „selbst" macht und tut) und zertrennen damit den Leib CHRISTI. Das, was GOTT zusammengefügt hat, scheidet der seelische Mensch, und das was GOTT getrennt hat, vereint er aufgrund seelischer Gedankenlosigkeit. Dieser sträfliche, oberflächliche Umgang bedeutet aber auch, dass viele Menschen nie wirklich eine geistliche Neugeburt erfahren haben, sondern mit einer religiösen, psychischen Erfahrung Christen sein wollen. Es ist oder war dann nicht mehr als ein gefühlvolles Sinneserlebnis mit irgendwelchen Eindrücken oder Visionen. So wollen sie dann GOTT auf dieser Schiene anbeten wie die Samariterin in Johannes 4. Aber sie kennen GOTT noch nicht. Also müssen dann laufend diese emotionalen „Erfahrungen" wieder aufgefrischt werden, die den Eindruck eines christlichen Bekenntnisses aufrechterhalten sollen. Darum auch die vielen emotionalen charismatischen „Gottesdienste" mit allen Formen der Unterhaltung – und GOTT ist weit weg! (In „Charismatische Bewegung" mehr darüber).

Es geht nicht darum, dass der Geist nicht auch die Seele stimulieren kann und gebraucht, denn das genau tut er! Auch hier haben wir die Seele als Instrument und den *Geist* als „Produzent." Aber er muss erst einmal vorhanden sein. Schaut euch einmal eine rein seelische christliche Darbietung an und danach eine geistlich bewirkte. Beide Darbietungen mit denselben Instrumenten oder was sonst vertretbar ist werden deutlich unterscheidbar sein; hier die menschliche Kraft, die etwas seelisch aufwühlt, aber sonst kein geistliches Leben aufweist, dort der Ausdruck des Geistes, gehaltvoll und treffend, wo die Taube sich niederlässt und einen heiligen Eindruck hinterlässt. Die Seele des Menschen ist beteiligt, wenn er mit seinem Geist zu GOTT leise oder laut betet, aber entscheidend ist die übergeordnete und leitende Kraft des Geistes, der mit GOTT kommuniziert. Maria, die *irdische* Mutter JESU (sie ist nicht die himmlische Mutter GOTTES, oder die katholische Himmelskönigin) betete: **„Meine Seele rühmt (erhebt) den HERRN, und mein Geist frohlockt (jubelt) über GOTT, meinen Retter!"** (Luk.1,46). Ihr Geist, die Wohnung GOTTES, freute sich sehr, und ihre Seele ebenso; und das artikulierte sie mit „Geist, Seele und Stimme."

Beten zum Schöpfer (proseuchomai), still oder laut, ist sowohl ein Bedürfnis der Seele als auch des Geistes im Menschen in den verschiedenen Ausdrucksformen wie Dank, Lob, Bitte, Fürbitte und ähnliche. Wenn wir hierzu aber die biblischen Gebetsformen sehen, erkennen wir rasch, dass geistbegabte und geisterfüllte Menschen „durch den bedingenden Geist" zu GOTT beten – mit beiden Bedürfnisbereichen: des Geistes und der Seele (siehe unten). Und wenn wir im NT dazu zwei spezifische Stellen miteinander vergleichen, erkennen wir, dass wahres und wirkliches Beten, das zu GOTT durchdringt, der Kraft des HEILIGEN GEISTES bedarf: **„GOTT ist Geist, und die IHN anbeten (proskyneo = Niedergeworfensein), müssen in Geist und Wahrheit anbeten."** (Joh.4,24). **„Ebenso kommt aber auch der GEIST unseren Schwachheiten zu Hilfe. Denn wir wissen nicht, was wir beten sollen, wie sich`s gebührt; aber der Geist selbst tritt für uns ein mit unaussprechlichen Seufzern."** (Röm.8,26). Das Wort „Schwachheit" (*astheneia*) zeigt unser geistliches Unvermögen und dadurch wieder unsere Abhängigkeit vom Geist auf; das Wort „beten bzw. bitten" (*proseuchomai*) zeigt die Richtung zu GOTT an; das Wort „eintreten oder verwenden" (*hyperentynchanei*) zeigt das Eintreten des Geistes anstelle und zugunsten von uns.

Es bedarf keiner Technik und schließt diese aus, wenn ein Mensch zu GOTT im Namen JESU und durch den HEILIGEN GEIST beten will. Beten ist für ein normales Gotteskind ein normales Bedürfnis, ebenso wie normales Reden auch ein Bedürfnis ohne technischen Bedarf ist. „Geistgeleitetes Gebet" ist die höchste Form menschlicher Sprache!

Dichotomie und Trichotomie – einige Klarstellungen

Im Alten Testament, in dessen Raum auch dieses Magnifikat der Maria steht, lesen wir oft vom *„Rühmen oder auch Schreien"* der Seele zu GOTT, oder auch *„GOTT, zu dir rufe ich."* Es ist nun interessant, dass das Wort „Seele", im Alten Testament *„näphäsch"* genannt, dort hunderte Male vorkommt, aber das Wort „Geist" (hebr, *ruach*) nur wenige Male. Und im Neuen Testament ist es gerade umgekehrt. Die Bibel verwendet in ihrer anthropologischen Betrachtungsweise (vom Menschen) sowohl die Begriffe *„Leib und Seele"* (= dichotom) und *„Leib, Seele und Geist"* (= trichotom). AT und NT stellen aber diese Begriffe als Funktionsweisen immer zusammen, weil sie „zusammen" den „ganzen Menschen" ausmachen.

Leib, Seele, Geist (griech. *soma, psyche, pneuma*) sind demnach als „Ganzheit des Menschen" zu verstehen; man darf diese nicht begrifflich trennen, indem man Menschen „theologisch" in eine „seelische"- und andere in eine „geistliche" Ecke stellt. Im *immateriellen* Bereich der biblisch-anthropologischen Sichtweise des Menschen jedoch finden wir die *zu unterscheidenden* Existenzformen einerseits der Seele mit ihrem „Ich-Bewußtsein", und andrerseits des Geistes mit seinem „Gottesbewußtsein." Und das NT teilt uns mit, dass es im seelischen (psychischen) Bereich des Menschen keine Möglichkeit gibt, GOTT oder göttliche Dinge zu erkennen; dazu bedarf es des geistlichen (pneumatischen) Bereichs. „Akrobatik" ist hier nicht nötig, wie ein geschätzter Bruder sagte, wohl aber *Unterscheidung*. Wir lesen dazu zwei Verse aus der Interlinearübersetzung des NT (griech.-deutsch): **„Aber ein irdisch gesinnter Mensch (= psychikos de anthropos) nimmt nicht an das des Geistes GOTTES…" „Aber der Geistbegabte (pneumatikos) beurteilt alles…"** (1.Kor.2,14+15).

Diese Sichtweise setzt sich im NT fort, und eine Eigenständigkeit- bzw. Existenz dieser beiden Bereiche lässt sich nicht leugnen; sie sind aber ineinander in der Ganzheit des „Menschen“ nicht zu trennen, wohl aber in ihrer Funktionsweise. Es sind *diese drei* in sich geschlossenen, aber ineinander wirkenden Funktionssysteme, die spezifische Eigenschaften, Aufgaben und Bedürfnisse haben. So hat unser **Körper** (Leib) die Funktion des Realitätsbezuges zur Umwelt durch seine fünf Sinne, sowie Vitalfunktionen. Er hat das Bedürfnis zum Essen, Trinken, Schlafen, etc. Unsere **Seele** als Sitz unserer vernunft,- willens- und gefühlsbegabten Persönlichkeit hat die Funktion des Bezuges zum Mitmenschen und das Bedürfnis der Geborgenheit, Zuneigung, Liebe, Wärme, Sicherheit, Verständnis. Diese zwei Funktionsbereiche von Leib und Seele sind die Dichotomie. In der Trichotomie kommt dann das dritte Funktionssystem hinzu, der **Geist**. Er hat die Funktion des Bezuges zu GOTT und ist auch Sitz des Gottesbewusstseins! Die Tatsache, das nach der glorreichen AUFERSTEHUNG JESU CHRISTI aus Grab und Tod und nach Seiner herrlichen AUFFAHRT ZUM HIMMLISCHEN VATER der HEILIGE GEIST ausgegossen wurde, um Menschen von diesen Tatsachen zu überführen und in ihrer Bekehrung durch diesen Geist zu geistlich erneuerten Gotteskindern zu machen, ermöglicht es jetzt diesen „vielen“ Menschen, *in ihrem Geist mit GOTT* zu kommunizieren. Im AT war dies nur Wenigen vorbehalten, was zu beachten ist. Ja, der neugeborene Geist im bekehrten Menschen ist der Sitz seines Gottesbewußtseins, seines Gewissens und seiner Kommunikation.

Das *Bedürfnis* des Geistes im Menschen ist auch nicht das gleiche wie das der Seele; der Geist hat Bedürfnis nach Gemeinschaft mit GOTT und Glaubensgeschwistern, GOTTES Wort und Gebet! Der Bereich der Seele hingegen umschließt Bedürfnisse im Charakter, im Gefühl, in Temperament und Denken und Wollen, die individuell sehr verschieden sind; gesamt aber äußern sich hier primär die „irdischen oder materiellen“ Bedürfnisse. Bekommt aber zunehmend der innewohnende Geist im Menschen auch Herrschaft über die Seele, werden auch ihre Wünsche (und Begierden) diesem immer mehr entsprechen – hierzu sind die Aufforderungen der Apostel in den Briefen gegeben. Denn der Mensch GOTTES soll wachstümlich ein „geistlicher Mensch“ werden, und nicht ein Baby seelischer (meist egoistisch getarnter) Begierden bleiben. Hierin ist die Definition des Geistes *(pneuma)* deutlich akzentuiert gegeben. Und diese Akzentuierung bleibt in den apostolischen Briefen bestehen eben im Hinblick auf den dominiereden Aspekt des „Fleisches“ *(sarx)* des Menschen, das sich aber im Einflussbereich des „Geistes“ und seiner Kraft unterordnen und leiten lassen soll – *pädagogisch*, nicht zwanghaft! Wie geschrieben steht: **„Wenn ihr aber durch den Geist geleitet werdet, seid ihr nicht unter Gesetz.“** (Gal.5,18). „Heiligung“ ist der biblische Ausdruck für diesen Vorgang, und man versteht unter

Heiligung eher ein Ablegen alter unheiliger Gewohnheiten und Verhaltensmuster als ein gesetzliches Fordern von Geboten. Denn Gläubige jagen der Heiligung nach, nicht um heilig zu werden, sondern weil sie heilig sind!

Unser geliebter und geschätzter Bruder Paulus appelliert an die Gemeinden, im Denken doch nicht Kinder zu bleiben, sondern erwachsen zu werden! Sollten wir denn trennen, was GOTT zusammengefügt hat und zusammenfügen, was ER trennt? Das sei ferne! OK, wir wollen Meinungen akzeptieren, ohne über sie zu streiten, aber korrigieren oder ergänzen lassen, das wollen wir uns doch auch, nicht wahr, weil GOTT es so eingerichtet hat, dass „unsere" Stückwerke *nie* das Ganze sind, und das ist gut! Hier auf diesem sensiblen und neuralgischen Gebiet der seelischen und/oder geistlichen Einstellungen und Verhaltensweisen scheiden sich noch einmal die Geister. Die einen leben eher oder immer noch im irdischen Bedürfnisbereich (der seiner Gesinnung nach irdische Vernunftschlüsse und manchmal auch Trugschlüsse aufweist – vgl.1.Kor.2,14;4a;13a; 2.Kor.10,5 u.a), während andere Glaubensgeschwister wohl ihr seelisches *Bedürfnis*Leben haben, aber es nicht mehr an die erste Stelle in ihrem geistlichen Leben setzen.

Schaut, der HERR JESUS als der Gute Hirte ist „der Geist", der als der GEIST regiert, obwohl ER auch eine Seele und einen wunderbaren Leib hat! Auch der HEILIGE GEIST wird nirgends `Heilige Seele` genannt (im femininen, lebensgefährlichen Lästerungs- und Irrgebiet wird ER leider `verweiblicht`). *GOTT ist GEIST*, sagt die Schrift! Und dieser Geist scheidet nun im Gläubigen „Seele und Geist" (Hebr. 4,12); WOZU? DAMIT DER GEIST DES HERRN IN ALLEM DEN VORRANG BEKOMMT, und ER **Seine** GEMEINDE BAUEN KANN! **„dia tou pneumatos"** – *„durch den Geist"* heißt es immer wieder bei Paulus und **„vom Geist gelehrt"**, weil sonst nur der vernunftbegabte *„anthropos psychikos"*, der Mensch mit seiner Potenz etwas Frommes und Christliches tut, das dann ganz anders aussieht wie das, WAS GOTT TUT. „Holz, Heu und Stroh oder Silber, Gold und Edelsteine", das sind die wesensmäßigen Unterschiede mit der Voraussetzung „DEIN WILLE GESCHEHE!" Wir akzeptieren zweifellos auch die Tatsache, dass die Charismata, die Gaben des Geistes im NT nach 1.Kor.12+14; Röm.12; Eph.4 eben Geistesgaben und nicht Seelengaben sind. Diese biblischen Ausdrucksweisen sind bewusst gewählt. In der Betrachtung der Gemeinde (Kap.3) werden wir noch überrascht werden, weil wir dort das ZIEL GOTTES auf dem geistlichen Weg mit uns sehen, nämlich „Leiblichkeit!"

Hinweisen möchte ich darauf, dass auch die Stiftshütte im AT in ihrer Dreiteilung der Hinweis auf die Struktur der menschlichen Beschaffenheit einerseits, und seines stellungsmäßigen Zustandes andererseits aufzeigt: In ihrem Aufbau war die Stiftshütte eine Einheit aus mehreren „Teilen", welche aus dem Vorhof, dem Heiligtum und dem Allerheiligsten bestand. Der *äußere* „sichtbare" Vorhof wird auf den Leib des Menschen gedeutet, das *innere* (von außen unsichtbare) Heiligtum zeigt auf seine Seele, und das *innerste Allerheiligste* deutet auf den Geist des Menschen. Unsere seelische Dominanz, mit der wir potenziellerweise im Heiligtum dienen können (also mit unserem „festen Willen" und unserem „klugen Verstand"), wird uns daran hindern, in die Stille und Dunkelheit des Allerheiligsten hineinzukommen – zu GOTT Selbst! Aber der Weg dorthin ist frei durch das BLUT JESU und durch DEN GEIST! Und was die Stellung betrifft, wurde die Dreiteilung der Stiftshütte oft als „Knecht-Kinder-Väter"-Stellung angesehen. Im Vorhof die Bevormundung durch das Gesetz; im Heiligtum die Gnadenkinder, welche größer sind als die Größen des Vorhofs durch ihre Gotteskindschaft; im Allerheiligsten die erzogenen reifen Söhne als die Väter im Glauben.

Ich kann nur für mich sagen, dass die Ansichten der Dichotomie oder der Trichotomie zu keinem Meinungsstreit führen können, wenn wir die alles überragende LIEBE GOTTES höher achten als unsere Lehrstückwerke; denn schon morgen könnte ich eines besseren belehrt werden, und ich werde dafür dankbar sein. Darum dürfen wir auch die Freimütigkeit haben, „einander" zu belehren, zu ermuntern und zu ermahnen. *Gutes Wachstum* heißt *positive Veränderung! Veränderung, die im Wandel sichbar wird, und das ist gelebte Heiligung.*

Dichotomie und Trichotomie in der Seelsorge

Es ist richtig, wenn gesagt wird, dass die zwei Begriffe „Seele und Geist" besonders häufig im Alten Testament synonym verwendet werden; da schreit die Seele zu GOTT und auch der Geist, und sie sind ja auch zusammen. Obwohl die Bibel (ganz anders als der platonische Dualismus) den Menschen als „lebendige Seele" darstellt, trifft sie doch noch genauere Nuancen über die „Teile" des Menschen. (Bei allen literarischen Werken, die aus menschlicher Inspiration kommen, mögen wir über Nuancierungen hinwegsehen; beim göttlich inspirierten Wort der Bibel aber müssen wir jedes Wort genau nehmen; denken wir nur an die Bedeutung der Worte „alle" oder „viele" in Römer fünf, die enorme Wahrheiten ausdrücken). In der trichotonomischen (dreiteiligen) Ausdrucksweise werden *Leib, Seele und der Geist* des Menschen angesprochen (vgl. Psalm 51,12; 1.Thess.5,23), und in der zweiteiligen Dichotomie „nur" *Leib und Seele* desselben Menschen (vgl.Ps.73,26; 84,3).

Die Bibel, besser gesagt der HEILIGE GEIST tut das, um uns ein klares Verständnis zu erleichtern. Darum keine Angst, wir müssen keine Theologen sein oder werden um biblische Grundwahrheiten zu verstehen, denn der Geist des HERRN hilft uns! Lobet den HERRN! Also, in Psalm 42,6 z.Bsp. lesen wir: **„Was bist du so aufgelöst, meine Seele, und stöhnst in mir?“** Hier ist in der Sicht der Dichotomie die Seele des Psalmisten auch sein Herz und sein Geist, wie wir das auch in Stellen wie Psalm 139,23; 143,4; 119,11+36; in 1.Mose 41,8 oder in Matth.15,19 sehen. Hingegen sehen wir im Bußgeschrei des Herzens Davids Psalm 51,12 das erbetene „reine Herz“ als das Gewissen (übereinstimmend mit Hebr.9,14) und die „Gesinnung“. Hier ist das innerste Zentrum, die Steuerung der Seele gemeint, welches *das Herze und Gewissen* „der Geist“ im Menschen ist (Trichotomie). Das ist das „Organ“, das auch bei der Bekehrung und Wiedergeburt zentrale Bedeutung hat. David wusste genau: „mir helfen nicht gute Vorsätze, denn die nächste „Bathseba“ kommt mir bestimmt über den Weg; mir hilft nur ein reines Herz, eine erneuerte Gesinnung zu GOTT!“

Der seelsorgerliche Aspekt hierin ist sicher eine große Hilfe, wenn ein Kind GOTTES gesündigt hat und nun in Verzweiflung nach Vergebung schreit, und dann aber auch Antwort auf die Frage haben will: „Woher kommen bei mir die sündhaften Gedanken und Neigungen?“; doch wohl nicht aus meinem neugeborenen *Geist*, nein! Sie kommen aus meiner (noch) nicht völlig erneuerten *Seele* mit ihren Engrammen, alten Prägungen und Gewohnheiten samt den negativen Neigungen des sündigen Leibes. Darum die Aufforderung im NT *„Leget ab“*; das ist ein sukzessiver Lebensprozess! Darum sei nicht entmutigt sondern vielmehr ermutigt, dass der HERR dich liebt und kennt und unendliches Mitleid und Erbarmen mit unseren Schwachheiten hat! DANK und EHRE! Ebenso kommt unsere Gewissheit der Gotteskindschaft nicht zuerst aus unserer Seele, die dieses Zeugnis reflektiert und zur gegebenen Zeit zum Ausdruck bringt, sondern aus *unserem Geist,* was Paulus in Römer 8,16 darlegt. Wichtig für ein biblisch-seelsorgerliches Verständnis wird auch die Einsicht sein, dass alle drei „Teile“ bzw. Funktionssysteme des Menschen, also Geist, Seele und Leib (wobei ich bewusst den Geist voran stelle in seinem Vorrang und bei der Aufarbeitung von Sünden oder Problemen) *niemals* voneinander abgetrennt werden dürfen oder können, sondern dass sie ineinander übergehen und einander demnach beeinflussen: Gedanken und Gefühle beeinflussen den Leib psychosomatisch; der Leib wiederum kann bei organischen Erkrankungen die Seele depressiv beeinflussen; und wenn unser innerstes Zentrum, unser Herz und Gewissen, beunruhigt ist, beeinflusst das die Seele und umgekehrt. Hier gibt es unzählige Variationen von Wechselwirkungen in einer Ganzheit des Menschen.

Diese Fakten tragen nicht nur einer traditionellen anthropologischen Seelsorgeberatung Rechnung, sondern sie kommen aus der biblischen Betrachtungsweise, die der *„durch den Geist"* gelehrte Apostel Paulus nicht einfach gedankenlos in 1.Thess.5,23 so hingestreut hat. Überall, wo Paulus den Begriff „Geist" verwendet, zeigt der Kontext, das er auch *Geist* meint. Geist und Seele sind bei ihm nicht nur beliebig kompatible `Mehrfachnennungen`; außerdem wusste Paulus als einstiger Jude, dass GOTT auch die Tiere mit einer Seele geschaffen hatte, und dass das seelische Leben – die Seele – im Blut ist, das man nicht essen darf! (vgl.1.Mose 1,30; 3.Mose 17,11 u.a). Der Mensch aber ist zum „BILDE GOTTES HIN" geschaffen; er ist mehr als ein Tier, viel *viel* mehr!! Und wenn der HERR, der Schöpfer des Menschen fordert: **„Du sollst den HERRN, deinen GOTT, lieben mit deinem ganzen Herzen und mit deiner ganzen Seele und mit deinem ganzen Verstand"** (Matt.22,37), ja, dann hat ER auch gewusst, was ER sagt! „Herz (Geist) und Seele (Verstand) mit der angesprochenen Person des Menschen" - hier ist der „ganze Mensch" mit Geist und Seele angesprochen; nicht mehr aber auch nicht weniger. Und es ist gut, daran ermahnt zu werden, dass keiner sich erdreiste vom WORT GOTTES wie auch von der Krone Seiner *Menschen*schöpfung den „Teil" wegzunehmen, der GOTT vielleicht am meisten ähnlich ist – **den Geist!**

Wir können nicht noch weiter in dieses biblisch-anthropologische Betrachtungsfeld des Menschen eingehen, das jedenfalls diametral zum psychologischen steht. **„…nach dem Bilde GOTTES schuf ER ihn"** (vgl.1.Mose 1,27)! Dass dieser wunderbar geschaffene Mensch nach dem Zeugnis der Schrift nach Leib, Seele und Geist geschaffen und in dieser Geschöpflichkeit eine „lebendige Seele" ist, dass diese Funktionsorgane *ineinander* übergehen und doch voneinander zu unterscheiden sind, ist das nicht ein deutlicher Hinweis auf das unzertrennbare Geheimnis der DREIEINIGKEIT GOTTES – der Mensch IHM ähnlich?! Davon bin ich überzeugt, und ich bin froh, dass die Bibel nicht verlangt, dieses Geheimnis rein rational aufzulösen, sondern dass GOTT es der Natur des Glaubens und der Erkenntnis anbefohlen hat!

In den „Sinnen der Seele" oder im Geist

Es gibt also prägnante unterschiedliche Merkmale im seelischen und geistlichen Bereich, und sie sind sehr logisch. Die Häufigkeit, mit der der Begriff „Geist" im NT aufkommt, entspricht der „Ausgießung des HEILIGEN GEISTES" in Apostelgeschichte zwei; und von hier geht es weiter mit der Leitung und Priorität dieses Geistes: Die Liebe GOTTES wird ausgegossen in die Herzen der Gläubigen durch den Heiligen Geist (Röm.5,5), die Geschäfte des Fleisches werden getötet durch den Geist (Röm.8,13), die Heiligen werden geleitet durch den Geist GOTTES (Röm.8,14), der Geist hilft unserer Schwachheit auf (Röm.8,26.27), es gibt Friede, Freude und Kraft durch den Geist (Röm.14,17;15,13 usw). Von der Apostelgeschichte an beginnt das Werk des HEILIGEN GEISTES und es geht fortan um die „Gesinnung CHRISTI" (vgl.1.Kor.2,12-16 u.a). Dies betrifft nun das Beten im Sinne der Worte JESU in Johannes 4. Bereits dort und in der Bergpredigt hat ER gezeigt, dass wahres, d.h. gottgemäßes Beten (Danksagung, Anbetung, Fürbitte und Bitten) nicht äußeren religiösen Ritualen und Gegenständen entsprechen kann und darf, ebenso wenig seelischen Bedürfnissen allein. ER sagt: **„Trachtet vielmehr zuerst nach dem Reich GOTTES und nach Seiner Gerechtigkeit, so wird euch dies alles hinzugefügt werden".** (Matt.6,33; vgl.6,5-14).

Wenn der natürliche, seelische Mensch sich religiös betätigt und beten will, konzentriert er sich auf seine Sinne und redet aus dem Bedürfnisbereich seiner Seele; er *kann* gar nicht anders, denn er hat den Geist nicht. (Hier sind oft Gebete von Menschen angesiedelt, die sich für neugeboren halten). So beten viele Menschen das herrliche „Vater Unser" nur als Gewohnheitsformulierung, ohne je in den *Inhalt* dieses Gebetes einzudringen, weil sie den bedingenden Geist (noch) nicht haben. Sie haben lediglich ihr religiöses Bedürfnis „geleistet." Man möge mich nicht falsch verstehen, was leider nicht auszuschließen ist. JEDER Mensch darf das Unser Vater beten, wenn er sonst noch nicht beten kann, denn auch hier sieht GOTT allein das Herzensmotiv an. Auch ich kannte außer einem schönen Morgengebet, das mein Großvater mich gelehrt hatte nur das Vaterunser; mehr konnte mir die röm.-katholische Kirche nicht bieten, da ich die Rosenkränze und dgl. ablehnte. Entscheidend an dieser Stelle ist, dass wir wissen und verstehen, was GOTT von Menschen will, nachdem Sein Sohn gekommen und auferstanden ist: **„GOTT ist Geist, und die IHN anbeten, müssen in Geist und Wahrheit anbeten."** (Joh.4,24). Das heißt GOTT, den Vater persönlich durch den Geist der Wahrheit zu kennen und IHN mit dieser durch den Geist gewirkten Erkenntnis im Namen JESU anzubeten. Aber ein Vaterunser ohne Herzensbeteiligung nur aus toter Tradition heraus ist sinnlos und vergeblich, ein Plappern. JESUS nennt solche Gebete Heuchelei und Sünde (vgl.Matth.15,7-9; 18,21-35; 6,6-15).

Aber auch der wiedergeborene Mensch *kann* auf seelische Bedürfnisbefriedigung ausgerichtet sein; sie wird ihn aber nie zufrieden stellen, weil sein Geist ein anderes Bedürfnis hat. Wenn der Geist des HERRN tatsächlich im menschlichen Geist wohnt, gibt Er dort ein klares Zeugnis, und der neugeborene Mensch weiß intuitiv, dass er göttliches Leben und Gotteskindschaft empfangen hat! (vgl. Röm.8,16), und er hat auch ein Wissen von GOTT und eine innere Anschauung und Gewissheit von der Bedeutung der Erlösung und des Heils in CHRISTUS! (vgl.1Kor.2,12.9). Stellungsmäßig ist er jetzt „im Geist", nicht mehr „im Fleisch", obwohl er noch fleisch*lich*, gewohnheitsmäßig handeln kann. Aber dadurch fällt er nicht wieder in den alten Stand (Stellung) des Fleisches zurück. Das NT trennt diese zwei Ebenen, denn hier geht es nicht primär um Taten, sondern um „Sein und Stellung" vor GOTT. Nur der Mensch „im Geist", und wenn er darin wandelt, hat die Voraussetzung, GOTT im Geist anzubeten, und er benötigt dazu weder Gegenstände oder irgendwelche inneren Bilder noch eine technische oder mystisch-spirituelle Methode.

Mit „Besinnlichkeit und religiöser Selbstversenkung" taucht man ein in das Reich der Sinne. Im Religionsbetrieb des Abendlandes wird das ersichtlich bei den großen Festen der Oster,-Advents-und Weihnachtszeit, oder an den Gräbern. Millionen Kerzen werden angezündet als müsste eine Kraft von ihnen ausgehen; oder andere Symbole deuten auf etwas hin, das in der christlichen Realität nicht mehr lebt (darum das Symbol dafür) etc. Zum Beispiel, vergleichen wir einmal eine Kerze mit der gewaltigen Glut des Sonnenlichts; da gibt die Kerze kein Licht mehr, aber man kann vor einer Kerze besinnlich meditieren, weil die natürlichen Sinne irgendetwas Gegenständliches brauchen (das können in verschiedensten Räumen verschiedene Dinge sein, Kreuz, Altar, Kerze, Stein, Wasserfall, Lotusblüte etc). Ach ja, und die Sonnenanbeter, auch sie beten einen Gegenstand an bzw. zu ihm. Im charismatischen Bereich nimmt man noch per Visualisierung mit „Christus" Kontakt auf. CHRISTUS aber lässt Sich nicht visualisieren oder channeln, nicht auf mystische und nicht auf okkulte Weise. Es ist alles nur ein seelisches Truggebilde. Man „channelt" heute im christlich-charismatischen Lager einen Jesus, der ein Falsifikat ist (vgl.2.Kor.11,4) (Mehr in „Charismatische Bewegung).

„Wachet und betet!", diese Aufforderungen werden in der Bibel meist in der Imperativform (Befehlsform) gegeben. JESUS sagt: **„Wachet!"**, und gibt damit nicht einen Appell zum Meditieren, sondern zu einem Beten im Geist mit wachen Sinnen und mit einer Last auf dem Herzen. „Beten" *(proseuchomai)* zeigt auch die Richtung an – zu GOTT. Bei der sinnlichen Betrachtung und Meditation geht es in andere Richtungen und man macht dort eine Art Wachtraum-Erfahrung, nimmt Energieströme wahr und benennt das „transzendente Kraft". Der amerikanische Starprediger und Scharlatan Robert Schuller sagte: *„Gott ist kosmische*

Energie" und liegt damit auf der Ebene der Sinnesebene der Okkultisten und Evolutionisten. Im TOPIC, März 2007 stand ein informativer Artikel über Meditation; ich zitiere: *„Welcher gewaltige Dammbruch sich derzeit vollzieht zeigt ein weiteres Beispiel aus der aktuellen Ausgabe der Zeitschrift EiNS der Deutschen Ev. Allianz. Dort stellt der Amerikaner Richard Foster in einem Artikel das „immerwährende Gebet" vor. Es kommt aus der Praxis des „Atemgebetes" und fordert, dass man kurze Gebete wie beispielsweise „Jesus Christus, Sohn Gottes, hab Erbarmen über mich Sünder!", immer wieder laut oder still betet, „bis es ganz tief in den Körper eingedrungen ist." Foster beschreibt in dem EiNS-Artikel eine Vier-Stufen-Versenkungstechnik, bei der man auf der letzten Stufe dann in der „Gegenwart Gottes" stehen könne. Als an Christus gläubig gewordene Buddhisten das lasen, waren sie entsetzt. Denn das „immerwährende Gebet" des Richard Foster ist fast identisch mit der Technik, die sie früher verwendeten, um eine buddhistische Erleuchtung zu erlangen."*

Die Sprachebene des religiös-rituellen Gebets und die spirituell meditativen Besinnlichkeiten sind subjektiver Art, sie *kennen* kein *persönliches* Objekt. Menschen aller Kulturen und Klassen haben seit jeher ihre Sehnsucht nach Mythen, Ritualen, Gott oder Göttern in einer Meditation und Gebetssprache ausgedrückt; sie haben ihr religiöses Verlangen nach Authentizität und Leitbildern auf Personen projektiert wie den Papst, den Dalai Lama oder anderen Gestalten. Religiosität ist die Ursehnsucht des Menschen, seine Suche nach Identität. Religiöse Identität ist nicht erlangte Identität, nur die Suche nach dieser – und im Sammelbecken der Ökumene wird sie angeboten. Doch klärt sich in dieser Vielheit religiöser Mystik der Himmel nicht auf; alles verbleibt im Niemandsland, absolute Wertfragen können nicht gestellt werden. Nur wenn Subjekt und OBJEKT zusammenkommen, Mensch und SCHÖPFERGOTT sich vereinen, was den biblischen Weg der Busse (= Umdenken und Umkehren) erfordert, können Sinnestäuschungen erkannt und verlassen werden, und in diesem Sinne auch die Ökumene.

Schillerndes counterfeit

„Denn Honig träufeln die Lippen der Fremden, und glatter als Öl ist ihr Gaumen, aber zuletzt ist sie bitter wie Wermut, scharf wie ein zweischneidiges Schwert. Ihre Füße steigen hinab zum Tod, auf den Scheol halten ihre Schritte zu.....In der Dämmerung, am Abend des Tages, beim Anbruch der Nacht und bei Dunkelheit. Da, siehe, eine Frau kommt ihm entgegen im Hurenkleid und mit versteckten Plan im Herzen....Sie verleitet ihn durch ihr vieles Überreden, mit ihren glatten Lippen reißt sie ihn fort. Nicht schweife dein Herz ab zu ihren Wegen, verirre dich nicht auf ihre Pfade! Denn viele sind die Erschlagenen...und die sie ermordete."

(aus Sprüche 7; *Scheol* ist das hebr. Wort für „Totenreich" – griech: *Hades*)

Ich glaube, wir haben nach den Ausführungen über die Ökumene diese in diesem Bibelwort unschwer erkannt. Der Dämmerzustand hängt wie eine Decke über den Juden, Nationen und heidnischen Religionen, und hier in Sprüche 7 hört das Ohr schon die ruhelosen Schritte der Hure, die möglichst viele von den „Söhnen GOTTES", den wahren Gotteskindern in ihr Hurenhaus bringen will. Sie ist sehr geschickt in ihrer Argumentation und Anpassungsfähigkeit um ihren versteckten Plan auszuführen. Im selben Kapitel wird gesagt, dass die religiöse Hure ihre religiösen *Heilsopfer* (ein Bild auf sakramentale Rituale in der röm.-katholischen Kirche) als Pflicht ansieht. „Heilsopfer" wird auch mit *Dankopfer* übersetzt, was auf die Eucharistie (Mittelpunkt der katholischen Messe) hinweist. Sie hat um dieses „Heilsopfer" ihr ökumenisches Hurenlager ausgebreitet und benetzt mit Myrrhe, Zimt und Aloe. Mit schamloser Berechenbarkeit und glatten Worten holt sie ihre Liebhaber auf ihr Weihrauchlager; dort finden undefinierbare charismatische Salbenmischungen und „Gottesdienste" statt. Die vielfältig aufsteigenden Räucheropfer der Anwesenden täuschen einen Harmonienrausch vor, eine erregende Symbiose mit schillernden Regenbogenfarben des Friedens. Aber es ist ein falscher, künstlicher „Friede."

„Frau Torheit ist leidenschaftlich im Verführen...sie sitzt an der Tür ihres Hauses...um einzuladen, die geradehalten ihre Pfade; (sie sagt): Wer unerfahren ist, der kehre hier ein! Wer ohne Verstand ist, zu dem spricht sie: Gestohlenes Wasser ist süß, und heimliches Brot schmeckt lieblich." (aus Sprüche 9). Es ist dieselbe Frau, leidenschaftlich in ihrer Hurerei, die von ihrem Haus aus die Menschen in ihre Kirche einlädt. Dort wird das Abendmahl nachgeahmt (Eucharistie) und gestohlenes Wasser und Brot ausgeteilt. (In der Bibel sind Wasser und Brot auch Bilder für den HEILIGEN GEIST, das Wort GOTTES und JESUS CHRISTUS). Da sie kein echtes Wasser und Brot hat, präsentiert sie dafür Weihwasser, Hostien, entmythologisiertes und psychologisiertes Bibelwort, historisch-kritische und psychoanalytische und feministische Theologie – und: jede Form der New-Age-Spiritualität. „Und ich hörte eine andere Stimme aus dem Himmel sagen: Geht aus ihr hinaus, mein Volk, damit ihr nicht an ihren Sünden teilhabt und damit ihr nicht von ihren Plagen empfangt!" (Offb. 18,4).

Evangelikal bis Neo-evangelikal

„Denn um einer hurerischen Frau willen kommt man an den Bettelstab, und die Frau eines anderen gefährdet die kostbare Seele! Dein Herz neige sich nicht ihren Wegen zu, und verirre dich nicht auf ihre Pfade; denn sie hat viele verwundet und zu Fall gebracht." (Sprüche 6,26; 7,25.26)

Nachdem wir das mystisch-philosophische Prinzip der Götterdämmerung in der röm.-katholischen Kirche und der Ökumene betrachtet haben, wenden wir uns jetzt den Evangelikalen und religiös-charismatischen Gruppen der Neo-Evangelikalen zu. Welche Pfade beschreiten sie? Wir wollen zuerst allgemeine historische Wahrheiten betrachten und danach eine geistliche Anwendung für heute finden, und wo möglich, zu einer prophetischen Aussage für die Zukunft.

Im biblischen Buch der Offenbarung des Johannes erscheint CHRISTUS in göttlicher Herrlichkeit, und der Apostel Johannes fällt zu Seinen Füßen nieder wie tot, aber er wird aufgerichtet und bekommt eine Botschaft an die Gemeinden. GOTT zeigt ihm sieben Sterne und sieben Leuchter, und die Leuchter sind die Gemeinden. (vgl.1,17-20). Die Botschaft oder das Sendschreiben an die Gemeinde in Sardes beginnt so: **„Das sagt der, welcher die sieben Geister GOTTES und die sieben Sterne hat: Ich kenne deine Werke; du hast den Namen, dass du lebst, und bist doch tot."** Im apostolischen Zeitraum waren die Gemeinden *Leuchter* an ihren jeweiligen Orten. Es gab nicht mehrere Leuchter an einem Ort, weil die Christen untereinander *eins* waren und *zusammengefügt* den einen Leib bildeten; sie waren „die Heiligen des Ortes."

Paulus richtet seine Briefe an *„die Heiligen in Rom, Ephesus, Korinth usw.*" Dieser vereinte Christusleib der unzertrennten Heiligen war die Gemeinde, die Ekklesia, der Leuchter an den verschiedenen Orten! Und die Leuchter waren aus reinem Gold; Gold zeigt in der Bibel das Wesen GOTTES an, Seine Herrlichkeit. Biblisches Gold zeigt unvermischte Reinheit, die die Gemeinden bewahren sollten, damit sie Leuchter und Zeugen GOTTES sind! JESUS betete: **„Und Ich heilige mich selbst für sie, damit auch sie geheiligt seien in Wahrheit....Und Ich habe die Herrlichkeit, die Du mir gegeben hast, ihnen gegeben, auf dass sie eins seien, gleichwie wir eins sind."** (Joh.17,19.22). „Heilig, herrlich und eins gemacht", das war das Werk, das JESUS - für die Gemeinde - durch das Kreuz auf Golgatha vollbrachte!

Luthers weitherzige Staatskirche

„Ich kenne deine Werke“, - Sardes ist die Kirche der Reformation, zeitlich nach Thyatira, der herrschenden Kirche Roms. Die Sendschreiben der Offenbarung haben eine prophetische Schau über den Zustand der Gemeinden im Zeitalter der Kirchengeschichte bis heute. Das Papsttum war mit einer Weltkirche in Erscheinung getreten, wo die selbsternannte (unfehlbare) Prophetin Isebel das Volk mit ihrer Hurerei zum Götzendienst der rituellen Handlungen, Sakramente, Heiligen,- Reliquien- und Bilderverehrung und zum Marienkult verführte. Sardes war mit einer offenen, lesbaren Bibel und geschenkter Rechtfertigung ein großer geistlicher Einbruch in die Finsternis des Mittelalters und der Kirche Roms und ein neuer Anfang! Dennoch blieb die Wiederherstellung (Reformation) im Formalismus und Sakramentalismus Luthers und im politischen Säkularismus unvollendet stecken. Während Rom die Welt beherrschte, *stützte* sich die protestantische Reformation und mit ihr die protestantische Kirche auf die weltliche Macht, und so entstanden die protestantischen Staatskirchen. Leider blieb Luther im Klerus-Priestertum stecken, statt ins neutestamentliche allgemeine Priestertum durchzubrechen; insofern blieb auch das Volk in Glaubens- und Gewissensfragen unter der Herrschaft einer Staatsreligion. Und darum ging Sardes als die große Unvollendete in die Geschichte ein, **„denn Ich habe vor meinem GOTT deine Werke nicht als völlig befunden.“** (3,2b). Sardes war leider nur zu einer Namenskirche geworden und ist es bis heute geblieben; der tote Sakramentalismus von Thyatira in ihr verhinderte die Lebensgemeinschaft mit CHRISTUS. Sardes sollte das von GOTT Empfangene und Gehörte bewahren (vgl.3,3) und sich ganz von Rom lösen – und tat es nicht! Es gab nur wenige in der Gemeinde in Sardes, die Busse taten und ihre Kleider nicht mit Roms Unflat besudelten (3,4).

Heute ist ein mit Religion und toten Werken vermischter Staatsprotestantismus das Erbe aus diesem unvollendeten Aufbruch von Sardes; die Wurzeln sind immer noch nicht endgültig abgeschnitten und vom religiösen System gekappt. Daran krankt der Protestantismus und steht unter dem Verdikt von 1.Thessalonicher 5,1-3. Denn er ist zu einer anderen Art von Ablasskirche geworden, die Millionen Menschen in der Finsternis einer unbiblischen Taufwiedergeburt und Abendmahlslehre belässt und mit billiger Gnade den Sünder *und die Sünde* rechtfertigt. Die Reformation war ein Licht, das in die Welt hinausgestrahlt hat, GOTT sei gelobt, und dennoch hat sie den Bußruf des HERRN versäumt, umzukehren; so dringt der Bußruf weiter bis an unsere Ohren: **„Wach auf!“**, **„Werde wachend“** oder **„Werde erweckt**!“ *(ginou gregoron)*, **„Gedenke“** und

„Tue Busse“ sind Worte in Imperativform (Befehlsform), und dieser Bußruf kommt uns heute von Sardes und von Laodizea, der letzten Gemeindeerscheinung auf Erden entgegen: **„Sei nun eifrig und tue Buße!“** Was heißt das denn im konkreten Sinn für uns?

Es heißt nicht nur, dass wir die Spaltungen (immerfort) beklagen und unzufrieden sind mit den ökumenischen Einheitsbestrebungen, sondern dass wir konkrete Schritte tun und aus diesen babylonischen Schlafgemächern von Sardes und Laodizea herauskommen – hin zur Ekklesia, zum Leuchter das LAMMES! Der apostolische Ruf des Paulus gilt *zuerst* den Gläubigen, nicht den Namenschristen: **„Ihr aber, Brüder, seid nicht in der Finsternis, dass euch der Tag wie ein Dieb überfallen könnte; ihr alle seid Söhne des Lichts und Söhne des Tages. Wir gehören nicht der Nacht an noch der Finsternis. So lasst uns auch nicht schlafen wie die anderen, sondern wachen und nüchtern sein!“** (1.Thess.5,4-6).

Das protestantische Erbe der Evangelikalen

Aus dem Protestantismus heraus wuchsen die Evangelikalen und ihre Bewegung. Der Brockhaus bezeichnet Evangelikale als solche die *„von der unbedingten Autorität des N.T. ausgehend, dieses als von GOTT unmittelbar und wortwörtlich gegebene Handlungsanweisung zur Gestaltung des eigenen Lebens oder des Lebens der christlichen Gemeinde interpretieren.“* Die Evangelikalen – ursprünglich „Fundamentalisten“ - wollten am Anfang einen bibeltreuen Kurs halten; sie wollten das reformatorische Bekenntnis zur Irrtumslosigkeit der Bibel und die Autorität biblischer Lehre „evangelisch streng“ festhalten. Das Aufkommen der Textkritik im 18. und 19. Jahrhundert auf dem Gedankengut der Aufklärung, und der dadurch erfolgte Durchbruch der Bibelkritik in den protestantischen Kirchen verdunkelten den göttlichen Offenbarungscharakter der Heiligen Schrift, und vergifteten die reine Milch mit Zweifeln; sie erweckten Unsicherheit an der Autorität und Unfehlbarkeit der Bibel. Sobald aber dieses Bekenntnis „sola scriptura“ *(allein die Schrift)* wankte und forcierend der Beurteilung wissenschaftlicher, d.h. griechisch-philosophischer Textkritik ausgesetzt wurde, musste auch die Grundlage „biblischer Lehre“ vom Fundament ihrer Verankerung weichen. Der Bibelbuchstabe allein konnte nicht vor dieser Verführung bewahren, und eine gewichtige Ursache dafür liegt schon in der Tradition der Reformation; diese hätte ihren drei Bekenntnissen unbedingt das *„solus spiritus“ (allein durch den Geist)* hinzufügen müssen, und das nicht nur in konkludierender Form, sondern als kausal-bedingende Voraussetzung! (siehe „*Bekenntnis zur Bibel*" und „*forschet in der Schrift*"). Hier wurden die Evangelikalen systematisch aufgeweicht.

Als im Jahre 1893 in Chicago das Parlament der Weltreligionen initiiert wurde, dessen Gründungsidee auf den Okkultisten und Theosophen Emmanuel Swedenborg zurückgeht, begann auch hier der „moderne Einbruch" in den „modernen Protestantismus", der diese furchtbare Saat aufklärerischer Text- und Bibelkritik forcierte.

Anfang des 20. Jahrhunderts kennzeichneten fünf Aussagen die Fundamentalisten in den USA: 1.) „Glaube an die Irrtumslosigkeit der Bibel; 2.) Glaube an die Geburt JESU durch die Jungfrau Maria; 3.) Glaube an das Sühnopfer JESU am Kreuz; 4.) Glaube an Seine leibliche Auferstehung; 5.) Der Glaube an die biblischen Wunder." Die *Wurzeln* dazu lagen in der konservativen Bewegung im US-Protestantismus des 19. Jahrhunderts. Aber 1930 teilten sich in den USA konservative (fundamentalistische) Gruppen aufgrund überkonfessioneller Strömungen in Fundamentalisten und Evangelikale auf. Heute zählen sich etwa 70 Millionen US-Evangelikale noch zu ultrakonservativen Protestanten (was immer sie damit meinen) und stehen politisch (noch) hinter der Republikanern. Global gibt es um die 460 Millionen evangelikale Christen, somit sind sie eine der größten Bewegungen in der Christenheit.

Bis um 1970 nannten sich bibelgläubige protestantische Christen auch im europäischen Sprachraum noch Fundamentalisten. Danach kam ein Buch heraus von Dr. Laubach, führender deutscher Evangelikaler, worin er den Fundamentalismus in den USA als engstirnig und negativ bezeichnete, die Evangelikalen aber als fortschrittliche Gläubige und weltoffene Hoffnungsträger der Zukunft. Von nun an bezeichneten sich Fundamentalisten lieber als Evangelikale. Aber die Strömungen in den USA innerhalb der Evangelikalen wurden in den letzten siebzig Jahren immer liberaler, dann ökumenisch, dann charismatisch. Biblische Positionen wurden und werden aufgegeben zugunsten *neo-evangelikaler* Strömungen. Das war und ist für Europa die Blaupause für nachträgliche Kopien. Heute sind hierzulande neo-evangelikale Freikirchen eingeklinkt mit der Lausanner Bewegung oder der Evangelischen Allianz, mit der Charismatischen Bewegung und mit der Ökumene. Das Erbe des Protestantismus, der die *Wiege der Welt* nie verlassen hat, hat auch die Evangelikalen in ihre Liierung mit der Welt und ihren Angeboten gebracht. Der moderne Evangelikalismus vertritt nur noch seine Philosophie, nicht mehr die biblische Theologie.

Lithho tou proskommatos (griech.) – „Stein des Anstoßes"

Der Stein des Anstoßes, der Fels des Ärgernisses, das Kreuz Jesu Christi wird auch unter Evangelikalen zunehmend verworfen, das Wort vom Kreuz zur Torheit gemacht, verraten ! In Jeremia 2,8 klagt GOTT durch Seinen Propheten: „Die Priester fragten nicht: Wo ist der HERR? Und die mit dem Gesetz umgingen, erkannten mich nicht; die Hirten fielen von mir ab, und die Propheten weissagten durch den Baal und liefen denen nach, die nicht helfen können." Die damaligen religiösen Führer Israels kannten den HERRN nicht wirlich, waren aber götzendienerische Vorbilder für das Volk – und heute werden evangelikale Hirten zu Wölfen und falschen Propheten, weil sie die Führer und Schlüsselfiguren nicht durchschauen, welche wichtige Weichenstellungen vornehmen.

Mehrfach ist ihr Verrat an die Feinde des Evangeliums. Evangelikale Führer haben das Dokument „Evangelikale und Katholiken gemeinsam" unterzeichnet als gemeinsame Mission im dritten Jahrtausend, worin Katholiken als Brüder und Schwestern „in Christus" bezeichnet werden. Persönlichkeiten wie Billy Graham haben den Kontakt zur röm.-katholischen Kirche und zur Ökumene hergestellt und die biblische Lehre verlassen; Menschen wie Robert Schuller haben die Evangelikalen mit säkularer Psychologie, Okkultismus und Pseudocharismatik getauft. Die Pointe des psychologischen „Selbstwertes"/(Selbstwertgefühl) der Selbstannahme, der Selbstliebe und der Selbstverwirklichung, des Pragmatismus und der Marketingmethoden sind sein „Evangelium". Das und mehr hat die evangelikale Landschaft vergiftet. Nur eine Minderheit zählt sich noch zu den Fundamentalisten und ist keiner kirchlichen Organisation angeschlossen; diese lehnen noch jede Zusammenarbeit mit liberalen, charismatischen und ökumenischen Evangelikalen ab und bekennen sich zur Irrtumslosigkeit der Bibel. Zu ihnen zählt ein Teil der konservativen Brüderbewegung, die Freien Baptisten und einige Freikirchen – (wielange noch)?

Die einst gegenüber den Charismen und dem Papsttum so resistenten Evangelikalen haben in ihrem Sinneswandel zum Liberalismus viele überholt mit Büchern über Selbsthilfe, positives Denken (Möglichkeitsdenken) und Erfolgsevangelium. Ihre Väter würden sagen: **„Wer hat euch bezaubert?",** denn ihre Credos *heute* kann man wie folgt beschreiben:

Früher: „Demütigt euch nun unter die mächtige Hand GOTTES, damit ER euch erhöhe zur rechten Zeit" (1.Petr.5,6). *Heute: durch die Kraft der Gedanken und unseren*

Glauben schaffen wir unsere Verhältnisse selbst, indem wir Gott von unseren Worten abhängig machen.

Früher: „Ein Greuel für den HERRN ist jeder Hochmütige. Die Hand darauf! Er bleibt nicht ungestraft" (Spr.16,5). *Heute: wir müssen unser Selbstwertgefühl aufbauen!*

Früher: „Wenn jemand Mir nachkommen will, der verleugne sich selbst und nehme sein Kreuz auf sich und folge Mir nach" (Matt.16,24). *Heute: wenn wir uns selbst bejahen und das eigene Leben finden, werden wir es gewinnen.*

Damit liegen sie natürlich auf der Linie der ökumenischen Strategie und auf der Welle der Charismatischen Erneuerungsbewegung; sie sind ins *Erfolgsdenken* eingetaucht. Bill Hybles sagte *„Ich bin Pragmatiker und messe alles daran, ob es gut funktioniert."* Funktionaler Erfolg ist auch Bestandteil der Evolution. *„Erfolg ist das Zauberwort, die treibende Kraft der Seele, die sich in der Wissenschaft als treibende Kraft der Evolution erweist." (Teilhard de Chardin, kath. Priester, Jesuit und Paläonthologe).* Dazu kommen im pseudocharismatischen Bereich noch die Zauberkräfte des Schamanismus und der Visualisierung. Der größte aller Erfolgsmenschen dieser Art wird der letzte Weltdiktator sein, ein Mensch mit tierischem, teuflischen, gewissenlosesten Erfolgsinstinkt. Wenn religiöser und wissenschaftlicher Erfolg im antichristlichen Sinn zusammen kommen, was mag das für eine bestialische Macht ergeben.

Teilhard de Chardin und auch Carl G. Jung haben davon geredet, zur Vereinigung der Weltreligionen im wissenschaftsgläubigen Zeitalter die Religionen mit der Wissenschaft zu verschmelzen, denn es ging ihnen um unbedingten Erfolg im Fortschritt der inneren Kräfte des Menschen. Diese Vermischung „gedeiht", wie wir gesehen haben, und der Hades tut sich auf. Der Boden für den Antichristen wird in der ökumenischen Vermischung gelegt, und sein Kommen durch die wissenschaftlich beglaubigte Geisteskraft des „inneren Menschen." Wer sagt, dass der Schlüssel ins Himmelreich „In uns selbst" ist, kann gleich auch mitsagen, dass er *ein* Antichrist ist. Die Wissenschaft zeigt auf sich, die Psychologie und die Ökumene zeigen auf sich, der Antichrist zeigt auf sich; und so werden ihn alle die *Selbstschaffenden* anbeten, weil er die Verwirklichung des Erfolgs ist, des Erfolgs selbsterlösender Zeichen und Wunder.

Der Pfingstcharismatiker Paul Yonggi Cho erklärt Erfolg so: *„Gott habe die Welt durch die Macht Seiner Inkubation (Ausbrütung) erschaffen, und der Mensch habe, weil er ein Geistwesen der vierten Dimension ist, ebenfalls die Macht, durch die Kraft seiner Vor-*

stellung seine Umwelt zu verändern – egal ob er das als Christ oder Okkultist tut." So das Wünschbare für das Wirkliche zu halten ist Magie und Zauberei! Diese Methode der menschlichen Seelenkraft unterscheidet sich nicht vom Prinzip der bewussten Evolution, die die eigene Evolution mit okkulten, esoterisch-spirituellen Kräften „fördert." Und von christlichen Psychologen wird behauptet, Schamanismus (also Zauberei, Hexerei, Magie, Visialisierung …) sei nichts Böses, solange man sie aus „Liebe" tue und zum Guten anwende (weiße Magie). Wir haben die guten Seiten des Bösen bereits angesprochen, das sind einige davon. Die „christliche" Psychologie erklärt, dass in tieferen Schichten des Unterbewußtseins Jesus als Heiler zur Verfügung stehe, und die schamanische Visualisierung verspricht heilende und verändernde Kraft durch Kontakt mit einer existierenden Geisterwelt. Darüber hinaus werden durch Einsatz der Phantasie und der Visualisierung im charismatischen- und evangelikalen Lager imaginäre Kräfte zur „Fürbitte und zum phantasievollen Beten" angewandt.

Neues Bewusstsein und der Erfolg

Mit glaubensfördernden „Techniken" Kraft und Erfolg zu erlangen, heißt dem HERRN das Vertrauen zu entziehen und steht deshalb als Götzendienst unter dem Fluch! (vgl. Jerem.17,5f; Jes. 57 u.a.). Denn die Prinzipien der weltlichen Methoden sind nicht die Prinzipien des Reiches GOTTES. Es ist der Geist Isebels (vgl. Thyatira oben), der Kinder GOTTES mit glatten Worten dazu verleitet, die „Tiefen des Satans", d.h. seine gnostischen Erfolgsstrategien zu erforschen und anzuwenden. Es kann „Erfolge" dabei ergeben, aber wir sind dabei im Bereich einer falschen Haushalterschaft, wo „Frucht" mit Erfolg und toten Werken vertauscht wird; eine sehr ernste Angelegenheit! Denn sie bedeutet nicht weniger, als dass diese Art der Erfolge verbrennen wird! (vgl.Luk.3,17; 1.Kor.3,15; 2.Petr.3,10)! Denn GOTT lässt Sich nicht verspotten, und was der Mensch sät, das wird er ernten! Wer auf das Fleisch (die menschlichen humanen weltlichen Methoden) sät, wird vom Fleisch das Verderben ernten, wer aber auf den Geist (die Gotteskindschaft und die geistlichen Charismen) sät, wird vom Geist ewiges Leben ernten! Die Art des *Erfolges* des „neuen Bewusstseins" wächst nicht im Garten GOTTES, sondern in der Haushalterschaft des Teufels, darum man mit Recht sagen kann: „mit neuem Bewusstsein und Erfolg in die falsche Richtung!"

Im Westen gehen viele Evangelikale auf das Neue Bewusstsein ein, auf „christliche Visualisierung, psychologische Selbstwert-Täuschung und New-Age-Spiritualität. Die gegenwärtige antichristliche Gegenkultur ist größer und effizienter als die Rekatholisierung der Gegenreformation (1555-1648). Von „kommender Erweckung" reden sie in evangelikalen und ökumenischen Kreisen: *"schaut nur unsere Gemeindewachstumserfolge an"*. GOTT weiß wie viele dieser Konjunkturchristen je zu einer Neugeburt durchgebrochen oder eher vorher geistlich abgetrieben worden sind. Man will Zahlen vorweisen als Erfolg bei den Pro Christ-Veranstaltungen oder ähnlichen mehr, aber ihr irrt euch mit so einem riesigem technischen Aufwand, einem netten Evangelium und so einem kargen Ergebnis. **„So spricht der HERR der Heerscharen: Richtet euer Herz auf eure Wege! Ihr habt viel gesät, aber wenig eingebracht"** (Hag.1). Es ist gut, Eifer für GOTT zu haben, doch diesen mit der entsprechenden Erkenntnis! (vgl. Röm.10,2). Dieses benutzerfreundliche „Evangelium" wird von den Leuten eher belustigt belächelt als ernst genommen, und anstatt Erweckung werdet ihr Gericht bekommen. **So spricht der HERR: „Hört nicht auf die Worte der Propheten, die euch weissagen. Sie täuschen euch, das Gesicht ihres Herzens reden sie, nichts aber aus dem Mund des HERRN"** (Jerem.23,16). **„…die zu den Sehern sagen: Seht nicht! und zu den Schauenden: Schaut uns nicht das Richtige! Sagt uns Schmeicheleien! Schaut uns Täuschungen! Weicht ab vom Weg, biegt ab vom Pfad! Lasst uns in Ruhe mit dem Heiligen Israels!"** (Jes.10,10.11). Zusammenbruch wird kommen, der die Organisationen evangelikaler und pfingstcharismatischer Denominationen in Trümmer legt, sie, die nicht aus dem babylonischen System herausgekommen sind und nicht herauskommen wollen.

Darum heißt es in den Sendschreiben der Offenbarung, dieser letzten Botschaft der Bibel, die nicht von einem Propheten oder Apostel stammt, sondern von JESUS CHRISTUS direkt übermittelt wird, dass die *„Minderheit der Überwinder"* das von GOTT Empfangene „hören, bewahren, bedenken und durch Busse und Absonderung festhalten" sollen! Durch „Anpassung" an Ökumene, Pseudocharismatik und pragmatisches Erfolgsdenken wird das Empfangene nicht bewahrt, sondern von diesem absorbiert. „Irret euch nicht!", ihr Evangelikalen, die ihr den Felsengrund der Schriftautorität mit ihrer Unfehlbarkeit verlässt; der Treibsand der Liberalität wird euch mitreißen und ihr werdet als töricht und unbewährt erfunden werden (vgl.Matt.7,26f). Aber solange noch der Bußruf ergeht, solange ergeht noch Gnade! Lobet den HERRN! So denkt und kehrt um! Der König Josaphat von Judäa gefiel mit seinem Koalitionswerk mit dem gottlosen König Ahasja von Israel GOTT keineswegs; ER ließ seine Tarsisschiffe zerschellen! (vgl.2.Chron.20,31ff)

„Aber sie will nicht Buße tun“ (Offb.2,21)

Wenn wir in der Bibel die Vatikanstadt Rom (genauer den Vatikanstaat) betrachtet haben, haben wir festgestellt, dass sie dort als „Weib bzw. Frau“, und als „Hure“ dargestellt wird und diese Charaktergestalt bis zu ihrer Zerstörung bei JESU Wiederkunft behält. (vgl. Offb.17+18). Es gibt gute und treue Weiber bzw. Frauen, wie zum Beispiel meine eigene, und dafür soll man GOTT danken! Aber es gibt schlechte Frauen wie Isebel eine war; Huren bieten sich allen dar, wie beispielsweise die Ökumene. Das Weib in Offenbarung 17 ist voller Lästernamen, aber reich bekleidet; sie hält ihren goldenen Eucharistiekelch aller Welt hin, aber er ist voller Greuel und Unreinheit ihrer Hurerei, und sie ist trunken vom Blut der Heiligen und der Zeugen JESU. Die Religion wird als Weib dargestellt, und keine „christliche“ Religion der Welt hat so viel Blut der Märtyrer getrunken wie die römisch-katholische, deren Blutrausch fünfzig Millionen (!) Menschenleben in der Inquisition forderte!

„Ein Weib“, eine weibliche Göttin. Die diktatorischen Zivilisationen Ägyptens, Babylons, Assyriens hatten ihre Göttinnen, aber auch Griechenland, Indien und andere Zivilisationen hatten oder haben in ihren Religionen Göttinnen. Nur das Christentum kennt keine weibliche Gottheit, wenn wir von der röm.-kath.-Religion absehen. Denn Rom ist weiblich mit seinem Marienkult und hat seine Göttin; schon darum ist der Katholizismus nicht Christentum! Die Hure der römischen Religion sehen wir bereits in Thyatira als Isebel dargestellt, und kirchengeschichtlich gesehen ist der Geist Isebels tatsächlich die Religion Roms mit ihrer despotischen Lehre und falschen Prophetie. *Und sie hat viele verwundet und zu Fall gebracht!*

Aber schon vor Isebels Inthronisierung gab es die Gegenströmungen und Irrlehren der Nikolaiten und Bileams, und diese drei sind die größte Gefahr für die Gemeinde bis heute geblieben. Die Lehre der Nikolaiten (Volksbeherrscher) mit ihrer unbiblischen Unterscheidung zwischen „Laien“ und „Geistlichen“ führte ja zum religiösen System von Rom hin, und Bileam parallel dazu zur Vermischung von Gemeinde und Welt (Verlust der Absonderung). Das andere „Weib“, die Frau des LAMMES ist in der Offenbarung die Gemeinde des HERRN; sie wird und kann nicht überwunden werden, weil ihr HERR sie baut! (vgl.Matt.16,18). „Evangelikale und Neo-Evangelikale! Schaut auf *dieses* Weib, auf *diese reine* Braut, auf die herausgerufene und abgesonderte EKKLESIA und auf ihren CHRISTUS! Schaut nochmals hin auf den erhöhten Sohn!“

Die Wege Bileams

Wie schon zuvor in der blutigen Intrigengeschichte Roms wird heute zugunsten von Einheitsbestrebungen die Geschichte der Reformation auf dem Altar der Ökumene als eine Opfergabe an Rom verraten. Der evangelikale Fernsehprediger R. Schuller bekennt: *„Für die Protestanten ist die Zeit gekommen, dass sie zum Hirten (dem Papst) gehen und sagen: Was müssen wir tun, damit wir heim kommen können?"* Der Bruch führender Evangelikaler mit dem Glaubensbekenntnis ihrer Väter und christlicher Märtyrer ist kein Rätsel, sondern entspricht den prophetischen Worten unseres HERRN JESUS in Matth.24: **„Und dann werden viele verleitet werden"**, d.h. zu Fall gebracht werden. Diese feinere Form der Versuchung beginnt im Vorhof und im Heiligtum, dort, wo Geist und Seele um die Herrschaft kämpfen. JESUS sagte: **„Wie könnt ihr glauben, wenn ihr Ehre voneinander nehmt und die Ehre von dem alleinigen GOTT nicht sucht? Amen, amen, Ich sage euch: Der Knecht ist nicht größer als sein Herr, noch der Gesandte größer als der ihn gesandt hat."** (Joh.5,44; 13,16). Wie hat CHRISTUS den teuflischen Erhöhungsversuchen widerstanden? : **„Wiederum nimmt Ihn der Teufel mit auf einen sehr hohen Berg und zeigt Ihm alle Reiche der Welt und ihre Herrlichkeit und spricht zu Ihm: Dies alles will ich Dir geben, wenn Du niederfallen und mich anbeten willst. Da spricht JESUS zu ihm: Geh hinweg, Satan! Denn es steht geschrieben: Du sollst den HERRN, deinen GOTT, anbeten und IHM allein dienen."** (Matt.4,8-10).

Alle Versuchungen wollen den Gläubigen aus seiner Abhängigkeit zu CHRISTUS herausreißen und ihn in die Autonomie (Selbstbestimmung), bis in die Vermessenheit treiben. So gibt es auch heute vom Schlangenbiss Satans gezeichnete Leute; die einen präsentieren vor allem im pfingst-charismatischen Lager laufend (und zwingend erwartete) *Suggestiv*-Wunder, die anderen werden im evangelikalen Lager auf den roten Teppich der hohen Ehren und Würden gestellt, die dritten werden einfach von den weltlichen Angeboten des materiellen Reichtums und den Begierden des Fleisches (Geld, Sex und Macht) überwunden. Manche sind von allen drei Arten besiegt. Der gläubige Mensch im großen Spannungsfeld seelischer Angebote, des geringsten Widerstandes und des größtmöglichen Erfolges! Und dabei bietet der Teufel noch die Möglichkeit an, fromm zu bleiben, weil die „Anbetung" auch im christlichen Gewand längst ihm gehört, wenn er die Motive bestimmen kann. **„...denn von wem jemand überwältigt ist, dem ist er auch als Sklave unterworfen."** (2.Petr.2,19).

Wer in dieser Gesinnung der sklavischen Gefangenschaft lebt, arbeitet nicht mehr für den Lohn des Evangeliums, sondern für den Lohn der Ungerechtigkeit, den Lohn Bileams. Jene großen und kleinen Evangelikalen, die den Weg nach Rom über die Ökumene beschreiten, sind keine Zeugen des *LAMMES* mehr, denn sie sind auf einem Weg, der von CHRISTUS wegführt. Bileam war ein Prophet, der den kommenden „Stern aus Jakob" ganz klar aufgehen sah; er hatte hohe Erkenntnis, und doch eine so niedrige Gesinnung. Der Lohn der Ungerechtigkeit, die große Popularität und der Wohlstand, die ihm angeboten wurden, bevorzugte er dem Gehorsam und der Treue GOTT gegenüber. Er verriet sein Volk, genauer gesagt die „Schwachheit" der Fürsten Israels, indem er Balak lehrte, eine Falle vor die Söhne Israels hinzustellen. (Offb.2,14). Er wusste, dass die Israeliten Fleisch liebten und dass ihre Fürsten schöne fremde Frauen liebten, obwohl Israel die schönsten besaß. So wies er Balak an, Götzenopferfleisch vor die Söhne Israels hinzulegen und schöne, moabitische Frauen vor den Fürsten Israels vorbeigehen zu lassen – dann würden sich die Israeliten auf das Fleisch und die Frauen stürzen und ihre Absonderung aufgeben – und GOTT würde sie vernichten. Im Neuen Testament bedeutet diese Lehre Bileams Vermischung und geistliche Hurerei der Gemeinde des LAMMES mit der Welt, deren Fürst noch der Satan ist.

Geld, Sex und Macht kann man auch mit dem Begriff „Materialismus" bezeichnen, einer Sünde, der die klassischen und die modernen Bileams verfallen sind. Da gab und gibt es „Glanzsterne", die vom Himmel gefallen sind (vgl. Hesek.28; Jes.14 oder Offb.12); z.B. gesalbte Charismatiker, die auch gern wie GOTT sein woll(t)en und dann auf das teuflisch listige Angebot „denken und sprechen in Möglichkeiten" eingegangen sind oder einfach „nur" dem Materialismus schlechthin verfallen sind. Da wurde und wird der Schutz der Worte JESU „Glückselig die Armen", verlassen. Denn auch die „materiell Reichen kommen nur sehr schwer ins Himmelreich! Ich glaube, es war Richard Wurmbrand, der über Rumänien gesagt hat, dass vor dem Einbruch des Materialimus 95 Prozent der Christen in der Verfolgung im Glauben standhielten und nur 5 Prozent fielen; im Einflussgebiet des Materialismus aber wurden diese Proportionen vertauscht. Vertauscht sind auch die Strategien im Spielfeld des Materialismus. Während bei Hiob der Satan den Besitz antasten durfte, überhäuft er heutzutage das Christentum bis zum Ersticken im Materialismus – daher sind die Warnungen JESU sehr aktuell! (vgl.Matt.24,36f; Luk.17,26-29; 21,34). Ein Mensch, befangen vom Materialismus, kann nicht *wachen und beten.*

Dieses alles will ich dir geben, wenn du niederfällst…..!

Dass es bei den Evangelikalen zu diesem angezeigten Sinneswandel kommen konnte, ist dem prägenden Einfluss solcher Männer anzuklagen, die der Versuchung auf ihrer Tempelzinne nicht widerstanden und das Angebot des Teufels samt dem Lohn entgegen nahmen. Einflußreichste evangelikale Exponenten wie Billy Graham oder Bill Bright haben sich von Rom ehren und beschenken lassen. Eine kurze Skizze aus diesem Gefälle: B.Graham besuchte anfangs eine fundamentalistische Universität, wechselte aber zu ökumenisch ausgerichteten evangelikalen Bibelschulen; er war 1948 Beobachter bei der Gründung des ÖRK in Amsterdam. Es folgten Weichenstellungen, und er arbeitete mit Katholiken, Charismatikern, Adventisten und liberalen Theologen zusammen. An seiner Person und seinen Evangelisationsfeldzügen schieden sich die Evangelikalen in den USA, denn die Fundamentalisten wollten in der Evangelisationsarbeit keinen Kompromiss mit ökumenischen und liberalen Personen eingehen. Inzwischen war Graham aber neo-evangelikal eingestellt und tat das. 1978 wurde er vom Papst zur Audienz empfangen, und er vertiefte diese „noblen" Kontakte und bezeichnete Papst Paul 2. als größten Evangelisten und moralischen Führer seiner Zeit! Hier war Graham längst ein Besiegter; er lief ohne Korrektur durch Älteste und andere, die ihn warnen wollten, in die Falle.

Die von ihm gegründete Zeitschrift „Christianity Today" (CT) ist ein religiöses Flaggschiff geworden. So schreibt T.A. McMahon in The Berean Call, August 2010: *„Die Liste der katholischen Leuchten, welche von CT gefeiert werden, umfasst Papst Benedikt XVI und Johannes Paul II (Graham sagte…er und der Papst stimmten in beinahe allem überein), Mutter Teresa, Bischof Fulton J. Sheen, den buddhistischen u. katholischen Mönch Thomas Merton, und den katholischen Mystiker und Priester Henry Nouwmen."* Der katholische Mystizismus wird überdies vom CT Mitherausgeber R.Foster gefördert…usw. CT ist eine Stimme des Abfalls, und ihr Chefredakteur Mark Galli führt darin Aussagen, welche die Haare zu Berge steigen lassen: Zitat *„Ich schätze einen friedlichen, ruhigen Gott mit Selbstbeherrschung. Einen Gott, der nicht bei der geringsten Provokation hochgeht….Einen Gott, der jene britische steife Oberlippe hat…. Wenn ich jedoch meine Bibel lese, stoße ich beständig auf einen anderen Gott, und es gefällt mir nicht. Dieser Gott sagt, er >hasse< Sünde. Nun, üblicherweise brüllt er das….da kommt eine Tirade nach der anderen….Und wenn das Brüllen vorüber ist, dann kommt das Schmollen."* Und nach solchen ekelhaften Auswürfen wagt dann Galli eine Aufzählung von Fehlern, die Gott gemacht hätte. Schauen Sie, da gibt es nur die eine Entgegnung, die ein Johannes der Täufer im Geiste GOTTES aussprach: **„Schlangenbrut und Otterngezücht!!" Wie wollt ihr dem höllischen Feuer entfliehen?!**

Bill Bright als Gründer und Präsident von Campus für Christus war auch sehr engagiert und erhielt 1996 dafür den Templeton-Preis des Bankiers und Freimaurers Templeton. In einer katholischen Kirche hielt er seine Dankesrede vor höchsten Vertretern des Vatikans. Bright arbeitete eng mit der Charismatischen Bewegung und der Prophetenbewegung zusammen, und auch er suchte den Kontakt zur Zusammenarbeit mit den Katholiken. Eine seiner falschen Visionen mag als Beispiel gelten und als Warnung vor der Verführung in der Charismatischen Bewegung. Seine „Offenbarung" im Jahr 1995 beschreibt eine kommende Erweckung, die in Amerika und anderen Teilen der Welt bis zum Jahr 2000 eine große geistliche Erneuerung hervorrufen werde und als Folge davon die „größte Ernte der Kirchengeschichte." Was für schwülstige Worte – Falschprophetie! Genauso falsch wie die „Prophezeiungen" von R. Bonnke auf deutschen Feuerkonferenzen. Verrat an Menschen und am Evangelium.

Ich möchte es wiederholen: Die Lehre Bileams besteht im Verrat der Schwachheiten des Volkes GOTTES an seine Feinde. Er verführte Israel dazu, dass es sich mit dem heidnischen Götzendienst der umliegenden Heidenvölker vermischte, indem er die Moabiterfrauen „lehrte", mit den israelitischen Männern „Mischehen" einzugehen und so ihren heiligen, abgesonderten Status aufzugeben – das Ergebnis davon musste GOTTES Zorngericht sein! Geschrieben steht: **„Weil sie den richtigen Weg verlassen haben, sind sie in die Irre gegangen und sind dem Wege Bileams, des Sohnes Beors, gefolgt, der den <u>Lohn der Ungerechtigkeit liebte</u>; Wehe ihnen! Denn sie sind den Weg Kains gegangen und haben sich <u>um Gewinnes willen</u> völlig dem Betrug Bileams hingegeben…!"** (2.Petr.2,15; Judas 11a).

So haben evangelikale Führer die heidnischen Opferaltäre Roms vor ihr eigenes Volk hingestellt als ökumenische Speise. Und sie haben die reine Lehre des Evangeliums vermischt in der „Bindung eines gemeinsamen Glaubens" mit Roms Lehren! Das ist geistliche Hurerei, in welcher die Sprache eines angepassten Evangeliums nicht mehr von der Sprache der Ökumene unterschieden wird! (Die religiös gebildeten Jesuiten hatten sich gefreut, Billy Graham dafür die Ehrendoktorwürde zu verleihen). Und so sind leider viele ehemals begnadigte Brüder der psychologischen und telegenen Dämonie Roms erlegen, haben den geraden Weg verlassen, die Korrekturen verschmäht, haben sich auf die Pfade der Hure verirrt – und sind zu Fall gebracht worden. (Vgl. oben die biblische Warnung in Sprüche 6+7). Sie sind nachgefolgt dem Wege Bileams, und haben den Lohn der Ungerechtigkeit in Menschenehre, Auszeichnungen, Macht und Gunst angenommen. Im Abweichen vom Worte GOTTES und in ihrer Loyalität zu Rom haben sie auch eine Falle vor die in ihren Großevangelisationen Bekehrten hingestellt; diese werden wieder in die Götzentempel der katholischen Kirche zurückgetrieben oder in die Kathedralen von charismatischen Megakirchen und Starpredigern, die dem Papst ergeben die Hand küssen - Apostasie! Ihr werdet den Kelch des Zornes GOTTES mittrinken! Irret euch nicht! Und CHRISTUS spricht: **„Wehe, wenn alle Menschen wohl von euch reden, denn ebenso taten ihre Väter den falschen Propheten.“** (Luk.6,26).

Ja, wer hat euch bezaubert, dass ihr in das Otterngezücht der Mystiker hinabgestiegen seid, ihr „evangelikalen Größen?“ Billy Graham sagte in einem TV-Interview mit R. Schuller, dass man auch ohne direkte Erkenntnis JESU CHRISTI, ohne Glauben an IHN persönlich in den Himmel kommen kann; seine ökumenischen `Erfahrungen` hätten ihm das gezeigt. Kam diese Erkenntnis Grahams, von der in der Bibel das Gegenteil steht, vielleicht vom Einfluß des röm.-katholischen Pristers und Mystikers Henri Nouwen, der in seinem Buch „Sabbatical Journey“ sagte: *„Ich glaube, obwohl Jesus kam, um die Tür zu Gottes Haus zu öffnen, dass alle Menschen durch diese Tür gehen können, ob sie Jesus kennen oder nicht.“* Nouwen sprach sich für den individuellen Weg zu GOTT aus; hier war bzw. ist eine biblische Erkenntnis und Bekehrung „nicht mehr nötig.“

Leute wie Robert Schuller, Norman V. Peale, Billy Graham, Bill Bright, Bill Hybles, Rick Warren, Chuck Colson, J.I.Paker, Mark Noll, Richard Foster oder Benny Hinn, um einige bekannte zu nennen, haben zwar durch ihre Solidarität mit der Kirche Roms deren Flüche (Konzilische Anathemas) gegen Ketzer für sich aufgehoben, den Fluch von Galater 1,8+9 über ein fremdes Evangelium aber heben sie nicht auf, sondern bringen ihn über sich selbst. Sie haben in dämonische Finsternis hineingegriffen und ihre Glieder als Waffen der Ungerechtigkeit zur Verfügung gestellt. Möge GOTT schenken, dass einige noch die Stimme der Zurechtweisung hören, vielleicht durch einen Esel, und dass sie das Schwert des Engels erkennen! Denn wenn Umkehr nicht geschieht auf GOTTES Bußruf, dann kommt das Gericht, ob im Alten oder im Neuen Testament; dieses Prinzip beruht auf Saat und Ernte! Dass auf Satellitenveranstaltungen evangelikale und charismatische Popularitäten mit Applaus empfangen werden, findet im Himmel keinen Applaus und kein Wohlgefallen; die heiligen Thronwesen wenden sich mit Schrecken ab von dieser Menschenverherrlichung. *„Ja, aber GOTT segnet doch“,* sind dann die oberflächlichen Argumente hier unten. Es muss erst wieder Klarheit darüber geschehen, was Segen im biblischen Sinn ist und was nicht. Menschlicher Erfolg und geistliche Frucht sind zweierlei Sache. Bilemas Falle war ein `Erfolg`, aber ein großer „Unsegen!“

Bileams Lehre wurde in der Gemeinde zu Pergamus geduldet, weil dort durch die Religionsvermischung Konstantins die Welt und ihr System übernommen wurde, man kann auch sagen installiert wurde; jetzt war es nicht mehr die reine (unvermischte) Ekklesia, sondern eine angepasste Volksversammlung, die der Teufel in Ruhe ließ. Welch eine Entartung! Mit dieser Entwicklung kam das Papsttum an die Weltmachtstellung in Thyatira und GOTT ruft zur Buße, aber sie will nicht. (Vgl. Offb.2,21). Sie produziert weiter die Lehren Bileams, der Nikolaiten und Isebels. Diese drei Werke der Finsternis sind die größten Feinde der Neutestamentlichen Gemeinde!

In ihrer Wortbedeutung heißt Isebel „Nicht-Wohnung", Bileam = „Volksverderber" und Nikolaiten heißt „Volksbesieger." Männer wie B.Graham, Rick Warren & Co. hätten diese Bedeutungen wissen müssen, doch sie sind wie Blinde zu den Papstaudienzen in den Vatikan gelaufen, wo *nicht die Wohnung* des HERRN ist! Sie gingen zur Prophetin Isebel, die sie dann selbst zur Hurerei verführte, den Protestantismus mit Roms Irrlehren zu verbinden. Sie sind dem Beispiel Ahabs im AT gefolgt und hingegangen, dem Baal der Isebel zu dienen und sich vor ihm niederzuwerfen (vgl.1.Kön.16,31.32). Sie wurden willige Mitarbeiter der Isebel-Connection.

Und so wie Bileam dem Balak diente (vgl.4.Mose 22-25), dienen führende Evangelikale dem Zerstörungswerk des Katholizismus heute. Balak heißt „Zerstörer", und Bileam kannte dessen Eigenschaften und Vorhaben, Israel zu zerstören. Ebenso wussten und wissen auch gebildete Evangelikale um die grausamen Eigenschaften und Feindschaften der historischen römischen Kirche. Männer wie Dr. Martyn Lloyd-.Jones haben gewarnt: *„Die römisch-katholische Kirche ist eine Fälschung…der schlimmsten und teuflischten Art…eine Form des Antichristen…die abgelehnt und gebrandmarkt werden muß!"* Trotzdem sind sie über die Millionen Gräber ihrer von der Kirche Roms ermordeten Glaubensbrüder hinübergegangen zu der von tausenden Irrtümern geprägten römischen-katholischen Institution, und sie haben den goldenen Eucharistiebecher (Offb.17) aus der Hand der Hure genommen und daraus getrunken und sind trunken geworden. Sie sind so berauscht worden, dass sie lieber die katholische Maria heiraten wollen als zur Braut des LAMMES zu gehören. In der Endausgestaltung dieses Unkrautsamens und Sauerteigs ist „Laodizea" entstanden, eine christlich-religiös-spirituelle Revue. „Wehe!" Kehrt um und kommt heraus aus diesem verseuchten System! Verlasst diese Imitation von Kirche und Gemeinde! Auch die „Evangelikale-Correctness", die mit ihrem reaktionär-tolerantem Einheitsstreben im Zeichen der \`Liebe\`, doch nur auf Kosten der Wahrheit und Liebe in den Lehr- und Erkenntnisfragen das evangelikale

Lager neu aufspaltet, ist eine Folge des ökumenischen Dialoges mit Rom und dessen Balak (= Ausleerer, Verwüster, Zerstörer).

Denn bei GOTT ist kein Ansehen der Person

Wir müssen an dieser Stelle auch einmal über Titel, Zertifikate und Etiketten reden und hier mindestens einen faulen Zahn ziehen. Viele Menschen gläubiger *und* ungläubiger Natur sind in diesen eitlen Dingen der Titel und Etiketten wie in Netzen gefangen. Der Dichter Franz Werfel poesierte nach scharfer Beobachtung: *„In das Wesen, nicht in den Schein, dringe ein."* Es ist krankhaft und absurd, wie viel Menschenverehrung durch akademische Titel und Grade GOTT die Ehre rauben – auch das ist ein Götzendienst. *„Was sind Sie von Beruf?"*, ist meist unter Gläubigen die zweite Frage nach der ersten obligaten „in welche Gemeinde gehen Sie?", als ob das ein entscheidendes geistliches Kriterium wäre. Was will man denn an der Berufsbezeichnung herausfinden; etwa menschliche Größe oder Rang oder die Befähigung für einen gesegneten Dienst? Sicher sucht man nicht nach Detailfragen eines Berufes. Ich habe zwei technische Berufsausbildungen mit Erfolg absolviert und praktiziert; wenn ich bei einer Frage nach einem meiner Berufe in das „große Spektrum" gehen wollte, würden es Viele gar nicht verstehen – ihre Frage zielt ja woanders hin: nach einem „möglichen akademischen Titel." Man könnte nach Beantwortung der Frage höflich zurückfragen: *„welchen Beruf übte der Sohn GOTTES auf Erden aus, welchen Petrus oder Paulus?"* Lagen da irgendwelche beruflichen oder akademischen Voraussetzungen vor für ihre gesegneten Dienste? Ging CHRISTUS zur theologischen Elite nach Jerusalem, um Nikodemus und Gamaliel zu Seinem „Beraterteam" zu machen? Wie bitte?

Ja, man setzte auch bei JESUS voraus, dass ER Sein Wissen und Seine Weisheit eigentlich auf der Jerusalemer Universität hätte erwerben müssen, denn... **"Woher kennt dieser die Schriften? Er hat doch nicht studiert?"**, sagten die Juden verwundert (Joh.7,15). Nein, CHRISTUS brauchte keine Uni-Semester; ER sprach vom Geist, den der VATER senden würde, welcher ausrüsten, befähigen und leiten wird. JESUS Selbst war mit diesem Geist erfüllt, später waren es die Jünger, und seit Pfingsten sind es die Christusgläubigen. Von klarer Schönheit ist das Zeugnis des Apostels Paulus, der sich seit seiner Begegnung mit CHRISTUS nicht mehr auf sein Uni-Studium berufen konnte, denn er wirkte und lebte jetzt in himmlischer Berufung unter der Leitung des HEILIGEN GEISTES. Lest das dritte Kapitel im Philipperbrief und seht, wie Paulus seine frühere Universitätsausbildung im Verhältnis zu seiner jetzigen, himmlischen Berufung beurteilte. Er sagte u.a.: *„...seit ich CHRISTUS kenne, ist für mich alles* *ein Verlust (ein Dreck), was ich früher als großen Gewinn betrachtet habe. Hütet euch….. denn zu Gottes Volk gehört man nicht durch äußere Zeichen.*" Und JESUS sagte: **„Jeder Schriftgelehrte, der für den Dienst des Königreichs der Himmel ausgebildet worden ist, gleicht einem Hausherrn, der aus seinem reichen Vorrat Neues und Altes mitteilt."** *(Matt.13,52; Albrecht ÜS.).*

Die „geistliche" Ausbildung geschieht also auf einer anderen, höheren „Universitätsebene" als der irdischen. Theologische Anstalten sind damit nicht gemeint, denn diese gab es im apostolischen Zeitraum noch nicht und wurden erst später als Krücken notwendig; sie sind kein Ersatz für göttliche Berufung, Ausrüstung und Sendung. Ich sage das aus einer inneren Not heraus, denn viele heutige Bibelseminare fahren lehrmäßig sehr einseitig und schmalspurig und andrereseits wieder sehr liberal; das Ergebnis ist nicht mehr als ein „Zertifikat." Aus meiner Erfahrung kann ich sagen, dass es Theologiestudenten gibt, die aufgrund ihres Studiums nicht mehr an die Sechs-Tage-Schöpfung glauben und andere, die mit der biblischen Wassertaufe jahrelang nicht zurechtkommen, weil ihre Theologie sie die Kindertaufe „gelehrt" hat etc.

Nur vereinzelt gibt es noch die Leuchttürme von Bildungsstätten, das hängt sehr von den Dozenten und ihrer geistlichen Haltung ab! Ich behaupte: wäre die Gemeinde nach dem NT als Leibesorganismus stabil geblieben, wäre sie selbst die Ausbildungsstätte, und Bibelseminare wären überflüssig. Aber ich habe bei weitem nichts gegen Glaubensgeschwister, die auf eine Bibelschule gehen. No. Wenn ihr dabei betet und in Abhängigkeit vom HERRN lebt, ist auch dieser Aspekt eures Lebens in Seiner Hand. Ich erinnere mich, wie ein Prediger zu mir sagte: *„Ich habe den ganz klaren Eindruck und GOTT hat zu mir geredet, dass ER dich gebrauchen will. Gehe doch auf eine Bibelschule; ich kann mich für dich einsetzen, weil ich in der Stadt XY im Vorstand von zwei Bibelseminaren bin.*" Obschon auch ich selbst für eine Zeit den Wunsch dazu hatte und auch gewisse Bibelschulen anschrieb, hatte ich letztlich nicht die innere Bestätigung und Freiheit zu diesem Schritt bekommen.

„Geistliche" und „Laien" – nikolaitische Erfindungen

Es gibt so viele gläubige Christenmenschen, die sich als „Laien" willig unter die Führung nikolaitisch-akademischer Amtspersonen stellen und dabei ihre eigene Berufung nie wahrnehmen, weil sie sich passiv pastoralisieren lassen (müssen). Andere wieder sind der Meinung, GOTT sei auf ihre akademische Ausbildung angewiesen, und sie tragen diese Vorstellung wie einen Bauchladen vor sich her. Viele von ihnen sind schlechte Bibellehrer und unqualifizierte Seelsorger, weil sie Wesen mit Schein verwechseln. Selbstverständlich gibt es auch edle und demütige Gläubige unter den Akademikern, doch sind sich diese ihrer geistlichen Armut und Abhängigkeit von GOTT bewusst, und man hat nicht den Eindruck bei ihnen, sie hätten gerne ihren Revers aufgeschlagen, damit man ihren „Titel" erkennt. Eine himmlische Berufung setzt niemals ein irdisches Zertifikat voraus. GOTTES Wege *sind* nicht Menschenwege; ER hat längst Sein Urteil über die Menschenweisheit ausgesprochen (z.B. im 1.Korintherbrief); **„denn was bei den Menschen hoch angesehen ist, das ist ein Greuel vor GOTT."** (Luk.16,15). *Dieses Wort müsste viele erzittern lassen.* Wer sich vor Doktor- und Professorentitel beugt, begibt sich auf Bileams Wege und sieht die Person an. Und jene ziehen hieraus geschickt ihre Vorteile; ihre Namen zieren ihre Bücher mit gleicher Schriftgrösse wie ihre Buchtitel. Es wird Personenkult betrieben, wobei sie noch den Fokus von der Bibel weg auf ihre Schriften lenken. Doch die Edlen unter den akademisch Gebildeten heischen nicht nach eitler Menschenehre und übervorteilen nicht; sie sind sich ihrer Gotteskindschaft – und Sohnschaft bewusst und wissen, dass diese weit größer und höher ist als tausend Nobelpreise!

„Ich habe das von mir verkündigte Evangelium nicht von Menschen gelernt oder von einem Menschen empfangen", sagte Paulus in Galater 1,11; er empfing alles durch Offenbarung und Geistmitteilung. Hier sollten heutige theologische Ausbildungsstätten ihre Pforten mit Brettern vernageln, wenn sie nicht mehr an die unfehlbare Verbalinspiration der ganzen Bibel glauben und sich mit staatlichen Vorgaben „Freiheiten" erkaufen. Und wenn wir schon vom Verhältnis zum Staat reden: *„Wo waren die Universitäten und Akademiker im Dritten Reich? Ließen sie sich nicht allzu widerstandslos gleichschalten?"*, fragt jemand zu Recht. Ich möchte fragen, wo denn der *theologische* Durchblick und Widerstand gegen dieses antichristliche System geblieben war?! In welche Löcher denn hatten sie sich mit winzigen Ausnahmen verkrochen? Und wo tritt er in Erscheinung im gegenwärtigen und kommenden System des Antichristen?! *WER* sind hier die authentischen Gegenzeugen?! *Wie* bitte?

Gehen wir noch ein wenig weiter mit diesem negativen Beispiel; es ist interessant zu sehen, wie viele „gebildete" Menschen im Lauf der Geschichte den „Ungebildeten" unterlegen und ergeben waren. Da waren Napoleon Bonaparte, der kleine Korse und Kaiser der Franzosen; Stalin, der Schuhmachersohn und Diktator Russlands; Nikita S. Chruschtschow, der Bauernsohn; A. Hitler, der kleine Gefreite – und wo waren die geistigen akademischen Eliten? Sie waren nicht mehr als Befehlsempfänger und Vollzugesbeamte dieser Staatsführer. Wenn wir überblättern auf die positive Seite und in die großen Erweckungen des

Christentums hineinschauen, finden wir, dass GOTT dafür Männer mit göttlicher Sendung und Autorität gebraucht hat – nicht irgendwelche akademische Theoretiker. Im positiven Sinn gesagt, ist das Wesen eines Menschen mit seiner himmlischen Berufung von dem, was er sonst noch an künstlichen Werten und Titeln erwirbt, himmelweit geschieden. Es hat keine Relevanz hinsichtlich seiner „Person"; die *Währung* irdischer Titel und Auszeichnungen erlischt beim physischen Tode und zählt in himmlischen Regionen nichts mehr; sie existiert dort nicht. *WAS* zählt sind die Dinge und die Frucht des Geistes und die entsprechenden Werke daraus!

Und so kommen wir zur schriftgemäßen Schlussfolgerung, dass menschliche Ränge, Titel, Namen und Grade in der Ekklesia des HERRN keinen Status haben (dürfen) und auch keinen solchen brauchen. Es gibt keine elitäre Akademikergemeinde, sondern alle Gotteskinder gehören zu den „Törichten der Welt" (1.Kor.1,26ff.); zu den Abgesonderten. CHRISTUS verurteilte „und hasste" die Werke der parteiischen und religiösen Nikolaiten, der „Volksbesieger" (vgl. Offb.2,6+15), die „über das Christenvolk der Laien" hinaufstiegen und es ähnlich wie Bileam zu geistlicher Hurerei und fleischlicher Unzucht verführten! Besser ist es ohnehin, wenn sich auch Pastoren wieder mit der entsprechenden neutestamentlichen Bezeichnung vorstellen, nämlich als „Hirten." Gibt es hier ein Prestige- oder Rangproblem? Für uns in der Gemeinde der Heiligen jedenfalls gilt das Wort JESU **„Ihr aber seid alle Brüder!"** Und somit sind durch den HERRN alle Dienste innerhalb der Ekklesia auf eine gemeinsame geistliche Ebene gestellt, auf die Ebene des „Empfangenden und Dienenden", wo niemand mehr fragt: „Wer ist wohl der Größte unter uns?" Dieser Versuchung und Gefahr sind wir entflohen, damit der HERR unter uns wandelt, und nicht Satan und das Fleisch dominieren.

Neo-Evangelikale

Ich weiß nicht, wie viele biblische Fundamentalisten sich noch zur Irrtumslosigkeit der Bibel, der Unterscheidung der Geister und anderer biblischen Grundwahrheiten bekennen und so ihrer Namensbezeichnung entsprechen; und welchen Prozentsatz sie innerhalb der Evangelikalen einnehmen, aber ich hoffe und bete, dass es viele werden, die vom Irrtum zur Wahrheit zurückreisen! Viele von ihnen werden moderat und lassen sich im Zeitgeist modifizieren. Die Neo-Evangelikalen in den USA stehen nicht mehr in religiös-politischer Identität hinter der konservativen Parteilinie; heute stehen sie für soziale ökumenische Weltprobleme ein – für „Gerechtigkeit und Umweltschutz" (Creation Care). Im europäischen Raum werden Neo-Evangelikale sukzessive und zunehmend in esoterisch-charismatische Gewohnheiten hineingezogen, und viele haben vielleicht nicht bemerkt, dass sie im New-Age-Land wandeln.

Wir fragen mit Bestürzung und Traurigkeit: Warum lässt sich eine anfangs so fundamentale evangelikale Bewegung so ungehindert beeinflussen, überwinden und wegziehen vom biblischen Fundament? Es sind mehrere Gründe, wie mir scheint. Einer der Hauptgründe ist wohl der, dass biblischer Fundamentalismus bedingend nur durch den HEILIGEN GEIST besteht, nicht in Traditionen und Lehrformen. Neutestamentlicher Fundamentalismus ist nichts Statisches, Dogmatisches, sondern geistgeleitetes „Leben!" Einen zweiten Grund nennt T.A. McMahon, enger Mitarbeiter von Dave Hunt: *„Der Hauptirrtum liegt heute in der evangelikalen Gemeinde darin, dass Erfahrungen (Gefühle, Emotionen, Leidenschaft, Intuitionen usw) zum Leitfaden wurden, um wahre Spiritualität zu erlangen…Anstatt eine Lehre, eine Praxis oder eine Situation durch das Wort GOTTES zu testen, wird das, was man darüber verspürt, zum Schiedsrichter.*" Und ein dritter Hauptgrund ist sicherlich die Frage, wieweit die Offenbarung des NT von der Gemeinde und ihrer Darstellung noch im Bewusstsein der Gläubigen ist und inwieweit sie noch zu unterscheiden vermögen! (Darüber werden wir im dritten Kapitel sprechen).

Den Gewalten und Mächten und Weltbeherrschern (Eph.6) sind menschliche und weltlich ausgerichtete Formen, Lehren, Methoden und Allianzen kein Hindernis für ihr Zerstörungswerk. Wenn wir keine oder wenig Offenbarung von CHRISTUS haben, Dem alles unterworfen ist und in Dem alle Schätze der Weisheit und der Erkenntnis verborgen sind; wenn wir nicht in himmlische Autoritätsbereiche hineinschauen (NT) und ins Heiligtum hineingehen (durch Beten und Hören), um zu sehen, dass dort alle Siege schon geschehen sind; wenn wir nicht sehen, wie CHRISTUS mit dem Leuchter Seiner Gemeinde in alles Zeitliche hereinbricht – haben wir nur ein verkürztes Zeugnis. Meistens wird es dann auf der Ebene der gefühlsmäßigen Erfahrungen an die christlichen Trends angepasst, wie bei den Neo-Evangelikalen. Neo-Evangelikale sind Gruppen und Freikirchen innerhalb der Evangelikalen, die sich in der Lausanner Bewegung oder Evangelischen Allianz engagieren, die ökumenisch und charismatisch eingestellt sind und sich auch katholischen Irrlehren und Sonderlehren wie Allaussöhnung und Gleichstellung der Geschlechter u.a. öffnen. In dieser Bewegung gibt es die Gruppe der Jesus Freaks, eine von der Hippieszene aus den USA importierte Jugendbewegung, die mit moderner Musik und lockerer Sprache ihre „Gottesdienste" feiert. „Rockmusik-Gottesdienste" (mit Lobpreis), Openair mit

Bier – gefeiert wird gerne mit Hip-Hop, Hardrock oder Punkrock; das seien ihre „ Fähigkeiten."

Aber mit diesem finsteren Hintergrund kann die gesamtevangelikale Kirche und Bewegung auch in der Gegenwart und Zukunft kein positives Bild und Zeugnis sein, sondern sie erliegt dadurch mehr und mehr dem pseudo-charismatischen Einfluss. Entweder kann es nicht erkannt werden oder man will es nicht erkennen. Hier das Zeugnis zu bewahren und nicht dem Abfallsgebilde zu erliegen heißt herauszutreten! In TOPIC März 2007 war unter der Überschrift „Esoterischer Irrgeist bemächtigt sich der Evangelikalen" zu lesen: *„Seit einigen Jahren wird systematisch das Denken deutscher Evangelikaler umprogrammiert. (und nicht nur dieser; der Verf.) Vorangetrieben wird diese Umerziehung durch namhafte Vertreter der Deutschen Evg. Allianz (DEA) und der evangelikalen Szene. Ziel dieser Umerziehung ist das vorbehaltlose und kritiklose Akzeptieren aller Glaubensinhalte, die über die evangelikale Schiene die Gläubigen....erreichen."*

Dieses „Umerziehen zu einer Akzeptanz für alles" lässt sich konkret an EmCH (Emerging-Church) erkennen, ebenfalls in TOPIC Mai 2008. Unter dem Titel „EmCH: evangelikale Brücke zum New-Age", wird das Bekenntnis eines jungen Mannes aus der deutschen Emerging-Church-Szene wiedergegeben. Einige Sätze gebe ich hier wieder: *„Unser Selbstbild ist anders: Wir stehen im Mittelpunkt. Alle finden uns wichtig – zumindest als Konsumenten. Wir sind egoistisch, frech geht vor. Wir nehmen unser Schicksal selbst in die Hand. Wir sind selbstbewusst und wollen gesehen werden. Wir fühlen uns von Gott geliebt. Unsere Spiritualität ist anders: Wir haben keine Berührungsängste gegenüber anderen geistlichen Traditionen. Wir integrieren Spiritualität von außerhalb des Christentums in Formen von Meditation, Sinnlichkeit, Ästhetik, Lifestyle…Unsere Glaubensüberzeugungen sind anders: Wir glauben an die Schöpfung und an die Evolution. Wir glauben, dass Menschen durch Jesus zu Gott kommen – und manche auch anders. Wir brauchen keine Hölle, um an den Himmel zu glauben…Wir sind nicht mehr konfessionell…Wir denken in Bewegungen und Netzwerken…und wir verzichten auf den Kampf um absolute Wahrheiten."*

Hier liegt in einem Bekenntnis der Wandel der Evangelikalen offen vor uns – ein postmoderner Irrweg in den New-Age-Sumpf, über den wir schon gesprochen haben. Natürlich fehlt im New-Age-Angebot das christliche nicht: da gibt es das spirituelle Christusbewußtsein, die Erleuchtung und Erkenntnis (Gnostik), die Befreiung des Geistes im neuen Bewusstsein, das Christuslicht, das Geistheilen im Namen Gottes, das Medium Gottes und mehr. Es ist ein Markt an Esoterik, Mystik und Okkultismus, eingefärbt in christliches Vokabular, sodass hier größte Vorsicht geboten ist! Hetzen ruhelose Menschen in der esoterischen Welt von einem Kurs zum anderen, plagen sich auch zunehmend Christen mit spirituellen Seminaren und Programmen. Dabei sind psychologische Spielarten ein Bindeglied zwischen den Denominationen, weil damit die Barrieren biblischer Wahrheiten leichter neutralisiert werden können. Esoterische Spiritualität geistert via Bewusstseinserweiterung, Psychologie und Pseudocharismatik im christlichen Bekenntnis herum.

Für Babylon, Griechenland und Rom geschah in der Vergangenheit ihre Endzeit; ihre wertlosen fiktiven Götter konnten sie nicht retten vor ihrem moralischen Niedergang und ihrem historischen Untergang. Auch das kommunistische Weltreich, das überhaupt keine Götter kennt außer die des Politbüros in Moskau, geht in den Ruin zurück, aus dem es auferstand (auch wenn es ein letztes Mal in diesem Zeitalter mit der Kraft der Verzweiflung die Welt zurückerobern will). Der rumänische jüdische Pfarrer Richard Wurmbrand berichtete aus seiner langjährigen Inhaftierung unter kommunistischem Regime, dass inhaftierte, von der eigenen Partei verratene hohe Kommunistenführer unter der Folter nach ihrer Mutter oder nach „Jesus" riefen; ihr einstiger kommunistischer Stolz war zusammengebrochen und nichts mehr wert, *weil* er ja wertlos ist!

Und unsere eitle postmoderne Zeit und Gesellschaft mit dem jämmerlichen naturalistischen Weltbild und dem ausrangierten „modernen Menschen", einem Häuflein Elend, wendet sich so massiv von GOTT ab – und erlebt jetzt seine Endzeit mit der gleichen Gesetzmäßigkeit! **„Dahingegeben in nichtigem Wahn"**, wo biblische Wahrheit durch Mystik und Esoterik ersetzt wird, weil Spiritualität „In" ist – das ist bereits Gerichtszustand und ein Indikator für den sicheren Untergang! Sie missachten alle Haltsignale, alle Rufe zur Umkehr, jedes Wort aus der Wahrheit bis zu dem Point of no Return! Sie entreißen sich mit heroischem Nihilismus aus allen biblischen Verankerungen, die noch übrig geblieben sind und entfliehen den ausgestreckten, durchbohrten Händen GOTTES! – und dann lässt GOTT sie laufen in ihre selbst erwählten Brandpfeile (vgl. Jes.50,11); weil sie Zucht nicht wollten und Seinen Ratschluss verachtet haben. (vgl.Spr.1,20ff).

Ja, es ist Narrenzeit- und freiheit im Einflussbereich der New-Age-Spiritualität! Neben dem oben erwähnten Unterhaltungspanorama gibt es trendweise jetzt noch Ekstase-Tänze, wo unter Trance- und Rave-Musik evangelikale Jugendliche in berauschte „Gebetszustände" gebracht werden. Mit dieser großen

Schmutzwelle und spirituellen Verführung im evangelikalen Lager wird zugleich GOTTES Wort und Geist hinausgedrängt! Führende Vertreter in den Allianzen und protagonistische Verlags-Cooperationen breiten dieses Spektrum in der Weise Bileams vor dem Volk aus, und die Evangelikalen werden mit der dritten Welle der „Charismatischen Erneuerungsbewegung“ in die Ökumene hineingeführt. Wenn der Apostel Paulus sagt: **“Geht nicht unter fremdartigen Joch“** (vgl.2.Kor.6), dann sagen Neo-Evangelikale: *„Nein, wir haben Sehnsucht nach Ergänzung und wollen erst einmal alles stehen lassen in toleranter Solidarität; wir sollten zunächst erst einmal Gemeinschaft mit dem Irrtum pflegen und die Übereinstimmung mit Belial suchen.“* Geschrieben steht: **„Denn die Gesinnung des Fleisches ist der Tod....weil die Gesinnung des Fleisches Feindschaft gegen GOTT ist.“** (Röm.8,6a, 7a).

Um ein abschließendes Beispiel für den evangelikalen Abfall in den neo-evangelikalen zu bringen, kurz zur Person des US-Pastors Rick Warren, der wie eine Ikone verehrt wird. Auch so ein Mensch, der in einer Mega-Gemeinde „Saddleback“ (Lake forest, Kalifornien) das Evangelium an den Zeitgeist anpasst. Sein Buch „Leben mit Vision“ kam aus New-Age Gedankengut und fünfzehn unterschiedlichen modernen Bibelübersetzungen geschustert zustande. Im amerik. Original wird dort vom „kosmischen Zweck“ des Lebens gesprochen, und er empfiehlt das erwähnte mystisch geprägte Atemgebet. Wenn wir die Gestalt Rick Warrens etwas genauer anschauen, werden auch bei ihm die Wege Bileams erkennbar. Er ist laut amerik. Internet-Pressedienst „World Net Daily“ Mitglied des CFR (council on Foreign Relations) „Rat für auswärtige Beziehungen.“ Damit ist R. Warren, der auch bei der Amtsvereidigung von Barak Obama die `Invocation` (das Bitt*Gebet*) sprechen durfte, Mitglied in einer Gruppe mächtiger Personen, deren erklärtes Ziel eine neue Weltordnung mit einer Weltreligion ist. Das belegen interne Papiere dieser OG, welcher Namen wie George W. Bush und sein Vater angehören, oder A. Greenspan. Henry Kissinger, D. Rockefeller u.a. Der Kern des CFR ist der Geheimorden „Skull & Bones“, wo geheime Rituale und okkulte Handlungen gepflegt werden. Diese sehr mächtige OG befasst sich mit dem Aufbau eines Macht-Netzwerkes, das eine neue Weltregierung in die Hände einer Elite treiben soll. Mit diesem Betätigungsraum und Habitus ist der Baptist R.Warren natürlich kein Fundamentalist mehr. Rick Warren betreibt innerhalb der Außenpolitik Amerikas ein Spiel, das ihn und anderen, die ihm als Idol betrachten, zum Fallstrick wird.

Das schreiende Land

Schon im 16. und 17. Jahrhundert, und auch vor der Reformation hatten Gottesmänner, darunter Reformatoren, ordinierte Kirchenleute und andere wie John Wycliff, Kaspar von Schwenkfeld, Labadie, Teelinck oder Gottfried Arnold u.a.erkannt, dass weder die römisch-katholische noch die lutherische noch reformierte Kirche als *Kirchensystem* reformierbar sind; sämtliche Reformbemühungen scheiterten am Klerus dieser Kirchen. Denn tatsächlich reformieren lässt sich nur das, was einst auf gesundem und tauglichen Boden stand und daher Voraussetzungen für eine Erneuerung hat. Die röm.-katholische Kirche ist stets die alte geblieben, und der Einbruch des lutherischen Kirchensystems mit seinem religiösen Charakter ist bis dato auch noch nicht überwunden worden; und darum kann es der Ökumene auch nicht widerstehen!

Die schizoide Haltung im Evangelikalismus heute, wo man sowohl die biblische als auch die röm.- katholische und ökumenische Lehre zu vereinen sucht und dabei „notwendiger weise“ obstruktiv zur biblischen Wahrheit steht, führt hin zu einem Glaubensterror und geistlichem Bruder-Krieg! Beachten wir: Der römisch-katholische Glaubensterror im Mittelalter brachte wahre Zeugen JESU, Märtyrer, hervor. Der subversive ökumenische Glaubensterror der Gegenwart und Zukunft erzeugt ein religiöses Schlachtfeld, auf dem sich nominelle Christen und fleischliche Gläubige untereinander verzehren und fressen (vgl.Gal.5,15). Innerhalb aller protestantischen und freikirchlichen Gruppierungen werden Anti-Ökumeniker von Pro-Ökumenikern ausgeschaltet. Der Papst braucht keine Initiative zu ergreifen, er sagt nur: *„Kommt, wir wollen uns an den Heilsopfern der Eucharistie berauschen bis zum Morgen; kommt zurück an den Busen eurer Mutterkirche; ihr seid alle herzlich eingeladen!“* (vgl.Spr. 5+7). Er lächelt alle an, wie der Dalai-Lama das auch tut, aber unter dem ausgerollten roten Teppich wartet der Scheol mit den Kammern des Todes! (vgl.Spr. 7,21-27)!

Nur unter der Bedingung, dass Evangelikale sich wieder ganz mit dem Wort der WAHRHEIT beschäftigen und es annehmen, können sie dem Geheimnis der Gesetzlosigkeit *(mysterion tes anomias*) entkommen (vgl.2.Thess.2). Sonst wird ihre Häresie zur unumkehrbaren Apostasie (=Abfall) ausreifen! Wenn es möglich gewesen ist, dass die katholische Inquisition mehr Menschen tötete als die Pest und auch Protestanten Katholiken ermordeten; wenn es möglich ist, dass Evangelikale heute die Blutzeugen JESU verraten, die vor ihnen gestorben sind und die Reformation durch Verträge mit Roms Katholizismus außer Kraft setzen wollen (siehe oben), dann ist es auch möglich, dass ihr Gewissen beim Ermorden der gegenwärtigen Glaubenszeugen schweigen wird. Sobald sie von der Ökumene hinabgetrunken worden sind, werden sie die biblischen Christen hassen, verraten, verfolgen und sogar töten – und das werden sie tun, weil sie weder den VATER noch Seinen SOHN CHRISTUS erkannt haben (vgl.Joh.16,3)!! Und dann werden sie vor dem Gerichtstribunal GOTTES stehen! Wo ist das Geschichtsbewusstsein über die Blutzeugen JESU CHRISTI?! Die Inquisition der röm.-kath. Kirche, das „heilige Offizium", wütete im Mittelalter unter der Führung der Dominikaner und dem politischen Protektorat und verbrannte Unzählige (!) Helden des Glaubens auf dem Scheiterhaufen, weil sie die Bibel lasen und die biblische Glaubenstaufe vollzogen, oder weil sie die okkulte Transsubstantiation (Verwandlung) der Hostie samt der Messe ablehnten, oder weil sie Maria nicht als Himmelskönigin und Mittlerin anerkannten, um einige Gründe zu nennen. Heldenhaft blickten jene Märtyrer trotz äußerer Schwachheit dem Martyrium ins Gesicht, weil sie schon *DEN* sehen konnten, Der auf sie wartete! Nein, nicht der Tod, sondern CHRISTUS!

„Auch wenn ich wanderte im Tal der Todesschatten, so fürchte ich kein Unglück; denn DU bist bei mir!" (aus Psalm 23); den Tod selbst hat CHRISTUS längst besiegt, er ist für Gläubige kein Grauen und Schrecken mehr wie für die Ungläubigen, sondern nur noch „ein Schatten", und einen Schatten braucht man nicht zu fürchten. JESUS CHRISTUS spricht: **„Ich bin die Auferstehung und das Leben. Wer an mich glaubt, wird leben, auch wenn er stirbt."** (Joh.11,25). Paulus ruft aus: **„Tod, wo ist dein Stachel? Totenreich, wo ist dein Sieg?"** (1.Kor.15). Hier ist das Zeugnis einer Mutter, die im Gefängnis ihr Kind gebar und auf ihre Hinrichtung warten musste; ihr Ehemann war schon vorher hingerichtet worden : *„Die wahre Liebe GOTTES und Weisheit des Vaters stärke dich in aller Tugend, mein liebstes Kind...Ich befehle dich dem Allmächtigen, dem großen und furchtbaren GOTT an, der allein weise ist, dich zu bewahren und in Seiner Furcht aufwachsen zu lassen...du, der du noch so jung bist und ich dich doch hier in dieser bösen, gottlosen und verkehrten Welt zurücklassen muß. Weil...du hier deines Vaters und deiner Mutter beraubt bist, werde ich dich dem HERRN anbefehlen; ER lasse nach Seinem heiligen Willen geschehen...Mein liebstes Lamm, ich, deine Mutter, die ich hier gefangen bin...vermag dir auf keine andere Weise zu helfen...Weil ich nun dem Tode ausgeliefert bin und dich hier allein zurücklassen muß, ermahne ich dich mit diesen Zeilen, sobald du deine Verstandeskraft erlangt hast, danach zu trachten, GOTT zu fürchten und danach zu fragen, weshalb und für wessen Namen wir beide, dein Vater und ich, sterben mußten; und schäme dich nicht unseretwegen,...das ist der Weg, den die Propheten und die Apostel gingen, und der schmale Weg, der zum ewigen Leben führt..."*

Die Erschütterungen, die durch dieses Mutterherz gegangen sind, sind nicht vergessen! In Ewigkeit nicht! Dieses ihr Zeugnis ist mit diamantener Spitze in ewige Schautafeln eingegraben! Und so wie die Sünden der Blutschergen der katholischen Inquisition mit eisernem Griffel eingegraben sind in ihre Gewissen, so sind die Zeugnisse der Märtyrer in den Fels gehauen für immer! (vgl. Jerem.17; Hiob 19). **„Denn der HERR ist ein GOTT des Wissens, und vor IHM werden die Taten gewogen.“** (1.Sam.2,3). **„Kostbar ist in den Augen des HERRN der Tod Seiner Getreuen.“** (Psalm 116,15) **„Und ein Buch der Erinnerung wurde vor IHM geschrieben für die, die den HERRN fürchten und Seinen Namen achten.“** (Mal. 3,16).

Was mag er sich wohl manchmal gedacht haben, wenn er als einstiger Chef der Glaubenskongregation, wie das Offizium der Inquisition seit 1965 heißt, durch die dunklen Fluren des Vatikans gegangen ist, der jetzige Papst Benedikt alias Josef Kardinal Ratzinger? Jedenfalls, das Martyrium der Gerechten, die ihre Seelen um des Zeugnisses JESU willen in den Tod gaben und aus dem Tod in das Ewige Leben eingegangen sind, ist ihr bleibendes Gedächtnis vor GOTT, ihr heiliges Gold, ihre reine weiße Leinwand, ihre Krone der Gerechtigkeit und der Ruhm ihres GOTTES ! Halleluja! Amen!

Evangelikale und andere mögen das bekennende fundamentale Zeugnis ihre Glaubensväter vergessen; GOTT und die Geschichte vergessen es nicht! **„Denn siehe, ...die Erde wird ihr Blut enthüllen und nicht länger die Erschlagenen bedecken.“** (Jes.26,21). Die fünfzig Millionen Ermordeten der Inquisition klagen Roms Hure genauso an wie die sechs Millionen Juden und sieben Millionen Christen des Holocaust oder die Hingerichteten des zweiten Weltkriegs, die der Rekatholisierung und Zwangsproselytierung (Zwangsbekehrung) widerstanden! Und niemand, der Geschichtsbewusstsein hat und sich gläubig nennt, kann diese Bäche von Blut, die zu GOTT schreien, diese Bäche von Schmerz und Tränen umgehen oder zudecken; er muß sie durchschreiten, wenn er nach Rom zum Papst geht um sich zu unterwerfen oder durch die Ökumene dorthin geführt wird! Und nun zu euch, die ihr euch evangelikal, ökumenisch, pfingstlich oder charismatisch nennt und die „Einheit in ökumenischer Vielfalt“ anstrebt!

„Wollt ihr teilnehmen am vermischten Kelch der Dämonen, der gefüllt ist mit zeremonieller und heidnischer Unreinheit (akathartos) und Greueln der geistlichen Prostitution?? Meint ihr, dass ihr GOTT und der Welt von Nutzen seid durch euren Dialog mit Roms Kirche?? Habt ihr nie gelesen, dass Salz, wenn es kraftlos wird, zu nichts mehr taugt, als hinausgeworfen und zertrampelt zu werden?? Kennt ihr die Schrift wirklich so wenig und den HEILIGEN GEIST (von Dem soviel die Rede ist), dass ihr das Gebet in Johannes 17 um

EINSSEIN mit einer endzeitlich vorausgesagten Einheit verwechselt?? Die ihr gerne auf fremden Altären fremdes Feuer opfert, hört nicht auf das ökumenische Orakel, schaut nicht auf seine schillernden Peace-Farben, sie sind eine erbarmungslose Imitation! Über alle menschlichen Argumente hinaus schaut wieder hinauf auf den zerschlagenen Menschen am Kreuz, auf DEN in der Mitte! ER sühnt dort für euch, damit ihr IHM folgt und lebt! Amen! Blickt auf IHN und schaut in Sein Wort! Soll ER über euch herrschen oder eine irdische Macht?? Wählt ihr das Reich der Finsternis oder das Reich des Friedefürsten, der euch aus dem Reich Satans herausgerissen hat?! Wollt ihr den Teufel anbeten oder GOTT?! Es nützt euch nichts, die Gräber der Märtyrer zu schmücken, Bonhöffer u.a. zu verehren und zu sagen: „Wären wir in den Tagen unserer Väter gewesen, so würden wir uns nicht am Blut der Glaubenszeugen schuldig gemacht haben." Das sind tote Worte und ein totes Zeugnis, ein Schauspiel! Wenn ihr nicht auch gewillt seid, heute durch eure völligste Scheidung vom römisch-heidnischen Ökumenismus (auch dessen Gesangbüchern) deutlich zu machen, dass ihr „des Weges seid" und CHRISTUS angehört, müsst ihr in eurer Blöße ein schreckliches Gericht erleiden!" Verlasst die Wege Bileams und Judas, „ In JESU Heiligem Namen, Amen."

„Und fürchtet euch nicht vor denen, die den Leib töten, die Seele aber nicht zu töten vermögen; fürchtet aber vielmehr DEN, der sowohl Seele als Leib zu verderben vermag in der Hölle." (Matt.10,28). „Oder verachtest du den Reichtum Seiner Gütigkeit und Geduld und Langmut und weißt nicht, dass die Güte GOTTES dich zur Busse (Umkehr) leitet?" (Röm.2,4; 2.Kor.5,10). „Und ER wird jede Träne von ihren Augen abwischen, und der Tod wird nicht mehr sein, noch Trauer, noch Geschrei, noch Schmerz wird mehr sein: denn das Erste ist vergangen." (Offb.21,4). „Denn du wirst die Mühsal vergessen, wirst an sie denken wie an vorbeigeflossenes Wasser." (Hiob 11,16)!

Psychologie, die weltlich - religiöse Form des Heils

Ein Zaubertrank der nicht wirkt

Geschrieben steht: „Der Spötter sucht Weisheit und findet sie nicht" *(Sprüche 14,6)*

Es scheint und ist auch so, dass alles, was sich vom rettenden biblischen Fundamentalismus entfernt, zur Ökumene wandert, und von da zielgerichtet nach Rom. Die theologisch konservativen Protestanten und liberalen Evangelikalen distanzieren sich in scheuer Menschenfurcht vom Fundamentalismus und suchen ihr Heil vermehrt in psychologischen Selbsthilfeprogrammen. „Christliche Therapie" ist `In`. Was soll man von einer christlichen Psychotherapie halten, die sich als Wissenschaft bezeichnet, aber keine ist? (*Jede* Wissenschaft kann nur als Hilfswissenschaft im Rahmen des Gotteswortes der Bibel dienen oder nützlich sein; es *gibt* psychologische Erkenntnisse, die nicht im Widerspruch zur Bibel stehen, aber diese Erkenntnisse sind nicht *humanwissenschaftlicher Art*, sondern geistseelsorgerlicher und entsprechen der **„paraklesis"**, der göttlichen Gnadengabe des Trostes und der Ermunterung, der geistlich-seelischen Hilfe und Ermahnung, und so im Sinne der Einzelseelsorge der „cura specialis"). Sir Karl Popper erklärte zur Psychotherapie: *„Obgleich sie sich als Wissenschaft gebärdet, hat sie in der Tat mehr gemein mit primitiven Mythen als mit Wissenschaft und ähnelt mehr der Astrologie als der Astronomie."*

Und wenn es in keiner Richtung säkularer Psychotherapie christlichen Wahrheitsgehalt gibt, gibt es dann christliche Psychologie? Anders gefragt, kann es christliche Psychologie geben, die sich dezidiert von nicht-christlicher Psychologie unterscheidet? Hierzu eine aufschlussreich interessante Aussage eines „christlichen Psychologen": *„Unter dem Einfluss humanistischer Psychologen wie Carl Rogers und Abraham Maslow (Psychologie des Seins) begannen viele Christen, ihr Bedürfnis für Selbstliebe und Selbstachtung zu „befriedigen." Das ist ein guter und notwendiger Fokus."* Maslow und Rogers waren Okkultisten und New-Ager, und haben hier durch ihre humanistische Psychologie eine Bedürfnisspirale „erzeugt!" Diese Entdeckung öffnete die Tür zur „christlichen Psychologie." Man hat also humanistische Psychologie aufgrund menschlicher Bedürfnisse zur „christlichen" Psychologie gemacht, die weltliche Münze in eine fromme umgetauscht. Doch dadurch wird das Falsifikat nicht echt! Es gibt die christliche oder sagen wir besser „die biblische Psychologie" nicht, sie ist hinfällig und hat zu den Vorgängen und Fragen der menschlichen Seele und des Herzens als geistlichen Bereich nichts zu sagen und steht dem Prinzip des Wortes GOTTES diametral gegenüber.

Nun wird aber von christlich angehauchten Psychologen doch noch ein Unterschied gemacht zwischen säkularer und christlicher Psychologie, und das klingt dann etwa so, wie es Christian A. Roberts äußerte: *„Die (säkulare) Psychologie ist von der Aufklärung inspiriert und harmonisiert nicht mit GOTTES Wort! Die >christliche Psychologie< sieht GOTTES WORT als Quelle christlicher Gedanken einschließlich der psychologischen Vorstellungen"*. Damit sagt er aus, dass sich die Bibel wohl eignet, aber nicht umfassend genügt für eine entscheidende `psychische` Hilfestellung. Das ist die Denkversion, die auch die katholische Kirche für ihre Theologie verwendet, wenn sie behauptet, dass die Bibel *ohne das katholische Lehramt* unvollständig und ungenügend ist. Professor Street sagt: *„Wer die Psychologie für die Seelsorge nutzt, gleicht demjenigen, der Krebs mit Aspirin behandelt. Obwohl sie vielleicht den Schmerz lindert oder gar die Symptome überdeckt, wird sie nie wie GOTTES WORT die Fragen des Herzens durchdringen!" (*1)*

Wir sollten auch um einige Hintergründe der Psychologie von S. Freud und C.G. Jung wissen. Die Psychologie Freuds beruht auf - seinem Angriff auf GOTT; seinem Evolutionismus; seinem Aberglauben; seinen metaphysischen, magischen und mystischen Erfahrungen; seinen okkulten Sitzungen; seiner Hypnose als Diagnosemittel; seiner Suggestion als Behandlungsmittel. Die Psychologie von Jung beruht auf - seinen spiritistischen Seancen und Studien; seiner Gotteslästerung; seinen alchimistischen Studien; seiner Astrologie; seiner Mythologie; seinen gnostischen Studien; seinen buddhistischen und hinduistischen Studien; seinen Diktaten als Hörmedium, indem Geister ihm seine Psychologie „eingaben"; seinem Dämon in ihm (nach Selbstaussage); seinen Studien von Swedenborg, Goethe und Paracelsus. Ein infernalisches Kaleidoskop! Mir persönlich teilte eine Psychologin, die zum Glauben an CHRISTUS gekommen war mit, dass sie mit dem Wissen um diesen grauenvollen Hintergrund unmöglich noch ihren Beruf ausüben kann!

Jetzt müssen wir noch fragen: gibt es *gläubige* Psychiater? Darauf antworten Fachleute: *„Es gibt keinen Psychiater im biblischen Sinn! Entweder ist er wiedergeboren, dann muss er zwangsläufig die psychoanalytische Lehre über Bord werfen, oder dann verharrt er in der widerbiblischen Lehre und verdreht, verwässert und deutet die biblische Botschaft als williges Werkzeug Satans um"* (Pfr. Albert Lüscher *2); *„Psychologie ist über weite Strecken eine Rückkehr zum Gnostizismus…ihre Tendenz ist, GOTT durch das Selbst zu ersetzen"* (Prof.Dr.C.Vitz, Psychologe *3). *„Haben die Evangelikalen ihr Erstgeburtsrecht für einen Mischmasch von psychologischem Brei verkauft?"* (Dr.H. Mower, Psychologe *4). *„In gewissen Phasen ihrer Entwicklung hat sich die psychoanalytische Gemeinschaft wie eine Glaubensgemeinschaft verhalten"* (Prof.Dr.Cremerius, Psychotherapeut, Psychoanalytiker *5). *„Die Freud`sche Psychoanalyse (er war bewusst Atheist) wurde nicht in erster Linie als Heilsmethodik angesehen, sondern als Heilslehre"* (Prof.Dr. Wiesenhütter, Tiefenpsychologe *6). *„Jeder sollte daher wissen, dass er, wenn er in das Behandlungszimmer eines Psychotherapeuten kommt, eine Welt betritt, in der ihm schwerer Schaden zugefügt werden kann, gleichgültig, welcher Schule der Therapeut angehört…Jede Psychotherapie ist falsch"* (Prof.Dr.J.M Masson, Psychoanalytiker, Psychotherapeut *7). *„Die Führung einer Psychoanalyse ist nicht eine natürliche Angelegenheit, sondern Zauberei, Werk einer Hexe, die dem Teufel dient"* (Luise de Urtubey, Psychoanalytikerin *8). *„Heute ist es Ironie, dass viele Menschen, die sich von der Astrologie nicht eine Minute narren lassen, sich selbst für*

Jahre einer Therapie unterwerfen, in der dieselben Irrtümer der Logik und der Interpretation auftreten" (Carol Tavris, Psychologin *9). *„Wenn ich persönlich Beziehungsprobleme hätte und sie mit meinem Partner nicht lösen könnte, würde ich auf keinen Fall zu einem Psychiater gehen. Psychiater stehen an der Spitze in verschiedenen Kategorien von Eheproblemen, sexuellen Schwierigkeiten – viel häufiger als Angehörige anderer Berufe"* (Dr.E. Zilbergeld, Klinischer Psychologe, Psychotherapeut *10).

Die Auswahl an eindeutigen Statements sind überzeugend, und sie sind plausibel auch durch diese allgemein gültige Aussage eines Psychoanalytikers: *„Das ist der Sinn der Psychoanalyse: sein eigenes Leben bestimmen gegen alle Moral...denn wozu lebe ich?"* Nur ein Narr kann so fragen und so reden, ein zutiefst kranker Mensch, dessen logisches und ethisches Denkvermögen beschädigt oder gar abhanden gekommen ist. Dieses lebenskranke Motto könnte das Produkt einer Behandlung sein, die ihre eigene Krankheit erzeugt – wie es der Psychiater Prof.Dr. J. Frank formulierte: *dass die Psychotherapie die einzige Form der Behandlung ist, die anscheinend die Krankheiten selbst erzeugt, die sie behandelt.*

Es steht fest: es gibt wohl säkulare Psychanalyse- und Therapie, aber keine christliche! Es gibt bis heute nicht einmal eine eindeutige Begriffsbestimmung der Psychotherapie, und sie wirkt wie ein Religionsersatz. Sie ist eine falsche Heilslehre! Die Heilige Schrift selbst enthält keine Psychoanalyse und Psychotherapie, ebenso wenig wie sie Mythologie oder Alchemie enthält!

Darum *kann* die Psychotherapie nicht an die Stelle der Einzelseelsorge, dem Wort des Zuspruchs, der Hilfe und der Ermahnung (*logos tes parakleseos*) treten. Und darum ist biblische Seelsorge nicht auf einzelne „Fachleute" beschränkt, sondern ist der ganzen Gemeinde aufgetragen und darf im Sinne von „einander helfen, JESUS nachzufolgen", von allen ausgeübt werden; in der *cura specialis* insbesonders von „Begabten" der geist-seelsorgerlichen Gnadengabe *(paraklesis)*. Die biblische Sicht vom Wesen des Menschen und seinem Zustand ist die des „Herzens", *woraus* alle Probleme erwachsen und *worin* auch die Lösung zu finden ist. (vgl.Matt.15,19-20). Aber in der Sicht der Psychologie und ihrer Beratung liegen die Problemursachen der Person außerhalb dieser. Die biblische Erkenntnis und Seelsorge bricht den humanen *Selbstwert* und die humane Selbstachtung aufgrund der durch das Erlösungswerk im Kreuz hervorgebrachten „Neuen Schöpfung" und „Neuer Gesetzmäßigkeiten" ab; die Psychologie jedoch bringt die Selbstachtung und den Selbstwert des Menschen zur Geltung. Wie nun, was tun? Wir müssen als Kinder GOTTES zuerst fragen, worin unser Wert wirklich begründet ist: liegt er in uns oder in dem, was CHRISTUS für uns getan hat. ER hat unsere alte Natur, unser altes Leben in Adam beendet, exekutiert, erledigt! Sie wurde mit uns und wir mit ihr am Kreuz „getötet!“ Das war die radikale und einzig mögliche Lösung für unser altes „Selbst und Ego“, da half keine Therapie oder Kur! Wollen und sollen wir nun das, was beendet wurde wieder aufbauen in etwa der Form, wie die Galater wieder zum Gesetz zurückwankten?! Das sei ferne! Neues und ewiges Leben bekommen wir nicht durch mehr „Selbstachtung und aufgepäppelten Selbstwert“, das können wir der weltlichen Psychologie überlassen – lasst die Toten die Toten begraben.

Nein, das Problem der Gotteskinder liegt woanders und wird durch die Psychotherapie nur hinausgeschoben; unsere Probleme kommen primär mit der Sünde herein, ob als Aktion oder Reaktion; ob in aktiver oder passiver Form. Darauf machen uns immer wieder Altes- und Neues Testament aufmerksam. Hier liegt auch die Lösung, weil wir uns von GOTT erforschen und heilen lassen dürfen, indem wir alles zuerst zu IHM bringen, und hier dürfen wir gerne auch qualifizierte Seelsorgehilfe in Anspruch nehmen. Schaut, Psychologie (man sollte diesen Terminus im christlichen Sinn überhaupt draußen lassen) kann und wird niemals etwas heilen können. Christliche Psychotherapie kann Symptome auf- und zudecken und dadurch Linderung verschaffen; hierin, im psychosomatischen Bereich ist sie eine gewisse Hilfe. Aber sie behandelt stets Verhaltensstörungen und Verletzungen des natürlichen alten Menschen, das „Fleisch“ (griech. *„sarx“*). Die Bibel aber will den alten Menschen gar nicht heilen; sie hat nur eine Lösung für ihn: zu sterben! **„Ich bin mit CHRISTUS gekreuzigt“** verkündete der Apostel Paulus, aber **„CHRISTUS lebt jetzt in mir!“** ER ist der *Neue* Mensch, der nicht verletzt wird und der keine „innere Heilung“ braucht. *HEILUNG* selbst geschieht durch Bekenntnis und Vergebung unserer Sünden und die anschließende Befreiung von den Lasten aus Vergangenheit oder Gegenwart und ist ausschließlich das Werk des HEILIGEN GEISTES. Und dieser Prozess muss *mittels* des Wortes GOTTES *durch* den Geist geschehen.

Selbstverständlich *nennt* die Bibel die Eigenschaften und den Umgang mit Menschen auch typologisch (wahre philosophische Anthropologie kann ja nur von hier abgeleitet sein), und sie spricht mehr von Menschen, ihren Persönlichkeitsmerkmalen und ihrem Verhalten als jedes andere Buch; sie geht realistisch tiefer auf die inneren Motive und des Denkens und Fühlens des Menschen ein, als jedes andere Buch das kann, besser gesagt, als jeder andere Geist es kann, denn nur sie berichtet von der Erschaffung und vom wahren Wesen des Menschen! WAS der Mensch ist, auf welches höhere Ziel hin er erschaffen ist – das berichtet uns ausnahmslos nur ein Buch in dieser Welt, „die HEILIGE BIBEL“, das WORT GOTTES! Diese Erkenntnisse könnte man, wenn man wollte „biblische Pneumatologie“ nennen. Man sollte es aber nicht wie schon gesagt, `biblische Psychologie` nennen, weil dieser säkulare Begriff absolut nicht zutrifft und weil er zu negativ belastet ist. Er hat mit biblischen Aussagen über den Zusammenhang von Körper, Geist *und* Seele nichts zu tun.

Ich habe oben kurz angedeutet, dass es psychologische Erkenntnisse gibt, die nicht im Widerspruch zur Bibel stehen, und jetzt wird klar, dass es bei diesen Erkenntnissen um die eben geschilderten biblischen geht. Aber wir müssen im Auge behalten, dass es hier um zwei voneinander geschiedene Welten geht; auf der einen Seite die biblische Schilderung, Erkenntnis und Weisheit – auf der anderen Seite die weltliche säkulare humane Pseudowissenschaft der Psychologie. Letztere mit ihrer Psychotherapie ist auf *Selbstwert* hin konzipiert, also auf eine Aufwertung des gefallenen „alten“ Menschen, damit er nicht in fehlender Selbstachtung versinkt. Die biblische Botschaft verkündigt uns aber „den Tod“ dieses alten Menschen und die Erlösung von seiner sündhaften Natur. Sollten wir nun diese alte Natur wieder aus dem Grabe holen und mit viel psychologischer Schminke „am Leben“ erhalten wollen? Das sei ferne! „Selbstwert, Selbstannahme, Selbstverbesserung etc“, - diese Begriffe werden von „christlichen Psychologen“ für ihre Therapien missbraucht, um der gestürzten Währung (ein Bild des verlorenen Selbstwert) eine künstliche Prägung zu verleihen durch Supporte wie: „Selbstbild, Selbstschätzung, Selbstliebe, und als die Summe dessen dann die „Selbstverwirklichung!“ Das würde ich religiösen, leichentuchbehafteten Surrealismus nennen.

Hier wird nichts anderes als das „Alte Selbst“ gefördert, anstatt es in den Tod gegeben zu betrachten und das „Neue Selbst“, welches CHRISTUS in uns ist, im Glauben zu ergreifen! (vgl. Gal.2,20; Kol.3; Kol.2,27; 2.Kor.13,5 u.a). „Christliche“ Psychotherapie des Selbstwertes hat keinen Einblick in die geistliche Natur des Menschen; sie hat keine Erklärung für Bewusstsein, Denkfähigkeit, Gewissen und Moralität. Das Wissensgebiet psychologischer Bewertung widerspricht der biblischen Lehre vom Menschen und erscheint im biblischen Maßstab als eine antichristliche religiöse Fälschung, die sich mit dem Slogan „christliche Psychologie bringt Glaube und Wissenschaft in Einklang“ gut verkauft. Das ist das Lügenetikett auf der Flasche; nur eben dass es in der Flasche selbst nichts davon gibt, außer Gift. Und dieses süße Gift ist das Reizmittel, das dem Menschen sehr angenehm erscheint, das ihn rechtfertigt und aufpäppelt und keine Busse und Veränderung fordert. Da wird Sünde zur Krankheit gemacht, und schuld ist „der andere,“ oder die Umstände usw. Da wird endlich ein Fluchtort geschaffen für das Gewissen, auf dem weichen Couch-Polster der „christlichen Psychologie.“ Aus diesem Grund sind Schwätzer, die diese Selbstliebe in Büchern und Seminaren „verkaufen“ viel beliebter als jene, die mit dem unverfälschten Wort GOTTES und mit unverfälschter, aber effizienter Liebe GOTTES dienen.

Ein kurzes Erlebnis dazu

Dieses ist nur beispielgebend für andere. Wir erhielten eine Einladung zu einem Vortrag von Dr. XY in einem reformierten Kirchengemeindehaus, und obwohl das nicht unserem geistlichen Weg entspricht, nahmen wir die Einladung an in dem Wissen, dass wir auch davon das „Gute“ behalten können. Das Thema war Burnout und Depression. In Kürze gesagt, es wurden viele gute Ratschläge und Erkenntnisse über Formen von Depression vermittelt, und ich schätzte die vortragende Person als einen Christen ein. Aber im Zentrum von alledem stand wie aus Stein gemeißelt „der (bedürftige) Mensch“ und sein „Selbstwertgefühl.“ Es ging immer um seine lebenswichtigen Bedürfnisse, und im Grund um Verhaltenstherapieformen und chemische Antidepressiva zur Linderung von depressiven Erkrankungen. Erst „danach“ wurde eher als Alternative der christliche Glaube erwähnt und als *Ressource* angeboten. Wie nett! Ich gewann den Eindruck, dass viele der Anwesenden in diesem Vortrag noch nicht im Wissen um den Besitz ihrer Gotteskindschaft standen, was in ihren anschließenden Fragen zum Ausdruck kam; aber sie *betrachteten* sich als Christen. Es schmerzt mich immer, wenn ich so etwas wahrnehme, aber der Referent vorne ging auf dieses „elementare geistliche Grundbedürfnis“ nicht ein, nur ganz allgemein erwähnte er einige Bibelstellen zur Stützung seines Vortrages.

Hier erlebte ich wieder typisch das Grundmuster christlicher Psychologie bzw. Therapie: Zuerst der Mensch, dann die Therapieform, und danach als Supportstütze noch GOTT. Das ist eines der traurigen Bilder, die das ausrangierte christliche Abendland kennzeichnen. Im Mittelpunkt der vom Kreuz fliehende „hilfesuchende“ Mensch und seine <u>Symptome</u> – anstatt im Zentrum GOTT und die <u>Ursachen</u> menschlicher Krankheit. GOTT ist der Erste und GOTT ist der Letzte; GOTT ist Alpha und GOTT ist Omega! „GOTT-Mensch-GOTT“ ist die Reihenfolge, nicht „Mensch-GOTT-Mensch!“

Beim anschließenden Meinungsaustausch sprach ich einige der geistlichen prioritären Grundbedürfnisse an und wies darauf hin, das chemische Hilfsmittel wie Psychopharmaka bei Deppressionen gewiß eine bestimmte Linderung verschaffen können, indem sie Symptome überdecken. Wir dürfen *dabei* aber nicht stehen bleiben, sondern wir müssen uns mit aller Not und letzter Auslieferung zuerst und zuletzt wieder zu GOTT wenden! Denn es geht nicht um die Behandlung von Symtomen, sondern um die Heilung von Ursachen! Weniger ist zuwenig. „Lösung" liegt in einem anderen Bereich als „Ratschläge", die an ihrem Platz ihre untergeordnete Berechtigung haben mögen. Ich habe Martin Luther, den der Referent erwähnte, als Beispiel gebraucht, der zu seiner Zeit seine Depression ohne chemisch-pharmazeutische Produkte überwinden musste. Und ich erwähnte meine eigene Depression, die durch GOTT und Seine Gnade und durch den Beistand meiner guten und lieben Frau wieder verschwand. (Andere gläubige Menschen mit biblischer Erkenntnis unterstützen mich dabei). Ich versuchte den lieben Menschen dort in diesem Vortrag ins Gewissen zu sprechen, dass wir wieder „zu den Quellen" finden müssen mit unserem Leben und unseren (Volks)krankheiten; wir müssen zuerst zu CHRISTUS und Seinem Wort kommen, bevor wir zu anderen Mittel greifen. Ich spreche hier vom Verhalten Gläubiger! Einige anwesende neugeborene Christen haben im Nachhinein mein Veto bestätigt.

Es gibt hier im Westen die angetrimmte und verhärtete Meinung „unter Christen" (von Ungläubigen erwarte ich hierin nichts), dass bei depressiven- und anderen Beziehungs- oder Verhaltensstörungen die erste und unbedingte Hilfe von der pharmazeutischen Industrie kommen muß, und danach erst die Hilfe von GOTT. Soweit hat das Stigma der christlichen Psychotherapie uns gebracht. Ach, die armen Gläubigen aus den früheren Generationen und Jahrhunderten, wie sind sie wohl ohne Psychopharmaka und Psychotherapien ausgekommen? Oder gehen wir noch weiter zurück in den apostolischen Zeitraum – zu den Quellen; dort schreibt Paulus: **„Liebe Brüder! Ich meine, ihr solltet wissen, dass wir in der Provinz Asien Schweres erdulden mussten. Wir waren mit unseren Kräften am Ende und hatten schon mit dem Leben abgeschlossen. Unser Tod schien unausweichlich. Aber GOTT wollte, dass wir uns nicht auf uns selbst verlassen, sondern auf IHN, der die Toten zu neuem Leben erweckt."** (2.Kor.1,8-10). Was hier verkündet wird, ist *Glaube* aus Erfahrung in schwersten Nöten; und in vielen unserer Lebenssituationen wurde dieser biblische Glaube durch Therapien und chemische Mittel ersetzt.

Ch. Spurgeon predigte: *„Glauben heißt, GOTT zum größten Faktor in unseren Berechnungen zu machen und dann nach der gesündesten Logik rechnen. (...) Laß alles los: das Vertrauen auf deine Werke, deine Gebete, deine Gefühle! Laß los! Weich und sicher wird der Boden sein, der dich empfängt. (...) Trenne dich vom Selbstvertrauen und falle in JESU Arme! Es besteht kein Grund zur Furcht. Nur die Unwissenheit vor dem, was eure ewige*

Sicherheit sein soll, verursacht Angst. Der Tod der fleischlichen Hoffnung ist das Leben des Glaubens.“

Wenn nun die Dienste von Psychologen und Psychiatern in evangelikalen Denominationen so beliebt sind, und wenn Robert Schuller oder Rick Warren aus biblischen Wahrheiten Fabeln und Mythen machen, *like a nice Pillow* (als hübsches Kopfpolster), indem sie psychologische Interpretationen anwenden und damit große Anziehungskraft genießen – was sagt uns das jetzt? Es sagt nichts Neues unter der Sonne aus, als nur eine der vorhergesagten Abfallserscheinungen der Endzeit! Vertreter der christlichen Psychoanalyse- und Therapie hängen noch am neuzeitlichen Humanismus, der das „Gute“ im Menschen nicht preisgibt, sondern das „Besserzuwerdende“ wieder mit der Frucht vom falschen Baum erreichen will; es sind klassische Beispiele von Selbstherrlichkeit. Das „Ich“ ist im Mittelpunkt und billige Gnade ist ein Hilfsmittel dazu, den schimmligen Grund mit Psychozucker zu bestreuen.

Luzifers Fall – ein Fall für die Psychologie?

Es gibt einen Geisteskampf im geschaffenen sichtbaren und unsichtbaren Kosmos! Es ist ein geistlicher Atomkrieg! Es ist Krieg zwischen GOTT und Satans Reich; und auch zwischen GOTT und dem Ich im Zentrum unseres Herzens herrscht dieser Krieg: GOTT oder Ich. Irgendwann in zeitloser Ewigkeit vor unserer Zeitdimension, als die Weltschöpfung und wir noch nicht existierten, entstand eine Auseinandersetzung in himmlischen Regionen; das sagt uns die Bibel, und nur sie! (vgl. Jesaja 14 + Hesekiel 28). Ein herrlicher und gewaltiger Engelfürst mit Namen Luzifer ließ Neid, Hochmut und Stolz in sein Herz hinein – und anschließend erhob er sich gegen GOTT, seinen Schöpfer! Und damit wurde aus Luzifer, dem Glanzstern und Lichtengel der gefallene und gestürzte Satan, der jetzt noch der Fürst dieser Welt ist, der aber durch das Werk JESU am Kreuz auf Golgatha für alle Gläubigen entmachtet ist! An erlösten Menschen hat der Teufel keine Macht und kein Anrecht mehr! Hier ist er der besiegte und „außer Wirksamkeit gesetzte“ Feind! (vgl. Hebr.2,14). Doch in der Menschheit, die JESU Sieg auf Golgatha nicht im Glauben für sich in Anspruch nimmt, übt Satan seine finstere Herrschaft ungebrochen aus.

Geschrieben steht: **„Wie bist du vom Himmel herabgefallen, du Glanzstern, Sohn der Morgenröte! Wie bist du zu Boden geschmettert, du Überwältiger der Nationen! Vollkommen warst du in deinen Wegen von dem Tag an, als du geschaffen wurdest, bis sich Unrecht an dir fand. Und**

ICH verstieß dich vom Berg GOTTES und trieb dich ins Verderben, du schirmender Cherub, aus der Mitte der feurigen Steine. (Cherubim sind mächtige Engel und Thronwesen, die am Thron GOTTES stehen). Dein Herz wollte hoch hinaus wegen deiner Schönheit, du hast deine Weisheit zunichte gemacht um deines Glanzes willen. Und du, du sagtest in deinem Herzen: Zum Himmel will ich hinaufsteigen, hoch über den Sternen GOTTES meinen Thron aufrichten und mich niedersetzen auf dem Versammlungsberg im äußersten Norden. So habe ICH dich auf die Erde geworfen…." (aus Jes.14+Hesek.28).

Warum das Böse entstehen konnte liegt auch in der Engelswelt in ihrer Art einer Entscheidungsfreiheit. Durch die Rebellion Luzifers gegen GOTT, sein zu wollen wie GOTT, ist die Sünde entstanden und in das Universum hereingebrochen und später durch Adams Sündenfall auch in diese Welt. Auch Adam und Eva waren sündlos erschaffen worden, aber auch sie wurden in der Versuchung durch Satan, *„…und ihr werdet sein wie GOTT…"* (1.Mose 3), gefallene, sündige Wesen. Die Selbstsucht Luzifers pflanzte sich in menschliche Herzen fort. Unfassbar ist, dass dieses Drama sich in einem „sauberen" Umfeld ereignete, das keine destruktive Vergangenheit, keine traumatischen Erlebnisse und Verhaltensweisen, keine negative Prägung und kein schlechtes Selbstbild kannte, was ja von der Psychologie stets als Leitgedanke und Erklärung für sündhaftes und falsches Verhalten herangezogen wird. Nein! Die erste Sünde in GOTTES Schöpfung und auch die zweite entstand inmitten unschuldigster Vollkommenheit und Umgebung! Dieses sündhafte Verhalten Luzifers im Umfeld eines harmonisch vollkommenen Himmels ist ebenso wenig erklärbar wie das sündige Verhalten des Menschen aufgrund seiner Herkunft, Erziehung, Bildung und Erfahrung. Man kann zwar psychologische Erklärungen dafür (er)finden, aber es ist weder Antwort noch Lösung in diesen zuwenig durchdachten Modellen; es fehlen die geistlichen Schlüsse. Und aus teuren Sitzungen und frustrierenden Gesprächen kommt in der Psychotherapie nichts herüber als gute Ratschläge, die Gatter zu schließen, nachdem die Pferde längst ausgerissen sind.

Nein, keine Psychoanalyse dringt in dieses Dilemma des Sündenproblems ein, vielmehr wird es noch gefördert, weil man dem „Selbst", das die Sünde Luzifers und des Menschen produzierte, einen bedingenden positiven Wert zugestehen zu müssen meint. *„Eine zu geringe Selbsteinschätzung"* sei des Übels Ursache; und es klingt doch human und obendrein noch christlich. Wir kennen diese Sprache schon: „Selbstwert, Selbstliebe, Selbstbestimmung, Selbstbewusstsein, Selbstakzeptanz…." Aber hierin genau liegt der Sündenfall Luzifers und des

Menschen begründet, nicht sein Aufstieg. Das „Ich will“ Luzifers ist das Schicksal des Menschen geworden, sein Schicksal, selbst zu bestimmen, auch unter Mithilfe christlicher Therapie. CHRISTUS ist gekommen, den Willen Seines Vaters zu tun, nicht Seinen eigenen (vgl. Joh.4,34; 5,30; Matt.26,42; Hebr.10,7). ER wurde laufend der Prüfung ausgesetzt „GOTTES Wille oder mein Wille.“ Und durch diese freiwillige Willenshingabe an den Willen GOTTES (dieser Wille war für JESUS kein Überwindungskampf, sondern „Speise“) zerstörte ER die Werke des Teufels! ER besiegte ihn! EWIGER DANK! Die gottgleichheits-Sucht Satans spiegelt sich in der Selbstverwirklichungs- und Selbsterlösungslehre der humanistischen Psychologie, die sich von der hinduistischen Mystik herleitet, in welcher man mit Meditation eine Einheit mit dem „Selbst und dem göttlichen Brahman“ sucht.

Gott kann und will Zerbrochenes heilen

So lautet ein Titelthema in einem Magazin einer Klinik für Psychiatrie und Psychotherapie. Ich mache zum Inhalt keine detaillierten Ausführungen, möchte aber allgemein ein aktuelles Thema anreißen: Die Ehe. Leider hat der rasch zugenommene charismatische Einfluss unter den Christen und auf dem Gebiet der psychotherapeutischen Beratung die Bewältigung bei Ehekrisen nicht gefördert. Gründe dafür sind u.a. die Verlagerung geistlich biblischer Werte auf die Ebene materieller Bedürfnisse. Aus eigener, unbezahlbarer Schuld gegenüber GOTT und daraus geforderter Vergebung fremder Schuld wurde eine Aufrechnung und Aufarbeitung „berechtigter Bedürfnisse.“ Ursachen solcher Verschiebungen sind oberflächliche bis humanistisch unqualifizierte Lehren, die eher einer Hinwendung zu mystischen Fabeln gleichen (2.Tim.3,4) als einer Entsprechung aus GOTTES Wort. Das Sprichwort *„Niemand ist so unschuldig, dass er unschuldig ist“* gilt auch und gerade in der Ehe. Wenn da Probleme zu lösen sind, muss die Bereitschaft zur gegenseitigen Vergebung bleiben! Das haben wir gelobt bei der Trauung, und dieser Bund mit GOTT und unter zwei Menschen wird geschützt, wenn beide Teile Sündenvergebung für Fehlverhalten bewahren. Die Treue des heiligen Ehebundes zu bewahren ehrt GOTT!

Wie ist es nun, wenn etwas am Zerbrechen ist? Die Ehe-Not ist die größte Not in unserer so modernen aber ethisch so verarmten und kranken Gesellschaft! Auch hier sind es primär Folgeerscheinungen aus dem Bruch der Beziehung zu GOTT. Die gesunde Ehe ist die gesunde Zelle der Gesellschaft – Zerbrochene Ehen auf dem Altar der Evolution? Nein, Danke! Jede gesunde Ehe ist ein Widerspruch zum Evolutionsgedanken; ich lade Sie ein mitzudenken. OK, was tun wir, wenn die Ehe*Beziehung* gestört ist durch einseitigen oder gegenseitigen Entzug von Wertschätzung, Zuwendung und Liebe oder andere Sünden? Meine Frau und ich pflegen das Prinzip fortwährender Versöhnung, und da sie charakterlich viel feinfühliger und ausgeglichener ist als ich, bin ich es, der meist um Verzeihung bittet – und wir wollen mit „Versöhnung" nie bis zum nächsten Morgen warten; wir wollen dem Frieden nachjagen, und dann *haben* wir wieder Frieden, denn ER, CHRISTUS, ist ja unser Friede! Ich rate allen Gotteskindern bei Eheschwierigkeiten nicht in die Psychotherapie zu gehen, sondern zum HERRN! Schüttet euer Herz vor IHM aus, bei IHM ist Rat und Hilfe! Betet! Verdrängt eure eigene Schuld nicht; seid beständig bereit, dem anderen auch zu vergeben, so wird kurz- oder langfristig jede Krise bewältigt werden können. Bei Mangelgebieten und Defiziten dürfen wir genau diese Gebiete GOTT bringen, und ER wird uns Gnade zurückgeben! Wir haben einen wunderbaren, guten und gütigen GOTT der Erbarmungen und Rettungen, Der denen hilft, die auf IHN trauen! „HERR, nichts ist DIR unmöglich!" Sollte Der, der die Urheberrechte auch über die Ehe hat sie nicht heilen können?! Ja, amen, ER tut es und hat es unzählige Male getan. Vertrauen ist nötig.

Man sagt heute in der „christlichen Psychologie", die Sünde habe unsere Urbeziehung zu GOTT *gestört*. Falsch! Die Beziehung zwischen GOTT und Mensch im Garten Eden wurde durch die Sünde nicht *ge*stört sondern *zer*stört; sie war nicht mehr da. Eine „gestörte" Gottesbeziehung kann nur bei einem neugeborenen Gotteskind vorkommen, wo das Grundelement des Verhältnisses noch vorhanden ist und wieder hergestellt werden kann. Hier kann man von einer „Gemeinschaftsstörung" reden, die unterbrochen ist. Weil man nun in der psychologischen Schau und Beratung nicht weiter und tiefer blicken kann, als zu einer Störung der Gottesbeziehung auch bei ungläubigen Menschen, wird auch die Lösung nicht im „Sündenproblem" (der Ursache der Zerstörung oder/und der Störung) gesucht, sondern in einer Selbstwerttherapie. In der „christlichen Psychotherapie" werden konkrete Haltungen wie Hass, Lüge, Untreue, Lieblosigkeit usw. nicht als Sünde bezeichnet, sondern als „Charakterfrage und Prägungsstempel." Folgen werden mit Ursachen verwechselt, Beziehungsstörung- oder Verlust wird mit dem bereits erwähnten Selbsthilfeprogramm behandelt. „Hilft alles nichts", wird zu dem geraten, was GOTT hasst – zur Scheidung (vgl. Mal.2,16; Matt.19,6). So wird dem moralischen und psychischen Druck, der im Retten und Durchtragen der Ehe entsteht, entflohen.

Gerade auch hier wird die Folgerichtigkeit solch psychotherapeutischer Behandlungen transparent: allem Leiden soll mit dem Verhaltensmuster aus der

Welt und ihrem New-Age-Muster „Liebe ohne Leiden“ entsprochen werden. Zugleich aber werden auf den Befehl des „Pharao“ (Bild für den Gott dieser Welt) alle Kindlein im Nil ertränkt (Bild für die seelische Zerstörung von Scheidungskindern). Diese leiden angeblich weniger an zertrennten Ehen als an Ehestreit. Es gibt in jeder Disziplin die „schwierigen Fälle“, aber dass Scheidungen dem maßgeblichen biblischen Muster vorgezogen werden, entspringt dem humanistischen Konzept und sollte weder angenommen noch praktiziert werden, denn dadurch werden gestörte Ehen zerstört, anstatt heil! Natürlich gibt es potenziell vielschichtige Probleme und Varianten als Ursache einer Ehekrise, aber diese brauchen zuerst einmal eine geistlich ausgewogene Beurteilung, bevor man Hilfe geben kann; sonst werden nur Ratschläge erteilt. Diese sind nicht schlecht, sind aber nicht hinreichend. Psychologische Erkenntnisse, die sich an das Wort GOTTES halten, nennen wir sie „pneuma-psychische Erkenntnisse“ werden, wenn sie von Christen unter Gebet und Abhängigkeit von ihrem GOTT angewendet werden, über den psychosomatischen Bereich hinaus Hilfe bringen können. Aber a.) das Grundproblem der Verursachung, das sündhafte Verhalten darf nicht verdrängt oder nur als Krankheit diagnostiziert werden; b.) die persönliche Beziehung zu CHRISTUS muß beleuchtet und mit dem Ziel der Wiederherstellung behandelt werden und c.) ein gewisses Maß an Leiden berechtigt keinen Christen, sich von dem Menschen, den er einst liebte, scheiden zu lassen. GOTT schenkt neue Anfänge, und die zyklische Bedürfnisspirale kann überwunden werden durch durchgreifende Heilung und echte Liebe! *„Höre nie auf anzufangen und fange nie an aufzuhören!“* Mein Rat an „christliche“ Psychotherapeuten wäre: Geht zum Kreuz eures Erlösers und nehmt eure Therapie mit; besprecht sie einmal mit IHM. Eure Arbeit mag gute Motive haben, doch bittet JESUS um Augensalbe; weint in eurer Kammer, damit ihr klarer sehen und erkennen könnt, was GOTTES Wille ist!

Eine Zäsur zu protestantischen Heilungsangeboten

In Freikirchen schon lange eingeführt, proben und praktizieren nun auch die reformierten Kirchen einen Heilungsdienst. Motivation ist wohl vorwiegend der echte Wunsch, Anteil an leidenden und Problem beladenen Menschen zu zeigen durch Gebet und Zuwendung als Ergänzung zu anderen Seelsorgeangeboten. Diese Anteilnahme ist zu einer Seite hin verstanden hilfreich. Hier werden nicht aggressive Heilungswunder angekündigt oder erwartet, sondern auf psychosomatische Weise wirkende Hilfestellung gegeben mit der Begründung, *JESUS CHRISTUS* habe geheilt und tut es auch heute; die ersten Christen hätten von GOTT Heilung erwartet. Es werden dabei Hände aufgelegt und nach Wunsch wird mit Öl ein Kreuz auf die Stirn gemahlt als äußeres Zeichen für einen Segen; auch Gespräche im Sinne der Seelsorge werden angeboten. Es ist nun wahrlich nichts gegen solche Gesprächsangebote zu sagen, wo doch jeder weis, wie befreiend und helfend das sein kann. Doch diesem „Luftmachen“ sollte der Schritt des Vergebungsprozesses folgen, nicht nur eine Salbung mit Öl. Sonst bleibt die Wirkungsweise reformierter Heilungsangebote nur auf der Ebene der medizinischen oder psychologischen Ebene stehen und steht mit biblischer Geistseelsorge nicht im vollen Einklang. Denn diese sucht nicht in erster Linie die Gesundheit des Menschen herzustellen, sondern dessen Beziehung zu GOTT! Neutestamentliche Heilung beachtet primär das Grundübel, die Sünde und deren Entsorgung, womit die Beziehung zu GOTT und auch psychische und körperliche Heilung möglich wird. Also das Geistliche zuerst. Das entspricht der Reihenfolge im großen HEIL und Wort des Evangeliums!

Davon ausgehend und wissend, dass Leid, Krankheit und der Tod durch die Sünde in die Welt kamen und das *HEIL DER GNADE durch JESUS CHRISTUS* zuerst die Prozesse der Erlösung, Rechtfertigung, Vergebung, Versöhnung und Heiligung beinhalten, betreffen sie nicht *zwingend* die Krankenheilung. Krankheit muss auch nicht in jedem Fall auf Sünde zurückzuführen sein, *kann* aber Folge dieser sein. JESUS Selbst ging differenziert mit Heilungen um: ER heilte bei stellvertretendem Glauben anderer, oder auch bei direktem Glauben des Betreffenden selbst. Zirka ein Drittel Heilungen geschahen bei IHM durch Dämonenaustreibungen, aber Seine Grundfrage lautete: **„Was wollt ihr, das Ich euch tun soll?“** (Matt.20,32)**, und „dir geschehe, wie du geglaubt hast.“** (Matt.8,13). Krankenheilung ist ein Zeichen des angebrochenen Gottesreiches seit JESU Kommen auf Erden; sie kann, sie *muß* nicht eintreten und ist kein Prüfstein für den Glauben des einzelnen.

Als der Apostel Matthäus in seinem Evangelium 8,17 die Jesajastelle 53,4a anführte, bezog er sich auf den heilenden Dienst JESU vor Seiner Kreuzigung. Es gibt in der Schrift auch nach der Auferstehung JESU keinen Hinweis auf die Beseitigung jeder Krankheit für Gläubige, wohl aber den Ausblick auf völlige Heilung bei der Vollendung des Erlösungswerkes (vgl. 1.Kor.15)! C.H. Spurgeon hat hierzu treffende Worte gefunden: *„Es sollte uns nicht in Erstaunen versetzen, dass ein Mensch, den der HERR JESUS lieb hat, krank ist. Denn unsere Gotteskindschaft schließt uns nicht von den Schwächen des menschlichen Lebens aus. Der Gnadenbund ist kein Freibrief gegen Auszehrung, Rheumatismus oder Asthma; die körperlichen Leiden werden uns bis an das Grab begleiten. Die, welche der HERR lieb hat, werden umso wahrscheinlicher* *krank sein, weil sie unter Seiner besonderen Zucht stehen (vgl.Hebr.12,6);...Wenn Hiob, David und Hiskia leiden mussten, wer sind wir, dass wir uns über unsere Leiden wundern?"*

Körperliche Krankheit und seelisches Gebrechen kann in GOTTES weisem Ratschluß als Zucht- und Erziehungsmittel dienen im Sinne der Zurechtweisung und Zurechtbringung. In diesem Fall werden wir als Gläubige „zurecht*gerichtet.*" Krankheit kann auch als Prüfung und zur Verherrlichung GOTTES dienen. Alle diese Formen finden wir in der Bibel. Natürlich kann Sünde die Ursache sein, daher muß vor einem Gebet mit einer Handauflegung für Krankenheilung erst die geistliche Situation so weit wie möglich geklärt werden, insbesondere die geistliche Beziehung des Betreffenden zu GOTT. Im neutestamentlichen Sinn beten Älteste der Gemeinde für und mit den Gläubigen, da wird auch das Sündenproblem von *beiden* Seiten angesprochen (vgl. Jak.5,14-16 und bitte genau lesen). Der effektvollste Schritt ist wohl der, den Kranken oder Hilfesuchenden im Gespräch selbst zu JESUS zu führen. Im Gegensatz zu diesen biblischen Vorgehensweisen sind die Heilungsdienste reformierter oder lutherischer Art eher mit der Praxis katholischer Krankensalbung zu vergleichen, welches nicht mehr als eine magische Handlung ist.

Auf der anderen Seite wird von ökumenisch Gesinnten eine nüchtern-sakramentale Heilungspraxis vorgeschlagen als gesunde Alternative zu den marktschreierischen Heilungsevangelisten. Vom ÖRK in Genf wurde ein Ritus mit \`Salber und Salberinnen\` bejaht und eingeführt im Rahmen von ökumenisch durchgeführten Versöhnungsgottesdiensten. Der Sakramentendienst, den die Reformatoren nicht gänzlich aufgaben, lebt in der protestantischen Kirche wieder auf, und das nicht nur im eucharistischen Kontext. Das Credo dazu lautet: „Christi ist in Realpräsenz gegenwärtig im Sakrament der Salbung und im Wort und Gebet der Gemeinde." Hierin ist eine der nivillierenden Ebenen in den Volks- Pfingst- und Freikirchen.

Aus Anlass zum Calvinjahr 2009

Zu diesem Anlass werfen wir noch einen Blick auf das kontroverse Thema „Prädestination" im evangelikalen Raum. Die Lehre der Prädestination kommt nicht genuin von J. Calvin, sondern schon von Augustinus. Die doppelte „Erwählung zum Heil oder zum Unheil" faszinierte die Reformatoren, und sie wurde seither in viele philosophische Richtungen extrapoliert; sie lässt sich aber nicht von der Heiligen Schrift ableiten. Im NT gibt es keine starre philosophische Dogmatik einer Prädestination. Willensfreiheit- und Möglichkeit seitens des Menschen und GOTTES allgemeiner Rettungswille in Erwählung, Berufung und Zielbestimmung schließen jeden philosophischen Gedanken an eine deterministische Vorauswahl aus. *„Dem Wirken des Göttlichen eignet wohl Kraft, aber nicht Zwang"*, sagte ein gescheiter Theologe. Viele lehrmäßige Differenzen zerteilen den Leib CHRISTI in Denominationen seit der Reformation, die diese Spaltungen scheinbar legitimierte. Aber Spaltungen lähmen und zerstören den Leibesorganismus und dessen Leucht- und Zeugniskraft! (Wir werden in Kapitel drei „Gemeinde" näher darauf eingehen). Die Lehren von der Prädestination spalten auch; im evangelikalen Lager wird die Kontroverse zwischen freiem oder unfreien Willen, zwischen Calvinisten und Arminianern bis heute nicht in Einklang gebracht, und aufgrund dessen können „Geschwister" die Einheit im Geist nicht bewahren und werden schuldig vor GOTT.

Schaut man neutral in diese meiner Meinung nach unnötige, schädliche und ungeistliche Auseinandersetzung hinein, merkt man, dass hier Lehrmeinungen aufeinanderprallen, die über das befohlene Niveau der Liebe GOTTES gestellt werden, und dann sind sie `Wissereien und Rechthabereien` und insofern fleischliche Kennzeichen. Theologische Erkenntnis aus dem Geist kann es nicht sein, denn diese trennt den Leib des HERRN nicht wegen Meinungen; sie gibt die Einheit des Geistes nicht auf wegen anderer Ansichten, die zwischen Glaubensgeschwistern bestehen können. Ich will auch hier nicht Berge von Thesen und Gegenthesen anführen, die nur dazu Anlass geben, die „eigene Erkenntnis" zu verteidigen, sondern nur einige Prinzipien betrachten und darstellen. Dazu einige gegenteilige Aussagen von Calvinisten und Arminianern:

Arminianer behaupten — Calvinisten behaupten

Arminianer sagen: **Errettung** ist an Bedingungen gebunden, die der Mensch erfüllen muss. Der menschliche Wille ist frei. **Erwählung** geschieht aufgrund von GOTTES Vorauswissen auf unser Ja oder nein zu GOTTES Ruf. Erlangtes **Heil** kann wieder verloren werden.

Calvinisten sagen: **Errettung** geschieht durch GOTTES Gnade allein. Der Mensch hat keinen freien Willen, darum ist seine Vorherbestimmung prädestiniert. **Erwählung** geschieht durch GOTTES souveräne Vorherbestimmung, zu der der Erwählte nur ja (nicht nein) sagen kann. Das **Heil** bleibt dadurch von Seiten GOTTES auf ewig gesichert.

Daraus kann man folgern:

Ein Mensch, der an eine bedingte Errettung glaubt wie der Arminianer (A), glaubt nicht an einen unfreien Willen wie der Calvinist (C), sondern daran, dass sein Wille frei ist.

Ein Mensch, der an seine Willensunfreiheit glaubt (C), glaubt nicht an die Verlierbarkeit des Heils.

Ein Mensch, der an eine Erwählung aufgrund von GOTTES Vorauswissen glaubt (A), glaubt nicht, dass ein Erwählter nur „ja" sagen kann auf GOTTES Ruf.

Ein Mensch, der an das gesicherte (unverlierbare) Heil und an die souveräne Auswahl GOTTES glaubt (C), glaubt nicht an eine freie Willensentscheidung.

Wir fragen: warum ist der Arminianer per Dogma dazu verurteilt, an ein wieder verlierbares Heil zu glauben; warum glaubt er explizit nicht an ein ewig gesichertes Heil? Antwort: weil er sich voll oder teilweise auf seine eigene Leistung verlässt, die göttlichen Bedingungen zu erfüllen. Wir fragen ein zweites Mal: Warum ist der Calvinist per Dogma dazu verurteilt, an sein unverlierbares Heil zu glauben? Antwort: weil seine „deterministische Erwählung" ihn davor bewahrt, die Sünde zu wählen, die ihn von GOTT trennen könnte, um das Heil zu verlieren.

Im Vergleich dieser Aussagen ist es unschwer zu erkennen, dass beide Richtungen eine dogmatisch verkürzte Sicht biblischer Wahrheit aufweisen. Zum einen ist unser Heil eben gerade NICHT von unseren Leistungen abhängig, wie im Arminianismus gesagt wird. Denn wer wird mir sagen, *wo meine Leistung genügend ist und wo die Gnade aufhört?* Wenn *das* Evangelium wäre, wäre es keine „Gute Nachricht!" Und zum anderen sündigen Calvinisten auch; sie haben also die Möglichkeit und Willensfähigkeit „Sünde zu wählen", d.h. sie können ihren freien Willen betätigen, ja oder nein zu sagen zur Sünde. Wäre ihr Wille unfrei, Entscheidungen zu treffen, könnten sie die Sünde nicht selbst wählen. Sie können und müssen also für ihre sittlichen Entscheidungen ihren freien Willen betätigen. Also können nicht beide Richtungen zugleich die eine biblische Wahrheit sein, auch nicht eine davon. Während Gläubige der calvinistischen Lehre überspitzt gesagt einen willenlosen Glauben vertreten, hängen Gläubige der Lehre Arminius alles am Willen des Menschen auf. Bei den Calvinisten ist der Mensch bei seiner Errettung passiv; bei den Arminianern ist er aktiv.

Um die Sache der Willensfrage ein wenig auszudehnen: Nicht *jeder* unerrettete Mensch MUß lügen, morden oder stehlen, aufgrund seiner sündigen Natur und Veranlagung. Hier gibt es die bekannten großen oder kleinen graduellen Unterschiede. Er ist zwar „im Fleisch" und *kann* nicht in „Wahrheit" leben, sondern „ist ein Lügner", wie es geschrieben steht in Römer 3,4 u.a. Aber auch er kann (und muß zuerst) ja oder nein sagen, sowohl zur Sünde (obwohl hier ein Nichteinwilligen nicht seine Erlösung bewirkt, ebenso wenig wie sein Gutsein wollen), oder auch zum Glauben an Jesus Christus. GOTT erlässt diese Entscheidungsfreiheit nicht unter den Zwang Seiner Allmacht. Ist nun der Wille des Menschen *nach* seiner Bekehrung und Erneuerung *freier* als vor dieser? Ja, der Gläubige ist jetzt befreit, GOTTES Willen tun *zu wollen*, doch ebenso unter Ausschluß göttlichen Machtzwanges.

Auch der neugeborene Gläubige „muss" nicht monoton ja *und* nein sagen; er sagt nach wie vor ja *oder* nein. Im Prozess seiner Heiligung wird der menschliche Wille fortgesetzt erneuert und mitgeheiligt. Diesbezüglich sind die Anweisungen und Ermunterungen zum „Ablegen" von Sünden- und Charakterprägungen und zum „Anziehen" göttlicher Eigenschaften im NT gegeben. Hier vollbringt Liebe in Willensfreiheit – *zu* GOTT und *von* GOTT – alles! Denn eingeschränkte Willensfreiheit VOR der Bekehrung und eine uneingeschränkte *NACH* der Bekehrung wäre a.) Eingriff in die Willenssphäre (Gottähnlichkeit) des Menschen und b.) Widerspruch zum Schöpfungswillen GOTTES, der den noch unschuldigen ersten Menschen die Willensfreiheit gab und geben musste, Ja oder Nein zu sagen zum Baum der Erkenntnis des Guten und des Bösen. In GOTTES Liebe zu Seinen Geschöpfen ist die Freiheit zu wählen eingeschlossen, zu wählen zwischen GOTT oder der Sünde. **„So wähle!"** (vgl.5.Mose 30,19; Matth.6,21.24). Einen „passiven" Willen gibt es darum nicht, höchstens passive Unentschlossenheit. „Wille" ist entweder schwaches oder starkes, aber bewußtes „Dafür oder Dagegen", Entscheidung aus dem Grundvermögen der Seele. Eine andere Wesensart von Willen im anthropologischen Sinn existiert nicht.

GOTTES Souveränität und die menschliche Verantwortung bestehen zusammen

Nun gibt es aber auch Bibelgläubige, die ebenso wie Calvinisten oder Arminianer gerettet sind (bzw. sein können), die aber weder die eine oder die andere Richtung dogmatisch vertreten, obwohl sie von beiden etwas haben. Sie sagen: Ein Christ wird durch seinen persönlichen Glaubensschritt gerettet – (A) und bleibt errettet – (C); und diese Errettung ist an keine Bedingung geknüpft – (gegen A) und geschieht mit freiem Willen – (gegen C). Ich stimme mit diesem Credo überein und behaupte nun: *„Ich glaube an einen freien Entscheidungswillen bei der Bekehrung eines Menschen und an seine unverlierbare ewige Errettung (sofern ein Mensch wirklich eine Neuschöpfung aus dem Geist geworden ist). Ich glaube an eine Erwählung aufgrund der Souveränität GOTTES und Seines Vorherwissens, der mein Ja wohl vorausersehen, aber nicht programmiert und determiniert hat, der mich aber mit Seinem heiligen Ruf hineingerufen hat in Seine Erwählung und mit dieser auch in mein Bestimmungsziel (= vorausbestimmt). Dabei wurde meine Entscheidungsfreiheit durch das Evangelium zwar beeinflusst im Sinne der Überführung im Gewissen und meiner reaktiven spontanen Willensbetätigung, aber nicht zwanghaft manipuliert.* Und aufgrund dieser neutestamentlichen Wahrheiten glaube ich fest und ohne Zwang, dass Gläubige in der *Ewigkeit* ersehen und dort zuvor erkannt sind, auf ein zuvor bestimmtes Ziel hin: in der *Zeit* berufen bzw. gerufen und gerecht gemacht zu werden (also die Vorausbestimmung für Glaubende), und in der zukünftigen *Ewigkeit* vollendet zu werden in das Bild JESU!

Ich glaube das mit fester Überzeugung ohne ein Dogma; es ist mein aus der Bibel hergeleitetes Credo. Meine Einheit im Geist mit den Glaubensgeschwistern anderer Ansicht wie A oder C ist für mich nicht gestört, darf mich nicht stören. Paulus sagt: **„Jeder sei seiner Meinung gewiss….du hast Glauben? Habe ihn für dich selbst vor GOTT!“** (Röm.14,5.22). Ich darf demnach *meine* eigene Meinung zu etwas haben; ich darf nur etwas nicht: den anderen „Bruder“ nach seinen inneren Motiven beurteilen („bemessen“) und mit *seiner* Meinung verurteilen, d.h. ihn meiden aufgrund anderer Ansicht. Denn dann spiele ich mich als Richter auf und falle unter das Urteil des Gesetzes! (vgl. Jak.4,11.12; Röm.14,10.13)! **„Niemand entscheide als Schiedsrichter gegen euch“** (Kol.2,18 konkordantes NT).

Niemand außer GOTT erforscht, bemisst und beurteilt das Herz eines Menschen, und niemand von uns hat die gesamte Wahrheit erkannt, er müsste denn Gott sein. Nur GOTT hat alle Wahrheit, und nur JESUS CHRISTUS **ist** die umfassende Wahrheit. So muss jeder einsichtige Christ verstehen, dass es in der Lehrfrage von Prädestination und Willensfreiheit nur „eine“ ungeteilte umfassende Wahrheit geben kann, nämlich CHRISTUS, und dass ein Lehrdogma, das mit einem anderen Lehrdogma kollidiert auch mit CHRISTUS kollidiert und nicht zur Ablehnung des anderen „Bruders“ führen darf. **„Denn wir alle verfehlen uns vielfach“** (Jak.3,2). Wollte dem jemand widersprechen? er möge sich bitte melden. Wir würden ihn gerne mit einer Krone zieren und zur Bewunderung ins Museum stellen. Die Weisheit GOTTES ist immer noch höher als unsere besten Einsichten, und diese Weisheit führt uns zuerst und zuletzt zum Wort GOTTES, aber auch zur gegenseitigen Annahme: Jak.3,17; Joh.16,13; Röm.15,7; Kol.3,13.

Wir erhalten göttliche Wahrheiten nicht durch Schriftstudien allein, sondern in der demütigen Haltung des Bittenden und in der Bruderliebe füreinander. Ansonsten befinden wir uns nur im Verstandesbereich theologischer Begrifflichkeiten, Richtigkeiten und Rechthabereien, in der Begrenzung der Subjektivität also. Nur in der Liebe, der AGAPE, sehen und empfangen wir göttliche Wahrheiten, die unsere Erkenntnis weit übersteigen. Weder im abgegrenzten Extrem des Calvinismus noch des Arminianismus liegt alleinige Wahrheit. In der einfachen Prädestination liegt sicher ein Stück *Höhe* biblischer Erkenntnis, ebenso wie im Arminianismus ein Stück der Breite liegt, aber die Dimension der *„Tiefe"* aller Erkenntnis liegt nur in **CHRISTUS,** und in **IHM** sind wir mit unseren unterschiedlichen Erkenntnisstückwerken eingeschlossen! Nur in der Annahme des Bruders der anderen Richtung und dessen Bereitschaft mich anzunehmen, werden wir die Wahrheit erkennen; für uns alleine werden wir sie nie besitzen, weil die göttliche Liebe das größere und höhere Ziel hat, wahre Gläubige durch Wahrheit und Liebe zu verbinden. Das ist GOTTES Wille. Wie schon Calvin und Luther über die rechte Weise und Bedeutung des Abendmahls stritten: *„Das Brot* ist *der Leib Christi" (Luther); „Nein, das Brot ist* wie *der Leib Christi" (Calvin),* streiten Calvinisten und Arminianer in der Frage der Prädestination und ihrer wahren Bedeutung. Die Wahrheit in der Abendmahlsfrage wie in der Prädestinationsfrage ist nicht antithetisch in einem der beiden Extreme, sie ist auch nicht in aristotelischer Mitte, sondern in beiden! **„…damit ihr, in Liebe gewurzelt und gegründet, dazu fähig seid, <u>mit allen Heiligen</u> zu begreifen, was die Breite, die Länge, die Tiefe und die Höhe sei, und die Liebe des CHRISTUS zu erkennen, die doch alle Erkenntnis übersteigt…"** (Eph. 3,17-19).

So wie Luther das Brot des Abendmahles in katholischer Sitte mit seinem *„hoc est corpus meum"* auf die materielle Ebene herabzog, und Calvin eher die *vergleichende*, geistliche Ebene meinte, vertritt der Arminianismus mehr die handfeste, materielle Ebene und der Calvinismus mehr eine vergeistigte. Ein Stück weit ist Wahrheit per Intellekt einsehbar, bis die Grenze analytischen Denkens erreicht ist. Dann geht das Funktionale in die göttlich-geistliche Ebene über, wo die „Erklärbarkeiten" zu Ende sind. Hier kann die Verteidigung eines Extrems nur Halbwahrheit und Irrtum sein, weil eben der andere Teil der Wahrheit fehlt. Und das Beharren auf einer Halbwahrheit führt zur Lächerlichkeit – und Schuld. Versuche nicht mit deinem Extrem der Halbwahrheit andere zu überzeugen, „weil du ja Recht hast“ – du meinst es nur. Versuche auch nicht, die Göttliche Dreieinigkeit oder die Neue Geburt aus dem Geist auf die Verstandesebene zu bringen – du wirst scheitern. JESUS selbst hat das nicht getan, Seine Apostel auch nicht. Der HEILIGE GEIST bezeugt die Wahrheit einer Sache dem, der sie aufrichtig begehrt und der Wahrheit gehorsam ist, d.h. noch einmal: in der gegenseitigen Bruderliebe ergänzt sich Wahrheit. **„…damit ihr, in Liebe gewurzelt und gegründet dazu fähig seid, mit allen Heiligen zu begreifen, was die Breite, die Länge, die Tiefe und die Höhe sei…“** (Eph. 3,18; vgl. Phil.1,9).

Das Endziel der Heilsverkündigung ist nach 1.Timotheus 1 nicht die best-*stimmige* Lehre, sondern **„Liebe aus reinem Herzen und gutem Gewissen und ungeheucheltem Glauben. Davon sind einige abgeirrt und haben sich leerem Geschwätz zugewandt. Sie wollen Gesetzeslehrer sein und verstehen nichts, weder was sie sagen noch was sie fest behaupten.“** **„GOTT IST LIEBE“** und **„LIEBE aus reinem Herzen“** sind Aussagen der Bibel. A.E.Wilder Smith sagte: *„Ihrem ganzen Wesen nach beruht die Liebe auf der freien, gegenseitigen Zustimmung, verbunden mit absoluter Achtung des freien Willens des Partners. Ohne diese Freiheit ist wahre Liebe nicht möglich.“* Wie könnte dann der GOTT der Liebe, Dessen Wesen Liebe ist, diese Voraussetzung für Liebe mit Zwang ersetzen, indem ER durch Prädestination (Vorherbestimmung im calvinistischen Sinn) unsere freie Zustimmung manipuliert und unseren freien Willen, in Freiheit zu lieben, unberücksichtig lässt?!

Satans List ist u.a. zu polarisieren und die Leibeseinheit zu zerstören, damit die Leibeskraft ihres Ausdrucks beraubt ist. Dr.A.W. Tozer hat eine Erklärung der beiden gegensätzlichen Ansichten versucht: *„Es wird Zeit, dass wir wieder versuchen, uns vom Heiligen Geist leiten zu lassen. Die Herrschaft des Menschen hat uns schon zu viel gekostet. Mit seinem aufdringlichen Willen hat der Mensch schon so viele ungeistliche Vorgehensweisen und unbiblische Tätigkeiten eingeführt, dass das Leben der Kirche (Gemeinde) ernsthaft bedroht ist…Durch ein totales Missverständnis der guten und wahren Lehre vom freien Willen macht man die Rettung vom launischen Willen des Menschen abhängig anstatt vom Willen Gottes…Gott hat uns nach Seinem Bild gemacht, und ein Merkmal dieses Bildes ist unser freier Wille. Gott sagt zu uns: „Wer da will, der nehme das Wasser des Lebens umsonst“* (Offb.22,17)*…Aber hinter all dem steht Gottes vorrangiges und uneingeschränktes Recht, Menschen zu Christus zu rufen und ihr Schicksal zu bestimmen…Von uns aus gesehen ist unsere Rettung eine freie Entscheidung, von Gott aus ist es ein Ergreifen und In-Besitz-Nehmen, eine Eroberung…Unser „Annehmen und Wollen“ ist eine Reaktion, keine eigenständige Handlung…Allerdings hat Gott jedem Menschen die Möglichkeit gegeben, sich Ihm zu verschließen und in die selbst gewählte Dunkelheit hineinzugehen, wie Er auch* *jedem Menschen die Fähigkeit gegeben hat, auf Seine liebevollen Angebote zu antworten. Die Entscheidung zum „Nein" treffen vielleicht wir, aber die zum „Ja" trifft immer Gott. Er setzt den Anfang unseres Glaubens…wir können nur durchhalten, Gottes Willen zu wollen, wenn wir Eigentum Seiner liebevollen Macht werden, die unsere natürliche Neigung zum Unglauben überwindet."*

Tozer hat hier beide Seiten angesprochen, die Souveränität GOTTES und die Willensfreiheit und Entscheidungsfreiheit des Menschen zum Ja oder Nein. Wenn man wie gesagt darüber hinausgeht und göttliche Vorgänge für eine Lehrrichtung zurechtbiegen will, wird ein entartetes Dogma daraus, und das ist Sünde! Hüten wir uns und tun wir Buße darüber, wo wir göttliche Geheimnisse und Ratschlüsse auf eine verstandesmäßig und lehrmäßig erklärbare Philosophie herabgezogen haben, wie im Fall einfacher und doppelter Prädestinationslehren. Bevor ich zu einer abschließenden Darstellung über den in der Bibel aufgezeigten Prozess bei der Bekehrung komme, noch kurz zu den Begriffen „Gnade" und „Werk", die leider auch oft missverstanden und gegenseitig instrumentalisiert werden. Wir gehen von dieser These aus, dass man sagt: *„Die Rettung des Menschen ist nur Gnade, kein Werk. Wenn der Mensch sich zur Rettung frei entscheiden könnte, wäre es nicht mehr Gnade, sondern ein Werk vom Menschen."* Was wollen wir dazu sagen? Ist GOTT ein GOTT der Liebe?!? Ja! Die Bibel sagt, ER ist es! Kann Liebe unter Zwang ausgeübt werden? Nein, man kann unter Zwang keine Liebe ausüben, das sind völlige Gegensätze! Liebe sucht Gegenliebe, und die geringste Gewaltanwendung, in die Freiheit der Liebe einzugreifen, würde sie zerstören! Und ein Mensch ohne einen freien Willen wäre gar nicht fähig zu lieben. Im Hohelied der Liebe heißt es drei Mal: **„Weckt nicht, stört nicht auf die Liebe, bevor es ihr selber gefällt."** (2,7; 35; 8,4).

Gepriesen sei die alles ertragende und erduldende Liebe GOTTES! – 1.Joh.3+4; 1.Kor.13,8

Ja, der allergrößte Aspekt im biblischen Erlösungsprozess für den glaubenden Menschen ist **„die AGAPE", die Liebe GOTTES!** Denn diese gründet sich auf den „bedingungslosen" Bund im Neuen Testament; ebenso wie schon der Bund GOTTES mit Israel letztlich nicht auf Israels Treue gegründet ist (sonst wäre es nicht mehr da), sondern auf GOTTES Verheißung an Abraham. Für den Erlösten ist letztlich nicht „Auserwählung, freier Wille, oder Prädistination" entscheidend, sondern der Erlöste lebt aufgrund der „bedingungslosen Bundesliebe" GOTTES und CHRISTI! Er lebt nicht aufgrund eines „erworbenen" Heils, sondern eines „geschenkten." Im tiefsten Grund erreicht kein „Tun" (gut oder böse) diesen Heilsindikativ, denn er beruht auf einem unauflöslichen und einseitigen **Bund** von GOTT aus; wäre es nur ein *Vertrag*, wäre der Mensch tatsächlich vertragspflichtig – bis er den Vertrag vielleicht irgendwann von sich aus kündigt oder vertragsbrüchig wird. Aber *einen Bund*, den GOTT gemacht und mit Blut besiegelt hat, kann und wird der wirklich bekehrte Mensch nie mehr kündigen! Sein Wille ist nicht größer und stärker als der Wille GOTTES und des LAMMES! Lesen Sie Johannes 10 und Römer 8 auf diese Wahrheit hin. Der freie Entscheidungswille, den GOTT dem Menschen zur Liebesbetätigung gab, wird für den Menschen kein Grund zum Rühmen sein, weil nicht seine Willenskraft, sondern die GÜTE und Budestreue GOTTES ihn bis zur Vollendung bewahrten! (vgl. Jerem.9,22; 1.Kor.1,29.31).

Und darum gibt es von der Schrift her die begründete und **ewige Heilssicherheit:** So wie es im Neuen Testament keine Rechtfertigung *durch* Werke gibt (Röm.3,20; Gal.2,16), so gibt es auch keine Rettung *aus* Werken (Eph.2,8; 2.Tim.1,9). Nicht der Gehorsam zu einem Gesetz bringt jetzt im Neuen Bund Gerechtigkeit (vgl.Röm.3,21; obgleich Gehorsam ein Ausdruck echten und wahren Glaubens sein wird), sondern der Glaube an JESUS CHRISTUS (Röm.3,22). Und so wie „Werke" die Gerechtigkeit GOTTES nicht „verdienen *können*" (Röm.4,2), sondern die Gerechtigkeit GOTTES (griech. dikaiosyne Theou) dem gefallenen Menschen „zugeschrieben bzw. angerechnet" werden muß (Röm.4,3.22), so ist auch „der Glaube" kein verdienstliches Werk, sondern geschenkte, durch Einwilligung wirksam gewordene angeeignete Gnade! Darin liegt für uns die Zusicherung und somit Heilssicherheit von GOTTES Wohlgefallen und unsere Entsündigung als Wirklichkeit! EWIGER RUHM! Wer jetzt noch Werke verrichtet als Mittel zur Rechtfertigung oder diese als Lohn für Gesetzeswerke ansieht und insofern als Garantie seiner Heilssicherheit, oder wer christliche Glaubenswerke verrichtet, die GOTT zum „Schuldner" machen und „Lohn" gewähren sollen, der steht im Widerspruch zum Gesetz des Glaubens (Röm.4,13; 3,27 u.a). Denn sowohl Rechtfertigung als auch rettender Glaube sind GABEN und Werke der Macht GOTTES, und nicht Werke menschlicher Leistung und Willensstärke! (vgl.Eph.2,8; Phil.1,29; 1.Kor.2,5; Apg.11,21). Und wie der Mensch daran beteiligt ist und werden soll, haben wir oben gesehen und werden es im Weiteren beleuchten.

Wenn denn nun nach dem eindeutigen, d.h. kontextgetreuen Zeugnis der Heiligen Schrift die Rechtfertigung und der Glaube und sogar die Glaubenswerke *NICHT* menschlichen Verdienstmöglichkeiten entsprechen (damit sich vor GOTT kein Fleisch rühmen kann, da sie auf der Ebene der Gnadenwerke-

und Wirkungen geschehen), wie kann und wird dann das unverlierbare Heil der *menschlichen* Willens- und Glaubenspotenz zugeordnet sein können?! Denn es geht nicht um ein „erworbenes" Heil, sondern um ein verdienstlos „geschenktes!" (Dazu einige Bibelstellen, die mit dem Gesamtzeugnis der Schrift harmonieren und in dieselbe Richtung zeigen: 1.Petr.1,3-5; Joh.10,28-30; Hebr.10,14; 1.Kor.1,8; Eph.1,13.14; 2,5.6; Hebr.12,2; Matth.1,21). Den Geist der Sohnschaft *(griech. hyiothesias)*, den Gotteskinder empfangen, erhalten sie nicht aufgrund eines juristischen Adoptionsaktes, sondern aufgrund einer „Geburt!" (vgl.Röm.8,15+23).

Und darum kann und wird kein wirklich neugeborener Christ, in dessen Herz und Gewissen der Heilige Geist wohnt, wieder ohne weiteres in die Welt zurückkehren (wollen); der Stachel des Gewissens wird wider ihn ausschlagen, die Neue geistliche Natur in ihm gegen das Fleisch streiten bis er wieder zur Buße findet! Und kein aus Wasser und Geist geborener Christ bringt es fertig, so entgegen seinem eigenen erleuchteten Geist und gegen sein erwachtes Gewissen zu sündigen, daß er sagen würde: *„wenn ich denn nun Gnade und Amnestie ohne eigenes Zutun bekomme, dann kann ich doch nach Herzenslust weitersündigen";* es ist paranoid, so zu denken! *WENN ein Mensch SO denkt*, ist er ebenso weit weg von Bekehrung und Neugeburt aus dem Geist wie der schlimmste Heide! Da ist keine Neuschöpfung, keine Neugeburt vorhanden, vielleicht nicht einmal eine Zeugung. Wenn ein Demas wieder die Weltzeit liebgewonnen hat (2.Tim.4,10), sagt das noch nichts über die Qualität seines Glaubens hinsichtlich der geistlichen Wiedergeburt aus; viele sind schon aus der Gemeinde hinausgegangen und gehörten nie wirlich zu ihr (vgl.1.Joh.2,19 oder Apg.20,30). Hier ist ein geistliches Schlachtfeld, und es gilt die Geister zu prüfen (1.Joh.4,1). Man darf aber nie eine einzelne Stelle gegen den Schriftkontext stellen, da kommen wir sonst ganz schief dabei heraus. Seht, Paulus war ein Gärtner, kein Holzfäller; er wollte „gewinnen", und das sicher auch bei Demas (nehmen wir ihn als Typus). Doch wie weit dieser im Glauben war, lässt die Schrift eben offen. Ja, es *gibt* auch für den Gläubigen die Möglichkeit zu sündigen, das weiß jeder echte Christ. Aber er weiß genauso sicher, dass die Güte GOTTES ihn wieder zur Busse leitet, und dass der neugeborene Mensch gar nicht in der Sünde leben *„will" (vgl. Röm.7)*. Aber er *kann* Probleme mit der Sünde haben, wo sein Wille nicht dagegen ankommt – zumindest vorübergehend. Doch ob der Wille in einer Depression oder in anderen Problemen versagt, wenn es sogar finstere Nacht wird und der Feind seinen Geist umnebelt – die Verheißung lautet, dass er das Licht des Tages und der Gnade wieder sehen wird! Hochgelobt sei der Name des HERRN!

Hilfe, wer rettet mich – aber bitte nur unter freiwilligem Zwang

Ist es nicht befremdend und absurd anzunehmen, dass GOTT Menschen zwingen will oder könnte, IHN zu lieben? Die Heilige Schrift zeigt doch, dass GOTT auf Gegenliebe wartet!! All die Gottesmänner und Frauen taten ihre Werke nicht als „Verdienstwerke", denken wir nur an die Propheten. Es muss schwer sein, Gedanken nachzuvollziehen, die das Gnadenwerk der Erlösung durch JESUS CHRISTUS für den Menschen als „Verdienstwerk" bezeichnen, sobald die freiwillige Zustimmung des Menschen dazukommt. Ich will Vertreter solcher Auffassungen fragen: „Ist es ein Verdienstwerk des Ertrinkenden, wenn er Rettungshilfe in Anspruch nimmt? Wird er hinterher hingehen und verkünden, daß es sein >Verdienst und Werk< gewesen sei, den Rettungsring ergriffen zu haben? *Wer* würde denn wohl so ein >Verdienstwerk< anerkennen?, und würde etwa dem Retter selbst dadurch die Ehre geraubt werden? Wird nicht der Gerettete seinem Retter für die erwiesene Gnade von ganzem Herzen danken?! In der Tat, in keinem Traum wird es ihm einfallen, dass er zu seiner Lebensrettung das >Werk< des entschiedenen Zugreifens vollbracht hätte. Nochmals, dem Wirken des Göttlichen eignet wohl Kraft, nicht aber Zwang!

Geschrieben steht nicht „Also hat Gott die Welt geliebt, dass….Menschen gezwungen werden an Ihn zu glauben." Darf ich den Text in Epheser 2,8-10 für unser Beispiel oben einmal so interpretieren: *„Durch den Rettungswillen des Rettungsschwimmers seid ihr errettet, weil ihr ihm vertraut habt; ihr selbst konntet euch nicht vor dem Untergehen retten, es war allein das Eingreifen des Retters, und euer >Sich-retten-lassen< ist ja kein Werk, dass ihr rühmend erwähnen könntet."* Natürlich ist es immer GOTT, welcher rettet und erlöst, aber dies eben nicht ohne freiwilliges Zustimmen des Menschen, zeigt die Schrift (vgl. Matt.7,13.14; Joh.10,2.9 u.v.a). Glaube ohne persönliche Willenszustimmung definiert die Bibel als „toten Glauben" (vgl. Jakobusbrief). Und „Gnade" *(griech. charis)* drückt Freude, Gunst und Geschenk aus. Wer würde sich über etwas freuen, das ihm aufgezwungen wurde? „Hat" der Mensch die Fähigkeit, ja zu sagen, hat es diese auch zum Nein. Zum neutestamentlichen Christen wird man nicht gemacht, man wird es durch gewollte, persönliche Umkehr und freiwilligen Glauben. So wie JESUS Sein Leben freiwillig dahingab (Joh.10), gibt der bußfertige Sünder sein Leben GOTT zurück. Werden diese grundlegenden biblischen Prinzipien ausgeklammert, wird aus dem Bekehrungsglauben eine Zwangschristianisierung gemacht, die jener des Katholizismus seit dem Mittelalter gleicht. Dann wäre der Himmel ein Ort für Zwangsgefangene – horribler Gedanke!

Darstellung zum biblischen Bekehrungsprozess

Einige Gedanken zuvor. Beim umfassenden *HEIL GOTTES* geht es um eine ganze *Menschheit*, nicht primär um eine selektive Auswahl aus ihr. (vgl. 1.Joh.2,2; 1.Tim.2,4). Die Bibel offenbart uns, dass die Prinzipien der Gnade und des Heils im selben Umfang über eine Menschheit gekommen sind, wie die Sünde über alle (ohne Ausnahme) gekommen ist (vgl. Röm. 5,18). Das Neue Testament unterscheidet dann zwischen Welt (= alle) und Gläubige (= viele), aber zuerst steht GOTTES unumschränkter Heilswille fest, **„welcher will, dass alle Menschen errettet werden und zur Erkenntnis der Wahrheit kommen."** (1.Tim.2,4; vgl. 1.Joh.2,2). Das heißt, dass die *Tragweite* des Heils ebenso wie die Tragweite der Sünde „alle" umschließt (Röm.5,18), dass aber die *Wirksamkeit* und Anwendung des Heils in der persönlichen Annahme nur den „Vielen" gilt (Röm.5,15+19). Gerechtfertigt wird ein Mensch nur durch seinen persönlichen Glauben an JESUS CHRISTUS, Sein Blut und Seine Gnade (vgl.Röm. 3,22.24.25; 5,9). Wer dieses Heil annimmt, gehört zu den *Ge- oder Berufenen.* Er ließ sich herausrufen oder „heraus*erwählen*", weil das Wort „Erwählung" *(ekloge)* und das Wort „auserwählt" *(ekletos)* aus *„ek"* (= heraus) und *„kaleo"* (= rufen) besteht und kein *zwanghaftes* Vorherbestimmen oder „Vor-Erwählen" heißt. Auch meint das Verb *„eklegomai"* nicht die Verwerfung des Nichtgewählten, sondern die Bevorzugung des Gewählten. *Wir, die wir im zeitlichen Kontinuum stehen und immer in zeitlichen Abläufen zu denken gewohnt sind, werden auch in diesem Raum-Zeit-Aspekt nie erfassen oder verstehen, wie GOTTES Dimensionen aussehen! Was bei IHM Erwählung ist, ist zugleich unteilbar auch schon Wissen, Erkenntnis (ausgedrückt in „zuvor ersehen"), und Bestimmung (ausgedrückt in „Vorherbestimmung").*

Geschrieben steht: **„ER hat uns vorherbestimmt zur Sohnschaft….die wir vorherbestimmt waren nach dem Vorsatz dessen, der alles wirkt nach dem Ratschluss seines Willens."** (Eph.1,5+11). Hier ist nicht die ewige Errettung der Gläubigen angesprochen, sondern die Voherbestimmung für das, was ein Mensch erhält, wenn er sich zu CHRISTUS bekehrt, nämlich Sohnschaft, Vergebung, Friede, ewiges Erbteil u.a.m. **„Denn die Er zuvor ersehen hat, die hat Er auch vorherbestimmt…"** (Röm.8,29). GOTT hat Menschen schon immer (bzw. „zuvor") in CHRISTUS „gesehen", und das sind die, die ER dem Text nach „zuvor ersehen hat."

Nicht alle lassen sich herausrufen aus der Welt, herauserwählen und hineinrufen in die Gotteskindschaft. **„Denn viele sind berufen, aber wenige auserwählt"** (Matt.20,16). Diese Gerufenen oder Eingeladenen sind Berufene zur göttlichen Hochzeit (Matt.22,4). In Matthäus 22,14 sehen wir, wie Berufene, die dem Ruf nicht folgten, den Auserwählten gegenüberstehen. Nehmen *wir zu diesen Erwählten noch die Vorherbestimmung (proorizo) hinzu mit der Vorkenntnis (prognosis* – Röm.8,29*)*, wird die Bedeutung der Erwählung klarer: Die Rettung des Glaubenden ist bei GOTT bekannt vor Grundlegung der Welt; sie folgen dem Ruf des Evangeliums und sind dann vorherbestimmt, dass sie dem Bild Seines Sohnes gleichgestaltet werden! Das Erwählen ist daher mit dem Vorherbestimmen auf ein gemeinsames Ziel hin ausgerichtet. Erwählung ist die subjektive und freiwillige Aneignung des Heils durch Glauben an die Wahrheit des Evangeliums.

Zu speziellen Berufungen wie die des Apostels Paulus sagt William Cathart: *„Mehr Aufschluß über das Wesen des Aposteldienstes können uns die Aussagen des Apostels über seine Erwählung und Berufung geben. Schon unmittelbar nach seiner Bekehrung zu JESUS erfuhr er durch Ananias, dass GOTT ihm zuvor verordnet habe, Seinen Willen zu erkennen und ihn zu einem Zeugen für alle Menschen zu machen (Apg.22,14.15). Obwohl Paulus die Gemeinde verfolgt hatte, war er doch schon vor seiner Berufung auf der Strasse nach Damaskus ein Auserwählter des Herrn. Als ihm die Gnade erschien, wurde es offenbar. In der Vorhererkenntnis GOTTES war Paulus für die Gemeinde erwählt worden. GOTT sah voraus, dass sein Herz aufrichtig sein würde. Und obwohl er für GOTTES Absichten zunächst blind war, konnte er ihm doch in der Durchführung seiner Vorherbestimmung die Augen öffnen. So wusste Paulus, dass sein Aposteldienst „nicht von Menschen, noch durch einen Menschen, sondern durch Jesus Christus und GOTT den Vater" war (Gal.1,1). Den Galatern schrieb er, dass GOTT ihn „von seiner Mutter Leib an abgesondert" habe (Gal.1,15). Seine Berufung zum Apostel, die er vor und in Damaskus erfuhr, war also schon die Entfaltung des göttlichen Plans, welchem die Erwählung vorausgegangen war. Das gleiche gilt für alle Apostel der Gemeinde. Den Aposteldienst kann man nicht „erstreben", wie man um eine Gabe eifern oder um eine besondere Ausrüstung beten kann. Hier geht es um den ewigen Vorsatz GOTTES!" (Zitat Ende).*

Dass GOTT*, der die ganze Schöpfung nach 1.Mose 1,31 perfekt und sehr gut* gemacht hatte, auch ein Ziel mit ihr hat, ist einleuchtend und wird in der ganzen Bibel bestätigt als fortschreitende Offenbarung. GOTT wirkt auf ein Ziel hin, dass ER vor Grundlegung der Welt beschlossen hat! Im Wesen und Willen GOTTES sind nicht nur Souveränität und Allmacht, sondern in gleichem Maße auch Gnade und Güte! Seine in Vorsatz und Vorherbestimmung gefasste Rettungsabsicht der Welt zeigt Seine Souveränität **und** Gnade (vgl. Eph.1,5.9.11)! Wäre es nur Sein souveräner Wille allein, könnte man nicht mehr vom Evangelium der Gnade sprechen, dann wären wir im Bereich eines Kismet, also einer Religion.

Das Wesen GOTTES jedoch lässt sich nicht in einem ohnmächtigen Fatalismus einordnen; Sein universaler Rettungswille wurde in der Aufrichtung des Kreuzes, an dem der Sohn GOTTES für eine ganze Welt starb, offenbart! (vgl. Joh.3,17.16; 1.Joh.2,2; 1.Tim.2,4; 2.Petr.3,9). **„GOTT will nicht den Tod des Sünders, sondern dass er umkehre und errettet werde!“** (Hesek.18,23.32). **„Kehrt um und glaubt an das Evangelium!“** heißt es im Neuen Testament. Und hier gibt es nach der Schrift das Problem der Herzensverhärtung, das den menschlichen Willen blockiert. Denn der RUF des Evangeliums wird gehört, kann aber abgelehnt werden. **„Heute, wenn ihr Seine Stimme hört, verhärtet eure Herzen nicht!“** (Hebr.3,7.15; Psalm 95,7.8). Alle Menschen, die dem Sohn GOTTES nicht glauben und gehorchen, bleiben unter dem Zorn GOTTES; alle aber, die IHM glauben, werden ewig gerettet mit dem Ziel „zur Erlangung der Herrlichkeit unseres HERRN JESUS CHRISTUS!“ (2.Thess.2,14), „damit ER der Erstgeborene sei unter vielen Brüdern.“ (Röm.8,29). Nicht zum Zorn bestimmt sind jene, die dem angebotenen Heil der Gnade und dem Ruf GOTTES zugestimmt haben! (vgl.1.Thess.5,9). Diese Zubereitung in das Bild JESU hinein ist die Vorausbestimmung für die zum Glauben gekommenen! **„Denn die ER zuvor ersehen (zuvorerkannt) hat, die…“** (Röm.8,29). „Zuvorerkannt“ *(griech. proginosko)* heißt hier: GOTT ersieht Sich die zu Rettenden, ER weiß um ihre Liebe und ihren Glauben. So entspricht „zuvor ersehen“ mit der „Vorherbestimmung“ der Erwählung. Und eben solche übergibt der VATER dem SOHNE!

Zu behaupten, GOTT habe alles, was Seiner Vorkenntnis entspricht, einem unausweichlichen Determinismus unterstellt, ist hochgradigster Unsinn und gehört nicht in den Bereich biblischer Hermeneutik! Mit dieser Methode wird nur eine alte philosophische Frage in der mystischen Überlieferung, aber nicht in der Bibel behandelt. **„Vielmehr sei es so: GOTT ist wahrhaftig, jeder Mensch aber Lügner.“** (Röm.3,4). Aus oben genannten Gründen ist daher auch eine Vorausbestimmung zum Unheil biblisch völlig ausgeschlossen! Bibelstellen, die das anzudeuten scheinen, erklären im Kontext immer die menschliche Verantwortung. Niemand ist von vornherein entgegen seinen Willen von GOTT zur Verdammnis prädestiniert! Das ist aus Gründen Seiner Liebe *und* Gerechtigkeit unmöglich!! Was sagt der HERR JESUS CHRISTUS in Bezug auf Sein Rettungsangebot? : **„…und ihr habt nicht gewollt!“** (Luk. 13,34).

Unsere Bekehrung

Der Mensch ist seit seinem Sündenfall ein gefallenes, unfreies Wesen mit einem verfinsterten Verstand und einem zur Begierde gewordenen Willen. Er wurde durch die Sünde in die Verdorbenheit und Sündensklaverei hineingezogen; er begehrt *selbst-süchtig* mit einem sündigen Willen (vgl. Eph.2,3). Aber dieser Wille kann noch wollen und entscheiden, er kann ja oder nein sagen, denn sonst würde GOTT den Mensch und seine Taten nicht vor Sein gerechtes Gericht bringen. Aber die Unmöglichkeit, durch menschlichen Willen das Böse mit Gutem zu überwinden, gleicht dem ohnmächtigen Kampf gegen ein Naturgesetz. Darum steht geschrieben: **„Allen aber, die IHN aufnahmen, denen gab ER das Anrecht, Kinder GOTTES zu werden, denen, die an Seinen glauben; die nicht aus dem Blut, noch aus dem Willen des Fleisches, noch aus dem Willen des Mannes, sondern aus GOTT geboren sind.“** (Joh.1,13). *Nicht aus unserem Willen;* dazu müssen wir verstehen, dass eine **biblische Bekehrung**, die zu einer geistlichen Neugeburt *führt,* niemals durch menschliches Wollen zustande kommt bzw. das „Werk“ einer kausalen menschlichen Willensentscheidung ist oder sein kann. Hingegen ist die Hinwendung zu GOTT als erster Schritt einer Bekehrung sehr wohl Willensangelegenheit. Niemand wendet sich gegen seinen Willen zu GOTT. Aber das ganze Werk der Bekehrung in Hinwendung und Wiedergeburt darf und sollte nie als menschliches Werk bezeichnet werden, sondern als GOTTES Werk! **„Denn aus Gnade seid ihr errettet durch den Glauben, und das nicht aus euch – GOTTES Gabe ist es, nicht aus Werken, damit niemand sich rühme.“** (Eph.2,8.9). *Dieser* Glaube zur Errettung muss mehr sein als intellektuelle Überzeugung, obschon unser Intellekt daran beteiligt ist; aber wir werden unter der biblischen Verkündigung „aus Gnade erleuchtet“ (der Geist GOTTES kann unseren Verstand und unser Gewissen auch durch das nachdenkende Betrachten Seiner Schöpfung erleuchten und überführen; GOTT hat viele Wege, Zeugnisse und Möglichkeiten). Aber es *MUß* letztlich die Wirkung des HEILIGEN GEISTES sein, die biblischen Glauben in uns anstößt und freisetzt, und so ist es trotz unserer willensmässigen Beteiligung nur das Werk und die Gnadengabe GOTTES! EWIGER RUHM!

Johannes 1,13 zeigt einen göttlichen Prozess auf, wo der menschliche Wille gar nicht zum Zuge kommt, denn wie sollte ein gefallener sündiger Wille göttlich handeln können? *WAS* der Mensch bei seiner Bekehrung willentlich tut und tun kann, ist seine *Zustimmung* geben auf die Gute Nachricht des Evangeliums, die zuvor in den Organen seines Gewissens und Verstandes eingewirkt und ein bewusstes Begreifen der Verlorenheit und auch der Rettung bewirkt hat und ihn jetzt zum Handeln motiviert. „Hören und verstehen“ werden nach Matt.13,15 kausal genannt, willentliches Umkehren als die Folge (konkludierend). Darum ist das bewusste Einwilligen auf den Ruf des Evangeliums insofern kein *Werk*, sondern ein *Akt* des menschlichen Willens als Reaktion, es ist „Bekehrung.“ Auf diesen ersten Akt folgt die Neu- oder Wiedergeburt als Akt GOTTES, indem ER dem zu IHM Umgekehrten die neue Natur aus dem Geist schenkt! Nicht menschlicher Wille hat gewirkt, sondern GOTTES Geist!

Nur ein Narr würde behaupten, er könne sich rühmen, ein „Werk" zu seiner Lebensrettung getan zu haben, obwohl ein Anderer ihn gerettet hat. Es liegt auch in der absoluten Wesensnatur der Gerechtigkeit GOTTES, dass ER die Entscheidungsfreiheit moralischer und persönlicher Wesen achten will und muss, so dass auf ewig niemand IHM einen Vorwurf der ungerechten Willkür vorwerfen kann. Auch ruft GOTT niemand in der ganzen Bibel zur Buße, um ihn zugleich den Zugang zur Gnade zu verweigern, was bei einem „Erwählungsprozess der unbedingten Erwählung" (unconditional Elektion) aber der Fall wäre, denn da werden nur vorherbestimmte Erwählte zur Gnade zugelassen, während Nichterwählte keine Rettung finden können. Stellen wir uns einen großen Gerichtssaal vor, in dem lauter Angeklagte und überführte Menschen stehen, die jedoch in den Genuss einer Amnestie kommen unter der Voraussetzung, dass sie ihre Schuld eingestehen und ihre Begnadigung freiwillig annehmen; so lautet die Kundgebung der Amnestie. Aber jetzt stellt der Gerichtshof, der diese Amnestie erlassen hat, noch eine Zusatzbedingung obendrauf, die lautet: *„Die Begnadigung gilt zwar für alle, aber nur ein Teil davon muss einwilligen, die anderen werden gemäß Nichterwählung nicht begnadigt, auch wenn sie ihre Amnestie gerne annehmen würden!"* Wer würde einen so schizophrenen Gerichtshof anerkennen?!, wohl nur paranoide Menschen. Es in der Tat schrecklich, was an menschlichen Vorstellungen und Philosophien wie *unconditional elektion* (unbedingte Erwählung), *general call* (allgemeine Berufung), *effectual call* (wirksame Berufung) usw. in göttliche Ratschlüsse hinein- und herausinterpretiert worden ist! *Wissen sie, was sie da tun?! (Spr.30,6; Matt.12,36).*

Das **„Wer da will, der nehme..."** in Johannes 7,17 und Offenbarung 22,17 steht in Kohärenz mit göttlichem Wirken und menschlichem Reagieren bei der Bekehrung und Neugeburt. Die Initiatoren bei diesem Prozess sind im Schriftkontext: GOTTES Wirken in der Verkündigung durch das Wort CHRISTI (*rhematos Christou*, Röm.10,17), wobei hierdurch der Vater und der Heilige Geist wirken (Joh.6,44.45; 16,8). Dies wiederum nicht *zwingend* sondern *überführend!* Dadurch sind die Erkennungszeichen bei einer solchen Verkündigung „in Erweisung des Geistes und der Kraft" eine gesunde Gottesfurcht und eine moralische Sensibilität. Unter dieser Verkündigung aus dem unvergänglichen und lebendigen Wort GOTTES (1.Petr.1,23-25; 1.Thess.1,5) werden Menschen a) im Gewissen getroffen, b) im Herzen überführt, c) in ihrem Bewusstsein (Verstand) erleuchtet und d) im zustimmenden Einwilligen **wiedergezeugt!** Diese Zustimmung seitens des Menschen wurde aber nicht göttlich deterministisch (zwingend) vorherbestimmt, sondern der Geist CHRISTI weckt das Gewissen und schenkt eine gottgewollte Reue. Auch die Sünde hat GOTT nicht vorherbestimmt, sonst wäre ER ihr Verursacher. Die göttliche Einladung **„es komme wer da will"** mit dem Befehl in Apg. 17,30 „Buße zu tun" wird an Verstand, Gewissen, Gefühl, Willen und Glauben des Menschen gerichtet. Der Wille braucht den Anstoß des überzeugten Verstandes, des getroffenen Gewissens und des überführten Glaubens. Wenn der Wille nicht wirklich beteiligt ist bei einer Bekehrung, bleibt der Mensch entweder bei einer gefühlsmäßigen oder verstandesmäßigen Bekehrung stehen. Sind dann die Gefühle weg oder der Verstand verlangt nach weiteren ´Beweisen´, ist auch der Glaube fort, der den Willen stärken sollte; dann glaubt der Mensch wieder die gewohnten alten Lügen. Denn es ist phänomenal, was ein Sprichwort sagt: *„Obwohl Menschen gerne den biblischen Glauben ablehnen, sind sie bereit, jeden Blödsinn zu glauben."* Der Vorgang des Glaubens bei einer echten Bekehrung ist sowohl geheimnisvoll göttlich als auch objektiv menschlich.

Der Glaube selbst ist sowohl eine Geistesgabe nach 1.Kor.12 und Eph.2, als auch eine natürliche Gabe. Er ist die stärkste Kraft im Menschen überhaupt, eine Art religiöse Kraft, die Menschen zu allen Zeiten einer Gottheit unterwarf – das können primitive Glaubensformen sein oder hochkomplexe, das können Ideensysteme wie Kapitalismus, Faschismus, Kommunismus oder andere Ideologien sein; sie alle entstammen der religiösen Kraft des Glaubens. Sie haben Regeln, Hierarchien und Leitbilder. Ohne individuellen Glauben wäre es einer Gesellschaft unmöglich, zusammenzuleben, denn jeder würde jedem und allem misstrauen. Jeder Mensch, auch der Atheist, *hat* Glauben, die Frage war und ist nur, was er glauben will und worauf er seinen Glauben projiziert, welches Subjekt oder Objekt sein „Glaubensgegenstand" ist. Wenn er sagt: *„Ich glaube, dass dieser Politiker besser ist als der andere"* oder *„ich glaube nicht, dass es morgen regnen wird"*, hat er beide Male Glauben betätigt und zum Ausdruck gebracht. Natürlich ist dieser Glaube noch nicht *rettender* Glaube im biblischen Sinn; aber daraus, weil der Mensch seinen Glauben, der in seiner Geschöpflichkeit liegt nicht leugnen *kann* (auch wenn er das bestreitet), wird ersichtlich, dass der Glaube den Menschen in die Wiege gelegt wurde, als Gabe von GOTT. Darum besteht der Evangeliumsauftrag, Menschen durch Fürbitte, Zeugnis und Verkündigung zum *biblischen Glauben* zu führen. Und wenn es in der biblischen Aufforderung heißt: „Denkt um und glaubt", wird noch einmal deutlich, wie eng Glauben und Denken verbunden sind, und sie zu trennen ein törichtes Sakrileg ist!

Nun zeigt die Bibel aber auch sehr klar auf, dass der *natürliche* Mensch mit seinem natürlichen Glauben göttliche Dinge nicht erfassen kann; er kann nicht einfach so an himmlische Dinge glauben, wie er an irdische glaubt. Denn an irdische Dinge glaubt der Mensch größtenteils unbewusst; für göttliche Dinge aber braucht er den bewussten Glauben, der aus einer Offenbarung GOTTES zu ihm kommt. Wenn das geschieht, ist das Instrument seiner natürlichen Glaubensanlage zu einem erleuchteten „sechsten Sinn" geworden – er glaubt aus einer empfangenen Geisteskraft heraus, die seinen *Wiegenglauben gefüllt hat!* Jedoch nichts an diesem Vorgang ist zwanghafter Natur, weil persönlicher, bewusster Glaube mit persönlichem Willen untrennbar verbunden ist – und dieser ist vor GOTT fortwährend offenbar! So findet also der rettende und lebendige Glaube die Energie zum Handeln nicht „aus sich selbst", sondern zuerst durch den göttlichen Kraft-Impuls im Wort der Bibel und der Verkündigung (vgl. Röm.10,17).

Ihr Glaubensgeschwister aus calvinistisch reformierten Reihen, ich rufe euch auf, eure extreme Prädestinationslehre aufzugeben und die tieferen Herzensvorgänge bei dem Rufen GOTTES und der Bekehrung, bei der Souveränität GOTTES und der Verantwortlichkeit des Menschen nicht zu dogmatisieren. Nirgendwo zeigt uns die Schrift über ewige innere Vorgänge und Gedanken GOTTES explizit chronologische Abläufe. **„Denn Meine Gedanken sind höher als eure…!", spricht der HERR.** Ihr müsst eure Vorstellungen und Lehrüberlieferungen aufgeben, weil es unbiblische philosophische Konklusionen sind und diese dem Leib CHRISTI Schaden zufügen und Geschwister spalten! Bitte, nutzt die Gelegenheit zur Umkehr und geht auf eure anderen Geschwister zu! Den Geschwistern in den Reihen der Arminianer rufe ich zu: Verlasst euch nicht auf eure Werke und euer Gutsein-sollen. Ihr werdet zeitlebens nie so perfekt sein oder werden, dass eure ewige Sicherheit dadurch gewährleistet ist. Ihr dürft den freien Willen nicht überbewerten, als hänge alles nur an ihm. Ihr solltet in der „Gnade" stark und fest werden, wie die Bibel uns dazu auffordert, denn vor GOTT wird und kann sich kein Fleisch rühmen! Sucht im Gebet den Kontakt zu euren (noch) calvinistisch geprägten Geschwistern.

Die Liebe GOTTES steht himmelhoch über unseren begrenzten menschlich-subjektiven Erkenntnissen. Ohne sie ist alles ein NICHTS! *NICHTS;* darum muss dieser göttliche Maßstab die von uns erkannte Wahrheit bestimmen, denn wir haben vom NT her nirgends die Freiheit, Glaubensgeschwister, die noch eine andere Ansicht oder Lehrmeinung vertreten als die unsere, abzulehnen. Es sei denn, dass es sich um Irrlehre handelt, die meist von Nichtwiedergeborenen vertreten wird. Aber zuerst müssen wir immer fragen, ob es Glaubensgeschwister sind oder nicht; haben wir denselben *HERRN* und denselben *GEIST* oder nicht? Das ist eine Grundfrage, denn es geht im NT nicht um *„unsere* gute Lehre", es geht um den Leib CHRISTI; es geht nicht um „Unsere, Eure oder ihre Gemeinde." Sondern um SEINE! (Mehr dazu in Kapitel 3). Und darum ist die Liebe die Größte und Höchste, weil sie den Leib verbindet und das versöhnte Glaubensleben erst möglich macht in einem Leibesorganismus. Sie hat ein unendlich höheres Niveau als die Lehre, und wir sind „schuldig, einander zu lieben!" Es heißt: **„In der Bruderliebe seid herzlich gegeneinander" (Röm.12), „Die Liebe tut dem Nächsten nichts Böses" (Röm.13,10), „Lasst alles bei euch in Liebe geschehen" (1.Kor.16,14), „einander in Liebe ertragend" (Eph.4,2), „Und wandelt in der Liebe" (Eph.5,2), „Geliebte, lasst uns einander lieben!" (1.Joh.4,7), „wenn wir einander lieben, so bleibt GOTT in uns" (1.Joh.4,12), „Daran haben wir die Liebe erkannt, dass ER Sein Leben für uns hingegeben hat; auch wir sind es schuldig, für die Brüder das Leben hinzugeben" (1.Joh.3,16), „Wenn jemand sagt: Ich liebe GOTT und hasst doch seinen Bruder…?" (1.Joh.4,20**). Nehmt eine Konkordanz, und ihr werdet sehen, dass über Liebe und lieben weit mehr in der Bibel steht als über Lehre; und dann schlagt 1.Johannes 4 auf und lest über diese Liebe! Das zusammen mit 1.Kor.13 sind Skalpelle für unsere Arroganz! Wenn wir mit unserer Lehre nicht durchkommen oder zu dienen vermögen, so doch mit und durch die Liebe! Denn sie wird jede Schranke überwinden, und nur dadurch, nicht durch subjektiv begründete Lehre und Polarisierung, werden wir GOTTES Willen tun!

Ein Bruder mit calvinistischer Prägung oder einer anderen ist zunächst und zuerst einmal „mein Bruder!" Niemand von uns neugeborenen Christen soll der Hybris Raum geben, er hätte die umfassende biblische Erkenntnis und Wahrheit. Es gibt immer noch Wahrheiten, die wir nicht entdeckt haben und die es nur „gemeinsam" auszuschöpfen gibt. Ein sehr angesehener Bibellehrer und mir ein väterlicher Freund sagte: *„Nun bin ich 60 Jahre gläubig und studiere GOTTES Wort, und ich erkenne, dass ich soviel noch nicht weiß."* In der Liebe GOTTES, die ausgegossen ist in unsere Herzen, können wir uns nicht von Glaubensgeschwistern aufgrund verschiedener Meinungen trennen, wir müssen lernen, uns gegenseitig in Liebe zu ertragen! Sonst versündigen wir uns gegen GOTTES Liebe und Sein höchstes Gebot! Außerdem benötigen wir alle Ergänzung, und in der Erkenntnis zuzunehmen, habe ich immer als positives Wachstum bezeichnet, und eine plausible Korrektur zu verweigern, als persönliche Dummheit. Dass ich hier nicht von Ökumene rede, sondern von „Gemeinde" sollte klar sein und wird noch klarer werden.

Von der Pfingstbewegung

Da kann man in Wikipedia lesen: *„In den Erweckungen der Pfingstbewegung wurde der Heilige Geist, die Erfüllung eines Gläubigen mit dem Heiligen Geist und die Gaben des Heiligen Geistes wiederentdeckt. Diese Bewegung nahm um die Jahrhundertwende (19-20 Jhdt.) in Kalifornien ihren Anfang und verbreitete sich in der zweiten Hälfte des zwanzigsten Jahrhunderts über alle Kontinente, mit Schwergewicht in Lateinamerika, Afrika südlich der Sahara, Korea und den Vereinigten Staaten. Während sie in Europa eher eine Randerscheinung ist, umfasst sie in der Dritten Welt einen großen Teil christlichen Zuwachses der letzten fünfzig Jahre.“*

Die Pfingstbewegung (Pb) begann 1906 in Los Angeles im Leidenstiegel der ehemaligen schwarzen Sklaven Amerikas. Pfingstler nennen sowohl W.J. Seymour, den schwarzen ökumenischen Pionier als Gründer, wie auch Charles F. Praham, den Begründer der Lehre des „initial sign“ (meint Zungenrede als Beweis und Zeichen der „Geistestaufe“). Die Frühströmung der Pb war eine heterogene ökumenische Erneuerungsbewegung in den Großkirchen (auch Katholiken und Orthodoxe), die sich später aber zu pfingstlichen Freikirchen entwickelte. Die pentecostale Perspektive und Hoffnung ist aber bis heute die einer Erneuerung der gesamten Christenheit. Im Vorfeld der Pb gab es eine nüchterne und erweckende Bewegung des Geistes GOTTES, einen zunehmenden geistlichen Hunger und ein tiefes Verlangen nach Veränderung, was zu einer echten Bußbewegung führte. Eine heilige Ruhe in den Versammlungen, gefolgt mit biblischer Überführung war Kennzeichen des Wirkens GOTTES (im Gegensatz zu den späteren Erscheinungen). Viele kamen in diesem Geisteswirken zum Glauben an CHRISTUS; viele Wiedergutmachungen geschahen, Diebe klärten ihre Delikte, Lügner ihre Lügen, Trinker wurden frei.

Am 21 Januar 1901 wurde diese nüchterne und gute Bewegung leider durch Prahams `Beweisführung` und lehrmäßige Verschiebung zu einer „Erfahrung der Geistestaufe“ in den schwärmerischen Fanatismus geführt. Und Seymour, zuerst ein Bibelschüler Prahams, war begeistert von dessen Lehre über die Zungenrede als Beweis für die Erfüllung mit dem Heiligen Geist. Praham machte diese Erfahrung der Zungenrede zum *initial sign* und verband sie mit der Lehre der Geistestaufe. Das wurde zu einem Verhängnis, weil Geistestaufe und Zungenreden zu einem Lehrkonstrukt und Dogma gemacht wurden. Man suchte nun unbedingt diese Erfahrung und die entsprechenden Erfolge, die aber völlig außerhalb neutestamentlicher pneumatischer Wahrheit liegen. Hätten Parham und Seymour das NT genauer gelesen und erfasst, wäre ihnen klar geworden, dass seit dem apostolischen Geschehen von Apg. 2, der Heilige Geist bereits auf den Leib CHRISTI ausgegossen IST und seitdem auf der Ekklesia ruht! (vgl. 1.Kor.12,13). **Das** ist die Taufe durch den Geist in einen Leib hinein (das Wort *Geistestaufe* kommt im NT nicht vor); und dieser Taufe folgen periodisch „Erfüllungen mit dem Geist", deren *Zeichen* (engl. *signs*) aber nicht Reden in Sprachen sind (weil nicht alle in Zungensprachen reden (1.Kor.12,30), sondern Kraft und Ausrüstung zum Dienst.

Im Zuge dieser Lehre begann ein Spektakel enthusiastischer, spiritueller Manifestationen fleischlicher Gebärden und suggestiver Kräfte, wo Menschen begannen umzufallen und in Anfallsarten zu schreien, zu lachen oder Tierstimmen nachzuahmen und auf dem Boden zu kriechen wie Schlangen! Die Versammlungen gerieten außer Kontrolle und waren nicht mehr friedfertig, was ja kein Zeichen und Wirken des HEILIGEN GEISTES ist. **„Das ist nicht die Weisheit, die von oben kommt, sondern eine irdische, seelische, dämonische... Die Weisheit von oben aber ist erstens rein, sodann friedfertig, gütig; sie lässt sich sagen, ist voll Barmherzigkeit und guter Früchte, unparteiisch und frei von Heuchelei".** (Jak. 3,15+17).

Die Atmosphäre in der Gemeinde dort in Los Angeles, in der Azusa Street war bis aufs Äußerste *emotional und sinnlich* aufgeladen und teilweise unter spiritistischer Kontrolle, wobei hypnotische Kräfte wirksam wurden. Es kam zu erotisierten Exzessen in den leitenden Kreisen der Pb. „Zungenbotschaften" eines Lügengeistes, in diesem Fall durch ein Medium, brachten Führer der Pb sogar in sklavische Abhängigkeit. „Prophetinnen" begannen zu herrschen (entspricht der Manipulation und Hexerei). Beachten sollte man, dass dieser Umbruch von einer guten Bewegung des Geistes GOTTES – hin zu einem schwarmgeistigen Irrgarten durch ein Beharren auf die dogmatische Lehrverschiebung der Geistestaufe entstand, sowie einer zweiten nicht schriftgemäßen Erwartungshaltung der Geistesausgießung nach Joel 3,1f. über „alles Fleisch", die anachronistisch aus dem Kontext gerissen wurde. Diese kommende Ausgießung mit ihren kosmischen und irdischen Zeichen bezieht sich auf den TAG DES HERRN (Gericht über Nationen und Rettung für Israel).

Geist (pneuma) und Fleisch (sarx) widerstreben einander – prüfet aber alles!

Wesentlich ist auch, dass dieser ekstatische Einbruch zu Beginn der Pb aufgrund mangelnder Geisteserfahrung und Differenzierung geschehen konnte und so den dämonischen Einfluss begünstigte. Wäre diese Unkenntnis und passive

Hilflosigkeit nicht gewesen, hätte man diese fleischlich-dämonischen Turbulenzen stoppen können. So aber kam alles unter eine negative Herrschaft. Diese Erscheinungen damals dort in Los Angeles oder heute anderswo weisen darauf hin, daß Geistesgaben aus ungereinigten Herzen und Verhaltensweisen praktiziert werden. Wir können davon ausgehen, dass schon die Korinther als geistliche Kinder (Babys) ein fleischliches Problem mit den charismatischen Manifestationen hatten und es zu Turbulenzen kam, die Paulus mit viele Liebe, Geduld, Ermahnung und Belehrung beseitigte. *Diese* Autorität fehlte aber in der Pfingstbewegung schon im Anfang, und so konnten u.a. auch spiritistische Mächte und Lügengeister sich des Fleisches bemächtigen, denn dieses bleibt im Spannungsfeld geistlicher Auseinandersetzungen und Kämpfe *nie* neutral.

Jetzt begannen auch innere Rivalisierungen und Parteiungen, und diese sind bis heute im Erscheinungsbild einer inneren Uneinigkeit in der Pb vorhanden. Ein Zeuge von damals berichtete: *„Es war nicht länger ein freier Geist für alle, wie es zuvor gewesen war. Der Dienst war zu einer von vielen rivalisierenden Gruppen und Gemeinschaften geworden, wie viele andere Kirchen und Sekten in der Stadt auch.*“ Diese Hinweise auf unbiblische Lehre und Vermischung von echten und unechten Phänomenen sollten wir beachten für unsere Unterscheidung und Urteilsbildung! Es ist niemand berechtigt, aus welcher Richtung auch immer, wegen dieser turbulenten und pseudopneumatischen Entwicklung die gesamte Pfingstbewegung zu verketzern und zu dämonisieren! Erstens steht es nirgends in der Bibel, dass jede Betätigung mit Charismen dämonisch inspiriert sei, und zweitens muss zwingend beachtet werden, dass es viele wahre neugeborene Gotteskinder auch dort in Los Angeles in der Pfingstgemeinde gab, geboren aus den Erweckungen, die *im Vorfeld* geschahen. Wer einen dieser wiedergeborenen Christen aufgrund seiner Zugehörigkeit zu Pfingstkreisen ablehnt, lehnt an dieser Stelle auch dessen Erlöser ab und fällt selbst unter Gericht!

Viele Gegner der Pfingstbewegung differenzieren nicht und akzeptieren nicht, was auf dem Gebiet der Geistesgaben zu Gebote steht; vor allem prüfen sie nicht objektiv mit dem Wort GOTTES, sondern nehmen ihr *eigenes stumpfes Schwert* und schlagen auf den `Gegner` ein. Sie argumentieren aus einer Position der Schwäche einer rudimentären Sicht neutestamentlicher Gnaden- und Geistesgaben und betreiben dadurch ihre eigene, innere Bibelkritik. Emotionale und unsachliche Gegner der pfingst- und charismatischen Bewegung halten bald alles für dämonisch, was aus diesen Kreisen kommt. Ich habe auch von solchen Gegnern schon Einiges an lehrmäßigem „Quatsch“ gelesen und gehört; aber deswegen sind sie nicht schon dämonisiert, nur wird oft rein Menschliches, und nichts Geistliches geäußert. Deswegen sind sie aber immer noch meine Brüder! Wenn sie nun die falschen Charismata *mit den echten* ablehnen, dazu auch die Gotteskinder unter den Pfingstlern, werden sie da nicht in zweifacher Hinsicht schuldig?!

Es muss uns wohl um Wachsamkeit gehen, und hier lesen Sie davon!, aber es kann uns nicht um oft unqualifizierte Polarisierung gehen, die erstens niemandem tatsächlich hilft und zweitens Pauschalurteile ausspricht, die außer GOTT niemandem zustehen! Lest Römer 12-14 und den Jakobusbrief aufmerksam, um nüchtern zu werden und nicht selbst unter Gericht zu fallen! Denn in den pfingstlichen- und charismatischen Gruppen sind viele neugeborene Gotteskinder, that`s a fact; wir müssen nur genauer hinschauen. Wir tolerieren nicht, was an *Pseudocharismatik* abläuft, aber wehe uns, wenn wir uns unterstehen, die darin gefangenen und verführten Gotteskinder zu verwerfen. Das sei ferne! Dafür hat GOTT uns keine Richterstühle hingestellt. Ich kenne die Berliner Erklärung vom 15. September 1909, in der die führenden deutschen Gemeinschaftsbrüder die Führer der Pb noch als „Brüder" anerkannten, trotz aller lehrmäßigen Vorbehalte und Verwerfungen. Soviel Licht war noch vorhanden! Exzesse, wie sie in Los Angeles und später in Europa geschahen, waren nicht durchgehend Bestandteil in *allen* Pfingstkreisen! Es gab und es gibt (!) Versammlungen von Pfingstlern und Charismatikern einer gemäßigten Richtung, wo klare und objektive Verkündigung aus dem WORT dargereicht wird, wo echte, d.h. biblisch identische Geistesgaben wie Weissagung, Worte der Erkenntnis u.a. praktiziert werden, und wo mehr geistliches Leben und Freude vorhanden ist, als in vielen „nüchternen" Versammlungen evangelikaler Richtung und Brüdergemeinden, wo wohl Lehre, aber *nur wenig Leben* dominiert.

Ich kenne die Pfingstbewegung (bin aber nicht drin) und ich kenne leitende Brüder darin, die mir echte Vorbilder waren und sind, die das Evangelium unverfälscht und ohne Showeffekte und charismatische Übersteuerung an `Zeichen und Wunder` weltweit verbreiten, von Sibirien bis Brasilien, über Indien und Afrika bis – nach Europa! Die den *Auftrag JESU: „Das Evangelium den Armen"* buchstäblich ausführen! Da müsst ihr schon genauer hinschauen und differenzieren, ihr lieben evangelikalen Brüder! Ich habe festgestellt, dass Gegner von neutestamentlichen Geistesgaben und von Pfingstgemeinden aufgrund ihrer Vorurteile unfähig sind, eine gebotene Prüfung neutestamentlicher Charismata überhaupt vorzunehmen; alles liegt auf diesem Gebiet unter stigmatisierten Vorurteilen; sie haben regerecht Angst (Verlustangst ihrer Erkenntnisse) und kompensieren diese mit liebloser Abwehr. Vielleicht ist es auch die bewusste Angst vor Verführung und/oder die unbewußte Angst vor Offenbarung. Echte Offenbarung wird und muß immer Ausgangspunkt biblischer Erkenntnis sein (vgl. Eph.1,17.18 u.a.), ohne welche wir zumeist nur auf rationaler Ebene „wandeln". Wenn wir hier nicht nachlernen und hören und uns dem Reden GOTTES „lehrmässig" verschliessen, wird Seine Erscheinung und Sein Reden in den wirklichen Trübsalen uns vorkommen wie ein Gespenst, befremdend und erschreckend wie bei den Jüngern auf dem See von Galilä.

(Im anschließenden Kapitel wollen wir über das Thema „Geistesgaben heute?" und „was ist das Vollkommene" reden). Andererseits ist vor pfingst-charismatischen Veranstaltungen und den dort herrschenden Phänomenen zu warnen! „O HERR JESUS, es mangelt uns an Unterscheidungs- und Empfindungsvermögen; wir bitten Dich um diese für eine biblisch nüchterne Ausgewogenheit. Hab Du Dank! Amen."

Woher – Wohin oder „quo vadis?"

Die Wurzeln der Pb berühren Elemente vorchristlicher afrikanischer Religionen und auch die mündliche Tradition amerikanischer Sklaven und Indianerkulturen (letztere vor allem in der lateinamerikanischen Pb). Weitere Wurzelgebiete sind die reformatorische, weslyanische und evangelikale Tradition. Hinzu kommen aus dem mystischen Bereich Asiens (Korea) schamanische Einflüsse. Der Schamanismus Koreas beeinflusste das Christentum vom 16. bis zum 20. Jahrhundert. Als die Pb in Korea ankam, nahm sie schamanisch-religiöse Prägungen auf (Visualisieren, Visionen, Ekstasen, Heilungen). Hier zählte die Erfahrung mehr als gesunde biblische Lehre. Auch mit der *mystischen Tradition* Koreas, einer gnostischen Art dualistischer Lehre (Geist = gut, Materie = böse) kam die Pb in Kontakt. So hatte auch der koreanische Pfingstprediger Paul Yonggi Cho diese Attribute in seine Theologie aufgenommen als ein „moderner Schamane par excellence," dazu hat er noch Robert Schullers positives Denken und den Pragmatismus der „School of World Mission, Fuller Theological Seminary in Pasadena" (Gemeindewachstumsschule) übernommen.

Es gab etwa 60 Jahre keinen Kontakt zwischen Pfingstgemeinden und Evangelikalen, weil letztere sich von den Praktiken und Phänomenen der Pb distanzierten, aber es gab in den siebziger Jahren (des 20.Jhdts.) einen heimlichen Dialog zwischen der Pb und dem Vatikan (unter dem Missfallen der amerik. Assemblies of God). Antrieb war eine starke *ökumenische* Strömung für eine Erneuerung in der katholischen Kirche. 1963 gab es in den USA und Holland Kontakte zwischen Katholiken und Pfingstlern, und die Katholiken bekamen *ihre Zungenrede*. Es kam daraufhin zu mehrjährigen vatikanisch-pfingstlerischen Dialogen; bis heute hält der Dialog an. Der erste von 1972 bis 1976 hatte zum Thema: *„Die Geistestaufe, das Verhältnis zwischen Geistesempfang und Wiedergeburt"*, *sowie „geistliche Gaben, Geisterunterscheidung"*, *Gebet und Lobpreis" und „öffentlicher Gottesdienst."* Der zweite Dialog von 1977 bis 82 hatte die Themen: *„Zungenreden"*, *„Glaube und Erfahrung"*, *Hermeneutik"*, *„Heilen"*, *„Die Kirche als gottesdienstliche Versammlung"*, *„Traditionen und Tradition"*, *„Maria"*. Damals war für die Pfingstler die Apostelgeschichte als lukanischer Bericht das normative Dokument über die Pfingsterfahrung und die tragende Geisteslehre, obwohl sie betonten, dass Pfingsten eine Erfahrung sei und keine Lehre ist. Aber sie deduzierten die Geistestaufe aus der Apostelgeschichte und machten sie zu einem (lukanischen) Dogma, indem sie das Geschichtsbuch der Apostelgeschichte als „Lehre" über alle anderen Aussagen der Bibel stellten.

Der Vatikan ließ dies zu, hinsichtlich wichtiger, aber nicht uneigennütziger Gründe. Zum einen lässt sich die globale Pfingst- und Charismatische Bewegung nicht einfach mit totalitären Mitteln (wie früher) kontrollieren, auch nicht kirchentheologisch, denn die Erneuerungsbewegung hat ihre Wurzeln außerhalb der katholischen Kirche. Zum anderen erlebt auch die römisch-katholische Kirche in einer Zeit abnehmender Autoritätseinflüsse einen abnehmenden Einfluss ihrer klerikalen Autorität, und ist dahingehend gezwungen, auf die Erfahrungssehnsüchte des katholischen Kirchenvolks einzugehen. Zum dritten liegt in der Pb ein großes ethisch-soziales und politisches Potenzial, besonders in den USA, wo sie eine revolutionäre soziale Bewegung ist; und die Ökumene will diese Kraft nicht verlieren.

Die katholische Kirche kann dabei das „initial sign" der Geistestaufe als Erfahrung übernehmen und es theologisch als „Erneuerung des Glaubens" bezeichnen; (die Pfingstler bezeichnen ihre Geistestaufe ja auch als Zweiterfahrung nach der ersten, der Bekehrung). Im katholischen Verständnis bleibt die „Geistestaufe" ein mystisches Erlebnis, das aber christlich gemacht wird. Es ist in der Tat sehr sonderbar und vielleicht dem Geheimnis der Gesetzlosigkeit (anomia) anzurechnen, dass religiöse Menschen so empfänglich sind auf meditativer Ebene für das Zungenreden und andere spirituelle Phänomene. Katholische Theologen sehen in pfingstlichen Charismen (Geistesgaben) und deren Anwendung kein Hindernis für ihre Marienfrömmigkeit, sondern eine Förderung derselben! Wären die Pfingstler Fundamentalisten, gäbe es zwischen ihnen und dem Vatikan keinen \`fruchtbaren\` Dialog, denn diese schließen sich gegenseitig aus. Hingegen haben die Katholiken ein engeres Verhältnis zu den Pfingstlern, als zu den Protestanten, denn die leitenden Pfingstler haben ihren einstigen Widerstand gegen den Katholizismus längst aufgegeben. So ist es nicht zu verwundern, dass es heute klerikale Pfingstler gibt. Die katholisch orientierte Pb hat heute eine ökumenische Dynamik erreicht mit dem Ziel, auch die Protestanten ganz zu erreichen und zu absorbieren. Die pfingst-charismatische Bewegung zählt zu den stärksten Gruppen innerhalb der katholischen Kirche, und wenn der innerkirchliche protestantische Dialog mit der Pb zu einem römisch-katholischen Dialog hinführt durch die Ökumene, kommt einmal der Zeitpunkt, wo alle noch resistenten Minderheiten von der eigenen Gemeinschaft gehasst und verfolgt werden. Das ist dann nicht mehr vatikanische Arbeit, sondern geistlicher Bruderkrieg.

Bei den Pfingstlern wird die *Zweiterfahrung der Geistestaufe* bei Mitgliedern, die noch kein geistliches Leben aufweisen, doch wieder nur zur *Ersterfahrung* der Bekehrung, und sofern diese echt ist, wird bei Vielen die „Zweiterfahrung der Geistestaufe" ausbleiben. Ist es nicht ein Indiz, dass in den Pfingstgemeinden viele echte Gotteskinder nicht in Zungen reden, dafür aber mehr Kraft, Treue und gute Frucht aufweisen als andere, die ihr Zungenerlebnis hatten, aber sonst nicht viel vorzuweisen haben? Dieses elende „zwei-Klassen-Christentum" bringt zusätzliche Probleme für Leiter und Mitarbeiter, denn diese „Zungenredner" werden immer noch privilegiert, obwohl sie sich oft wie kleine Kinder benehmen. Verständlich, dass JESUS die Werke der Nikolaiten hasst! (vgl. die Sendschreiben). Im nachfolgenden Kapitel werde ich aber herausstellen, dass ich von der Schrift her niemals und keineswegs gegen biblisch identische Geistesgaben bin oder sein kann. Wir müssen nur fein Kraut und Rüben scheiden; dazu sind wir vom neutestamentlichen Imperativ her verpflichtet!

Pfingstler, Lutheraner, Katholiken, Evangelikale werden durch das „Zungenreden" verbunden wie durch einen Katalysator. Es gibt die echte Form der Glossolalie (Sprachenrede), die aber leider auf psychogene Weise imitiert werden kann. Viele heidnische Religionen kennen „ihr Zungengebet." Bei Newage wird auch in (okkulten und psychogenen) Zungen geredet und geplappert. Auch unter den katholischen Charismatikern gibt es ein psychotechnisches Zungenreden, was dann als geistliches Kriterium für „ihre Wiedergeburt" herhalten muss, wie mir ein kath. Pfarrer auf die Frage nach den Kennzeichen seiner biblischer Wiedergeburt etwas entrüstet antwortete: *„Was wollen Sie, ich rede doch in Zungen."* Wenn aber der innere Mensch, der Geist, nicht eine tatsächliche Begegnung mit dem auferstandenen CHRISTUS erlebt, wenn er nicht wirklich „von oben her" gezeugt, geboren und erneuert wird, spielt ein anderer Geist auf dem unruhigen

Instrument der Zunge (vgl.Jak.3,6). Bei vielen Katholiken wirkte sich der „Empfang der Geistestaufe" in eine gesteigerte Hingabe an Maria aus – zu einem Geschöpf also! Hier ist überall roter Alarm! Das biblische Zeugnis der Geburt von oben ist doch **die Erkenntnis CHRISTI !** Sprachenreden (auch echtes) ist niemals das entscheidende Kriterium geistlicher Neugeburt! Oh, es gibt so viele Theorien und Phantasien auf dem Gebiet der Gnadengaben (charismaton).

Es gibt auch pfingstliche und charismatische Theologen, die das Zungenreden nicht einmal als pfingst-christlich bezeichnen. Die Glossolalie (Reden in Sprachen oder Zungen) wird nicht als übernatürliche Gabe betrachtet, sondern als natürlich funktionale Gabe im Bereich menschlicher Fähigkeiten. Mit dieser anthropogenen und anthroposophischen Feststellung wird die Pfingstbewegung natürlich, d.h. ihre Wesensmerkmale werden in den Bereich der menschlichen Sinne, und dort auf ihre Erfahrungswelt gestellt und damit in die ökumenische Gemeinschaft. Ökumenische Führer wie Kilian MCDonnels bezeichnen auch natürliche menschliche Fähigkeiten als Charisma und Geistesgaben. Zum Beispiel wird das Zungenreden psychologisch erklärt als „erlernbares Handlungsmuster", was Jesuiten und Katholiken längst psychotechnisiert haben. Man sieht und beurteilt die Charismen nicht phänomenologisch, sondern lediglich funktional. So werden sie in die christliche Tradition eingegliedert und so wird ja auch die Ökumene als Ganzheit biblischen Pluralismus verstanden, als eine der wichtigsten Gaben christlicher Tradition.

Damit wird der Mensch, genauer sein rechts-hirniges Sprachzentrum jetzt zum „Produzenten geistiger Gaben". Der Geist GOTTES soll also identifiziert werden aus den Früchten dieser „Gaben und Erfahrungen" – ER wirkt nun durch menschliche Aktivität. Counterfeit! Da liegt mehr als Anomalie vor, es muss sich auch hier wohl um jenen Teil der antichristlichen Gesetzlosigkeit handeln, die ihr paranoides Gesicht in erschreckender Weise zusätzlich darin zeigt, dass solche Theologen dicke Bücher schreiben, in denen sie das protestantische, evangelikale und freikirchliche Christentum bis in detaillierte Historizität hinein erklären, aber ihr eigenes Dilemma nicht verstehen. Man kann diese Entwicklung aber dahingehend erklären, dass Pfingsttheologen ähnlich den evangelikalen Kollegen einen zweifachen Beitrag im römisch-ökumenischen Prozess liefern; den einer Nachahmung pfingstlerischer Phänomene durch die katholische Kirche und zugleich eine Liierung mit ökumenischer „Lehre" seitens der Pfingstler als Resultate ihres „Dialoges". Auch in der Frage der biblischen Wassertaufe wird das deutlich, wo Pfingstpastoren (vor allem wie immer voran amerikanische) ein Verständnis entwickelt haben, das sie als „ökumenisches Sakrament" der weltweiten Kirche Christi beschreiben. Dazu zählen dann auch die kindgetauften Katholiken. Solche Art leitender Pfingstler wie Cecil M. Robeck (Assemblies of God) nehmen und empfehlen auch zu gerne die röm.-katholische Eucharistie!

Indem nun das Biblisch-Übernatürliche so auf das Natürlich-Menschliche nivelliert wird und seitens katholischer Theologen ebenfalls ein nivellierendes Umdenken in der Sakramentenlehre stattfindet (zum Zwecke der Vereinnahmung), ist es schließlich kein großer Schritt mehr hin zur „menschlichen Erfahrungsgemeinschaft am Busen der christuslosen Weltgemeinschaft", wie geschrieben steht: **„Und ich sah die Frau berauscht vom Blut der Heiligen und vom Blut der Zeugen JESU; und ich verwunderte mich, als ich sie sah, mit großer Verwunderung!"** (Offb. 17,6). Seit dem Sündenfall *kann* aus jeder Frau potenziell eine Hure werden, und aus einer einstmals reinen, d.h. heiligen und abgesonderten und wiedergeborenen Christenbraut (Gemeinde) kann durch Vermischung und Preisgeben der biblischen Wahrheit eine geistlich erniedrigte Hure werden! Ja, diese furchtbare Möglichkeit besteht, ihr Lieben, obwohl das undenkbar sein soll! Darum der zweifache Ausdruck der Verwunderung des Johannes, der dieses Hurengebilde sah! Aus diesem Gebilde kann man nur noch herausfliehen! **„So spricht der HERR: Geht hinaus aus ihr, Mein Volk – und her zu Mir, wer dem HERRN angehört!"** (vgl. Offb.18,4+2.Mose 32,26). Hier geht es um die Unterwerfung unter CHRISTUS und heilige Urteile, um GOTTES Ehre und Herrlichkeit wiederherzustellen und zu bewahren! Amen! Ja, biblischer Glaube verlangt heilige Entscheidungen! Weniger war und ist immer zuwenig!

Die Anfangsströmung der Pb war eine heterogen-ökumenische; sie war in ihrem Entwicklungsbereich schon lehrmäßig nie eine homogene Größe, und heute ist sie nach ihrer freikirchlichen Entwicklung und mit charismatischer Einwirkung wieder heterogen mit verschiedenen Varianten. Es gab und gibt viele innerpfingstliche Auseinandersetzungen, lehrmäßige und auch richtungsmäßige. Eine lehrmäßige Kontroverse hat sich aus der Frage ergeben, ob ihre Geistestaufe-Lehre eine tatsächliche Zweiterfahrung ist und von Bekehrung und Neugeburt zu trennen ist. Das ist von evangelikalen Einflüssen her zu erklären. In Europa und den USA ist die Pfingsttheologie geprägt von evangelikaler Tradition. Die Mauern zwischen Pfingstcharismatikern und Protestanten, Katholiken, Orthodoxen sind längst beseitigt worden im Sinne der Westminster Konferenz über „Christliche Freiheit und Freiheit des Gewissens" und der päpstlichen Enzyklika. Dabei ist die „Charismatische Erneuerung" die entscheidende Geistesströmung innerhalb dieser Gruppen im ökumenischen Sinn, und die pfingst-charismatische Bewegung ist eine korrelative (wechselseitige) Strömung geworden.

Die eine große Gefahr für die Weltpfingstbewegung ist das Verbleiben im weltpolitischen System einer wachsenden Sozialethik und Politisierung, Eckpunkte im ökumenischen Fahrplan, aber ausdrücklich nicht im NT gefordert. Neutestamentliche Christen haben kein Votum von GOTT, dieses Weltauslaufmodell zu verbessern; ihr Auftrag ist die Mission, das Evangelium vom Reich GOTTES zu verkünden, nicht das System zu ändern! Dieser raffinierte Fallstrick wird leider vielfach nicht gesehen. Christen haben das Votum, für die Obrigkeit im geistlichen Bereich einzutreten, aber nicht selbst Obrigkeit zu sein (vgl. Röm.13,1-5; 1.Tim.2,1.2; 1.Petr.2,13-17). Die andere Gefahr wie gesagt ist die Preisgebung von Wahrheit durch Vermischung! Der ÖRK (Ökumenische Rat der Kirchen) sagte: *„Das Wachstum der christlichen Weltbevölkerung geht fast ausschließlich auf das Konto pfingstlicher und evangelikaler Kirchen, die den protestantisch-reformatorischen Wahrheiten nicht mehr entsprechen"*.

Das amerikanische pfingstliche Christentum liegt ebenso wie das europäische im ökumenischen Dornröschenschlaf der materiellen Übersättigung; eines Reichtums, der kein Bündnis mit GOTT ist! CHRISTUS spricht: **„Weil du sagst: ich bin reich und bin reich geworden und brauche nichts, und nicht weißt, dass du elend und bemitleidenswert und arm und blind und bloß bist, rate ICH dir…!"** (Offb.3,17). Dies „christliche" Laodizeachristentum redet noch von der Verbalinspiration, ist aber mehr mit eschatologischen Träumereien und Theorien beschäftigt als mit tatsächlicher Nachfolge. Auch euch ist zu raten: Zurück zum Wort! *Back to the roots*! Zurück zu den Quellen! Heraus aus dem Irrtum – hin zur Wahrheit! **„Zum Gesetz und zum Zeugnis! – wenn sie nicht so sprechen, gibt es für sie kein Morgenrot!" (Jes.8,20).**

Von der Charismatischen Bewegung

Von den weltweit etwa 250 Millionen protestantisch-evangelikalen Christen sind etwa 190 Millionen charismatisch geprägt, also zwei von drei Christen. Weltweit sind es über 500 Millionen Christen, die sich zu Pfingst-charismatischen Kreisen zählen.

Es steht geschrieben: „Kinder, lasst euch von niemand verführen! Wer die Gerechtigkeit übt, der ist gerecht, gleichwie ER gerecht ist". „Geliebte, glaubt nicht jedem Geist, sondern prüft die Geister, ob sie aus GOTT sind! Denn es sind viele falsche Propheten in die Welt ausgegangen". „Daran erkennen wir, dass wir in IHM bleiben und ER in uns, dass ER uns von Seinem Geist gegeben hat". „Wer den Sohn leugnet, der hat auch den Vater nicht". „ER ist es, der durch Wasser und Blut gekommen ist, JESUS der CHRISTUS; nicht durch Wasser allein, sondern durch Wasser und Blut. Und der Geist ist es, der Zeugnis gibt, weil der Geist die Wahrheit ist. Denn Drei sind es, die Zeugnis ablegen im Himmel: der VATER, das WORT und der HEILIGE GEIST, und diese Drei sind Eins; und drei sind es, die Zeugnis ablegen auf der Erde: der Geist und das Wasser und das Blut, und die drei stimmen überein". *(1.Joh.3,7; 4,1.13; 2,23; 5,6-8).*

Wie Adam und seine Frau im Garten Eden, überschreiten bis heute Menschen permanent die Grenzmarkierung, die sie an ihre Geschöpflichkeit erinnert; sie überschreiten jene Linie ihrer geschöpflichen Abhängigkeit von GOTT. Der Teufel redet nicht von „Geschöpflichkeit" sondern von „Göttlichkeit"... *"und ihr werdet sein wie Gott."* Jedoch liegt jenseits der Grenzmarkierung, jenseits von Eden nicht die Göttlichkeit und grenzenlose Machbarkeit unsterblichen Lebens, sondern die Wüste sterblichen Lebens und dessen Ende der ewige Tod! Es gibt viele Menschen, die sich ihr ganzes Leben lang selbst belügen und betrügen, und am Ende schauen sie voll Schrecken dem Tod ins Gesicht – und danach ihrem furchtbaren Gericht! Mit dem leiblichen Tod ist „Vieles" aus, aber nicht „alles." Tod bedeutet nicht das Ausgelöschtwerden der bewussten (geistigen) menschlichen Existenz, sondern Tod *(thanatos)* heißt *„Trennung"* des bewußten geistigen Lebens vom physischen Leibesleben und diese führt, wenn ein Mensch unerlöst stirbt, zum „zweiten Tod" – der endgültigen ewigen geistigen und physischen Trennung von GOTT!

Den Trennungstod hatte der Teufel den Menschen verschwiegen, als er sie zur falschen Frucht verführte. GOTT aber verschweigt nichts, was der Mensch hinsichtlich Leben, Tod und Gericht wissen soll; ER hat uns Seinen lieben Sohn und damit das Evangelium gesandt, das uns die nötigen Informationen gibt! Geschrieben steht: **„Denn der Lohn der Sünde ist der Tod; aber die Gnadengabe GOTTES ist das ewige Leben in Christus Jesus, unserem Herrn."** (Röm.6,23) **„Wer überwindet, dem wird kein Leid geschehen von dem zweiten Tod."** (Offb.2,11) **„Und wenn jemand nicht im Buch des Lebens**

eingeschrieben gefunden wurde, so wurde er in den Feuersee geworfen – das ist der zweite Tod.“ (vgl.Offb.20,14.15).

Wir wissen nun, dass der Lohn der Sünde der Tod ist, die in physischer und geistlicher Form EWIGE Trennung – von GOTT! Was ER den ersten Menschen am Anfang sagte, ist geschehen – und was der Teufel (die Schlange) ihnen zuflüsterte, war gelogen, denn er ist der Vater der Lüge (vgl. 1.Mose 2,16.17; 3,4.5; Joh.8,44; Röm.5,12; 6,23). Der Satan verführt Menschen, die Grenzmarkierung ihrer Abhängigkeit zu überschreiten, hinaus in ihre Autonomie, und sie müssen sterben, denn niemand kann ewig leben, den die Sünde von GOTT trennt! *DAS* ist die Wahrheit! Alles, was Adam und seine Frau an Erkenntnis gewannen, war, dass sie nackt waren; GOTTES Licht umgab sie nicht mehr und es war vorbei mit ihrer Herrlichkeit; was blieb war „Selbstherrlichkeit und Religion“ – bis heute! (vgl.Röm.3,23).

Dort, wo Selbstherrlichkeit ist, hat sich der Geist GOTTES zurückgezogen, und alles, was Menschen dann tun oder verrichten, geschieht auf der Ebene ihrer gefallenen Sinne, ihres Verstandes und ihrer Emotionen, einerlei ob das säkular oder religiös oder christlich ist. Sünde verspricht immer Herrlichkeit und Lebensglück, bringt aber stattdessen den Tod. (vgl. Röm.7). **„Kinder, lasst euch von niemand verführen!“,** sagt die Schrift. Wir wissen nun, Verführung beinhaltet etwas vorgetäuscht-Herrliches *(pseudo-Herrlichkeit),* sei es nun auf verbaler oder zeichenhafter Ebene. JESUS, der HERR, sagte es voraus: **„Denn es werden falsche Christi und falsche Propheten aufstehen und werden große Zeichen und Wunder tun, um auf diese Weise wenn möglich auch die Auserwählten zu verführen“.** (Matt.24,24). So ein falscher Christus oder Prophet hat schon ein gewisses Maß an `Herrlichkeit` als Geschenkpapier, sei es nun eine bibel*nahe* Lehre, seien es Zeichen oder Wunder. Doch all das stimmt nicht mit der Gerechtigkeit GOTTES überein; ER anerkennt es nicht, es ist nicht wesenhaft eins mit IHM; es verfehlt Seine Absicht und dient eben nur der Selbstherrlichkeit. Wir müssen verstehen, dass das Ziel der Schlange im Garten Eden die Entfremdung zwischen GOTT und Menschen war und somit die Auflehnung der Menschheit gegen GOTT und die Eroberung der Erde unter die Herrschaft Satans. Satan hatte seine Herrlichkeit verloren durch Rebellion, und er konnte die Herrlichkeit des Menschen nicht ertragen; er neidete sie ihm. Es gibt die ständige Versuchung für den Menschen, ein beständiges äquivalentes religiöses und weltliches Angebot „eigene“ Herrlichkeit anzuziehen durch die Frucht vom Baum der Erkenntnis des Guten und des Bösen. Dadurch *sollte* de jure ursprünglich der

Mensch seine Unschuld und Herrlichkeit von GOTT verlieren und „Selbstherrlichkeit" anziehen.

Und so kam die Sünde durch die Lüge in Form von Halbwahrheit in die Welt und verdarb den Genpol und das Denk- und Sprachkonzept des Menschen hin zur Selbstherrlichkeit. Die integrierte Lüge in der Sprache wirkt sich bis heute gemeinschaftszerstörend aus in zwischenmenschlichen Beziehungen, Familien, Gesellschaften und Völkern. Nun müssen wir verstehen, dass auf keinem Gebiet menschlicher Kommunikation die Lüge so „glaubhaft" klingt wie auf dem religiösen, denn der Mensch ist und hat eine moralische Natur mit ethischen Grundsätzen. Seine Moral ist aber nicht wertneutral, sondern sie wurde im Sündenfall zur Begierde im Bereich seines Willens und Verstandes. Es gibt keinen Menschen ohne eine `Gottheit` als Ausdruck dieser Begierde, auch wenn diese Gottheit nur das eigene Ich ist. Martin Luther sagte lapidar: *"Gott ist der, dem man vertraut"*. Das kann dann auch irgendein Surrogat im materiellen oder geistigen Bereich sein.

Kultur, das ist vor allem Sprache

Jeder Sprachwissenschaftler kennt den kausalen Zusammenhang zwischen Kultur und Sprache, und wir können sagen, je größer der Mangel an wahrem Gottesbewußtsein ist, umso größer ist das Defizit an Wahrheit in jeder Sprache. Die moralische Gesittung und das geistige Leben in einer Kultur, ihre Nähe oder Ferne zu GOTT werden bestimmt und auch ausgedrückt durch ihre Sprache, und diese in der Dialog*fähigkeit- oder Unfähigkeit* mit GOTT. Dialog *mit* GOTT ergibt Sprachkultur, und diese gibt den *moralischen* Kulturstandart eines Volkes wieder. Wird ein Volk gottlos, indem es sich immer mehr von GOTT und Seinen absoluten Werten und Normen entfernt (wie das zum Beispiel in der Gesetzgebung westlicher Demokratien augenfällig ist), so wird der „genetische Code" des Sprachkonzeptes im Menschen immer mehr verwirrt, bis man Begriffe mit Inhalten füllt, die dem Begriffsgefäß nicht mehr oder jetzt diametral entsprechen. Dieser Effekt hat *verbale Theorie* zur Folge, die „Entleerung" eines Begriffs durch die Sprachverwirrung (Beispiel Menschenrechte oder Humanistsiches Manifest).

Bezogen auf das religiöse Gebiet und auf das Christentum übertragen erleben wir heute fortwährend ein Um- und Abändern biblischer Wahrheiten in den modernen Bibelübersetzungen bis hin zu den Begriffsverschiebungen zwischen Denominationen und ihren `Mitgliedern`. Es fehlt der permanente geistliche Dialog mit GOTT und Seinem Wort, das ist Hauptursache! Und das wiederum lässt rückschliessen auf die Sünde, die den Genpol der Sprache immer mehr verdirbt. Man unterscheidet nicht mehr in gottesfürchtiger Haltung zwischen Wahrheit und Lüge, und solche um 180 Grad verdrehten Halbwahrheiten werden zu ganzen Lügen, sehen aber wie Wahrheiten aus. Einige Beispiele in den Sprach- und Begriffsverwirrungen mögen das zeigen:

früher:	heute:
Mystisch	plausibel und beglaubigt
Ungewöhnlich	schön
Esoterisch	wahr
Irrational	sensibel
Halluzination	Weisheit
Geisteskrank	Mythos
Objektiv	nebensächlich
Wunschdenken	realistisch
Sinneslust (Hedonismus)	Selbstverwirklichung

Hier sehen wir, wie die Begriffe von heute nicht mehr den Wahrheitsinhalt von Grundbegriffen angeben; man sagt zwar noch „objektiv oder irrational", aber man meint etwas völlig Anderes als die wahre Bedeutung dieser Begriffe. Größtenteils ist diese Sprachumwandlung auf den psychologischen Einfluss zurückzuführen (siehe oben). Der Teufel weiß diesen Einfluss gezielt zu nutzen. Fritz Perls, der Begründer der Gestalt-Therapie sagte: *„Die Psychologie ist die Möglichkeit, den Verstand zu verlieren und Empfindungen zu gewinnen!"*

Gäbe es diese Sprachverwirrung in den christlichen Begriffsbestimmungen nicht, wie wäre die folgende authentische Darstellung einer spirituellen Party ernsthaft möglich? *An einem „spirituellen Abend" treffen sich katholische und protestantische Charismatiker. Bei Rotwein, Bier, Whisky und Johannisbeersaft wird zunächst lockere Konversation (small talk) betrieben; danach stimmt jemand eine litaneiähnliche interkulturelle Gebetsformel an, bei der „Heilige" angerufen werden wie Gandhi, Franziskus v. Assisi, Christus, der jetzige Papst, Buddha Gautama, Maria, die Apostel Petrus und Johannes, Marx, Darwin, Einstein, Freud, die Reformatoren etc.* Hier liegt Geistes- und Verstandesverfinsterung- und Verwirrung vor! Sie ist eines der Kennzeichen in weiten Teilen der Charismatischen Bewegung, und stellen wir uns vor was herauskommt, wenn Teilnehmer solcher Treffen sich in `Gottesdiensten und Versammlungen` treffen, wo sie dann noch `prophetische Botschaften` von sich geben.

Auch bei den religiösen Zeichen und Wundern gibt es eine Sprach- und Wesensverwirrung, denn was die Zeichen und Wunder der falschen Propheten und

Christusse betrifft, nennt das NT diese als „Zeichen und Wunder der Lüge" und deren Quelle den Geist des Antichristus (vgl. 2.Thess.2,9; Offb.13,13). Die Macht, solche Phänomene auszuführen, erfolgt „gemäß der Wirksamkeit des Satans", und sie dienen auch *nur* der Verherrlichung Satans und der Menschen, die der Lüge glauben. Im NT werden die falschen Wunder und Zeichen von den echten durch das Schwert des Geistes getrennt; man erkennt ein wahres Wunderzeichen (griech. *semeion*) daran, dass es immer auf CHRISTUS hinweist und GOTT verherrlicht, niemals ein Geschöpf! Zum anderen übersteigen göttliche Wunderzeichen die satanischen Plagiate, wie schon die Zeichen GOTTES durch Moses die ägyptischen Zauberkünste übertrafen! Ein sehr bekümmerndes und aktuelles Beispiel der Umformulierung und Umlügung biblischer Gedankenkonzepte mit ihren mitfolgenden Zeichenplagiaten und Wundern der Lüge haben wir im römisch-katholischen Marienkult vor Augen. Es handelt sich um ein Sternzeichen am päpstlichen Götterhimmel und um ein dämonisches bei den Marienerscheinungen. Papst Johannes Paul II betete zum marianischen Jahr: *„Steh uns bei auf unserer Glaubensreise, oh Jungfrau Maria, und erlange für uns die Gnade des ewigen Heils (!)"* Von der Bibel her eine schreckliche Abgötterei und Gotteslästerung, aber sie wird von unzähligen Charismatikern hingenommen. NIEMAND außer CHRISTUS gibt das Heil, was ja schon der Apostel Petrus in Apg. 4,12 bezeugt hat, sowie CHRISTUS Selbst und Seine anderen Apostel!

Und so kommt es, wie es zu allen Zeiten war: je mehr die klaren Gedankenkonzepte der Sprache GOTTES in der Bibel verwirrt werden, geschieht auch die zunehmende Verwirrung menschlicher Sprache und die Vermischung biblisch geistlicher Inhalte mit humanistisch-religiösen, so dass am Ende nicht nur Weltmenschen sich nicht mehr verstehen, sondern auch Glaubensmenschen des Christentums. In den endzeitlichen Zerfallserscheinungen innerhalb des Christentums der protestantischen Denominationen geht heute die geistliche Auseinandersetzung bis zu den biblischen Grundwahrheiten. Wurden bislang je nach Prägung der christlichen Gruppen die Lehrstückwerke von biblischen Aussagen her deduziert, kann man heute nur mit Schaudern feststellen, wie die meisten Denominationen den biblischen Anker samt Segel und Kompass aufgeben und mit dem spirituell-religiösen Treibsand fortgerissen werden. So etwa könnten nachfolgende Historiker diese „Wendezeit" beschreiben, und sie würden diese eindeutig der New-Age-Strömung und pseudocharismatischen Bewegungen zuordnen.

Woher – wofür – wohin

So wie die Pfingstbewegung, stammt auch die Charismatische Bewegung aus Kalifornien, USA. Heute sind diese beiden Bewegungen vermischt und als „Pfingstcharismatische Bewegung" eine große Gefahr auch für die letzten Teile der fundamentalen Brüderbewegung, weil sie dort als neo-evangelikale Strömung mit evangelistisch-missionarischen Anliegen zur „Belebung" der Brüderbewegung dient. Wir haben oben über Inhalte der charismatisch geprägten Neo-Evangelikalen gesprochen. Da wir aber sehen, wie durch pfingstcharismatischen Einfluss das protestantisch geprägte Gefüge auseinanderbricht und in den ökumenischen Treibsand hineingeschwemmt wird – zum letzten Erscheinungsbild der diesseitig orientierten pseudocharismatischen Völkerkirche – kann dieser Einfluss kein guter Same sein! Seine Zuordnung zum New-Age-Geist ist von New-Agern selbst dokumentiert worden: *„Uns verwandte Strömungen sind große Teile der charismatischen Bewegungen und Kommunitäten. Auch von heidnischen Religionen und Praktiken muss man lernen, wie man Zugang zu Gott findet"* (Originalton).

Pasadena, im Vorstadtbereich von Los Angeles, ist eine Wiege charismatisch-spiritueller Erneuerung und liegt in unmittelbarer Nachbarschaft von Hindus, Moslems, Sikhs und Buddhisten. Hierin ist ein Grund zu finden für die Öffnung der Charismatischen Bewegung (CB) zu diesen Quellen. Der verstorbene führende pfingstliche Ökumeniker und Charismatiker Jerry L. Sandidge äußerte dazu: *„Ich möchte in den anderen Religionen das anerkennen, was der Würde des Menschen und dem Weltfrieden dient"*. (Das sind typische Schlagworte aus vatikanisch-pfingstlerisch-ökumenischem Dialog). Eben wie schon erwähnt, haben sich auch Naturwissenschaftler diesen New-Age-Sprachschatz angeeignet in ihrer neuorientierten Sicht der Wirklichkeit und geben New-Age dadurch große Autorität. Der österr. Physiker Fritjof Capra sagte: *„Alles was teilt, ist von Übel, und alles was vereint, können wir göttlich nennen. Im Kern sind alle Religionen gleich"*. Er denkt im New-Age-Sinn und spricht im ökumenischen Sinn oder Geist. Das würde im Ergebnis von religiösem Ökumenismus und wissenschaftlicher New-Age-Philosophie etwa so lauten: *„Der Zugang zum Übersinnlichen, zur Ganzheitlichkeit und Gottwerdung und zur Beherrschung und Umwandlung der Materie benötigt den Erfahrungsschatz aller heidnischen Religionen"*.

New-Age im Sinne der Umgestaltung der Welt zu einer spirituellen Einheit, hat sein zerstörerisches Werk längst vor den 1980er Jahren begonnen, und in seinem Einflussbereich entstand die Ökumene im Anfang des 20ten Jahrhunderts, sowie die Charismatische Bewegung Anfang 1960. New-Age ist mehr als eine esoterisch geprägte Weltanschauung, es ist eine dämonisch gesteuertes kosmisches Weltprogramm zur Bewusstseinserweiterung und Herausbildung einer „Neuen

Moral" (wie oben dargestellt) und Immunisierung gegen biblisch objektive Wahrheit. Wurden auf der Westminsterkonferenz in Edinburgh am 14.06.1910 die Wurzeln der Ökumene gelegt mit der Botschaft *„Christen aller Welt, vereinigt euch!"*, um der Zerstrittenheit unter den christlichen Denominationen entgegenzuwirken, hieß es 1948 *„Dogmen trennen – Dienst eint!"* - und der Weltkirchenrat ÖRK wurde ins Leben gerufen. Die Sünde nahm das Gute zum Anlass und betrog diese wohlmeinenden Anfänge einer Kirchenreform und schleuste darauf folgend katholischen und östlichen Mystizismus in das protestantische Lager hinein, und im Laufe der vatikanisch-sukzessiv gelenkten Ökumenisierung blieb der Frosch im siedenden Wassertopf der sozial-ethischen Gleichheitsnivellierung und multireligiöser, politisch-ökologischer Vereinheitlichung. Im religiösen Gebiet ist die CB die stärkste spirituelle Kraft geworden, welche Katholiken und Protestanten verbindet, und im Sinne heidnischer Religionsverknüpfungen wirkt New-Age auch auf eine spirituelle Welteinheit hin.

Was steht geschrieben? „So spricht der HERR: Tretet auf die Wege, seht und fragt nach den Pfaden der Vorzeit, wo denn der Weg zum Guten sei, und geht ihn! So werdet ihr Ruhe finden für eure Seelen. Aber sie sagen: Wir wollen ihn nicht gehen. Und ICH habe Wächter über euch bestellt, die rufen: Achtet auf den Schall des Horns! Aber sie sagen: Wir wollen nicht darauf achten. Darum hört, ihr Nationen, und erkenne, du Gemeinde, was mit ihnen geschieht, Höre es, Erde! Siehe, ICH bringe Unheil über dieses Volk, die Frucht ihrer Gedanken. Denn auf Meine Worte haben sie nicht geachtet, und Mein Gesetz – sie haben es verworfen".„Sie sind allesamt dumm und töricht; die Unterweisung der Nichtigkeiten – Holz ist sie. Dünngeschlagenes Silber wird aus Tarsis gebracht und Gold aus Ufas, ein Werk des Kunsthandwerkers und der Hände des Goldschmieds. Violetter und roter Purpur ist ihr Gewand, sie alle sind nur ein Werk von Kunstfertigen". (Jerem.6,16-19; 10,8.9).

In der ökumenisch-charismatischen Vermischung wird das lebendige Gotteswort verworfen zugunsten liberaler, antichristlicher Theologie – was dem trockenen (dürren) Holz entspricht; die Farben der Religion glänzen auf ihren charismatischen Gewändern, und das Silber, ein Metall der Erlösung (n.d. Symbol der Stiftshütte im A.T.) wird mit dem anthropomorphen Hammer der „Toleranz" und Unterjochung zusammen mit dem vorgetäuschten Gold göttlichen Anspruchs als Faksimile auf den künstlichen Zylinder ökumenischer Gleichheit und Einheit geschlagen. Der vermeintliche Reichtum einer so bezeichneten `christlichen Gemeinde` ist nur eine Imitation, ein entartetes Gebilde, der Aschenrest von dem, was einmal Feuer war! „Laodizea“ in Offenbarung drei zeigt dieses Charakteristikum, ein New-Age und pseudocharismatisch geprägtes Charakteristikum. Im Folgenden wollen wir das Gefahrenpotenzial der CB betrachten und dadurch Hilfestellung und Orientierung gewinnen. Wir müssen und werden aber auch hier differenzieren (was im dritten Kapitel noch deutlicher wird, wo wir die biblisch identischen und echten Charismata betrachten), denn es muss uns um Objektivität gehen und um mehr als nur um einseitige Kritik. Wenn wir Echtes und Falsches nicht demütig auseinanderhalten, werden noch mehr Spaltungen dem zerrissenen Leib CHRISTI hinzugefügt! Das ist *auch* Häresie und Sünde!

Suchen wir also nicht nur die Polarisierung, sondern die wirklichen Ursachen und eine daraus sich ergebende Möglichkeit der Orientierung und Hilfe. Beten wir um Liebe für die Irrenden, um Imprägnierung gegen die Lüge der Imitation und um Bewahrung für uns selbst! Einiges an Aufklärung im charismatischen Bereich haben wir bereits gelesen, dem wollen wir jetzt weitere Prinzipien und Fakten hinzufügen. Zuerst die grundlegenden biblischen Prinzipien dazu. Das erste und gewichtigste ist das Wort der Schrift selbst! Es ist das größte Sakrileg zu Lasten protestantischer, evangelikaler und freikirchlicher Gruppen, diesen fundamentalen schriftgemäßen Boden verlassen zu haben! Es besteht *NOCH* die Möglichkeit, wieder dahin zurückzukehren! Sie ist ja *DER*, nicht nur „ein“ Maßstab für die Erhaltung der Lebenskrone! (vgl.Offb. 2,10+25; 3,5+11). Das zusammen mit dem HEILIGEN GEIST, der das WORT zum lebendigen Rhema macht! Aus dem genannten Grund werde ich nicht jede angegebene Bibelstelle ausschreiben, sondern bitte den geneigten Leser selbst seine Bibel aufzuschlagen und nachzulesen mit dem Gebet: HERR, öffne meine Augen!

2. Thessalonicher 2,3: der „Abfall“ (griech. *apostasia*) und der „Mensch der Gesetzlosigkeit“ (*anthropos tes anomias* – vgl. 1.Tim.4,1; 2.Tim.3,5; Luk.18,8); es handelt sich bei der Apostasie um Christen, die die Neue Heilsordnung in CHRISTUS verlassen und sich vom Glauben an IHN abwenden, und das geschieht im Wirkungsbereich der Aktivitäten des Antichristen. Der Mensch der Gesetzlosigkeit wird auch genannt der Mensch der „Gesetzesfeindschaft“, der „Bosheit“, der „Sünde“ in Übersetzungen nach „Zürcher, Luther, Schlachter.“ *Anomia* bedeutet, kein Gesetz habend, sich unter kein göttliches Gesetz stellend oder es anerkennend. JESUS, der HERR, verwendet *anomia* für Leute in Matthäus 7,23; es sind Täter der Gesetzlosigkeit (obschon mit vielen charismatischen Zeichen brillierend). Der Begriff „Sohn des Verderbens“ in 2.Thess.2,3 drückt Untergang und Zerstörung aus; sein eigenes Verderben und jenes, das er über andere bringt.

Der Mensch der Sünde ist der Mensch der Gesetzlosigkeit, denn die Sünde *IST* die Gesetzlosigkeit (vgl. 1.Joh.3,4). Bei diesem *Typus* von Mensch handelt es sich sowohl um einen spezifischen Einzelmenschen, wie auch um eine „ganze antichristliche Menschheit." Als Einzelperson erscheint er in Daniel 7,8 als kleines Horn, in 9,27 als Fürst und in 11,36-45 als vermessener König, sowie in Offenbarung 13 als Tier und im 1.Johannesbrief als Antichrist. Als kollektive Menschheit der Gesetzlosigkeit begegnet uns der „Mensch der Sünde" in 2.Timotheus 3,1ff. In ihr wirkt das Geheimnis der Gesetzlosigkeit wie ein Unkrautsame, der aufgegangen ist, und man wusste gar nicht, wie das geschah. Es ist eine Menschheit entstanden, die im spirituellen und pseudocharismatischen Geist der Verführung die biblischen Wahrheiten über GOTT und Seine Erkenntnismöglichkeit nicht mehr anerkennt und würdigt und darum auch „dahingegeben" ist in ihren verworfenen Sinn als ein göttliches Verdikt! (vgl.Röm.1,18-32; 2.Thess.2,11). Eine psychoreligiöse und pseudochristliche Masse ohne göttliche Normen!!

Dieses schizophrene gewissenlose Christentum wird mit seiner spirituellen Endzeitreligion dann gegen GOTT und Seinen CHRISTUS sein und ergo gegen alle, die Seine Gebote halten und Sein Erscheinen lieben! Obligatorisches Kennzeichen dieses beschriebenen Endzeitmenschen wird die Selbstvergottung in der Selbstliebe und Selbstverwirklichung (!) sein. Nach ihrem Lustprinzip werden sogar einst der Form nach christliche Menschen (2.Tim.3,5) göttliche Scheinwunder ausführen als Plagiate zum Evangelium, wozu? Damit auch die Auserwählten verführt werden, wenn es möglich wäre. So muss und wird CHRISTUS Selbst solche betrogenen Menschen, die mit dieser Imitation „in Seinem Namen" handeln, aber in völliger Ignorierung Seiner Weisungen und Gebote und unabhängig von Seiner Geistesleitung, übereinstimmend mit der Wahrheit konfrontieren: **„Ich habe euch nie gekannt (d.h. Er anerkennt sie und ihre Werke nicht an); weicht von Mir, ihr Gesetzlosen!"** (Matth.7,23). Der antichristliche Geist hat ein großes Maul und redet große, lästerliche Worte, er hat ein lärmendes Wesen, mit dem er alles propagandistisch erschlägt, und er widersetzt und erhebt sich über alles, was GOTT oder ein Gegenstand Seiner Verehrung ist, so dass er sich letztlich in den Tempel GOTTES setzt und sich selbst als `Gott` ausgibt (vgl. Daniel 7,8.11; 11,36f; Offb.13,5; 17,3; 2.Thess.2,4). Die Entwicklung dahin geschieht beim Prototyp des Antichristen durch direkte satanische Einwirkung und Befähigung; bei der Masse geschieht sie durch New-Age-Spiritualität, Psychologie, Evolutionsmagie, Neomarxismus, östlichen Religionsmystizismus (Ökumene) und Neurolinguistisches Programmieren (NLP), eine Grossgruppen-psychotechnik in „Zukunftswerkstätten."

Dieser „endzeitliche“ Mensch mit seinem Abfall von GOTT muss kommen vor der Parusie des HERRN; in einer ersten Phase schreit dieser „kollektive Mensch“ der Sünde: „Weg mit diesem biblisch-absoluten JESUS!“ In der zweiten Phase: „Ersetzt IHN durch einen anderen Jesus – den Anti*Christus*.“ Bei den Juden bewirkte dieser Geist, dass sie schrieen: **„Weg mit JESUS, kreuzige IHN!“** Der Antichrist als charismatischer Hoffnungsträger kommt aus christlichem Umfeld empor. Die CB mit ihrem Religionspluralismus ist ein roter Teppich für ihn, dass er im Christuslosen Christentum akzeptiert werden wird. In Offenbarung 13 steigen zwei endzeitliche Tiere aus dem Meer und aus der Erde auf, ein politisches und ein religiöses. Das religiöse Tier tut große Zeichen, dass es selbst Feuer vom Himmel vor die Menschen auf Erden herabkommen lässt – und mit diesen Wunderzeichen verführt es die Menschen. Das zeigt uns, dass die letzte kurze Zeitperiode auf Erden ohne CHRISTUS, aber nicht ohne Religion sein wird, und wir haben beschrieben, warum. Ihr Auftreten hängt mit 2.Thess.2,11+12 zusammen und enthält im warnenden Tenor die Botschaft: **„Wachet und betet!“** Wer sich der Wahrheit nicht leidenschaftlich hingibt, wird der wirksamen Kraft des Irrwahns ausgesetzt, die von GOTT kommt! Und die „WAHRHEIT“ ist CHRISTUS UND SEIN WORT!

Nur durch dieses Salz werden wir dem allgemeinen Abfall widerstehen und entfliehen; es ist ein Tag der Versuchung, der über die ganze Erde kommen wird! Dazu ein biblisches Gebot als Aufmunterung: Keine anderen Götter! Ein zweites: Aufzustehen vom Schlaf und herauszukommen aus Laodizea und hin zur Einheit der wahren Kinder GOTTES! Ein drittes: Überwinden mit der Waffenrüstung! Ein viertes: Ausharren im Glauben in Verfolgung und Trübsalen bis ans Ende! CHRISTUS IST BEI DEN SEINEN! Kinder des Lichts gehören nicht mehr der Finsternis! Und als Vorbereitung und Übung für anbahnende Verfolgung und Isolierung gläubiger Christen wäre die Teilung (aber nicht Zertrennung) der Gemeinde in Hauszellen zu nennen.

Die Involution der Weltreiche und der charismatischen Religionen

In Offb. 17 wird das endzeitliche Reich aus den zehn Hörnern und dem Tier erläutert. Daniel 2,31f zeigt den abnehmenden Wert der Weltreiche in den Metallen, aus denen sie bestehen. Da ist nichts mit Evolution! Zum Schluss, sittlich am tiefsten Stand angekommen und erniedrigt wird das letzte Weltreich zum Reich des Antichristen und zur Spreu, die der Wind zerstreut! Die Religionen und nachzüglich die politischen Systeme sind auf diesem Weg zur letzten Weltunordnung! Im Weg stehen noch das orthodoxe Judentum und das fundamentale

Christentum. Im Gegensatz dazu steht das schillernde Antichristentum, das Prof. D.Lütgert treffend so beschreibt: *„Das Antichristentum ist nicht ein irreligiöser, sondern ein religiöser Gegensatz gegen das Christentum. Es ist eine religiöse Bewegung, die sich in einer persönlichen Spitze zusammenfasst, eine Religion, die sich an die Stelle des Christentums setzen will...Das vollendete Antichristentum geht deshalb nicht aus der Welt, sondern aus der Christenheit selbst hervor, als eine Verkehrung des Christentums. Es ist zugleich eine Vollendung des Heidentums. Aber einfaches Heidentum ist noch nicht Antichristentum. Sondern Antichristentum ist ein solches Heidentum, welches die (bewusste) Verwerfung des Christentums hinter sich hat…Das Antichristentum ist nicht einfache Gottlosigkeit, sondern es ist eine Religion…Es ist nicht menschlich, sondern dämonisch, nicht natürlich, sondern übernatürlich, nicht vernünftig, sondern geheimnisvoll, nicht Finsternis, sondern ein blendender Glanz…Auch die antichristliche Religion sieht dem Christentum sehr ähnlich. Sie ist nicht Unglaube, sondern Missglaube, eine übernatürliche Religion mit einem mystischen Zug…Es ist nicht nüchtern, sondern enthusiastisch und berauschend…Immer vollendet sich das Antichristentum in der Vergötterung des Menschen. Der Mensch bekommt einen unendlichen Wert, und dieser spiegelt sich in einem überstiegenen Selbstbewußtsein.“*

Eine packende Analyse, die man vielleicht noch nicht so gesehen hat. Für mich ist sie eine Bestätigung dafür, was wir an psychologischen, dämonischen und pseudocharismatischen Absurditäten bereits gesehen und beurteilt haben. Ist es nicht grauenvoll schrecklich, dass Juden, die CHRISTUS verleugneten, diesen kommenden Antichristen annehmen werden?! (vgl.Joh.5,43). Jüdischer Unglaube, der den historischen Jesus von Nazareth als MESSIAS leugnet, ist noch nicht Antichristentum; wer aber, egal ob Jude oder Heide, den historischen CHRISTUS und die Fleischwerdung GOTTES in der Menschwerdung JESU *nicht* bekennt und somit den Vater und den Sohn leugnet, vereinigt in sich den jüdischen und heidnischen Unglauben – und *der* ist ein Antichrist. Und zugleich den Antichristen anzubeten, sein Abzeichen anzunehmen *UND* Christ sein zu wollen, dies wird darum NICHT möglich sein!

Kennzeichen und Prüfkriterien

Jetzt zu einigen sachlichen Hinweisen der Charismatischen Bewegung: Interessanterweise und auch charakterisierend ist der Anfang der CB durch die pfingstliche „Geistestaufe“ des anglikanischen Pfarrers Dennis Bennet in den USA. Durch ihn gelangte das Zungenreden auch in die protestantischen Kirchen. Die CB ist seit 1960 in der evangelischen Christenheit und bezeichnet sich dort als „Charismatische Gemeinde Erneuerung“ (CHARGE). Seit 1967 wirkt sie auch in der röm.-katholischen Kirche als „Katholische charismatische Gemeindeerneuerung“ (KCHGE). Es gibt heute um die 500 Millionen Anhänger der CB weltweit. Es ist eine globale Bewegung, und der Begriff „charismatisch“ soll dabei allen neutestamentlichen Gnadengaben (charismata) gelten, wobei wie bei der Pfingstbewegung die äußeren Erfahrungen im sinnlichen und materiellen Bereich im Vordergrund stehen; solche sind: Geistestaufe, Prophetie, Offenbarungen, Zungenrede, Krankenheilung, Ekstase u.a. Mit diesen Gaben sollen die Volkskirchen erneuert und ihre Gleichgültigkeit überwunden werden. Geschrieben steht: **„Geliebte, glaubt nicht jedem Geist, sondern prüft die Geister, ob sie aus GOTT sind!“** (1.Joh.4,1). Prüfkriterien dieser pneumatischen Bewegung sind folgende:

1975 zelebrierte Papst Paul VI. im Petersdom mit zehntausend Charismatikern die nachweislich okkulte katholische Messe. Das zeigt die staatsreligiöse Einbindung der CB. Der Vatikan hat sich ihrer als Verbindungsglied zum Protestantismus im ökumenischen Sinn bedient. (Obwohl alle katholischen Dogmen und das Lehramt dieser Kirche unwiderrufen bestehen und die KCHGE vom Gehorsam ihnen gegenüber gekennzeichnet ist, kann die strukturlose CB als Band in alle Kirchen und Freikirchen hinein dienen). Glaubt man ohne den Befehl in 1.Joh.4,1 einem fremden Geist und nimmt ihn an, verliert man die Fähigkeit zur objektiven Prüfung. Ein anderes signifikantes negatives Kriterium der CB ist ihre Falschprophetie; sie macht den Geist hörbar, der mit und durch den Redenden spricht. Dieser Geist war schon in der Pb partiell anwesend und wirksam wenn beispielsweise David du Plessis, genannt Mr. Pentecost, sagte: *„Im Jahre 1951 sprach der HERR zu mir und sagte mir deutlich, zu den Leitern des Weltkirchenrates zu gehen und ihnen Zeugnis zu geben…denn in der Pfingstbewegung und im modernistischen WKR (Weltkirchenrat) finden wir die gewaltigsten Kundgebungen des Geistes.“* Wie können dort, wo gewaltige Kundgebungen der Lüge herrschen, diese als Kundgebungen des Geistes der Wahrheit GOTTES ausgegeben werden?! Die Pseudoprophetie vermischt Wahrheit mit Lüge und klingt überzeugend, aber das Wort GOTTES wird in den Hintergrund gedrängt. Meist redet der „Begabte“ unter innerem Zwang oder wie in Trance. In der CB der Genfer Ökumene wird sogar die Auffassung vertreten, dass der HEILIGE GEIST überall und im „Widerspruch zu JESUS CHRISTUS“ wirke: *„Der Heilige Geist ist überall gegenwärtig und erfüllt alles, und dies in einer Wirkungsweise, die sich von der des Sohnes (GOTTES) unterscheidet.“* (G. Kodre)

Die pseudoprophetischen Botschaften in der CB sind teils so dilettantisch und obsessiv, ja primitiv, dass ein wirklicher Charismatiker sich nur traurig und verächtlich zugleich abwenden muss, wenn er am krönenden Abschluss einer charismatischen Tagung hört: *„Ich (Jesus) habe damit begonnen, meine Kirche zu erneuern, Ich will die Welt zur Freiheit führen."* Der HERR JESUS hat nie von „Kirche" gesprochen, sondern von der „Ekklesia." Kirche ist eben nur die Summe ihrer Mitglieder, aber Ekklesia ist die Gegenwart CHRISTI in der Gemeinschaft der „Herausgerufenen" **aus** Kirche und Welt! Genau diesen Begriff gebrauchten auch Seine Apostel! CHRISTUS will und wird **„Seine Gemeinde (Ekklesia) bauen"**, nicht eine Weltkirche erneuern!

Weitere Kennzeichen der CB: Katholische Orden erfahren durch die CB eine Erneuerung bei der „Geistestaufe." Durch diese „Erneuerung" wird ein Ordensmann intensives und aktives Mitglied seiner eigenen Ordensgemeinschaft. Die CB erneuert und belebt also die katholischen Irrtümer! Mit Vorliebe handhabt die KCHGE Mystisches und Prophetisches miteinander. In den 1970er Jahren begannen charismatische Exerzitien mit Jesuiten und kath. Ordensleuten, bei denen Handauflegungen, Geistestaufe, Zungenrede und Prophetie „geübt" wurden, verbunden mit eucharistischer Anbetung vor der Hostie und der Ausübung ignatianischer Regeln. Wenn demnach „Zungenbewegung – CB – Katholizismus" gegenseitige Übereinstimmung suchen, *DANN* ist auch für ein Fehlen an Geistesunterscheidung klar, dass es sich hierbei um einen Irrgeist handeln *muß*! Der Einfluss der CB war und ist bis dato ein Einbruch in die großen christlichen Volkskirchen und Freikirchen global; es werden dabei aber keine der bestehenden Lehrirrtümer und Traditionen beseitigt oder korrigiert. Die CB wird vielmehr als Belebung der Irrtümer empfunden bzw. instrumentalisiert. So wird die katholische und lutherische Transsubstantiation und Taufwiedergeburts-Lehre beibehalten, die Eucharistie wird in charismatischer Form gefeiert, und es wird durch die CB vereint vor der Monstranz und der Hostie „angebetet." Ordensgelübde werden „erneuert", dämonische Orakelstätten wie Fatima oder Lourdes werden als Charisma der Heiligen" übernommen usw. Hier hat der Teufel seine Werkstatt und Wirkungsstätte und Schirmherrschaft!

In diesem verfinsterten Bereich der CB in der evangelischen wie der katholischen, inclusive der freikirchlichen Christenheit muss sein diabolisches Wesen sichtbar werden in den pseudocharismatischen Baalsriten. Hiervon heißt es sich radikal zu trennen, weil es hier nichts zu reformieren gibt, und weil diese Apostasie gesamt nur in eine vorgegebene Richtung läuft – in das vorausgesagte endzeitliche große Hurenhaus Babylon, in die Kammern des Todes! Widerstandslos tappen die der Geistesunterscheidung Beraubten und dem Leben aus GOTT entfremdeten Menschen in diese spirituell-religiöse Falle! Wertneutral verkündet die überkonfessionelle Charismatische Gemeindeerneuerungsbewegung: „Evangelische Theologie und katholische Ordensspiritualität plus New-Age und Toleranz bereichern sich gegenseitig." Nochmals: Die Reformatoren wussten und spürten, dass der Katholizismus nicht reformierbar ist und gingen aus ihm hinaus, aber nicht weit genug; sie schnitten ihre Wurzel nicht radikal genug ab, und so haben die Zweige der evangelischen Christenheit heute kein geistliches Leben und keine Lebenskraft. Es fehlt an geistlicher „Bioenergie und Mikronährstoffen!" Dahinein kommt das Angebot der CB, aber sie enthält keine lebenserhaltenden Vitamine, wenn sie das Wort GOTTES verdrängt und einem prophetischen Lügengeist Raum gibt. Geschwächt und eingenommen durch die CHARGE hat der Protestantismus heute nur noch die Kraft, von einer „wieder versöhnten Christenheit" zu reden, einer Vision und einem Trugbild, das diametral zum reformatorischen Aufbruch ist. Es ist eine Ergebung an den falschen ökumenischen Geist.

Laodizea – die konforme Volksgerechte im neuzeitlichen Baalsdienst

Die Baalsriten im pseudocharismatischen Bereich offenbaren den Geist, der dort wirkt in Schreianfällen, hässlichem Gelächter, Zuckungen und Verrenkungen und Rückwärtsstürzen, animalischen Gebärden und dgl. mehr. Die verbale Ekstatik sind teuflische Zungen! Auf der anderen Seite im Raum der Volkskirchen sind es weniger die äußeren Manifestationen der CB, sondern die mystischen, toten Riten der „christlichen" Traditionenreligion – Gestaltungsformen (*morphosis*) ohne inneres Gottesbewußtsein und Seine Gegenwart. „Sardes", die Reformation, bewahrte das Empfangene nicht (vgl.Offb.3,3) und tat nicht Gottgewollte Buße dafür; es fand darum keine durchgreifende, vollendete Erneuerung statt, sie hinterließ ein Religionsschicksal als Erbe. So blieb bis heute im Protestantismus die entscheidende Umkehr aus; diese Historizität ergibt das gegenwärtige Faktum einer laodizäischen Volkskirche, deren Schwäche mit charismatischen Plagiaten betäubt wird. „Philadelphia", die nachfolgende Gemeinde nach Sardes hatte auch nur eine kleine Kraft, nicht größer als Sardes sie hatte, aber Philadelphia bewahrte das Wort des HERRN, das Wort GOTTES, und erlebte „ERWECKUNG!" Das waren die herrlichen Erweckungen im 18. und 19. Jahrhundert in Großbritannien, in den amerikanischen Kolonien (Great Awakening) und im deutschsprachigen Raum. Das „Werde wach bzw. erweckt" an Sardes kam erst hier zum Durchbruch, weil Menschen wieder zum Wort GOTTES und Namen des HERRN zurückkamen und so der HEILIGE GEIST ein mächtiges Wehen freisetzte; viele kamen aus den toten Staatskirchen heraus und begannen nach göttlichen Grundsätzen zu handeln.

Als im 20. Jahrhundert in Kalifornien die Pfingstbewegung erwachte und sich ab 1950 über alle Kontinente verbreitete und in diesen Dezenien noch die Charismatische Bewegung hinzukam, wurde diese philadelphische „Bewahrung“ des Wortes zunehmend aufgegeben; und aus Philadelphia wurde Laodizäa, ein Gemisch aus Welt, Christentum und Religion. Das hatte der HERR jetzt in Seinem Munde, aber IHN ekelte vor dieser Lauheit! Nur ein kleiner Überrest von Überwindern blieb noch von Philadelphia her übrig. Laodizea ist die letzte Form einer formalistischen christlichen Gemeindeerscheinung auf Erden! Sie hat das WORT GOTTES nicht bewahrt, dergleichen auch das Zeugnis JESU nicht, **wegen** der pseudocharismatischen Verführung hin zu den „Gefühlen und spirituellen Erfahrungen und dem materiellen Überfluß. Darum spricht der HERR zu ihr: **„Das sagt der >Amen<, der treue und wahrhaftige Zeuge!“ Unser Zeugnis ist: „Amen, es steht geschrieben!“** Das geschriebene Wort ist unser Zeugnis! Mit dem Wort und der Gnade werden wir überwinden! (vgl. Offb.12,11). Ja, es gibt die verführte Gemeinde dieser Endzeit; der HERR erkennt ihre unechten Charismen nicht an (vgl.Matt.7,23) und schilt ihren abgestumpften, satten Zustand (geistlich und materiell; vgl. Offb.3,17; Luk.21,34; Matt.24,36-51; Röm.13,11-14; 1.Thess.5,4-8). Und in Seiner so großen Güte ruft ER auch Laodizea noch zu Sich; ER will, dass sie wieder zu IHM – zu Seinem Wort kommt und wieder zu Philadelphia wird! Es sind beide Möglichkeiten offen: Ausgespieen oder erweckt zu werden! O HERR JESUS, WIR BITTEN UM EINEN ERWECKTEN GEIST!

Der vermeintliche Reichtum von Laodizea ist nur Imitation, und das verachtet der HERR genauso wie die Lehre der Nikolaiten. Im Zusammenhang mit Math.24,37ff oder Luk.17,28ff spricht der HERR in Offb.3,14ff zu Laodizea nicht von groben Sünden wie Sodomie, Unzucht, Mord, Diebstahl oder dgl., sondern ER prangert das Sattsein an äußeren Dingen und das Gleichgültigsein an geistlichen Werten an! Das Prinzip des Wohlstands beflügelt, befriedigt und stimuliert die Gefühle. Religiöse Schmeichelpredigten, pragmatische Marketingmethoden für christliche Kundenbedürfnisse, andressierte Glaubensbekenntnisse und fromme Pflichterfüllung ohne AGAPE, attraktive Unterhaltungsgottesdienste mit allen zeitgemäßen Stil- und Showelementen, Falsifikate von Prophetien, Zeichen und Wundern – das Weltprinzip von 1. Joh.2,15-17 kennzeichnet Laodizea. *WAS* ihr aber fehlt sind „geläutertes Gold (Wesen GOTTES), weiße Kleider (Heiligung, Dienst und Werke), Augensalbe (Erkenntnis der Sünde, Buße, Berufung und Herrlichkeit des Erbes). In Laodizea ist viel Betrieb, aber ohne das Wesen GOTTES, viel Unterhaltung, aber ohne Kleider der Heiligung, viel Pseudocharismatik, aber keine Geistesunterscheidung und geistliche Erkenntnis CHRISTI und Seines Willens!

John McArthur konstatiert: *„Die heutigen Predigten sind weder tiefgründig noch erhaben. Sie gehen weder in die Tiefe noch reichen sie in die Höhe. Ihr einziges Ziel ist Unterhaltung."* Und Dave Hunt sagt: *„Nur wenige moderne Lobpreislieder lehren oder ermahnen. Stattdessen sind die meisten geschaffen worden, um die Gefühle aufzuwühlen. GOTT ist eben nicht ein Geist in der Flasche, der nur dazu da ist, unsere Befehle auszuführen, sobald wir ihn herbeirufen; ER ist vielmehr der Schöpfer der Welt, der >uns< ruft, uns Seinem Willen zu unterstellen. Was wir verzweifelt nötig brauchen, ist die Rückkehr zu der Einfachheit, die in JESUS CHRISTUS liegt. Wir müssen, jeder für sich, fest und sicher wissen, was wir glauben und warum wir es glauben, und zwar auf der Grundlage der Bibel selbst, nicht aufgrund der Interpretation von irgendwelchen Leuten!"*

Wie gut ist es zu wissen, dass in den Sendschreiben und das heißt konkret auch an uns, der Bußruf des HERRN ergeht. Bei Laodizea steht ER vor der Tür und muss anklopfen; drinnen läuft ein `Programm` von Gottesdiensten ab – fremder Gottesdienst, sonst wäre ER doch dabei?!? „Tue eifrig Buße!" ist nach Seinem Rat in Vers 18 jetzt nicht mehr Empfehlung, sondern Befehl (in Imperativform)! Dieses Gebilde an Vermischung und charismatischer Entartung, sündhafter Blöße und geistlicher Armut *muss* geläutert werden im Feuer der Reinigung, wenn es bestehen soll. Es gibt zwei gesicherte Fakten für die letzte Gemeinde-Erscheinung; Faktum eins ist: GOTT hat Sich einen Überrest bewahrt, der durch Ausharren Laodizea überwindet und sich vor Baal nicht beugt, sondern nach Offenbarung 12,11 handelt und dem LAMME folgt, wohin ES geht! Faktum zwei ist das Religionsschicksal von Laodizea, mit Babylon gerichtet zu werden (offb.19). Jene, die GOTT die Treue brechen, werden umkommen, sagt die Schrift. Aber noch gibt es die offene Tür von Philadelphia und ihre kleine Kraft…! Doch wir müssen dem Ruf des HERRN in Offb. 18,4 folgen und heraustreten und Laodizea endgültig verlassen!

Gebetshaus oder Räuberhöhle?! (Wie kann ein Mensch sich Götter und „Höhen" machen)?

Geschrieben steht: **„Und GOTT sah das Licht, das es gut war; und GOTT schied das Licht von der Finsternis."** (1.Mose 1,4). Ein wichtiges Prinzip GOTTES ist Seine fortwährende Scheidung von Licht und Finsternis; jede Bekehrung ist Zeugnis dieses *Schöpfungs*-Prozesses. Jede geistliche Neuschöpfung ist und bewirkt (interferiert) eine Scheidung und setzt Feindschaft zwischen

Licht und Finsternis! **„Denn so wie GOTT einmal befahl: > Es werde Licht! < so hat Er auch die Finsternis in uns durch Sein helles Evangelium vertrieben.**“ (2.Kor.4,6).

Auch die geistliche Gesinnung und Sittlichkeit eines Volkes und seine Sprache haben, wie wir sahen, eine Interferenz (gegenseitige Beeinflussung). Die geistlich nebulöse Sprache im Abfallsbereich der evangelischen und freikirchlichen, sowie pfingstlich-charismatischen Denominationen und Strömungen offenbart einen geistlichen Zustand: Es gibt keine akzentuierte, klare Unterscheidung und Trennung mehr zwischen Welt und Christsein. „Anbetung“ mit weltlicher Musik, Schauspiel etc. sowie „christliche“ Popularitätskultur mit „Maske, Choreographie, Spotlight, Theater, Pantomime, Musicals a la Les Miserables, `message. bar. music`, Tanz, Rap, Hip-hop, Pop, Rock etc.“ werden vorgeführt und der Welt als „Evangelium“ geboten. Und das zusamen mit einer „Wunder – bar“. Fantasiegebilde wie Narnia oder Tolkien oder sonstige Geschichten passen hier gut dazu. Die Grenzen sind völlig verwischt. In der apostolischen Überlieferung um 200 n.CHR. heißt es: *„Niemand kann Anwärter auf Gliedschaft in der Gemeinde werden, wenn er einen der folgenden Berufe hatte…u.a. Schauspieler und Pantomimiker“.* Heute haben diese sogar eine wichtige Funktion in der Gemeinde bekommen. JESUS trieb die stummen Geister aus – heute gebraucht man ihre Gebärden zur „Darstellung“ eines Evangeliums. Licht und Finsternis werden nicht mehr geschieden, *rechtmäßige* Ehen leider umso mehr! Das aber, was GOTT getrennt und geschieden hat, wird zu unheiligen, *unrechtmäßigen* Ehen und Allianzen zusammengebracht!

Das dominierende Unterhaltungselement ist *ein* Resultat davon. Mit immer neuen Konzepten und Ideen will man Gemeindewachstum erzeugen, ein Wachstum der Prosperität, der Visionäre und der Träumer. Vielen führenden Christen scheint dieser Weg richtig. Nur eine Minderheit geht aus diesem Lager heraus und lässt ihr Salz nicht fade werden. (Die Bedeutung von „fade sein“ in Matth.5,13 ist soviel wie „töricht, närrisch oder verrückt werden“). Im Kolosserbrief warnt Paulus: **„Habt acht, dass euch niemand beraubt durch die Philosophie und leeren Betrug, gemäß der Überlieferung der Menschen, gemäß den Grundsätzen der Welt und nicht CHRISTUS gemäß.“** Der griechische Text betont den Sachverhalt stärker und zeigt, dass es um ein *Wegführen von der Wahrheit hin zur Sklaverei des Irrtums geht*, durch die Autorität geistlicher Gewalten. (Diese Mächte der Bosheit beschreibt Paulus in Eph.6).

Es ist unleugbar, dass im pfingst-charismatischen und durch diesen im evangelikalen Bereich Elemente der Philosophie, der Psychologie, des Marketing, der Mystik und des Okkultismus mit einem schönen, pragmatischen Geschenkpapier hineingedrungen sind. Obwohl Paulus als Gesandter GOTTES den HERRN JESUS als den alles bedingenden Grund darstellt, auf Dem die ganze Schöpfung ruht, und in Dem die ganze Fülle (pläroma) der GOTTHEIT leibhaftig wohnt (vgl. Kol.1,16; 2,9), gewinnen philosophische Erlösungsideen und sinnliche (seelisch-dämonische) Methoden an Boden. Der schamanistische und griechische Heros vom Gott-Menschen geistert im christlichen Bekenntnis herum, und oben genannte Elemente werden zu Parametern im Aufbauprogramm christlicher Denominationen, mit dem scheinbar allgültigen Akzent des „Erfolges." Die sinnlichen Wahrnehmungen werden zum Maß der Dinge, gemäß nach den Grundsätzen der Welt. Protagoras, ein griech. Philosoph sagte*: „Alles Machbare geht vom Menschen selbst aus – der Mensch ist das Maß aller Dinge."*

Christliches Gemeindewachstum-Management ist so ein „machbares" Element, wo die Manager der Welt als Vorbild dienen, während diese ihre Marketingstrategien und Führungsideale oft von biblischen Persönlichkeiten kopieren, besonders in den USA. Welche Schande für das Christentum! Und dann reden sie noch von „geistlicher Kampfführung", während sie längst Überwundene sind. Skurill und kaum ernst zunehmen für die unsichtbare Welt! Aber mit dem Slogan „bitte sehr, es funktioniert doch", wird überall dort, wo sich mit diesen Methoden zahlenmäßig etwas bewegt und vermehrt, argumentiert. Es wird gerne der Stil von den berühmten Starpredigern und Entertainern übernommen, und C.H. Spurgeon sagte*: „Jesus Christus hatte Erbarmen mit den Sündern, Er seufzte und weinte über sie, aber Er versuchte nie, sie zu unterhalten. Vergeblich sucht man in den neutestamentlichen Briefen nach dem Evangelium der Unterhaltung (…) Selten hat der Satan den Gemeinden etwas Schlaueres eingeredet, als dass es ein Teil ihres Auftrages sei, den Menschen Unterhaltung zu bieten, um sie gewinnen zu können."*

Die religiösen Götterpforten von Babylon und seinen modernen Unterhaltungskulten, welche die evangelikalen und charismatischen Gruppen übernommen haben, gleichen den kanaanitischen Anbetungszentren auf den „Höhen" (vgl. 5.Mo.7,5; 1.Kön.21,3 u.a). Dort „opferte" das israelitische Gottesvolk. Diese heidnischen `open air,s` hatten die Israeliten von den Kanaanitern übernommen, obwohl GOTT in 5.Mose 12,3 u.a. Stellen die Ausrottung dieser Baalsaltäre befohlen hatte. Das Volk Israel durfte und sollte auf keinen Fall die religiösen Praktiken der heidnischen Völker übernehmen! **„…damit sie euch nicht lehren, alle ihre Greuel zu verüben."** (5.Mo.20,17). Dort auf diesen *Höhen*, wo die

Kanaaniter ihren Göttern Tier- und Menschenopfer darbrachten, räucherten die Israeliten im Zuge ihrer *Abwendung* vom JAHWE-Glauben. Auch eine bestimmte Art charismatischer Propheten war dort auf den *Höhen* tätig (vgl. 1.Sam.10). GOTT hasste diesen Götzenritus in Seiner heiligen Liebe und Eifersucht, denn dieser konnte Israel nur zum Fluch werden! (vgl. Hesek.20,27-29). Aber Israel war halsstarrig – bis etwas geschah! Das Gesetz GOTTES wurde gefunden, gelesen und durch den Reformator-König Josia ausgeführt! Er verdammte alle Götzen und heidnischen Altäre und Höhen, riss sie um und zermalmte oder verbrannte sie! „Gericht! – aber auch Erweckung!"

Ich weiß nicht, wer dem Gottesvolk heute eingeredet hat, dass GOTT, der HERR, Seine Haltung gegenüber dem Götzenkult und der Abgötterei geändert habe – **Lüge und counterfeit**! Jeder Generation, ob im Alten- oder im Neuen Bund gilt dieses Wort über solche Greuel: **„So wahr Ich lebe, spricht GOTT, der HERR, ICH will selbst mit starker Hand, mit ausgestrecktem Arm und mit ausgeschüttetem Grimm über euch herrschen; und ihr werdet Abscheu über euch selbst empfinden wegen aller eurer bösen Taten, die ihr begangen habt! Und so will auch ICH meine Hände zusammenschlagen und meinen Grimm stillen! ICH, der HERR, habe es gesagt."** (Aus Hesekiel). Unser GOTT ist heilig, und Sein Prinzip lautet: Vermischt euch nicht mit heidnischen Praktiken, sei es im Anbetungsdienst oder im täglichen Leben und lauft nicht anderen Göttern nach! D.h. vertraut als Volk des HERRN keinem anderen Gott; praktiziert keine okkulten, esoterischen, weltlichen und religiösen Methoden. Die Greuel der Nationen, die ein Christ nacheifert, werden GOTT kein Wohlgeruch und Wohlgefallen sein, auch wenn du sie in religiös-christliche Münze umtauscht! Es wird Seinen Segen von dir fernhalten. Auch hier gilt, was den Galatern gesagt wurde: **„Irret euch nicht, GOTT lässt Sich nicht spotten! Denn was der Mensch sät, das wird er auch ernten." (Lies Hebr. 12,29).**

Es gibt keine „Unschuldigen!"

In 5. Mose 13 sagt GOTT, der HERR, dass ER prüft, ob der Glaube echt ist, indem ER ein gewisses Maß an Verführung zulässt von solchen, die sagen: **„Laßt uns anderen Göttern nachfolgen, die du nicht gekannt hast, und lasst uns ihnen dienen!"** Wenn du die Greuel der Rock-, Pop-, Rap-, und aller anderen Spielarten dieser gefallenen Welt meinst zum Altar GOTTES als Wohlgeruch darzubringen, so wisse, dass IHM dies ein ekelhafter Stinkgeruch ist und Sein Missfallen erregt! Wendet euch zu Seinem Wort und erkennt, wie heilig und unvermischt Salbung und Räucherwerk sind. Ihr könnt nicht den Heiligen

GOTT der Bibel mit weltlichen, dämonischen Elementen **anbeten!** Wenn wir in 2. Mose 30 vom Räucherwerk lesen, sehen wir, dass es aus 4 Teilen besteht, (die Zahl „4" steht für Schöpfung und göttliche Weltordnung. Das negative Pendant dazu ist die satanische Un-Ordnung). Es ist gesalzen, rein und heilig! Es *DURFTE* und darf nicht vermischt oder imitiert, also nachgemacht werden! GOTT sprach darüber Sein heiliges Urteil aus. Bei der Zubereitung wurde nichts dem Zufall oder der menschlichen Phantasie überlassen nach dem Motto: was mir oder uns an Stiles, Rhytmik, Schlaggeräuschen, Fills einfällt und gefällt, das gefällt bestimmt auch GOTT. (Wir haben ja unsere Mentors dafür). Das und jede andere Verwendung und Verfälschung des Räucherwerks für das Heiligtum hätte sofort alles entweiht. Und genau das geschieht heute durch die charismatischen Darbietungen aus weltlichem Stoff – **Entweihung!**

Was für einen GOTT haben wir denn, einen relativistischen, der mit sich tun lässt, wie *wir* gerade wollen?!? Oder gar einen Gott, der sich entschieden hat, nicht mehr heilig zu sein, weil wir es nicht mehr sind, und dem unsere Darbringung von Anbetung daher gleichgültig ist?; der vielleicht Anbetung IM GEIST UND IN DER WAHRHEIT UND MIT PSALMEN UND HEILIGEN LOBLIEDERN durch Hip-Hop, Pop, Rap oder Rockgeheul, oder was es sonst noch dergleichen gibt, ersetzen lässt??! Meinst du, dass ER Kohlen vom Altar des Teufels als „Anbetung und Lobpreis" annimmt oder Sich ohne Konsequenzen anbieten lässt??! Kennen wir noch die prophetische Stimme in 2.Korinther 6,14-17; Jakobus 4,4+5 oder in den Propheten? **„Hört das Wort des HERRN, ihr Anführer von Sodom! Horcht auf die Weisung unseres GOTTES, Volk von Gomorra! Wenn ihr kommt, um vor Meinem Angesicht zu erscheinen – wer hat das von eurer Hand gefordert, Meine Vorhöfe zu zertreten? Das Räucherwerk ist Mir ein Greuel! Und wenn ihr eure Hände ausbreitet, verhülle Ich Mein Angesicht vor euch. Halte den Lärm (Geheul und Geplärr) deiner Lieder von Mir fern! Wascht euch, reinigt euch! Schafft Mir eure bösen Taten aus den Augen, hört auf, Böses zu tun!"** (aus Jesaja 1 und Amos 5). Und was soll man zum Grauen und Greuel sagen, dass im charismatischen Trend sogar Ekstasy-Drogen zur Stimulanz von „Anbetung" genommen wird, vermischt mit sexuell-sinnlicher Verbalität!?! Unreine Geister, Behausung von Dämonen! „Hinweg! **Hinweg!**"

Im Räucherwerk des HERRN ist Geist und Wahrheit (vgl. Joh.4); es ist hochheilig und darf keine Fremdbestandteile haben (vgl. 2.Mose 30). D.h. Gebet geht einher mit: „Nahen zu GOTT und der damit verbundenen Haltung" (vgl.Jak.4,6; 1,26); Aufrichtigkeit und voller Gewissheit des Glaubens (vgl.Ps.15;

Hebr.10,22); im HEILIGEN GEIST (vgl.Röm.8,15.26; Jud.1,20); in Demut und Wahrheit (vgl.2.Chron.7,14;Joh.4,24); in Nüchternheit (vgl.1.Petr.4,7); weiters in Buße, Selbsterniedrigung, Weinen und Lobpreis, in brennendem Eifer der Liebe! U.a.m. Diese Positionen entnehme ich der Heiligen Schrift, die dem heutigen Humanismus fremd sind. Die vielen charismatischen Erscheinungsformen heute zeigen ein *Betrunkensein* von all dem, was sich da in überirdischen und weltlichen Bereichen tummelt – die Geister machen im Vorhof ihre Show und Magie; ins Heiligtum oder gar ins Allerheiligste kommen diese Gekennzeichneten nicht.

Prophetische Stimmen heute, die als Wächter ihre Botschaft weitergeben, mahnen: *„Wie können solche, die sich nach dem heiligen Namen CHRISTI nennen, Kohlen vom Altar des Teufels nehmen und damit in die Gegenwart GOTTES treten, um sie auf Seinen Altar zu legen? Sind sie denn so verblendet? Wissen sie nicht, dass sie fremdes Feuer mit fremden Kohlen darbringen? In jeder Kohle glüht das Feuer der Hölle! Priester GOTTES sind einst mit dem Tode bestraft worden, weil sie diese Greueltat begingen! Wissen sie nicht, dass GOTT diejenigen vernichten wird, die mit fremdem Feuer die heilige Stätte betreten? Wie ist so etwas möglich?" (….) „Satans Berechnung läuft dabei darauf hinaus, die Anbetung des Allmächtigen GOTTES durch die von seinen Altären entliehene Rockmusik zu verunreinigen. Der Teufel sucht nichts so sehr wie Anbetung (…) er schreckt vor nichts zurück, wenn es darum geht, die Anbetung, die dem HERRN gilt, zu beschmutzen, damit sie von IHM verworfen wird (…) er tut einfach einen anderen Geist dazu und mischt eine Lüge darunter, denn er weiß, dass ein solcher Gottesdienst vom HERRN abgewiesen wird. GOTT muss und wird jede Anbetung zurückweisen, die nicht vom HEILIGEN GEIST geboren ist und nicht ganz aus der Wahrheit stammt (…) Es gibt Christen, die sagen: >Die Musik gehört doch nicht dem Teufel, sondern GOTT. Es kommt überhaupt nicht auf die Musik an, solange die Worte richtig sind.< Das ist total verkehrt!" (David Wilkerson)*

Ich stimme Wilkerson gerne zu und kann nur sagen: „Was für ein Geschwätz; es muss Verblendung sein, die irgendwo in 2.Korinther 4,4; 11,3+4; 2.Timotheus 2,26; 3,13; 4,4 und 2.Petrus 2,18; 3,17 angesiedelt ist. Auf jeden Fall ist es ein Lügengeist, der so inspiriert! Sollten wir etwa demnach sagen, alle Pflanzen, aus denen Rauschgift erzeugt wird, sind von GOTT, darum lasst uns auch zur Ehre GOTTES fröhlich Rauschgift genießen?! Oder lasst uns aus teuflischer schwarzer Magie humane weiße machen, oder aus dämonischer Esoterik christliche, was leider auch schon geschieht?!" Geht doch ganz zur Welt und feiert dort eure \`Jesus-Partys\` in Gesellschaft der Dämonen. CHRISTUS wird dort nicht dabei sein wie ER auch hier bei euren Darbietungen nicht dabei sein kann. Ihr könnt nicht beides: zum Tisch des HERRN und zum Tisch der Dämonen kommen. Wehe denen, die Böses gut und Gutes böse nennen. Der HERR wird die giftige

Spreu der Baalsverehrer wegblasen und Seine Tenne reinigen! Das Gericht, das am Hause GOTTES beginnt, wird diese heidnischen Scheusale und weltorientierten Träumer treffen! Ich sprach mit einem jungen, dynamischen, aber unerretteten Mann, der die Sünde „cool" fand und grinsend behauptete, *„dass er als ehemaliger Diskjockey jetzt am Mischpult einer charismatischen Gruppe in einer Schweizer Großstadt sitzt und niemand habe ihn je auf seine Verlorenheit aufmerksam gemacht. Im Rausch der `Musik` ist jeder und alles akzeptiert."* Das sind deutliche Kennzeichen und Einflüsse von EMC – Emerging Church (siehe oben).

So spricht der HERR: „Laßt es genug sein mit euren Greueln; dass ihr Söhne der Fremde, unbeschnitten am Herzen unbeschnitten am Fleisch, habt hineinkommen lassen, in Meinem Heiligtum zu sein, um es, Mein Haus, zu entweihen! Es steht geschrieben: >Mein Haus ist ein Bethaus.< Ihr aber habt eine Räuberhöhle daraus gemacht!" (vgl. Hesek. 47; Luk. 19,46; Jerem. 7,11). *„Es ist dem Teufel gelungen, die Menschen und die Musik der Verwirrung und Vermischung in das Haus GOTTES einzuschleusen, eine `Musik`, die ganz dazu dient, Seelen unter die Herrschaft des Dämonengottes Baal zu bringen. Hosea weissagte, dass GOTT eine Schar von reinen, heiligen Leuten erwecken wird, die der Welt gestorben sind, und deren Lippen nie wieder den Namen der Baalim erwähnen werden (…) Wenn ich einen christlichen Bücherladen betrete…was kommt einem da entgegen? Der Abklatsch des schlimmsten weltlichen Schundes, den man sich denken kann. Ich habe hartgesottene Weltmenschen gesehen, wie sie rot wurden und sich mit den Worten abwandten: >Das soll christlich sein?< Die sogenannten christlichen Rockmusiker sehen aus wie Verrückte, mit Gesichtern, die an Dämonen und Hexen erinnern. Sie sind ein Spiegelbild der Hölle selbst."* (David Wilkerson).

Und wie stets mit dem biblischen Imperativ, dem Befehl: **„Wenn du deinen Bruder sündigen siehst, weise ihn zurecht!?"** Wenn Sünde nicht mehr als solche erkannt und gerichtet, d.h. ans Licht gebracht werden darf und soll, beweist das nur, dass wir aus Angst vor eigener Bloßstellung Sünde lieber in der Finsternis belassen, sie mit dem Mantel der Toleranz bedecken. Es steht aber ganz anders geschrieben in Epheser 5,10-14 und 5,5-7! Kein Unreiner oder Götzendiener wird im Reich des CHRISTUS und GOTTES Anteil haben! Niemand verführe uns mit leeren Worten! Täuschen wir uns nicht! Menschen in Sodom und Gomorra oder zu Noahs Zeiten nahmen in tödlicher Verblendung GOTTES Warnungen nicht ernst; das Gericht raffte sie alle hinweg! GOTT meint genau das, was ER sagt! Nein, nein, nicht GOTTES Segen wird über diese fremden Feuer kommen, sondern Sein Zorn!

Als wir an den Strömen Babels saßen, da weinten wir

Es steht geschrieben: **„An den Strömen Babels, da saßen wir und weinten, wenn wir an Zion dachten. An die Pappeln dort hängten wir unsere Zithern. Denn die uns gefangen hielten, forderten dort von uns die Worte eines Liedes, und die uns wehklagen machten, forderten Freude: Singt uns eins der Zionslieder!“** Wie können gläubige Menschen, die den Heiligen GOTT und Seine Wohnung in Zion kennen, hier in babylonischer Gefangenschaft und in fremdem Land die Zionslieder singen?! Versuche einmal in charismatisch geladener Atmosphäre, wo oberflächliche Chorusse gesungen; Sketche gespielt und Weltrhytmen geboten werden, Lieder anzustimmen wie: „Stern, auf den ich schaue; O Haupt voll Blut und Wunden; Wie ein Strom von oben; Ich blicke voll Beugung und Staunen; Fels des Heils geöffnet mir; Mächtige Ströme des Segens; Beleb Dein Werk O HERR; Zünde an Dein Feuer.“ Du wirst mit diesen Zionsliedern aus echten Erweckungszeiten Befremdung hervorrufen, und du wirst sie nicht singen können. Denn hier stoßen zwei unterschiedliche Geistesströmungen aufeinander, und analog auch zwei Geister! Heilig und unheilig! Kennt ihr die symbolischen Zeichen, die echte Propheten wie Jeremia oder Hesekiel in GOTTES Auftrag an ihren Leibern als lebendige Bilder tragen mussten? Es könnte geschehen und wäre zu wünschen, dass Menschen den Auftrag bekommen, einen Wagen voll stinkenden Abfall oder ein Jauchenfass in Versammlungen mit christlichen Rock oder Rap oder ähnlichen zu fahren und dort „abzuladen.“ Was denn, warum die Aufregung? *Ist doch cool*, so ein helfendes Zeichen eurer inneren Haltung GOTT gegenüber. Ihr wollt Unheiliges Dem HEILIGEN darbieten?! Meint ihr vielleicht, die Produktionen aus dem Abfallhaufen dieser Welt, die Baal verehren und die ihr Gottesdienst nennt, könnten dem furchtbaren, Heiligen GOTT gefallen?! Der GOTT der Bibel und der Offenbarungen ist weit weg von euren Vorstellungen – ganz weit!

ER ist ein eifernder GOTT und sehr erhaben! ERHABEN!! Ich habe oben ein biblisches Beispiel von Räucheraltar, Räucherwerk und Anbetung gegeben; ein weiteres aus 3. Mose 10 füge ich hinzu: Lest die Verse 1-7! Priester GOTTES spielten mit fremdem Feuer; ihrer Meinung nach musste das doch in Ordnung sein?! Es war *nicht* in Ordnung, weil GOTT es so *nicht* angeordnet und gestattet hatte! `Meint` ihr nun, dass ER sich verändert hat?! Wir sind Menschen, die selten das sagen, was GOTT meint, und das meinen, was ER sagt! Das war und ist ja das große Menschheitsproblem! Wir sind relativ – ER IST ABSOLUT! **„Da ging Feuer vom HERRN aus und verzehrte sie. Und sie starben vor dem**

HERRN." Darum, hört doch das, was ER sagt! ER sagt deutlich und klar, dass da ein Unterschied sein muss zwischen dem Heiligen und dem Unheiligen, zwischen dem Unreinen und dem Reinen! (vgl.3.Mose 10,9+10); Lest auch Jesaja 1!

Räumt euren Abfall, Lärm und Gestank aus Seinen Augen! Und dann geht und reinigt euch! Und ihr, die ihr diese Baalsverehrung auf den pseudo-charismatischen Höhen nicht bejaht und in eurem Gewissen die Ablehnung dagegen verspürt, Lieder in Babylon zu singen, aber nicht die Kraft habt, dieses Feld der Totengebeine zu verlassen – geht in eure Kammer um zu beten, dass GOTT euch die nötige Kraft, Hilfe und Leitung gibt; ER wird sich von euch finden lassen! (vgl. Jeremia 29,13+14), denn ER ist gütig! Und dann handelt nach 2.Korinther 6,17! GOTT wird führen. Wenn wir das Schauspiel Elias mit den Baalspriestern wiederholen könnten, würden wir rufen: **„Wie lange wollt ihr auf beiden Seiten hinken? Ist der HERR GOTT, so folgt IHM nach; ist es aber Baal, so folgt ihm."** Und wir müssten sprechen: „Tretet zusammen, die ihr mit euren weltlichen Rhytmen, Liedern und Stars meint GOTT anbeten zu können; auch ihr, die ihr Tanz, Theater, Pantomime, witzige Shows und Sketche darbringt auf euren Bühnen, tretet herzu mit euren Clowns, Künstlern, Prahlern, Bands und Leinwandhelden. Macht ein großes Fest, eine Event-party, ein Openair der Sonderklasse, wo ihr alle eure Talente mit full power und Lärm auf euren Altar legt; lasst eurer Ekstase freien Lauf und schreit mit Rock- und Raplärm ungehemmt zu eurem Baal-Gott, dass er antworte und euch durch seinen Segen bestätige!

Und danach ihr, die ihr den HERRN im Geist und in der Wahrheit anbetet mit reinem Herzen, tretet herzu mit euren geistlichen Liedern, Psalmen und Lobgesängen; singet dem HERRN mit frohen Liedern, hohen Chören und mit gewaltigem Schall, mit geheiligten Zungen, Lippen und Instrumenten. Laßt das Lob Seiner großen Güte reichlich fliessen. Singt die bekannten Erweckungslieder über die Gnade, über Sein Erbarmen und das teure Blut des LAMMES! Rühmet IHN herrlich. Lobet IHN im heiligem Schmuck weißer Leinwand und bunt gewebten Kleidern der Gerechtigkeit und befreit vom Sauerteig der Sünde – und wir wollen sehen, wo sich die Taube des HEILIGEN GEISTES niederlässt und die Engel GOTTES mit einstimmen können, wo der Altar den Wohlgeruch der wohlgefälligen Anbetung zu GOTT aufsteigen lässt und GOTT das Lobopfer annimmt!

Dorthin wollen wir uns begeben und beten: ACH, HERR, DU GOTT DES HIMMELS UND SCHÖPFER ALLER DINGE, DANK UND RUHM SEI DIR, DENN DU BIST GUT, UND DEINE GNADE WÄHRET EWIG! „EL,

RACHUM WE-CHANUN, ERECH APAJIM, WE-RAW CHESSED WE-EMETH“, *hebr.* = **„GOTT, barmherzig und gnädig, langsam zum Zorn und groß an Güte und Wahrheit“**, DU HAST AUCH UNSER GEISTLICHES ELEND IN ÄGYPTEN GESEHEN UND UNS AUS DER WELT ERLÖST; DU SIEHST DIE ZERSPLITTERUNG DEINES VOLKES HEUTE IN VIELE BENENNUNGEN UND RICHTUNGEN, UND DEIN HAUS WURDE ZU EINER RÄUBERHÖHLE GEMACHT. HIRTEN HABEN VERMESSEN GEHANDELT, HABEN DEINE HERDE ZERSTREUT UND DEINEN WILLEN IN DEINEM WORT NICHT GESUCHT! WIR SIND SCHULDIG VOR DIR, WIR VERHÜLLEN UNSER HAUPT, O HERR; UND WIR FLEHEN UM DEIN ERBARMEN, WELCHES DU, O GOTT ALLER GNADE, TROTZ UNSERER UNTREUE IMMER WIEDER DEINEM VOLK ERWIESEN HAST! DARUM BITTEN WIR INNIG: HILF UNS, DU GOTT UNSERES HEILS, UM DER EHRE DEINES NAMENS WILLEN UND VERGIB UNS UNSERE SÜNDEN! KOMM UNS ZU HILFE MIT DEINEM ERBARMEN, O GOTT DER HEERSCHAREN UND STELLE UNS WIEDER HER! LAß DEIN ANGESICHT LEUCHTEN, SO WERDEN WIR GERETTET! HERR, DAß DEIN NAME BIS AN DIE ENDEN DEINER SCHÖPFUNG GEPRIESEN WIRD! AMEN. UND ES WIRD GESCHEHEN, DENN DU, ADONAI JESCHUA, UNSER ERLÖSER UND KÖNIG ÜBER ALLES, HAST GESAGT: „ICH WERDE MEINE GEMEINDE BAUEN, UND DIE PFORTEN DES HADES SOLLEN SIE NICHT ÜBERWÄLTIGEN!“ AMEN, AMEN! (Matthäus 16,18).

„O HERR UND CYRIOS, JESUS CHRISTUS, DU ALPHA UND OMEGA! ERGEBUNG UND ERHEBUNG SEI DIR! DEIN NAME IST ÜBER ALLE NAMEN UND DU HAST SCHLÜSSELGEWALT ÜBER ALLES! NEIGE UNSERE HERZEN ZU DEINEN ZEUGNISSEN, DER DU GEBOTEN HAST DIE BAALSALTÄRE NIEDERZUREISSEN; DIE GEDENKSTEINE ZU ZERBRECHEN – DIE GÖTZENBILDNISSE MIT FEUER ZU VERBRENNEN; GIB NOCH EINMAL EIN MÄCHTIGES GEISTESWEHEN UND EIN ERWACHEN, DAS UNS HIN ZUR BUßE FÜHRT UND GEISTLICH TOTE AUFERSTEHEN LÄßT! ZÜNDE DEIN FEUER IN DEN HERZEN AN UND VERZEHRE DADURCH ALLE FREMDEN ALTÄRE UND GÖTZENBILDNISSE! LÖSCHE ALLE FREMDEN FEUER AUS; BRINGE NOCH EINMAL HEILIGE FURCHT ÜBER ALLE VERSAMMLUNEGN! DEIN HAUS MUß WIEDER EIN BETHAUS SEIN! O HERR, ERBARME DICH ÜBER DIE ENTARTUNG DEINES HEILIGTUMS, WORIN WIR AN DIR GESÜNDIGT HABEN! ACH, UN-

SERE HERZEN SOLLEN DARÜBER ZERBRECHEN! DU ABER, O HERR, REINIGE EIN LETZTES MAL DEINEN TEMPEL! ABBA VATER, BITTE SCHENKE UNS NOCH EINMAL EINE GÖTTLICH BEGLAUBIGTE VERKÜNDIGUNG, DIE DEINEN SOHN OFFENBART, DEIN WORT ENTHÜLLT UND HERZEN TRIFFT! DANK UND RUHM SEI DIR, DAß DU NOCH AUS BABYLON HERAUSRUFST UND UNS DIE KRAFT ZUM ÜBERWINDEN GIBST, WAS AN ZERTRENNUNG, WELT, TRADITION, RELIGION, IMITATION, GÖTZENDIENST UND VERMISCHUNG DEIN VOLK LÄHMT! DER DU ZUM TEMPEL IN JERUSALEM SPRICHST: WERDE GEGRÜNDET!, UND ZUR GEMEINDE: WERDE GEBAUT! DU, JA DU WIRST ES AUSFÜHREN! DENN DU ALLEIN BIST ADONAI JHWH GOTT UND KEINER SONST! DEINE HERRLICHKEIT WIRD SICH WIEDER OFFENBAREN, UND DIE ERDE WIRD DEINER ERKENNTNIS VOLL WERDEN! HERR JESUS CHRISTUS, LAß UNS ALS GOTTESKINDER IN DICH UND IN UNSERE SOHNSCHAFT HINEINWACHSEN UND MIT GEÖFFNETEN AUGEN DES HERZENS WIEDER ZUR EINHEIT DES GEISTES UND DEINER GEMEINDE ZURÜCKFINDEN, DAß DU DADURCH DAS ZEUGNIS DEINER HERRLICHKEIT AUF ERDEN BEKOMMST! EHRE UND PREIS SEI DIR IN JESU NAMEN AMEN!

„Und sie werden viele verführen"

Abschließend zu diesem Thema müssen wir noch einige Hauptaspekte dieser „Verführung" aufzeigen. In Mattäus 24 steht, dass aufstehen werden in der letzten Zeit „falsche Gesalbte" *(pseudochristoi)* und „falsche Propheten" *(pseudoprophetoi)*. Diese zwei spezifischen Typen der Verführung sind Exponenten endzeitlicher und New-Age-charismatischer Spiritualität. Sie bewegen sich als christliche Heilsbringer mit einer imitierten Christusbotschaft, die auf den ersten und manchmal auch auf den zweiten Blick echt erscheint, eben weil sie so christusähnlich ist! Und das ist eben die große Gefahr, auf die JESUS Selbst hingedeutet hat als ER sagte: **„...um, wenn möglich, auch die Auserwählten zu verführen."** (Matt.24). Ein Zeuge echter Erweckung und selbst aus diesem Erweckungsgebiet sagte: *„Der Teufel ist niemals gefährlicher als dann, wenn er als Engel des Lichts mit der Bibel in der Hand, schönen Worten und Zeichen und Wundern auftritt."* Natürlich hat er eine `gute Lehre`, (wie auch die Lichtengel in Galater 1), und wenn dann noch

Zeichen und Wunder der Heilung geschehen, gehen viele Christen in die Falle, diesem Menschen vorbehaltlos zu glauben. Wunder und Zeichen *können* Bekräftigung des Wortes GOTTES sein, aber sie *sind* noch nicht die entscheidenden Kriterien echter göttlicher Sendung! Niemals stehen sie im Zentrum apostolischer Verkündigung! Es gibt viele charismatische Wundertäter heute, die auf psychosomatischer Ebene mit suggestiver Beeinflussung `Heilungen produzieren`, und hier wirken auch dämonische, schamanische Kräfte mit, die die Heilung echt aussehen lassen. Aber der Mensch *IST* nicht geheilt, und er hat auch in keiner Weise eine Begegnung mit CHRISTUS gehabt! Es ist ungefähr so, wie wenn ein kranker Mensch vom Arzt ein Pharmapräparat bekommt – der Arzt sagt ihm, dass das Mittel heilt – aber das tut es nicht; es überdeckt nur die Symptome, so dass der Patient sich freut, gesund geworden zu sein, obwohl die Ursachen seiner Krankheit <u>nicht</u> definitiv und dauerhaft beseitigt sind.

Überdies, sobald das Thema Heilung als Publikumsmagnet im Mittelpunkt steht, und nicht mehr das Wort GOTTES vom Kreuz, ist schon das Merkmal der Verführung gegeben. Aber es gibt noch andere Merkmale, deren Prüfung uns Echtheit oder Verführung vermittelt. Hier müssen wir in den geistlichen Bereich eintauchen, wo sich viele Geister aufhalten. Es heißt ja **„Prüfet die Geister, ob sie aus GOTT sind!“** (1.Joh). Falsche Christusse und Propheten haben äußerlich kein negatives Erscheinungsbild; sie können leuchten wie Engel; dennoch bewegen sie sich in einem Raum der Imitation, wo ihre Visionen und Botschaften entstehen. Es ist ein imitiertes und entleertes „Heiligtum“ ohne Leuchter, Altar und Schaubrottisch – ohne CHRISTUS! Um das zu erklären: Viele, vielleicht die meisten christlichen Verführer hatten einmal eine Begegnung mit CHRISTUS, aber sie wurden *selbst verführt*, indem sie die biblischen Wahrheiten über Sünde, Versöhnung, das Blut JESU, den HEILIGEN GEIST, die Heiligung und das Bleiben in CHRISTUS verlassen und gegen Menschenehre, Materialismus, psychologischem Selbstwert, religiöser Mystik und/oder pseudocharismatischer Neugeist-Lehre (a`la R. Schuller u.a.) eingetauscht haben.

Diese Möglichkeit der Wege Bileams besteht, wie wir oben faktisch gesehen haben. Darum schreibt der Apostel Paulus von solchen: **„…indem sie verführen und verführt werden.“** (2.Tim.3,13), und Petrus beschreibt sie als Schandflecken, die sich wieder vom Weg der Gerechtigkeit abwenden (vgl. 2.Petr.2,13.14), und Johannes sagt, dass diese mitten aus dem Christentum herausgegangen sind (vgl. 1.Joh.2,19 mit 4,1). Es sind *verführte* Verführer! Und dann gibt es auch jene Verführer, die nie eine Neugeburt aus dem Geist erfahren haben, die unter einer lauwarmen Predigt in Kirchenbänken sitzen oder saßen – aber zu weit weg von der „Quelle“. Sie standen vor dem Kreuz und vor der Tür, aber sie sind *nie* durch die enge Pforte hindurchgetreten; sie haben vorformulierte Gebete nachgeplappert und „Amen“ gesagt, mehr nicht. Und ohne den HEILIGEN GEIST in ihrem Geist blieben sie auf dem religiösen Trittbrett, gefangen im Fallstrick des Teufels und eingeordnet in einer der drei Möglichkeiten von Matt.13,19-22.

„...denn wovon jemand überwunden ist, dessen Sklave ist er auch geworden.“ (2.Petr.2,19). Auch wenn er die Bibel in der Hand hat und zitiert, gilt diese Wahrheit. Es war und ist immer die Frage, WER wen sendet und gebraucht und WOHER die Botschaft kommt – aus welcher Quelle, welchem Geist! Watchman Nee gibt uns einen hilfreichen Hinweis: *„GOTT fragt immer nur danach, aus welcher Quelle etwas kommt. Nur wenn du selbst GOTT berührt hast, kannst du auch andere mit Ihm in Berührung bringen. Wenn du aber nur deine Seele berührt hast, kannst du die Menschen auch nur mit diesem deinem Selbst in Berührung bringen. (...) Es kommt also nicht darauf an, wie das Werk äußerlich aussieht, sondern WER es getan hat. Dieser Unterschied liegt nicht in Predigten oder Ergebnissen, sondern vielmehr in ihrer Quelle. Deshalb sollten wir uns stets der Tatsache bewusst sein, dass nichts, was von uns selbst kommt, mit GOTT etwas zu tun hat. Nur was von unserem Geist kommt, hat mit Ihm zu tun.“*

Hierzu ein aktuelles Beispiel. Das Buch „die Hütte“ von W.P. Young wird von christlichen Verlagen publiziert und von vielen Christen vorurteilsfrei gelesen. Ich habe mit einer christlichen Buchverkäuferin und mit einem gläubigen reformierten Pfarrer über dieses Buch gesprochen; beide konnten nichts Negatives darin finden, obwohl die Personen der heiligen GOTTHEIT auf eine profane Ebene von sündigen Menschen herabgezogen und übertragen wird. GOTT ist Geist, und wer IHN auf eine irdisch-materielle Ebene herabzieht, auch nur als „Gleichnis“, der vergeht sich an IHM! Jedem geistbegabten Gotteskind ist das bewusst. Und dass ein solches Buch ein Bestseller wird, liegt auf der Hand, denn *„der Pöbel läuft ihnen zu wie Wasser“* sagt die Schrift. Hingegen werden Bücher über die biblische Wahrheit nicht so leicht zu Bestsellern, weil sie gesunde moralische Belehrung mitenthalten; aber wo das Aas ist, da sammeln sich die Geier. Es steht geschrieben: **„Denn drei sind es, die Zeugnis ablegen im Himmel: der Vater, das Wort und der Heilige Geist, und diese drei sind eins; und drei sind es, die Zeugnis ablegen auf der Erde: der Geist und das Wasser und das Blut, und die Drei stimmen überein .“** (1.Joh.5,7+8). Der Vater, das Wort als der LOGOS und der Heilige Geist bleiben immer das Zeugnis im Himmel; man kann und darf sie nie in Menschenweise auf die Erde herabziehen! So eine Analogie gibt es nirgends in der Schrift. Sondern es ist leerer Betrug, ein Hirngespinst, das jemand zu Papier gebracht hat. Ähnlich ist es ja mit dem Buch von

R. Warren „die Vision"; hier sagt der Apostel Paulus: **„Habt acht, dass euch niemand beraubt durch die Philosophie und leeren Betrug, gemäß der Überlieferung der Menschen, gemäß den Grundsätzen der Welt und nicht CHRISTUS gemäß!"** (Kol.2,8). Ein Buch wie „die Hütte" ist nichts anderes als Blasphemie!

Imitatio – Nachahmung

Erinnern wir uns an das Geheimnis des Antichristentums und das Geheimnis der Gesetzlosigkeit (oben), Luzifers Wirkungsstätte des Abfalls und seines „Sprachortes." An diesem Ort gibt es ein erschaffenes, künstliches Licht (nachgemachtes Evangelium) ohne Blut und Geist und Leben aus GOTT, liberale und human-religiöse Theologie inclusive falscher Zeichen und Wunder. Es gibt dort keinen geheiligten Räucheraltar der wahren Anbetung, sondern Show, fun und feeling. Es gibt keinen Schaubrottisch der Darreichung identischer biblischer Talente und Geistesgaben, sondern entweder religiöse Friedhofsstille oder charismatischen Enthusiasmus mit Lärm und Ekstasen – IMITATION!

Die Typen der Verführung passen in das Bild von Laodizea. Anstelle der Gottgewirkten Kraft geistlicher Energemata (Kraftwirkungen) ist eine humanistisch-spirituelle-menschliche Kraft am Wirken, aber nicht neutral, sondern zugleich mit dämonischen Einflüssen. Das Kraftfeld seelischer Sinne ist das Spielfeld pseudochristlicher Imitation! Menschen in diesem Raum und Kraftfeld halten auch einem weiteren Prüfkriterium nicht stand, weil mit „prüfen" *(dokimazo)* auch *das Leben* des betreffenden Menschen gemeint ist, ob dieses übereinstimmt mit seinem äußeren Zeugnis, so dass es zusammenfassend wert ist, das Zeugnis dieses Menschen anzunehmen. Weitere Beispiele werde ich noch nennen. Das Wegdriften ganzer evangelikaler Gruppen in den ökumenischen Treibsand hat gerade hier im Versagen neutestamentlicher Prüfung seinen Grund, weil man mit buchstabentreuem Lehrdogma eben nicht in geistliche Dimensionen eindringen kann und die Dinge und Erscheinungen nicht geistlich prüfen kann.

Das Geschäft der Wunderheiler, Irrlehrer und falschen Propheten blüht mit den Ungefestigten und Unwissenden! O wie gerne lassen sich diese pseudocharismatischen Gestalten samt ihren Zirkus in den Medien ablichten – *Public-Relations-pur*. Wie Giftpilze schießen sie auf im vorbereiteten Nährboden antichristlicher Gesetzlosigkeit, befallen von der Mammons- und Geltungssucht binden sie möglichst viele Menschen an sich. Sie haben eine hörige Gefolgschaft und Namen wie: „Jüngerschaft", „Revival oder Propheten-Trainingscenter", „Prophetic

Vision", „Organische Christusgemeinde", „Follow Him", oder sogar „Wort und Geist" et cetera, et cetera. Da kommt es durch Inspiration eines Irrgeistes zu verwegenen Aussagen; da empfangen Frauen Offenbarungen und „erlassen" diese auf Erden; da wird am laufenden Band an sogenannten Heilungsveranstaltungen über willige Personen `Heilung` ausgesprochen (ohne je zuvor die bedingenden geistliche Situation des Betreffenden zu klären); da werfen `Propheten` die Trugschlüsse ihres Herzens aus etc. Die Erscheinungsformen der kleinen Pseudochristusse, die so gerne sein wollen wie GOTT, und der falschen Propheten sind vielfältig. Sie haben zwei Gesichter oder Masken, wie der Dalei-Lama; mit einem strahlen sie, das andere kommt zum Vorschein in der Anonymität ihrer heimlichen „Chaträume", wo sie u. a. oft ihren angestauten Sexphantasien und dunklen Trieben freien Lauf lassen und ihre innere Unreinheit (nicht nur da) ausleben. Dann betreten sie wieder ihre Bühne mit ihrem anderen Gesicht. Verführte Menschen im Fallstrick der Geltungssucht und dämonischem Wahn ihres Sendungsbewusstseins, beherrscht von ihren heimlichen Begierden und Trieben.

„Und er führte mich zum Eingang des Vorhofs; und ich schaute, und siehe, da war ein Loch in der Wand. Da sprach er zu mir: Menschensohn, durchbrich doch die Wand!....Und er sprach zu mir: Komm und sieh die schlimmen Greuel, die sie hier verüben!....Menschensohn, hast du gesehen, was die Ältesten des Hauses Israel im Finstern tun, ein jeder in seiner Bilderkammer?...Du wirst noch mehr große Greuel sehen, die sie begehen!" (aus Hesek.8). GOTT, der HERR, braucht als Richter aller Menschen nie einen Indizienbeweis oder Zeugen, weil ER Selbst <u>überall gegenwärtig</u> ist! ER sieht uns, und es entgeht IHM nichts! Das ist die Gelegenheit für dich, Busse zu tun, besonders, wenn du irgendeinen Dienst hast oder Ältester bist, weil Sein Gericht hier anfängt! Kommen wir zu IHM!

Im Judasbrief werden die berufenen Gläubigen aufgefordert, im geistlichen Krieg der Apostasie für den Glauben zu kämpfen! „…kämpft für den Glauben des Evangeliums", schreibt Paulus den Philippern, und meint damit nicht ein Kämpfen in eigener Sache und eigener Kraft, sondern den guten Kampf des Vertrauens, des Gebets und des Zeugnisses! Der Judasbrief ist chronologisch der letzte Brief vor der Offenbarung des Johannes, und auch das hat seinen Grund. Damit gibt uns der HEILIGE GEIST noch einmal ein Zeugnis in die Hand, welche Entwicklung der Abfall *(die Apostasie)* in den allerletzten Tagen vor der größten Trübsal und der Wiederkunft des HERRN nehmen wird! Leidenschaftlich zeigt Judas die Eigenschaften der schrecklichen Entartungen im Christentum inclusive seiner Irrsterne auf, wie auch der Apostel Petrus das in seinem zweiten

Brief tut! Deutlich wird uns gezeigt und gesagt, wie Abfall vom biblisch-identen Glauben zu einem sündigen Leben führt. Und es wird soweit kommen, wie es in den Tagen Noahs geschah, dass Engel „Wohnung in Menschen nahmen", (vgl. 1.Mose 6; Jud.6; 2.Petr. 2,4) und in dieser Besessenheit perversivste Hurerei betrieben; in dämonischer Weise wie diese bewahrten auch die Menschen von Sodom und Gomorra ihre Schöpfungsordnung nicht und verfielen in die Homosexualität und Sodomie (vgl. Jud.7; Röm.1,24 u.a).

Wenn wir heutige Erscheinungsformen mit den Eigenschaften des Judasbriefes vergleichen, können wir GOTT nur für die Warnungen danken! Es werden religiöse Leute beschrieben, die wie Kain ihre Religion im Humanismus ausüben, aber die Erlösung und Anwendung durch das BLUT JESU verwerfen. Da gibt es Menschen, welche die Wege im Irrtum Bileams gehen, der käuflich war und Popularität der Wahrheit vorzog. Da sind die Träumer im Verwirrungszustand ihrer Seelen, die mit abnormer Phantasie ihre Illusionen und `Visionen` ausschäumen. Da werden Menschen geschildert, die „Wolken ohne Wasser" sind, die Hoffnung auf Regen (Erweckung) verheißen, selbst aber leere Zisternen ohne lebendiges Wasser sind; Irrsterne, die mit viel künstlicher Leuchtkraft im pseudocharismatischem Sinn aufleuchten, um dann ebenso schnell wieder zu verblassen; die nach ihren Lüsten wandeln, weil sie von einem anderen Geist getrieben werden und ihre Triebe nicht beherrschen; deren Mund stolze Worte redet, hinter denen aber keine göttliche Vollmacht steht, sondern nur natürliche Publicity. Diese Formen und Eigenschaften kommen in vielen Variationen und Formaten vor – Imitationen!

Die Gotteskinder dieser Zeit stehen einem riesigen Potenzial teuflischer Verführung gegenüber, von deren Einfluss sie sich radikal trennen und herauskommen müssen aus dem religiösen, dämonischen, ökumenischen, pseudocharismatischen, libertinistischen Lager! Mit falscher Toleranz ist hier niemand gedient!

Wann wird dem Schlafenden bewusst, dass er schläft ?

„...diese taumeln vom Wein und schwanken vom Rauschtrank... Stutzt und staunt, lasst euch verblenden und erblindet! Sie sind trunken, aber nicht vom Wein; sie schwanken, aber nicht vom Rauschtrank. Denn der HERR hat über euch einen Geist tiefen Schlafes ausgegossen, und ER hat eure Augen, die Propheten, verschlossen und eure Häupter, die Seher, verhüllt." (Jes. 28,7a; 29,9.10). Wenn die Menschen, ob gläubig oder ungläubig, GOTTES Wahrheit nicht mehr suchen und sich von Seinem Geist nicht mehr strafen lassen wollen, verlieren sie ihre Hörfähigkeit und Urteilsfähigkeit und müssen dann das Spülwasser falscher Propheten und Messiasse trinken. Dies ist auch schon eine Form ihres Gerichtes! Denn wer der Lüge glaubt, nimmt Wahrheit nicht mehr, oder nur schwerlich, an. Ebenso ist es mit den Verführern selbst; sie gehen nach dem Judasbrief ihren Weg bis zum bitteren Ende. Ihr Stolz und ihre Herzensverhärtung hindert sie, ihr Image ankratzen zu lassen, daher nehmen sie weder Kritik noch Korrektur an. Sie umgeben sich mit frommen Heuchlern und urteilsunfähigen Menschen, die sie mit ins Verderben reißen. Wer für sie beten mag, der mag das tun; ich habe es auch getan, weil es auch solche darunter gibt, die ihre eigene Verführtheit noch gar nicht realisiert haben. Verführer unterliegen einer fremden Inspiration und halten diese oft für die göttliche! Aber sie lassen sich damit nicht „selbst prüfen"; sie lassen den kontextgetreuen, biblischen Maßstab nicht an sich heran, sondern sind allergisch dagegen. Und dieser kranke Stolz ist ihre größte Sündennot und beweist ihren Irrtum!

Ich habe das persönlich erlebt, als ich anhand der Heiligen Schrift einem christlichen Sektenführer gegenüber eine öffentliche Korrektur anbrachte und dafür inmitten der ca. 500 Anwesenden „geschlachtet" wurde. Ich danke GOTT, der Feind konnte mich nicht verschlingen. Nein, das Wort GOTTES durfte dort nicht ihr Zentrum sein, die Aussagen ihres „Führers" durften nicht hinterfragt werden. Er ging auf seine Kanzel und schlug eines seiner Bücher auf, anstatt die Bibel; stattdessen lobte er seine eigenen Schriften. Und wenn er dann zur Bibel kam, wurde subjektiv und plump und willkürlich aus dem Kontext selektiert. Verführer verdrehen das geschriebene Wort zur Stützung ihrer Irrlehren; meist überzeugen sie ihre ungelehrten Anhänger noch mit dem dilettantischen Gebrauch einiger griechischen Vokabeln. (Erquickend für mich an dem geschilderten Ereignis waren vereinzelte Gegenstimmen zum Gros der Teilnehmer).

Wo das Aas ist, sammeln sich die Geier

Ja, schlimm ist christlich getarnte Verführung; fast noch schlimmer aber ist die Tatsache, dass viele gläubige Menschen unter solchen verführten Verführern sitzen und sich berieseln lassen; ein trauriges Faktum, dass auch darauf zurückzuführen ist, dass seitens der \`Führer\` keinerlei Widerspruch geduldet wird, was ja ein Kennzeichen jeder Sekte ist. Kommt dann ein wahrer Gesandter mit einer echten Botschaft, die sie auffordert umzukehren, ist ihre Reaktion: **„Schaut uns nicht das Richtige, sondern sagt uns angenehme Dinge und schaut uns Täuschungen!"** (Jes.30,10). Also lieber angenehme Lügen als rettende Wahrheit. Geschrieben steht: **„Denn vom Kleinsten bis zum Größten trachten sie**

alle nach unrechtem Gewinn, und vom Propheten bis zum Priester gehen sie alle mit Lügen um.“ (Jerem.6,13). Falsche Christusse scharen die Aasfresser um sich, so wie es geschrieben steht.

Dazu aus TOPIC, Okt. 2008 ein Beispiel: *„In den gerade vergangenen Wochen haben zwei Skandale die evangelikale Welt des englischsprachigen Raumes erschüttert: Mitte September trat der Jugendpastor Michael Guglielmucci zurück. Er war Jugendpastor einer der größten Pfingstkirchen Australiens. Er erlangte in Australien Berühmtheit, weil er behauptete, Jesus heile ihn Schritt für Schritt von Krebs. Über diesen „göttlichen Heilungsprozess“ schrieb der Pfingstpastor ein Lied mit dem Titel „Heiler“, das sogar Platz 2 der australischen Hitparade erreichte. Durch seine bewegende Geschichte gab Guglielmucci vielen Krebskranken Hoffnung. Doch Ende August stellte sich heraus, dass der Pfingstpastor die Krebserkrankung nur vorgetäuscht hatte und in Wirklichkeit an einer langjährigen Pornosucht leidet. Ein ähnliches Doppelleben führte der zur Berühmtheit gewordene charismatische „Lakeland“–Erweckungsprediger Todd Bentley. Auch er trat Mitte August zurück, weil er der Alkoholsucht verfallen ist und eine außereheliche Beziehung unterhielt. Nach dem Scherbenhaufen, der durch das Doppelleben von Todd Bentley vor allem in den USA entstanden war, schrieb Lee Gray, Herausgeber der größten charismatischen US-Zeitschrift, Charisma: „Ein bekannter pfingstlicher Evangelist …sagte zu mir: `Jetzt bin ich davon überzeugt, dass ein großer Teil der charismatischen Bewegung dem Antichristen folgen wird, wenn er auftreten sollte, denn sie haben kein geistliches Unterscheidungsvermögen.`“* (Zitat Ende).

Das waren und sind keine Einzelfälle. Pfingstevangelisten wie J. Swaggart, der einer Pornosucht verfallen war oder Paul Caine, eine `Prophetengestalt` der Kansaspropheten, war schwul und dem Alkohol ergeben. Der Apostel Paulus spricht besonders bei sündigem Verhalten von leitenden, verantwortlichen Persönlichkeiten nicht von `zudecken`, sondern vom Aufdecken, damit Finsternis ans Licht kommt und der Sauerteig der Sünde nicht weiter um sich frisst! Anstatt aber zu weinen über diesen schrecklichen Zustand laodizäischer Nacktheit feiern blinde Charismatiker ihre `charismatischen Partys und Events`; doch das Unheil wird diese Träumer treffen, und es steht geschrieben, was auch ihnen gilt: **„Wehe euch, die ihr jetzt lacht, denn ihr werdet trauern und weinen.“** (Luk.6,25). Weiters gibt es erfundene und erlogene Heilungsberichte in charismatischen, aber auch in evangelikalen Kreisen. Wenn wir dann noch die Mega-Kirchen und Glaskathedralen ansehen, welche von gemolkenen Mitgliedern finanziert werden, einschließlich des Luxuslebens solcher pfingstcharismatischer Leute wie B. Hinn und R. Schuller oder Joyce Meyer for example und andere mehr, trifft der Judasbrief sehr aktuell auf solche zu. Aber hören wir, was Hiob sagt: **„Wird es gut für euch sein, wenn ER euch erforscht? Oder wollt ihr IHN täu-**

schen, wie man einen Menschen täuscht? Wird Seine Hoheit euch nicht aufschrecken und Sein Schrecken nicht auf euch fallen? Was ihr vorbringt, sind Sprüche von Asche, eure Bollwerke erweisen sich als Bollwerke aus Lehm!“

Wie kann ein Volk, das sich Jesus-gläubig nennt, die Heiligkeit und Gebote GOTTES so missachten?! (Wir müssen im „Bekenntnis zur Bibel“, Kapitel 3 diesen Fakt beleuchten). Haben sie und die Minderheit der Fundamentalisten denselben „JESUS?“; wohl kaum! Und ist diese charismatische Verirrung nicht hauptsächlich die Schuld falscher Hirten und Propheten? **„Wehe den Hirten, die die Schafe Meiner Weide zugrunde richten und zerstreuen! Spricht der HERR…ICH aber, Ich habe sie nicht gesandt und ihnen nichts befohlen. Sie nützen diesem Volk gar nichts, spricht der HERR“** (Jerem. 23,1+32b, und weiter Kap.2-9). Sprach der HERR nicht von falschen Propheten in Schafskleidern, von Verführern im christlichen Scheingewand, wie Paulus von räuberischen Wölfen sprach, die inmitten der Herde auftauchen und diese nicht schonen werden? (vgl.Matt.7,15; Apg.20,29).

„Stutzt und staunt, lasst euch verblenden und erblindet! Sie sind trunken, aber nicht vom Wein; sie schwanken, aber nicht vom Rauschtrank.“ (Jes.29,9). Der Taumelbecher im charismatischen Verführungsfeld ist noch voll Schlaftrunk; er wird aber mit GOTTES *Zornwein* gefüllt werden, wenn Babylons Gerichtszeit gekommen ist – dann allerdings werden sie nicht mehr lachen, sondern nur noch bitterlich weinen und Staub auf ihre Häupter werfen (vgl. Offb.18,9+19). Charismatische `Berühmtheiten`, die ein scheußliches Doppelleben führen, Propheten mit `Eingebungen` und Trugschlüssen ihres unreinen Herzens, Evangelisten, die mit Prostituierten Verhältnisse haben, populäre Heilungsapostel, die ihre Kräfte aus dem Spiritismus deduzieren etc. - sie alle bewegen sich im New-Age-Kraftfeld spiritueller, gnostischer Geister, welche die „antichristliche Menschheit“ prägen und beherrschen. Im New-Age-Blickfeld haben wir schon über gnostische Elemente gesprochen, die aus einem esoterischen Cocktail von Heidentum, Christentum, Judentum und Griechentum gemixt sind. Dieser hatte schon die frühe apostolische Christenheit bedroht.

Die Gnostiker aus Oberägypten und Alexandrien bedrängten die frühen neutestamentlichen Gemeinden mit satanisch inspirierten Irrtümern in ihren Verfälschungen des Bibeltextes alexandrinischer Handschriften und mit ihren dualistisch-mystischen Irrlehren. Bei ihnen ist der Geist bzw. das Geistige gut und göttlich und die Materie böse und schlecht. Darum war für christlich gefärbte Gnostiker (man konnte sie schlecht als gnostisch gefärbte Christen bezeichnen) die Menschwerdung JESU in die leibliche Materie böse und unannehmbar. Die Jungfrauengeburt wurde bestritten, das GOTT- und Menschsein Christi ebenso. CHRISTUS war für sie nur ein geschaffenes, hohes Geistwesen, nicht in Gottgleichheit, wie auch heute bei christlich gefärbten Sekten und im Arianismus. Von daher sind der Sündenbegriff und der Erlösungsweg total entstellt; nur über mystische Erleuchtung gehe der Weg zur Erkenntnis materieller Befreiung und von da zur Gottheit, zur Selbst-Vergottung. Der Weg der Erlösung gehe also über eine höhere Erleuchtung und Erkenntnis um ein Wissen um die Herkunft aus der überirdischen, transzendenten Welt. Diese hohlen Schwätzer waren Unwissende, wie auch die heutigen modernen Gnostiker es sind. Der Apostel Johannes ist in seinem ersten Brief sehr dezidiert darauf eingegangen und hat diese Irrläufer enttarnt! Heutige spirituelle Charismatiker plappern von einer kosmischen Herkunft und von einem kosmischen Christus; den biblischen CHRISTUS kennen sie nicht.

Auch hier ein persönliches Erlebnis: Auf einer dieser groß angekündigten „christlichen Heilungsveranstaltungen" wollte ich persönlich prüfen, was da abläuft; (ich rate nicht, solche Anlässe aufzusuchen, sie sind geistlich nicht ungefährlich). Es herrschte dort eine emotionale Atmosphäre mit Bandunterstützung; schon da wäre ich am liebsten weggelaufen, aber ich wollte noch einen Blick auf den Büchertisch werfen und die Predigt abwarten – und „zack" (wie gut ist es, von SEINEN Augen geleitet zu werden; Psalm 32,8) hatte ich ein Buch in der Hand, das in seinem *Vorwort* einen spirituellen „Jesus" anbot, weil der `herkömmliche biblische nicht mehr dem kosmischen Vorstellungen entspräche.` Dazu passte auch das Jesus-Klischee-Bild auf dem Umschlag. Ich sagte zum Bücherstandverkäufer: *„Was bieten Sie hier eigentlich an?"*, dabei hielt ich ihm dieses Buch vor die Nase, *„das ist ein falscher Christus"*. Jetzt schaute er mich nicht mehr freundlich an, sondern hasserfüllt und kreischte: *„Das ist der wahre Jesus!"* Ich hatte etwas aufgedeckt und der Feind wehrte sich gegen diese Entblößung; ich legte das Buch zurück, zeigte ihm demonstrativ meine Taschenbibel und ging weg. Anschließend, als ich noch die Darbietung auf „ihrer Bühne" sah und nach stillem Gebet meine Bibel in die Höhe hob mit den Worten: **„Glaubet nicht jedem Geist, sondern prüfet die Geister ob sie aus GOTT sind und nehmt die Bibel dazu!"**, wurde ich „hinausbegleitet", und ging gerne mit, um diesem Lärm zu entfliehen. Diese Erfahrung hatte ich öfter gemacht; irgendwie habe ich da ein Problem, wenn falsche Geister sich als biblisch-identische ausgeben, und so ein stummer Hund will ich nicht sein, der dann nicht bellen kann.

Wir dürfen uns auch hier ein *Prinzip* merken: Wo das WORT DER BIBEL einen Gläubigen nicht erfüllt (vgl.Kol.3,16), wird ihn auch der HEILIGE GEIST nicht erfüllen (vgl.Eph.5,18.19), sondern eine emotionale bis ekstatische Erfahrung – bis hin zu einer dämonischen. Wenn man nun in diesem eher sinnlichen Erfahrungsbereich eine Erweckung erwartet, dann erwartet man auch eine sinnliche, keine geistliche, denn diese sieht ganz anders aus und hat andere Voraussetzungen und Kriterien; in ihr wird eine starke Sündenerkenntnis und Überführung wirksam. Doch wenn man sich mit `Zeichen und Wundern` und fun begnügt, birgt gerade so eine `Erweckung` großes Gefahrenpotenzial an Verführung!

Zeichen und Wunder und Heilungen

Damit kommen wir zu den Wunderheilern im Programm der charismatischen Bewegung. Es ist schon einiges über Heilung im protestantisch-charismatischen Raum gesagt worden. Erkennen läßt sich sowohl ein Empfinden der Notwendigkeit dieser Gnadengabe wie leider auch der plagiatische Missbrauch derselben. Wir wollen neben das Unechte auch hier das Wahre stellen und fragen: Was bedeutet die „Gnadengabe der Heilungen" im NT? Lesen wir dazu die Verse im nahe stehenden Kontext von 1.Korinther 12: **„Es bestehen aber Unterschiede in den Gnadengaben, doch es ist derselbe Geist; auch gibt es unterschiedliche Dienste, doch es ist derselbe HERR; und auch die Kraftwirkungen sind unterschiedlich, doch es ist derselbe GOTT, der alles in allen wirkt."** (Verse 4-6). **„...einem anderen Glauben in demselben Geist; einem anderen Gnadengaben der Heilungen in demselben Geist; einem anderen Wirkungen von Wunderkräften...Dies alles aber wirkt ein und derselbe Geist, der jedem persönlich zuteilt, wie ER will."** (V.9-10a;11). Die Gnadengaben werden im griechischen Grundtext „charismaton" genannt, die Dienste oder Dienstleistungen „diakonion" und die Kraftwirkungen „energematon"; alle zusammen haben den Gesamtbegriff „Geistliche Gaben, (oder auch Geisteswirkungen, Geistesgaben, Geistbegabte) – griech. *„pneumatikon"* (12,4-6).

Die neutestamentlichen Geistes- und Gnadengaben sind eine sich ergänzende Einheit aus der gleichen Quelle der „Charis", der Gnade und Huld GOTTES. So kann man sagen, dass Geistesmenschen Pneumatiker sind, die mit Gnadengaben ausgerüstet sind. Insofern sind alle aus dem Geist GOTTES geborenen Gläubigen „Menschen des Geistes", da ein jeder seine Gabe von GOTT empfangen *hat* (1.Petr.4,10). Trotzdem machen nicht die „charismatischen Gaben" den neutestamentlichen Christen aus, sondern seine Neuschöpfung und Identität aus dem Geist! Darum ist die ja auch die Neue Schöpfung ihrem Wesen nach nicht charismatischer, sondern pneumatischer Natur. Das ist wesentlich auch im Hinblick auf pseudocharismatische Phänomene von `Wunderheilern` und Gabenmanifestationen, die nicht den *pneumatischen* Ursprung haben. Einrahmen sollte man den Hinweis von Oswald Smith über den Beweis für das Erfülltsein mit dem HEILIGEN GEIST: *„Habe ich Macht über die Sünde und Vollmacht im Dienst? Wenn ja, dann führe ich ein geisterfülltes Leben, wenn nein, dann kenne ich diese Erfahrung noch nicht. Dabei spielt es keine Rolle, welcher Art meine Gaben sein mögen, welchen Erfolg ich erringe oder welche besonderen Offenbarungen ich habe. Es sei denn, dass ich Kraft über die Sünde habe, Vollmacht im Dienst, Frucht des Geistes und eine Last der Verantwortung für Menschenseelen, sonst lebe ich nicht in der Fülle des Geistes.“* (Zitat-Ende).

„CHARISMA“ ist in breiter Bedeutung das große „Heil in CHRISTUS“, wie Rettung, Rechtfertigung, Befreiung, Umgestaltung, Sicherheit, Heilung, Bewahrung, Ewiges Leben! Da die geistlichen Gaben GOTTES ein Geschenk und kein Verdienst sind, sind sie gegeben zum Dienen (siehe oben: unterschiedliche Dienste *nach* der Be*Gabung*), und nicht zum Glänzen. Gabenempfänger sind nur Verwalter in GOTTES Haushaltung und Ekklesia. Darum heißt es: **„Und was besitzt du, das du nicht empfangen hast? Ein Mensch kann sich nichts nehmen, es sei denn, es ist ihm vom Himmel gegeben.“** (1.Kor.4,7; Joh.3,27). Wir sehen nun in 1. Kor.12 die Gabe der Heilungen *zwischen* den Gaben des Glaubens und den Wirkungen von Wunderkräften. Glaube, Heilung, Wunderkräfte sind Gnadengaben, die ein und derselbe Geist wirkt (wie auch bei den anderen spezifischen Gaben, siehe Kontext). Und diese Gnadengaben wirkt der Geist durch Menschen, die GOTT in der Gemeinde an ihre Arbeitsplätze stellt (V.28.29). Diese Dienste *(diakonia)* wirkt derselbe HERR (V.5). Und die Verschiedenheiten von Kraft- und Wunderwirkungen wirkt derselbe GOTT (V.6). Hier sehen wir die Wirksamkeit der DREIEINIGKEIT GOTTES – VATER, SOHN, HEILIGER GEIST! Diese uns deutlich mitgeteilte Botschaft in 1.Kor.12 ist bedeutsam, denn Glaube, Heilung und Wirkungskräfte sind verwandte Begriffe, von denen kein Einzelner als Einzelgabe überbetont werden soll.

Das aber geschieht bei den Heilungsveranstaltungen extremistischer Charismatiker. Im Vordergrund steht dort nicht das „WORT VOM KREUZ“, das sich ja mit der Heiligkeit GOTTES und der Sündhaftigkeit des Menschen beschäftigt, sondern die „Heilung“ physischer Krankheiten. Da strömen die Menschen natürlich hin und „schlürfen dieses Wasser.“ (Psalm 73,10). Die griechischen Wortbedeutungen für „Heilung“ *(iama)* und „heilen“ *(iaomai)* behandeln aber vordringlich die Gesundung und Wiederherstellung des durch die Sünde zerstörten Verhältnisses zwischen GOTT und Mensch. Als der HERR JESUS unsere Sünden Selbst an Seinem Leib an das Holz und auf dem Fluchholz des Kreuzes getragen hat – und wir durch Seine Wunden „heil" geworden sind (durch Glauben), ging es um die *geistliche Heilung von der tödlichen Krankheit der Sünde!* (Vgl. 1.Petr.2,24 oder Hebr.12,13). Dieser tiefste Sinn liegt auch in Jesaja 53 zugrunde, wo ja ausgesagt wird, dass der HERR als *das* LAMM nicht wegen unserer Krankheiten durchbohrt wurde, sondern wegen unserer Sünden! (Krankheiten selbst sind ja noch nicht Sünden, sondern nur die Auswirkungen davon). In Matth.13,15 und anderen Stellen sehen wir die Priorität der geistlichen" Heilung, und diese im Hinblick auf Jesaja 6,10. Man **darf** Heilung nicht zuerst und bedürfnismäßig auf den menschlichen Körper beziehen, seit JESUS CHRISTUS am Kreuz unsere Erlösung vollbracht hat! Außerdem gibt es die verschiedenen Bedeutungen des Heilungsbegriffs wie *„sozo"* (retten, wiederherstellen), *„therapeuo"* (heilen und dienen), *„diasozo"* (bewahren und durchbringen).

Um den wirklichen Sinn des Zusammenwirkens der GOTTHEIT bei den Charismata (Geistesgaben) zu verstehen, schauen wir dazu zwei Stellen im erweiterten Kontext des *NT* an: Römer 1,16 und 1.Korinther 1,18; hier begegnet uns wieder die *„dynamis theon"*, die Kraft GOTTES, wie auch bei den Wirkungskräften (Kraftwirkungen) von 1.Kor.12. „Dynamis" bezeichnet die Auswirkung der Vollmacht und Kraftvermittlung durch GOTT, um Wundertaten zu vollbringen. (Das Interlinear Greek-English New Testament übersetzt einfach *„the working of miracles – works of power"*). Im Zusammenhang heißt das nun: **Das Evangelium als das Wort vom Kreuz**, des Heils in CHRISTUS, ist nicht „nur" Verkündigung der Heilstatsachen und Auslegung des Bibeltextes; es ist *selbst* die Kundgebung der Macht *(dynamis)* des Handelns GOTTES! Die verbale Mitteilung des Heils ist vom Heilsgeschehen nicht zu trennen, weil der Geist GOTTES *beides* bewirkt. Diese Erkenntnis wird uns selbst davor bewahren, die Aufmerksamkeit vom HEIL auf die Heilung zu lenken, irgendeine Menschenverherrlichung zu gestatten, sowie Gaben des Geistes von der Kraft UND PERSON DES GEISTES zu trennen!

Ich gebe einige Worte von Prof. Samuel R. Külling hier weiter: *„Der beliebteste Einwand, mit dem viele Christen es ablehnen, sich auch nur ein einziges mal mit der Frage der Heilung durch Glaubensgebet zu befassen, ist die fast zum Dogma erhobene Behauptung, Heilungswunder habe GOTT nur zur Einführung des Evangeliums in die Welt im ersten nachchristlichen Jahrhundert für nötig erachtet; die Seltenheit von Wundern in der Gegenwart beweise dies. Blumhardt hat sich gegen dieses Dogma gewandt in der Glaubenserkenntnis, dass die Bibel nicht eine bloße Chronik von einmal geschehenen Taten GOTTES sei, sondern dass GOTT im Erweis Seiner Königsherrschaft fortlaufend in die Weltverhältnisse eingreife. Es* *müsse – sagt er – eine Gemeinde auf Erden das Wort der Schrift gläubig ergreifen und so dem Wirken des HERRN den Boden bereiten.“*

Natürlich unterscheiden wir die Heilungswunder JESU als Zeichen von denen in Markus 16,18 geschriebenen. Dennoch haben sie dasselbe Prinzip und kommen aus demselben Geist. Jedes Wunder JESU in den Evangelien war als „Zeichen“ auf IHN hin gegeben: die Brotvermehrung *zeigte* auf JESUS als „das Brot des Lebens“, die Heilung des Blindgeborenen *zeigte* auf JESUS als „das Licht der Welt“, die Auferweckung verstorbener Menschen *zeigte* auf JESUS als „die Auferstehung und das Leben!“ Und genauso wird auch heute jede echte Heilung durch eine Heilungsgabe zuerst auf CHRISTUS *hinweisen*, als „das Heil der Welt!“ Diese echten Heilungen, verbunden mit Verkündigung, Glauben und Busse sind Bestätigungen göttlichen Wirkens; solche Wunder sind nicht suggestiver und psychosomatischer Natur, wo nach etlichen Tagen und Wochen die Krankheitssymptome wieder da sind. Ich persönlich bin bei Heilungswundern vielleicht skeptischer als viele meiner evangelikalen Geschwister; aber ich will prüfen und unterscheiden lernen, um nicht die gute Milch in die saure zu schütten oder umgekehrt – das ist nicht Weisheit! Ich liebe und schätze meine „Geschwister“, egal aus welcher Richtung sie kommen und mich interessieren weder Parteiungen, noch bin ich der Menschen Knecht, darum sage ich es in Liebe zur Wahrheit: Verwerft das nicht, was der Geist GOTTES schenkt und wirken will, denn wie wollt ihr das vor Seinem Richterstuhl erklären? Mit welcher Theologie oder Tradition wollt oder meint ihr das zu rechtfertigen?!

Denen, die beglaubigte Kraftwirkungen von GOTT nebst anderen neutestamentlichen Charismata rigoros ablehnen möchte ich Mut machen und die Ermahnung anbringen, das ganze Evangelium des Heils nicht zu verkürzen oder gar zu verstümmeln, denn das geschieht, wenn man die Geistesgaben aus dem Kontext reißt! Auch hier gilt **„Irret euch nicht…!“** Schaut, neben den vielen authentischen Zeugnissen kann uns auch das Lebensbild der durch Glaubensheilungen bekannten Seelsorgerin Dorothea Trudel dienen, die im 19.Jahrhundert in Männedorf nicht 10, 100 oder Tausend Menschen mit ihrer Gabe der Heilung gedient hatte – „Zehntausend“ waren es, körperlich Kranke (viele Tuberkulose), Geisteskranke und Schwermütige, die geheilt d.h. gesund wurden! Der HEILIGE GEIST verlieh ihr diese Gabe, der HERR JESUS teilte ihr den Dienstplatz zu, und GOTT wirkte durch sie, indem sie diese Gnadengabe im Glauben anwandte! Es waren Kundgebungen der Macht GOTTES, wobei auch das Evangelium weitergegeben worden war.

Die Gnadengabe der Heilung ist existent und mit den anderen Charismata des NT bis zur Vollendung des Vollkommenen *(teleios)* wirksam. Was stets die Frage war und bleibt ist, ob wir es mit echten biblischen Gaben, Diensten und Wirkungen zu tun haben, oder mit unechten, mit Imitationen; mit `Gaben` also, die selbständig irgendwo und ohne Zeichen auf CHRISTUS hin praktiziert werden, und die nicht aus Seiner Kraftquelle kommen! Darum hat der allein weise GOTT mit dem ganzen Paket an geistlichen Gaben auch die „Unterscheidungen der Geister“ mitgegeben (vgl.1.Kor.12,10). So sei IHM Dank und Ehre für alles! Amen

Im Heidentum waren die Korinther unter einer fremden Macht zu den stummen Götzenbildern fortgerissen worden (vgl.1.Kor.12,2); sie waren gefangen in Geisteswirkungen und Praktiken heidnischer Mysterienreligionen, wo der Zustand der Ekstase als höchster Ausdruck religiöser Erfahrung angesehen wurde. Dass etliche Glieder der Gemeinde auch jetzt noch darin verwickelt waren und dadurch in ihrem Urteilsvermögen und in ihrer Willenskraft geschwächt und sogar gelähmt wurden, zeigen die fleischlichen Turbulenzen um die echten Geisteswirkungen! Und so griff Paulus mit vehementer Liebe ein, und ebenso haben wir durch die Weisheit GOTTES heute einen göttlichen Maßstab zur Unterscheidung von Geisteswirkungen! Heute im New-Age der charismatischen Strömung wirken viele Kräfte: mentale über die Vorstellungskraft des Denkens in Möglichkeiten; suggestive durch seelisch-psychologische Beeinflussung (gedopt mit Schwärmereien, Unterhaltung, Ekstasen); mediale über ein Medium (im Bereich der Wahrsagung, genannt `Prophetie`); schamanische als dämonische Zauberei (`Wunderzeichen`) etc. Wir sprechen hier die charismatische Imitation an; von den biblisch-authentischen Gnaden- und Geistesgabengaben reden wir in Kapitel drei. Ich glaube, dass die Visionen, Träume und Offenbarungen heute etwa dem Muster in Korinth entsprechen, verstärkt durch New-Age-Renaissance und Mediamöglichkeiten.

Emilie Coue, (1857-1926) erdachte ein neues Paradigma (Muster) in der Psychotherapie, indem er behauptete, durch Autosuggestion heilen zu können; *„die Einbildungskraft sei der Antrieb menschlichen Handelns“* und müsste soweit gesteigert werden, dass sich diese Vorstellung des Menschen verwirklicht bzw. materialisiert. Natürlich war Coue kein Christ, aber Dr. Yonggi Cho aus Korea behauptet Christ zu sein und praktiziert mit seinen Visualisierungen dieses Muster der Psychologie von Coue! Sieht doch alles nach christlichen, biblischen Wundern aus, nicht? Diese „Gabe“ wurde emsig in Europa kolportiert und wird leider bis heute praktiziert. Es sind ja nicht nur die Christen, die sich nach Wundern sehnen, Philosophen taten und tun das auch, nur mit dem Vorzeichen, diese „selbst“

zu schaffen. Kennen Sie den Leitsatz *„cogito ergo sum"* von R. Descartes? (Den drehe ich gerne um und sage „Credo ergo sum!"), und meine damit: *„Ich glaube, folglich bin ich!"* Andere wie Mary Baker Eddy oder N.Vincent Peale haben dieselbe psychotherapeutische Auffassung vertreten, dass nämlich „Heilung, Gesundheit und Umwelt" von der Qualität des Denkens bzw. der Vorstellung abhängig sind und sozusagen alles in „unserer Hand" ist. Das ist nichts anderes als eine Abfärbung des klassischen Modells der allerersten Versuchung des Menschen schlechthin! Und sie begegnet uns in einem christlichen humanen Geschenkpapier eingewickelt im pseudocharismatischen Einflussgebiet wieder.

Nein nein, so leicht sind Pseudowunder nicht zu durchschauen, oft nicht einmal von den Wundertätern selbst! Da wirds einem ja beinahe unheimlich. Ja, so ergeht es mir auch, wenn ich zum Beispiel höre, *wie* namhafte Berühmtheiten unter den Pfingstpredigern und Charismatikern über die Geschehnisse in der Azusa - \`Erweckung\` (Los Angeles – siehe oben) berichten und sagen, sie sei der Teil der Verheißung im Buch Joel, der über die Ausgießung des Geistes über alles Fleisch redet (was im Kontext der Schrift explizit den Söhnen Zions im Tausendjährigen Reich gilt, wenn sich „ganz" Israel zum HERRN wenden wird! Vgl. auch Jesaja 32,15; Hesek.39,29; Sach. 12,10). Schon mehrfach im Verlauf der Geschichte erwies sich die Fehldeutung von Joel 3 als Einfallstor pseudoprophetischer Bewegungen, wie z.B. die des Montanismus im 2. Jhdt., der falsche, zungenredende Prophetinnen hatte und Heilungswunder aufwies. Oder die Irvingianer im 19. Jhdt. mit denselben pseudocharismatischen Phänomenen. Apg.2,17ff redet von Pfingsten, der Ausgießung des Geistes als Vorerfüllung der Verheißung an Israel *und* die Nationen.

Solche pfingst-charismatischen Prediger oder Evangelisten wie z.B. David Hathaway müßten es trotz ihres eifrigen Charakters für das Evangelium fast authentisch wissen, dass die echte Erweckung in Wales 1908/1909 durch das fremde Feuer von Tekoa und Los Angeles zum Erliegen kam. Auch die Aussage, dass jede Krankheit vom Teufel ist und uns hindert, das Kreuz zu tragen, ist Falschgeld (siehe oben). GOTT *kann*, GOTT muss nicht heilen, denn es geschieht immer noch „Sein Wille!" Im NT gibt uns der Geist des HERRN einige Beispiele von kranken Dienern GOTTES: Timotheus (1.Tim.5,23); Trophimus (2.Tim.4,20); Epaphroditus (Phil.2,27); aktive, hingegebene Christen!

Wir haben oben gesehen, dass auch der Vorläufer der Azusa-Phänomene eine echte Erweckung war, die erstarb, als die Lehrverschiebung der Geistestaufe hin auf die Zungenrede fokussiert wurde und Joel 3,1f zur Erwartungshaltung für die Gegenwart wurde. Es ist nun im pfingst-charismatischen Bereich im Besonderen die *Heilung* körperlicher Gebrechen im Vordergrund; und hier nochmals: es gibt die „Gnadengaben der Heilungen" von der Schrift her, aber nicht jede Heilung ist schriftgemäß. Stellt euch einmal vor, dass GOTT Menschen eine Krankheit schickt, um sie dadurch auf ihren Sündenzustand aufmerksam zu machen (was ja zeugnishaft häufig geschieht), oder um Christen in ihrem Glauben zu prüfen. Einige dieser Menschen kommen nun in eine Heilungsveranstaltung und werden dort im „turn" geheilt und finden das „fantastisch, cool oder toll", und gehen dann zufrieden nach Hause. Frage: Hat diese Heilung und dieser Heiler nun GOTT gedient oder nur den Menschen? Sie werden mit ihrer Heilung verloren gehen, wenn sie nicht zu CHRISTUS kommen mit ihren Sünden (= Ursachen), sondern nur mit ihren Krankheiten (= Folgen).

Heilungsshows und Schauwunder

„Heilungsveranstaltungen, Heilungswunder, Heilungsevangelisten" – die Masse sucht nicht Sündenvergebung, sondern „Gesundheit"; hier liegt ein beinahe unbegrenzter Markt nicht nur für die Pharmaindustrie, sondern auch für die religiöse Dimension. Im letzteren passieren hier die sichtbaren Resultate und Manifestationen, und Gesundheitsbedürfnisse werden oft spontan erfüllt. (Übrigens gibt es den Begriff und den Dienst eines „Heilungsevangelisten" nicht in der Schrift). Die Sternstunde der Heiler, Traumdeuter und Propheten ist mit dem humanistisch-mystischem Element in der New-Age-Strömung vor allem auch in das christliche Spektrum eingedrungen. Der charismatische Mix vereinigt katholische Kontemplation und Tradition, fernöstlichen Brahmanismus und Buddhismus, Astrologie und Theosophie, Evolution und kosmisches Bewusstsein, Voodokult und schamanisch-okkulte Technik (Visualisieren) zu einer Supergnostik! Es fließt tatsächlich eine magische, universelle Energie in die `christliche` Nutzbarmachung mit ein! R. Schuller & Co. sind Vertreter dieser Neugeistideologie, deren geistig-dämonische Transmission sie selbst ergriffen hat und dirigiert. Und Menschen, die sich von solchen christlichen Magiern behandeln lassen, kommen mit unter einen dämonischen Einfluss! Es ist ein todernstes Gebiet! Wahre Christen, die mit einer wahren Heilungsgabe im biblischen Rahmen dienen, werden sich niemals zu diesen Praktiken von charismatischen Scharlatanen und zu Herausforderungen eines wundersüchtigen Publikums hinreißen lassen.

Ich zeigte meiner Frau ein Glanzprospekt mit abgebildeten Menschenmassen und Zeugnissen von geheilten Menschen samt dem berühmten Heilungsevangelisten, und ich fragte sie, ob ihr etwas auffällt. Spontan sagte sie: *„Warum* *macht dieser Mann so eine riesige „PR“ aus dem Ganzen?“* Ja, warum? Hat CHRISTUS oder haben Seine Apostel überall Werbeplakate aufgeschlagen, ihr Portrait plakatiert und um Geld gebettelt, damit sie ihren Auftrag ausführen können? Ist denn der HEILIGE GEIST nicht mehr in der Lage, Menschen zu bewegen ohne menschliche Mittel? Wie waren die echten Erweckungen im 17. 18. 19. Jahrhundert? Wie war und ist die Erweckung im Zulugebiet in Kwa Sizabantu heute? NIEMAND musste dort Publicity machen, der Geist GOTTES trieb und erfasst die Menschen in nah und fern! Dieses Feuer allerdings scheidet, verzehrt, läutert und reinigt, weil es der HEILIGE Geist ist! Da ist es dann mit der Publicity und Selbstdarstellung zu Ende! Sünde kann sich nicht mehr verbergen! Wahre Wunder geschehen nach Bereinigungen! Im Gegensatz dazu werden heute große Gebiete mit kostenintensiven und medienwirksamen Strategien auf eine Großevangelisation vorbereitet, dann kommt der Evangelist samt Team und Beschallungsanlage, und los geht's. Im entsprechenden Internetreport heißt es dann for example: *„Die Vorbereitungen wurden von Katholiken und allen Denominationen gemeinsam durchgeführt; der Feldzug war eine Kombination mit einem großen Hilfsprogramm zugunsten der katastrophalen Finanzkrisensituation; die ganze Nation feierte zum gegebenen Anlass der Großevangelisation 1000 Jahre Christenheit (wohl katholische), und die Katholiken wählten das Thema aus“* (Über röm.-kathol. Beiträge haben wir schon referiert).

Wir haben weiter vorne von der Vereinbarung gelesen, die Evangelikale mit Katholiken getroffen hatten und die u.a. beinhaltet, dass nunmehr Katholiken (aufgrund ihrer Religion) auch Brüder „in Christus“ sind und nicht mehr missioniert bzw. evangelisiert werden dürfen! Und jetzt begeistert dieser Internetbericht über ein gemeinsames Unternehmen und Fest mit diesen \`Brüdern\` aus der röm.-katholischen Kirche?! Vergleichend dazu hätte der HERR die Gemeinden Thyatira, Philadelphia und Laodizea unterschiedslos mit gleichem Lob überschütten müssen – DAS TAT ER NICHT! Diese künstlich produzierten Großevangelisationen beeindrucken mich wenig, sie berühren einfach nicht mein Herz, obschon viel Einsatz und gute Motive damit verbunden sind. Dieses Heischen nach Wundern und finanziellen Gaben überzeugt mich in keiner Weise; es ist ein Widerspruch zur biblischen Wahrheit und zu den Zeugnissen echter Erweckungen! Nur GOTT weiß, wie viele von den Menschen in den Massenversammlungen wirklich mit IHM in Berührung und zu einer wahren Neugeburt kommen; auch hunderttausend Nieten sind noch kein Ganzes. Ich konnte die Glaubensschwester «Elisabeth», die mit *60 Jahren* von GOTT den inneren Auftrag bekam, im Odenwald (Hessen BRD) ein Missionsheim zu bauen; sie hatte aber weder das Geld noch die nötige Erfahrung dazu. Sie betete nur: *HERR JESUS, wenn das von Dir ist, dann sorge DU auch für die nötigen Mittel* – und es geschah!

Trotz vieler Widerstände (auch der Nachbarn des großen Grundstücks) wurde das Wirklichkeit, was sie im Geist „gesehen und gehört“ hatte. Es entstand ein Millionenprojekt aus Altenheim und Freizeithäusern mit allem was dazugehört an Personal und Diensten! Tausenden ist dieser Ort bisher zum Segen geworden – nur hat diese gesegnete Schwester niemals *einen* Bettelbrief oder Spendenaufruf geschrieben, weil GOTT ihr Auftraggeber war! Sie war aber eine „Beterin“ und Mutter in CHRISTO! Und das ist kein Einzelfall. Ein Diener GOTTES ist immer von *IHM* abhängig, nicht von Menschen!

Ein alt gedienter, erfahrener, geliebter und geschätzter Bruder und Ältester einer Gemeinde in Deutschland rief mich an und erzählte mir, dass einer seiner Söhne, der Gemeindeleiter einer charismatischen Gruppe war, nicht mehr konnte und mit einem geistlich-psychischen burn-out ausgestiegen ist. Es gibt viele Geschädigte, welche Opfer der pfingst-charismatischen Bewegung wurden und werden; nicht nur jene, die nicht geheilt wurden (oder geheilt werden konnten), sondern auch Gläubige, die in einem Leitungsteam permanent mit dem Anspruch von „Handauflegungen für Heilungen oder Austreibungen“ konfrontiert werden und diesen mörderischen Erwartungsdruck nicht erfüllen können! Entmutigt, verletzt und depressiv genervt bleiben viele auf der Strecke; auf *jeden* Fall sind sie glaubensmäßig geschädigt! Sie verdienen großes Erbarmen, und GOTT wird sie nicht fallen lassen! Aber sie sind nicht ganz unschuldig an ihrem Versagen, denn Christen haben nur Vollmacht als Willensvollstrecker GOTTES, wenn sie in Treue zum Wort und mit ihrem Leben aus dem Wort handeln, d.h. nicht „sich selbst und aus sich selbst“ dienen. Erst wenn wir uns „unter“ das biblische Wort stellen, sind wir befähigt, „auf“ Sein Wort hin zu handeln. Genau das ist bei den allermeisten `Charismatikern` nicht der Fall, und darum konnten charismatische Neuheiten aus einer fremden Inspiration in die pfingstcharismatischen Versammlungen eindringen, die dazu verleiten, „irgendetwas“ programmgemäß zu tun, ohne dass es dafür eine göttliche Leitung und Legitimation gab oder gibt.

Wir sehen also, dass dieses gefährliche Manko an biblischer Belehrung und Unterweisung ein Vakuum schaffen kann, in welchem dann die fromme Seele wirkt und im schlimmeren Fall noch betrügerische Geister mit ihrer Inspiration hinzukommen – hier gibt es kein neutrales Gebiet! Wenn aber durch Essen des biblischen Wortes, durch Gemeinschaft, Verkündigung und Belehrung unsere Sinne geübt werden und wir Seele und Geist unterscheiden können (weil die in uns geschieden werden- vgl.Hebr.4,12), können wir klarer sehen und gewinnen Durchblick wie geschrieben steht: **„Wie süß sind meinem Gaumen deine**

Worte, mehr als Honig meinem Mund! Aus deinen Vorschriften empfange ich Einsicht. Darum hasse ich jeden Lügenpfad!“ (Psalm 119, 103+104; vgl. Jerem.15,16). Und wie siehts mit dem Leben aus? Der Apostel Paulus gibt hier die Kriterien, die prüfbar, also transparent sein sollen: **„In der Lehre, in der Lebensführung, im Vorsatz, im Glauben, in der Langmut, in der Liebe, im standhaften Ausharren.“** (2.Tim.3,10). Mit anderen Worten: nicht das, was eine telegene Person an Worten oder auch Wundern aufweist sind *der* entscheidende Faktor und das Kriterium, sondern das Leben dieser Person und die Quelle, aus der ihr Handeln kommt.

Merksatz: es gibt Heilungen, aber nicht jede Heilung ist von GOTT gewirkt; und es gibt im charismatischen Raum die große Gefahr der Akzeptanz des Antichristen aufgrund ihrer unterschiedslosen Akzeptanz von Zeichen und Wundern und religiösen Credos!

Wir wollen abschließend einige Charakteristika und Eigenschaften von Erfolgsmenschen, ob im profanen oder charismatischen Gewand, aufzeigen. Da ist die **Begierde** (sie zeigt sich in Geltungssucht, Machtausübung, autarkem Verhalten). Da ist die **Habsucht** (sie zeigt sich besonders in Geld und Besitztum). Da ist die **Lüge** (sie zeigt sich im **Betrug,** wie auch im Vertuschen eines Misserfolges oder Angaben falscher Wunder). Da ist häufig ein **Doppelleben** (es zeigt sich in einer überfrommen Zurschaustellung nach außen und im ausschweifenden geheimen Leben). Dieses Schema gilt hauptsächlich für jene Personen, die in einem „getriebenen Geist“ dem öffentlichen Erfolgscharakter und Image entsprechen wollen oder müssen. Wir haben es mit falschen Propheten, Heilern, Christussen und Traumdeutern zu tun. Zu erwarten und bereits wirksam ist nach der Heiligen Schrift in den allerletzten Tagen 1) eine antichristlich-pseudoprophetische Bewegung, 2) eine Wunder- und Zeichen- Bewegung (die von echten Gnadengaben zu unterscheiden ist), und 3) eine Flut bibelfremder, dämonischer Lehren im christlichen Gewand. Aufklärung dazu gibt uns das Schwert des Geistes in Matt.7+24, in den Timotheusbriefen, im 1.Johannesbrief, 2.Petrusbrief und im Judasbrief. Das was an charismatischen Inhalten mit der New-Age-Strömung übereinstimmt, ist Teil dieser drei Bewegungen bzw. Richtungen, die eine gemeinsame Spiritualität und ein gemeinsames Ziel haben – IMITATION+VERFÜHRUNG!

Jenen Charismatikern heute, die ohne Sensibilität und Geistesunterscheidung nach Programm arbeiten, geht es primär um Zeichen und Wunder und um große Worte, um „Heilungsshows und Schauwunder“ und natürlich um Prestige und Geld. Fast ist es schon egal, woher übernatürliche Phänomene kommen – wenn nur der `Beweis` eines Wunders eintrifft. Bietet der Teufel eines an, z.B. aus Steinen Brot zu machen, jubelt das pfingst-charismatische Lager: „preis dem Herrn, wir haben eine wunderbare *power*Gabe und machen Brot aus Steinen.“ Oder da sind die bekannten Konferenzredner und Evangelisten, die scheinbar den Geist GOTTES dirigieren, wie und wo er wehen soll, die große Erweckungen prophezeihen, die dann aber ausbleiben. Der kommende falsche Prophet allerdings *wird* große Feuerzeichen vorweisen (vgl.Offb.13,13f). Charismatische Erfolgsmenschen können mit ihrem Charisma die Massen in euphorische Stimmung und eine passive Erwartungshaltung versetzen, womit sich Einfallstore für suggestive und dämonische Aktivitäten öffnen. Dort, wo mit solchen Methoden und zusätzlichen Showeffekten, Scheinwerfern und Unterhaltung gearbeitet wird, werden Menschen bewusst in eine unnüchterne Haltung gebracht und verführt. JESUS CHRISTUS sagte: **„Wenn dann jemand zu euch sagt: Siehe, hier ist der Christus, oder dort! So glaubt es nicht!“** (Matt. 24,23). Hier und dort finden diese pseudochristlichen Heilungs- und Prophetenversanstaltungen statt. In Matthäus 24 werden wir auch aufgefordert, gar nicht erst hinzugehen. Eine echte Evangeliumsveranstaltung unterscheidet sich grundsätzlich von solchen „Pseudo und Show“- Veranstaltungen!

Geschrieben steht: **„Deine Propheten schauten dir Trug und Tünche; und sie deckten deine Schuld nicht auf, dein Geschick zu wenden, sondern sie schauten dir Aussprüche zu Lüge und Verführung. Siehe, ihr verlasst euch auf Lügenworte, die nichts nützen. Wie? Stehlen, morden und Ehebruch treiben, falsch schwören, dem Baal Rauchopfer darbringen und anderen Göttern nachlaufen, die ihr nicht kennt! Und dann kommt ihr und tretet vor mein Angesicht in diesem Haus, über dem mein Name ausgerufen ist, und sagt: Wir sind errettet, - um all diese Greuel weiter zu verüben! Ist denn dieses Haus…eine Räuberhöhle geworden in euren Augen? Doch ICH, siehe, ICH habe das alles gesehen, spricht der HERR.“** (Klagel.2,14; Jerem.7,8-11).

Eine Welle nach der anderen

„So spricht der Herr, HERR: Wehe den törichten Propheten, die ihrem eigenen Geist nachgehen und dem, was sie nicht gesehen haben! Sie schauen Nichtiges und Lügenwahrsagung, die da sagen: >Ausspruch des HERRN< obwohl der HERR sie nicht gesandt hat; und dabei erwarten sie, dass Er ihr Wort eintreffen lässt. Habt ihr da nicht ein nichtiges

Gesicht geschaut, und habt ihr nicht Lügenwahrsagung gesprochen, als ihr sagtet: >Ausspruch des HERRN< wo ICH doch nicht geredet habe? – Ihr aber, hört nicht auf eure Propheten, auf eure Wahrsager, auf eure Träumer, auf eure Zauberer und auf eure Beschwörer…ICH habe gehört, was die Propheten reden, die in Meinem Namen Lüge weissagen und sprechen: Mir träumte, mir träumte! Der Prophet, der einen Traum hat, erzähle den Traum! Wer aber Mein Wort hat, rede Mein Wort in Wahrheit! Was hat das Stroh mit dem Korn gemeinsam? Spricht der HERR. Die Propheten weissagen Lüge in Meinem Namen. ICH habe sie nicht gesandt und sie nicht beauftragt – auch nicht zu ihnen geredet. Sie weissagen euch Lügengesicht, Wahrsagerei, Nichtiges und den Trug ihres Herzens!“ (Hesek. 13,3.6.7; Jerem.27,9;23,25.28; 14,14).

Was die selbsternannten Propheten und ihre Bewegungen heute angeht, stimme ich gerne mit Roger Stronstad überein, der feststellt: *„Propheten sind leichtgläubig, absurd, gotteslästerlich, ausbeuterisch. Sie beschäftigen sich mit neuen Bibelauslegungen, Heiratsplänen, finanzieller Prosperität und Karriere. Wie Bileam stellen sie ihre Gabe in den Dienst von Geld und Macht; alles wird trivialisiert und kommerzialisiert. Sie sind individualistisch, selbstbezogen und narzißtisch. Sie verkaufen und vermieten ihre Datenbanken als Geldevangelisten.“* (Eröffnungsvortrag der Society of Pentecostal Studies, Wheaton College 1994). Ja, diese Gaukler sind Wahrsager, Träumer Zauberer und Beschwörer, wie GOTTES Wort es sagt. Zusammen mit den \`Heilungsevangelisten\` plündern sie in dieser „letzten Stunde“ der letzten dreißig Jahren systematisch die Leichtgläubigen erbarmungslos aus! Sie bauen sich protzige Kathedralen, fahren teure Autos oder fliegen gar Jets, (das Ehepaar Kenneth und Gloria Copeland for example unterhält ihren eigenen Flugplatz mit sieben Flugzeugen und einem Jahreseinkommen von 100 Millionen Dollars, gespendet und gemolken von 386.000 Partnern ihres „Missionswerkes“). Sie sind je nach *Lifestyle* luxussüchtig, arrogant, Homosexuelle oder Hurer und dem Alkohol und anderen Lastern verfallen und plappern von Träumen und Visionen. Sie sind Diebe und Räuber und fressen die Häuser der Witwen; sie melken ihre Anhänger und belügen ihr Publikum! Einmal stand ich in einer deutschen Stadt vor so einer prächtigen und immens teuren Kathedrale, von denen es in den USA weit größere gibt und fragte GOTT, ob das Sein Werk sei, denn der Erbauer der Kathedrale war ein bekannter pfingst-charismatischer \`Heilungsevangelist\`. Nach einer Weile bekam ich klar ein Wort, das meine dringende Frage beantwortete: **„Apostelgeschichte 17,24!“**

Diese Traumdeuter und falschen Propheten sind wie die Füchse, die zwischen den Ruinen herumschleichen; der Schaden im Volk GOTTES berührt sie dabei keineswegs – sie sagen: „Friede", verkünden ihre eigenen Traumgesichte (Phantasien), nehmen ihre fetten Kollekten und ernten Beifall für ihre therapeutischen Aussprüche. **„So spricht der Herr, HERR: Wehe den törichten Propheten, die ihrem eigenen Geist nachgehen und dem, was sie nicht gesehen haben! Denn von ihrem Kleinsten bis zu ihrem Größten machen sie alle unrechten Gewinn. Deshalb, ja deshalb, weil sie mein Volk irreführen und sagen: Friede! Obwohl kein Friede da ist – und baut es eine Wand, siehe, sie bestreichen sie mit Tünche – Sie soll fallen! Darum, so spricht der Herr, HERR: Weil ihr Nichtiges redet und Lüge schaut, darum, siehe, will ICH an euch, ist der Ausspruch des Herrn, HERRN. Und ICH werde meine Hand gegen die Propheten ausstrecken, die Nichtiges schauen und Lüge wahrsagen. Im Kreis meines Volkes sollen sie nicht sein!" (Hesekiel und Jeremia).**

In den Klageliedern klagt GOTT gegen die Lügenpropheten, die nie die Schuld des Volkes aufdecken, sondern es betrügen mit Halluzinationen und falschem Frieden. Das genau ist auch der Habitus heutiger `Träumer und Propheten` und einer der markanten Unterschiede zu wirklichen Propheten GOTTES, die in Seinem Ratschluß sind. Während Pseudopropheten und Traumdeuter nur Gutes erzählen, decken Knechte des HERRN Sünde und Schaden auf, was zum Heil und Segen führt! Ihnen geht es zuerst um die Wiederherstellung der Beziehung zum HERRN; den törichten `Propheten` aber geht es um eigenes Ansehen, Heilung des Leibes und Prosperität. Die irdische Bedürfnisspirale ist ihr Arbeits- und Absatzmarkt.

Im Zuge der 2. Welle der Charismatischen Bewegung wurden sie populär und benützen nun die dritte Power-Welle, wo die biblische Wahrheit einer kosmischen und moralischen Dualität gewichen ist. Es sind moderne Gnostiker mit erfolgreichen spirituellen, suggestiven Methoden, denn die Menschen lieben den Zauber und die Illusion und sie hassen die biblisch entblößende Wahrheit (vgl. 2.Tim.4,4; Joh.3,19-21). Lieber eine angenehme Lüge als die unangenehme Wahrheit, doch damit befinden sich beide, Verführer und Verführte im Gerichtsfeld von 2. Thessalonicher 2,10-12! Entweder befinden wir uns in der Abhängigkeit von CHRISTUS oder außerhalb davon in der unerlösten Natur oder im dämonischen Spielfeld sündhaften Fleisches. In dieser Sphäre außerhalb von CHRISTUS haben diese Heiler, Träumer und Propheten Hochkonjunktur, auch wenn die finanzwirtschaftliche Konjunktur in den Keller geht. Und immer mehr ahne ich den Schrecken der Worte JESU im Gerichtstribunal zu diesen Menschen: **„ICH habe euch niemals gekannt. Weicht von mir, ihr Übeltäter!“** (Matt.7,23)

„HERR, *DU hast denen, die Dich fürchten, ein Banner gegeben, dass sie sich erheben um der Wahrheit willen, und „wir wollen jauchzen über Dein Heil und das Banner erheben in Deinem Namen, im Namen unseres GOTTES!“ (Ps. 60,6; 20,6). Wenn der Feind kommt wie eine Flut, wird der Hauch des HERRN ihn in die Flucht schlagen, und der* Geist des HERRN *wird aufrichten einen* Maßstab und ein Banner - Dein Wort, O HERR, *ist der Maßstab und Du Selbst bist unser Panier!“ Amen.*

KAPITEL 3

Wenn aber kommt das Vollkommene – *(griechisch* **„hotan de elthe to teleion„***)*

In der griechisch-englischen Interlinear Übersetzung heißt dieser Text: „but when may come that which is perfect“ (1.Kor.13,10). Darüber wollen wir anschließend sprechen. Zuvor lasst uns eine Dimension und Absicht von JESU Kommen und Seinem Geist betrachten. Es steht geschrieben: **„Ihr dürft kein fremdes Räucherwerk auf ihm (dem Altar) darbringen“ (2.Mose 30,9a). „…und brachten fremdes Feuer vor dem HERRN dar, das ER ihnen nicht geboten hatte. Da ging Feuer vom HERRN aus und verzehrte sie.“ (3.Mose 10,1b.2a). „ICH bin gekommen, Feuer auf die Erde zu werfen.“ (Lukas 12,49a).**

Das Feuer, das GOTT, der HERR, zur Läuterung und Reinigung sendet, ist heilig! Es ist der HEILIGE GEIST! Das „Geheiligt werde Dein Name, Dein Reich komme, Dein Wille geschehe“ ist Offenbarungswille Seiner furchtbaren Hoheit, die ein verzehrendes Feuer ist! (vgl.Hebr.12,29). Bei IHM sind die ewigen und heiligen Gluten. Wer die ersten Kapitel in den Propheten Jesaja oder Hesekiel oder der Offenbarung des Johannes liest, wird mit einer völlig anderen als der unseren Dimension konfrontiert, weil DORT die „Dimensionen“ aufhören und es kein oben, unten, hinten oder vorne mehr gibt, sondern ein ineinander greifendes *RÄDERWERK* heiliger Wesen, Engel, Throne und Erscheinungen; das, was in der „Mitte“ ist, ist zugleich „um diese Mitte herum“, und was „innen ist“, ist zugleich auch außen. Es sind mit menschlichen Worten der *Seher* beschriebene Visionen von himmlischen Tatsachen! Menschen aus den Erweckungsgebieten der Erde bezeugen uns, wie heilig GOTT sich an denen erweist, die IHM nahen! Sein Feuer deckt alles auf! Niemand kann sich bei Seinen Gluten in Seiner Gegenwart mit sündigem Wesen verbergen oder ein frommes Schauspiel machen! Erlo Stegen sagt als authentischer Zeuge der Erweckung in Südafrika, dass GOTTES LICHT nicht nur unsere Blätter oder Früchte (die Taten) durchleuchtet, sondern auch den Stamm unseres Lebensbaumes (unser Wesen) mit den Wurzeln (alles Verborgene). Das ist ident mit der Botschaft der Bibel. Sollte ER, der Dreimal Heilige, weniger tun in einer von IHM gewirkten Erweckung?! GOTTES Licht deckt auf, nicht zu – aber dann deckt Seine Liebe alles zu aufgrund des SÜHNOPFERS JESU! DANK UND RUHM! Wenn wir nun einmal in diese geistlichen Wirklichkeiten hineinschauen dürfen und von dort herab auf die Spielereien im evangelikalen und pfingstcharismatischen Lager, kann es uns schaudern! Es schaudert uns vor Pseudogaben, Verführung und unechten Gläubigen, aber auch vor der Ablehnung, Undifferenziertheit und gar Bekämpfung „echter Gnaden- und Geistesgaben“ und Dienste, die GOTT gegeben und eingesetzt hat - wie ER will!

Ein starrer Dispensationalismus besagt, dass die Geistesgaben (Charismata) nach Vollendung des biblischen Kanons aufgehört haben. Diese lieben Geschwister haben es schwer mit der Einordnung und Reihenfolge von Geistesgaben und einer neutestamentlichen Chronologie. Manchmal werden gläubige Dispensationalisten *ziemlich* emotional, wenn sie von Erfahrungen von echten (also nachprüfbaren) Heilungen hören, die ihren Unglauben diesbezüglich ins Wanken bringen. Jemand sagte: *„Sie möchten nicht, dass diese Dinge geschehen, denn das würde die religiöse Ordnung in ihrem Leben stören.“* Sie bleiben bei dem Leitsatz: *„In CHRISTUS hat GOTT uns alles geschenkt“*; aber „alles“ includiert dann auch alle Gaben des Geistes! Denn wie soll die Baustelle eines großen Hauses funktionieren, wenn den „Arbeitern“ keine „Werkzeuge“ und „Baugeräte“ zur Verfügung stehen, obwohl diese im „Planungsbüro“ vorgesehen sind? Oder wie soll denn der Leib des Menschen ohne Augen, Ohren und die anderen Sinne und Organe leben und funktionieren können, obschon er als *ganzer Mensch* bezeichnet wird?

„Wir brauchen NUR Jesus“ und haben alles in IHM“, hört man sie proklamieren. Aber was ist das für eine seltsame Proklamation – ein Beispiel: Da gibt es einen sehr bekannten hervorragenden Arzt und Spezialisten, und die Leute sagen: „Wir brauchen NUR diesen Arzt“, das genügt. Und sie gehen zu ihm, und er verschreibt ihnen Medikamente samt Anwendung. Aber: Nein nein, die Medikamente brauchen wir nicht, wir brauchen NUR den Arzt, das genügt uns, sagen sie. Das zeigt ein großes Problem auf, basierend auf mehreren Fehlschlüssen.

Wer bist du, der du deinen „Bruder“ richtest? (Römer 14)

Ich kenne und schätze kostbare Brüder aus den Reihen der Dispensationalisten, die ich <u>darum bitte</u>, ihre Einstellung, Unsicherheit und Kritik gegenüber den biblisch-identen Charismen zu überprüfen; <u>unechte</u> Gaben habe ich oben thematisiert. Ich habe an dieser Stelle aber ein ernstes Wort der Ermahnung an die unter „den Brüdern“ zu richten, die in Internetforen und anderen Veröffentlichungen so unqualifiziert und lieblos andere Gläubige in CHRISTUS abqualifizieren und richten; ihr zeigt sogar den Ungläubigen, dass ihr Kamele verschluckt und Mücken aussiebt und gebt ihnen Grund zum Lästern. Unterlaßt das und bedenkt, dass ihr Unrecht tut mit der ungeschärften Klinge eures eingeschränktes

Wissens. Ihr könnt wohl Wunden schlagen, doch was geistgeleitetes Zurechtbringen ist, ist euch ziemlich fremd! Ihr richtet, wollt selbst aber von niemand gerichtet werden! Der Nimbus, mit dem ihr euch umgebt, zeugt gegen euch und zeigt eure vergiftete Gesinnung! Sollte jemals so Gemeinde gebaut werden? Ihr fügt zu den korinthischen Verhältnissen nur eine weitere Partei hinzu; wißt ihr nicht, dass viel Fremdkritik und Richten nur den eigenen adäquaten Zustand zeigen? Wer so viel und unqualifiziert „Brüder" richtet, der hat mit Sicherheit unbereinigte Schuld auf dem eigenen Konto!

Gärtner müssen wir sein, nicht solche Holzfäller, die sich über jeden abgesägten Baum freuen. GOTT freut sich nicht mit euch! Wer hat euch so behext? Kehrt um, Brüder und tut Buße. Sonst werdet ihr nur das Wort des HERRN in Matthäus 24,10 erfüllen! Bedenkt, so wie ihr wahllos andere oft wegen geringfügiger Irrtümer richtet und tötet, so ist euer Irrtum auch anderen offenbar, und so werdet ihr selbst vom HERRN gerichtet werden! Und wenn andere euch genauso behandeln würden bis zur Aberkennung der Bruderschaft, gäbe es bald keine Gläubigen mehr in euren Reihen! So tut ihr nicht recht, Brüder, und diese Weisheit ist nicht von oben, sondern irdisch, dämonisch, teuflisch. Lest bitte Jakobus 4,11+12+5,9. Die Autorität, die ihr euch anmaßt, war und bleibt berufenen Aposteln und Propheten in der Schrift vorbehalten, und solche Dienste in der Gegenwart lehnt ihr ja ohnehin prompt ab. Aber die Güte unseres gnädigen GOTTES leitet uns immer noch zur Buße und Umkehr – Nutzt sie, und betet für die Irrenden und für euch selbst!

Unsere Auslegung darf nicht nur *unserem* eigenen Erfahrungshorizont entsprechen, und Heilungen, prophetisches Reden (Weissagung), Erkenntnisse und sogar Sprachenreden werden bei grundsätzlicher Ablehnung auch nicht eintreffen, d.h. wer auch die echten Geistesgaben ablehnt (aus welchem Grunde auch immer), wird sie auch nicht empfangen, weil GOTT niemand etwas aufdrängt. Aber *„jeder Bittende empfängt"*, so stets geschrieben! Und so werden Gnadengaben des Geistes von denen erfahren und praktiziert, die sie im Glauben aus dem Wort annehmen und dabei *nicht* auf einer charismatischen Welle schwimmen. Der lapidare Satz: *„Alle charismatischen Geistesgaben sind von unten"* ist „dumm" und kein glaubwürdiges Zeugnis, sondern eine gefährliche Aussage und Schwäche und ist ein Sakrileg, das den Geist CHRISTI hindert, Seine Gemeinde zu bauen und zu vollenden! *Bitte bedenkt das*, aber über Meinungen will und werde ich nicht streiten, auf *diese* Ebene wollen wir uns nicht begeben, sondern Sein Friede soll uns leiten!

Wir werden in dieser Betrachtung verschiedene Zeugen mit hineinnehmen und allem das Wort GOTTES zugrunde legen. Prof. Samuel. R. Külling schrieb: *„Viele geben sich mit Recht nicht damit zufrieden, sich nur warnen zu lassen vor dem angeblichen >Geist von unten< oder davor, dass die Gemeinde unterwandert oder gespalten werde durch Glieder, die sich positiv zu den Geistesgaben stellen, sondern fragen, was die Bibel dazu sagt. Das ist allein maßgebend. Wer nicht die Bibel befragt und wer sich hier nicht an die Bibel hält, der treibt innere Bibelkritik. (…) Denn wenn wir die Bibel äußerlich verteidigen wollen, wesentliche Teile davon aber unterdrücken, abwerten, streichen, unterbewerten oder ignorieren, treiben wir genauso Bibelkritik wie die Kritiker, die die Bibel als göttliche Offenbarung in Frage stellen. Das ist innere Bibelkritik. Und wenn man sich von Menschen, die auch Glieder am Leibe Jesu Christi sind, trennt oder vor ihnen warnt, nur weil sie positiv zu den biblischen Geistesgaben stehen, spaltet das den Leib Christi (1.Kor.12,12-26). Im Grunde weist man dadurch auch die mancherlei Gaben ab, die uns nach der Gnade von GOTT gegeben sind (Röm.12,4-6). Damit wird der Geber dieser Gaben Selbst zurückgewiesen. Dadurch stellt man sich auch gegen die Bitte Jesu im hohenpriesterlichen Gebet >* **auf dass sie alle eins seien, gleichwie Du, Vater, in mir und ich in Dir** *< (Joh.17,21), die sich nach dem Kontext auf alle Gläubigen bezieht."*

Weissagung, Wort der Weisheit, Wort der Erkenntnis

Bevor wir das *VOLLKOMMENE* in 1.Kor.13,10 betrachten und im Zusammenhang damit die Frage, ob gewisse Gaben und Dienste des HEILIGEN GEISTES nur für eine begrenzte Zeit oder bis zum Ende des Zeitalters gegeben sind, möchte ich anhand *von drei Redegaben* die gewichtige Notwendigkeit der Gnadengaben aufzeigen. Voran die Weissagung (prophetische Rede, *propheteia*) – 1.Kor.12,10. (vgl.14,6.22; 1.Thess.5,20; 1.Tim.1,18; Offb.11,6; 22,10.18).

Es ist eine Geistesgabe, die befähigt, zum Aufbau der Gemeinde zu reden mit Stärkung, Ermahnung, Tröstung, Orientierung. (Also sie ist mehr als ein kleines Zeugnis abzugeben nach dem Motto: gestern verlor ich meinen Schlüsselbund, und heute habe ich ihn wieder gefunden). „Weissagen" ist nicht nur ein Zukunftsdeuten, es ist ein *„Weitersagen"* dessen, was CHRISTUS im Himmel bewegt, und was ER *JETZT* durch den Geist in die Gemeinde hineinsprechen will. Die Übermittlung und das Weitersagen geschieht auf dem vorgezeichneten Weg der Schrift, wo nicht der menschliche Wille eine Weissagung hervorbringt, **„sondern von GOTT her redeten Menschen, getrieben vom HEILIGEN GEIST."** (2.Petr.1,19; vgl. Apg.11,27-30; 21,10.11). Und genau darum bringt diese Gabe als unmittelbare Geisteswirkung eben „keine neue" Offenbarung zusätzlich zum geschriebenen Wort! Inhaltlich ist sie eine Deutung von Menschen, eine Auslegung von GOTTES Wort als „Licht, Überführung oder situatives Wort."

Sie wird verschieden bezeichnet: „Rede aus Eingebung" (Zürcher); prophetische Rede (Interlinear); Prophezeihung (Elberfelder); Offenbarungsbotschaft (bei Schlachter). Dennoch ist sie keine **direkte** Inspiration, sondern indirekte; denn neutestamentliche Prophetie ist nicht wesengleich mit alttestamentlicher! Im AT legte der HERR Sein Wort „in den Mund" Seiner Propheten; im NT legt ER entweder ein schon geschriebenes Bibelwort oder einen Eindruck „in das Herz" des prophetisch Begabten, und der Weissager spricht es hernach nicht in absolut unfehlbaren Worten, sondern in der ihm eigenen Formulierungsmöglichkeit aus. Im AT sprach GOTT *„durch"* den Propheten, im NT spricht ER *„zum"* Propheten oder prophetisch Begabten. Ist es aber ein geschriebenes Bibelwort, das „durch den Geist" auf eine gegenwärtige Situation hin gegeben wurde, darf er sagen: *„Es steht geschrieben"*, oder *„der HERR sagt in* (es folgt die Angabe der *Schriftstelle und ihr Text*; danach folgen kurze, erklärende Gedanken)." Die Formulierung „So spricht der HERR" darf nur zulässig sein, wenn sie direkt aus dem Bibeltext als Zitat übernommen ist; (vergleichen Sie dazu die vielen situativen Beispiele in diesem Buch). „Prophetie" in der „Ich-Form" von „Ich, Jesus, sage euch usw." gibt es im Neuen Testament *NICHT* **!**

Die überragende Bedeutung dieser Geistesgabe liegt im unmittelbaren Sprechen des HERRN durch Eingebung zu Seiner Gemeinde oder zu einzelnen Gliedern, wodurch Menschen in die unmittelbare Gegenwart GOTTES geführt werden. HALT, nochmals, bevor jetzt Kanonen losgehen; ihr könnt sie wieder entladen! Die Gabe der Weissagung ist KEINE Hinzufügung zu den abgeschlossenen biblischen Weissagungen! Sie ist kein autoritatives Sprechen einer `neuen Offenbarung` – Niemals! Sie kann und will auch nicht Ersatz für Lehre und Belehrung sein. Die neutestamentliche *GABE* der Weissagung erbaut und überführt in Übereinstimmung mit den biblischen Prinzipien – darin liegt ihr legitimer Rahmen, denn sie wird ja geprüft! (1.Kor.14,29). Sobald Weissagung über die Lehre der Schrift hinausgeht, ist sie schon falsch! Darum wurden ja die Propheten des AT in den Kanon aufgenommen, während im NT außer der Offenbarung des Johannes keine anderen prophetischen Reden von Christen kanonisiert wurden, da *diese nur zur Auslegung und Erbauung*, aber nie zur Ergänzung der Schrift dienen; denn der Kanon des NT kann und wird *NIE* erweitert werden!

Wir müssen also keine unsinnige Angst vor Weissagung haben, wenn sie von nüchternen wiedergeborenen Menschen weitergegeben wird und von geistlichen Menschen im Rahmen der Schrift geprüft wird, denn gerade diese wertvolle Gabe deckt Vieles auf, was der Teufel gern zudecken würde, und leitet, wo der Feind uns Hindernisse in den Weg stellt. Das NT zeigt, dass die Gabe der Weissagung Verborgenes aufdeckt (vgl. 1.Kor.14,24.25); sie kann prinzipiell von allen Gläubigen ausgeübt werden, sofern diese wie die Schrift sagt, eifrig danach streben, d.h. ein geheiligtes und geordnetes Leben führen und mit gesundem Eifer „reich werden wollen" zur Erbauung der Gemeinde.

Durch ihre Unmittelbarkeit und Spontanität bringt die Weissagung geistliches Leben, göttlichen Zustrom und Klarheit, was der Bibelbuchstabe und die Lehre allein nicht schaffen. Die Weissagung betrifft nicht nur das Zukünftige und Vergangene, sie stellt besonders die Gegenwart ins Licht des Wortes GOTTES und gibt Klarheit bei Entscheidungen. Durch diese Gabe zeigt bzw. sagt GOTT der Gemeinde, was sie „jetzt" braucht oder was zu tun ist oder ER deckt etwas Verborgenes auf. Weissagung wird ermahnend, ermunternd, anweisend sein, indem sie z.Bsp. eine Bibelstelle so in die Gegenwart stellt, dass es eine Information oder eine Wegweisung ergibt oder eine Überführung des Gewissens – dass es eben insgesamt auferbauend ist. Es ist derselbe Geist, der die Schrift inspiriert und eingegeben hat, der sie auch durch Weissagung anwendet (vgl.1.Kor.12,4.8-11; 2.Tim.3,16). Darum hängt so viel Leben und Vorwärtsgehen davon ab, ob die Gemeinde Weissagung hat! Und darum fordert Paulus in 1.Kor.14,1 uns auf, nach dieser Gabe besonders („kochend") zu streben! Denn das Zeugnis JESU hat noch nicht aufgehört, es geht weiter. **„Denn das Zeugnis JESU ist der Geist der Weissagung."** (Offb.19,10). Eine Gemeinde kann den Geist auslöschen und Weissagungen verachten (vgl.1.Thess.5,19.20), aber dann hat sie aufgehört dem HERRN zu folgen und ist zu einer erstarrten Religionsform geworden mit Regeln und frommen Pflichtübungen, die das Feuer und die Dynamis des Geistes GOTTES ersetzen. Diesen Zustand toter Werke sollen wir tunlichst ablegen!

Was können wir noch über Weissagung sagen? Ja, sie kann missbraucht bzw. nachgeahmt werden wie andere Gaben auch, beispielsweise bei der Ökumene mit Rom wegen gemeinsamer Gabenpraxis, oder im pseudocharismatischen (Un)Sinn. Auch ein Geltungsstreben oder Wunschdenken kann hier einfliessen – nicht jeder \`Einfall\` ist schon ein prophetischer „Eindruck!" Darum liegt viel Verantwortung auf dem, der diese Gabe betätigt und bei denen, die sie prüfen (in der Regel die anderen prophetisch Begabten, die jetzt nicht reden). Die Verantwortung der Weissager besteht vor allem in ihrer inneren Beschaffenheit und Abhängigkeit zum HERRN; sie sollten ein unbelasteter Kanal sein (das meint nicht sündlos), sondern nicht in Sünde lebend, was ja auch Idealzustand der Versammlung sein sollte, aber leider nicht immer ist. Wenn dann diese Gabe zum Zug kommt, fällt eine Gottesfurcht auf die Gemeinde – (sie erzeugt nicht eine unheilige pseudocharismatische Atmosphäre). Mit der Gabe der Weissagung darf man keusch, aber freimütig umgehen; es geht nicht um Perfektionismus.

Es ist aber Sünde, wenn man diese Gabe schon bekämpft, nur weil es auch Plagiate gibt oder weil Fehler im Umgang mit dieser Gabe passieren. Niemand lehnt die Mathematik wegen der Fehler ihrer Vertreter ab. Die Gabe der Weissagung kann eingeübt werden durch häufigen Gebrauch im kleinen Kreis und in der Gemeinde. Die LIEBE, die allen Gaben ihren Wert gibt, ist hier die Grundlage. Der Weissager ist kein Prophet, sondern ein Gläubiger mit einer Geistesgabe; hingegen ist ein berufener Prophet nach Eph.4,11 immer auch ein Weissager. Beide Begabten geben nicht ihr Kopfwissen weiter, sondern sprechen „in der Entsprechung zum Glauben" (Röm.12,6) mit klaren Sinnen etwas von GOTT Geoffenbartes aus. Sie „produzieren" die prophetische Rede nicht aus „sich selbst", sondern reden aus dem Glauben heraus, den sie mit der Offenbarung empfangen haben. Sie geschieht bzw. fließt ohne Zwanghaftigkeit, nicht stereotyp und in freier Persönlichkeit aus ihnen heraus und wirkt belebend und erfrischend auch wenn sie den Charakter der Ermahnung (Ermunterung) oder Korrektur annimmt. Und damit unterscheidet sich biblisches neutestamentliches Weissagen und Prophezeien diametral zu den Wahrsagern und Hellsehern, die durch einen dämonischen Geist fremdbestimmt getrieben werden. Auch ein fleischliches Nachmachen und Eindruckerwecken mit Weissagung, wie es häufig in charismatischen Kreisen geschieht, wird von geisterfüllten Menschen leicht erkannt.

Darum, *WEIL* eben der Mensch bei der Weissagung mit seinen Sinnen beteiligt ist und für die göttliche Eingebung einen Filter darstellt, kann und muss sie geprüft werden. Der HEILIGE GEIST gibt das Licht und den Input in den Geist des gläubigen Menschen, sodass dieser plötzlich einen gewissen Eindruck bekommt – das kann ein Bibelwort sein oder auch ein inneres Bild mit dazugehörigen Gedanken, die dem biblischen Prinzip entsprechen. Dazu bekommt er zugleich die Kraft, dieses empfangene Licht in Worten zum Ausdruck zu bringen in eigenen menschlichen Worten des Weissagenden, aber doch so, wie des Geistes Sinn es ausdrücken will. Es findet ein Zusammenwirken statt zwischen GOTT und Mensch. Biblisches Weissagen hat mit pfingst-charismatischen Entartungen nichts gemein; es ist nichts „Sensationelles", sondern das Weitergeben empfangener Inspiration in menschlichen Worten eines irdenen Gefäßes als den Willen GOTTES zur gegebenen Stunde. VOLLKOMMENES tritt in Verbindung mit Unvollkommenem: HEILIGER GEIST und menschlicher Geist. Der

Aufbau der Gemeinde, wie wir später sehen werden, geschieht auch nur im Geist, und nicht im Fleisch. Ein großes gegenwärtiges Defizit und Nachholbedürfnis apostolischer Realitäten tut sich hier auf.

Als JESUS sprach: „ICH bin gekommen, Feuer auf die Erde zu werfen", fügte ER an: „ICH habe aber eine Taufe, womit Ich getauft werden muß, und wie bin Ich bedrängt (synecho), bis sie vollbracht ist!" Das griechische Wort „synecho" bezeichnet eine Beengung oder Einengung unter einem bedrängten Zustand. Dort, wo religiöse und traditionelle Systeme (das können auch biblische Lehrsysteme sein), den Geist GOTTES dämpfen oder gar auslöschen, ist CHRISTUS bedrängt und eingeengt! ER will Freiheit haben IN den Gläubigen und IN SEINER Gemeinde, denn **ER IST HERR UND DAS HAUPT! ER HAT ALLE SOUVERÄNITÄT UND AUTORITÄT! ER BEHERRSCHT DAS ALL UND ERFÜLLT ALLES IN ALLEN! IN IHM WOHNT DIE GANZE FÜLLE DER GOTTHEIT LEIBHAFTIG! UND IN IHM WERDEN GLÄUBIGE ZU DIESER FÜLLE GEBRACHT! WIE GESCHRIEBEN STEHT: „DER HERR ABER IST DER GEIST; WO ABER DER GEIST DES HERRN IST, IST FREIHEIT!"** (2.Kor.3,17). Wie können Gläubige dann hingehen und diesen HERRN in ihr biblizistisches oder traditionelles Lehrsystem einsperren? In Wirklichkeit lässt Sich der HERR nirgends einsperren; aber ER steht bei der Mehrzahl der christlichen Glaubenssysteme heute „draußen vor der Tür und klopft an" (siehe Laodizea), während drinnen das eintradierte Bibelprogramm oder der \`eigene\` Gottesdienst abläuft. Weissagung, wenn sie „gestattet wird", nimmt in solchem Umfeld den Charakter prophetischer Verkündigung an – der HERR redet, ER überführt und will wiederherstellen! Denn ER ist ein GOTT der WIEDERHERSTELLUNG! (*Apokatastasis* Apg.3,21). „Geschrieben steht: **„Der Löwe hat gebrüllt, wer fürchtet sich da nicht? Der Herr, HERR, hat geredet, wer weissagt da nicht?"** (Amos 3,8).

Um es zu wiederholen: Die Neutestamentliche Weissagung als prophetisches Reden hat nicht mehr den alttestamentlichen Charakter der autoritativen und direkten Inspiration mit dem **„So spricht der HERR"**, sondern sie geschieht durch klare innere Eindrücke, durch Intuition, Bilder, Botschaften oder Bibelworte. Der Geist GOTTES redet hier nicht mehr „durch" den Weissager bzw. Propheten, sondern „zum" Weissagenden. Darum ist sie auch nicht gänzlich unfehlbar und bedarf der Prüfung, denn das Empfangene wird ja durch den Filter der menschlichen Beschaffenheit ausgedrückt. Dennoch aber ist sie göttliche Botschaft durch einen Menschen zu anderen Menschen in der Gemeinde; sie kann und darf die Verkündigung und Belehrung nicht ersetzen, aber sie will und kann *spontan* die zusprechende und tröstende und auch leitende oder überführende Äußerung des Willens GOTTES sein, deren Unmittelbarkeit und Wirkung unverzichtbar für den Aufbau der Gemeinde ist (vgl.1.Kor.14,24.25.u.a). Dass dabei die Geister der Propheten den Propheten untertan sind, entspricht dem Frieden GOTTES, der die Herzen regiert und Unordnungen geistlich strafen wird, gemäß Seiner Sanftmut, und den Verantwortlichen. Noch einmal! Wenn der HERR diese Gabe neben den anderen der Gemeinde gegeben hat und sie „nötigt!" danach zu streben (1.Kor.14,1), wie blind können wir sein, sie zu entbehren? Weissagung ist eine elementare apostolische Geistesgabe zum Aufbau der Gemeinde!

Von der Weissagung *(prophetela)* zu unterscheiden ist „das Wort der Weisheit" *(logos sophias)* in 1.Kor.12,8. Stephanus (Apg.6) hatte diese Gabe, die Wahrheit ergreifend zu verkündigen, dass die Widersacher getroffen wurden. „Sophia" ist Weisheit und Klugheit und Gewandtheit, aber als Geistesgabe im Sinne von verliehener Weisheit GOTTES (Eph.1,17; 1.Kor.2,5.7; 1,30). Durch sie wirkt sich ein durchschlagendes Zeugnis aus, die mit Stärkung der Gemeinde einhergeht! Sie gehört ebenfalls zu den Redegaben der Charismata.

Das „Wort der Erkenntnis" *(logos gnoseos)* 1.Kor.12,8 ist die Erkenntnisrede; sie ist nicht hervorragende Beredsamkeit (wie Rhetorik oder dgl.), sondern eine Geistesgabe, die biblische Wahrheit in ihrem Zusammenhang darzulegen. Auch diese Gabe müsste dringend wieder gewonnen werden. Durch sie fällt Licht in die Tiefen göttlicher Geheimnisse im Sinne von Schriftoffenbarung. Jeder Lehrende sollte diese Gabe haben bzw. um sie bitten (Matth.13,52). Nur aus einer tiefen persönlichen Beziehung zu CHRISTUS und Seiner Auferstehungskraft wird unsere Erkenntnis zur Erkenntnisrede.

Diese drei Gaben sind immer *zusammen* mit Glaube und Liebe in die Gemeinde des NT gestellt; sie dürfen nie getrennt werden, soll die Gemeinde nicht Schaden leiden. Die Verschiedenheiten von Gnadengaben und Diensten und Kraftwirkungen nach 1.Kor.12, Röm.12 und (es gibt noch andere mehr im NT; ich zählte einmal insgesamt 21) werden als Rede- und als Dienstgaben wahrgenommen und angewendet (vgl. 1.Petr.4,10; Mk.6,2; Apg.6,10 u.a). Diese Ausrüstung ist in CHRISTUS nicht nur der apostolischen Gemeinde geschenkt – wir müssen doch besonnen fragen, wie die Gemeinde heute ohne sie auskommen will?! Will sie zwar den CHRISTUS, aber ohne Seine Gaben, oder will sie nur die Gaben ohne IHN? *Beides* können wir uns NICHT leisten! Es geht nicht um

„unsere“ Gemeinde und Vorstellung, sondern es ist „Seine Gemeinde, Sein Haus und Sein Werk!“

-

Und was ist mit Zungenreden?

Die Gabe der Sprachenrede *(Glossolalie)* oder der Zungen stelle ich bewusst zurück, weil sie so negativ und kontrovers belastet ist vom pfingst-charismatischen Lager her, aber auch von ihren Gegnern, und weil sie nicht in den Rang der oben genannten Gaben kommt. Dennoch existiert sie (1.Kor.12+14) als eine Gebetssprache mit und zu GOTT, als eine Gnadengabe und Wirkung des HEILIGEN GEISTES, die analog nicht vom Menschengeist hervorgebracht wird. Sie ist kein „Plappern“, sondern eine „Sprache“- eine Fremdsprache mit je nach Art entweder menschlicher oder „himmlischer“ Grammatik. Diese Sprache kommuniziert nicht mit Menschen, sondern mit GOTT und übersteigt daher unsere steife Rationalität. Im Zeitalter des Idealismus und Rationalismus glaubte man an die autarke Kraft des Bewusstseins, aber heute ist man um die Erkenntnis reicher (aber nicht unbedingt klüger) geworden, dass unser „Bewusstsein“ nur die Oberfläche unseres Seelenlebens ist, und dass unser Unterbewusstsein wesentlichen Einfluß auf unsere Entscheidungen ausübt.

Die Zungengabe, wir reden hier von der authentischen, ist in *dem* Sinne eine Auswirkung des HEILIGEN GEISTES, welcher den ganzen Menschen inclusive Sprachzentrum *erfasst* und in diesem Strom *LOB GOTTES in „anderen Zungen“* zum Ausdruck bringt, welches das *rationale Gehirnzentrum „ignoriert.“* Deshalb bedarf die pneumatische Sprachenrede unbedingt der Interpretation in der Gemeinde, dient aber besonders der Selbsterbauung. Aus diesem Grund redete Paulus viel in anderen Sprachen und wünschte diese „Selbsterbauung“ auch allen Gläubigen (vgl.1.Kor.14,5+18), doch in der Versammlung der Gemeinde wollte er lieber „bewusst“ fünf Worte mit seinem vom Geist geleiteten Verstand reden. Diese Logik verstehen wir. Ich möchte in Erinnerung rufen, dass bei den großen Erweckungen in Wales und Westdeutschland im 19. Jahrhundert auch das Sprachenreden Bestandteil war, und dass auch das Argument mit den Kirchenvätern nicht stichhaltig ist. Irenäus und Tertullian hatten sich positiv zu den Geistesgaben von 1.Kor.12-14 geäußert. Man muß hier für das zeitweise Aufhören von Geistesgaben einen anderen Grund berücksichtigen, den Ludwig Albrecht in seiner Fußnote zu 1.Kor.12,1 so beschreibt: *„Die geistlichen Gaben, von denen besonders 1.Kor.12 und 14 die Rede ist, sind nach dem Zeugnis der ältesten Väter während der drei ersten Jahrhunderte mannigfaltig und reich in der Kirche (Gemeinde) offenbar gewesen. In der ersten Hälfte des 4. Jahrhunderts hörten sie auf. Das hat einen tieferen Grund: Je mehr die*

Kirche in dieser Welt heimisch wurde und mit der Hoffnung auf Christi Wiederkunft auch die himmlische Herrlichkeit aus den Augen verlor, desto mehr entschwanden ihr auch die mannigfaltigen geistlichen Gaben, die Kräfte der zukünftigen Welt."

Wer daher die Glossolalie ablehnt, kennt sie nicht und kann *per se* nichts über ihre persönliche positive Wirkung aussagen; es verhält sich ähnlich wie mit der Gabe der Heilung: erst wenn man tatsächlich in ihren Wirkungsbereich kommt, kann man von ihrer Erfahrung reden. Die Korinther waren unmündige Kinder in ihrer Urteilskraft und Einsicht und überschätzten die Glossolalie; sie überzogen diese und andere Geistesgaben und brachten sie in den Ekstasebereich, wie es im umliegenden Heidentum geschah, und Paulus musste sie mit Vehemenz auf den nüchternen Boden bringen. Das Schlachtfeld um die Glossolalie ist der Verstand (*nous*) des Menschen, der diese Gabe nicht kontrollieren kann, aber sie bringt im rechtmäßigen Gebrauch Stärkung und Erbauung. In der Gemeinde haben alle anderen Redegaben Vorrang vor der Zungenrede, da fünf Worte mit Verstand besser sind als zehntausend in einer anderen Sprache (vgl.1.Kor.14,6.19).

Ludwig Albrecht hat in seiner Übersetzung des *NT.* eine gute Erklärung über die Zungen- oder Sprachenrede abgefasst, die ich hier wiedergebe: *„Die „Arten" der Zungen sind verschieden (s. 1.Kor.12,10). Paulus selbst unterscheidet deutlich zwei Arten des Zungenredens: ein Reden in Zungen oder Sprachen der Menschen und ein Reden in Sprachen der Engel (1.Kor.13,1). Ein Reden in Sprachen der Menschen wurde z.Bsp. den Aposteln am Pfingstfeste als eine Gabe des Geistes verliehen, als sie in den Landessprachen der damals in Jerusalem versammelten Fremden die großen Taten GOTTES verkündigten (Apg.2,4-11). Dies Zungenreden bedurfte keiner besonderen Auslegung, und es diente ferner zur größten Erbauung der gläubigen Hörer. Ganz anders aber verhält es sich mit jenem Zungenreden, das der Apostel in 1.Kor.14 beschreibt. Diese Reden geschieht in Sprachen der Engel, in überirdischen himmlischen Worten, die nur dem Redenden zur Erbauung dienen, und die ohne Auslegung in der Landessprache den Hörern unverständlich sind (1.Kor.14,2.13.14). Das Zungenreden dient nur dann auch für die Gemeinde zur Erbauung, wenn der Heilige Geist zugleich eine Auslegung der Zungen gibt. Zungen ohne Auslegung lässt Paulus in den Gottesdiensten nicht zu (1.Kor.14,28)."*

Dass diese Gabe der Glossolalie nur im 1.Korintherbrief und sonst nirgends im NT erwähnt ist, lässt nicht darauf schließen, dass die Sprachenrede in anderen Gemeinden nicht praktiziert wurde. Nicht alles ist in allen Briefen enthalten; so kann auch niemand behaupten, das Abendmahl gelte nur den Korinthern, weil es nur dort lehrmäßig erwähnt wird. **„Daher, Brüder, eifert danach, zu weissagen, und hindert das Reden in Sprachen nicht!"** (1.Kor.14,39). Dies zusammen mit 1.Kor.12,29+30+1.Thess.5,19-22 wollen wir als mündige Geschwister beachten. Denn Paulus war ein hochbegabter Charismatiker, der die Gnaden- und Geistesgaben in seinem Dienst selbst mit Eifer praktizierte und im Gebrauch der Gaben ein geisterfüllter „Pläromatiker“ (ein „Füllemensch“) war und wurde, ebenso wie er ein „doulos“, ein Knecht CHRISTI war und in Gottesfurcht wandelte und als „apostolos“ und Gesandter das ganze Gebiet der Geistesgaben unter dieses Wort stellte: **„Oder ist das Wort GOTTES von euch ausgegangen? Oder ist es zu euch allein gelangt? Wenn jemand meint, ein Prophet oder sonst ein Geistbegabter zu sein, so erkenne er, dass das, was ich euch schreibe, ein Gebot des HERRRN ist.“** (1.Kor.36.37). Und den Vers 38 möchte ich als abschließende Ermahnung vor Augen stellen: **„Wenn aber jemand das nicht erkennt, so wird er auch von GOTT nicht erkannt.“** Nach der Hexapla gibt es hier noch andere Deutungsmöglichkeiten, die jedoch eines gemeinsam herausstellen: Missachtung, Ignoranz oder Unwissenheit gegenüber diesem Gebot (entole = Autorität, Befehl) wird Ablehnung der Anerkennung des Dienstes des Betreffenden nach sich ziehen! Warum? Darum, weil GOTT Sich nicht spotten lässt, denn es steht geschrieben!

Als ich war ein Kind, redete ich wie ein Kind

Im folgenden lasse ich einige Autoren reden über die Frage der zeitlichen Begrenzung von neutestamentlichen Geistesgaben generell, denn es kann sich dabei nicht nur um die oben und in 1.Kor.13,8 genannten Gaben drehen; es gibt deren mehr, und diese Frage schließt ja den Bereich der apostolischen und prophetischen Dienste mit ein. Selektive Maßnahmen, die hier im Gabenbereich vorgenommen wurden und werden, sind nie ein Beitrag zum Aufbau des Leibes CHRISTUS gewesen, sondern zu seiner Spaltung und Schwächung! Nirgendwo zeigt das NT, dass Geistesgaben GOTTES zu einem bestimmten Zeitpunkt aufgehört haben – dann würde auch der Geist GOTTES „aufhören“ in Seiner Wirksamkeit. Zeigen die paulinischen Aussagen zu den Charismata nicht vielmehr, dass aller Gabendienst *bis zur Vollendung des Leibes CHRISTI als* Stückwerk bleiben muss? Es ist nur so, dass besorgte und zu Recht übervorsichtige Glaubensgeschwister einigen Protagonisten folgen, die aus Angst vor Missbrauch falsche Schlussfolgerungen ziehen. Sie sehen immer nur gewisse charismatische Kreise und achten dort auf die Entgleisungen, anstatt auf den klaren Imperativ in 1.Thess.5,19-21 zu achten und das Zeugnis anderer Mitbrüder, die wie sie den Geist haben, zu prüfen und das Gute zu behalten! „Prüfet die Geister“ includiert ja auch „meine Richtung“, oder *diese* nicht?

Das große Problem ist die Befangenheit der eigenen Richtung; dieses Phänomen zeigt sich von evangelikal bis hin zu sektiererischen Freikirchen. Sobald du in einer Organisation oder Gruppe drinnen bist, teilst du auch ihre grundsätzliche Lehrmeinung, nicht wahr? Du merkst es nicht – bis du von „draußen" unbefangen Objektivität zurückgewinnst. Oder, was eher eine Ausnahme ist, dass du innerhalb deiner Glaubensgruppe Gleichgesinnte findest, die bereit sind, die eigene Lehrauffassung anhand der Bibel korrigieren zu lassen, ohne mit dem Fokus auf Streitfragen oder Spaltung, sondern im Blick auf Wachstum, Wahrheit und Liebe! Ich persönlich verwerfe zwar alle falschen Charismata und Imitationen, doch bejahe ich von Herzen alle echten Gnadengaben, denn ich möchte erwachsen werden. Das besondere Manko der Gegner der Geistesgaben lässt sich in drei Lehranschauungen darstellen: 1) Geistesgaben galten nur für die Urgemeinde im apostolischen Zeitraum; 2) Mit dem Kanon des NT sei das „Vollkommene" gekommen; 3) Die Endzeiterwartung mit ihren dämonisch inspirierten Geistesgaben. So wie man solche Lehranschauungen dogmatisiert hat, hat man die stumpfe Mordwaffe der Rechthaberei mit dem Schwert des Geistes vertauscht, ohne die LIEBE !

Es steht geschrieben: **„Die Liebe hört niemals auf. Aber seien es Weissagungen, sie werden weggetan werden; seien es Sprachen, sie werden aufhören; sei es Erkenntnis, sie wird weggetan werden. Denn wir erkennen stückweise und weissagen stückweise; wenn aber einmal das Vollkommene da ist, dann wird das Stückwerk weggetan."** (1.Kor.13,8.9). Wenn wir annehmen, dass aller Gabendienst bis zur Vollendung der Gemeinde, der herrlichen EKKLESIA bleiben muss und wird, dann möchte ich nun fragen: IST denn der Leib JESU, die Gemeinde schon vollendet? IST also das Vollkommene schon eingetroffen? Braucht es die Gnadengaben nicht mehr? Wer auch nur teilweise um das in Zerrissenheit und Schwachheit liegende Gottesvolk weiß und diese Situation auch geistlich beurteilen kann, wird diese Fragen wohl nur unmündigen Kindern zuschreiben; doch geschrieben steht: **„Ihr Brüder, werdet nicht Kinder im Verständnis, sondern in der Bosheit seid Unmündige, im Verständnis aber werdet erwachsen."** (1.Kor.14,20). *„to teleion", das Vollkommene* in 1.Kor.13,10 wollen wir aber anhand von verschiedenen Quellen betrachten.

Die Elberfelder Studienbibel: *„To teleion (Neutr. mit Artik.), das Vollkommene, steht in 1Kor13,10 im Ggs. zu to ek merous, das aus Teilen oder >das, was stückweise ist<. Hier auf der Erde, in dieser gefallenen Schöpfung gibt es nur eine teilweise Erfüllung der Verheißungen, während das eigentliche Ziel im Himmel ist (Hbr9. 11)."*

Fritz Rienecker – Sprachlicher Schlüssel zum Griech. NT: *„das >Kommen< (des Vollkommenen) = bei der Parusie* (das ist die Wiederkunft JESU CHRISTI).

MacArtur Studybible: *„Die Form der verwendeten griech. Verben weist darauf hin, dass man zwischen dem Aufhören von Weissagung und Erkenntnis einerseits und von Sprachenrede andererseits unterscheiden kann. Weissagung und Erkenntnis werden beide >weggetan werden<. In beiden Fällen zeigt das Verb, dass irgend etwas diese beiden Gaben >wegtun< wird. Aus V.9.10 geht hervor, dass das…>das Vollkommene< ist (…) Das >Vollkommene< ist nicht die Vollendung der Bibel, da diese beiden Gaben derzeit noch in Kraft sind und auch im künftigen Reich (Mill.) bleiben (vgl. Joel 2,28; Apg.2,17; Offb.11,3). Die Bibel ermöglicht uns nicht, GOTT von Angesicht zu Angesicht zu sehen oder GOTT so vollkommen zu kennen, wie ER uns kennt (V.12). Das >Vollkommene< ist auch nicht die Entrückung der Gemeinde oder die Wiederkunft CHRISTI, denn im darauf folgenden Reich wird es immer noch viele Prediger und Lehrer geben (vgl.Jes.29,18;32,4;Joel 2,28;Offb.11,3). Das Vollkommene muss der Ewigkeitszustand sein…"*

Prof. Samuel R.Külling: *„Gewiß sind und bleiben die großen Wunder der Heilsgeschichte, also die Inkarnation des Sohnes GOTTES, sein erlösender Kreuzestod, seine sieghafte Auferstehung und Himmelfahrt und die Ausgießung des Heiligen Geistes einmalige Ereignisse. Aber diese Einmaligkeit der grundlegenden Heilstaten bedeutet weder eine Beschränkung der Frucht des Geistes noch eine Beschränkung der Geistesgaben auf die apostolische Zeit. Welche Gaben der Herr geben will und in welchem Umfang er sie geben will, liegt in seiner Freiheit und Weisheit."*

Es wäre ja undenkbar und zugleich schrecklich, wenn die Gabe der Erkenntnis aufgehört hätte, durch die wir doch den HERRN mehr und mehr erkennen sollen; durch die Bibel allein kannst du wohl dein kleines Kopfwissen auf ein dir gegebenes Maß bringen – aber dadurch hast du noch nicht CHRISTUS Selbst und persönlich besser erkannt, sondern nur etwas *über* IHN. (Im Abschnitt „forschet in der Schrift" reden wir darüber). *„Als ich ein Kind war, redete ich wie ein Kind, dachte wie ein Kind, urteilte wie ein Kind; als ich ein Mann wurde, tat ich weg, was kindlich war"*, sagt Paulus. Also hörte bei ihm im Erwachsenwerden das Stückwerk des Kindseins Stück um Stück auf; und er vergleicht diesen Prozess gleichnishaft (wie so oft bei der Darstellung von Gaben und Gliedern) mit dem „Erkennen des HERRN", welches „jetzt" noch Stückwerk ist – EINST ABER WERDE ICH ERKENNEN – in der VOLLKOMMENHEIT!

Aus dem Arbeitsmaterial vom Missionswerk CHRISTUS FÜR DICH mit freundlicher Genehmigung folgender Beitrag von Hans-Peter Grabe (geringfügig gekürzt); Bibeltext 1.Korinther 13,8-13 Elberf. Übersetzung.

Gibt es heute noch Prophezeiung?
Gibt es heute noch Sprachen(reden)?
Gibt es heute noch Erkenntnis?

Diese Fragen sollen uns auf den folgenden Seiten beschäftigen. Für viele Christen bestehen allerdings keine Zweifel. Die einen sagen: „Warum sollte es das alles nicht mehr geben, wenn der HERR es doch einmal Seiner Gemeinde geschenkt hat?“ Andere sind überzeugt, dass die genannten Gaben GOTTES nur für die Zeit des Anfangs der Gemeinde JESU gegeben worden sind und dass diese Zeit nach nunmehr fast 2000 Jahren längst vorüber ist.

Es ist leicht einzusehen, dass wir eine gültige Antwort brauchen. Heißt diese: „Nein, es gibt weder Sprachenreden noch Erkenntnis noch Prophezeiung“, dann ist alles, was sich heute dafür ausgibt, falsch, Selbstbetrug und Irreführung anderer und muss darum so schnell und so konsequent wie möglich unterbunden werden. Anderseits: Wenn es das alles heute doch noch gibt, dann stehen wir in Gefahr, ungehorsam gegen die Anweisung von 1.Kor.14 zu sein: „Strebet nach der Liebe; eifert aber um die geistlichen Gaben, vielmehr aber, dass ihr weissagt!“ Wenn es heute noch Sprachen, Erkenntnis und Prophetie gibt, haben wir danach zu „eifern“. Jedenfalls dürfen wir nicht diejenigen unter uns verurteilen, in deren geistlichem Leben das alles seinen Platz hat. Und wenn es heute noch Sprachen, Erkenntnis und Prophetie gibt, versündigen wir uns, wenn wir GOTTES gute Gaben ablehnen. Wir sehen, wie wichtig es ist, einmal stillzustehen und zu fragen: „Was sagt GOTTES Wort dazu?“

Um was es geht

Es geht darum, ob es heute noch die z.B. in 1.Korinther 12 aufgeführten Gnadengaben gibt und ob man damit rechnen darf, dass unter uns auch heute noch Erkenntnis vorhanden ist.

1. Korinther 13,8ff. nennt <u>nicht alle</u> Geistesgaben, sondern – neben der Erkenntnis – nur noch Prophezeiungen und Sprachen. Mit **„Erkenntnis“** ist das griechische Wort (Gnosis) übersetzt worden. Wir finden es 29x im NT, z.B: Lukas 1,77; Röm.15,14; 1.Kor.1,5; 2.Petr.3,18. Wer diese (und auch die anderen) Textstellen liest, kann ahnen, wie schrecklich es ist, wenn diejenigen recht haben, die sagen, dass es heute keine Erkenntnis mehr gibt. Nicht nur, dass ohne Er-

kenntnis keine Enthaltsamkeit, kein Ausharren und keine Gottseligkeit möglich wäre (lies 2.Petr. 1,5ff!), sondern weil damit feststünde, dass die vielen Texte des NT, die von Erkenntnis handeln, längst überholt wären. Ja, aber trotzdem müssen wir uns dem Wort der Schrift stellen. Wenn es denn so ist, dann hat der HERR keinen Fehler gemacht, denn ER macht niemals einen Fehler. Wenn es denn so ist, dann müssen wir uns – wie gesagt – unter das Wort stellen und dürfen nicht einem Wunschdenken folgen. Das Gleiche gilt auch für **Prophezeiungen.** Sie sind **Weissagungen** griech: (Propheteia) = Prophetie, Weissagung, z.B. Röm.12,6; 1.Kor.13,8: 1.Thess.5,20 und an 17 weiteren Stellen). Dazu gibt es das entsprechende Zeitwort „propheteuo" in 1.Kor.11,4; 14,1 und an 25 anderen Stellen. In 1.Kor.14,1 werden wir aufgefordert, „besonders" um Weissagung zu eifern. Wenn Weissagung allerdings bereits „weggetan" wurde, entfällt zwangsläufig dieses Gebot der Schrift.

„Sprache" griech (glossa), bedeutet „Zunge"; gemeint ist manchmal das Organ, oft wird das Wort im übertragenen Sinn gebraucht. In Mark.7,33; Luk.16,24 und an 4 anderen Stellen bezeichnet *glossa* die Zunge des Menschen. Apostelgeschichte 2,11 und 8 weitere Stellen werden richtig mit „Sprache/Sprachen" übersetzt. Besonders im Brief des Jakobus, aber auch an anderen Stellen finden wir den Begriff *glossa* insgesamt 10x als eine Bezeichnung unserer Fähigkeit und Bereitschaft zu reden. Mark.16,17; 1.Kor.12,10 und 22 weitere Stellen meinen eine Sprache, die auf übernatürliche Weise hervorgerufen wird. In Apg.2,3 wird *glossa* benutzt, um die Form der feurigen Erscheinungen auf den Häuptern der Gläubigen zu beschreiben. Von den insgesamt 50 Vorkommen von *glossa* im NT sprechen 24 eindeutig von dem, was in 1.Kor.13,9 behandelt wird. Es gibt verschiedene Arten von Sprachen (vgl.1.Kor.12,10). Die Sprachenrede, von der Apg. 2 berichtet, vollzog sich zweifellos anders als das, was in 1.Kor.14 besprochen wird. Sprachenrede kann mittels einer besonderen Gnadengabe „ausgelegt" werden. Für die Versammlung der Gemeinde ist vorgeschrieben, dass keine unausgelegte Sprachenrede zugelassen wird.

Aufhören und weggetan werden

„…seien es aber Prophezeiungen, sie werden weggetan werden; seien es Sprachen, sie werden aufhören; sei es Erkenntnis, sie wird weggetan werden. Denn wir erkennen stückweise, und wir prophezeien stückweise…" (1.Kor.13,8.9)

„Wegtun“ (*katargeo* = unwirksam machen, außer Geltung setzen, zunichte machen, vertilgen, aufheben, beseitigen, entmachten…) zeigt an, dass etwas beseitigt wird, weil es überholt (1.Kor.13,11), unnütz (Luk.13,7) oder gar schädlich ist (2.Thess.2,8). Die „Zungen“ werden nicht weggetan, sondern aufhören. Die „Zunge“ ist eine Gnadengabe, die in gottesfürchtigem Gebrauch nicht vom menschlichen Verstand beeinflusst wird. Weissagung und Erkenntnis können vom Verstand beeinflusst werden. Sie müssen geprüft werden, weil menschliches Denken, Wünschen, Fühlen mit einfließen kann. Die „Zunge“ ist zwar für den Dienst in der Gemeinde weniger tauglich als Weissagung und Erkenntnis, aber sie ist doch geschützt vor Irrtum (was aber keinesfalls für die Auslegung gilt).

Wann?

Es wird ein bestimmtes Ereignis genannt: „Wenn aber **das Vollkommene** gekommen sei wird…“ Liegt dieses Ereignis bereits hinter uns oder haben wir es noch zu erwarten? **Was ist gemeint?** Fassen wir zusammen, was wir aus dem Text direkt entnehmen können:

1. Zu der Zeit, als der 1.Korintherbrief geschrieben wurde, war „das Vollkommene“ noch nicht gekommen; darum die Zukunftsform „wenn…sein wird“. 2. Sobald es gekommen sein, werden:

x Weissagung weggetan werden
x Sprachen (Zungenreden) aufhören
x Erkenntnis wird weggetan werden
x Ich werde erkennen, gleichwie ich erkannt worden bin

3. Die Liebe ist größer als Glaube und größer als Hoffnung, auch dann noch, wenn das Vollkommene gekommen sein wird. Es bleibt zu klären, was in diesem Zusammenhang **„das Vollkommene“** ist.

Das Wort, das mit „das Vollkommene“ übersetzt worden ist, heißt (teleios = vollständig, vollendet, vollkommen, reif, Erwachsener, das Vollkommene). Es findet sich 19x im NT, u.a.:

1 Unser himmlischer VATER ist vollkommen (Matth. 5,48; Röm.12,2)
2 Wir sollen „am Verstand“ vollkommen werden (1.Kor.14,20)
3. GOTTES Geschenke sind vollkommen (Jak.1,17; 1,25)
4 Die neutestamentl. Erfüllung der Schattenbilder des AT ist vollkommen (Hebr.9,11)
5 GOTTES Weg ist vollkommen (Psalm 18,31)

6 Das Gesetz des HERRN ist vollkommen (Psalm 19,8)
Wir könnten mit dieser Aufzählung fortfahren: Die ERLÖSUNG, unser EWIGES HEIL, unsere Freude – sind vollkommen!

Weiter fragen!

Aber haben wir damit bereits eine Antwort auf unsere Frage? Das meiste von dem, was wir genannt haben, hatte zur Zeit der Abfassung des Briefes bereits Bestand. Nachdem wir festgestellt haben, dass zur Zeit der Abfassung des 1.Korintherbriefes das hier gemeinte „Vollkommene" noch nicht vorhanden war, müssen wir weiter fragen, wovon die Schrift in 1.Kor.13,10 spricht. Einige Ausleger sehen in dem Vollkommenen den **ewigen Zustand der Heiligen**. Einfach gesagt: Wenn wir im Himmel sind, dann gibt es nichts Unvollkommenes mehr. Diese Aussage ist zweifellos richtig – zumindest in unserer etwas vagen Fassung. Wir wissen zu wenig von jener Herrlichkeit, um gültig sagen zu können, dass es dort nicht auch eine Weiterentwicklung, eine Vervollkommnung gibt. Immerhin, eines ist klar: Im Himmel werden wir weder Weissagung noch Sprachenreden noch Erkenntnis brauchen. Wir werden „dem IHM gleich sein, denn wir werden IHN sehen, wie ER ist" (1.Joh.3,2).

Andere sprechen davon, dass der **Abschluß des Kanons des Neuen Testamentes** oder der Abschluß der letzten der neutestamentlichen Schriften das Vollkommene sei. Damit hätten wir einen ziemlich genauen Zeitpunkt für „Weggetan-werden" und „Aufhören". Im Jahre 393 n. Chr. Hat die Synode von Hippo den Kanon der neutestamentlichen Schriften offiziell und endgültig bestätigt. Vorausgegangen waren heftige Auseinandersetzungen darüber, welche der zahlreich vorhandenen frühchristlichen Schriften nun wirklich und endgültig zum Text des Wortes GOTTES zu rechnen seien. Diese Auseinandersetzungen dauerten länger als 300 Jahre, d.h., sie begannen bereits im 1.Jahrhundert nach der Geburt unseres Heilandes. Das letzte der neutestamentlichen Bücher, die „Offenbarung", wurde – so sagen uns die Fachleute – am Ende des 1. Jhdts. geschrieben.

Nach dieser Sicht gibt es seit dem 2. bzw. dem endenden 4. Jahrhundert weder Weissagung noch Sprachen, auch keine Erkenntnis mehr. (Man kann auch sagen: *„Das gilt für Sprachen und Weissagung, aber natürlich nicht für Erkenntnis, denn es ist ja gerade unsere Erkenntnis, die uns gewiß macht, dass es kein Zungenreden und keine Weissagung mehr gibt"*. Die Frage ist, ob man „das Wort der Wahrheit echt teilt"

(2.Tim.2,15), wenn man von den drei im gleichen Zusammenhang genannten Begriffen bewusst einen ausklammert, weil sonst die ganze Auslegung nicht passt).

Wieder andere Ausleger sehen die Geistesgaben grundsätzlich als **Anzeichen des Kindheitsstadiums** in der Entwicklung der Gläubigen an. Der geistlich reife Mensch, der „erwachsene" (= vollkommene) Christ braucht keine „Zeichen" mehr; er findet sein Genüge in CHRISTUS selbst und ist bereit, dem HERRN ohne äußere Erweise der Gnade auf Sein Wort hin zu vertrauen. Unmündige, Kindlein in CHRISTUS dagegen strecken sich noch nach Zungenreden, Weissagung und anderen übernatürlichen Erweisen der Kraft GOTTES aus. Dieser Sicht nach geschieht das Aufhören der Geistesgaben und speziell der in 1.Korinther 13 genannten nicht zu einem bestimmten Zeitpunkt der Geschichte. Vielmehr hat es mit der persönlichen Entwicklung des Gläubigen zu tun.

Sicherlich gibt es **noch andere Erklärungen** für das, was „das Vollkommene" ist. Einige sind einigen sehr willkommen, weil sie klipp und klar „beweisen", daß es heute kein Zungenreden mehr gibt, daß man sich mit dem Thema also nicht auseinandersetzen muß.

Was ist zu all dem zu sagen?

Bei allem gebotenen Respekt vor unseren Brüdern und ihren Meinungen – es muß erlaubt sein, noch einmal neu zu fragen, von welcher „Vollkommenheit" der HEILIGE GEIST (ER ist es ja, der das Wort gegeben hat) hier spricht. Zunächst wird im Anschluß an die ersten 7 Verse des Kapitels festgestellt: „Die Liebe vergeht nicht". Wen auch Sprachen aufhören werden, Weissagung und Erkenntnis weggetan werden, die Liebe bleibt. Damit wird der Vorrang der Liebe unterstrichen.

Warum „weggetan?"

Die Antwort: Weil es „stückweise", „Stückwerk", ist. (stückweise: *meros* = Teil, im Verhältnis zum Ganzen, Stück, Anteil, Plural: Gebiet, Landschaft).

Wann?

Dann wendet sich der Text dem Zeitpunkt zu, wann das geschieht: „Wenn das Vollkommene gekommen sein wird. Dann wird das, was stückweise ist, weggetan werden". Jetzt kommen wir zu der oben bereits gestellten Frage: „Was ist das „Vollkommene"?"

1.) In 1.Kor.13,11 steht: *„Als ich ein Kind war, redete ich wie ein Kind, dachte wie ein Kind, urteilte wie ein Kind; als ich ein Mann wurde, tat ich weg, was kindisch war."* Ein

Kind redet wie ein Kind, denkt und urteilt wie ein Kind. Der „Mann“, das Kind das erwachsen wurde, tut weg, was kindisch ist. Unmündige Kindlein im Glauben haben eine sehr unvollkommene Art des Verstehens, darum reden, denken, urteilen sie entsprechend. Interessant ist, dass das Kind zuerst redet, dann erst denkt, später dann urteilt. (Erwachsene sollten zuerst denken, dann urteilen und danach erst reden!). **Das „Vollkommene“ hat es mit geistlicher Reife zu tun** (die „dann“ eingetreten sein wird, wenn ich so erkenne, wie ich erkannt worden bin – bei der Wiederkunft JESU CHRISTI; vgl.1.Joh.3,2. Bei Seiner Parusie werden wir IHM „gleich“ sein!; der Verf.). Lies Hebräer 6,1: „Deshalb, das Wort von dem Anfang des Christus lassend, lasst uns fortfahren zum vollkommenen Wuchse (zur „teleioteta“ = zur Vollkommenheit) und nicht wiederum einen Grund legen mit der Buße von toten Werken und dem Glauben an GOTT…).

2.) Vers 12: *Wir sehen jetzt durch einen Spiegel, undeutlich, dann aber von Angesicht zu Angesicht. Jetzt erkenne ich stückweise, dann aber werde ich erkennen, gleichwie auch ich erkannt worden bin.* – Wir stehen zum vollkommenen Erkennen noch auf der „falschen Seite“ vor dem Spiegel; „dann aber“ wird das anders. Das Stückweise, Undeutliche wird abgelöst von vollkommener Klarheit. Wenn wir auf der anderen richtigen Seite stehen, ist kein Erkennen mehr nötig. Alles ist klar! **Das Vollkommene ist gekommen, wenn uns die Möglichkeit zuteil geworden ist, „zu erkennen, gleichwie auch ich erkannt worden bin“, und das ist: vollkommen!**

Bis wir alle…

Epheser 4,13: bis wir **alle** hingelangen zu der Einheit des Glaubens und zur Erkenntnis des Sohnes GOTTES, zu dem **erwachsenen Manne „andra teleion“** – zum Manne, dem vollkommenen), zu dem Maße des vollen Wuchses der Fülle des CHRISTUS.

Wenn wir alle hingelangt sind zur Einheit des Glaubens. **Wir alle** = der ganze Leib CHRISTI, auch das letzte Glied. Das kann erst geschehen, nachdem das letzte Glied des Leibes „hinzugetan“ worden ist.

EINHEIT DES GLAUBENS =

A die gleiche Sicht über die Inhalte des Glaubens

B die gleiche Beurteilung subjektiver Glaubensaussagen. Wenn der HERR einer Person etwas zeigt, erkennen alle, dass es der HERR war. (So ist es im Leib: Wenn der Geruchsinn etwas wahrnimmt, fällt es dem Auge nicht ein, diese Wahrnehmung anzuzweifeln, sondern stellt sich selbstverständlich darauf ein).

C Die gleiche Intensität des Glaubens: Von ganzem Herzen!

ERKENNTNIS DES SOHNES GOTTES =
Nicht: Ich erkenne restlos den SOHN GOTTES. Das ist nach Matth.11,27 nicht möglich („niemand" bedeutet niemand!); sondern nur „mit allen Heiligen" – Eph.3,18-19: ...auf dass ihr völlig zu erfassen vermöget mit allen Heiligen, welches die Breite und Länge und Tiefe und Höhe sei und zu erkennen die die Erkenntnis übersteigende Liebe des Christus, auf dass ihr erfüllt sein möget zu der ganzen Fülle GOTTES...
Erkennen: Das Wesen verstehen, eins werden. Zu dem erwachsenen Mann = siehe oben!

ZUM VOLLMAß DES WUCHSES DER FÜLLE DES CHRISTUS = Die Fülle des CHRISTUS ist DIE GEMEINDE – Eph.1,22-23. ...und alles hat (GOTT) Seinen Füßen unterworfen und Ihn als Haupt über alles der Versammlung gegeben, welche Sein Leib ist, die Fülle *(pläroma)* dessen, der alles in allem (oder allen) erfüllt! (Der alles in allem erfüllt ist der in den Himmel „hinaufgestiegene" HERR JESUS – Eph.4,10).

Das Ziel meiner Heiligung ist nicht, dass ich heiliger bin als die anderen. Das Ziel meiner Heiligung ist, dass durch mich der „Leib CHRISTI auferbaut" wird und dass er somit „zum Preise Seiner (GOTTES) Herrlichkeit" ist!

Wann wird das sein?

Angesichts der Zertrennung der Heiligen, angesichts schier endloser Streitereien über Lehrfragen, gegenseitiger Verdächtigungen und Eifersüchteleien wird man traurig! Unsere Untreue ist das Problem. Wie gut, dass es den Richterstuhl CHRISTI gibt (Röm.14,10/ 1.Kor.5,10)! Da werden unter anderem all unsere Irrtümer aufgedeckt werden und „verbrennen". Das ist auch nötig, damit wir endlich auch praktisch „alle eins" werden!

Zwei Gründe, warum „das Vollkommene" noch nicht gekommen ist:

1. Der Leib CHRISTI ist noch nicht vollendet; das letzte Glied muß noch gerettet werden.

2. Der Leib CHRISTI ist noch weit davon entfernt, zur Einheit des Glaubens, zur vollen Erkenntnis des Sohnes GOTTES, zur vollen Mannesreife zu kommen.

Bis dahin ist der HERR am Werk an jedem Einzelnen von uns. ER hat der Gemeinde besondere Gaben gegeben, damit Sein Ziel mit uns erreicht wird: Epheser 4,11-13: Und er hat die einen gegeben als Apostel und andere als Propheten und andere als Evangelisten und andere als Hirten und Lehrer, zur Vollendung der Heiligen, für das Werk des Dienstes, für die Auferbauung des Leibes Christi, **bis wir alle** hingelangen zu der Einheit des Glaubens und zur Erkenntnis des Sohnes Gottes, zu dem erwachsenen Manne, zu dem Maße des vollen Wuchses der Fülle des Christus. Diese gibt es und wird es geben, bis der HERR zu Seinem Ziel gekommen sein wird! Propheten sind Leute, die prophetisch reden. **Wenn es bis zur Vollendung Propheten gibt, dann gibt es auch bis zur Vollendung prophetisches Reden.**

Bei den **Aposteln** handelt es sich um Menschen, die „ausgesandt (sind) von dem HEILIGEN GEIST“ (Apg.13,4). Wir sollen sie nicht verwechseln mit dem Apostel des VATERS (Hebr.3,1), auch nicht mit den ein für allemal berufenen 12 Aposteln JESU CHRISTI. Apostel, Propheten, Evangelisten, Hirten und Lehrer müssen treu arbeiten, bis zu dem herrlichen „dann aber!“

x Dann aber – werde ich erkennen, gleichwie ich erkannt worden bin.

x Dann aber - wird unser HERR und Heiland JESUS in uns verherrlicht (1.Thess.1,10)

x Dann aber – bedarf es keiner „Zunge“, keiner Erkenntnis, keiner prophetischen Rede mehr, auch nicht Personen, die mit dem Aufbau des Leibes betraut sind.

x dann aber – Herrlichkeit!

Ein Zitat aus: Götz Harbsmeier – Das Hohelied der Liebe S.27: *„Auch die Zungenrede wird aufhören. Gerade sie besteht ja darin, das unbeholfene Eingeständnis dessen zu sein, dass Menschenmund letztlich nicht auszusagen vermag, was GOTTES Heil in CHRISTUS wirklich für uns ist. Gerade sie* **will** *ja aufhören, wenn sie echt ist.“*

Wir fassen zusammen:

In der Wiederkunft CHRISTI wird alles zu seinem Ziel gekommen sein. Habakuk 2,14: **„Denn die Erde wird voll werden von der Erkenntnis der Herrlichkeit JAHWES, gleichwie die Wasser den Meeresgrund bedecken.“**

Die nachfolgenden Beiträge sind aus der Broschüre „Apostolischer Dienst"- Urchristlich-prophetische Botschaft **2** 95, von Paul Nadolny übernommen.

Ist hier kein Prophet mehr? - 1.Kön.22:7

Hier erhebt sich die Frage: „Wo sind die Propheten heute?" Gottesmänner der vergangenen Jahrhunderte haben die Notwendigkeit ihres Dienstes klar bezeugt. So auch Johann Christoph Blumhardt (1805-1880), wenn er schreibt: *„Laut der ganzen neutestamentlichen Ökonomie will Gott Seine Gaben durch Vermittlung brüderlicher Handreichung darbieten oder Er will es durch Werkzeuge tun. Wie schon das Evangelium nicht durch Träume oder Gesichte oder besondere Offenbarungen denen, die noch nichts davon wissen, verkündigt werden soll, sondern durch Knechte Gottes (Botschafter an Christi statt), so sollten nach dem ursprünglichen Plane Christi diese nämlichen Boten auch Träger der himmlischen Gaben und Kräfte für die Gemeinde sein, weswegen die Apostel mit beidem, mit der Gabe zu predigen und zu heilen, gleichmäßig ausgerüstet wurden. Hiervon aber weiß unsere jetzige Christenheit rein nichts mehr. O arme Christenheit, die Christum mit Seiner durch Sein Blut uns erworbenen Kraft also von sich gewiesen hat!"*

„Wer sollte nicht wünschen, dass die Gotteskräfte, durch welche allein eigentliche und völlige Hilfe möglich ist, möchten denen, die da glauben, insbesondere denen, die des Wortes pflegen, wieder zurückgewonnen werden? Ich muß es glauben, dass zuletzt der Gemeinde alle ihr vom Herrn zugedachten Gaben und Kräfte zurückgegeben werden, und so in ihr alle die Wunder, und größere noch, werden zum Vorschein kommen, die bei der Pflanzung der christlichen Kirche stattfanden, wenn nur einmal die Gemeinde wieder lauterer und schriftgemäßer glaubt und den Sieg Christi wider Sünde, Tod und Teufel sich realer denkt. Sonnenklar ist es, dass der Menschheit in unserer Zeit etwas abgeht, dass sie in tausend Fällen haben sollte: die unmittelbare Einwirkung des Herrn, der uns mit Seinem Blute erkauft hat" P.N.

Die zwei vergessenen Dienste

Unter den Hauptleuten, die unser himmlischer Josua ernannt hat, sind Apostel, Propheten, Evangelisten, Hirten und Lehrer. Die übliche Theorie, Apostel und Propheten wären heute ausgestorben, entbehrt ebenso der biblischen Grundlage wie die Theorie, die Geistesgaben hätten aufgehört zu existieren. Wir wollen keine Zeit damit verlieren, auf solche Argumente einzugehen. Man braucht nur zu prüfen, was der Heilige Geist über den Zweck, zu dem sie gegeben wurden, sagt, dann weiß man, dass sie heute so wichtig und notwendig sind wie eh und je (Eph.4,12-13). Der wahre Grund, weshalb Apostel und Propheten so lange Zeit nicht anerkannt wurden, ist praktischer, nicht biblischer Art. Es ist eine Frage der

Autorität. „Und so hat Gott in der Gemeinde gesetzt erstens Apostel, zweitens Propheten“ (1.Kor.12,28). Diese beiden Funktionen sind vorrangig für die Leitung der Gemeinde. Sie sind ein Ausdruck der Autorität, mit der sie von Gott zur Gründung und zum Aufbau der Gemeinde eingesetzt wurden. In einer Denomination ist es von der Struktur her für Apostel und Propheten unmöglich, einen wirksamen Dienst zu tun und den Auftrag auszuführen, zu dem sie berufen sind, ohne in einen Autoritätskonflikt verwickelt zu werden.

Wozu Apostel?

Überall taucht in zunehmendem Maß die Frage nach dem Dienst der Apostel auf. Das ist nicht überraschend, da sie in Gottes Erneuerungsprogramm eine so wichtige Rolle spielen. Ein Apostel hat sowohl als Pionier neue Gemeinden zu gründen, als auch Fundamente zu legen, wo sie in Gemeinden fehlen. Er kann aufbauen, wo das Gebäude brüchig geworden ist, und er hat einen besonderen Auftrag, Gottes Volk zur Einheit im Glauben zusammenzuführen und so zum reifen Mannesalter zu bringen. Diese Bitte aus dem hohepriesterlichen Gebet Jesu wird niemals verwirklicht werden ohne die richtige Funktion aller Dienste von Epheser 4 und besonders dem des Apostels.

Eine wichtige Rolle des Apostels besteht darin, die Propheten, Evangelisten, Hirten und Lehrer zunächst zu erkennen und dann zur geistlichen Reife zu führen. Was der Daumen für die Hand und alle anderen Finger bedeutet, ist der Apostel für den Leib Jesu und alle übrigen Dienste. Wenn die Gemeinde glaubte, ohne Apostel und Propheten auskommen zu können, bedeutet das, dass sie ebensowenig funktionsfähig war wie die Hand ohne Daumen und Zeigefinger.

Wo sind die Propheten?

Dieser Ruf kam mit immer stärkerem Nachdruck aus den Reihen der Charismatischen Bewegung. Auf die Frage, warum die Charismatische Bewegung dem Untergang geweiht sei, führte George Otis, ein charismatischer Autor aus den USA, u.a. „das Fehlen von Propheten“ an. *(Aber es müssten die „echten“ sein; der Verf.).* Später hat auch Michael Harper in der Schrift „Charismatische Krise“ über den Mangel an Propheten gesprochen und dies als eines der traurigsten Versäumnisse der CB bezeichnet.

„Vom Heiligen Geist getrieben, redeten heilige Menschen, von Gott gesandt.“ (2.Petr.1,21). Diese Stelle macht klar, wie es zur Prophetie kommt: Um im Auftrag Gottes reden zu können, muß der Mensch *dort* sein, *wo Gott ist.* Doch

Gott bleibt nie stehen, und so wurden auch die Propheten in eine Bewegung hineingenommen. Sie wurden „getrieben". Die Bewegung war nicht entstanden, um ein prophetisches Wort hervorzubringen, sondern sie war im Gange, und die Folge war die Prophetie. Wenn das prophetische Wort fehlt, müssen wir fragen, ob es überhaupt jemanden in der Gemeinde gibt, der vom Geist „getrieben wird". Oder sind vielleicht alle festgefahren? Ist Gott weitergegangen und hat die Erneuerungsbewegung hinter sich gelassen? Als Josua seine Truppen über den Jordan führte, ging das Prophetentum mit hinüber. Von diesem Zeitpunkt an lesen wir von keinem Propheten, der in den folgenden fünfhundert Jahren in Gilead aufgetreten wäre. Und soweit man sagen kann, kam keiner der inspirierten Schreiber der prophetischen Bücher aus dem Gebiet östlich des Jordans. Wo Gott frei wirken kann, wird auch immer die Stimme der Propheten zu hören sein, die Korrektur, Weisheit, Einsicht und Wegweisung gibt.

Ich bin überzeugt, wenn Apostel und Propheten anerkannt werden und ungehindert wirken können, wird sich das als wichtigster geistlicher Durchbruch erweisen. Um das Land einzunehmen, müssen wir zu einer Gemeinde gehören, die nicht nur theoretisch, sondern praktisch von der Wichtigkeit der Apostel und Propheten überzeugt ist." *(Arthur Wallis; `Leben ohne Kompromisse`, enthalten in „Apostolischer Dienst")*

Die Dienste in der Gemeinde

Eine neue Ordnung

Wenn in Eph.4,11 Apostel erwähnt werden, handelt es sich hier um solche, die Christus **nach seiner Auffahrt** in die Höhe (Vers 8) als Gaben gibt. Im Unterschied zu den zwölf Aposteln ist die Anzahl dieser Apostel nicht begrenzt. Wir lesen nirgends in der Schrift, dass der Herr während seiner Wirksamkeit auf Erden Propheten, Evangelisten, Hirten und Lehrer erwählte, sondern nur von zwölf Aposteln als Zeugen. Nun erscheinen in Epheser 4,11 Apostel neben den anderen Gaben, und es ist offensichtlich, dass, wie diese anderen vier Gaben vom erhöhten Herrn **für ein neues Werk** gegeben wurden, so auch diese Apostel einer neuen Ordnung angehören.

Königreich GOTTES und Leibgemeinde

Die Zwölf hatten einen besonderen Dienst als Zeugen der Erniedrigung und Auferstehung des Herrn und sie hatten einen bestimmten Auftrag an Israel. Die Dienste aber wurden zu einem völlig anderen Zweck gegeben. Nach Vers 12 sollen sie zur „Auferbauung des Leibes Christi" wirken. **„Bis wir"** – Juden und

Heiden, Sklaven und Freie – **„alle gelangen zur Einheit des Glaubens…“**, Vers 13. Wir sehen auch hier den klaren Unterschied zwischen den beiden Berufungen zum Aposteltum. Man hat darauf hingewiesen, dass die Zwölf besonders in der ersten Gemeinde gebraucht wurden, aber wir gehen weiter und sagen, sie wurden besonders für Israel und die „Auswahl zur Gnade“ gebraucht. Paulus betont die Verschiedenheit des Auftrages, wenn er in Galater 2,2 und 7 sagt, dass ihm das Evangelium der Vorhaut anvertraut sei, wie dem Petrus das der Beschneidung. Das Evangelium der Vorhaut ist das Evangelium an die Nationen, das Evangelium der Beschneidung ist das Evangelium an die Juden. Die Petrusbriefe und auch der Jakobusbrief sind besonders an Juden gerichtet, wenn sie auch für die Nationen Gültigkeit haben. Es geht in diesen Briefen in erster Linie um das „Königreich“. Aber öffnete nicht gerade Petrus die Tür zu den Nationen? Ja, aber er hatte *doch* nur die Schlüssel des „Königreichs“. (Matth.16,19) und nicht die Schlüssel (oder die Offenbarung) der Gemeinde, des Leibes Christi.

Das „Königreich“ steht in ganz besonderer Beziehung zu jüdischen Vorechten. Petrus gestattete dem Haus des Kornelius freimütig an jüdischen Vorrechten teilzunehmen, weil er sah, wie sie den Heiligen Geist empfingen, aber er begriff nicht, dass sie durch den Heiligen Geist in **einen Leib** hineingetauft wurden. Die Offenbarung über den Leib Christi war eine neue Offenbarung. Paulus behauptet, dass er der *erste* sei, dem diese Offenbarung gegeben wurde (Eph.3,1-6). Wusste Petrus denn nicht, dass die Heiden gerettet worden waren und den Heiligen Geist empfangen hatten? Ja, er wusste es, aber er sah darin nur ihre Aufnahme in das Königreich. Schon die Propheten des Alten Testaments hatten die Errettung der Heiden oder *„derer aus den Nationen“* vorausgesehen, aber keiner sah die Offenbarung des Leibes Christi. Auch Petrus sah sie nicht. Sie wurde als erstem dem Apostel Paulus gegeben und durch den Geist *„seinen heiligen Aposteln und Propheten geoffenbart“*, Eph.3,5. Der **Inhalt** der Offenbarung über den Leib Christi – die Gemeinde – ist, dass die Heiden oder „die aus den Nationen“ Miterben, Mitein*verleibte* und Mitteilhaber mit den Juden sind, weil sie **durch einen Geist in den einen Leib hineingetauft wurden**, von dem Christus selbst das Haupt ist (1.Kor.12,13; Eph.3,6). *(Weiters ist auch zu beachten, dass das jüdische, nationale Königreich im kommenden Millenium und die Leibesgemeinde JESU, die „Jetzt“ gebaut wird, zwei zu unterscheidende Größen sind, und dass „in der Gemeinde“ weder der Jude noch der Grieche (also Heide) einen Status hat, sondern CHRISTUS in allen! Da ist der Jude eben nicht mehr Jude, und der Heide nicht mehr Heide, sondern Christ - Der Verf.).*

Die Apostel und Propheten, die der Leibesgemeinde gegeben wurden, haben Bedeutung für *dieses* Zeitalter. Das Königreich mag ohne sie auskommen

– die Leibesgemeinde braucht sie, denn Paulus erklärt, dass sie auf dem Grund der Apostel und Propheten erbaut sei (Eph.2,20). Das heißt doch, der Leib Christi kann nicht auf irgendwelchen jüdischen Lehrelementen oder gar auf heidnischer Philosophie erbaut werden. Es geht bei ihm um eine vollkommen neue Offenbarung. Jesus Christus selbst ist der Offenbarende, der durch seinen Geist seine Apostel und Propheten mit dieser neuen Offenbarung erfüllt. Einer Offenbarung, die jüdisches Gesetz und griechische Philosophie völlig in den Schatten stellt.

GOTT erwählte Paulus, einen Mann, der sowohl in der jüdischen Religion als auch in der griechischen Philosophie wohl viele seiner Zeitgenossen an Bildung und Erkenntnis überragte, zu dem Apostel, der als erster die höchste göttliche Offenbarung für die Nationen empfangen sollte. Nach seiner Bekehrung spricht er mit den leitenden Aposteln in Jerusalem persönlich über die Offenbarung, die ihm der Herr anvertraut hat. Sie erkennen die Gnade, die ihm gegeben ist und sehen auch, dass sein Dienst in erster Linie den Nationen zu geschehen hat.

Alle Gaben und Berufungen Gottes werden für eine bestimmte Zeit gegeben. Die Zeit der Propheten Israels endete mit Johannes dem Täufer, als Christus, der eigentliche und verheißene Prophet der jüdischen Nation, erschien. Das Zeitalter des Gesetzeslehrers endete mit Christus, der die Erfüllung des Gesetzes ist. Und das Aaronitische Priestertum endete mit dem Zerreissen des Vorhangs im Tempel. In dem neuen Zeitalter, dem *Zeitalter der Gnade*, arbeitet Gott neben den Nationen zweifellos auch an den Juden weiter. Nur sieht er sie in *diesem* Zeitalter nicht als Nation unter der Gnade, sondern als Überrest nach der Auswahl der Gnade (siehe Römer 11,5).

CHRISTUS – Haupt des Leibes

Nun geht es Gott in *diesem* Zeitalter (seit der Auferstehung Christi– Verf.) aber noch um weit mehr – es geht Ihm um „die Gemeinde, den Leib CHRISTI“. Jesus Christus, den die jüdische Nation als ihren Messias und König verwarf, ist nun zum Haupt dieses Leibes gemacht. Wie wichtig diese herrliche Tatsache ist, mag daraus ersehen werden, dass die Stellung Christi als das Haupt nicht weniger als fünfmal in den beiden Briefen erwähnt wird, in denen es in besonderer Weise um die Gemeinde geht (Eph.1,22; 4,15; 5,23; Kol.1,18; 2,19). Die Regierung der Gemeinde ist *DEM* übergeben worden, dessen Regierung die Nation Israel verwarf.

Die Kräfte Seiner Regierung müssen nun auch in der Gemeinde, dem Leib, fühlbar sein, wenn es wahr ist, dass Ihm die Regierung übergeben wurde. Er hat Seinen Platz zur Rechten des Vaters eingenommen und regiert die Gemeinde, die er sich mit Seinem eigenen Blut erwarb (Eph.5,23.27). Diese Regierung nun ist nicht die eines Königs über eine Nation, sondern die des Hauptes über den Leib. Das Verhältnis zu den Regierten ist sehr eng. Wir sind mit Ihm eins gemacht! Er selbst ist Teil des Leibes! HAUPT und Leib und jedes einzelne Glied des Leibes leben das gleiche Leben! In Ihm, dem Haupt, ist die Fülle dieses Lebens! Die Glieder dagegen empfangen es nach dem Maß, das von ihrer Stellung und Funktion im Leib bestimmt wird. Vergessen wir nicht: GOTT setzt die Glieder wie ER will! (1.Kor.12,18).

Aus Seiner Fülle

Jedes Glied des Leibes hat einen Dienst nach dem ihm zugeteilten Maß. Aber der Ursprung aller Dienste ist allein in Jesus Christus selbst zu suchen: „…welche Er gewirkt hat in dem Christus, indem er ihn aus den Toten auferweckte und ihn zu Seiner Rechten in den himmlischen Örtern setzt…und hat alles seinen Füßen unterworfen und ihn als Haupt über alles der Gemeinde gegeben, welche sein Leib ist, die Fülle dessen, der alles in allen erfüllt“ (Eph.1,20-23). Johannes sagt: „Denn aus Seiner Fülle haben wir alle empfangen Gnade um Gnade“ (Joh.1,16). In Eph.4,7 steht: **„Jedem einzelnen aber von uns ist die Gnade gegeben worden nach dem Maß der Gabe des Christus.“**

Weil ER *der Apostel* ist (Hebr.3,1), der die göttliche Gründung und Leitung der Gemeinde ausübt und sie bewahrt, darum teilt er diesen Dienst mit bestimmten von Ihm dazu gesetzten Gliedern des Leibes. Als *der große Prophet* und Offenbarer der Gedanken GOTTES *teilt* Er Seinen Dienst mit den Propheten der Gemeinde. Er ist auch der *Evangelist, Hirte und Lehrer*, der aus der Fülle dieser Seiner Dienste austeilt und der Gemeinde Evangelisten, Hirten und Lehrer setzt. *(Viele Gläubige reduzieren JESU Werk auf Seinen „ersten Dienst“, den irdischen Dienst der ERLÖSUNG; doch Sein „zweiter Dienst“ als Hoherpriester im Himmlischen Heiligtum >Hebr. 4+5+6< ist ihnen nicht bewusst oder fremd. „lies Hebr. 8,1.2.6; 9,11.12; 7,25“ – Verf.)*

So offenbart sich Christus als Haupt auch in der heutigen Gemeinde durch die Dienste, die Er gesetzt hat. Ihre Funktionen sind verschiedenartig, sie bedingen einander und bedürfen einander. In ihrer gegenseitigen Anerkennung (!) *(nicht Aberkennung; denn auch hier gilt „nehmt einander an wie Christus euch angenommen*

- und gesetzt hat – Verf.), im Zusammenwirken und durch die Befähigung des Heiligen Geistes werden sie zur Darstellung des Dienstes an Seiner Gemeinde. Aber auch hier gilt: - wie ganz allgemein für alle Segnungen, die Gott uns schenken will – ohne Glauben können wir nichts empfangen und ohne den Glauben der Gemeinde können sich die Dienste nicht entfalten. Wo die fleischliche Gesinnung des Menschen anstelle des Glaubens tritt, werden die Dienste und Gaben nie in Erscheinung treten und sollte es dennoch geschehen, werden sie bald wieder verschwinden. **„Ohne Glauben ist es unmöglich, Gott zu gefallen."**

Außer den zwölf Aposteln, die Jesus berief (Matth. 10,2-4), und Matthias, der anstelle von Judas Ischariot trat, finden wir im NT noch eine Reihe von weiteren Aposteln. Die wichtigsten Stellen seien hier erwähnt: Paulus und Barnabas (Apg.14,14); Andronikus und Junias (Röm.16,7); Jakobus, der Bruder des Herrn (Gal.1,19); Apollos (1.Kor.3,5; 4,6.9); Silvanus und Timotheus (1,Thess. 1,1 in Verbindung mit 2,6); Epaphroditus (Phil.2,25); Titus und zwei nicht namentlich genannte Brüder (2.Kor.8,16-23).

Der himmlische Zeuge auf Erden

„Sie glauben doch nicht etwa, dass es heute noch in der Gemeinde Apostel und Propheten gibt?" Das ist eine Frage, die uns immer wieder gestellt wird, wenn man hört, dass wir zur Apostolischen Gemeinde (bitte nicht neuapostolisch; Verf.) gehören. Ausführlich lässt sich diese Frage am besten beantworten, wenn wir eine Gegenfrage stellen, die zunächst ungeschickt erscheint, aber für unsere Antwort zugleich eine gute Illustration ist: „Gibt es heute noch Sterne am Himmel?" „Natürlich!", kommt die Antwort, „ich sehe sie zwar nicht, wenn die Sonne scheint, denn ihr Licht überstrahlt das der Sterne, aber sobald sie untergeht, kann ich sie sehen. Nachts scheinen sie – selbst wenn sie von Wolken vor meinen Augen verhüllt werden, weiß ich doch, dass sie in ihren Bahnen laufen wie schon vor Tausenden von Jahren – sie sind immer am Himmel!"

So sicher, wie wir diese Frage beantworten können, weil wir viele Beweise für das Vorhandensein der Sterne haben, läßt sich auch die Frage beantworten: Gibt es heute noch Apostel und Propheten? Tausende von Gotteskindern bezeugen zur Ehre Gottes das Vorhandensein dieser Dienste in der Gegenwartsgemeinde, und das ist auch die Lehre der Schrift, wie wir später noch sehen werden. Andere verneinen diese Frage – oft vielleicht aus Furcht davor, die eigene „Lehrerherrlichkeit" zu untergraben, statt die Ehre Gottes in den Vordergrund zu stellen.

Und manche bleiben lieber still, vielleicht aus Furcht davor „engstirnig" oder „sektiererisch" genannt zu werden.

GOTT setzte die Sterne des Firmamentes in ihre Bahnen. Warum leuchten sie heute noch? Weil sie in der Schöpfung notwendig sind. Sie sind ein ständig gegenwärtiger Beweis Seiner Güte und Seines Sorgens für die Menschheit. So hat Gott auch der Gemeinde Apostel und Propheten gegeben und sie sind noch in der Gemeinde – Er hat sie niemals weggenommen. Warum sind sie heute noch da? Weil sie in der Gemeinde notwendig sind. Sie sind ein ständig gegenwärtiger Beweis Seiner Güte und Seines Sorgens für die Gemeinde, welche da ist der Leib Christi. Wie es bei den Sternen ist, so werden wir auch diese Dienste nicht mehr sehen, wenn der „volle Tag" anbricht, wenn die „Sonne der Gerechtigkeit" erstrahlt und der Glanz Seines Angesichtes sie alle blass erscheinen lässt. Seine Gegenwart wird jedes Amt und jede Gabe überstrahlen, oder, um beim Bild zu bleiben, Seine Gegenwart wird auch die herrlichsten Sterne am Firmament der Gemeinde an Glanz übertreffen.

Aber es sind Wolken da! Wolken des Abfalls, Wolken der Rituale, Zeremonien und der Traditionen; Wolken der Fleischlichkeit und des Unglaubens bedecken den Himmel, verbergen die Sterne vor den Menschen – aber nicht vor Gott. Sein Auge sieht über die Wolken, denn Er lebt über den Wolken (geistlich gesprochen). „Er hält die Winde in Seinen Fäusten" und Er erweckt sich eine Gruppe von betenden Gläubigen – der Geisteswind fängt an zu wehen, durch das Gebet schwinden die Wolken und siehe da, die Sterne scheinen immer noch, alle können sie sehen! Sie sind immer noch da, wo Gott sie hingesetzt hat: Apostel, Propheten, Evangelisten, Hirten und Lehrer. Ebenso auch die Gaben des Geistes: Wort der Weisheit, Wort der Erkenntnis, Glaube, Heilungen, Machttaten, Weissagung, Unterscheidung, Zungen, Auslegung (1.Kor.12,8-10). Sie sind alle noch vorhanden, weil der HERR sie setzte als Er „auffuhr in die Höhe und das Gefängnis gefangenführte und den Menschen Gaben austeilte" (Eph.4,8). Das Vorhandensein der Dienste und Gaben ist zugleich auch Beweis für das Vorhandensein der Frucht des Geistes.

Denn so wie alle Bewegungen der Gestirne eines Systems von seinem regierenden Himmelskörper abhängig ist, so ist auch die „Zurüstung der Heiligen" vom Vorhandensein der Dienste und Gaben abhängig (Eph.4,11.12). Wo diese wirken dürfen, da kann die Gemeinde in Liebe, Freude, Friede, Geduld, Freundlichkeit, Gütigkeit, Glaube, Sanftmut und Enthaltsamkeit (Gal.5,22) in eine dunkle Welt hineinleuchten, in der Gott verworfen worden ist und Satan in verfinsterten Herzen regiert. Die Gnade aber regiert inmitten der Himmlischen und wird auf der Erde verkündigt. Darin mehren sich die „Sterne" am Firmament, dass aus Gnaden errettete Sünder hinzugetan werden. Für alle himmlisch gesinnten Menschen bietet dieses Firmament – die *GEMEINDE* – einen herrlichen Anblick, wie es sich nach göttlichen Grundsätzen in seinen Bahnen bewegt. Für manche scheint es aber nicht so schön zu sein, wenn man hört, wie sie gegen Apostel- und Prophetentum in der heutigen Gemeinde argumentieren. Mit diesem besonderen Einwand wollen wir uns ausführlicher beschäftigen, weil wir es als sehr wichtig ansehen, dass wir eine klare Schau von göttlicher Gemeindeleitung gewinnen.

Ein geistlicher Organismus

Wir können uns denen nicht anschließen, die behaupten, dass es in der heutigen Gemeinde keine Apostel und Propheten gäbe, dass diese Dienste nur für die erste Gemeinde bestimmt gewesen wären. Wenn die Gemeinde doch ein Organismus und nicht nur eine Organisation ist, wie kann man dann einzelne Glieder dieses Organismus entfernen, ohne nicht auch zugleich sein Leben zu zerstören? Das möchte gerade der Satan tun, aber Dank sei dem Herrn, der gesagt hat: „Auf diesen Felsen will ich meine Gemeinde bauen, und die Pforten des Hades sollen sie nicht überwältigen" (Matth.16,18). Wie können also Apostel und Propheten aus der Gemeinde Gottes herausgenommen werden, wenn Gott sie doch in die Gemeinde gesetzt hat? Sie mögen verspottet und verworfen werden, sie mögen durch von Menschen gewählte Beamte der `Kirche` ersetzt werden, aber dadurch sind sie nicht entfernt oder abgetan. Unser Herr wurde verachtet, verworfen und gekreuzigt, aber das änderte nichts an der Tatsache, dass Er der Messias war und ist. Er ist derselbe, der Er gewesen wäre, wenn man Ihn angenommen hätte – es gibt keinen anderen.

Wie können Menschen diese beiden Dienste aus der Gemeinde entfernen, wenn sie doch von Gott auserwählt, gesetzt und gesalbt sind? Wir mögen wohl einen Mann zum Sekretär oder Kassierer wählen. Wir können ihn auch wieder aus einem solchen Amt „herauswählen", aber wir können niemals einen Mann zum Apostel oder Propheten machen, denn <u>diese Dienste gibt Gott</u> allein (siehe oben). Wie sollten dann wohl Menschen jemanden von einem solchen Dienst entbinden können? Gott hat die Dienste in die Gemeinde gesetzt, und wenn wir ihre Existenz in der heutigen Gemeinde leugnen, berauben wir Gott Seiner Herrlichkeit in der Gemeinde und werden zum Werkzeug Satans, ob wir uns dessen bewusst sind oder nicht. Wir sollten ernsthaft in der Schrift forschen, damit wir erkennen, dass die Gemeinde nicht auf menschliche Wahl von Männern in irgendein Amt angewiesen ist, weil sie ein Organismus ist. Das wird dort erforderlich, wo es sich um menschliche Organisationen handelt, aber niemals in der Gemeinde des lebendigen Gottes. Sollten wir nicht wie David beten, dass wir nicht in die Hände der Menschen, sondern in die Hände Gottes fallen? In einer rechten Gemeinde sind die Diener nicht auf die von Vorurteilen, Zuneigungen und Abneigungen bestimmten Stimmen der Glieder der Gemeinden für ihre Wahl oder Wiederwahl angewiesen. Derartige Methoden sind unbiblisch.

Hat Gott der Gemeinde wirklich je einen Dienst entzogen? Wie könnte Er es tun, ohne nicht zugleich den Organismus zu zerstören? Nie, Gott hat niemals einen Seiner Dienste weggenommen und die Menschen können zur Leitung der Gemeinde nichts Besseres organisieren. Es wird zugegeben, dass die Gemeinde heute nicht mehr die Kraft hat, die die erste Gemeinde auszeichnete, (….) und die Welt fragt mit Recht: Ist dies das (biblische) Christentum? Nein! Er setzt Sein Werk immer noch fort wie in der Urgemeinde. Wir gehen nicht zurück zum ersten Pfingstfest, um Kraft zu empfangen, sondern wir gehen vorwärts, um dem Herrn bei Seinem Kommen zu begegnen und wir nehmen die Kraft von Pfingsten mit uns auf den Weg!

Legitimation und Wirksamkeit

Wir haben in unserer Zeit viele wunderbare Dinge geschehen sehen durch die Hände bevollmächtigter Diener und wir haben viele Heilungen durch die Kraft des Herrn erlebt, aber sollten wir nicht viel mehr erwarten? (Vgl.Joh.14,12!). Doch das ist die Verantwortung der *ganzen* Gemeinde. Größere geistliche Kraft wird zwar sehr wichtig sein im Blick auf das Zeugnis der Gemeinde in der Welt, aber sie wird uns unsere Berufung und Erwählung nicht stärker befestigen; das geschieht allein durch unseren Glauben und unsere Treue. Heilungen und Wunder allein qualifizieren noch nicht zum Dienst eines Apostels, Evangelisten oder Hirten, und umgekehrt kann die Abwesenheit dieser Gaben sie nicht disqualifizieren. Hier gilt vielmehr: „Ein jeder hat seine eigene Gnadengabe von Gott" und „durch Gottes Gnade bin ich, was ich bin."

Natürlich würden wir gern einen kraftvolleren Aposteldienst in unseren Tagen erleben und ebenso eine kraftvollere Wirksamkeit der anderen Dienste. In Zeiten der Erweckung sind auch die Dienste kraftvoll, aber heute geht die Gemeinde weltweit durch eine Zeit des Abfalls. Sollten wir nun aber jedes Zeugnis des Vorhandenseins des Apostelidienstes leugnen, während wir um eine Neubelebung der Gemeinde ringen?

Die Legitimation eines Apostels liegt nicht in seinen natürlichen Fähigkeiten, der Stärke seiner Persönlichkeit, seiner Redegewandtheit oder seiner Popularität, sondern zuerst in ganz bestimmten und offenbaren *geistlichen* Werten und Fähigkeiten. Ohne Frage ist das Wichtigste im Plan Gottes für dieses Zeitalter die Herausrufung, Auferbauung und Vollendung der Gemeinde, die der Leib Christi ist. Darum geht es auch im Apostelidienst in erster Linie. Gott hat Seinen Vorsatz im Blick auf die Gemeinde zuerst Seinen heiligen Aposteln und Propheten geoffenbart (Eph.3,5), und Er braucht in jeder Generation wieder neu diese Dienste, um sich ihnen in gleicher Weise wie den ersten zu offenbaren und die Gemeinde in der ursprünglichen Schau zu bewahren, zu gründen und ihr zur lebendigen Verwirklichung derselben zu helfen. Gott will uns nicht mit dem Buchstaben allein lassen, sondern durch Seinen Geist in den Diensten der Apostel und Propheten eine ständige und lebendige Anwendung der einen göttlichen Wahrheit ermöglichen.

Der Dienst der Apostel und Propheten ist der Gemeinde gegeben, dass der Glaube der Heiligen tief gegründet und verwurzelt wird in der herrlichen Schau des Hauptes der Gemeinde und seines Leibes. Darum widersteht der Feind auch gerade der Entfaltung dieser beiden Dienste am meisten. Zeichen und Wunder sind wichtig, ganz besonders für den Dienst der Gemeinde in der Welt zur Bestätigung des verkündigten Wortes und zur Rettung von Sündern. Aber die Offenbarung Christi und die „Schau der Gemeinde", die durch die Dienste diesen geretteten Sündern jetzt als den Heiligen Gottes zuteil wird, ist im Blick auf ihre hohe himmlische Berufung jetzt weit wichtiger als Zeichen und Wunder. Paulus schreibt wenig über die Wunder, die durch ihn geschahen, aber sehr viel über die Offenbarungen, die er empfangen hatte. Geisterfüllter Dienst in der Verwirklichung dieser Offenbarungen wird uns auch heute wieder in den Glaubensstand versetzen, durch den ein Überfluss von Zeichen und Wundern für den Dienst in der Welt möglich ist.

Gott hat kein Wohlgefallen an solchen, die sich zurückziehen oder stillstehen (oder auch an solchen, die „vierzig Jahre" immer im Kreis ihrer Lehrtradition herumgehen; vgl. Ps.95,10; Verf). Laßt die Gemeinde vorwärts eilen der Verwirklichung der hohen apostolischen Schau einer verherrlichten, ihres Hauptes würdigen Gemeinde entgegen. Der Herr wird es uns dann an den Zeichen Seiner Gegenwart und Herrschaft in der Gemeinde auch der Welt gegenüber nicht fehlen lassen. Die Legitimation eines Apostels ist also vielmehr zu suchen *in der Autorität,* den geistlichen Fortschritt der Gemeinde zu lenken und ihre Einheit in der Schau zu bewahren. Die Apostel müssen den Sinn Christi erkennen können und reden „als die Aussprüche Gottes“ und dienen „nicht allein in Worten, sondern in Kraft und im Heiligen Geist und in Vollgewissheit“ (1.Petr.4,11; 1.hess.1,5).

Der Prophetendienst – *Aufgabe und Wirkungsbereich*

Eine glaubensarme Gemeinde wird auch die ihr gegebenen Propheten auszuschalten wissen – welchen Propheten haben die Israeliten nicht gesteinigt? Dennoch will sich Christus als das Haupt durch Prophetenwort hören lassen, „bis wir alle hingelangen…!“ (Eph.4,11-13). Sicher hat der Herr viele Möglichkeiten, zur Gemeinde zu reden: zuerst durch Sein verkündigtes Wort, dann durch allgemeine Zeugnisse, durch innere Stimme des Geistes in den einzelnen Gliedern. Aber deutlicher, und sehr oft persönlicher spricht Er durch die Gabe und den Dienst der Prophetie. (….) Aposteldienst und Prophetendienst gehören zusammen. Sie ergänzen einander im Empfang und in der Weitergabe geistlicher Offenbarung und Schau. Gerade in ihrer Verschiedenheit und ihrer gegenseitigen Angewiesenheit aufeinander sind sie die von Gott zur Leitung der Gemeinde bestimmten Dienste. Alles, was Menschen stattdessen erfinden können – und sie haben durch die Jahrhunderte alle nur möglichen Ämter und Methoden der Regierung der Gemeinde versucht – muß dagegen kümmerlicher Ersatz bleiben.

„Der Heilige Geist sprach“! (Apg.13,2; 8,29) ER ist die Autorität, nicht der Prophet. Aber der Prophet empfängt die Offenbarung und Willensäußerung Christi durch den Heiligen Geist. Propheten haben also durchaus einen Platz in der Leitung der Gemeinde. Durch sie kann der Herr warnen und vorbereiten, wie Er die Gemeinde in Antiochien durch Propheten auf die bevorstehende Hungersnot hinwies (Apg.11,27.28). *(Ich erinnere mich an Bruder Gerhard Krüger aus Deutschland, der für Hamburg einmal eine große Flutwelle voraussagte - wegen Dammbruch, die dann auch kam und viele in den Tod riss. Glaubende die sich warnen ließen, wurden bewahrt. Denken wir an das Wort im Propheten Amos 3,7+8; Verf.).* Gott kann die Gemeindepropheten gebrauchen, um Seinen Willen in den in jeder Generation neu auftauchenden praktischen Fragen des Gemeindelebens wie auch im Leben der einzelnen Glieder und Funktionen der Gemeinde kundzutun. Der Dienst des Propheten hilft uns, die Stimme des Hauptes der Gemeinde zu verstehen, und das ist schließlich sehr wichtig, wenn wir wirklich wollen, dass der Herr selbst und Er allein die Gemeinde regiert.

(Etliches über prophetisches Reden haben wir weiter oben bereits angesprochen). Propheten sind Männer, die durch besondere Abhängigkeit vom Herrn, durch ein inneres Gebetsleben und das ständige Hören auf Gott geprägt sind. Sie sind nicht so sehr durch die Gabe der Prophetie gekennzeichnet als durch ihre Geschichte mit Gott, durch die Erfahrung des Kreuzes in ihrem Leben und durch ihre rückhaltlose Hingabe an den Herrn. – Der HERR gebe Seiner Gemeinde weltweit wieder die Dienste der Apostel und Propheten, wie Er ihr die Evangelisten, Hirten und Lehrer gab, damit sie auferbaut, im Strudel dieser Weltzeit bewahrt und eins werde und ihrem Haupt verherrlicht begegnen kann, in JESU Namen, Amen! *(Aus „Urchristliche Botschaft" Heft 4; von William Cathcart – Apostel und Propheten).*

Zu diesem Thema noch die Stellungnahme des Vorstandes und Programmausschusses des ERF; (zweite Hälfte 20. Jhdt.)

„Grundlage für das Leben der Gemeinde Jesu, für ihre Verkündigung und ihren Dienst ist allein die Heilige Schrift. Darum lehnen wir alle \`Offenbarungen\`, die über die Schrift hinausgehen ab. Ebenfalls verwerfen wir als unbiblisch die Lehre der \`Geistestaufe\`, wenn sie als ein Erlebnis gefordert und angestrebt wird, das die Wiedergeburt ergänzen und überhöhen würde. Wir bestreiten aber nicht, dass es immer wieder neue Erfahrungen mit dem Heiligen Geist im Leben des Wiedergeborenen gibt, die wir brauchen und für die wir dankbar sind. Ebenso wie gegen neue Offenbarungen über die Heilige Schrift hinaus – oder wie gegen eine besondere Geistestaufe – müssen wir uns gegen eine Verkürzung des biblischen Zeugnisses über die Gaben des Geistes wenden.

Es gibt eine Auffassung, die 1.Korinther 13,8-12 als bereits erfüllt ansieht. Nach ihr wird das >Vollkommene< (V.10) auf die „vollkommene Offenbarung im NT" gedeutet und das >Stückwerk< der „Spiegel in einem dunklen Wort", auf Prophetie, personal-direkte Erkenntnis-Inspiration und ausgelegte Sprachenrede. Die letztgenannten Geistesgaben seien – zum Unterschied von den übrigen – der Gemeinde als Offenbarungsgaben nur für die Epoche der Entstehung des NT gegeben worden.

Unseres Erachtens lässt sich diese Auffassung nicht mit den klaren Aussagen des Kontextes vereinbaren: 1. Die komprimierte Aufzählung der Geistesgaben in Vers 8 nimmt verkürzt V.1-3 wieder auf. Dort sind aber neben der Charismen der Prophetie, der Sprachenrede und der Erkenntnis noch die Gaben des bergeversetzenden Glaubens (vgl.1.Kor.12,9a), der Hingabe der Güter (vgl.Röm.12,8c) und der Diakonie bis zum Martyrium (vgl.Röm.12,7) genannt. Wenn in V.8 und V.9 nur und gerade die herausragenden und anscheinend „unvergänglichen“, „ewigkeitsbezogenen“ Gaben der Prophetie, der Erkenntnis und der Sprachenrede genannt sind und in ihrem Stückwerkcharakter als vorläufig und unvollkommen gekennzeichnet werden, so sind alle Charismen (also erst recht die von vorneherein als vergehend ausgewiesenen Gaben des besonderen, beispielhaften Glaubens, der Hingabe, der Diakonie usw.) mitgemeint und als begrenzt bezeichnet.

Die beiden Bildreden vom unvollkommenen, redenden Kleinkind bzw. vom undeutlich wiedergebenden (antiken) Metallspiegel im Verhältnis zum erfahrenen Reden des Erwachsenen bzw. zum ungetrübten Schauen von Angesicht zu Angesicht weisen eindeutig auf den (in Korinth von einer Gemeindegruppe offensichtlich anders beurteilten!) großen Abstand von begrenzten Charismen hier auf Erden gegenüber dem vollkommenen Erkennen in der Vollendung, nachdem wir jetzt schon von Christus erkannt sind.

Wir haben es hier nach übereinstimmend neutestamentlichem Zeugnis mit einer eschatologischen Perspektive zu tun. So verstehen denn auch die bekannten Kommentare zum 1.Korintherbrief den Abschnitt 1.Kor.13,8-12 als eschatologisch ausgerichtet: Angefangen von Bengels „Gnomon“ über Bachmann in Theod. Zahns Kommentarwerk und A. Schlatter in „Paulus, der Bote Jesu“ bis zu Conzelmann, Wendland, De Boor ist es einhellig die Meinung, dass mit dem „Vollkommenen, das kommen wird“, (V.10), die noch ausstehende Vollendung gemeint ist. Dann werden Prophetie, Sprachenrede und Erkenntnisgabe zusammen mit den anderen Geistesgaben, die der erhöhte Herr seiner irdischen Gemeinde anvertraut hat, aufhören.

Bleiben werden jedoch Glaube, Hoffnung, Liebe. Wie ist das zu verstehen? Von den verschiedenen Auslegungsmöglichkeiten zu Vers 13 erscheint uns die folgende einleuchtend: Mit Vers 12 endet die futuristische Redeweise („dann aber“); Paulus wendet die Aufmerksamkeit seiner Leser wieder der Gegenwart zu („nun aber“). In dieser Gegenwart „bleiben“ Glaube, Hoffnung und besonders Liebe in dem Sinn, dass sie kein Stückwerk sind wie die Gnadengaben. Sie überragen in ihrer Bedeutung für das gegenwärtige Leben des Christen die Gnadengaben bei weitem. Die Liebe wird die größte von ihnen genannt, weil sie an keine zeitliche Grenze gebunden ist. Sie „hört nimmer auf“ (Vers 8).

Der Apostel Paulus will und muss mit den Kapiteln 1.Korinther 12-14 die Überschätzung und damit den Missbrauch der Charismen bei einem Teil der

Gemeinde zu Korinth (wie auch Resignation im Blick auf angeblich „geringe“ Gaben – vgl.1.Kor.12,15ff.-) korrigieren.

Es ist unseres Erachtens nicht schriftwidrig, auch heute vom Wirken des Heiligen Geistes in den verschiedenen Gnadengaben einschließlich Prophetie, Sprachenrede und Erkenntnis zu reden. Dabei ist es die Aufgabe der Gemeinde, die verschiedenen Geister zu prüfen (1.Kor.14,29), ob sie von Gott sind. Einziger Massstab für solche Prüfung ist die Heilige Schrift. Diese gibt ihrerseits in Johannes 14-16 und in 1.Korinther 12 ein unverwechselbares Merkmal für das Wirken des Heiligen Geistes an: Er richtet die Aufmerksamkeit auf die Person Jesu Christi.

Unserer Überzeugung nach wird durch bibelgemäße Prophetie heute nicht >neue< Offenbarung vermittelt, sondern vielmehr Gottes Offenbarung in der Heiligen Schrift aktualisiert. Unter biblischer Sprachenrede (meist ungenau „Zungenrede“ genannt) verstehen wir in erster Linie den Lobpreis Gottes in einer dem Beter unbekannten Fremdsprache. Im Dienst der Gemeinde bedarf die Sprachenrede immer der Auslegung. Mit Erkenntnis meinen wir Einsicht in Gottes Offenbarung in seinem Wort. In diesem Sinne möchten wir darüber wachen, dass die Heilige Schrift die alleinige Grundlage für die Verkündigung im Evangeliums-Rundfunk bleibt.“ (Zitat Ende)

Eine Schöpfung – nicht mit Menschenhänden – die EKKLESIA!

Sie kommt herauf aus der Wüste und lehnt sich an ihren Geliebten

„Nun aber bist du, HERR, unser Vater; wir sind der Ton, und Du bist der Töpfer; wir alle sind das Werk Deiner Hände. Zürne nicht allzu sehr, O HERR, und gedenke nicht ewiglich an die Sünden! Ziehe doch das in Betracht, dass wir alle Dein Volk sind!“ (Jesaja 64,7.8). „Der HERR baut Jerusalem; die Zerstreuten Israels wird ER sammeln“; „…der zum Tempel spricht: Werde gegründet“ und zur Gemeinde „werde gebaut!“ „…und es wird eine Herde und ein Hirte sein“ (vgl.Psalm 147,2; Jes.44,28; Matth.16,18; Joh.10,16).

Endlich kommen wir zum **Zentrum der biblischen Willensäußerung GOTTES – zur** (Ekklesia) und Gemeinde JESU CHRISTI! Es ist ein großes Geheimnis um diese Ekklesia und ihrer neutestamentlichen Offenbarung – was kein Auge gesehen und kein Ohr gehört hat! Alle anderen Schauplätze und Ereignisse, die wir bis jetzt betrachtet haben sind nur Begleiterscheinungen im Geisteskampf um die Heraus- und Endausgestaltung der Gemeinde des Neuen Testamentes! Denn um sie und ihre Endausgestaltung geschehen die großen geistlichen Auseinandersetzungen auf den Schlachtfeldern christlich-religiöser und politisch-religiöser Art; es ist die größte Geistesschlacht auf Erden!

Geschrieben steht: **„...wir reden GOTTES Weisheit im Geheimnis, die verborgene, die GOTT vor den Weltzeiten vorherbestimmt hat,...das Geheimnis des Christus erkennen, das in früheren Generationen den Menschenkindern nicht bekanntgemacht wurde, wie es jetzt Seinen heiligen Aposteln und Propheten durch den Geist geoffenbart ist,...um alle darüber zu erleuchten, welches die Gemeinschaft ist, die als Geheimnis von den Ewigkeiten her in GOTT verborgen war, der alles erschaffen hat durch Jesus Christus, damit jetzt den Fürstentümern und Gewalten in den himmlischen Regionen durch die Gemeinde die mannigfaltige Weisheit GOTTES bekanntgemacht werde...!“** (1.Kor.2,7; Eph.3,4.5.9.10).

Bei GOTT steht „die Gemeinde“ als Sein Volk im Zentrum der Menschheitsgeschichte; sie ist nicht nur historisch wie z.B. die Arche Noah oder der Tempel in Jerusalem, sie ist als Schöpfung GOTTES EWIG! So wie die wesentlichsten Dinge des Lebens selbst geistiger, nicht materieller Natur sind, so können wir die geistliche Dimension um die Gemeinde nur mit geöffneten Augen des Geistes sehen und verstehen. Der Kosmos wurde letztlich für CHRISTUS und die Ekklesia geschaffen; denn es geht um mehr, als „nur in den Himmel zu kommen“ – die Gemeinde ist das „pleroma, die Vervollständigung des CHRISTUS!“ (vgl.Eph.1,23). Und dafür gibt es den göttlichen Entwurf „vor Grundlegung der Welt“, wie wir sehen werden. Heute herrscht eine lehrmäßig eingeschränkte Sicht über das Wesen der Gemeinde, ihren Ursprung und ihr Ziel. Und je mehr diese biblische Offenbarung entschwindet, geht auch biblische Vollmacht und Herrlichkeit verloren. Wenn wir das HAUPT nicht hätten....wäre alles *zu Ende*! Doch ER ist CYRIOS, ER IST „DER HERR!“ Und ER wird *SEIN* Werk vollenden! AMEN! “Halleluja! RUHM, DANK UND ANBETUNG SEI IHM IN EWIGKEIT ! Was sagte JESUS zu den resignierten Emmausjüngern? **„O ihr Unverständigen, wie ist doch euer Herz träge, zu glauben an alles, was die Propheten geredet haben!“** *Lukas 24.*

Wo und wann immer im Lauf der Geschichte, die *GOTT* und kein anderer schreibt, Sein Wort für einen weiteren Teil Seines vorgefassten Ratschlusses hin geschah, wurde dieser inmitten von Erschütterungen, oder auch ohne solche, ausgeführt! So bestand für den Wiederaufbau Jerusalems und des einst so prachtvollen Tempels für die Juden „menschlich gesehen" *keine* Hoffnung; Serubbabel fand anstelle des Tempels ein Ruinenfeld im Staube vor, und Nehemia eine niedergerissene Mauer, deren Tore mit Feuer verbrannt worden waren – überall Schutt und Asche und Staub! Und die Stadt selbst? Ihre gesamte Infrastruktur war ausgelöscht – auf „Nichtexistenz" hin und als ein geschichtliches Zeugnis dafür, dass GOTTES Volk für seine „Vermischung" mit heidnischen Göttern (Religionen) und Satzungen bestraft und gezüchtigt worden war! (vgl. 2.Könige 17; Jerem.2-9). Dass *dieses Zeugnis auch uns gilt* und GOTT Sich nicht spotten lässt, sagt das NT ja sehr deutlich! - Doch dann „geschah" GOTTES ermutigendes Prophetenwort zum Tempelbau, und mit diesem Wort „geschah" auch Erweckung! ER erweckte heidnische Weltherrscher und jüdisches Priestertum – um den Tempel und Jerusalem wieder aufzubauen! Serubbabel, Esra und Nehemia *kannten* den „GOTT des Himmels!", wie auch die Propheten IHN kannten. Sie wussten, dass ER stets *Sein* Werk und Vorhaben ausführt, auch durch zwischenzeitliche Stagnationen hindurch! (siehe bei den Propheten Haggai u. Sacharja).

Beim Bau des zweiten Tempels unter Serubbabel erließ GOTT gleich durch *drei Könige und Weltherrscher* heilige Dekrete – „weil der jüdische Tempel gebaut werden **musste!"** GOTT wollte Seine Anbetungsstätte und dadurch auch Israels geistlichen und nationalen Fortbestand wiederherstellen - entsprechend Seiner Bundesgnade, an die ER Sich um Seiner Liebe und Seiner Ehre willen gebunden hatte! Wenn GOTT sagt: **„ICH werde", „Ich will", „Ich Bin mit euch"** (vgl. Haggai1,8+2,4; Esra 4,24-5,2; Matthäus 16,18), dann besteht dieser Ratschluß fest und UNERSCHÜTTERLICH! Denn hier geht es um Seine Ehre, nicht um eitle Menschenehre! Dann geht es auch um „Seine" Sache, um „Seine" Gemeinde, nicht um `ihre, eure oder unsere.`

Wir lesen von den alttestamentlichen Weissagungen zum Tempelbau die Reaktion: **„Da hörten Serubbabel….und Jeschua….und der ganze Überrest des Volkes auf die Stimme des HERRN, ihres GOTTES…..Und der HERR erweckte…!"** (vgl.Hagg.1,12-14). Sie *hörten* und *folgten* der Stimme der Propheten, und *dann erweckte* der HERR! Geschrieben steht: **„ICH BIN JAHWE, das ist Mein Name. Und Meine Ehre gebe Ich keinem anderen noch Meinen Ruhm den Götterbildern!"** (Jes.42,8). GOTTES „ICH will" heißt „ICH werde es tun!" ER wirkt nicht alles sofort, sondern ER wirkt immer auf Sein Ziel *(telos)* hin, **„denn alles muß DIR dienen!"** (Psalm 119,91)

GOTT, der HERR, sprach durch den Propheten Jesaja um 700 vor Christus: **„Tempel, werde gegründet!",** und um 538 v.Chr. erfüllte ein heidnischer König diese Verordnung; der persische König Kyrus gab den Befehl zum Wiederaufbau des Tempels, den die zurückkehrenden nachexilischen Juden ausführten und vollendeten! GOTT sprach, und es geschah! (vgl.Psalm 33). Hier geschah etwas geschichtlich Prozesshaftes, in drei Etappen und innerhalb von 93 Jahren. Wenn wir hingegen den ersten Exodus Israels aus Ägypten mit diesem aus Babylon vergleichen, so war der erste ein „Donnerschlag" – an „einem" Tag zog das Volk aus Ägypten aus! 400 Jahre geschah nichts, dann geschah der „Kairos", der Zeitpunkt GOTTES an einem Tag!

Wenn wir zurückgehen zum Beginn des biblischen Berichtes, sehen wir, dass GOTT, der HERR, im Anfang sprach **„Es werde!"**, da wurde das gigantische Schöpfungswerk in NUR sechs (!) 24-Stunden-Tagen vollendet! **WELCH EIN UNBEGREIFLICHER und UNEMESSLICHER und ALLMÄCHTIGER GOTT !!!** Es war gut, dass der Mensch nicht schon am ersten Tag dabei war, als GOTT die Dinge ins Dasein sprach – denn der Mensch hätte die Möglichkeit solcher Schöpferkraft wohl mit seinem Verstand angezweifelt, weil er nur „Mensch" ist. Aber GOTT ist UNBEGRENZT; **„Groß ist unser HERR und reich an Macht; Sein Verstand ist unermesslich!"** (Psalm 147,5). **„Seine Herrlichkeit ist höher als die Himmel."** (Psalm 113,4).

„Nicht ein Mensch ist GOTT, dass Er lüge, noch der Sohn eines Menschen, dass ER bereue. Sollte Er gesprochen haben und es nicht tun und geredet haben und es nicht aufrechthalten?" „Siehe, Ich bin der HERR, der GOTT alles Fleisches! Sollte Mir irgendein Ding unmöglich sein?" „Bei den Menschen ist es unmöglich, aber nicht bei GOTT! Denn bei GOTT sind alle Dinge möglich." (4.Mose 23,19; Jerem.32,27; Mark.10,27). „Gedenkt an die Anfänge von der Urzeit her, dass ICH GOTT BIN und keiner sonst; ein GOTT, Dem keiner zu vergleichen ist. ICH verkündige von Anfang an das Ende, und von der Vorzeit an, was noch nicht geschehen ist – Auch fernerhin BIN ICH Derselbe, und niemand kann aus Meiner Hand erretten. ICH wirke – wer will es abwenden?!" (Jesaja 46,9.10; 43,13). GOTT tröstet uns zuerst mit Seiner Größe, dann ermutigt ER „zu bauen" und dann sagt ER, dass es durch Seinen Willen vollendet werden wird! RUHM und DANK! **„ICH sage: Mein Ratschluß soll zustande kommen, und alles, was mir gefällt, werde ICH vollbringen."** (Jes. 46,10; vgl.14,24).

So dürfen und sollen wir wissen: Tempel und Gemeinde werden gebaut, müssen gebaut werden! Das *IST* vorausgeschriebene Geschichte und in GOTTES Ökonomie bereits „geschehen!" Der zukünftige Tempel in Jerusalem im Millenium wird vom wiedergekommenen MESSIAS JESCHUA nach Seinem Plan und Seinen Anordnungen in Hesekiel 40-47 erbaut werden! Jetzt aber, im Zeitalter der Gnade baut der CHRISTUS Seine heilige Gemeinde als Tempel „aus lebendigen Steinen" auf! Eine Schöpfung nicht *von* Menschenhänden aber *mit* erlösten, neugeborenen Menschen. (Vom Tempel, der in der Trübsalszeit Jakobs vom Antichristen mit Hilfe der Juden erbaut werden wird, wollen wir nicht reden, denn der wird entweiht und zerstört werden!)

Original oder Nachbildung ?

Mose bekam das Vorbild vom Tempel GOTTES, die himmlische Wohnung, auf dem Berg Sinai gezeigt (2.Mose 25,8.9; Apg.7,44), und es wurde ihm gesagt: **„Achte darauf,…dass du alles nach dem Vorbild machst, das dir auf dem Berg gezeigt worden ist"** (Hebr. 8,5b). Dieses himmlische Abbild wurde auf Erden mit menschlichen Händen gebaut. Die „wahrhaftige Stiftshütte, das himmlische Original jedoch wurde nicht mit von Menschen errichtet, sondern vom HERRN Selbst (vgl.Hebr.8,2); wie geschrieben steht: **„Als aber der Christus kam als ein Hoherpriester der zukünftigen Heilsgüter, ist Er durch das größere und vollkommenere Zelt, das nicht mit Händen gemacht, das heißt nicht von dieser Schöpfung ist,…sondern mit Seinem eigenen Blut ein für allemal in das Heiligtum eingegangen und hat eine ewige Erlösung erlangt. Denn nicht in ein mit Händen gemachtes Heiligtum, in eine Nachbildung des wahrhaftigen, ist der Christus eingegangen, sondern in den Himmel selbst…"** (Hebr. 9,11.12.24).

Ist nun die Ekklesia, die der HERR auf Erden erbaut eine Nachbildung oder ein Original? Das müsste man einmal die Bibellehrer fragen. Mose baute nach himmlischer Anweisung eine Nachbildung, die ein Schattenbild auf das himmlische Original und die Gemeinde des Neuen Testamentes ist. Der CHRISTUS baut das himmlische Original „nach Seiner Auferstehung als Seine himmlische Gemeinde" als wahrhaftiges Zelt und Heiligtum auf der Erde! D.h. dass die Stiftshütte als ein Gegenbild der Wohnung GOTTES ist, eine Darstellung mit typologischer Bedeutung auf das NT hin und dort auf CHRISTUS und Seine Gemeinde. CHRISTUS als **„einen Diener des Heiligtums und der wahrhaftigen Stiftshütte, die der HERR errichtet hat und nicht ein Mensch."** (Hebr.8,2). **„CHRISTUS aber als Sohn über Sein eigenes Haus, und Sein Haus sind wir,…in dem auch ihr miterbaut werdet zu einer Wohnung GOTTES im Geist."** (Hebr.3,6; Eph.2,22). Das Zelt des Zeugnisses (die

Stiftshütte bzw. der Tempel) hat über die Zeit hinaus eine übergeschichtliche Bedeutung, weil das Original davon im Himmel steht als Zentralstelle künftiger Ereignisse! (vgl.Offb.11,19+15,5). Ihre geistliche Symbolik und Bedeutung ist ein göttlicher Maßstab für alle Ordnungen und Lebenserscheinungen des persönlichen und priesterlichen Lebens in der Gemeinde sowie für ihren Aufbau!

Bei der Betrachtung der Stiftshütte im AT bekommen wir vom NT her drei typologische Erklärungen: a) die Ekklesia als Wohnung GOTTES (Eph.2,19-22); b) von den einzelnen Gläubigen (2.Kor.6,16); c) als das Bild der himmlischen Dinge (Hebr.9,23-24). Von 2. Mose 25 bis 40 breitet sich da ein Panorama aus, und in Kap.40,17-33 wird uns ein Muster für die „Aufrichtung" der Gemeinde im NT gegeben einschließlich der Salbung, die seit der Ausgießung des HEILIGEN GEISTES auf dem Leibe CHRISTI, der Gemeinde liegt. Doch für diese Betrachtung über die Stiftshütte müssen wir Licht und Offenbarung haben und erbitten, denn es geht hier nicht primär um Lehre, sondern um *Lehre und Leben, Erkenntnis und Umsetzung.*

Dies kann nicht durch „Heer oder Kraft" (nach Menschenweise- und Konzept) geschehen, sondern geschieht unter göttlicher Leitung durch den Geist. GOTT richtet Sich *NIE* nach menschlichen Maßstäben, Möglichkeiten und menschlicher Schwachheit aus – gleichsam wie der Töpfer nach dem Ton; nein, hier geht es um Seinen Plan und Willen! Und es gibt absolut nichts in diesem Universum, das IHN daran hindern könnte, diesen Seinen Willensratschluß auszuführen! *WER* sollte IHN daran hindern?! So spricht GOTT, der HERR: **„Ich sage: Mein Ratschluß soll zustande kommen, und alles, was Mir gefällt, werde Ich vollbringen!"** (Jes.46,10; vgl. Psalm 33,11; Dan.4,32-34). Für die Sammlung und Wiederherstellung des Volkes Israels und ihres dritten Tempels gilt: **"ICH, der HERR, habe geredet, ICH werde es auch tun!"** (Hesek.36,36). Und für die Gemeinde des Neuen Testaments gilt: **„ICH werde Meine Gemeinde bauen, spricht der HERR, und die Pforten des Hades werden sie nicht überwältigen!"** (Vgl.Matth.16,18). O ja, der fleischliche Wille, das verstockte Herz und der Unglaube können den Geist GOTTES dämpfen und Sein Wirken für sich sogar verunmöglichen; der geoffenbarte Wille des ALLMÄCHTIGEN aber wird dadurch nicht verunmöglicht, sondern er *WIRD* geschehen! Amen.

Fritz Voll schreibt: *„Wenn wir nach dem Willen Gottes für unser persönliches Leben fragen, dann müssen wir die Gebote Gottes lesen, wie sie am Anfang gegeben wurden. Die Bibel spricht immer wieder davon, dass Gott vieles zuließ, was Seinem ursprünglichen Willen* *nicht entsprach. Wenn wir in unserem Suchen aufrichtig sind, werden wir uns nun nicht an den Zulassungen Gottes, sondern an Seinem ursprünglichen Willen orientieren.(…) Die verschiedenartigsten Formen und Methoden der Kirchen- und Gemeindeleitung haben sich unter der Zulassung Gottes entwickelt. Wo liegt die Wahrheit? Der Versuch des Trostes, dass sich in der `Vielfalt der Formen Gottes Herrlichkeit offenbare`, schlägt nicht an. Er ist unbiblisch! Es bleibt uns nur eins: aufrichtig zurückzutasten zum Anfang der Gemeinde – WAS hat Gott ihr ZUERST gesagt, wie hat Er sie am Anfang geführt?"*

Am Anfang jeder heilsgeschichtlichen Handlung steht das göttliche „ICH WILL", im Alten- und Neuen Testament! Diese Willensäußerung ist dann nicht mehr ein Wunsch oder ein Grundsatz GOTTES, wo Vieles unter geduldiger Zulassung steht, sondern es ist Sein unumstößlicher Ratschluss, der in Seinem Wort eindeutig geoffenbart und gelehrt wird. Dieser festgeschriebene und erklärte Ratschluss ist dennoch über alles Erklärbare hinaus (wie er denn zustande kommen soll) nicht in menschlicher Verfügbarkeit, weil Seine Wege unausforschlich sind. Aber er kommt nach GOTTES Weise zustande und nur Gottesfürchtige können ihn erkennen! Geschrieben steht: **„Denn wer hat im Rat des HERRN gestanden und hat Sein Wort gesehen und gehört? (Jerem.23,18). Das Geheimnis des HERRN ist für die, welche IHN fürchten (Psalm 25,14). Der Ratschluß des HERRN bleibt ewig bestehen." (Psalm 33,11).**

Darum geht es im Ringen um die neutestamentliche Ekklesia nicht primär um ein rationales Gemeindeverständnis aus deduzierter Lehre (diese hat ja bekanntlich den Leib nur in viele Sektoren von Lehrverständnissen zerteilt), sondern es geht um eine heiligere, tiefere innere Haltung zu CHRISTUS. Von IHM kommt alle „geistliche" Weisheit und Erkenntnis! Und ER weiß, wie Seine Gemeinde gebaut wird. Es geht um den entscheidenden Unterschied zwischen **Geist** oder Fleisch, **Leben** oder Tod – das ist das Schlachtfeld, auf dem entweder die Meinungen und Argumente gewinnen, oder der Geist der Weisheit und der Offenbarung! Die Apostel jedenfalls standen unter letzterer Salbung und Leitung, und neutestamentliche Dienste erkennt man an dieser Gesinnung: sie bauen nicht „ihre Gemeinde", sondern das Haus GOTTES und bringen die Glieder zur Gemeinschaft und Selbstauferbauung in CHRISTUS. Mit Menschen, die nur ihre Meinungen vertreten, anstatt diese und sich selbst dem Kreuz auszuliefern, ist es nicht möglich das Haus GOTTES zu bauen; sie wollen und können diesen „Weg" nicht mitgehen.

Wir wollen und müssen unter Gottes Gnade und Geistesleitung „schriftgemäß" die Lianen subjektiver Meinungen und etablierter Lehrtraditionen durchtrennen, um einen Weg zu den Fundamenten zu bahnen: „Bahnt den Weg des HERRN!“, ist ein gegenwärtiges *MUß!* Das ist nicht Vermessenheit, sondern kommt aus zwingender Notwendigkeit! Das *Verbleiben* bei den Zulassungen, den „Ismaels“, wäre eine Herausforderung Gottes, und *das* ist Vermessenheit!

„Teleion“ oder geistlicher Kindergarten

GOTT, der HERR JESUS CHRISTUS, sammelt Seinen Weizen in Seine Scheune – (Seine Kinder, Söhne und Töchter in Seine Gemeinde), und der Teufel sammelt sein Unkraut in seine babylonisch-ökumenische Kirche – (die Spreu des humanistischen und toleranten Christentums). Viele, die allermeisten Menschen, die sich gläubig nennen und heute in den Ökumenismus hineingetrieben werden, sehen keine Alternative; sie verstehen die Wege GOTTES nicht („Hirten“ eingeschlossen), und sind auch nie wirklich darüber aufgeklärt worden, was wieder mit dem Mangel an echten „Diensten“ zusammenhängt (siehe oben). In Landes- und Freikirchen ist der religiöse Aspekt stärker als der *geistliche*, der fleischliche Weg der Lauheit wird bequemer erachtet als der Weg der biblischen Wahrheit. Widerspruch wird zur Ergebung! Jedoch, bei allen echten und geistgewirkten Erweckungen im Laufe der Geschichte kam es zu gesunden Trennungen innerhalb der Kirchensysteme aufgrund der Abendmahls- und der Tauffrage. Es musste diese Scheidung geben, und es gibt sie auch heute – die die Spreu vom Weizen trennt!

„Und ICH sprach: Sie sind ein Volk, das in seinem Herzen in die Irre geht, und sie haben Meine Wege nicht erkannt…!“ (Psalm 95,10). Das betrifft auch Gläubige außerhalb der Ökumene, die im denominationellen System gefangen sind. Und das, was die Spreu vom Weizen trennt, ist immer das Wort der Heiligen Schrift! Die Rückkehr zur Schrift war sowohl Ausgang in den Erweckungen wie auch das Ergebnis für wahre Einheit unter den Gemeinden und ihrer Kraft, sich auszubreiten, indem sie der Welt das ganze Evangelium brachten. Die erweckliche Beschäftigung mit der Schrift belebte die Verkündigung des Evangeliums (siehe *kerygma* unten).

Die religiöse und spirituelle Verführung und Gefangenschaft ist soweit fortgeschritten, dass Menschen quer durch alle Denominationen entweder den *Kelch des Heils nehmen* oder den Kelch der Dämonen trinken. Der Unterschied liegt darin, ob echte Gläubige aus dem religiösen Lager hinausgehen (Hebr.13,13), sich nicht von vielfältigen und fremden Lehren umhertreiben lassen (Hebr.13,9), die Schätze der Welt weniger lieben als die Schmach des Christus (Hebr.11,26ff; 2.Tim.3,1ff), und den Götzendienst in Weltweisheit, Kult und Tradition überwinden. So wie die unbiblische Kindertaufe niemanden ewig errettet, sondern für biblische Wahrheit immun macht, so darf nach der Bibel auch kein „Unbeschnittener am Herzen“ (also Unbekehrte) am Abendmahl teilnehmen. Das Mittel für neutestamentliches Christentum, das uns als Arche dient und wirksam hilft, den *WEG* GOTTES in Seiner Kraft zu gehen, ist **die Gemeinde des Neuen Testamentes!**

Die Gemeinde als die Ekklesia, die Herausgerufene, ist weder Landes- noch Freikirche. Sie ist die neutestamentliche göttliche Haushaltung aus bekehrten und neugeborenen Menschen; ein Haus, wo Herrlichkeit auf Schwachheit scheint und durch Schwachheit Herrlichkeit herausscheint. Durch die gegenseitige in der Liebe getragene Darreichung wird dieses Haus zum *„Brothaus“* (Bethlehem); zum *„Haus der Barmherzigkeit“* (Bethesda); zum *„Haus der Elenden“* (Bethanien); zum *„Felsenhaus“* (Beth-Zur); zum *„Haus GOTTES“* (Bethel). Hier gedeiht und wächst die Priesterschaft – die Gläubigen verbleiben nicht in einem Dauerzustand des geistlichen Kindergartens (vgl.1.Kor.3,2.3; Hebr.5,12; 6,1-3 u.a), sondern haben die Möglichkeit und die Voraussetzung zur vollen Mannesreife *(teleion)* zu gelangen! (Eph.4,11-16; Kol. 2,19).

Du liebe Güte, was werden die evangelikalen Gläubigen doch falsch bemuttert, statt zu mündigen Christen heranzuwachsen. Ich möchte ein Bild gebrauchen: es ist vergleichbar mit einer Schule, wo sämtliche Schulstufen fortwährend die „erste Klasse“ belegen, ihre Geschichten hören und ihren Unterricht brav absolvieren; wo der Lehrer sagt, wann sie aufstehen sollen und wann sie zwei oder drei Gebetlein sprechen dürfen. Wo er dann den Kindern und dem Schulchor etc. dankt und sich alle sehr geehrt fühlen. Selbstverständlich darf die Milchspeise der Predigt in dieser Schule den gewohnheitsmäßigen Wert nicht übertreffen, das würde fromme Gefühle verletzen und vielleicht etwas aufdecken und somit aufwühlen – z.B. schimmligen Kuchen und Sauerteig im Herzen. Stumme Hunde sind da beliebter und geehrt, und wenn dann alle wieder nach Hause gehen, haben sie an der Türe bereits vergessen, was sie gehört haben; immerhin aber haben sie ihren schimmligen Kuchen mit Puderzucker überstreuen lassen und ihre christlich-religiöse Versammlungspflicht absolviert. Man verzeihe mir das Karikieren, aber ich tue das, um etwas deutlich zu machen. (Ich muss Dinge beim Namen nennen, wie schon bei der Pfingstbewegung und der Charismatischen Bewegung oder den Evangelikalen – siehe oben). Formale Buchstabentreue ist nicht besser als religiöse Pflichterfüllung.

Ein alter und bewährter Bruder aus Amerika hat den Zustand der Evangelikalen dort so beschrieben: *„Sonntagmorgen,....es wäre besser ihn nicht zu haben, denn er ist die größte Stunde des Götzendienstes in der ganzen Woche Amerikas, weil die Menschen nicht den EINEN, wahren GOTT anbeten – die große Masse zumindest – sondern einen Gott, der aus ihrem eigenen Herzen geformt wurde, durch „Fleisch, satanische Ideen und weltlichen Intellekt." Dieser gemachte Gott gleicht ihnen selbst.....Unter uns kann keine Gottesfurcht sein, denn es gibt keine Erkenntnis GOTTES."* Und er fügt dann dieser Last auf seinem Herzen eine weitere hinzu: *„Das ist der Grund, weswegen ich meine Kinder in 98 Prozent der Sonntagsschulen, Kinderstunden, Freizeiten usw. in evangelikalen Kirchen und Versammlungen nicht gehen lassen würde. (...) Da wird beispielsweise der Jesus-Film gezeigt, und danach fragt eine gut meinende Person: `Wer mag Jesus in sein kleines Herz aufnehmen? Ich mag es!`.... Und dann werden sie getauft, und es wird ein wenig gut laufen, weil sie in einer Art christlicher Kirchenkultur aufwachsen – und mit 15, 16 Jahren, wenn sie die Willensstärke dazu haben, werden sie diese Grenzen durchbrechen und in Welt und Sünde leben."* Warum das, frage ich? Darum: weil sie keine wirkliche Neue Geburt erlebten, sondern nur mit *christlichen Regeln*, Lehren und Traditionen eingedeckt worden sind.

(Ich habe mein Konzept für dieses Buch 2009 fertiggestellt, und ich bekam Anfang 2010 von einem lieben Glaubensbruder an meinem Wohnort einige Kopien eines Internetbeitrages gereicht, der meine Arbeit nur bestätigt; ich bin sehr ermutigt und auch erfreut darüber, wie der GEIST des HERRN auch anderen Glaubensbrüdern auf der bewohnten Erde dieselben Dinge offenbart – wir teilen gleiche Lasten und Anliegen und haben eine allgemein hohe Übereinstimmung im Wiederherstellungswerk des HERRN, obwohl wir uns noch nie physisch begegnet sind! Es ist das Zeichen des Windes und des Wirkens GOTTES). DANK sei IHM!

Einige sprechen von „Reformation", und dieses Wort „*reformatio* als Umgestaltung und Erneuerung" hat seine Berechtigung auf ein Wiederherstellungswerk des HEILIGEN GEISTES in unseren Tagen; dennoch würde ich diesen Begriff vorsichtiger gebrauchen und zuerst in unserem eigenen Leben eine *reformatio* der Gesinnung und des Charakters erstreben, damit GOTT es für Sein Werk gebrauchen kann. Denn es ist ersichtlich, und ich habe es auch in diesem Buch aufgezeigt, dass die protestantischen Reformatoren zwar in ihrer charakterlichen Schwäche von GOTT gebraucht worden waren, dass diese Schwächen in den Kompromissen zugleich aber eine unvollendete Reformation hinterließen – dass sie also nicht „besser" war als die Reformatoren selbst. Vielleicht gebraucht der

HERR als Anfänger und Vollender die heutige Generation und die Gläubigen, um diese *reformatio* zu vollenden?! Also dieser Traum sei doch erlaubt!

Dürres Holz

Ja, GOTT weiß, wie viele Ziegenböcke auch bei uns in Europa unter den Schafen sitzen und mit dem Ritus des Abendmahls unerrettet den Pforten der Hölle entgegengehen; schlaftrunken eingelullt von kraftlosen „Predigten und Lehren", die so trocken sind wie ihre alljährlichen „Christbäume" oder „Ostertraditionen und Konferenzen!" Es ist diese Art von Evangelikalismus, die keine direkte Erfahrung mit „Erweckung" gemacht hat, die ebenfalls nie etwas anderes als die Prägung der eigenen Tradition und Lehre erfahren hat (mag diese nun gut oder weniger gut sein) - aber sie wollen alle im Schiff der Christenheit sitzen – ohne Segel, ohne Wind und ohne Strömung! Es bleibt nichts anderes übrig, als „konserviertes Leben aus ihren evangelikalen Schiffskonserven" zu konsumieren; es sei denn, dass sie beginnen, ihren schrecklichen Mangel zu „erkennen" und nach Erweckung, frischen Nahrungsmitteln und Trinkwasser zu schreien!

Ich rede aus Erfahrung und weiß, daß zu viele Menschen allsonntäglich totgepredigt werden; die Frucht zeigt es. Es fand weder eine göttliche Berührung noch eine Überführung statt; der Same hatte zuwenig Kraft und fand zu schlechten (harten) Herzensboden – aber es wurde die „christliche kirchliche Pflicht" geleistet. Wenn man 40 oder noch mehr Jahre in der Wüste oder um den Berg Sinai herumgewandert ist, ist dieser Boden sehr ausgetreten – und hart! Man „tut" (oder verrichtet) etwas Biblisches, aber es geht nicht darum, *etwas nur zu tun*, weil es in der Bibel steht oder weil die Tradition (oder ein Gesetz) das vorschreibt! Counterfeit! GOTT geht es um Herzensgemeinschaft und lebendiges Christentum; *IHM* geht es darum, dass wir IHN in lebendiger (nicht gewohnheitsmäßiger) Weise immer besser kennenlernen – von Kindern bis zu den Vätern. GNADE, GNOSIS (Erkenntnis) und KOINONIA (Gemeinschaft) sind die neutestamentlichen griechischen Begriffe dafür (vgl. Phil.2,1; 2.Petr.3,16). Und ER will unbedingt unsere aktive (nicht passive) Teilnahme an den Versammlungen, dass wir *das* einbringen und mitteilen (Output), was ER uns zuvor gegeben hat (Input!). Hierin liegt schon der Hinweis, dass dort, wo die „Gemeinde" sich zum HERRN hin versammelt, nicht jeder tun oder reden kann, was ihm gerade in den Sinn kommt, sondern es geht in rücksichtsvoller und Geist geleiteter Weise um ein *Einüben* zur gegenseitigen AUFERBAUUNG. (siehe *Gabenpraxis* oben).

Ein kurzer vorgezogener Einblick in lebendiges Gemeindeleben:

*GOTT sagt schon im AT, daß man nicht mit leeren Händen vor IHM erscheinen soll. Der größte Teil neutestamentlicher Gemeindepraxis in den Versammlungen sollte aus lebendigen Mitteilungen und Zeugnissen „geistlich lebendiger Steine“ und vom Geist GOTTES geleiteten Gnadengaben geprägt sein. (Von geistlich toten Menschen wird nichts erwartet). Dadurch wird nach dem Zeugnis des Epheser- und Kolosserbriefes der „Leib“ durch gegenseitige Darreichung „***auferbaut.***“ Nein nein, sagen viele Leiter und Prediger, „unsere Verkündigung“ muß im Mittelpunkt stehen. Nun denn, die Christuszentrische Verkündigung aus CHRISTUS heraus hat ihren Platz in der Gemeinde; ich möchte euch nur fragen, was eure „bibeltreue“ Verkündigung ausgerichtet hat in den letzten 40 Jahren? Ist der Leib CHRISTI dabei aus seinem Schlaf erwacht? Ist lebendige Priesterschaft dadurch entstanden? Oder wisst ihr nicht, dass ohne die Priesterschaft des NT das Haus GOTTES gar nicht gebaut werden kann? Eine Verkündigung, die nur aus theologischem Bibelwissen heraus den Gläubigen mit einigen Chorliedern und Gebetlein dargeboten wird, dient weder CHRISTUS noch Seinem Leib! Viele, vielleicht die Mehrzahl schlafen oder träumen dabei mit offenen Augen – schon bemerkt? Der CHRISTUS inmitten Seiner Gemeinde will Sich nicht schematische Predigten anhören, ER will ein Orchester hören, das auf IHN hin und vom HEILIGEN GEIST eingestimmt IHM geistliche Gaben darbringt!*

Ihr lieben Glaubensgeschwister, Paulus redet davon, dass die Gläubigen CHRISTUS mitteilen. Wie hat er das gemeint? So, wie er es sagte: CHRISTUS soll durch uns Sein Wort und Seinen lebendigmachenden Geist mitteilen; das geschieht durch die verschiedenen Gnadengaben und Charismata, die speziell dafür gegeben sind! Wir sollen so von CHRISTUS erfüllt werden durch diese Darreichungen (und eine Predigt allein kann das gar nicht vermitteln), dass wir selbst aus Seiner Fülle empfangen und animiert werden, weiterzugeben. Die Predigt sollte hauptsächlich aus Wort und Geist heraus die Gläubigen einstimmen auf CHRISTUS hin, und die Gläubigen müssen Raum bekommnen, auf das gesprochene Wort zu reagieren, zu ergänzen, zu bestätigen, Buße, Dank oder Lob zu tun! Sonst kann der Strom des Geistes nicht fließen, aufbauen und Herzen verändern! Denkt daran! Es ist uns nur deshalb fremd geworden, weil mehr Tradition als GEIST herrscht.

Und dann werden wir sehen, wie dieses fliessende Leben aus der allgemeinen Priesterschaft in die Gemeinde hinein wirkt. Da laufen junge Menschen nicht mehr so ohne weiteres weg; da werden Menschen angezogen und hinzugetan, da ist Leben und Wachstum! Und wenn diese lebendige Priesterschaft auch zahlenmäßig am Ort wächst und zunimmt, sodaß die Räumlichkeiten zu klein werden, kann man mehrere Versammlungen von 60-100 Personen am gleichen Ort anordnen, oder auch kleinere in den Häusern. Die Gemeinde des NT wird nicht durch Räumlichkeiten bestimmt. In Jerusalem waren es Tausende – und dennoch waren diese nicht zertrennt, sondern organisch hin und her in den Häusern verbunden unter einer einzigen Ältestenschaft bzw. Leiterschaft. Da waren noch keine Parteiungen und Sektoren. Der Leib darf nicht getrennt werden, wenn das Lebenswasser fließen soll. Was geistlich zusammengehört, das soll, das MUß zusammenbleiben! Sonst ist es ein „zertrennter Christus?!" (vgl.1.Kor.1,13).

Geistliche Blockaden

Sprechen wir nochmals die Frage an, warum so wenig Geisteskraft im ausgestreuten Samen liegt und die Sicht von der Gemeinde des NT entschwunden ist? Abgesehen von den neugeistlichen charismatischen Tumulten und Zerrbildern finden wir eine *erste* Antwort im Plagiat der Tradition, das man nicht hinterfragt; man hat etwas eintradiert, was der Wirklichkeit des NT entsprechen soll, was es aber eben nicht ist. Die „Lehrtradition" spielt hier mit hinein; ein oft nicht bewusstes Sakrileg, dass man etwas aus der Bibel nimmt und unter die Methodik von Hermeneutik, Homiletik und Exegese stellt. So aufbereitet wiedergegeben bewirkt es oft kein Leben – es wird nur „Lehre" vermittelt, aber nicht CHRISTUS! (Natürlich ist ein Grund auch die „Lehrperson", d.h. ihre Setzung und ihr geistlicher Zustand). Das *zweite* Problem ist das System, das über Allianzen, Verbände, Lehrkörper und Komitees die Wirkungsweisen des HEILIGEN GEISTES bis auf ein Minimum dämpft und blockiert – ja, verunmöglicht! Da wo lebendige Priesterschaft durch mannigfaltige Gnadengaben Freiheit haben soll, müssen Türen und Riegel, Reglemente und Menschensatzungen zerschlagen werden! Autonome, von Organisation und Freikirchentum unabhängige Gemeinden mit vom HEILIGEN GEIST gegebenen Ältesten sind dringlichste Notwendigkeit! Das geschieht durch ein sich Öffnen und Vertrauen zum HERRN hin! *Drittens* liegt der Problemgrund in unserem Kompromiss mit der Sünde und in unserem Gebetsleben. **„Eure Missetaten trennen euch von eurem GOTT"** (Jes.59,1), heißt es, und in Jesaja 58 haben *wir* einen Bußspiegel dafür! Es ist noch jede echte Erweckung abgestorben und auch keine aufgekommen, wo man es mit der Sünde bei Gläubigen leicht genommen hat! Hier müssen wir das Gebot der Absonderung von der Sünde und Vermischung neu ernst nehmen!

Stichwort „Tradition" im Evangelikalismus: *Theologische Lehre* ist noch nicht qualitativ *geistliches Leben*, und reformatorisch-lutherische Theologie, insbesonders auch calvinistische, sind nicht frei von tiefen Irrtümern! Da ist es zu begrüßen und der Gnade GOTTES zu verdanken, wenn vereinzelt theologische Ausbildungsstätten heute mitsamt den Dozenten und Schülern zur persönlichen Beziehung zu JESUS CHRISTUS zurückfinden und den theologischen Trendströmungen mit solider und biblischer Berufungsqualität Vorbilder sind. In dieser Richtung auf Absage an eine reliquate Form von Tradition – hin zur Sicht von Ekklesia, ist es erfreulich zu lesen, was der ehemalige Rektor der Akademie für Reformatorische Theologie (ART), Dr. Wolfgang Nestvogel, schreibt: *„Der legendäre Bischof Hermann Bezzel (1861-1917) wird mit der Diagnose zitiert, dass die Kirche Jesu Christi `zugrunde geht an der Vielzahl ihrer nichtberufenen Diener`. Damit beklagt er ein Defizit an geistlicher Vollmacht und Überzeugung. In diesem Sinn hat der Apostel Paulus gefragt: „Wie sollen sie aber hören ohne Prediger? Wie sollen sie aber predigen, wenn sie nicht gesandt sind?"* (Röm.10,14f.). *(...) Dazu bedarf es nicht unbedingt einer formalen theologischen Ausbildung. Wo GOTT einem Menschen aber die Möglichkeit zu einem solchen Studium eröffnet, liegt darin eine große Chance, die eigenen „Werkzeuge" zu verfeinern und abzuschleifen, um der Gemeinde Jesu in bestmöglicher Weise zu dienen."* (Zitat Ende).

Und alle Jahre wieder

Selbstverständlich darf in der *evangelikalen Tradition* das zyklische Weihnachts- und Osterfest nicht fehlen. Da taucht man wieder ein ins *Reich der Sinne* und betrachtet den Kerzenschein der Nostalgie, anstatt die „Sonne" JESU CHRISTI. Ich meine nicht, dass man den Leuten ihre „Christbäume" oder ihren „Osterhasen" wegnehmen soll, wenn sie noch an diesen heidnischen Symbolen hängen. In der Gemeinde aber hat dieser Firlefanz keine Berechtigung mehr; denn CHRISTUS ist nicht gekommen, uns ein wenig Lametta und religiöse Gefühle zu bringen! – und *wenn* es schon ein *Symbol* sein darf, dann dreht beispielsweise den Wasserhahn auf; lebendiges Wasser trifft auf JESUS wohl besser zu als ein toter Baum, der verwelkt und mit der Müllabfuhr entsorgt wird. Schlimm ist, dass die „Symbole" der christlichen Jahresfeste nicht einmal „christlich" sind, sondern heidnisch! Welchen Wert man individuell in diese Feste hineinlegt, mag dahingestellt sein; eines kann man jedenfalls nicht: sie in historischen oder geistlichen Bezug zu JESUS CHRISTUS bringen. Ein Gottesdienst, der sich auf menschliche, heidnische Traditionen gründet und sich über biblische Vorgaben hinwegsetzt, ist nach JESU eigenen Worten nicht „Anbetung in Geist und Wahrheit", sondern vergebliche Anbetung. Auf den Punkt gebracht ist es „Götzendienst." Man kann ja prüfen, was dem HERRN wohlgefällig ist, anstatt jede Ermahnung über Vermischung als Gesetzesbestand abzutun.

Auch dazu ein kleines Erlebnis: In den Weihnachtsfeiertagen 2009 besuchte ich im Vorbeigehen eine kleine Versammlung der nordelbischen Kirche Deutschlands. Es war recht nett und auch schön, Familien und Kinder in ihrer Weihnachtstradition versammelt zu sehen. Es ist erfreulich, wenn Menschen in dieser so antichristlichen Zeit sich treffen, um wenigstens den christlichen *Aspekt* dieses Festes zu betrachten. Ich muß aber auch bekennen, dass es mich dann schmerzt, wenn ich mir das Liedgut anhöre: `Stille Nacht…alles schläft, einsam wacht`, oder `komm zur Krippe zu dem Kindlein schnell…` usw. Ein riesiger schlafender katholischer und evangelischer Strom von Menschen wird nur zum *„schlafenden Kindlein in der Krippe geführt“*; es entspricht dem toten Religionsstatus. Niemals werden sie zum Kreuz hingeführt und zum „Erwachen!“, denn wie sollen Schlafende andere zum Erwachen führen? Das ist doch nicht zu erwarten, oder?! Als dann anschließend der Pastor dieser Kirchengemeinde zum freien Gebet aufrief, schwieg alles erst einmal still, und nur zögernd ertönten kurze Gebete. Und ohne hier je eine Person zu verurteilen, zudem ich keine persönlich kannte, empfand ich in meiner Wahrnehmung deutlich die überwiegende Anwesenheit von geistlichem Tod und die Abwesenheit von geistlichem *LEBEN!* Abschliessend beim „Vater unser“ dann konnten wieder alle mitbeten; man braucht es ja nur nachzusprechen. Ach was hat man aus diesem kostbaren Gebet gemacht; man hat es ebenso zu einem Götzen versakralisiert wie den Rest christlicher Traditionen.

Eine kleine Zäsur und kostenlose Information:

Die Bibel bringt uns keinen Hinweis, kein historisches Datum und keinen *Anlass* für ein „christliches“ Weihnachtsfest; nur soviel ist sicher: JESUS CHRISTUS ist NICHT am 24. oder 25. Dezember in diese Welt eingetreten. Zum Zeitpunkt Seiner Geburt waren Hirten auf dem Felde, und das geschieht in Palästina zw. Frühling und Herbst. Der Zürcher Prof. Fritz Blanke berichtet, dass bis zum Jahr 300 nach Chr. das `Weihnachtsfest` unbekannt war. Wohl feierte der ganze Orient und ägyptische Raum das Fest der Wintersonnenwende am 5. und 6. Januar. Dieser Kult verbreitete sich auch im Abendland, wo „Rom“ der Mittelpunkt der Sonnenverehrung war bzw. wurde. Im 4. Jahrhundert nach Chr. vermischte Kaiser Konstantin der Gr. mit politischem Kalkül die Welt mit dem Christentum und heidnische Menschen wurden christlich religiös, aber ohne inneren Wandlungsprozess. Sie brachten ihr heidnisches Brauchtum mit in die Kirche Roms, und die Bischöfe tauschten die heidnische Münze des Sonnenfestes in die religiöse des fiktiven Geburtstages Christi um. Lichter wurden angezündet, und am 25. Dez. 336 entstand so die erste Weihnachtfeier. Am Weihnachtstag des Jahres 800 nach Chr. wurden bei der Kaiserkrönung Karls des Großen auch die Germanen mit dem Ritus des Weihnachtsfestes vertraut gemacht – und im Jahre 1813 erklärte eine Bischofssynode in Mainz das „Lichterbaumfest“ mit Datum 24. + 25. Dezember als Christfest. Seitdem ist dieses religiös-heidnische Fest etabliert. (Man mag dieses heidnische Kirchenfest nun nutzen, von Christus zu erzählen, obschon es dazu das ganze Jahr über Gelegenheit gibt. Wer sich jedoch mit diesem Religionsfest vermischt, der soll wissen, dass er hier dem Kaiser Konstantin und der römischen Kirche folgt und nicht CHRISTUS!).

Die Gemeinde im apostolischen Zeitraum kennt dieses „Geburtstagsfest" nicht, ebenso wenig wie sie ein `Osterfest, Osterwasser, Ostereier` etc. kennt. Diese Traditionen sind eine Verunehrung GOTTES, denn wir haben nur zwei große Ordnungen im NT: die Wassertaufe und das Abendmahl. In die Rubrik „Denkpause" einer christlich-politischen Zeitung schrieb ich unter anderem folgendes zum Thema „Weihnachten": *Die Bibel verkündet das LICHT als Person und Heil, das in die Welt gekommen ist – GOTTES Sohn! „Denn ein Kind ist uns geboren, ein Sohn ist uns gegeben; und die Herrschaft ruht auf Seiner Schulter!" (Jesaja 9). Inmitten von Angst, Ohnmacht und Hoffnungslosigkeit, geknechtet von römischer Besatzungsmacht beginnt still nach GOTTES Weise die Rettung der Welt! Das „Zeichen" DIESER Errettung ist nicht politischer, militärischer, ökonomischer oder religiöser Natur – sondern „ein Kind!" In JESUS kommt JAHWE in die Welt (Joh.1,23.29; Jes.40). Was ist uns heute als Erkennungszeichen geblieben? Religiöse Gefühle ohne Bezug zur geistlichen Wirklichkeit, leichentuchbelasteter Sakramentalismus und religiöse Selbstherrlichkeit im christlichen Gewand?! Biblischer Glaube verlangt eine heilige Entscheidung! Advent (lat.) heißt „Ankunft", und die liegt historisch hinter uns; aber vor uns liegt die zweite Ankunft (griech. parousia) von CHRISTUS, wieder mitten herein in irdische und kosmische Erschütterungen! Diese Gute Nachricht bin ich Ihnen schuldig!"*

Ist evangelikal *noch* fundamental? Ist *„christlich sein"* *schon* „Christsein?!" – NEIN!

Traditionelle Steine sind tote Steine, „organische Steine sind lebendig"

„Laßt euch auch selbst als lebendige Steine aufbauen, als ein geistliches Haus, ein heiliges Priestertum…! (1.Petr.2,5). **„Jedem aber wird die Offenbarung des Geistes zum allgemeinen Nutzen verliehen."** (1.Kor.12,7). Der pneumatische Gabendienst ist Bestandteil des neutestamentlichen Priestertums. Wenn er nicht praktiziert wird, fließt der Geist nicht und der Aufbau der Glieder und der Gemeinde stagniert auf Sparflamme. Keine gute Predigt und kein Chorprogramm kann Gabendienst und Priesterschaft ersetzen! Der Leib CHRISTI reagiert selbst, wenn er Freiheit im Geiste hat! Kein Dienst in der Gemeinde hat die Befugnis, über den Glauben der Heiligen zu herrschen (vgl.2.Kor.1,24; 1.Petr.5,3). Niemand hat das Recht, authentische Geistesmitteilungen zu verhindern – er wird mit der Autorität des HERRN konfrontiert werden! *WER* bestimmt denn in der Gemeinde des HERRN, was Sein Geist dort einbringen darf oder was nicht? Und wer sagt denn dir, du Hirte, dass du einige Gebete „freigeben“ sollst? Wenn es *„eure* Gemeinde“ ist, dann herrscht und regelt, wie es *euch* beliebt (es hat kein geistliches Gewicht) – ist es aber die EKKLESIA des HERRN, dann dient mit Furcht und in der Leitung des Geistes GOTTES und dämpft Seinen Geist nicht länger!

In der Gemeinde kommen wir zu heiligen Altären, nicht zu menschlichen Bühnen. Bitte kein Missverständnis: wir sind im Haus der Barmherzigkeit und der Elenden, wo viele weiche Polster ausgelegt sind für alle Sorten von menschlichen Gebrechen – denn CHRISTUS ist nicht für die Gerechten und die Gesunden gekommen, sondern um Sein Volk von seinen Sünden zu erretten und zu heilen! (vgl.Matth.1,21; Luk.4,18). Aber es ist das Haus des HERRN, keine Räuberhöhle neucharismatischer oder irgendwelcher Art! Dort im Haus Bethesda werden wir gereinigt und geheilt im Wasserbad des Wortes GOTTES; dort sind heilige Menschen, heilige Altäre und heilige Plätze. Die Verse in den Psalmen 15,1-5 + 24,3-5; 26,8-8; 43,3+4; 27,4 bezeugen uns die Gesinnung und das Verlangen, GOTT zu nahen, und wir dürfen das, weil Gnade, Blut und Liebe es gewähren! Ja, wir dürfen so kommen, wie wir sind; wie könnten wir auch anders kommen?

Mein Sohn kommt mit dreckigen Hosen nach Hause, und ich freue mich, *dass* er kommt; (die Hosen sind zweitrangig und werden gewaschen). Aber wir *bleiben* nicht so, wie wir sind, sondern in der Gemeinde erfahren wir Annahme, Korrektur, Auferbauung, Zurechtbringung, und die *wirklichen* (geistlichen) Bedürfnisse der Gläubigen werden in prophetischer Weise angesprochen, getroffen und gestillt. Natürlich wird die Qualität des Gemeindelebens auch von unserem persönlichen Glaubensleben her mitbestimmt (darum werde ich meine eigenen dreckigen Hosen spätestens vor dem Versammlungstermin reinigen). Denn **„Wer darf hinaufsteigen auf den Berg des HERRN und wer darf stehen an seiner heiligen Stätte? Der unschuldige Hände und ein reines Herz hat…!“** (Ps.24). Entsprechend schreibt der Apostel Paulus dazu: **„Prüft also, was dem HERRN wohlgefällig ist, und habt keine Gemeinschaft mit den unfruchtbaren Werken der Finsternis…!“** (Eph.5,10.11).

Hier müssen die ausgetretenen Wege und Pfade im Evangelikalismus und im charismatischen Freikirchentum verlassen werden und die Geleise hin zur Lebensgemeinschaft der Gemeinde gelegt werden! Der routinemäßige Formalismus und die unrealistische Ekstase sind gleichermaßen ebenso alte Schläuche, wie das demokratische Wahlverhalten bei religiösen Personalfragen oder das Ansehen der Person. (Kol.3,25; Jak.2,9). Es muss wieder eine Geruchs- und Geschmacksveränderung geben; die „Hefen" müssen in andere Gefäße umgeschüttet werden – **„Darum siehe, es kommen Tage, spricht der HERR, da Ich ihm Küfer senden werde, die es umfüllen und seine Gefäße ausgießen und seine Krüge zerschlagen werden." „Auch füllt man nicht neuen Wein in alte Schläuche, sonst..."** (Jerem.48,12; Matth.9,17). Aktuell und neu trifft uns der Bußruf in Matt.3,2: **„Tut Buße, denn das Reich der Himmel ist nahe herbeigekommen!"**

Basileia ton ouranon = Königreich der Himmel;
Basileia tou theo = Königreich GOTTES – und „ die Ekklesia"

Diese zwei Bezeichnungen sind im NT austauschbar (vgl.Matth.4,17 mit Mk.1,15; oder Matth.13,11 mit Mk.4,11 u.a.); und während „Reich der Himmel" nur im Matthäusevangelium über 30 Mal vorkommt, ist der Ausdruck „Reich GOTTES" noch öfter in allen Evangelien und auch in den Briefen zu finden. Die „New King James Version" bringt dazu noch sehr deutlich die Bezeichnung „Königreich GOTTES oder der Himmel" zum Ausdruck: **„Repent, fort the kingdom of heaven is at hand"** *(= „Tut Buße, denn das Königreich der Himmel ist nahe" Matth.4,17)*; **„for of such ist the kingdom of GOD"** *(= „denn solcher ist das Reich GOTTES" Mk.10,14).* (Die meisten deutschen Übersetzungen geben hier „Reich, Reich der Himmel, Himmelreich oder Reich GOTTES" an). Beide Bezeichnungen reden von der Königsherrschaft und vom Reich GOTTES.

Mit JESUS CHRISTUS und Seinem ersten Kommen war das *Reich der Himmel* und das *Reich GOTTES* angebrochen – inwendig! (vgl.Luk.17,20 u.a). Das „Königreich der Himmel" oder „Reich der Himmel" war gleich der erste Ausspruch in Seiner Bergpredigt, und es wird bei Seinem Zweiten Kommen offenbar werden als das „theokratische Königreich des Tausendjährigen Reiches!" Zuerst wurde es den Juden verkündigt und an sie gerichtet (Matth.3), dann, als diese den MESSIAS verwarfen, wurde es den Nationen verkündigt und gegeben (Matth.21,43; Apg.13,46). Es hätte für die Juden vor zweitausend Jahren bei JESU ersten Kommen theokratische Wirklichkeit werden können, aber so wurde es für die Vollzahl aus den Nationen übergeben, und die Verheißung an die jüdische Nation wird sich erst im Millenium ganz erfüllen.

Die Prinzipien dieses kommenden Reiches liegen in der Bergpredigt fest als Magna Charta! Und GOTTES Volk, nicht die Welt, soll es schon heute lernen, nach diesen Prinzipien zu leben, um mit CHRISTUS dann auch zu herrschen.

In Seinen Gleichnissen hat JESUS dieses Reich der Himmel noch als Geheimnis, verborgen und unfertig dargestellt, und als ER an das furchtbare Kreuz ging, um dort Sünde, Satan und Tod zu besiegen, schuf ER dort die Voraussetzung, Sein Königreich auf die Erde zu bringen! Dieses Millenium-Reich wird nach tausend Jahren in das „Reich GOTTES" übergehen – Reich GOTTES heißt „unumschränkte und sündenfreie Gottesherrschaft!" Während im *zeitlichen* Reich der Himmel noch sündhafte und sterbliche Menschen leben werden, wird mit dem Reich GOTTES der „Tag der Ewigkeit" angebrochen sein! GOTTES Hütte bei den verwandelten Menschen! (vgl. Offenbarung 21 und 1. Korinther 15). Die Erwähnung der *beiden* Reiche in Matth.5,3 und Luk.6,20 entspricht ihrer Wesensnatur; sie sind ineinander enthalten. „Königreich der Himmel" im engeren Sinn, und darum nur im Matthäusevangelium, ist die Verwirklichung der davidischen Verheißung und Herrschaft (vgl.2.Sam.7) und ist der Abschluß des Geschichtsverlaufs der Menschheit unter der Regentschaft des jüdischen MESSIAS und Königs JESCHUA! „Königreich GOTTES" hingegen heißt wörtlich „Herrschaft GOTTES" und ist im weiteren Sinne die innere, unsichtbare Herrschaft GOTTES in Juden- und Heidenchristen im gegenwärtigen Zeitverlauf und wird schließlich in GOTTES ewige Herrschaft als Maß und Ziel aller Dinge einmünden.

Reich GOTTES ist also GOTTESHERRSCHAFT im umfassenden und ewigen Sinn! Es geschah aber ein zeitlicher Anbruch dieses Reiches, als JESUS in unsere Zeitdimension hereinbrach und sagte: **„Wenn Ich aber die Dämonen durch den Geist GOTTES austreibe, so IST ja das Reich GOTTES zu euch gekommen!"** (Matth.12,28). Bereits hier, vor Kreuz und Auferstehung, demonstrierte der Sohn GOTTES Seine Macht über das Reich Satans. Doch JESUS war damals noch allein, ohne „Gemeinde" (außer den Jüngern). Von der Gemeinde als solcher redete ER in den Evangelien nur zwei Mal (Matth.16,18+18,17), vom Reich GOTTES mehr als 80 Mal. Er redet in den Evangelien auch vom „Reich der Himmel", besonders in den Gleichnissen in Matth.13, und ER zeigt auf, wie in diesem Reich sowohl bekehrte als unbekehrte Menschen sind – es ist der Bereich des „christlichen Bekenntnisses", das echt oder Imitation sein kann. Die Himmelreichsgleichnisse bezeichnen den Zustand geistlichen Lebens, und auf der anderen Seite des geistlichen Todes. Doch werden auch Tote noch zum Leben kommen und bei den Ersten sein, wenn sie umkehren. Insgesamt aber verbleibt der Zustand der Vermischung im Reich der Himmel als „gute und faule Fische" bis zur Ankunft CHRISTI und Seiner Ernte. (vgl. Matt 13,36-50).

Nach diesen Gleichnissen spricht der HERR drei Kapitel weiter plötzlich etwas schlagartig anderes aus: **„ICH werde meine Gemeinde bauen, und die Pforten des Totenreiches (Hades) werden sie nicht überwältigen!"** (Matt.16,18). ER erläutert dieses Geheimnis „Gemeinde" nicht weiter (weil ER das nach Seiner Auferstehung Seinen Aposteln und Propheten offenbart), aber es steht fest, dass ER hier von etwas anderem spricht als vom Reich der Himmel. Ist die Gemeinde das Reich der Himmel? Wie könnte sie das! Während in diesem Himmelreich Kultfrömmigkeit und Leben, Weltförmigkeit und Gläubigkeit vermischt sind, wird die „Gemeinde" als Herausgerufene und keusche Jungfrau dargestellt (2.Kor.11,2), ohne Flecken und Tadel (Eph.5,27), und ohne Sauerteig der Sünde (1.Kor.5,6-8). Das *EINZIGE* Leben, das sie prägt und trägt, ist der CHRISTUS! Sie ist Seine Wohnstätte, der Tempel GOTTES! (1.Kor.3,17).

> Wie schon gesagt ist hier nicht der sündeloste Zustand beschrieben, sondern das Überwinder=Leben, wo durch unsere Schwachheit GOTTES Herrlichkeit herausscheint. Wir werden in der Gleichgestaltung mit IHM zu überwindern gemacht und verlassen die Systeme und Vermischungen!

Schon im AT im Hohelied erklingt im Geist diese Liebesmelodie, diese Sehnsucht einer unsterblichen Liebe zwischen Bräutigam und Braut aus der Ewigkeit in die Zeit und aus der Zeit zurück in die Ewigkeit! CHRISTUS kommt mit Seiner Brautgemeinde aus der Wüste dieser Weltzeit herauf, und *sie stützt und „lehnt"sich nur noch auf IHN!* Da ist letzte Hingabe; da ist letzte Absonderung; da ist Verzicht auf alles andere; da ist tiefste Vereinigung! Und hier haben keine Weltmethoden oder Traditionen oder Satan oder bewusste Sünde mehr Zugriff! Es ist noch nicht der Vollkommenheitszustand, der erst mit dem eingetretenen „Reich GOTTES" als unumschränkte Gottesherrschaft beginnt, aber das Zentrum in der Gemeinde ist CHRISTUS, der GEIST und das WORT! Und darum IST die Ekklesia schon direkte „Anbruchsherrschaft" des Gottesreiches auf Erden. Und genau darum sind wir als Kinder der Ekklesia nicht mehr Bürger zweier Welten, weil unser Bürgerrecht in den Himmeln ist!

Im gegenwärtigen Zeitalter seit Pfingsten ist es die EKKLESIA, die Gemeinde, wo Königreichsherrschaft im Geist ausgeübt wird, weil die **Gemeinde die Vertreterin (Stellvertretung) des Reiches GOTTES auf Erden ist**. Die heilige Gemeinschaft der Christen ist der sichtbare Ausdruck dafür! So ist die Ekklesia das Instrument, durch das *„beide Reiche"* angeklungen und Wirklichkeit geworden sind. Im Zeitalter des Gnadenhaushaltes ist „die Gemeinde CHRISTI" der Einbruch himmlischer Herrschaft in unsere Zeitdimension! Die Gemeinde ist geistlich mitversetzt in himmlische Regionen in CHRISTUS (Eph.2,6); sie nimmt dadurch an CHRISTI Macht teil im Sinne: **„Mir ist gegeben alle Macht im Himmel – und auf >Erden<!“ (Matth.28,18).** Versetzt in diese Souveränität ist sie **„hoch über jedes Fürstentum und jede Gewalt, Macht und Herrschaft und jeden Namen, der genannt wird, nicht allein in dieser Weltzeit, sondern auch in der zukünftigen!“ (Eph.1,21).** Diese Macht ist nicht in `Fleisch und Blut menschlicher Potenz` verkörpert, sondern die (noch) verborgene geistliche Macht über die „Weltbeherrscher dieser Finsternis und gegen die geistlichen Mächte der Bosheit in den himmlischen Regionen.“ (vgl.Eph.6,12). Aber: Wenn CHRISTUS offenbar wird werden auch wir, Seine Gemeinde mit IHM offenbar werden in HERRLICHKEIT, HALLELUJA! Amen!

Ja und amen! Die Gemeinde darf und muß „Jetzt und heute“ mit CHRISTUS herrschen! Denn sie repräsentiert „Reich GOTTES!“ Sie ist den Mächten dieses Äons nicht unterworfen, sondern diese sind dem CHRISTUS unterworfen! (1.Petr. 3,22). Und ER ist das Haupt der Ekklesia! Im Namen JESU CHRISTI ist jede Herrschaft der Lüge und des Todes im Bereich der Ekklesia besiegt! Christen sind zum geistlichen Herrschen berufen, und wir dürfen und sollen diese Macht im Gebet und in Autorität anwenden! In diesem Zeitraum von der Ausgießung des Geistes bis zur Wiederkunft CHRISTI sitzt ER auf dem Thron zur Rechten GOTTES in höchster Regentschaft als Haupt über alles und der Gemeinde und als Erhalter des Universums! ERGEBUNG UND ERHEBUNG sein IHM! Und ER wird kommen in Schnelligkeit und Herrlichkeit, um alle Dinge auch in der sichtbaren Welt wiederherzustellen! Es steht geschrieben: **„DEN muß freilich der Himmel aufnehmen bis zu den Zeiten der Wiederherstellung aller Dinge…“** (Apg.3,21).

Die „Wiederherstellung aller Dinge“ geschieht durch die sichtbare Herrschaft CHRISTI mit Seiner Ekklesia im „Königreich der Himmel“ (= Millenium) und beginnt mit der Wiederkunft CHRISTI *(Parusie).* Hier auf Erden, wo Satans Schauplatz war, wird tausend Jahre lang der Friede CHRISTI die Erde regieren; Sein Thron wird in Jerusalem stehen, und von dort wird furchtbare Hoheit, Weisung und GOTTES Wort ausgehen! (vgl.Jesaja 2). CHRISTUS wird von Zion aus als „Erstling“ über die Erde herrschen – mit IHM die Ekklesia und das bekehrte Judentum Israels! Diese beiden Heilsträger GOTTES haben unterschiedliche, wie auch gemeinsame Bestimmungen – *Israel* für die Erde, und *die Gemeinde* für das All! Am Ende und im neuen Anfang werden sie vereint sein, wenn GOTT sein wird „ALLES IN ALLEM!“ (vgl.1.Kor.15).

Das kommende „Königreich der Himmel" wird noch nicht der Himmel selbst sein, sondern die Erfüllung der Verheißungen an Israel (vgl.Sach.9,10; Dan.7,27; Ps.2,8.9 u.a). Es wird Israels nationale völlige Wiederherstellung sein mit den schon im AT vorausgesagten erweiterten Grenzen. Israels jetzige Feinde existieren dort nicht mehr, das ganze Land ist „feindfrei und ungeteilt", und GOTT, der HERR, wird die zerfallene Hütte Davids wieder aufbauen! (vgl.Apg.15,16 u.a.). Übriggebliebene nach der großen Trübsal werden mit sterblichen Leibern in dieses irdische Königreich eingehen (vgl.Jes.65,20; Matth.25; Offb.20,6) und Märtyrer, die dem Reich des Antichristen widerstanden haben, werden aus dem Tode auferstehen und mit CHRISTUS regieren (Offb.20). Die Erde wird voll der Erkenntnis des HERRN sein, wie Wasser den Meeresboden bedeckt! (Hab.2,14)! Gerechtigkeit und Frieden werden sich küssen und die gesamte Fauna und Flora wird in ungeahnter Weise aufblühen! Völker werden jubeln und in die Hände klatschen, ebenso auch die Natur! (vgl. Psalm 47,1; 96,12; Jes.55,12). „Kommt, ihr Umweltschützer, seid herzlich eingeladen diese göttliche Metamorphose zu bestaunen und zu erleben; Eintritt braucht ihr nicht zu zahlen – ihr müsst euch nur tief beugen und die richtige Türe benutzen! (vgl.Matth.7,13.14). Und in dem Reich GOTTES, das dem Königreich der Himmel folgen wird, **wird es keinen Tod, kein Leid und Geschrei und keinen Schmerz mehr geben! (vgl. Offb.21). „denn das Erste ist vergangen", und das Zelt GOTTES ist bei den Menschen!**

Genau genommen sind also „Reich der Himmel und Reich GOTTES" *zukünftig* in ihrer Verwirklichung – und beide sind doch schon in der „Ekklesia" (= CHRISTUS und die Gemeinde) auf Erden angebrochen, **„die Kräfte des zukünftigen Zeitalters"** sind hier und jetzt in der Gemeinde der Heiligen verfügbar und werden durch *Glaubensgehorsam* angeeignet! Wir verstehen immer besser, dass die echten Gnadengaben und Charismen unmöglich zu entbehren sind, um den geistlichen Dienst und Aufgabenbereich zu erschließen! Durch die geistliche Neugeburt und das Neue Leben empfangen wir auch das „Königreichs-Leben", und es ist ein dringendes Erfordernis, dass wir ein Bewusstsein des Reiches CHRISTI haben – dass wir die Voraussetzungen dieses Reiches kennen, die uns die Bergpredigt schildert. In der Sprache des Evangeliums heißt das, dass wir als Nachfolger CHRISTI in der geschenkten Rechtfertigung wandeln und in unserer Lebensführung in Abhängigkeit von IHM gerecht und barmherzig leben.

Die Vervollständigung dessen, der das ALL in allem vervollständigt (Eph.1,22.23)

„ER erleuchte die Augen eures Herzens, damit ihr wisst, was die Hoffnung Seiner Berufung, was der Reichtum der Herrlichkeit Seines Erbes in den Heiligen und was die überragende Größe Seiner Kraft an uns, den Glaubenden ist, nach der Wirksamkeit (der Gewalt) Seiner Stärke. Die hat ER in Christus wirksam werden lassen, indem Er Ihn aus den Toten auferweckt und zu Seiner Rechten in der Himmelswelt gesetzt hat…!" (Eph.1,18.19.20). **„Und ER hat alles unter Seine Füße getan und Ihn als Haupt über alles der Gemeinde gegeben, die Sein Leib ist – die Fülle dessen, der alles in allen erfüllt"** (Eph.1,22.23). Diese himmlische Beschreibung gilt der Ekklesia – der Gemeinde – dem Leib des CHRISTUS! Bei Vers 23 stocken die meisten Bibelübersetzer; der griechische Grundtext lautet: „**etis estin to soma autou to pläroma tou ta panta en pasin pläroumenou welche ist sein Leib, die Fülle des das All in allem Erfüllenden."** Das Wort „Fülle" (pleroma) ist uns schon öfters begegnet; es bedeutet allgemein „Füllung, Vollsein" und hat hier in Eph.1,23 die Bedeutung von „Vervollständigung, Vervollkommnung, Vollständigkeit." Die „New King James Version" schreibt: **„which is His body, the fullness of Him who fills all in all."** Für "fullness" gebrauchen wir das deutsche Wort "Vollständigkeit oder Sattheit".

Weder die Luther-, noch die Elberfelder-, noch die Menge-, noch die Zürcher-, noch die Schlachterbibel übersetzen hier die faktisch-treue Bedeutung („Hoffnung für alle" findet noch die treffendste Wiedergabe), nämlich dass die Gemeinde „die Vervollständigung" des CHRISTUS ist, der alles in allen (oder in allem) erfüllt! Eine wunderbare Wahrheit ist hier aufgezeigt: CHRISTUS und die Gemeinde sind EINS! Und es gibt die unteilbare Wechselwirkung vom Haupt zum Leib und vom Leib zum Haupt – das zeigt uns der Kontext: **„und die Liebe des Christus zu erkennen, die doch alle Erkenntnis übertrifft, damit ihr erfüllt werdet bis zur ganzen Fülle (pleroma) Gottes." – „bis wir alle hingelangen zur Einheit des Glaubens und der Erkenntnis des Sohnes Gottes, zur vollen Mannesreife, zum Vollmaß des Wuchses der Fülle (pleroma) Christi."** (Eph.3,19; 4,13). **„Denn in Ihm wohnt die ganze Fülle (pleroma) der Gottheit leibhaftig; und ihr seid in Ihm zur Fülle (pleroma) gebracht."** (Kol.2,9.10b). Diese Erfüllung mit der Fülle GOTTES ist nicht einem „einzelnen" Glied vorbehalten sondern gilt dem Leibesorganismus des CHRISTUS dort, wo Seine Gemeinde sich versammelt und zeigt die Gnaden- und Gabenfülle, die in GOTT wohnt und die ER austeilen will. Hier sind die Gnaden- und Geistesgaben von 1.Kor.12 angesprochen. Diese „Fülle GOTTES" zeigt aber ebenso die inneren Kraftwirkungen auf, welche durch die Frucht des Geistes den geistlichen Menschen kennzeichnen.

„…die Fülle dessen, der alles in allen (oder allem) erfüllt.“ Manche übersetzen „alles in allen“, andere „alles in allem“, es ist beides zutreffend. **„und Er ist vor allem, und alles hat seinen Bestand in Ihm. Und Er ist das Haupt des Leibes, der Gemeinde, Er, der der Anfang ist, der Erstgeborene aus den Toten, damit Er in allem der Erste sei. Denn es gefiel GOTT, in Ihm alle Fülle (pleroma) wohnen zu lassen.“** (Kol.1,17-19). Zum einen sagt uns das Wort dieses Textes, dass CHRISTUS Vorrang hat sowohl in der natürlichen physischen Schöpfung (die ja Sein Werk ist), wie auch in Seiner geistlichen Schöpfung; ER erfüllt sie beide! Zum anderen erfüllt CHRISTU die Gemeinde, die Sein eigener Leib ist (vgl.1.Kor.12,27; Röm.12,5; Kol.3,11) mit allen geistlichen Gaben und himmlischen Segnungen. *Da* ER Haupt des Leibeskörpers ist, *will* ER auch nicht ohne den Leib vollständig sein, weil ER so vollständig in Seiner LIEBE in Seine Leibesgemeinde eingegangen ist! **„Denn wir sind Glieder Seines Leibes, von Seinem Fleisch und von Seinem Gebein.“** (Eph.5,30).

Es geschieht die fortwährende Wechselwirkung vom Leib zum Haupt und umgekehrt – vom Weinstock zu den Reben und umgekehrt – es ist ein ständiges Fließen des HEILIGEN GEISTES und des Lebens CHRISTI – „Wenn!“, ja wenn der Geist GOTTES nicht wie oben beschrieben durch Tradition, Religion und Lehre gedämpft oder blockiert wird! Ludwig Albrecht schreibt zu Eph.1,23: *„Die Gemeinde ergänzt Christus, weil Er als das HAUPT nicht ohne LEIB sein kann. Und Christus wird fort und fort in allen Gliedern Seines Leibes ergänzt, indem durch fortwährende Arbeit des Heiligen Geistes mehr und mehr in jedem Gliede das zum Vorschein kommt, wodurch Christi Bild vollständig wird und Er immer deutlicher Gestalt gewinnt.“*

Das ist die übernatürlich herrliche und natürlich sichtbare Wirklichkeit der Gemeinde des Neuen Testaments! Sie ist CHRISTUS nicht nur untertan, sie ist Seine Vollständigkeit in Gestalt und Wesen! Die ganze Erfüllung der Gottheit steht dafür zur Verfügung, und die heiligen Glieder des HERRN sind mit dieser Fülle erfüllt in ihrem CHRISTUS; sie „besitzen“ Sein PLEROMA! Das ist der Ratschluß GOTTES, den ER in der Ewigen DREIEINHEIT vor Grundlegung der Welt beschlossen hatte! Die zusammenfassende Aussage von dem allen ist, dass die Heiligen in CHRISTUS JESUS mit IHM organisch und leibhaftig *EINS* sind und dadurch erhoben wurden über jede Gewalt und Macht und Herrschaft, nicht nur in diesem Zeitalter, sondern auch im zukünftigen! „Durch die Gemeinde“ wird jetzt den Fürstentümern und Gewalten in den himmlischen Regionen die mannigfaltige Weisheit GOTTES kundgetan (Eph.3,10). Dass solches durch die mit CHRISTUS organisch verbundene „Gemeinde“ geschieht, und nicht durch einzelne, zertrennte Denominationen oder sonstiges Einzelgängertum, dafür bedarf es der Erkenntnis der Offenbarung (nach Eph.3,3; 2,21.22; 3,18) und erleuchteter Augen des Herzens (Eph.1,18). Gerade dafür aber dürfen und sollen wir IHN bitten, und ER wird es uns schenken!

Unsere menschliche Vernunft allein kann und wird das nicht fassen, doch zu dem einen Schluß dürfte sie kommen, dass alles, was sich im Lauf der Geschichte bis heute entwickelt hat und sich mit dem Begriff „Gemeinde" firmiert, diesen göttlichen Ratschluß oben nicht darstellen und ausüben kann. Du kannst zwar sagen: „HERR, nimm meinen Ismael an, Du kannst doch auch ihn segnen"; doch der HERR will den Isaak nach der Verheißung haben; ER will „Seine Gemeinde" haben, nicht „unsere zertrennten Hüttlein, denominationellen Schläuche und Konfessionen!" EKKLESIA, das ist eben nichts nur menschlich Erdachtes und Gemachtes, sondern eine SCHÖPFUNG GOTTES! Und was ER Sich vornimmt, das führt ER auch aus und bringt es ins Dasein – mit dem Wort „ICH werde Meine Gemeinde bauen!" Es gibt bei IHM aktuell ein Werk der Wiederherstellung der Gemeinde, und die wiederhergestellte Ekklesia ist berufen zu herrschen in Zeit und Ewigkeit – nicht in irdischer Regierungsgewalt mit Schwert und Waage und Eroberung, sondern über Sünde, Teufel, Welt und Tod und in der zukünftigen Welt über neue Schöpfungen! CHRISTUS ist mit Seinem Leib Eins geworden; ER hat Sein Leben durch den Heiligen Geist wahrhaftig in die Gemeinde ausgegossen und erfüllt so alles in allen Gliedern „leibhaftig" und korporativ, und ER ist in diesem Leib und durch ihn die sichtbare Gestalt, durch die die Welt CHRISTUS sieht und glaubt. Ihre *innere* Übereinstimmung und Identität mit GOTT und ihr *äusseres* vollendetes (praktisches) Einssein macht die Gläubigen zum Zeugnis für die Welt! (vgl.Joh.17,21.23).

Man hört oft sagen: „Die Einheit des Geistes der wahrhaft Gläubigen besteht; sie sind halt nur in den Denominationen verstreut, aber wenn sie sich irgendwo treffen, sind sie eins. Sie sind wie echte Schafe unter christlichen Ziegenböcken." Nun, das ist eine Tatsache, die nicht der Wahrheit entspricht. Wie bitte? Was soll *das* denn? Ganz einfach: die Tatsache, dass sich neugeborene Christen ohne Konfessionsschranken irgendwo finden und treffen und eins sein können, hat mit dem „Leibescharakter und Leibesausdruck" der Gemeinde des NT noch nichts gemein. Die Korinther oder Galater oder Kolosser etc. waren auch nicht eine Art ethnische Exklave inmitten von `Ziegen und Böcken`. Diese Art von „Leib" (es ist ja keiner) kennt das NT nicht. Natürlich trifft man da oder dort in der Welt heute Glaubensgeschwister, mit denen man wunderbar eins sein kann, *bevor man wieder auseinandergeht.* Aber das NT will die örtlich sichtbare Verbundenheit als Leibesgemeinschaft, die nicht wieder nach einem „Treffen" auseinandergeht. Es will den Leibesausdruck der Heiligen in Korinth, Ephesus, Kolossä etc., weil der CHRISTUS in ihnen sie als Leib zusammenhält und den Mächten in der Himmelswelt und der Welt zum sichtbaren, geistlich-physischen Zeugnis hinstellt als „Neuer, in Liebe und Einheit vereinter Mensch, der dem HAUPT untertan ist und so GOTTES Willen erfüllt!“ Denn durch die Ekklesia des NT wird der Herrschaftsbereich und die Rebellion Satans siegreich durchbrochen!

Anmerkung: Alle Aspekte, die wir in diesem Kapitel des Buches über die „Ekklesia“ lesen und aus dem Wort des NT behandeln, sollen uns wieder das große Ziel vor Augen stellen, das der HERR mit Seiner Gemeinde hat!! Es ging und geht ja nicht um „unser Zeugnis“ in erster Linie, es geht um GOTTES Zeugnis und Seinen Willen! Amen, um nicht weniger! Wer es nicht fassen kann, möge es bitte nicht mit Worten ohne Verstand verdunkeln; GOTT kann es uns offenbaren, wenn wir Seinen Willen aufrichtig erforschen (vgl.Phil.3,15). Wenn heute die wahrhaft Gläubigen so elend vermischt und zugleich zerstreut sind innerhalb der zerspaltenen Christenheit und sie innerhalb dieser eine epigonenhafte „Einheit“ darzustellen meinen, ohne die organisierte Zertrennung zu verlassen, dann ist das nur ein Schauspiel. *„Kommt doch heraus aus dem Moloch von Ökumene, Kirchentum und Denomination. Tretet zusammen am Ort und werdet dort „Eins“, sobald ihr zwei oder drei seid. Und dann betet weiter für die Leibeseinheit an euren Wohnorten und vertraut auf GOTT; bittet, dass ER hinzufügt, und ER wird es tun!“*

Ich glaube, wenn wir um den Geist der Weisheit und der Offenbarung bitten und unsere Herzen weit öffnen für CHRISTUS und Seine Ekklesia, werden wir empfangen und dann nie mehr denominationelle Karikaturen als „die Gemeinde“ und „das Haus GOTTES“ bezeichnen. Wir werden dann auch zurückschrecken, *irgendetwas* zu bauen inmitten all der Uneinigkeit und den denominationellen Spaltungen. Denn wir werden das Bedürfnis haben und beten: „O HERR, bringe Deine Heiligen aus den Systemen Babylons heraus und wieder zusammen an dem Ort, wo sie wohnen; wir beten für die „Einheit des Geistes der Heiligen in CHRISTUS“ und wir segnen alle unsere Geschwister im Leib der Gemeinde; gib ihnen ein Empfinden für die Gemeinschaft und Einheit im Geist vor Ort und dafür, dass sie die Zertrennungen aufgeben, nicht da oder dorthin laufen sondern endlich zusammenkommen zu einer an der Heiligen Schrift orientierten und vom Geist geleiteten Gemeinschaft und dass wir uns zusammen als lebendige Steine auferbauen lassen zur einen Wohnung GOTTES im Geist!“ (vgl.1.Petr.2,5 und Eph.2,22).

Tempel und Gemeinde – Wohnungen GOTTES !

„..in Dem der ganze Bau, zusammengefügt, wächst zu einem heiligen Tempel im HERRN…Ich in ihnen und DU in mir, damit sie zu vollendeter Einheit gelangen, und damit die Welt erkenne, dass DU mich gesandt hast…" (Eph.2,21 und Joh.17,23). CHRISTUS und die Ekklesia, Bräutigam und Braut, Vermählung und Hochzeit ertönen als Prophetenworte, Psalme und Lieder vom Alten- bis ins Neue Testament, und dort bis in die Vollendung! **„Und wird der König deine Schönheit begehren, denn Er ist dein HERR: so neige dich vor IHM!"** (Psalm 45,12) **„Laßt uns fröhlich sein und jubeln und IHM die Ehre geben; denn die Hochzeit des Lammes ist gekommen, und Sein Weib hat sich bereitgemacht."** (Offb.19,7).

GOTT, der HERR, wollte und will Seine Wohnung unter den Menschen, wo ER Sich wohlfühlt und eine Stätte der Ruhe hat! **„Schreite ein, HERR, zu deiner Ruhe, du und die Lade deiner Stärke!,…und er wird euch Ruhe verschaffen von allen euren Feinden…!"** heißt es im AT.- (Psalm 132,8; 5.Mose 12,10). **„Denn wer in seine Ruhe eingegangen ist, der ruht auch selbst von seinen Werken, gleich wie GOTT von den Seinen"**, heißt es im NT.- (Hebr.4,11).

Dieses Verlangen nach einer gemeinsamen Wohnung – GOTT im Menschen, der Mensch in GOTT, und so GOTT unter den Menschen und bei den Menschen – ist durch das Kreuz JESU im Neuen Bund Wirklichkeit geworden (Joh.14,23), und zeigt sich als verhülltes Geheimnis im Alten Bund: Psalm 26,8; 27,4 u.v.a. In Hesekiel (ca. 570 v.Chr.) zeigt GOTT Seinen zukünftigen Plan vom herrlichen Tempel im Tausendjährigen Reich. Dort wird CHRISTUS den Thron und furchtbare Herrschafts-Hoheit haben, und dort, von Zion in Jerusalem aus wird ER diese Welt regieren! Und wie herrlich sind Seine Worte diesbezüglich, die Seine Sehnsucht ausdrücken: **„Menschensohn, dies ist der Ort für meinen Thron und die Stätte für meine Fußsohlen, wo Ich inmitten der Kinder Israels ewiglich wohnen will!"** (Hesek. 43,7). Dies ist hinsichtlich der Haushaltung für Israel das „Zepter und der Thron Davids" unter den Nationen. Die Wohnung GOTTES umfasst aber noch eine andere Haushaltung, in welcher schliesslich *durch* CHRISTUS ALLES zusammengefasst wird **„sowohl was im Himmel als auch was auf Erden ist."** (Eph.1,10).

GOTT wollte nie eine religiöse Kultstätte, wo der Mensch seinen Gottesdienst nach einem äußerlichen Verhaltenskodex verrichtet, sondern eine „Wohnstätte", wo ER mit den Menschen wesensmäßig in Kontakt und vereint ist! Denn ER ist nicht ein GOTT der Toten, sondern der Lebendigen! (vgl.Matth.22,32). Im AT konnte man IHM noch nicht so persönlich nahen, wie im NT; trotzdem war der Wille GOTTES schon im AT der einer *Liebesbeziehung*, nicht einer nur gesetzlichen Sklavenbeziehung! (vgl.2.Mo.20,6; 5.Mo.7,13 u.a., besonders in den Propheten). Schlagen wir mit diesem Hintergrund eine Brücke ins Neue Testament.

Dort, wo heute eine Kirchenordnung, ein Kirchenrat bzw. Gemeindekomitee alles regelt, ist nicht GOTTES **Wohnstätte,** sondern nur eine menschliche Organisationsstätte. Im Neuen Testament **hat** ER festgelegt, dass geistliches Leben und „Gemeinschaft im Geist" *(Koinonia),* lebendige Priesterschaft, Anbetung im Geist und in der Wahrheit *und* geistlicher Dienst Seine Wohnung darstellen sollen – durchdrungen von Seiner Liebe und Seinem Frieden! Geschrieben steht: **„Aber der Höchste wohnt nicht in Wohnungen, die mit Händen gemacht sind…"** (Apg.7,48f). Petrus redet im selben Geist vom Haus GOTTES, das durch lebendige Steine auferbaut wird (1.Petr.2,5), und Paulus als der „Architektos" dieses Hauses der Gemeinde hat die volle Offenbarung über dieses große Geheimnis und diese herrliche Verwaltung bekommen (Eph.3+5).

Viele Menschen im heutigen christlichen Bekenntnisraum (Reich der Himmel) reden davon, einmal in den Himmel zu kommen. Das NT aber zeigt, dass GOTT vom Himmel auf die Erde herabkommt – zuerst im Menschen JESUS CHRISTUS, dann in der Ausgießung des HEILIGEN GEISTES nach der Auferstehung CHRISTI, hernach bei der Wiederkunft JESU mit Seiner Gemeinde, und in vollendeter Weise bei der Niederkunft der herrlichen Stadt GOTTES, wo dann GOTT, der VATER „alles in allem" sein wird! (1.Kor.15; Offb.21). Die Himmel, die GOTT im Anfang schuf (1.Mose 1) waren *geschaffene* Wohnstätten; aber die „Gemeinde" ist eine „durch den Geist GOTTES *erbaute* Wohnstätte!" (vgl. Matth.16,18; Joh.14,2-4; im Zusammenhang mit 1.Kor.15,51-54; 1.Thess.4,13-18). Und wer „in den Himmel kommen" will, muss ihn hier und jetzt schon haben. Die Gegenwart JESU CHRISTI im HEILIGEN GEIST ist der Himmel auf Erden! Und diese Wohnstätte GOTTES hat keine Übereinstimmung und keinen Zusammenhang mit Belial (Teufel und Dämonen) und Götzenbildern (heidnische Religion; vgl. 2.Kor.6,15ff). Im Leib CHRISTI aber, in der Gemeinde der Heiligen, wohnt GOTT auch unter den Nationen als sichtbares Zeugnis (Kol.1,27). JESU Gebet in Joh.17 bestätigt das.

Wie schon gesagt ist diese Wohnung GOTTES ein *verhülltes Geheimnis im AT*. Der Apostel Paulus deutet dieses Geheimnis einer vollständigen Gemeinschaft zwischen GOTT und Mensch zurück auf 1.Mose 2,24, auf das Bild der Ehe zwischen Mann und Frau (Eph.5,31), und er geht sogar noch weiter und sagt: **„Denn wir sind Glieder seines Leibes; von seinem Fleisch und von seinem Gebein."** (V.30). Diese Bilder drücken eine Wirklichkeit aus: der Leib, die Gemeinde, hat das ganze Christuswesen in sich! *So wie einst die Frau von der Rippe des Mannes genommen und gebildet ward zu seiner Vervollständigung, so ist die Gemeinde aus CHRISTUS heraus genommen und gebildet worden zu Seiner Vervollständigung!* Und so wie der Mann die Vervollständigung der Frau ist, ist die Frau die Vervollständigung des Mannes; sie sind „ein Fleisch." Paulus schreibt: **„Das ist ein großes Geheimnis. Denn für mich zeigt sich an der Ehe beispielhaft die Verbindung zwischen Christus und seiner Gemeinde."** (Eph.5,32). Die Untrennbarkeit in der Ehe ist ein Bild auf CHRISTUS und Seine Gemeinde, wobei der Mann ein Bild auf CHRISTUS ist, und die Frau ein Bild auf die Gemeinde hin. Darum soll die Frau in ihrer freien Unterordnung zu ihrem Ehemann ein sichtbares Zeugnis auf die Gemeinde hin sein, und der Mann in seiner Liebe zur Frau ein Zeugnis auf CHRISTUS hin! Ich erschrak bei dieser Wahrheit und im Blick auf mein Versagen im Lieben, Nähren und Pflegen meiner Frau (vgl. Eph.5,25+29). Denn CHRISTUS liebt und pflegt die Ekklesia in vollkommener Weise, während wir als Abbilder soviel fehlen.

Wenn wir das AT mit geöffneten Augen für dieses in der Ewigkeit geplante göttliche Ziel der Wohnstätte, Vervollständigung und Liebesgemeinschaft hin lesen, kommt uns überall CHRISTUS und die Gemeinde entgegen. Alle Anweisungen im levitischen Priesterdienst z.Bsp. zeigen typologisch die Prinzipien des neutestamentlichen Priestertums auf. Es ist also deutlich geworden, was die Ekklesia vom Reich der Himmel unterscheidet: die weitmöglichste Identität mit CHRISTUS und Seinem Leib! (Das bedeutet dann in Konsequenz die weitmöglichste Absonderung von den Wertmaßstäben und Prinzipien dieser Welt). Dann ist die Gemeinde als Wohnung auch die Trutz- und Schutzburg, die der Feind *nicht* betreten und *nicht* einnehmen kann!

Es bleibt ein großes Geheimnis – auch dem traditionellen und nominellen Christentum

Der gesegnete und mit vielen Charismen begabte Apostel Paulus, dem die Gemeinde als Leib des CHRISTUS geoffenbart wurde (vgl.Eph.3,4.8) spricht von ihr als einem „großen Geheimnis" (Eph.5,32). Und der Apostel Johannes sah „sieben goldene Leuchter" als das apostolische Zeugnis der Gemeinden und

„inmitten" der Leuchter DEN, der das Haupt ist über alles, und aus DEM und durch DEN und zu DEM hin alle Dinge geschaffen sind! Die innere und äußere Einheit der apostolischen Gemeinden, die an ihren sieben Orten „aus IHM zusammengefügt und verbunden waren durch alle Gelenke, die einander Handreichung taten nach dem Maß der Leistungsfähigkeit jedes einzelnen Gliedes" (vgl.Eph.4,16), besaßen ihre geistliche Leuchtkraft, weil sie noch das *HAUPT festhielten*, **„von Dem aus der ganze Leib, durch die Gelenke und Bänder unterstützt und zusammengehalten, heranwächst in dem von GOTT gewirkten Wachstum."** (Kol.2,19). Hier konnte der HERR zwischen den Leuchtern wandeln! ER wurde durch sie verherrlicht! Amen, HERRLICHKEIT UND MAJESTÄT IN DEN HÖHEN!

Sind die Ausdrucksformen der protestantischen und freikirchlichen Gruppen heute noch so ein „Geheimnis und Zeugnis zugleich?!" Wir bekennen mit Scham und tiefer Betroffenheit – Nein! Ist das, was in geschichtlicher Entwicklung gewachsen ist es noch wert, als mündige Gemeinde JESU genannt und erkannt zu werden?! Nein, zu groß sind die Abweichungen vom Original. Sind die vielen Denominationen und Benennungen, die ein jammervolles Bild der Zerrissenheit und Vermischung, der eigenwilligen Separation und des Formalismus sind, eine Imitation oder der Wille GOTTES auf Erden?! Auch hier sagt der GEIST nicht „amen." Sollten wir Seinen Schmerz nicht mitempfinden?! Sollten wir nicht weinen und klagen, dass GOTTES neutestamentliches Volk so weit von Seinem ursprünglichen Willen abgewandelt ist?! Ja, das sollen wir – aber dann auch umkehren zum HERRN und Seinen neutestamentlichen Anweisungen! „Laodizea! Hörst du den Bußruf? Sei nun eifrig und tue Buße!" Und ihr, die ihr Laodizea zu überwinden glaubt und doch untereinander durch Lehrstückwerke zertrennt seid und meint, ohne die Gnadengaben schon reich zu sein, auch ihr kennt eure Armut, Blindheit und Blöße nicht! **„Doch auch jetzt, spricht der HERR, kehrt um zu Mir mit eurem ganzen Herzen und mit Fasten und mit Weinen und mit Klagen!"** (Joel 2,12). **„Kommt und lasst uns zum HERRN umkehren! Denn ER hat zerrissen, Er wird uns auch heilen; Er hat geschlagen, Er wird uns auch verbinden."** (Hosea 6,1) **„Du liebst die Gerechtigkeit und haßt die Gesetzlosigkeit, darum hat Dich, O GOTT, Dein GOTT gesalbt mit dem Öl der Freuden mehr als Deine Gefährten."** (Psalm 45,8). Die Schönheit, Lieblichkeit und Gerechtigkeit der Himmlischen Braut wird uns in diesem herrlichen Psalm so recht vor Augen gemahlt. Verharren wir noch etwas im Alten Testament und schauen dort den Eifer für die Wohnung und den Tempel GOTTES.

In 1.Chronik 28,11-13 können wir die wunderbaren Geschehnisse bei der Vorbereitung zum Tempelbau Salomos lesen. Da war ein innigstes, brennendes Verlangen Davids und auch des Volkes (!) diese „Wohnstätte" für den Ruheort der Bundeslade des HERRN und den Schemel Seiner Füße zu bauen. Das waren größte historische Ereignisse, als König David seinem Sohn Salomo die Baupläne der gesamten Tempelanlage überreichte, wie schon die Stiftshütte im genauen Detail an Moses übergeben wurde durch himmlische Anweisung. Der himmlische Bauplan musste exakt eingehalten werden! In Vers 19 stehen die Worte: **„Über alle Werke des Planes hat ER mich durch eine Schrift unterwiesen, weil die Hand des HERRN auf mir war."** Dadurch war sich David voll bewusst, dass er nicht ein Menschenwerk an seinen Sohn übergab – es war göttliche Konzeption, nicht von Menschen erdacht. Und der König David sprach zu der ganzen Gemeinde: **„…das Werk aber ist groß, denn nicht für einen Menschen ist dieser Tempelbau bestimmt, sondern für GOTT, den HERRN!"** (29,1). Und in Davids Dankgebet kommt *die* Gesinnung zum Ausdruck, die wir „neutestamentliche Offenbarung" nennen. David betet: **„Dein, O HERR, ist das Reich, und Du bist als Haupt über alles erhaben!"** *Im NT:* **„…und ER hat alles Seinen Füßen unterworfen und IHN als Haupt über alles der Gemeinde gegeben…"** (Eph.1,22). David: **„Und du, mein Sohn Salomo, erkenne den GOTT deines Vaters und diene IHM von ganzem Herzen und mit williger Seele!"** (28,9). *Im NT:* **„…dass der GOTT unseres HERRN JESUS CHRISTUS, der VATER der Herrlichkeit, euch gebe den Geist der Weisheit und der Offenbarung, IHN zu erkennen…"** (Eph. 1,17). Dieses ganze Kapitel trieft vom Fett der Segensspuren GOTTES!

Denn ER fand Herzen und Menschen, die Seine Gesinnung für Sein HAUS erfassen und tragen konnten (vgl.28,12; 29). Es wäre David und Salomo oder einem ihrer Bauleute *nie* in den Sinn gekommen, von den detaillierten Bauplänen GOTTES abzuweichen – undenkbar! Auch wachte GOTT darüber durch die Leitung Seines Geistes in Seinen Propheten, wofür wir auch die Entsprechung im NT in Eph.1,23; 4,11 u.a. haben. Die Pendante zwischen *Tempel im AT* und Gemeinde im NT sind offensichtlich: im AT die Gaben des Königs und des Volkes, die aus sehr viel Gold, Silber und kostbaren Steinen bestanden, und im NT Gold, Silber und kostbare Steine als himmlische Gnadenmittel (1.Kor.3,12 = „Material"); im AT die freiwilligen Mitarbeiter am Tempel Salomos, und die Dienstgaben im NT nach Eph.4,11; das Baumaterial für den Tempel im AT entspricht den „lebendigen Steinen im Haus und Tempel des HERRN" im NT (1.Petr.2,5; Eph.2,21). Und die Baugeräte (bzw. die „Baumaschinen") im AT entsprechen den unentbehrlichen Gnaden- und Geistesgaben im NT (1.Kor.12+14).

Weil hier so eine gesegnete Übereinstimmung herrschte – ein vereinter Wille des Volkes GOTTES als „ein Herz und eine Seele" (vgl. Apg.4,32) – konnte dieses große Bauwerk des Tempels anschließend durch den Geist des HERRN begonnen und vollendet werden. So wie David durch eine Schrift und GOTTES Geist unterwiesen worden war, werden wir heute durch das NT und den HEILIGEN GEIST unterwiesen, wie der HERR Seine Gemeinde bauen will. Diese pneumatische Anschauung im Alten- und im Neuen Testament ist „Bedingung" für das Werk GOTTES! (vgl.1.Kor.2,12.13). Wir müssen lernen, diese Grundhaltung *„en to pneumati"* = „im Geist" und *„dia tou pneumatos"* = „durch den Geist" zu begreifen und einzuüben, sonst wird unser „Tun" am Gemeindebau unqualifiziert sein – ein schreckliches Wort. Wir sollten aus Liebe unser ICH-Leben hingeben und um Geistesfüllung bitten, dann fällt es uns leichter! *„Willst du ganz mit JESUS leben, muß dein eignes Ich vergehn. Willst du nützlich für IHN werden, wird dein Weg durch Sterben gehen. Zage nicht…" (Strophe eines Glaubensliedes).*

Ich gebe zu, dass es vom menschlichen Standpunkt und der heutigen Situation im Volk GOTTES her *unmöglich* erscheint, GOTTES Haus so zu bauen, wie das NT die Vorgaben und das AT die Bilder dazu gibt. Aber wenn wir Menschen GOTTES sind, mit Seinem Geist erfüllt und ergriffen, können und wollen wir die Gegebenheiten nicht vom nur menschlich-irdischen und Menschen-möglichen Standpunkt aus sehen, sondern von oben herab und vom GÖTTLICH-möglichen! Oder meint jemand, die Propheten hätten mit ihrem kleinen subjektiven Okular und Maßstab je GOTTES Volk zum alttestamentlichen Tempelbau animieren und sogar anleiten können? GOTTES Plan für die Stiftshütte oder den Tempel beinhaltete keine Anweisung, dass die Israeliten Splitter von der Stiftshütte mit in ihre Lager nehmen und dort „Hauskreise" gründen sollen, oder dass sie Holz in den Wäldern schlagen, um damit „ihre" Hütten zu bauen und ihre Häuser zu täfeln. Vielmehr war die Wohnstätte des AT ein Gemeinschaftswerk des Volkes, wic es im Neuen Testament die Gemeinde als Wohnstätte der Heiligen in ihren Wohnorten sein soll!

Schlagen wir gleich nochmals eine Brücke ins NT: da bauen die durch Organisation, Tradition, Lehren und Benennungen getrennten Gläubigen „ihre eigenen" Hütten (Hauskreise, `Gemeinden`, Verbände, Allianzen, Denominatonen usw., die oft getrennt voneinander am gemeinsamen Wohnort bestehen)! Sie haben viele Aktivitäten und zeitgemäße Methoden, bringen aber wenig „Frucht an Bekehrungen" ein; sie haben viele Seminare und theologische Lehrsysteme, aber der geistliche Durst wird nicht gestillt; sie erwarten viel von geistlichen Aufbrüchen und `Erweckungspredigern`, aber der erhoffte große Segen GOTTES kommt nicht – die Träume werden weggeblasen. Und warum das alles? **Weil wir das Haus GOTTES, die Gemeinde aus dem Blickfeld verloren haben!** Wir pflegen die Zertrennung, anstatt zur Stätte des HERRN am Ort zusammenzukommen (nicht nur einmal pro Jahr zur traditionellen „Allianzgebetswoche" oder dergleichen)! Wir beten um „Erweckung", aber wir brauchen sie ZUERST für uns! FÜR UNS! Haben wir für das hier Gesagte eine biblische Vorlage und Begründung? Wohl mehr als nur eine.

Schauen wir einmal hinein in so eine Szene im AT: **„So spricht der HERR der Heerscharen: Dieses Volk sagt: Es ist noch nicht die Zeit gekommen, das Haus des HERRN zu bauen. Ist es für euch selber an der Zeit, in euren getäfelten Häusern zu wohnen, während dieses Haus verödet daliegt? Und nun, so spricht der HERR der Heerscharen: Richtet euer Herz auf eure Wege! Ihr habt viel gesät, aber wenig eingebracht; ihr esst, aber ihr werdet nicht satt; ihr trinkt, aber seid noch durstig; …Ihr habt nach vielem ausgeschaut (und habt viel erwartet), und siehe, es wurde wenig. Und brachtet ihr es heim, so blies Ich hinein. Weshalb das? Spricht der HERR der Heerscharen: Wegen Meines Hauses, das verödet daliegt, während ihr lauft, jeder für sein eigenes Haus! – Steigt hinauf ins Gebirge und bringt Holz herbei und baut das Haus! Dann werde Ich Gefallen daran haben und Mich verherrlichen, spricht der HERR."** (Aus Hggai 1). Und als sie dem gehorchten und das taten, erweckte der HERR die Leiter des Volkes samt dem Volk!

Diese Haltung sollen auch wir haben, eine Haltung des geistlichen Gehorsams zu den Zielen GOTTES mit der Gemeinde – „dia tou pneumatos" – dann wird der volle Segen kommen! Diese Haltung entspricht der geoffenbarten Erkenntnis des Apostels Paulus, des Architekten des Tempels der Gemeinde, wenn er schreibt: **„Denn GOTT, dem ich in meinem Geist diene…"** (Röm.1,4); **„…die wir GOTT im Geist dienen…"** (Phil.3,2). Das heißt in der Ausführung: nicht im „Eigen"-Willen, sondern in ABHÄNGIGKEIT und gegenseitiger Unterordnung! *Ja, beleb Dein Werk, O HERR, ERBARMER, belebe die Totengebeine; belebe und erwecke den Geist Deines Volkes, wie DU es schon bei Esra und Nehemia und dem Volk Israel tatest – damit wir wieder ergriffen werden von Deinem herrlichen Plan und Willen und herauskriechen aus den Löchern und herauskommen aus allen Formen von Tradition, Irrtum und Zertrennung – und hinzugetan werden zur heiligen Versammlung der Ekklesia! Im Namen JESU, Amen!* Ja, GOTT, der VATER SUCHT solche Anbeter, die im Geist und in der Wahrheit dienen und anbeten.

„Wenn jemand den Tempel GOTTES verdirbt, den wird GOTT verderben!" (1.Kor.3,17)

Der Tempel des Lebendigen GOTTES, des GOTTES, mit Dem wir es zu tun haben, ist die Gemeinde, die Ekklesia. Die Gemeinde des NT ist ein HAUS – das HAUS GOTTES, eine Wohnung GOTTES IM GEIST! (vgl.Eph.2,21.22). Dieses Haus wird mit lebendigen, vom geistlichen Tode *zum LEBEN gekommenen neugeborenen Menschen (lebendige Steine)* erbaut (vgl.Joh.5,24b+1.Petr.2,5). Es wird auferbaut als ein heiliges Priestertum. Nun, ein Haus kann nicht auf mehreren Fundamenten aufgebaut werden, kein kluger Bauherr wird das tun. Und niemand wird das Fundament, den Unterbau des Hauses in den Sand setzen, sondern auf Steine und Felsen. Die Statik eines stabilen Hauses kann nur gewährleistet sein, wenn die Bausteine und Trägerelemente richtig (funktionsmäßig) zusammen- und eingefügt werden. Das NT spricht von der GEMEINDE als von einem *LEIB*, der „organisch" zusammengefügt und verbunden ist und dessen Grundlage auf dem Felsen CHRISTUS gelegt ist. Zum Hausbau aus „unbelebter Materie" genügt die Organisation der Bestandteile; GOTTES Haus aber besteht und lebt aus „lebendigen Steinen" und ist ein lebendiger **Organismus.** Organisation oder ORGANISMUS – das sind die entscheidenden Unterschiede zwischen Tod und Leben, zwischen GOTTES Werk und Menschenwerk!

CHRISTUS hat tatsächlich *Seinen* Leibesorganismus – der Leib gehört so zu IHM wie der menschliche Körper zum Kopf bzw. Haupt gehört. Bitte keine Allegorien: Das NT spricht vom „Leib CHRISTI" nicht in einem Bilde oder Gleichnis (außer wenn Paulus zum besseren Verständnis die Funktionen der Glieder dieses Leibes anspricht), sondern von einem Faktum. Man darf weder den Tempel, noch den Leib noch die Gemeinde zu einem „Bildnis" machen, denn alle drei Begriffe sind Wirklichkeiten. Ich weiß, es fällt uns leichter, biblische Wahrheiten zu „vergeistigen"; aber ich erbebe bei dem Gedanken, dass Christen das auch beim „KREUZ" tun könnten. NEIN! Wir haben oben deutlich gesehen, wie der Leib der Gemeinde die „Vervollständigung des CHRISTUS" ist und können jetzt verstehen, dass „der Leib und CHRISTUS" nicht zwei einzelne Größen sind, sondern zusammen „DER CHRISTUS" sind! (vgl.1.Kor.12,13): **„Denn gleichwie der Leib einer ist und doch viele Glieder hat, alle Glieder des einen Leibes aber, obwohl es viele sind, als Leib eins sind, SO auch der Christus"** Der Grundtext „outos kai ho Christos" lässt keine andere Aussage und Allegorie zu.

JESUS, als der Menschensohn in Knechtsgestalt auf Erden hatte noch keine

Gemeinde. Die Verkörperung von IHM, dem Haupt, und der Gemeinde als Sein Leib wurde erst *nach* dem Kreuzestod und der Auferstehung möglich – durch die Ausgießung des HEILIGEN GEISTES! Seitdem ist *ER der lebendigmachende Geist in Seinen Gliedern* und zugleich das Haupt über sie, der alles in allen erfüllt. Wir müssen also buchstäblich und *Leib*-haftig die Verbindung von Haupt und Gemeinde „sehen", glauben und verstehen. Deswegen nennt das NT die Gemeinde mit dem CHRISTUS zusammen „DEN CHRISTUS" (vgl.Kol.3,1+3 u.a.). Dadurch, dass ER Sich aus Liebe *IN* den Leib ausgegossen hat, IST ER jetzt *EINS mit ihm* – ein Gesamtorganismus „Haupt und Leib", und CHRISTUS *KANN* und *WILL* nicht mehr ohne Seine Leibesorgane „sein" und regieren! ER wollte Seine durch die Rebellion Satans und die Sünde des Menschen verlorene *FÜLLE-HERRSCHAFT* wiedergewinnen, und ER hat sie durch die Frucht Seines Kreuzes wiedererlangt! **„Die Gemeinde ist Sein Leib, die Fülle dessen, der alles in allen erfüllt!" Das ist in der Tat ein großes Geheimnis! Dem EWIGEN sei Ewiger Dank und Ruhm!**

Liebe Geschwister, wer von euch braucht nur seinen Kopf, um zu leben und zu funktionieren und kann seinen übrigen Leib, die einzelnen Glieder und die inneren Organe entbehren?! CHRISTUS und Seine Gemeinde SIND eine EINZIGE organische EINHEIT, und mit dieser Erkenntnis verstehen wir Paulus besser, wenn er im Kolosserbrief schreibt: **„Wenn ihr nun mit dem Christus auferweckt worden seid, so sucht, was droben ist, wo der Christus ist, sitzend zur Rechten Gottes!"** Im Epheserbrief zeigt Paulus, dass die Gemeinde „mit CHRISTUS mitversetzt" ist in die Himmelswelt, und hier in Kol.3,1 sollen wir doch erkennen, dass die Gemeinde (der organische Leib des Christus) nirgendwo anders sein kann, als dort, wo CHRISTUS ist, und die Gemeinde *IST* auch nur dort, wo ER, das Haupt ist! Und das heißt konsequenter weise, dass sie in und mit CHRISTUS zur Rechten GOTTES sitzt und mit IHM regiert! Aus dieser realen Glaubens-Stellung und Haltung ergibt sich leichthin die richtige Sichtweise von „oben nach unten", nicht umgekehrt. Oder lest Stellen im Epheserbrief (3,19+4,13), wo diese unauflösbare organische Verbindung zwischen Haupt und Gliedern die Leibesgemeinde kennzeichnet, die **„zum Maß der vollen Größe des Christus, zur ganzen Fülle Gottes"** heranwachsen und ausreifen soll! Amen. RÜHMET DEN HERRN, der Seinen Vollständigkeitsleib auferbaut und „festhält"; andererseits müssen *wir* festhalten an dem Haupt, indem wir diese Offenbarung: DER CHRISTUS „als Haupt *und* Leibesorganismus" nicht versinnbildlichen und damit die praktische Einheit des Geistes mit den Glaubengeschwistern in unserer Umgebung nicht suchen! (Vgl.Kol.2,19; Eph.4).

„Der geographische Ort" – warum die „Kolosser nicht nach Korinth" laufen mussten

Das Argument mit der Entwicklung der Kirchengeschichte in Bezug auf die Gemeinde ist für mich ein sehr schwaches Verlegenheitsargument, als könnten wir damit die gegebenen zertrennten Strukturen im Denominationsgebilde des Gottesvolkes rechtfertigen und diese „Ismaels" GOTT anbieten, weil es anders nicht geht. Doch, es geht anders! Neutestamentlich anders! Laßt uns in die Kammern gehen und weinen, klagen und flehen zu GOTT, dass ER Sich wieder erbarme – auf diese Haltung erfolgt die Verheißung: GOTT stellt wieder her, weil es Seinem Willen entspricht! Laßt uns ein Verlangen erbitten, SEIN Haus mitzubauen, und lasst uns die anderen Geschwister an unserem Wohnort im Gebet einschließen! Der Wohnort bestimmt im NT den Grundriss des Hauses GOTTES, das nicht kleiner oder größer sein kann, als dieser Ort (also Splittergruppen separierter Geschwister anderer Richtungen oder überörtliche Versammlungen). Wir sprechen hier von apostolischen Wahrheiten im NT, nicht von gegenwärtigen Zuständen. Zweifellos waren die apostolischen Gemeinden an ihren jeweiligen Orten eine homogene und autonome Größe, eine geistliche EINHEIT ohne Spaltung und geführt von einer durch den HEILIGEN GEIST gesetzten Ältestenschaft inclusive Dienste und Gnadengaben. Die Ältestenschaft von Ephesus z.B. war nicht die Ältestenschaft von Laodizäa oder einer anderen lokalen Gemeinde; Ältestenschaft UND Gemeinde bleiben im NT stets unabhängige, autonome Größen, geleitet vom Haupt – CHRISTUS.

Diese Gemeinden, unter denen der HERR wandelte, waren nicht „Vereine oder Werke" oder abhängig von Verbänden, Komitees und organisierten Strukturen. UNDENKBAR! Sie waren als unabhängige örtliche „Organismen" direkt dem HAUPT unter ihnen unterstellt! Das Fundament am Ort war CHRISTUS in den dort wohnenden Gläubigen, und soviel Heilige dort sind, so viele Bausteine gibt es – nicht mehr und nicht weniger. Sogar in Jerusalem, wo sich schon in den ersten Tagen der Gemeinde einige Tausend Gläubige zur Gemeinde versammelten, gab es die „eine vereinte" Ältestenschaft, und die Gläubigen konnten sich auch in den verschiedenen Räumlichkeiten (in den Häusern hin und her) als „ein gemeinsamer Leib" versammeln, weil sie die Einigkeit im Geist bewahrten. Wer sagt und wo steht es geschrieben, dass die Gemeinde am Ort sich immer in „einem einzigen großen" Raum versammeln müsste? Das sind doch Kinderphantasien. Die meisten Familien wohnen doch auch hier im Westen in 3-4-oder Fünfzimmer Wohnungen und sind doch eins? (Im gesunden Fall wenigstens). Aber wie hätte der HERR Seine Ekklesia in Jerusalem oder anderswo bauen können, wenn die Dienste oder Bausteine sich „geweigert hätten" sich einbauen und gebrauchen zu lassen? Wenn sie eigene Ideen und Vorlieben und Lehren der Einheit vorgezogen hätten (wie es ja in Korinth geschah?).

Alles, was am Wohnort der Heiligen die vorgegebene Einheit des Geistes nicht bewahrt und damit den Leib spaltet und zertrennt, baut nicht auf CHRISTUS, dem Fundament des Ortes! Paulus hatte den Grund in Korinth durch Verkündigung und Versammlung der Gläubigen gelegt und appellierte an ihre „EINHEIT IN CHRISTUS", denn CHRISTUS war der gelegte Grund in den Heiligen, und der Apostel warnte davor, „Holz, Heu oder Stroh" auf diesen Grund zu bauen, d.h. nach menschlichem Ermessen und Gutdünken. Ach, wie viel ist mit diesem „Material" schon „gebaut" worden – wird dieses brennbare Material die Feuerprobe bestehen? Wie und woher kommt es, dass man das NT so missversteht und nach intellektuellem Gutdünken und Bibelstückwerken irgendetwas baut ohne Offenbarung? Warum überliest man so hartnäckig halsstarrig die klaren Anweisungen über das, was GOTT zusammengefügt hat?! Ja, es fehlt an Offenbarung, denn was GOTT zusammengefügt hat, das soll der Mensch nicht scheiden! Denn **„aus IHM – CHRISTUS – wird der ganze Leib zusammengefügt und verbunden durch jedes Gelenk des Dienstes"** (vgl. Eph.4,16). **„In IHM zusammengefügt wächst der ganze Bau zu EINEM heiligen Tempel im HERRN, und in IHM werdet auch ihr mitaufgebaut zu EINER Behausung GOTTES im Geist"** (Eph.2,21.22).

Sagt mir bitte, sind 5 äusserlich getrennte christliche Gruppen oder auch einzelne Christen am gleichen Wohnort „zusammengefügt?", oder sind 5 Steinhaufen (mit einzelnen Steinen dazwischen) schon ein „zusammengefügter Bau?" Nein? Aber warum und wozu bauen wir dann an unseren herkömmlichen tradierten Strukturen weiter? Wir sind wie die Kinder im Gleichnis von Matthäus 11, die fromme Sachen spielen und dabei ernst genommen werden wollten; so spielen sie „Lobpreis und sogar Begräbnis", und wir spielen „Gemeinde." Ja, wenn es dem HERRN nicht gefällt, wird Er das schon ändern, sagte mir ein Ältester. JA, aber ihr müsst „hören, was der Geist durch Seine Dienste den Gemeinden sagt und bereit sein, das Gehörte zu tun", sonst tut ihr nicht, was IHM gefällt – oder? In Wirklichkeit tut ihr der Heiligen Schrift und dem HEILIGEN GEIST Gewalt an, weil ihr das entscheidende Wort **„in IHM zusammengefügt"** wegnehmt oder einfach ignoriert und so in euren gewohnten Denkkonstruktionen in \`Frieden\` weiterhin in der Zertrennung leben könnt, da dies den Möglichkeiten eures Maßstabes an Lehre, Tradition und Empfinden entspricht.

„In IHM zusammengefügt und mitauferbaut zu EINER Wohnung

GOTTES im Geist“, sagt die Schrift in Eph.2,22; 4,16; 1.Petr.2,5; diese direkte „Zusammenfügung durch gegenseitige Darreichung und Dienstfunktionen“ kann nicht zwischen einem Ort in der Schweiz und einem in Afrika geschehen, oder zwischen Ephesus und Antiochia. Die Kolosser mussten auch nicht nach Korinth fahren, um dort die Zusammenfügung zu praktizieren, nur um anschließend wieder nach ihrem Wohnort heimzufahren. Und wie werden Glieder „füreinander mitleiden“ können, wenn sie nichts voneinander wissen oder sich nicht kennen, weil sie regional voneinander getrennt sind? Wir reden nicht von Missionsfeldern und Leiden, die überall auf der Welt vorkommen, wir reden hier von der sichtbaren, *leibhaften* Gemeinde des Ortes. Wenn es am Ort mehr als eine Gruppe Gläubiger in verschiedenen Lagern gibt, dann ist das Zitieren dieses Wortes in 1.Korinther 12,26 für sie eine Lüge! Das neutestamentliche Modell streicht solche und ähnliche Plagiate durch! Nein, das Neue Testament zeigt uns die einfachere und einzig mögliche Lösung für den Leib der Gemeinde – die Versammlung der Heiligen des Ortes!

„Zu IHM kommend als zu einem lebendigen Stein…“

„Leib, Tempel und Haus“ sprechen im NT unmissverständlich von der „örtlichen Gemeinde“, von konkreter Gestalt einer Leibesgemeinschaft, vom CHRISTUS in Korinth, CHRISTUS in Ephesus, CHRISTUS in Kolossä, CHRISTUS in…unserem Wohnort. Und hier heißt es: **Wie, ist der CHRISTUS zerteilt?“** (vgl.1.Kor.1,13). Wir wissen schon, CHRISTUS und die Gemeinde sind eins, eine unteilbare Einheit, und die muß sichtbar werden am Ort! Wer behauptet, dass eine Großfamilie, die am gleichen Wohnort aufgrund von „familiären Uneinigkeiten“ lieber voneinander getrennt lebt noch eine „unteilbare geistliche Leibesgemeinschaft“ darstellt, ist ein Lügner, oder er ist verblendet. Wer an seinem Wohnort die Gemeinschaft mit Glaubensgeschwistern nicht zumindest im Gebet erbittet und sucht, zerteilt „DEN CHRISTUS“. Das sollte uns wieder in die Knochen fahren. Es ist unsere heilige Pflicht, immer wieder auf die Offenbarung GOTTES zurückzukommen, wenn wir von neutestamentlichen Dingen reden. Wir müssen um Offenbarung bitten und werden sie bekommen, denn ohne sie ist die pneumatische Wirklichkeit der Gemeinde des NT jedem Zugriff verborgen. Die innere Wirklichkeit der **Ekklesia** war und ist immer in GOTTES ewigen Händen, auch wenn ihr irdischer äußerer Ausdruck in den Zeitaltern so vielen Angriffen und Verwechslungen ausgesetzt war und ist. Was tun? Reisst eure Mauern nieder! Leitende Brüder, betet für die Einheit des Leibes vor Ort und geht auf die anderen Brüder zu; sprecht nicht: „kommt zu uns“, sondern kommt zusammen zum *LEIB*, und nehmt die Dienste Eph.4,11 an! Diese Dienste sind in der Ekklesia miteinander *versöhnt.*

Satan ist gegenüber dem „männlichen Sohn" machtlos; er kann die himmlische Wirklichkeit der Gemeinde nicht zerstören, sondern wird unter ihre Füße zertreten! Auch der Tod kann die Gemeinde nicht überwältigen, denn sie ist keine menschliche Schöpfung, sondern sie ist aus dem CHRISTUS. Alles andere wird die Erschütterungen der Endzeit mit ihrer unvergleichbaren Finsternis nicht überstehen oder bestehen können. Nur durch „den CHRISTUS" wirft GOTT den, der den Sündenfall und die Rebellion im Universum herbeiführte, aus dem Lufthimmel, wenn die gesamte Leibesgemeinde in die Luft dem HERRN entgegengerückt werden wird! Es sind die *örtlichen* Gemeinden in der ganzen Welt, die der *universalen* Gemeinde ihre Kraft und Autorität geben – durch, mit und in CHRISTUS. Das ist der Auftrag und das ist der geistliche Kampf, der Kampf um die Verwirklichung des Leibes CHRISTI an jedem Ort der Erde! In GOTTES Heilsplan gibt es die *oikonomia,* die Verwaltung bei der Erfüllung der Zeiten **„alles zusammenzufassen in dem CHRISTUS, das, was in den Himmeln, und das, was auf der Erde ist, in IHM!"** (Eph.1,10). Das wird die wahre, himmlische *„oikumene"* darstellen, denn GOTT ist groß! GOTT ist stark! Gott ist EL SCHADDAI, der ALLMÄCHTIGE!

Die Aussage im NT „Die Gemeinde (der Leib) ist der CHRISTUS" ist also ein geoffenbartes Geheimnis, und dieses Geheimnis bedarf ebenfalls einer Offenbarung , die besagt, dass Leib und Haupt eins sind, lebensmäßig und wesensmäßig mit „Fleisch und Gebein", so dass CHRISTUS als „das Haupt" Seinen LEIB als „die Gemeinde" benötigt, um als „DER CHRISTUS" zu leben und zu regieren! Durch diese organische Verbindung, Kohärenz und Homogenität wohnt die DREIEINIGKEIT GOTTES in der Gemeinde, und die Gemeinde wohnt in GOTT! (vgl.Joh.14,23.24; 1.Kor.3,17b). Dass wir demnach der Tempel GOTTES sind (sofern wir diesen unzertrennt darstellen), in dem der Dreieinige GOTT wohnt, und dass ER uns zu einem geistlichen Haus mit den anderen Heiligen lokal auferbaut, indem wir zu CHRISTUS, dem lebendigen Stein kommen und ER uns als lebendige Steine zusammenfügt in IHM, sodaß dieses Haus der Tempel und die „Fülle", das Pleroma CHRISTI ist, der alles in allen erfüllt, macht die geistliche Wirklichkeit und Identität des Leibes CHRISTI – „DIE GEMEINDE" aus. Und diese Identität ist eine sichtbare Realität; sie darf nicht kleiner oder weniger gedacht und erstrebt sein, sonst ist es nicht die Gemeinde des Neuen Testaments, sondern eine Abwandlung oder Karikatur davon, ein von Menschen gemachtes Gebilde! (vgl.Joh.17,21.23). Denn dieser EINHEIT mit

CHRISTUS und den Heiligen gilt die Verheißung: **„Und Ich habe die Herrlichkeit, die Du (VATER) mir gegeben hast, ihnen gegeben, auf dass sie eins seien, gleichwie wir eins sind…“** (Joh.17,22).

Gibt es die Lehre über „Gemeinde nach dem NT?“

Der HERR JESUS kam, um zu suchen und selig zu machen, was verloren ist; und ER kam, uns zu erretten für Seine Gemeinde. Sie ist das ZIEL unserer Erlösung. Wir sind erlöst und „bestimmt“ worden für einen göttlichen Plan, für die Auferbauung des Leibes CHRISTI, welcher Seine Vervollständigung ist. Diese Vervollständigung besteht aus der Bruder- und Priesterschaft eines geschlossenen organisch lebendigen Körpers (bitte nicht „Körperschaft“), der „Heiligen des Ortes.“ Wenn unsere Erlösung demnach auf die alle Heiligen eines Ortes einschließende „Gemeinde bzw. Ekklesia“ hin geschah, wer kann dann noch wagen, lebendige Bausteine aus diesem Organismus herauszureißen oder für exklusive Benennungen und Sonderlehren zu gebrauchen?! Dazu ist niemand autorisiert! Es gibt im Zuge der unschriftgemäßen Entgleisungen und Entartungen heute die „Notwendigkeit“ der Separation, aber es gibt *NIEMALS* eine geistliche Legitimation, dass Menschen, die durch denselben Glauben und denselben Geist dasselbe Leben empfangen haben und „IN CHRISTUS“ geheiligt sind, sich voneinander distanzieren oder gar scheiden. Das ist auch geistlicher Ehebruch, den GOTT hasst und den ER ahnden wird! **„Irret euch nicht…!“** Wenn wir dieses neutestamentliche Leibes-Prinzip mit geöffneten Augen betrachten würden, hätten wir bereits diesen Teil an Belehrung oder Lehre vor uns.

Verstehen wir, dass unser HERR JESUS in Seinem ersten Auftrag unsere Erlösung durch Seinen Kreuzestod erduldete und vollbrachte, und in Seinem zweiten Auftrag nach Seiner Himmelfahrt als lebendigmachender Geist in Seine Gemeinde einging (siehe APG), um sie mit Seinem unzerstörbaren Auferstehungsleben zu einem GOTTESHAUS zu erbauen – zu einem Tempel GOTTES im Geist. *DIESER* Tempel als der CHRISTUS darf nicht zertrennt sein! Was zusammengehört MUß zusammenkommen! GOTT hasst Scheidung ebenso wie unrechtmäßige Trennung, sei es beim Volk Israel (vgl.Hesek.37; Hagg.1,5-8), oder im neutestamentlichen Gottesvolk (vgl.1.Kor.1,13; 3,17; Joh.17,21.22.23)! Durch den Propheten Haggai ermahnt uns der HERR, nicht `*unsere* getäfelten Häuser` zu bauen, sondern SEIN GOTTESHAUS, die Gemeinde! Das Fundament der Gemeinde wie ihr ganzer Bau beruhen, um zu wiederholen, auf einer göttlichen Offenbarung, nicht auf Fleisch und Blut (= seelische Verstandeskraft; vgl.Matth.16,16), weil sie eine göttliche, nicht eine menschliche Schöpfung ist.

Wenn wir aber durch den Geist des HERRN Offenbarung empfangen haben, können und sollen wir auch durch den Geist dieser Offenbarung folgen und die Anweisungen dazu im NT als Belehrung nehmen.

Das NT versteht das „Lehren“ oder die „Lehre“ im Aufbau der Gemeinde nicht als etwas Starres, Gesetzliches. Es gibt kein Lehrdogma von der Gemeinde des NT (wie es z.Bsp. Dogmen in der kath. Kirche oder im Islam, oder Menschensatzungen in christlichen Denominationen gibt). Es gibt aber das Gemeindemodell- oder prinzip und die „didaskalia“ (= die Unterweisung bzw. Lehre) und die „Didache“ (= Kunst der Unterweisung). Beide sind von einem berufenen „didaskalos“ (= Lehrer) abhängig. Im NT ist das Lehren also von einer Lehrperson abhängig und somit unter Autorität gestellt. Nicht jeder kann und soll „Lehrer“ sein, denn es muß und soll mit Gaben von „oben“ gebaut werden. Darum ist Weitergabe von Lehre kein Schema, sondern „lebendige Belehrung durch eine dafür gegebene Person.“ Menschen, die keine Berufung und wenig Offenbarung haben, schaffen mit ihrer „Lehre“ nur Zertrennung. Kann man nun neutestamentliche Lehre erklären?

Ja, das kann man und das muß man, um wahre Lehre von falscher abzugrenzen. Das ganze NT hat eine genaue und definierte Darstellung der Wahrheit, die in mündlicher Überlieferung und in schriftlicher Form fixiert wurde; es besteht durchweg aus Lehranweisungen – aber die Wahrheit Selbst ist nicht eine abstrakte Lehre, sondern eine wunderbare PERSON – JESUS CHRISTUS! „Wir brauchen die Lehre nicht“, hört man in gewissen Kreisen rufen, die stark „den Geist“ betonen, und diesen lieber vorziehen. Wenn sie in diesen Kreisen, in diesem System drinnen sind, fehlt ihnen die nötige objektive Sicht und die Erkenntnis, dass der Geist GOTTES jeweils nur auf der Grundlage Seines inspirierten Wortes wirkt und diese beiden >Wort und Geist< stets beisammen sind. Also laßt bitte den Römerbrief oder die Timotheusbriefe in eurer Bibel stehen, denn sie bestehen aus „Lehre“. Auch charismatische Gruppen betonen stark den Geist (welchen?) und viel zu schwach das Wort – und so läuft das Pferd ohne den Reiter. Es ist fast wie auf der Autobahn, wo es viele Raser gibt, die nicht genau wissen, wohin sie fahren wollen, aber sie sind jedenfalls „unterwegs.“ Sind nicht LOGOS, CHRISTUS, WORT GOTTES, GEIST UND RHEMA eine unteilbare Einheit? (Zu Logos und Rhema siehe „forschet in der Schrift“).

Kennzeichnend für das Ungleichgewicht von Lehre und Geist ist ein Höherstellen der „eigenen Lehre“ über die Lehre der Heiligen Schrift. Das heißt also, dass durch das Fehlen von biblischer Lehre und Belehrung und nötiger Korrektur – dann durch Überbetonung des Geistes und der eigenen Lehre Irrlehren aufkommen und mit Rücksicht auf die `Einmütigkeit` einer Versammlung auch geduldet und hingenommen werden. Korrektur ist hier nicht mehr erwünscht, Lehre soll nicht hinterfragt werden. Da sitzen Menschen in den Versammlungen, die ganz anderer Meinung sind, aber solange sie ihren Mund nicht öffnen, sind sie ja *Gemeinde*konform. Oder es sitzen Menschen dort, die ein- oder gar zweimal geschieden und wiederverheiratet sind, aber solange sie „amen, amen" sagen, ist alles OK, auch wenn gerade *sie* andere als „gesetzlich" kritisieren. Da gibt es ungeordnete, verquere Verhältnisse und Haltungen gegen das Wort, aber die Einmütigkeit muß darüber bewahrt bleiben wie Rohrzucker über schimmligen Kuchen: bloß nicht korrigieren und nicht kritisieren. Dr. Martyn Loyd Jones schreibt: *„Die moderne Vorstellung von der Einheit (der Gemeinde) hat sich so weit von der des NT entfernt, dass sie jegliche Auseinandersetzung mit der Wahrheit in ihrer Verkündigung meidet. Wir dürfen, wird gesagt, `niemals negativ sein, sondern immer positiv sein – nur ja nicht kritisieren`"*

Das NT verbietet liebloses, auf Motive zielendes Richten und Verurteilen, aber es *gebietet uns* ein gerechtes, wahrheitsgemäßes Urteilen, Prüfen und Entscheiden! (vgl.Matth.7,5b; Joh.7,24b; Röm.12,16; Gal.6,4 u.a.). Das griech. Wort „krino" in der Schrift lehrt uns ein gerechtes, auf Wahrheit und Liebe beruhendes Unterscheiden, Richten, Urteilen und Entscheiden. Wahrheit und Liebe in der Bibel sind eins, und auf eine *Prüfung* nach diesem Maßstab erfolgt ein *Urteil* (oder eine Beurteilung) der eine *Entscheidung* folgt (vgl.1.Joh.4,1;2.Kor.6,14). Gerade wer heute nicht prüft und beurteilt, macht sich leicht fremder Sünden teilhaftig und wird mitschuldig, vielleicht weil er von irgendwoher eingeschüchtert wurde, „nicht zu richten". Dem Teufel wäre das gerade recht, dass er seinen Lügensamen gegen biblische Wahrheiten ungehindert ausstreuen kann, und niemand ist da, der ihm mit Wahrheit im Namen JESU entgegentritt. Das aber sei ferne! Darum stammt dieser Slogan „richte bloß nicht" nicht von der Heiligen Schrift, sondern aus Satans Lügenküche. Natürlich, wer sich selbst diesem Weltlauf anpasst (vgl.Röm.12,2), dem fehlt das *geschärfte* Prüforgan.

Ein klares Bekenntnis verlangt klare wahre, mit Leben gefüllte Lehrsätze

Zurück zum Thema „Lehre". Das NT fordert Nachfolger JESU auf, die Wahrheit in Liebe zu bekennen und den Winden der Lehren zu widerstehen. Ja, wir müssen und sollen die Lehre, das Wort der Wahrheit, recht kennen und schneiden, aber zugleich auch den HERRN JESUS gut kennen! Und indem biblische Lehre durch geeignete Lehr*personen* mündlich und im Geist weitergegeben wird, wird sie zu lebendiger Belehrung; das Wort fließt wie Wasser, und das tote und tötende Buchstabenkorsett wird abgestreift. *„Doch davon sind wir in unseren Tagen weit entfernt"*, schreibt M. Loyd Jones. *„Man will uns erzählen, der christliche Glaube ließe sich nicht in Lehrsätzen festlegen, es handle sich um etwas Mystisches und Unerklärbares, wo eine Unterscheidung zwischen richtig und falsch nicht möglich sei. Indem man so redet, verurteilt man die Gepflogenheit der frühen Kirche, die sich durch Glaubensbekenntnisse band; ja man leugnet das NT selbst, das die Wahrheit abgrenzt, sodass ein Abweichen von ihr nicht zu übersehen ist."*

Die Bibel ist ein von GOTTES GEIST inspiriertes Werk und als solches nicht an den natürlichen Verstand des Menschen gerichtet; denn was von Menschen stammt, kann man mit dem natürlichen Ratio begreifen. Was aber vom Geist GOTTES ist, nimmt der natürliche Mensch nicht an (vgl.1.Kor.2,14). Er muß zuvor eine geistliche innere Neuschöpfung erleben, um **„Geistliches durch Geistliches zu deuten".** (V.13). Erst dann haben wir die Voraussetzung, biblische Lehre aus dem „Inhalt" des Wortes zu schöpfen und weiterzugeben. Darum werden, wie schon in allen Jahrhunderten zuvor, alle Spötter oder Gegner der Bibel weiterhin an den Bollwerken der biblischen Inspiration scheitern! Denn niemand dringt in das schriftgeschützte Wort und in den Himmel ein, ohne durch Busse und Beugung eine Neue Kreatur aus Wasser und Geist geworden zu sein! (vgl. Joh.3,5; 2.Kor.3,6.7). Aber genauso wie das Geheimnis der Neugeburt aus Wasser und Geist nicht in theologischen Abhandlungen und mit bibelgestützter Lehre erklärt und verstanden werden kann, ist das beim Geheimnis der Gemeinde möglich. Sie ist *zweifach* geschützt vor unerlaubten Zugriff, weil sie ein „großes" Geheimnis ist. Ohne die direkte göttliche Einwirkung durch den Geist der Weisheit und Offenbarung (vgl.Eph.1,17) in den zum Glauben gekommenen, werden wir *die Gemeinde* nicht berühren. Vielleicht werden wir ihr äußeres Gerippe intellektuell verstehen, aber nie ihre *innere Wirklichkeit* sehen. Darum hat schon Paulus für die Gläubigen um Weisheit und Offenbarung gebetet, und wir dürfen das auch!

Wir wollen berühren, betasten, schmecken und sehen !

Es ist ein stichhaltiger Grund der fehlenden geistlichen Neugeburt, dass bei so viel christlicher Aktivität so wenig an „Gemeinde" sichtbar wird, und ein zweiter liegt darin, dass zuwenig Offenbarung da ist bzw. darum gebeten wird! Wir können entweder mit Holz, Heu oder Stroh oder mit Gold, Silber und Edelsteinen „bauen". Und ein dritter Grund ist unsere Sünde, die das Angesicht GOTTES vor uns verbirgt, sodass wir nicht gehört werden; denn Sein Arm ist nicht zu kurz, um zu retten und Sein Ohr ist nicht zu schwer, um zu hören! Bilden wir uns nicht ein, GOTT täuschen zu können! Laßt uns nicht irre sein, sondern nüchtern! Wir werden ernten, was wir säen und empfangen, was wir getan oder nicht getan haben. Auf das große Thema „Gemeinde“ bezogen ist zu sagen: die klassischen denominationellen Bauwerke in der Christenheit, die sich als Gemeinde bezeichnen und verstehen, beweisen in ihren unterschiedlichen Ausdrucksformen nur die eine Tatsache, dass sie weder CHRISTUS in *EINS-SEIN* mit Seinem Leib, noch das Fundament noch die Gemeinde als organische Einheit untereinander und mit CHRISTUS wirklich erkannt und erfasst haben. Es sind menschliche Konzeptionen bis hin zu Institutionen mit Mitgliedern (der Daumen meiner Hand ist nicht ihr „Mitglied“, weil er organisch mit der Hand verbunden ist), Pastoren, Predigern, Räumlichkeiten, Singbüchern, Bibeln und Programmen. Im Mittelpunkt steht bei den übrig gebliebenen Fundamentalisten noch die „bibeltreue Lehre“ mit der Maxime der „Treue des eigenen Bibelverständnisses.“ Damit wird dann nach guter Tradition das „eigene Gemeindeverständnis“ legitimiert. „Lasst uns eigene Hütten bauen und diese dann als >Gemeinde< benennen“, so klingt ihr Bekenntnis.

Wer aber das, was GOTT in CHRISTUS als „die Gemeinde“ gebildet hat berühren, betasten und durch Offenbarung sehen will, der muss sein Herz auf den Weg richten lassen, der muss durch Gebet wieder zurückgehen zur Gemeinde im apostolischen Zeitalter und mit dem HEILIGEN GEIST durch die Apostelgeschichte wandern. Dort wird er, wie dann auch in den Briefen, dem CHRISTUS begegnen und Seine Ekklesia sehen. Er wird „sehen“, wie CHRISTUS (jeweils immer in organischer Verbindung mit Seinem Leib) die Verkörperung der Herrschaft GOTTES in der sichtbaren und unsichtbaren Welt ist, und das eben diese „Verkörperung“ der Leib Seiner Gemeinde ist, die mit IHM zusammen Seine Wesen und Seine Gestalt ist! Ein hilfreiches Bild sei hier erlaubt: wenn wir von einem großen und weiträumigen Haus, das im Entstehen ist, nur den Entwurf und die herumliegenden Baumaterialien sehen, können wir uns dieses Bauwerk nur plastisch und wenig greifbar vorstellen; aber wenn dieses Bauwerk vollendet ist und wir seine Farben, Dimensionen und Ausstattungen in Realität vor uns sehen und sogar betreten können – was für ein Unterschied! So mag es auch mit dem Haus der Gemeinde sein, deren BauHERR der Allmächtige GOTT ist. HERR JESUS, öffne unsere Augen für Deinen lebendigen Tempel!

So gewinnen wir ein geistliches Verständnis dafür, dass die Gemeinde und Ekklesia im NT nicht nur „ein Teil von CHRISTUS“ ist, sondern „DER CHRISTUS“ als Haupt und Glieder in organischer Einheit! Nochmals: **„Denn gleich-**

wie der Leib einer ist und doch viele Glieder hat, alle Glieder des einen Leibes aber, obwohl es viele sind, als Leib eins sind, so auch der CHRISTUS." (1.Kor.12,12).

Die Gemeinde des NT ist also eine pneumatische und somatische Einheit, die auf der Einheit und Gemeinschaft *(Koinonia pneumatos)* beruht. Ihr Innenleben kommt in ihrer äußeren Leibesgestalt zum Ausdruck. So wie wir als Christen „*leib*haft" existieren und wandeln existiert auch die Gemeinde „*leib*haft" – als organischer Leib. Aber ihr irdischer Ausdruck wird durch die „Trennung der Organe dieses Leibes" zerstört, und dann ist auch ihr Leben, ihre Salzkraft und ihr Zeugnis als „Leuchter des HERRN" dahin!! NUR DER ÖRTLICHE LEIB IST SICHTBAR, NICHT DER UNIVERSALE. Nur im Örtlichen Leib können wir physisch zusammengefügt werden und einander mit geistlichen Gaben dienen und Handreichungen tun, nicht im universalen. Wer dieses Fundament und innere Wesen der lokalen Gemeinde nicht sieht oder erkennt, dessen inneres Auge ist nicht klar. **„Wenn nun dein Auge klar ist, so wird dein ganzer Leib Licht sein"** (Matth.6,22). Das griech. Wort für „klar" ist *haplous* und drückt eine kluge geistliche Einfältigkeit aus, *ein Wissen im Geist.* Und dieses klare Sehen schenkt uns der HERR; das können wir nicht produzieren, sondern wie immer nur erbitten und dafür danken, dass wir es empfangen!

Dann wird es einfach, zumindest von der Erkenntnis her. Weil wir dann sehen, dass wir NUR CHRISTUS, den Grund- und Eckstein brauchen, der die Gläubigen „zusammenbringt!" ER zertrennt sie nicht, denn wie könnte und wollte ER Seinen eigenen Leibesorganismus zertrennen und so das Leibesleben töten?! ER, der doch den VATER gebeten hat, dass wir EINS sein sollen **„gleichwie DU, Vater, in Mir und Ich in Dir; auf dass auch sie in uns eins seien.."** (Joh.17,21). Wenn wir diese Einheit und Gemeinschaft im Geist „betastet und gesehen" haben und verstehen, was Gemeinschaft in CHRISTIS für die Gläubigen bedeutet, und wenn wir zudem auch erkennen und glauben, dass uns in CHRISTUS alles zum Gemeindeleben und persönlichen Wandel geschenkt ist, dann blicken wir nicht mehr auf die unseligen menschlichen Spaltungen, Traditionen und Lehrunterschiede etc. – wir sehen IHN! Auch den Bruder und die Schwester sehen wir jetzt von IHM aus und *IN* IHM, und auf einmal sehen wir das Wesen der Ekklesia: **„CHRISTUS alles und in allen!"** Nicht wahr, wenn wir in CHRISTUS ja wirklich die ganze GOTTHEIT zur Verfügung haben, dann bekennen wir freimütig: „DU BIST DER CHRISTUS, in DIR haben wir volle Genüge!", und der HERR sagt: „Amen, auf diesem Felsengebirge eures Bekenntnisses baue Ich Meine Gemeinde!"

„Schmecket und sehet, wie gütig und freundlich der HER ist", heißt es in den Psalmen. Die Gemeinde hat ein wunderbares, „edelfeines" Aroma! **„Komm und sieh, Kommt und seht"** heißt es im NT. Ja, amen, kommt zusammen und seht dann, was der HERR alles in die Gemeinde der Heiligen hineinschüttet! ES WIRD HERRLICHKEIT SEIN! (vgl. Joh.17). Denn Seine Herrlichkeit ist auf die *Gemeinde hin* gegeben, nicht auf die Spaltungen und unterschiedlichen Hauskreise! Überwindet sie endlich, verlasst alles, was den Leib am Ort verhindert und trennt, weist es als Fleisch und Lüge zurück und geht in Liebe auf die Leibesgemeinschaft zu, auch wenn es nur mit „zwei oder drei" anfängt. Zwei oder drei sind noch nicht die Gemeinde, aber wenn Geschwister sich aufgrund ihres Leibesverständnis auch in geringer Zahl auf dem Fundament ihres Wohnortes versammeln und alle Heiligen dieses Ortes in ihr Gebet einschließen, dann ist die Anzahl gekreuzigt und CHRISTUS mitten unter ihnen! Es braucht nicht wiederholt zu werden, trotzdem tue ich es ohne Verdruß, dass diese Leibesdimension der Gemeinde des NT nur aus Geist geborenen Gotteskindern bestehen kann – sie ist ja schon allein dadurch *HIMMELWEIT* von Ökumene entfernt.

„Siehe, wie gut und wie lieblich ist es, wenn Brüder einträchtig beieinander wohnen. Wie das köstliche Öl auf dem Haupt, das herabfließt …" (Aus Psalm 133). Auch hier zeigt der Geist des HERRN die „Einigkeit", das einträchtig beieinander wohnen an – **„dorthin hat der HERR den Segen befohlen."** In der Ekklesia der Einheit wird GOTTES Geist freigesetzt; das Öl fließt frei und Gaben zur Auferbauung werden eingebracht, so wie der HERR die einzelnen Instrumente benutzt und „die Harfen zupft." In der Ekklesia bekommt ER das Lob und die Ehre, nicht der Mensch, und inmitten der Gemeinde lobt CHRISTUS Selbst als der wahre Mensch und das Haupt Seinen VATER! (vgl.Ps.22,23).

„…indem ihr eines Sinnes seid; gleiche Liebe habt, einmütig auf das Eine bedacht seid." (Phil.2,2). Die Harmonie, die hier gefordert wird, beruht auf zwei Grundlagen: A) Auf der Gemeinschaft des Geistes im Vers 1; und B) Auf der gemeinsamen Zielsetzung. Wenn wir auf das Einssein im Leib und die Bewahrung der Einheit des Geistes bedacht sind und einmütig diesem „gleichen Ziel" zustreben, wird „Gemeinde" das Ergebnis sein. Dieses „eines Sinnes sein" (V.2) meint unseren Denksinn und Verstand, auch das Organ unseres Bewusstseins und Gewissens. Es ist sozusagen eine Voraussetzung für die Einmütigkeit. Aber Gleichgesinntsein im Denken *(nous)*, Meinen und Urteilen meint *eben* *nicht* eine kollektive psychische Gleichschaltung (wie man sie in allen Sekten oder Ideologien vorfindet), sondern völlige innere Freiheit und Übereinstimmung in Absicht und Zielsetzung „durch den Geist." Auch hierzu ein schwaches Bild als Hilfsstütze: *eine Reisegruppe macht sich gemeinsam in einem Reisebus auf einen längeren Weg; er mag teilweise gefährlich sein und die Gruppe besteht aus den verschiedensten Charakteren, die ihre subjektive Meinungsfreiheit während der ganzen Fahrt und fernerhin behalten – aber ihr gemeinsamer Fokus ist „das Ziel" der gemeinsamen Reise. Sie werden wahrscheinlich unterwegs über die verschiedensten Themen diskutieren (ohne streiten zu müssen). Jeder hätte auch die Wahl gehabt, mit seinem Privatauto dieses Ziel zu erreichen, doch das wäre erstens riskanter, zweitens anstrengender und drittens ohne Reisegruppenatmosphäre gewesen. Und da viertens noch der Reisebus vom Besitzer kostenlos zur Verfügung gestellt wurde, sprachen alle Argumente für diese Wahl der Reise. (Kol.3,2; 1.Kor.1,10).*

„...dagegen erneuert werdet im Geist eurer Gesinnung..." (Eph.4,23**)**. **„...and be renewed in the spirit of your mind"** (Eph.4,23; = engl. King James Version). Die *Gesinnung „the mind"* (griech. *nous*) ist wie gesagt grundlegende Voraussetzung, aber es muß ein *erneuerter Denksinn* sein. Sonst geht es uns wie dem Petrus, der mit seiner unerneuerten humanen Gesinnung JESUS vom Erlösungsweg aufhalten wollte und sprach: **„HERR, schone dich selbst!"**(vgl. Matt.16,22). JESUS musste diese „Inspiration Satans" schelten! Es kommt darauf an, ob wir mit göttlicher oder menschlicher Sicht denken. Philipper 4,6-9 ist dazu eine gute Medizin – zum Einnehmen!

Das Wesen von „Ekklesia"

Mit dem wiedergeschenkten Licht der persönlichen Stellung des *Heils* der Rechtfertigung in CHRISTUS, das in der Reformation aufleuchtete, wurde aber noch nicht das Licht über die persönliche Stellung im Leib CHRISTI und damit die geistliche Wirklichkeit der Gemeinde des Neuen Testaments zurückgewonnen. Es gab in der gesamten Heilsgeschichte seit Pfingsten viele Erscheinungsformen über das, was man im NT über die Gemeinde sah und mit verschiedenen Grundvorstellungen nachvollzog. In den Jahrhunderten nach der Reformation gab es wiederholt große Aufbrüche im Volk GOTTES, die über Erweckung zu Bewegungen führten, wobei ein ernsthaftes Ringen vor allem auf dem Gebiet der Lehre bzw. des richtigen Lehrverständnisses zu den Aussagen von Römer *6;7; + 8* erkennbar wird. Man kämpfte geistlich um das Überwinden des reformatorischen *„simul justus et peccator"* (= Sünder und gerecht zugleich) hin zum *„posse non peccare"*, dem Heilsindikativ, das da heisst: „frei von der *Macht* zum Sündigen." (Das meint nicht „frei von der Sünde" überhaupt).

Insgesamt aber wurde nur von *einer* Bewegung das apostolische Zeugnis „von der Ekklesia“ zurückgewonnen; das war die Brüderbewegung im 19. Jahrhundert in England, die sich auf dem europäischen Kontinent ausbreitete. (Leider spaltete sich diese Bewegung später wieder auf). Aber ihr vom Geist des HERRN geschenkter Beginn und ihre große Segenswirkung war „Philadelphia“, die Bruderliebe! (vgl.Offb.3). Diese Bewegung achtete wieder auf das geschriebene Wort, auf das, was wirklich da steht! (Im Pietismus nämlich wurde die nachreformatorische, verfälschte und kraftlose Theologie – aufgrund ihres falschen Gnadenverständnisses – überwunden und eine schriftorientierte Tradition von Lehrern >Biblizisten< entstand. Einer von diesen schreibt: *„Jedenfalls sollten wir uns ernsthaft darum bemühen, die Aussagen des Neuen Testaments mit den Ohren der apostolischen Gemeinden zu hören, um sie so verstehen zu können, wie die Apostel ihre Worte gemeint haben“.* Aus Tübinger Vorlesungen, Karl Heim, München 1949; S.39).

Man könnte diese Worte unter das allezeit gültige WORT stellen: **„Wer ein Ohr hat, der höre, was der Geist den Gemeinden sagt!“** (Offb.2+3). „Philadelphia“ umfasste sicher auch den Pietismus, Herrnhut, den damaligen Methodismus John Welsleys, die Missions- und Heiligungsbewegung bis zur Gemeinschaftsbewegung. Aber der entscheidende örtliche Aspekt der KOINONIA, der inneren Gemeinschaft des Leibes- und Gemeindelebens, welches auf alle Heiligen ohne Konfessionsunterschiede ausgerichtet ist und alle Heiligen praktisch zu EINEM TISCH DES HERRN am Ort einschließt, dieses große Verständnis erlangte nur die „Brüderbewegung.“ Auch andere Bewegungen durften im Segen wirken, doch dieser Bewegung gab GOTT das Licht von der EKKLESIA wieder zurück! Und zur Ekklesia *HIN* waren und sind auch die anderen geistlichen Aufbrüche gegeben; sie waren und sind nicht dazu bestimmt, die Heiligen in die „eigene Richtung“ einzubauen!

Zum **Wesen** der Gemeinde, der Ekklesia und Braut des LAMMES gehören immer ihre *Wesenszüge* und ihr *Ziel.* Sie ist geprägt durch ihre Liebesgemeinschaft und ihre Leidensgemeinschaft, durch ihren Kindschaftsstand und ihren Sohnesstand. Es geht bei ihr nicht um Perfektionismus, sondern um Lebensgemeinschaft mit dem HERRN und untereinander durch alle Situationen hindurch! (= KOINONIA). Sie ist zugleich der CHRISTUSKÖRPER und das Instrument, durch das GOTT in dieser Welt handelt! Und sie wird in der Vollendung nach der „Hochzeit des LAMMES“ die „Ehefrau JESU CHRISTI“ sein! (vgl.Offb.19).

Wenn wir sehen, welch Wesen und Charakter die Ekklesia kennzeichnen, werden wir sie unschwer von den anchronistischen Erscheinungsformen der

Volks- und Freikirchen unterscheiden. In ihrer zeitlichen Gestalt und Christusoffenbarung in der Welt nimmt die Gemeinde natürlich eine „Form und Gestalt“ an, die örtlich bedingt ist, aber ihr **Inhalt** ist das Christuswesen! Kein nominelles und kein individuelles, sondern das Gemeinschaftswesen aufgrund eines gemeinsam gekreuzigten Lebens – des Lebens JESU CHRISTI. Friedrich Malessa schrieb: *„Streng zu beachten ist aber, dass die Gemeinde auch im Einbruch der Zeit die Ewigkeitsnatur behält; die ewige Gemeinde kann nie Zeitlichkeitswesen tragen. Sofern der Einbruch irgendwo Zeitlichkeitswesen (Weltcharakter-Anmkg.) annimmt, hat er seine Bestimmung verloren.“* Anhand des NT und seiner fortlaufenden Geschichte können wir auch deutlich die konkrete Gestalt der Ekklesia als „Leuchter“ erkennen. Sie ist nicht verborgen im mysterion als aufgelöste, hinausgestreute Schar von Gläubigen. Sie ist auch keine Institution mit exotischen Gemeindebezeichnungen, sondern „der Leuchter“ und die leuchtende Stadt auf dem Berge! (vgl.Offb.1,20; Matth.5,14), eben dort, wo die Heiligen wohnen.

In dem Wort „Ekklesia“ liegt ein vierfacher Ausdruck: 1) Die von GOTT Herausgerufene; 2) Herausgerufen aus dem Volksganzen; 3) Hineingerufen in eine in sich geschlossene Einheit; 4) Herausgerufen als eine Schar der Befreiten in Anbetracht der Unfreien, aus der sie gerufen ist. Das NT beleuchtet die Bedeutung der Ekklesia schlagartig als eine Gemeinschaft von Menschen, die aus dem volksganzen Massenwesen und Weltgeist religiöser Bestrebungen herausgerufen und in ein völlig neues Sein hineigerufen ist. GOTT ist ihr Ursprung und ER ruft heraus und hinein. Nicht das was Menschen von sich aus tun, sondern was GOTT tut, ist die Trägerschaft! Das NT beschreibt die Gemeinde als die „Ekklesia“ als ein „Neuer Mensch“, besser zu fassen als eine neue Art von Menschen in *Wesen und Wandel* (vgl.Eph.2,15 u.a.).

Heutige ökumenische Bestrebungen, ob kirchlich oder freikirchlich, ob pfingstlich oder charismatisch, stellen weder eine geschlossene Einheit dar (weil sie selbst untereinander uneins und zertrennt, aber weltoffen sind), zum anderen ist in ihnen der Charakter der Vermischung von Gläubigen und Ungläubigen, es ist der Boden der christlichen Bekenntnisse ohne die klare Abgrenzung zur Welt und zum Volksganzen (vgl. die Apostelbriefe und „Reich der Himmel und Reich GOTTES“ oben). In Seinen Gleichnissen spricht der HERR vom Acker (= die Welt) und vom Reich der Himmel (= das weite Feld des christlichen Bekenntnisses); die Trennung von Spreu und Weizen in diesem Bekenntnisfeld erfolgt erst bei Seinem Zweiten Wiederkommen (Ernte).

In Johannes 17, wo CHRISTUS im hohenpriesterlichen Gebet dem VATER Sein Werk auf Erden zurückbringt, spricht JESUS dann nicht mehr vom vermischten Charakter eines christlichen Bekenntnisses, sondern hier redet ER zu Seinem VATER (nicht mehr zu Menschen) und sagt: **„...auf dass sie eins seien, gleichwie wir eins sind, Ich in ihnen und DU in mir, damit sie zu vollendeter Einheit gelangen, und damit die Welt erkenne, dass DU mich gesandt hast...“** In der Gemeinde gibt es eine Tenne, wo die Zubereitung der gläubigen Heiligen „jetzt“ stattfindet.

„Vollendet in eins“ heißt der griech. Grundtext in Johannes 17,23 und zeigt den großen Vorsatz auf, der in der GOTTHEIT vor Grundlegung der Welt beschlossen worden war, ein „großes“ Geheimnis, das nach Kreuz, Auferstehung und Himmelfahrt den Aposteln und Propheten offenbart werden sollte: Eine Gemeinschaft von erlösten Menschen, die **wesensmäßig** mit dem VATER und dem SOHNE gleich eins ist!! Und diese Wesensgemeinschaft nennt der Apostel Paulus inspiriert durch den HEILIGEN GEIST **„Sein Leib, die Fülle des das ALL in allem Erfüllenden!“** (Eph.1,23). Das Erhabene im Wesen der Ekklesia ist das für den Verstand allein Unerklärbare (vergessen wir nicht, dass die Schrift von einem großen Mysterion spricht), dass das **pleroma** (Fülle) in der **Koinonia** (Gemeinschaft) so völlig aufgeht – nämlich in der Weise: Die Ekklesia hat und ist das Persönlichkeitswesen CHRISTI! Die GOTTHEIT Selbst, in VATER, SOHN und GEIST, und die Gemeinde, sind ineinander „vermengt!“ Überwältigt von den Offenbarungen Seines HERRN JESU CHRISTI konnte der Apostel Paulus nur ausrufen: **„O welche Tiefe des Reichtums sowohl der Weisheit als auch der Erkenntnis GOTTES! – Denn von IHM und durch IHN und für IHN sind alle Dinge; IHM sei die Ehre in Ewigkeit! Amen.“** (Röm.11,33.36). Die ERHABENE DREIEINIGKEIT GOTTES BLEIBT EWIG DIESELBE!, aber ihr INSTRUMENT UND ZEUGNIS IST – *SICHTBARE LEIBLICHKEIT* !

In Paulus brannte ein Feuer der Leidenschaft für die Bewahrung der wunderbaren Einheit der Ekklesia. Der HERR war ihm erschienen und offenbarte Sich weiter, auch in der Stille und Finsternis der Gefängnisse. Aber der Geist des Apostels war nicht gefangen sondern frei! Paulus „sah“, wie CHRISTUS und die Ekklesia im Verhältnis stehen: Sie gehört nicht nur IHM, sondern sie „ist“ mit IHM der in pneumasomatischem Vollmaß und Ausgestaltung vollständige CHRISTUS! So wie die Dreiheit von „Leib, Seele und Geist“ dennoch „ein Ganzes“ ist und nicht in „Teile“ getrennt werden soll (obwohl sie voneinander zu unterscheiden sind), so ist die Gemeinde nicht nur „ein Teil von CHRISTUS und nicht nur „Summe von Einzelgliedern", sondern „EIN GANZES!" Das Haupt und die Glieder sind zu „einem" Leib geworden. So ist das große Geheimnis „Gemeinde" ein weiteres Zeugnis der DREIEINIGKEIT GOTTES; sie ist in GOTT, und GOTT ist in ihr!

Als bei den Korinthern, die ja noch Kindlein im Verstehen waren die Gefahr bestand, diesen CHRISTUS zu zerteilen, weil der Feind den lebendigen Organismus zerstören und somit den Leuchter umstossen wollte, warf sich der Apostel *leiden*-schaftlich dazwischen und bringt sofort das „Wort vom Kreuz", denn **nur das Kreuz** bringt und hält Gläubige durch den Geist zusammen; durch das Kreuz sind wir am Wohnort „zusammengekreuzigt" und müssen uns einander annehmen! Und dann zeigt Paulus den Korinthern auf, was ihnen noch mangelt: Weisheit von GOTT. Dadurch sollten sie erkennen, dass der einzige Grund, der in Korinth gelegt ist, CHRISTUS ist. CHRISTUS in allen Heiligen und alle Heiligen in CHRISTUS! Sonstige Personen oder Dienste, Methoden oder Programme haben überhaupt keine Relevanz mehr, denn die Dienste und Gaben und Setzungen gehen von CHRISTUS aus, in Dem die Fülle (das pleroma) ist und werden von IHM geleitet, und der HEILIGE GEIST erfüllt und dirigiert das Orchester der Gemeinde vom HAUPT aus so, dass CHRISTUS verherrlicht wird! Um ein weiteres Vorurteil wegzuräumen ist klarzustellen, dass der Apostel Paulus seinen Dienst niemals benutzte, um Menschen zu einer Namensbezeichnung von \`Paulianern\` oder zu einer Benennung auf eine Tradition hin zu sammeln.

Heute gibt es die unzähligen Gruppen und Formen innerhalb der Christenheit, einer zertrennten Christenheit, und viele von ihnen nennen sich „Ortsgemeinde", leben aber innerhalb ihrer eigenen Benennung getrennt von anderen Geschwistern am Ort – deren Versammlung sich skurillerweise ebenso nennen mag. „Wenn man ein Pferd in die Garage stellt, wird es noch lange kein Auto", heisst das bekannte Sprichwort. Namensänderungen allein bedeuten oder ergeben noch gar nichts! Auch in meinem Umfeld gab sich ein „Brüderverein" einen neuen Namen, in dem das Wort „Gemeinde" auch vorkommt; doch geändert haben sich die Strukturen (noch) nicht; die Schläuche sind die alten geblieben; man wagt es nicht, CHRISTUS die Türen zu öffnen. So bleibt ER „vor der Tür", und drinnen läuft das eintradierte Programm (!) Andere Kreise haben durch Gnade viel von der örtlichen Gemeinde des NT zurückgewinnen dürfen, gelobt sei der HERR! Die Gefahr bei ihnen besteht darin, sich mit ihrer Erkenntnis elitär wie Nikolaiten über ihre anderen regionalen Geschwister zu überheben. Hört auf damit! Stellt euch nicht über sie, sondern als ihre Diener unter sie – und tretet im Gebet für sie ein.

Was ist der „Gemeinde-Grund“, und was ihr „Fundament“

Paulus bezeichnete die Gläubigen in seinen Briefen als **die Heiligen des Ortes!** Sei es nun Korinth oder Rom oder Ephesus oder ein sonstiger Ort. Gehen wir nochmals zum gelegten Grund in 1.Korinther 3,10 + 11 zurück. Was ist ein Grund für ein solides Haus? „Ein gutes Fundament“, jawohl. Worauf ruht ein gutes Fundament? Auf Sand? Nein, auf Felsen, bzw. Steinblöcken. Die Schrift des NT erklärt uns die Bedeutung von Grund und Fels. Einige Gegenüberstellungen dazu: In Matthäus 16,18 ist JESUS CHRISTUS der Fels (die *petra*, das Felsengebirge); in Lukas 6,48 ist es dieser Felsen, auf dem die Grundmauer *(themelion)* ruht; in Epheser 2,20 sind die Apostel und Propheten des Neuen Bundes der Grundstein und auch das Fundament; in Hebräer 11,10 ist es die Stadt GOTTES, welche feste Grundlagen *(themelious)* hat; in Offenbarung 21,14 sind es die 12 Grundsteine *(themelioi)*, auf denen die Mauer ruht und steht. In 1.Kor.3 gibt Paulus zu verstehen, dass er als weiser Architekt den Grund (themelion) gelegt hat, und dass kein anderer daneben gelegt werden kann, und dieser Grund ist JESUS CHRISTUS. Menschen, die also in dieser Stadt noch zum Glauben kämen, können keinen neuen Grund mehr legen als der, welcher bereits gelegt war. D.h. sie könnten nicht nach eigenem Gusto eine „eigene“ Versammlung „starten“ mit möglicherweise „ihrem“ Prediger und „ihrem Programm!“ Nein, sie sind schon zum einen Leib am Ort hinzugetan; es gab und gibt keinen *zweiten!* Welch schauderhaftes Sakrileg begehen „Hirten und Schafe“, die das nicht beachten! Denn sie ignorieren den CHRISTUS am Ort.

Wenn Christen heute von GOTTES Bauwerk und Tempel reden und von CHRISTUS als dem Fels, Leib und Grund der Gemeinde, meinen sie meist „ihre eigene Denomination“ oder Organisation, oder den weltweiten Leib (der ja weit weg ist). Sie wurden und werden das so gelehrt, und das kann ihr Verstand einigermassen begreifen und einordnen. Ich kann nur sagen, dass ich von den Anfangstagen meines Glaubenslebens an grosse innere Nöte und Spannungen hatte mit der Zerrissenheit der Christen untereinander an ihren Wohnorten. Mein Herz schrie: *Wo ist die versöhnte Gemeinschaft der Heiligen, wo ist das umfassende Band des Friedens und die Liebe, das Band der Vollkommenheit?! Kann sich eine Familie leisten, so zerrissen zu leben, wie das Christenvolk? Wo war das EINSSEIN nach Joh.17, und wo die EINHEIT nach Eph.4?* Menschliche Argumente und Antworten als Rechtfertigung für die Uneinigkeiten klangen in meinen Ohren immer wie (Verzeihung) „dumme Entschuldigungen“ und konnten mich noch nie befriedigen oder überzeugen. Denn das NT zeichnet ein völlig anderes Bild, wie wir oben sehen und hat einen anderen Maßstab, als den gefallenen menschlichen.

Ja, man kann die Bibel auch ohne den bedingenden Geist gebrauchen, als Instrument des Verstandes für die „Schale“ des Buchstabens, ohne je in den „Inhalt“ des WORTES *(Logos)* und in ein „lebendiges“ Offenbarungswort *(rhema)* einzudringen! Dann wird alles nur rational aufeinander abgestimmt und in eine dispensationalistische oder eine andere bibelschulmäßige Lehrform gebracht, und was sonst noch dasteht und nicht in die Abstimmung hineinpasst (weil es nicht hineingeht), wird ignoriert. Auf diese \`Bibelsystematik\` folgen dann die bekannten Gefechte der Rechthabereien des Fleisches, weil es auf dieser Ebene *nie* Frieden gibt. Aber was wird denn da verteidigt? Etwa die Heilige Schrift? Nein, keinesfalls, sondern die eigene Bibelerkenntnis und ihr Ergebnis. Und die Folgen? Zunahmen von Spaltungen *(schismas)*. Wenn wir mit „Lehrmeinungen“ eigene Ansichten vertreten, sind wir „nur“ Häratiker; doch wenn wir damit eine gesunde und lebendige Gemeinschaft aufspalten, sind wir Schismatiker geworden, und diese sind vom Reichsgotteserbe ausgeschlossen gleichwie die Zauberer und die Götzendiener! (vgl.Gal.5,20.21). Meinen wir, GOTT läßt Sich spotten? NEIN, TUT ER NICHT!

GOTTES Bauwerk und GOTTES Tempel – „der seid ihr“ (1.Kor.3)

Ein großes Geheimnis, das nicht durch Krämerhände gehen kann, weil es Geist- und schriftgeschützt ist: „Die Gemeinde!“ Sie ist und besteht in: CHRISTUS der Fels; CHRISTUS der Grund; CHISTUS das Haupt; CHRISTUS der Leib! CHRISTUS alles und in allen! Der gelegte **Grund** ist die Einheit aller Heiligen eines Ortes durch den Geist der Einheit in diesen Heiligen. Der **Fels** ist das in allen Heiligen gemeinsame Auferstehungsleben JESU CHRISTI. Das **Haupt** ist die Befehlszentrale und Koordinationsstelle im Leib der Heiligen. Der **Leib** ist die in Einheit des Geistes organisch vereinigte somatische Wohnung des HERRN. Die Gemeinde des Neuen Testamentes ist und hat nur Bestand IN CHRISTUS, in völliger Abhängigkeit von Seinem Pleroma und Seinem Geist! Und DER CHRISTUS kommt nur in dieser Einheit leibhaftig zum Ausdruck.

O HERR, stelle uns wieder her!

(aus Psalm 80)

Du Hirte Israels, höre, der Du Joseph führst wie Schafe;
Der Du thronst über den Cherubim, leuchte hervor!
O GOTT, stelle uns wieder her, und laß Dein Angesicht leuchten,
so werden wir gerettet!
„O HERR, GOTT der Heerscharen,
wie lange raucht Dein Zorn beim Gebet Deines Volkes?
O GOTT der Heerscharen, kehre doch zurück!
Blicke vom Himmel herab und sieh,
Belebe uns, so wollen wir Deinen Namen anrufen!
O HERR, GOTT der Heerscharen, stelle uns wieder her!
Laß Dein Angesicht leuchten, so werden wir gerettet!
Amen

Das Werk der Wiederherstellung wurde niemals aufgegeben im Verlauf der Geschichte! Denn es war und ist SEINE Geschichte, eine Liebesgeschichte und Leidensgeschichte mit der Ekklesia! Die heutigen Entwicklungen hin zum Abfall sind verheissen und vorhergesagt, ebenso die Verheissungen der Erstlinge des Geistes und der Überwinder für den Aufbau des Hauses GOTTES inmitten aller Antiströmungen! Nein, die Gemeinde, und nur sie, wird nicht überwältigt werden, wohl aber erschüttert, damit das Unerschütterliche bleibe, und das ist DER CHRISTUS! Der in der Apokalypse genannte historische Zustand der Gemeinden von Ephesus bis hin nach Laodizea war: Das Verlassen der ersten Liebe; Vermischung mit der Welt; Götzendienst und geistliche Hurerei; Religion, Kult, Tradition; eine verchristlichte Welt und ein weltliches Christentum, genannt Lauheit. Eigenschaften, die spezifisch Gemeinden betrafen und auch allgemein partiell vorkamen. Diese in den Sendschreiben der Offenbarung angesprochenen Sünden und Fehlhaltungen sollten in fünf der sieben genannten Gemeinden überwunden werden.

Wir leben heute vor allem im Westen im Zustandsbild der Gemeinde von Laodizea, der letzten Gemeindeform vor dem Kommen des HERRN. Wir sehen auch die in großer Drangsal, Armut und Verfolgung leidende Gemeinde in der hinduistischen, islamischen, kommunistischen und buddhistischen Welt als „Zustand von Smyrna." Gesamt gesehen haben wir heute die Zustandsformen der letzten „vier" Gemeinden der Sendschreiben: *Thyatira* (die röm.-kath. Kirche); *Sardes* (das protestantische Staatskirchentum); *Philadelphia* (der bedrängte Überrest der Überwinder, die wie Smyrna verfolgt werden und die, die aus den Systemen austreten); *Laodizea* (das laue Christentum der Freikirchen u.a. Gruppen). Nur die Überwinder in *diesen heutigen* Zustandsformen bzw. Versammlungen werden den Bußruf hören und von dort herauskommen und damit das System der Denominationen Babylons verlassen; ihnen gilt der Ruf: **„Geht hinaus aus ihr, Mein Volk…!“** (offb.18,4). Dieser Überrest findet mit seiner kleinen Kraft eine „Offene Tür“ und findet sich durch das Anwenden des Kreuzes an den jeweiligen Wohnorten mit anderen Heiligen wieder zusammen für den Aufbau der Wohnung der Gemeinde. Den UN und EU-Gesetzen nach könnte das bald im „Untergrund“ geschehen, in den „Kellern“ der Häuser, weil die wahren Christen immer mehr isoliert und ausgegrenzt werden. Auch wenn ein Teil der lauen und unentschiedenen Christen in Babylon verbleiben und mit diesem System mitgerichtet werden wird (das wird das röm.-katholische System, der Staatsprotestantismus und ein Teil der freikirchlichen Gruppen sein), wird dennoch die „Stadt auf dem Berge“ eine kurze Zeit „das Zeugnis“ sein!

Rudolf Ebertshäuser schreibt: „Angesichts der Lage der Gemeinde Jesu Christi in dieser letzten Zeit wird die Entstehung wirklich biblisch gegründeter, von Kirchen und Freikirchen unabhängiger Gemeinden und Hausversammlungen zu einer dringlichen Notwendigkeit. *Die gebotene Absonderung von verkehrter, geistlich verdorbener Gemeinschaft macht die Entstehung und Stärkung biblisch gesunder Gemeinschaft umso wichtiger. (…) Wenn biblisch gesunde Gemeinschaft hier und da entstehen soll, dann kann dies nur durch ein Gnadenwirken des* Herrn *geschehen. (Damit meint er Buße und das Gebet um Leitung; -Anmkg.) Vielfach werden sich Gläubige, die den Schritt der Absonderung getan haben, in einem kleinen Kreis wieder finden,* ohne Pastor oder Prediger, *ohne die gewohnte Versorgung und ohne Möglichkeit, die eingespielten Gemeindeformen weiterführen zu können. Es ist entscheident, ob sie dies als Herausforderung annehmen können, ganz neu zu entdecken, was die Gemeinschaft der Gläubigen nach der Schrift bedeutet…“*

Und noch eine größere Ermutigung

Es steht geschrieben: **„Jauchzet dem HERRN, ihr Gerechten! Den Aufrichtigen ziemt Lobgesang; denn das Wort des HERRN ist wahrhaftig, und all Sein Tun ist Treue. Die Himmel sind durch das Wort des HERRN gemacht, und ihr ganzes Heer durch den Hauch Seines Mundes. Denn ER sprach, und es geschah; ER gebot, und es stand da! Der HERR macht den Ratschluss der Heiden zunichte, ER vereitelt die Gedanken der Völker. Der Ratschluß des HERRN bleibt ewig bestehen!“ (Aus Psalm 33) Amen.**

Der, welcher die Himmel und die Erde erschaffen hat; Der die Atome des Universums gemacht hat und zusammenhält samt allen Gravitationskräften, Sonnenmassen, Energien und Planeten; Der die Zahl der Sterne zählt und sie beim Namen ruft und ihre Bahnen lenkt; Der groß und reich ist an Weisheit und Macht und unermesslich an Verstand; Dessen Herrschaft eine ewige Herrschaft ist; gegen welchen alle, die auf Erden wohnen, wie nichts zu rechnen sind; Der mit dem Heer des Himmels und mit denen, die auf Erden wohnen verfährt, wie ER will; Der die Inseln hochhebt wie ein Stäubchen und die riesigen Berge mit der Waage wiegt, samt den Ozeanen in Seiner hohlen Hand; Der die Wassermassen des Roten Meeres zurückdrängte wie Kinder mit Rinnsalen spielen; Der die Generationen ruft und vergehen lässt und dabei Selbst unveränderlich Derselbe bleibt; Der die Sünde der ganzen Welt an Seinem Leibe auf das Holz getragen hat und hernach auferstanden ist!, Der Satan, Sünde, Tod und Welt besiegt hat; Der gesagt hat „SIEHE, ICH MACHE ALLES NEU!; Der auch Deine Haare auf deinem Haupte zählt und ohne Dessen Willen kein Sperling vom Dach fällt – DER, JA DER WIRD AUCH SEINE GEMEINDE BAUEN UND VOLLENDEN, UND DIE PFORTEN DES HADES WERDEN SIE NICHT ÜBERWÄLTIGEN! Ergebung! Ruhm! Dank und Anbetung sei IHM in Ewigkeit, Amen!

Zurück in die Gemeinschaft der Heiligen

Das, was wir bisher im NT über das ZIEL der Erlösung, die Ekklesia, gesehen und betastet haben zeigt uns, dass die Gemeinde schon vor Grundlegung der Welt das Ziel GOTTES war (und dementsprechend auch Seine Vorkenntnis unserer Erwählung vor der Zeit der Welt). Die Erlösung geschah auf die Gemeinde hin – für die herrliche Ökonomie und Verwaltung des Geheimnisses GOTTES (vgl. Eph.3,9; 1.Petr.2,4f). JESUS CHRISTUS will uns in der Gemeinde und durch sie zur Herrlichkeit bringen! Es ist soviel Leben, Friede, Freude und gegenseitige Auferbauung in der Liebe in der Gemeinde vorhanden, dass auch ihre Leiden versüsst werden und nicht ins Gewicht fallen (vgl. Röm.8.17.18; Phil.1,29 u.a.). Die Gemeinde war und ist immer im „Leiden und Ausharren“ an Herrlichkeit gewachsen, das ist das einstimmige Zeugnis der Apostel und Märtyrer bis heute! Der Materialismus des Westens hat das grüne Holz dürr werden lassen, aber auch wir werden mit Feuer gesalzen werden zu unserem Besten. **„Fürchte dich nicht vor dem, was du leiden wirst!“**, ist eine Verheißung aus Gnade, die Segen bringt, die uns nicht aufgibt! Wenn da kein Glied mehr ist, das isoliert leidet, sondern ein gemeinsames „Mittragen“ der Lasten im Leib pulsiert, wird das Leid „in viele Stücke“ aufgeteilt, und es bleibt nicht mehr viel „übrig.“ Ja, die Gemeinschaft der Heiligen lebt in der Liebes- und Leidensgemeinschaft, einer Atmosphäre, die Häupter erheben kann, während die Welt ihre sinken lässt.

Nicht Leidenstheologie, sondern Leidensbereitschaft für die Ekklesia

Es ist schrecklich, was die protestantische und katholische Staatskirche durch den erbarmungslosen Gebrauch der zivilen Macht den Wiedertäufern (Anapaptisten) im 16. Jahrhundert antaten; sie wurden scharenweise enthauptet, verbrannt, ertränkt, gefoltert und verfolgt! Huldrych Zwingli führte die Todesstrafe für gläubige Dissidenten ein und Kaiser Karl V. erließ Todesgesetze für Wiedertäufer! So produzierte leider auch die protestantische Kirche viele Märtyrer. Der stetige Kampf zwischen Fleisch und Geist begleitet die Ekklesia bis heute!

Jedem wird es aber von GOTT her zugemessen, auch denen, die wie Paulus „für“ die Gemeinde leiden (vgl.Kol.1,24; Eph.3,13). Petrus spricht von der Leidensgesinnung der Heiligen und von dem Feuer der Verfolgung, das zur Prüfung geschieht und uns keineswegs befremden soll! Im weiteren werden Leiden vom HERRN vorausgesagt (Matth.24,9 u.a.), und eine Haltung des Erduldens von uns erwartet (vgl.Matth.5+10). Diese protestlose Haltung kommt auch in Hebr.10,34 und Kap.11 zum Ausdruck oder in Jakobus 5,6. Der HERR JESUS antwortete dem Pilatus: **„Du hättest gar keine Macht über mich, wenn sie dir nicht von oben her gegeben wäre – wäre mein Reich von dieser Welt, so hätten meine Diener gekämpft…“** (Joh.18+19). Auch ER unterstellte Sich der Staatsgewalt, wie es nach IHM die Apostel taten (vgl.Röm.13,1-7; 1.Petr.2,13-17). In beiden Testamenten wird von den Geboten GOTTES ausgehend, das Prinzip der *Selbsthilfe* verworfen, aber das der Nächstenliebe gefordert. „Selbsthilfe“ muß verstanden werden im Sinne von *„hilf dir selbst und steig herab vom Kreuz“,* und bedeutet ein Verlassen des „Darunterbleibens“ in einer von GOTT verordneten oder zugelassenen Situation. Es bedeutet daher nicht, eine blutende Wunde nicht zu verbinden oder anderen Hilfe zu verweigern; denn das wäre ja gegen die Nächstenliebe. Es heißt, sich in einer gegebenen Notsituation voll und aktiv *für* den Nächsten, insbesonders für den Glaubensgenossen, einzusetzen! Aber wenn uns jemand den Kopf oder den Fuß abschlägt, müssen wir den „zweiten“ nicht auch noch hinhalten. GOTT wird uns helfen, mit Leid umzugehen. Ein Bruder sagte treffend: *„Wenn GOTT etwas zulässt, dann nur, damit wir Seinem Sohn ähnlicher werden!“*

Unter GOTTES Leitung stehen kann auch bedeuten, aus oder vor einer Situation zu entfliehen. Denken wir an den HERRN, wie ER Sich verbarg oder wegging, wenn sie IHN *vor* Seiner Stunde steinigen oder umbringen wollten. Zur Waffe und Selbstverteidigung jedenfalls greift der gläubige neugeborene Christ nicht mehr; er ist dieser Welt enthoben und unter einen höheren Willen gestellt. **„Da nun Simon Petrus ein Schwert hatte, zog er es…“** (Joh.18,10); da wurde es dramatisch, als der turbogeladene Simon Petrus mit seinem natürlichen Temperament in die Schlacht preschen wollte – JESUS musste ihn stoppen und den angerichteten Schaden sogleich heilen. Und ER sprach: **„Stecke dein Schwert an seinen Ort! Denn alle, die das Schwert nehmen, werden durch das Schwert umkommen!“** (Matt.26,52). **„…und laß die Toten ihre Toten begraben“**, sagte ER an anderer Stelle. Was meinte ER?

In „Adam“ war eine *alte* Menschheit, und in CHRISTUS ist eine *Neue* Menschheit! Der erste Mensch, Adam, ist Typos der ganzen gefallenen Menschenrasse und irdisch gesinnt; der zweite Mensch, CHRISTUS, ist HAUPT einer erlösten Menschenrasse, die himmlisch gesinnt ist. (vgl.1.Kor.15,45-49). Was haben nun die himmlisch Gesinnten mit der Gesinnung der Irdischen zu tun? Sollten wir mit irdischen Waffen kämpfen für „unsere oder eine irdische “ Sache? Nein, denn es steht geschrieben: **„ta gar hopla tes Strateias hemon ou sarkika“ = „denn die Waffen unseres Kriegsdienstes sind nicht fleischlich“** (2.Kor.10,4ff;- Eph.6,12ff). Kein anderes Gesetz regiert unser Glaubensleben und das des Geistes der Ekklesia, als das Gesetz des Geistes und des Lebens in CHRISTUS JESUS! (Röm.8,2). Wenn der CHRISTUS mit Seiner Gemeinde geoffenbart wird und in Herrlichkeit und großer Macht mit Seinen Engeln kommen wird, **dann** wird ER auf dem Thron Seiner MACHT sitzen und die Völker richten in Gerechtigkeit! (Matth.25,31.32; Psalme 9,9; 94-97). ER Selbst wird Sich dann mit dem Schwert Seines Mundes „umgürten“ und als GOTTESHELD siegreich einherfahren für die Sache der Wahrheit, der Sanftmut und der Gerechtigkeit und Sein Königreich festigen! (vgl.Ps.45+Jes.9,6), und die Gemeinde wird mit IHM sein. Laßt uns nicht in die Falle irdischer Machtverhältnisse tappen, sondern himmlische Dienste tun, die GOTT für uns vorbereitet hat!

Jetzt, da *ER* noch verborgen ist in Seiner Macht, geht Sein Volk dorthin, wo das *LAMM* hingeht (vgl.Offb.14,4; 12,11; 7,10). Johannes sah im Himmel sowohl die Thrones- als auch die Lammesherrlichkeit CHRISTI; und unser Weg zur Herrlichkeit führt über die Bereitschaft zur Umgestaltung in die Lammesnatur JESU (vgl.1.Petr. 2,21ff; 3,18; 4,1ff), und das ist der „*Weg des KREUZES*“, der in der charismatischen und westlichen Christenheit beinahe unbekannt und so verachtet ist. Man mag wohl Herrlichkeit, aber das Kreuz nicht. *„Durch die Leiden prägt der Meister Sein unauslöschlich Bildnis in uns ein"*, heisst eine Liedstrophe – bis wir alle spiegeln nur Sein Bild. Bedenkt, dass auch Paulus nirgends die Heiligen zur Opposition gegen Kaiser Nero aufgerufen hat; er gründete auch keine „Zelotenpartei" oder „christliche Partei" und dergleichen Unfug, weil die Ekklesia einer völlig anderen Ebene angehört. Die Apostel inszenierten auch keine Friedensmärsche oder Jesus-Märsche durch Athen oder Rom, und sie demonstrierten nicht gegen den Zentralismus des Kaiserreiches, für Freiheitsrechte oder Meinungsfreiheit. Sie waren „der Leib CHRISTI, der CHRISTUS am Ort, ohne reaktionären Widerstand.

Wahre Christen müssen sich nicht *politisch wehren* gegen Entdemokratisierung, gegen Einschränkung der Predigtfreiheit oder Gender-Mainstreaming, auch nicht einmal gegen den Europäischen Haftbefehl (EHB). Christen betreten eine andere Bühne, die des Gebetes, durch das sie herrschen! Wir haben nirgends, weder in den Danielischen Schriften noch in den Evangelien noch in den Briefen oder in der Offenbarung des Johannes eine Aufforderung, gegen die eingesetzte politische Obrigkeit mit politischen und gesellschaftlichen Mitteln zu votieren – **„Was haben wir die zu richten, die draussen sind?"**, fragt Paulus (vgl.1.Kor.5,12.13). Den Moloch da draussen wird GOTT richten; wir aber als Ekklesia haben eine völlig andere Ausrichtung und Aufgabe! Wir sollen zusammenkommen und in der Leibesgemeinschaft der Heiligen die Gegenwart und Kraft des HERRN erfahren, und Seine Befehle! Ich verrate euch ein Geheimnis: alle diese endzeitlichen Antiströmungen und Entwicklungen, ob Evolution, Ökumene, Humanismus, New-Age und Satanismus, Political- und Evangelikals-Correctness, Neomarxismus, EU-Despotismus, Gender-Mainstream, Antidiskriminierungsgesetze, Freimaurerei, Religionen, Weltpolitik, Weltwährung, One-World, Kriege, Crash und Seuchen etc. - sind souverän unter JESU Kontrolle, NICHTS entgleitet IHM! NICHTS! DEUS SEMPER MAJOR! GOTT IST IMMER GRÖßER; *IMMER! Nichts* überrascht IHN, auch wenn die Berge mitten ins Meer sinken – lest Psalm 46! Sehr aktuell! So werden diese oben genannten Dinge und noch mehr in Seiner Hand **nur einem Vorsatz dienen**, und wie heißt dieser? - **EKKLESIA!**

Wir sehen in der Schrift aber ein klares Widerstehen der Gläubigen dort, wo uns Vorschriften oder Forderungen aufgezwungen werden sollen, die mit den Geboten GOTTES und unserem Gewissen klar kollidieren – da müssen wir GOTT mehr gehorchen als den Menschen! (Siehe „New-Age und Toleranz"). Unser Gehorsam GOTT gegenüber ist also unsere „passive Opposition." Ein barmherziges Handeln mit Vetos (ohne lieblose Kritik und Drohungen) in mündlicher oder schriftlicher Form für die Unterdrückten, besonders unserer Glaubensgenossen, bei Regierungsvertretungen und dgl. ist hier eingeschlossen. Jedenfalls ist „unser Veto" : **„Betet für die Obrigkeit!",** aber „seid" nicht selbst politische Obrigkeit, denn diese ist „von *dieser* Welt". Wir aber sind in dieser Welt Fremdlinge und Wanderer ohne Bürgerrecht (vgl.1.Petr.2,11ff; Hebr.11,13), unsere Namen sind im Himmel registriert, wo unser wahres Bürgertum ist (vgl. Phil.3,20); darum sind wir nicht von dieser Welt und auch nicht *Bürger zweier Welten.*

Ergebung ist unser Widerstand

WEM ergeben und unterwerfen wir uns?, dem HERRN der Gemeinde! Die Ekklesia ist nicht von dieser Welt, sie ist Ein- und Anbruch des Gottesreiches in diese Welt. Sie betätigt sich nicht *auf* diesem gefallenen Weltparkett und *in* diesem satanischen Weltsystem. GOTT mag in Seiner Souveränität gewisse gläubige Menschen für gewisse Aufgaben im politischen Staatswesen berufen; doch wird dies als ein „Werk" nie mit der Gemeinde vermischt sein. So ein Dienst wird auch nicht verbindlich im *Dienste der Politik* stehen können; er wird keine Interessenverbände und Lobbisten hinter sich haben, denn er wird der Wahrheit (also nicht der Lüge) verpflichtet sein – und ebenso „unparteiisch!" Die EKKLESIA aber bleibt das Haus GOTTES, und die Tische der Krämer, Wechsler und `Political Correctness` haben dort keinen Standort! Die Gemeinde dient CHRISTUS, nicht irdischen Interessen.

Dietrich Bonhöffer war ein feiner, großartiger und entschiedener Gottesmann. Er war sehr bedrängt von den Greueltaten der Nazis und widerstand diesem Regime zuerst und zu Recht dort, wo es, wie er sagte *„das Gewissen des Volkes sein wollte."* Er wiegelte die Menschen in der Bekennenden Kirche nicht zur Revolution auf, sondern versuchte eine geistliche Linie durchzuhalten, ließ sich aber dann bewusst vom passiven in den aktiven Widerstand hineinziehen. Hier fand er dann Formulierungen, die sein Handeln rechtfertigen sollten, und obwohl sein Glaube beispielhaft ist, war sein Mitwirken in der militärischen Abwehr mit der Bejahung der Hitlerattentate nicht nur um des Gewissens wegen verkehrt und vergeblich. Denn Hitlers Teufelsregime musste bis zum totalen Bankrott und Ende existieren und „bestehen" bleiben, damit man nicht sagen konnte: „Weil der `Führer` durch ein Attentat starb, verlor Deutschland den Krieg." GOTT ließ den ganzen grauenhaften Spuk durch die Siegermächte in Staub und Asche zerfallen! Bonhöffer und andere Männer des Widerstandes wollten dem zuvorkommen und merkten nicht, wie sie dabei GOTTES Gebote übertraten. Ich erwähne das um zu zeigen, dass nicht *wir* die Geschicke und die Geschichte lenken!

Es steht geschrieben: **„Wenn wir erdulden, so werden wir mitherrschen; wenn wir verleugnen, so wird Er uns auch verleugnen; Und alle, die gottesfürchtig leben wollen in Christus Jesus, werden Verfolgung erleiden." (2.Tim.2,12; 3,12). „Geliebte, lasst euch durch die unter euch entstandene Feuerprobe nicht befremden, als widerführe euch etwas Fremdartiges"** (1.Petr.4,12; vgl. 4,1; 1,6; 3,13). Die Apostel Paulus und Petrus, leidenserprobte Männer GOTTES, ermutigen die Gemeinden in den Leiden: *„...nur eine kurze Zeit; ...lasst es euch nicht befremden; ...wappnet euch mit derselben Gesinnung wie CHRISTUS; ...dass wir durch viele Bedrängnisse in das Reich GOTTES eingehen müssen."* Aber dazu steht auch im NT 366 Mal „Fürchtet euch nicht!" Das reicht für jeden Tag! Es wird dem antichristlichen System gewährt werden, die Heiligen (insbesonders die gläubigen Israeliten – Matth.24) eine *kurze*, begrenzte Zeit lang zu verfolgen und zu überwinden. Das belegen folgende Stellen: Daniel 7,21.25; Offb.12,17; 13,6.7.10; 16,6; 17,6. Hier sind sowohl die Märtyrer der Trübsalszeit angesprochen wie die Christen allgemein, die das antichristliche System und Zeichen ablehnen, wie die ersten Christen in Rom die Kaiserverehrung ablehnten. Theologien über Entrückung vor oder nach der Trübsalszeit sind hier gegenstandslos, denn die Gemeinde *wird* hier als Zeugnis in ihre Leidenstaufe geführt werden, und nur GOTT allein weiß, wielange diese „Berührung" dauert.

Als nüchterne Christen dürfen wir uns nicht der pseudocharismatischen Täuschung hingeben, dass der Sieg CHRISTI schon VOR Seinem Zweiten Kommen über alle Weltsysteme offenbar werde – auch *dieses* gegenwärtige System des Antichristus soll und wird ausreifen bis zum endgültigen Bankrott und bis zur Vernichtung durch den Hauch des HERRN! Erst DANN wird auch der Dümmste erkennen, WER wirklich HERR der Welt ist!! Also wir müssen und dürfen nicht wie Bonhöffer in einen politischen Widerstand gehen (Politik ist eine Hure, wir gehören zur Braut), sondern unsere „Ergebung an den HERRN und Sein Wort ist unser Widerstand!" ER wird „in tacho" in Schnelligkeit kommen und das Weltgebilde mit den vereinten Tiercharaktern von den Füssen an zerschmettern – **„...und sie wurden wie Spreu auf den Sommertennen, und der Wind verwehte sie, so dass keine Spur mehr von ihnen zu finden war."** (Daniel 2,35; vgl.2,44). Welcher *Widerstand* könnte das vollbringen?

„Ich schaute, bis Throne aufgestellt wurden und ein Hochbetagter sich setzte. Sein Gewand war schneeweiß, und das Haar seines Hauptes

wie reine Wolle; sein Thron waren Feuerflammen und dessen Räder ein brennendes Feuer!" (Daniel 7,9). Diese große Vision Daniels stimmt überein mit denen von Jesaja (1), Hesekiel (1) und Johannes (Offb.1,14+20,11). Das furchtbare Räderwerk dieses Gerichts-Thrones wird zur festgesetzten Stunde in die Weltgeschichte eingreifen, und „Throne" (Mehrzahl) werden auch im NT in Offenbarung 4,4 + 20,4 und Matthäus 19,28 erwähnt. Diese Throne sind einmal mit den Zwölf Aposteln des Lammes besetzt und einmal mit 24 Ältesten. (Zudem steht in 1.Kor.6,2+3, dass die Heiligen – Paulus spricht hier in der „Wir-Form" – die Welt und Engel richten werden).

Für uns Christen im letzten Abschnitt der bisherigen Weltgeschichte heißt es nüchtern zu sein und zu „wachen mit Gebet!" JESUS sagte voraus, dass ein jeder mit Feuer gesalzen wird. Die „kurzen" Drangsale werden das wahre Gold in uns von den Schlacken reinigen und das Bild JESU klarer erstrahlen lassen. **„Und fürchtet euch nicht vor denen, die den Leib töten, die Seele aber nicht zu töten vermögen; fürchtet vielmehr DEN, der Seele und Leib verderben kann in der Hölle!"** (Matth.10,28). **„Bei euch aber sind selbst die Haare des Hauptes alle gezählt. Darum fürchtet euch nicht! Denn ihr seid mehr wert als viele Sperlinge."** (V.30). **„Und siehe, ICH bin bei euch alle Tage bis an das Ende der Weltzeit! Amen."** (28,20). Liebe Geschwister, seid ermutigt; wir können getrost schwach sein, aber wir werden gestärkt im Glauben in der Macht Seiner Stärke! Seine Kraft ist in den Schwachen mächtig, in denen, die von IHM abhängig sind, die nicht in eigener Stärke agieren. Christen der Ekklesia zetteln keine Aufstände gegen die Obrigkeit an und stiften keine Unruhe – wir sind in keinster Weise zu vergleichen mit irgendeiner Art des politischen oder religiösen Extremismus. Biblische Christen sind Boten des Friedens und beschuht mit der Guten Nachricht des Friedens, **„denn wir kämpfen nicht gegen Fleisch und Blut, sondern gegen die „Weltbeherrscher der Finsternis dieser Weltzeit"** (vgl.Eph.6,12ff; Römer 10,15; Nahum 2,1). **„Glückselig – makarioi – sind die Friedensstifter, denn sie werden Söhne GOTTES heißen!"** (Matth.5,9).

„Unser" geistlicher Kampf ist mächtiger, besser und effizienter als jener der Feinde des Evangeliums und der Wahrheit! Mahatma Gandhi führte den großen, geistigen, gewaltlosen Widerstand gegen die Briten für die Unabhängigkeit Indiens. JESUS CHRISTUS führte keinen solchen gegen die Römer in Israel. (Das nur zum Unterschied). Gandhi verfügte über enorme Willenskraft und geistig-humane Motivation. Unser Kampf aber ist nicht geistiger, sondern „*geistlicher* Natur" (vgl. Epheser 6,12ff!). Daher kommt für uns auch kein „Dienst mit der Waffe" mehr in Frage, aus Gehorsam zum HERRN, der sagte: **„Denn alle, die zum**

Schwert greifen, werden durch das Schwert umkommen.“ (Matth.26,52). Wir sind nicht Bürger zweier Welten, unser Bürgerrecht ist in den **Himmeln**, in den **schamajim**! (vgl.Phil.3,20). Nochmals: Irdische Waffen irgendwelcher Art – ideologisch, politisch, militärisch – sind für unseren geistlichen Widerstand nicht qualifiziert und tauglich. CHRISTUS hatte den Verteidigungsangriff Seiner Apostel bei Seiner Verhaftung gestoppt; ER verzichtete auf eine Verteidigungsrede vor dem Tribunal des römischen Prokurators, und als ER geschmäht wurde und litt, schmähte und drohte ER nicht wieder, **„sondern übergab es DEM, der gerecht richtet:“** (1.Ptr.2,23). Eine andere Verteidigungsstrategie kommt für IHN und für uns nicht in Frage! **„Denn was haben Gerechtigkeit und Gesetzlosigkeit miteinander zu schaffen? Und was hat das LICHT für Gemeinschaft mit der Finsternis? Wie stimmt CHRISTUS mit Belial (Satan) überein?“** (2.Kor.6,14b; 15a).

Ich möchte an dieser Stelle ein Wort platzieren über jene „Helden“, die als bibelgläubige Christen den Hitler-*Eid* mitschworen und auf den Schlachtfeldern „eiserne Verdienstkreuze“ als Auszeichnungen sammelten und sich an die Brust heften ließen von Menschen, die dem Teufel dienten. Nicht dass ich diese Christen verurteile, nur meine ich, ihr Heldentum hätten sie beweisen können, indem sie ihre Feigheit überwunden und aus den Reihen der getreuen Nationalsozialisten herausgetreten wären! Ihr „Nein“ zum „Eid“ hätte sie als Helden gekennzeichnet. Als Hitler, der Dämonenmensch, die europäische Judenvernichtung beschloss, trafen sich eine Auswahl seiner Todeselite, um den Holocaust zu „besprechen“. Dort, in jenem Saal saßen sie, diese von Satans Geist besessenen und mit Uniformen übertünchten Skelette; sie realisierten nicht, dass sie aus ihrer eigenen Gruft heraus redeten und der brennende Schlund unter ihnen schon gierig auf sie wartete – aber auf ihren schwarzen und braunen Jacken blinkten Haken- und eiserne Kreuze. Möchte jemand einen „Verdienstorden“ dieses Regimes zur „Ehre und Erinnerung“ tragen? Zur Zeit des „Dritten Reiches“ war ich noch nicht geboren, aber die SS-Auszeichnungen meines Vaters habe ich mit Einverständnis meiner Mutter vernichtet! Auszeichnungen anderer Art aus meiner UNO-Soldatenzeit auf dem Golan habe ich schon als Unbekehrter gerne verschenkt; ich konnte in diese Klunker keinerlei Wert hineininterpretieren. Und Christen haben mit dem installierten Weltsystem nur noch „notwendige“ Berührung, jedoch in keiner Weise Liierung mehr.

Zurück zur Ekklesia. Erkennungszeichen für die *Identität der Glieder der Ekklesia* sollten bedacht werden, ebenso Vereinbarungen über sichere Treffpunkte, wenn Verfolgung einsetzt. In den Trübsalen fallen Etiketten ab, Christen lernen dann zusammenzustehen. Pfarrer Richard Wurmbrand war viele Jahre in kommunistischen Gefängnissen, und er rät der Gemeinde, sich auf Leiden vorzubereiten! Von dieser „Wappnung bzw. Bewaffnung" spricht auch der Apostel Petrus in 1.Petr. 4. Ein „fremdes Leiden" anzunehmen, sich schlagen und alles rauben zu lassen, damit sollte man sich schon vorher gedanklich auseinandersetzen. Leiden, Trost und Überwindung finden wir besonders in Hebr.11; 2.Korinther und 1.Petrusbrief. (Das Missionswerk Open *Doors* gibt in Ländern der Verfolgung Seminare über Verhalten im Leiden; wir können sie gut gebrauchen).

„...damit die Welt erkenne!" – *Johannes 17*

CHRISTUS hat gebetet für Heiligung und Herrlichkeit in der Ekklesia, Seinem Wohn-HAUS, das aus lebendigen Steien auferbaut wird. **„Und Ich heilige mich selbst für sie,...und Ich habe die Herrlichkeit, die du mir gegeben hast, ihnen gegeben, auf dass sie eins seien, gleichwie wir eins sind, ich in ihnen und Du in mir, damit sie zur vollen Einheit gelangen, und damit die Welt erkenne, dass Du mich gesandt hast und sie liebst, gleichwie Du mich liebst."**

ER sagt, dass Seine Herrlichkeit für das innere *Einssein* und die äussere *Einheit* gegeben worden ist und gegeben wird. Das NT redet an keiner Stelle von „alle Menschen werden Brüder"; sondern „alle bekehrten und wiedergeborenen Menschen werden Brüder und Schwestern" – in CHRISTUS. Im Matthäusevangelium Kapitel 23 spricht JESUS über die Kennzeichen der Schriftgelehrten und Pharisäer, die ER nicht als „Brüder" bezeichnet, sondern mit Weherufen konfrontiert. Dieses „Wehe euch, Heuchler!", spricht ER auch über ökumenische Theologen aus. (Über Ökumene haben wir gesprochen). Denn die Ekklesia ist die Herausgerufene, Abgesonderte und Geheiligte *aus* dem Volksganzen, während die Ökumene *in* der Welt und *von* der Welt ist. Die Gemeinde ist geheiligt durch Wahrheit, während die Ökumene in relativer Toleranz lebt. Der HERR sprach: **„Ich bitte für sie (die Gemeinde), nicht für die Welt bitte ich."** ER bittet für die *Geheiligten* Erlösten, die sich durch das Wort GOTTES heiligen und leiten lassen. Jenen, die vielleicht einmal eine Bekehrung erlebt haben, aber der Heiligung nicht nachjagen und sich irgendwo im ökumenischen oder freikichlich-charsimatischen Spektrum befinden, gilt dieses Gebet hier in Joh.17 nicht, denn hier geht es um „EINHEIT IN DER EKKLESIA!" **„...damit die Welt erkenne...",** darum darf und kann die Gemeinde nicht Weltgepräge haben, sie muß ein heiliges Gegenbild zur Welt sein, nur so ist sie „der Leuchter und das Zeugnis" in der Welt!

Das zu beachten ist ein gewichtiger Faktor auch im Hinblick auf die Evangelisation und ihre Methoden. Das Weltsystem kann man nicht mit Weltmethoden evangelisieren, als wollte man den Satan mit dem Teufel austreiben – das ist Zeit- und Kraftverschwendung. **„…auf dass die Welt erkenne…"** ist ein Erkennen der Herrlichkeit und Andersartigkeit in der Ekklesia! Das griech. Wort für „erkennen" ist *ginosken*; es umfasst in Joh.17 sowohl den Glauben der Gläubigen und darüber hinaus eine „erzwungene" Überzeugung der Ungläubigen. D.h. sie erkennen an der sichtbaren Einheit der Gemeinde und ihrem inneren *EINS-SEIN* in der Liebe das himmlische Christuswesen und vermögen das nicht zu leugnen! *„…auf dass die Welt glaube und erkenne…"* Der HERR WILL Seine Herrlichkeit mit Seiner Gemeinde teilen; jedes Glied soll Herrlichkeit schmecken und geniessen. Und zusammengehalten durch das Band der unüberwindlichen Liebe, der AGAPE, *muss* die eines „dinglichen" Glaubens beseelte Welt den sichtbaren Leibesorganismus der Ekklesia mit physischen Augen sehen und das Geheimnis erkennen, dass GOTT Seinen Sohn auf diese Erde gesandt hat! Und diese gelebte Einheit in der örtlichen Gemeinde wird viele zum Glauben an CHRISTUS bringen, Amen!

Die Leibesgemeinde „aus vielen Gliedern" am Bild des „Leibes"

Wir müssen die Kerzenlichter der zertrennten Versammlungen innerhalb unseres Wohnortes aufgeben zugunsten der „Sonne" der Leibesgemeinschaft! Die Gemeinde des NT ist die Komposition (das Orchester) der Gläubigen des Ortes. Kein Orchester kann GOTTES Melodie und Neues Lied spielen ohne „Einheit". Die Wiener Philharmoniker können das Violinkonzert in D-Dur von Joh. Brahms nur in vereinter Besetzung spielen. Stellen wir uns vor, ein Teil der Musiker verwendet andere Noten, einige andere spielen separat ein Quartett in einem Privathaus, während noch andere Gruppen sich bei den Proben unter einem „anderen, eigenen" Dirigenten versammeln. Wird nun ein solches „Orchester" der Welt das hervorragende Werk von Brahms vorführen können? Nein, nicht einmal wenn es wollte. Wird sich nun der HERR an einem solchen Orchester von Gläubigen erfreuen? Wie können wir zu dieser Annahme kommen? Eine zertrennte „Gemeinde" kann nie die Aufmerksamkeit der Welt erregen, höchstens in negativer Weise über eine derartige Uneinigkeit. In der Apostelgeschichte sehen wir einen anderen Tatbestand; dort waren *erstens* die Gläubigen „ein Herz und eine Seele" (4,32), ob in großen Versammlungsräumen oder in den Häusern (5,42); *zweitens* lobten sie GOTT und hatten *Gunst* beim ganzen Volk, und der HERR tat hinzu (2,47); *drittens* leuchtete die Ekklesia in ihrer Autorität, und von den übrigen Bürgern Jerusalems wagte keiner, sich ihnen anzuschließen, doch das Volk rühmte sie. Denn es sah das Wirken GOTTES in ihr, nicht „Weltgepräge! (5,12.13).

GOTT offenbart im NT den Entwurf der Ekklesia, dass sie in einer organisch vereinten Leibesgemeinschaft leben soll – alle Glieder brauchen und bedürfen einander. Da gibt es natürlich auch die verborgenen, inneren Organe – (die Opfer im AT zeigen uns, wie bedeutsam und wichtig für GOTT die verborgenen Teile sind). Alle wesensmäßigen Teile des Menschen sind innerer Natur; GOTT prüft Herzen und Nieren, ER checkt den inneren Menschen, das geistliche Leben. Wir können IHN nicht mit äußeren Dingen täuschen oder imponieren. Da der (menschliche) Leib ein geschlossener Organismus ist, bedarf es des Zusammenwirkens aller Glieder, und scheidet eines aus, wird die Funktionsfähigkeit des Leibes beeinträchtigt. Also meine 26 Zähne können nicht für sich alleine funktionieren, und hätte ich ein künstliches Gebiss, könnte das nur klappern. Meine Augen können nicht ohne das komplizierte Gehirn funktionieren, mein Herz nicht ohne Bioenergie im Herzmuskel, mein Blut nicht ohne Nieren, meine Hand nicht ohne Arm usw. Diese Organe sind „Handreichungen" meines Leibes. Der Leib besteht nicht ohne sie und sie nicht ohne den Leib – alle Glieder zusammen bilden erst den Leib. Leib und Glieder bedingen einander, sie existieren nicht unabhängig voneinander; sie sind durch die LIEBE JESU miteinander verbunden, denn ohne diese Liebe gibt's keine Einigkeit und Einheit!

Zwar könnte man eine Hand amputieren und in Spiritus legen zur Anschauung für medizinische Vorlesungen, aber „leibtauglich" wäre dieses „getrennte" Glied in diesem Zustand leider nicht. Geschrieben steht: **„Nun aber gibt es zwar viele Glieder, doch nur einen Leib. Und das Auge kann nicht zur Hand sagen: Ich brauche dich nicht!"** (1.Kor.12,20ff.). So wie mein Finger oder mein Fuß alleine für sich niemals der Ausdruck meiner *ganzen* Person ist ohne die anderen Glieder des Körpers, so kann „der CHRISTUS" nicht den ganzen Leibesausdruck haben, wenn Glieder am Leib fehlen. Ein verkrüppelter Ausdruck ja, aber niemals das, was GOTTES Vorsatz ist: **„…damit ER sie Sich Selbst darstelle als eine Gemeinde, die herrlich sei, so daß sie weder Flecken noch Runzeln noch etwas ähnliches habe, sondern dass sie heilig und tadellos sei."** (Eph.5,32). Im Kontextumfeld wird deutlich, das dieses Wort in die „Verhaltensweisen" der Gemeindeglieder „auf Erden" eingebunden ist, dass also dieser „herrliche" Zustand nicht der „verherrlichte" in der Ewigkeit ist, wie schon die Wolke der Herrlichkeit im AT auf der Stiftshütte auf Erden verweilte, voran- und mitwandelte.

Ein einzelnes Glied ist nie vollständig in sich selbst, es *bedarf* existenziell aller übrigen Glieder, nicht wahr? Daher *kann* kein Glied behaupten: Das oder jenes Glied brauche ich nicht. Kein Glied meines Leibes wird so dumm sein und sich alleine für etwas Besonderes halten. Nur in der Gesamtheit aller Glieder des Leibes kommt jedes einzelne Glied in „besondere" Funktion. Auch kann kein Glied sich aussuchen, wie und wo es placiert wird und dienen will, denn: **„Nun aber hat GOTT die Glieder bestimmt, jedes einzelne von ihnen am Leib, wie ER wollte."** (V.18). Der Grund dafür, dass man sich heute so willkürlich seine Gliedschaft „aussucht" und die Setzungen des HEILIGEN GEISTES ignoriert, liegt im gebrochenen Verhältnis zum Leibesdenken der Gläubigen und zum KREUZ. Laßt uns dringend wieder um das neutestamentliche Leibesdenken- und Verständnis bitten! Der Leib CHRISTI auf Erden kennt nur die KOINONIA, die gemeinschaftliche Teilhabe am Weinstock CHRISTI JESU; im Weinstock ist das gesamte Leben aller Glieder, und so kommt ER als wahrer Leib zum Ausdruck!

Das ist der unbedingte äußere und sichtbare Ausdruck; der innere umfasst alle Heiligen aller Zeitalter von Abel an bis zum letzten Heiligen dieses gegenwärtigen Zeitalters. **„Da wir nun eine solche Wolke von Zeugen um uns haben…"** (Hebr.12,1). **„…damit sie nicht ohne uns verherrlicht weden sollten"** (11,40). Alle diese, zusammen mit den Zeugen des NT, bilden den universalen Leib CHRISTI. Es ist insgesamt EINE GROßE FESTVERSAMMLUNG, die Gemeinde der Erstgeborenen, die in den Himmeln angeschrieben sind! (12,18-23). Dieses Himmlische Jerusalem (nicht das irdische) ist „DIE GEMEINDE, DER CHRISTUS!"

Die Leibesglieder sind direkt an das Haupt angeschlossen, nicht an einen „Papst oder einen gemeindlichen Dienst" von Eph.4,11. Wir sind nicht „angewachsen" am Haupt (im Sinne einer Adoption), sondern wir sind „Seine Kinder von Geburts wegen" und sollen „zu IHM hinwachsen und heranwachsen" zu mündigen „Söhnen!" (Töchter eingeschlossen!). Und durch das Haupt CHRISTI werden alle versorgt (vgl. Eph.4,15+Kol.2,19). In der Gemeinde existiert keine Verfügungsgewalt über die Glieder (2.Kor.1,24). Es sollte jedem Leser dieser Buches aufgefallen sein, dass es nicht in irgendeine Konfession und Glaubensrichtung hinzielt; der HEILIGE GEIST ist nicht gewillt, Sich in eine der christlichen Bekenntnisse oder Bewegungen auszugiessen – ER will den LEIB! Alle anderen Schläuche sind IHM zu eng! In der Gemeinde gibt es keine Tischchen mit Namensschildern der „eigenen Konfession"; diesen unbiblischen Blätterwald wird der HERR wirksam entfernen! Und dazu kann IHM alles dienen – ER verfügt über unbegrenzte Ressourcen und Möglichkeiten; ER kann Katastrophen, Verfolgung und Erweckung für Sein Ziel benutzen, und ER WIRD zu Seinem Ziel kommen! Amen. Es steht geschrieben: **„Die Stimme des HERRN ist stark! Die Simme des HERRN ist herrlich! Die Stimme des HERRN erschüttert die Wüste, sprüht Feuerflammen und entblättert die Laubwälder!"** (Aus Psalm 29).

Wenn doch die Gläubigen die Notwendigkeit der Dienste erkennen könnten, wäre viel erreicht! Dies ist ein vorrangiges Gebetsanliegen. Da es im Blick auf die Charsimata und Dienstgaben des NT fast so viele Lehren und Meinungen gibt, wie Sektoren im christlichen Umfeld, kann nur „die Gemeinde" die Antwort auf all diese Widersprüche sein!

Das bedeutet: in der Komposition des Leibes ist die volle Wirksamkeit, Vollmacht und Legitimation aller Gaben füreinander abgestimmt, und das ist CHRISTUS alles und in allen. Von *IHM* muss alles ausgehen: sowohl die „Dienste", dann die „Gelenke (oder Bänder) der Darreichung", welche wie Sehnen die Glieder verbinden und zusammenhalten (auch einmal eine Sehnenzerrung aushalten), und die Glieder nach dem Maß ihrer Wirksamkeit. (vgl. Eph.4,11-16; Kol.2,19). Wenn das durch den Geist koordiniert ist, kommt ein gewaltiger Impuls in die Welt! Sie ist gezwungen, etwas Heiliges wahrzunehmen, das nicht *von* der Welt ist. Das Problem, das die Korinther hinsichtlich der Anwendung der Gnadengaben hatten, war ihr geistliches Kindesstadium. Paulus bezeichnete sie als *„nepios"*, (= unmündige Kleinkinder), und Kinder strampeln und zappeln. Sie konnten durch die Erfahrung von Kraftwirkungen und Geistesgaben ihre Natur *im Fleisch* nicht überwinden, obwohl sie eine Neue Natur empfangen hatten. Paulus musste bei ihnen durch die Liebe und Langmut des langen Atems JESU CHRISTI viel Sünde und Indifferenz aufdecken, aber durch die wunderbare Gnade unseres GOTTES veränderten sich die Verhältnisse drastisch zum Guten! Und die Heiligen in Korinth wuchsen aus dem Säuglingsstadium heraus und in ihre Sohnschaft hinein! Im Kraftfeld der Liebe des HEILIGEN GEISTES erkannten sie den wahren Wert ihrer geistlichen Be-*Gabungen* und verstanden diese auch *„dia tou pneumatos"* anzuwenden in der Erkenntnis, dass *JEDER* Dienst und *JEDE* Gabe nur **„en agape", in der Liebe** Wirksamkeit haben kann (vgl. 1.Kor.16,14+Kap.13)!

Das Niveau an Lehre und Gabenanwendung darf das Niveau der alles überragenden LIEBE nie übersteigen, denn die Gnadengaben selbst sind nicht das HEIL. Paulus lässt auch keinen Zweifel offen über das Verhältnis der Gaben zueinander. In Römer 12 und 1.Korinther 12+14 stellt er die Ordnungen und Anwendungen der *pneumatika* (= geistliche Gaben) unter die pneumatische Fülle und Leitung, d.h. unter die Autorität des HEILIGEN GEISTES. Und jeder empfängt die Offenbarung des Geistes zum Besten des Ganzen – zur Auferbauung der Ekklesia des HERRN.

„…der aus seinem Schatz Neues und Altes hervorbringt“ (Matth.13,52)

Es gab und gibt Männer GOTTES, die hervorragende Arbeit tun durften im Blick auf das Verständnis der Geistesgaben des NT. Die Folgen der Heilserfahrung, verstanden als Erfüllungen mit dem Geist, und die Gaben des Geistes (abgesehen von den pfingstcharismatischen Verirrungen) sind wieder ausgegraben worden. (Lehrmäßige Abweichungen haben wir oben unter „Pb“ behandelt). Das Leidvolle in solchen Aufbruchsbewegungen ist immer das Dogmatisieren von „Gaben des GEISTES“ hin in die eigene Richtung gewesen. Doch alles, was GOTT an biblischen Wirklichkeiten Seiner Gemeinde wiedergibt, gibt ER nicht für „Sektoren“ des Leibes, sondern für den „LEIB!“ Pneumatika sind nicht dafür gegeben, dass sich einzelne oder Gruppen von Gläubigen damit absondern – für ihr eigenes Puppenstubentheater. Ihr lieben Geschwister aus den Pfingstkreisen, die ihr eure Nüchternheit bewahrt habt, liebt nicht nur „eure Kreise“, liebt auch die Geschwister, die nicht „euer“ Lehrverständnis haben; und ihr wisst ja, was ihr hier selbst zu korrigieren habt! Ihr seid in keiner Weise besser oder schlechter als sie. Legt eure Pfingstbezeichnungen ab und kommt auf die apostolische Linie und Ebene der Apostel und Propheten des NT! Überwindet eure Denominationen und ergänzt den LEIB CHRISTI mit eurem Gewinn an > echten < Gaben! Das ist der Wille des HERRN. „Die Gemeinde“ schliesst alle Gaben ein; in ihr ist die ganze pneumatische Fülle (pleroma) vorhanden! Vorrangig aber schliesst sie alle Schwestern und Brüder ein, **„denn alles ist euer, ihr aber seid des CHRISTUS!“ CHRISTUS aber ist EINER und alles in allen!** Das bedeutet für die Gemeinde, sie darf nie sektiererische Züge annehmen, indem sie alle Gläubigen, die sich (noch) nicht mit ihr versammeln als „Babylon“ bezeichnet und sie nicht im Leib CHRISTI sieht. Diese Sicht ist nicht GOTTES Sicht. Die Gemeinde muß auch die anderen Glaubensgeschwister ebenbürtig anerkennen, die vielleicht lehrmäßig eine andere Sicht vom Leib der Gemeinde haben.

Im Geist finden auch die spaltenden Taufverständnisse ihre Antwort: Untertauchen?- Ja. Wen? „Die Glaubenden“. Wozu? „In den Tod JESU.“ Wohinzu? „Zum Leib CHRISTI.“ Alles OK. Und die Geisterfüllung? – Als JESUS aus dem Wasser des Jordan heraufstieg, öffnete sich der Himmel und der GEIST kam in Gestalt einer Taube auf IHN herab, **„und blieb auf IHM."** Das ist das *Zeugnis* Seiner Gottessohnschaft und war zugleich die Kraftausrüstung für Seinen bevorstehenden Dienst, der mit der Versuchung Satans in der Wüste begann. Denn ER musste dort auch als **der Menschensohn** „voll des Geistes" dem Satan widerstehen und ihn besiegen, um danach in der „Kraft des Geistes" aus der Wüste herauszukommen und nach Galiläa zurückzukehren. Mit dem Geist „getauft zu werden" hatte der Gottessohn nicht nötig, denn ER war ja dem inneren Wesen nach GOTT und somit als „Mensch" bereits im „Zustand der Wiedergeburt." Als der HEILIGE GEIST zu Pfingsten ausgegossen wurde, machten die Gläubigen zwei Erfahrungen: Sie wurden A) mit Kraft angetan bzw. erfüllt (vgl. Apg.1,5.8); und B) zum Leib hinzugetauft (vgl.1.Kor.12,13). Zu welchem Leib? Zum örtlichen in Jerusalem und zum universalen aller Zeitalter. (Absurd wäre hier der Gedanke, dass sie zu einer `Denomination` getauft wurden).

Die Gemeinde in Jerusalem ist wie die Gemeinde in Korinth oder Antochien oder anderwo bis heute (!) durch diesen „Ausgegossenen Geist GOTTES" auf drei neutestamentliche Wahrheiten gestellt: 1) Auf das gemeinsame Bekenntnis; 2) Auf den gemeinsamen Grund der Apostel und Propheten; 3) Auf den gemeinsamen Grund des Ortes. Und alle drei sind in einer Person manifestiert – CHRISTUS! So war die Praxis der Apostel diese, dass sie Neubekehrte im Wasser auf den Tod und die Auferstehung JESU tauften und ihnen dabei die Hände auflegten, um die „Heilserfahrung" zu erleben und dem Leib CHRISTI angeschlossen zu werden. Es gab in der APG nach dieser ersten Heilserfahrung viele weitere Erfahrungen, sprich Erfüllungen mit dem Geist, und die Apostel des HERRN blieben nicht in einem Lehrdogma, sondern waren in der Bewegung des HEILIGEN GEISTES. Aber die „Taufe mit Geist und Feuer" (Matth.3; Luk.3), ist seit der Ausgießung zu Pfingsten ein für allemal als universales Geschehen auf dem Leib der Gemeinde. Und die Wassertaufe ist einfach die „Einverleibung" in das Geheimnis der Ekklesia, und sie dient nur für diese. Alles an Sonderinteressen ist hier ausgeschlossen! Nochmals: Alle Gaben und Erfahrungen des Geistes GOTTES sind auf den Leib hin gerichtet und verordnet. „Erfüllungen" (Eph.5,18), die wir erleben dürfen, sollen dazu dienen, den Leibescharakter der Gemeinde zu verstehen und uns mit Kraft zum Dienen auszurüsten.

Was göttliche Erfüllung mit dem Geist noch bewirkt: Es wirkt auch wie ein verzehrendes Feuer und offenbart unseren Stolz und Eigensinn, unsere Überheblichkeit und Boshaftigkeit des Herzens. Es reinigt unsere verborgenen Tiefen; es läutert und erhellt! DANK sei GOTT! Es ist ungefähr das Gegenteil von dem, was heute `Feuer des Geistes` genannt wird. Wenn wir GOTT, dem HERRN, wirklich begegnen, erkennen wir, WER ER IST, und wer wir sind; und wir erkennen auch unsere Bestimmung. Erfüllungen als Erfahrungen mit dem Geiste GOTTES bringen uns in die Gegenwart des HEILIGEN! Vielleicht gewährt der HERR der LaodizeaGemeinde noch einmal so eine Erfahrung – beten und bitten und flehen wir um diese Augensalbe, damit wir genesen! Denn es ist kein Ausdruck der Liebe GOTTES, wenn Menschen irgendwo unter charismatischem Einfluß umfallen und sich in fiebrigen Gebärden auf dem Boden oder auf Bänken wälzen mit sämtlichen Begleiterscheinungen – sondern es ist ein Zeichen von Leibeskrankheit und ein Zeichen von Gericht!

Der Ausgegossene Geist ist dafür da, Bruder, Schwester und Nächste zu lieben, d.h. zu dienen. Nicht die „Zeichen, Gaben, Wunder, Erfahrungen, Erkenntnisse wiegen vor dem Richterstuhl CHRISTI, sondern unsere guten oder schlechten **Werke**. „…und ICH werde euch einem jeden geben nach euren Werken", denn ihre **Werke** folgen ihnen nach. (vgl.Offb.2,23;14,13). Paulus als Apostel JESU CHRISTI konnte trotz großer Geistes-*Begabungen* diese Gaben über längere Zeiten hindurch (siehe APG) nicht aufweisen, sondern das, was er als Stachel bezeichnete: wie viel er um Seines Namens willen leiden muss". (vgl. Apg.9,17; 2.Kor.12,7-10). Dieses geistliche Charisma nach der Art von Paulus, das mit Leiden verbunden war, ist ebenfalls das Gegenteil der schillernden Gestalten im laodizeischen Christentum. Sie müssen ihr „Zeugnis" nicht mit Stockhieben, Gefängnis, Blöße, Verleumdung, Hunger, Gefahr, Steinigung und Rutenschlägen bekräftigen; sie müssen nur ihre Krawatten und Anzüge von Fusseln rein halten.

Äussere Zeichen des Ausgegossenen Geistes sind Bestätigungen des vorausgehenden Wortes (vgl. Mark.16,20); sie werden nicht primär des Glaubens willen gegeben, sondern der Bestätigung des Wortes willen. Unabhängig vom „Wort" sind Zeichen und Wunder von keinem großen Nutzen, der Mensch muß „im Glauben" gegründet sein, nicht in „Zeichen." Der Hebräerbrief zeigt uns im Kapitel 11 die Bewährungen der Glaubensväter- und Zeugen; er zeigt äussere Bedrängnisse, anstatt Wunder und Zeichen. Erwachsene im Glauben leben nicht mehr von diesen Dingen, denn sie haben „durch den Glauben" geübte Sinne. Auch Mose, der zuerst den sichtbaren Dornbusch sah, nahte später zu GOTT *im Glauben*, „denn er hielt sich an den Unsichtbaren, als sähe er IHN" (Hebr.11,27). Petrus schrieb an eine leidende Gemeinde unter Neros Verfolgung: **„IHN (CHRISTUS) liebt ihr, obgleich ihr IHN nicht gesehen habt; an IHN glaubt ihr, obgleich ihr IHN jetzt nicht seht"** (1.Petr.1,8). Der Glaube an GOTT Selbst, nicht an Seine Zeichen und Wunder, ist in der Liebe tätig, auch wenn er Durststrecken ohne Zeichen durchwandern muß. Das geschieht in der Kraft des „Innewohnenden Geistes", während die Gaben des Geistes den „Ausgegossenen Geist" charakterisieren.

Ja, wir erfreuen uns an den Zeichen und Wundern, wenn sie geschehen, aber die QUELLE der Freude muß in CHRISTUS gegründet sein, nicht in den Zeichen und Wundern. Sonst endet, wie bei den Anfechtungen der Israeliten in der Wüste, auch der Glaube, wenn die Wunderzeichen enden. Unser Glaube braucht tiefe Erde und das eingepflanzte Wort, das uns kein Sturm entreissen kann! In der „Bruderschaft der Gemeinde" und im „Wasserbad des Wortes GOTTES" finden wir diese Pflanzung, aus der der Glaube kommt und wächst. Die Gemeinschaft der Heiligen ist die gemeinsame Erfahrung des Kreuzes! Je näher wir dem Kreuz kommen, uns mitkreuzigen lassen, je näher werden wir zueinander finden. Und die Flutwellen der Liebe GOTTES – auch in Verfolgung und Drangsalen - werden die Wellenbrecher der Denominationen und Zertrennungen in die Tiefe versenken. Nicht Menschen, sondern unser aller HERR und Haupt JESUS CHRISTUS, wird dadurch Seinen Ruhm haben! Amen

Die Ekklesia und ihr apostolischer Dienst

„Paulus, berufener Apostel JESU CHRISTI durch GOTTES Willen, ausgesondert für das Evangelium GOTTES – Knecht JESU CHRISTI", das ist die Bezeichnung des Paulus in seinen Briefen. Er bezeichnete sich als *doulos*, als Knecht Seines HERRN und verkündete den „unausforschlichen Reichtum des CHRISTUS" unter den Nationen! Pauls hatte hinsichtlich seiner Berufung keine Wahl; in seiner speziellen Berufung lag „göttlicher Zwang" auf ihm, vereint mit letzter Willensübereinstimmung- und Hingabe des Apostels. So verkündete er durch das Evangelium den Reichtum „des CHRISTUS" und den Glaubensgehorsam unter den Nationen: „Leibesherrlichkeit" ist das Ziel der Wege GOTTES mit der Ekklesia und Seinem SOHN! EIN GROßES GEHEIMNIS! „DER CHRISTUS" muß bald *„ en atomo"* (= in einem unteilbarem Augenblick) mit Seinem LEIB in unsterblicher Leibes-Herrlichkeit vereint und so *„en tacho"* (= in Schnelligkeit) in die Sichtbarkeit dieser Dimension hereinbrechen – in himmlischer Regierungsgewalt und Macht! Ewigkeitsereignisse *(kairoi)* verkürzen hier die „Zeiten" *(chronoi),* die Bahnen der Sterne verändern ihren Lauf, das Seufzen der gesamten Schöpfung organischer uind anorganischer Natur im Kosmos ist auf das KOMMEN des ALLMÄCHTIGEN durch das von IHM geschaffene „ERWARTEN" ausgerichtet – ob in freudiger oder in schrecklicher Erwartung!! **„Seine Augen**

aber sind wie eine Feuerflamme, und auf Seinem Haupt sind viele Diademe…!" (Offb.19,12).

Paulus wusste, *WEM* er diente als Apostel. Er verkündigte „den CHRISTUS", CHRISTUS als Haupt mit Seinem Leib als GOTTES *„INSTRUMENT"* über alle Schöpfung! Das Evangelium des Paulus ist ein ewiges Evangelium über Raum und Zeit; es kommt aus der Ewigkeit und mündet nach dem Zeiteinschnitt zwischen SCHÖPFUNG und GERICHT wieder in die Ewigkeit!" Durch Offenbarung zeigt uns der Apostel den Schöpfungswillen- und Plan GOTTES, der in der Ewigkeit entworfen worden war und der linear durch die Zeitalter das Tal der Zeit durchläuft, in dem die Menschheit im Sündenfall das Leid, den Tod, aber auch den Heilsplan der Erlösung durch das Kreuz JESU erfährt, und durch diesen wieder in den Schöpfungsplan zurückgeführt wird – durch „die Ekklesia!" **GLORIA und magnitude! Amen!**

Paulus lebte und diente für dieses Ziel GOTTES – die Ekklesia und ihre Leibhaftigkeit! Es gab für ihn kein anderes Ziel; andere `Interessen oder Vorzüge` waren für den Apostel „Dreck" und Asche. Es möge sich niemand auf Paulus berufen, wenn er nur einige Aspekte seiner Lehre in Anspruch nimmt, aber seinen Dienst für den Leib des CHRISTUS nicht verstanden hat oder berücksichtigt. Friedrich Malessa schreibt: *„Falsch ist jede Arbeit in der Gemeinde, sofern sie nicht im Interesse der Gemeinde, sondern einer Gemeindegruppe geschieht. Gemeinde JESU CHRISTI duldet keine Sonderinteressen. Alles Bestehende in der Gemeinde, das sich selbst und nicht die Auferbauung der Gemeinde sucht, hat in ihr keine Existenzberechtigung und ist ein Krebsschaden."*

Das Charisma des Werkes des apostolischen Dienstes – aus dem Kreuz

„Als es aber GOTT, der mich vom Mutterleib an ausgesondert und durch Seine Gnade berufen hat…" (Gal.1,15). Der apostolische Dienst ist ein ausschliesslich von GOTT berufener und eingesetzter Dienst. Er wird in und aus der Erfahrung des Kreuzes geboren. Apostel (Gesandte, Missionare) sind Boten GOTTES, deren Botschaft größer und gewichtiger ist als der Bote selbst. Ihnen geht es nur noch um die Gemeinde und die Botschaft. Wahre Apostel sind daher sehr demütige, zerbrochene Menschen (griech. *tapeinos*), aber zugleich mit Vollmacht ausgestattete Verkünder des Evangeliums und Botschafter JESU CHRISTI.

Alle neutestamentlichen Dienste in der Gemeinde und für die Gemeinde können nicht mit natürlichen, menschlichen Voraussetzungen verrichtet werden. Nicht die natürliche Begabung oder Ausbildung zählt im geistlichen Kraftfeld der Gemeinde, sondern die Kraft GOTTES, Seine Berufung und Befähigung. Jede persönliche Fähigkeit muß durch die Erfahrung des Kreuzes gebrochen werden, jeder motorische Eigenwille muß sich dem Gesetz des Geistes in der Gemeinde beugen und sterben, damit der Geist des HERRN freigesetzt werden kann, weil die Gemeinde des NT *nur im Geist* auferbaut werden kann, nicht in den verschiedensten eigenwilligen seelischen Meinungen! (vgl. Phil.2,1+2; 3,3; Eph.2,22; Röm.1,9; 1.Thess.5,19; Sach.4,6). Das heisst, dass es nicht „im eigenen“ Willen geht, aber auch nicht „ohne den Willen“ aus der Selbstverleugnung.

GOTT *gebraucht* Menschen aus Fleisch und Blut, aber ER *wirkt* durch Seinen Geist. Denn ebenso wenig, wie Fleisch und Blut das Reich GOTTES erben kann, können ungekreuzigte Menschen das Werk GOTTES in ihrer natürlicher Aura und Eigenschaft ausführen. Was Fleisch und Blut in ihrer Potenz hervorbringen, das ist eben „Fleisch“ – die Theologien, die Lehrtraditionen, die organisierte Zertrennung, die Denominationen – das ist der eigenwillige Gottes- bzw. Götzendienst des Fleisches! Der GEIST GOTTES hingegen zertrennt nicht das, was ER gezeugt und geboren hat und was zusammengehört! ER MACHT EINS! Wollen wir unser „Selbst“ (= Fleisch und Eigenwillen) dafür hingeben und sterben? Ist CHRISTUS für uns am Kreuz gestorben, wollen wir jetzt uns selber leben, oder sollen und wollen wir Seinen Willen tun?! Amen, wir sollen!

So sind auch menschliche Einrichtungen (Universitäten, Seminare und Bibelschulen etc.) nicht tauglich, einen apostolischen oder prophetischen Dienst hervorzubringen. Ein autobiographischer Einblick in die Herkunft und theologische Karriere von Saulus von Tarsus (Phil.3,5-7) offenbart die Wucht des Kreuzes und die überragende Erkenntnis JESU CHRISTI, für die Paulus seine eigenen, hervorragenden natürlichen Voraussetzungen, Leistungen und magna cum laudes für nichts und Verlust erachtete. Das Wort in Phil.3,8 für „Verlust“ *(skybalon)* ist ein mathematischer Ausdruck und bedeutet in anderer Bedeutung soviel wie „Abfall, Kehricht, Unrat und Mist.“

Wer CHRISTUS tatsächlich begegnet, in dem alle Schätze der Weisheit und der Erkenntnis GOTTES wohnen – was will der noch mit irdischen Attributen, Mitteln oder Zertifikaten? Diese sind nur noch Staub! Jetzt diente der Apostel „aus *CHRISTUS* heraus“; das, was er von *IHM* empfing, das gab er weiter. Er war in seinem Geist, in seinem Gewissen, in seiner Intuition und Kommunion ständig auf Empfang eingestellt, seine natürliche Potenz war restlos gebrochen, ebenso sei Eigenwille (nicht sein „Wille"), und der Geist konnte nach aussen dringen wie die Narde aus der zerbrochenen Alabasterflasche der Maria. Und dieses Prinzip lehrte er auch seinen Brüdern und Schwestern. Paulus war nicht mehr der große stolze Theologe, er war Botschafter des CHRISTUS und Verwalter Seines Geheimnisses; er war Gefangener und Freigelassener zugleich und konnte nicht mehr das darbieten, was aus seiner Potenz und Gelehrsamkeit kam (vgl.2. Kor.3,4-6; 1.Kor.2). Er diente aus der himmlischen Befähigung und Quelle heraus! Nicht in fließender rationaler Rhetorik, sondern in Kraft des Geistes! *DAS* war die Qualität des Apostels, und alle konnten die Ströme lebendigen Wassers erkennen, die von seinem Leibe kamen. Der Geist GOTTES gab ihm ein gewaltiges Charisma – vom Apostolat über den prophetischen Dienst bis zum Lehrdienst und vielen Geistesgaben. Ja, Paulus hatte jetzt einen starken, aber *erneuerten Willen*; zerbrochen war nur der alte Eigenwille, das Fleisch der seelischen, natürlichen Potenz.

Der Dienst des Paulus ist Vorbild für jeden vom Geiste GOTTES gegebenen Dienst heute. Kein Gesandter des HERRN wird je *Führer* irgendeiner Bewegung sein; er wird immer zielgerichtet dem Leib CHRISTI dienen, und er wird wie Paulus dafür Sorge tragen, dass keine Spaltung in dem Leibe sei. Nicht „Holzfäller", sondern „Gärtner" sind wahre Diener GOTTES, denn es gilt nicht Bäume umzuhauen, sondern Pflänzlein und Bäume zu „pflegen", ihr Wachstum zu fördern. **„...so hast du deinen Bruder gewonnen...!"**, ist das Leitmotiv der Liebe und des Leibes CHRISTI, das Grenzen und Zäune niederreissen kann. Ein apostolischer Dienst heute ist auf die Einheit und die Auferbauung der Gemeinde ausgerichtet, nicht auf Zeichen und Wunder. Diese werden ihm je nach Geistesausrüstung folgen, aber sie sind nicht der Fokus dieses Dienstes. Der alt gewordene Paulus konnte Timotheus, seinen „Sohn im Glauben" nicht mehr von einem Magenleiden heilen, aber die Vollmacht in der Verkündigung blieb bei ihm bis zum Schluß. Diese Tatsache zeigt uns, dass GOTT nicht jede Krankheit heilt, und daß ein Dienst nicht von dieser oder einer anderen Geistes-Gabe abhängig ist, sondern von IHM!

Wohin führt der apostolische Dienst des Neuen Testamentes ?

Kurz gesagt zu dem Pleroma von Eph.1,10: **„...alles zusammenzufassen in dem Christus, das, was in den Himmeln, und das, was auf der Erde ist – in IHM."** Geöffnete Augen für die Thronesstellung sollen die Gläubigen bekommen (vgl. Eph.1,18ff. und 3,14ff.). Die apostolische Offenbarung ist: CHRISTUS ist der göttliche Organismus des Hauptes und des Leibes, und ohne den

Leib hat CHRISTUS Seine Vollgestalt und Seine Fülle nicht!! Die apostolische Botschaft übertrifft das persönliche Heil und bezieht das immer auf den Leibesorganismus. Lernen wir wieder das „Leibesdenken" nach! (memory Gebetsanliegen). Wir dürfen auch überzeugt werden davon und annehmen, dass dem „gründenden apostolischen Dienst" der Apostel des NT der „wiederherstellende apostolische Dienst" in unseren Tagen folgt. Der HERR sei gelobt! Der apostolische Dienst damals und heute (und durch den ganzen neutestamentlichen Zeitraum) will die Gläubigen in den Vorsatz GOTTES hineinführen, oder besser zurückführen. In seinen Offenbarungsbriefen an die Epheser und Kolosser breitet Paulus ein Panorama aus, das uns in die (= *epouranios*), in die Himmlischen Regionen entrückt. Gewaltige und herrliche Kundgebungen!

Nicht wahr, es ist doch so: Wo es um unser persönliches Heil geht, um die Erlösung und Heiligung durch das Blut JESU und die Frucht des GEISTES, haben wir alle eine gute Erkenntnis. Unabhängig davon, aus welcher Richtung oder Tradition wir kommen, ob pietistisch, lutherisch, reformiert, pfingstlich, paptistisch usw. Wir haben unsere Erkenntnis aus der Bibel gewonnen und unser Erbteil der großen Gnade angetreten, gelobt sei GOTT! Paulus bescheinigt uns: Wir sind Gesegnete in der Himmelswelt in CHRISTUS! Paulus ist in seinem Dienen sowohl Architekt als auch Pädagoge; er zeigt unsere himmlisch-herrliche Stellung, und will uns in die praktisch-irdische Leibesgemeinschaft, in die Entsprechung führen. Er gewinnt uns durch das „Wort vom Kreuz", durch die „Erkenntnis unserer Berufung" und durch das „Wort der Weisheit" (vgl.1.Kor.1-3 u.a.). Paulus bringt durch sein Charisma den Himmel auf die Erde und die Gläubigen in die Himmel, selbst wenn er in einem finsteren römischen Gefängnis zehn Meter unter Erde in Ketten auf kaltem Boden sitzt! Die Bemerkung eines Bruders gefällt mir gut, der sagte: *„Der Himmel ist nur einen halben Meter über der Erde, gerade soweit, dass er keine Erdberührung hat."* Geistlich gesprochen ist der Himmel in uns, seine Wohnung ist unser Geist! Darum war Paulus ein im Geist befreiter Mensch – trotz äußerer Ketten.

Das unselige Werk der Zertrennungen jedenfalls können wir aus dem apostolischen Dienst des Paulus und der anderen Apostel nicht ableiten, denn dieses ist ein Werk des Teufels und des ungekreuzigten Fleisches. Ach, wenn wir sehen wollten, dass der Leib CHRISTI noch viel inniger als eine Familie zusammengehört, die sich ja auch nicht zertrennt im Dachboden, im Keller, auf dem Balkon und im Wohnzimmer „versammelt!" Das können wir noch gut begreifen. In Wirklichkeit trennt uns nur ein dünner Schleier vom Himmel, und wenn der gelüftet wird, fallen uns die Schuppen von den Augen und wir sehen, dass wir uns viel schöner gemeinsam „im Wohnzimmer" versammeln können und auch sollen! Dieser „Schleier" ist unser Unglaube. „O HERR JESUS, nimm uns die Schleier von den Augen, dass wir sehen!" Amen.

Der apostolische Dienst gründet Gemeinden durch seine prophetische Verkündigung, und er ist der *Verbindungsdienst* innerhalb dieser Gemeinden, der jeder Parteiung oder Trennung im örtlichen Leib entgegenwirkt. Darüber hinaus gilt Berufung und Autorität eines Apostels *allen* Gemeinden, und der Dienst gehört allen Gemeinden. Paulus hatte nie eine Gemeinde „für sich" und war selbst an keine gebunden. In der Symbolik der Stiftshütte des AT sehen wir an den Riegeln aus Akazienholz den fünffachen Dienst von Epheser 4,11 (Apostel, Propheten, Evangelisten, Hirten und Lehrer), welche die mit Gold (dem Wesen JESU) überkleideten Bretter (die „Brüder und Schwestern") zusammenhalten, wobei der verborgene Riegel durch die Pfosten den apostolischen Dienst darstellt.

Auch und im Besonderen zu diesem größten Thema „Gemeinde" will ich nachfolgende Werke von Brüdern zitieren, deren Augen für diesen RATSCHLUß GOTTES geöffnet wurden. Die Botschaften entstammen der „Urchristlichen Botschaft", Missionsverlag Memmingen.

GESTALTGEWINNUNG DES WORTES GOTTES

Und das Wort ward Fleisch und zeltete unter uns und wir haben seine Herrlichkeit gesehen, eine Herrlichkeit als eines Eingeborenen vom Vater, voller Gnade und Wahrheit, Joh.1,14.

Fleischwerdung

Das Göttliche drängt stets zur Verleiblichung, zur Fleischwerdung. Seit dieses Wort in der Welt steht, ist es unmöglich, sich lediglich erbaulich mit dem geschichtlichen Lebensbild JESU zu beschäftigen. Es ist GOTT selbst, der mit seinen ewigen Heilsgedanken, als Wort, das Fleisch wird, in unsere erbärmliche Geschichte einbricht und uns in seinem Sohn nicht den großen Menschen, sondern sich selbst offenbart. Alles Göttliche wäre uns immer das Unfassbare, Jenseitige, Verborgene geblieben, wenn es nicht Knechtsgestalt angenommen hätte, um uns in unserer geschichtlichen, raum-zeitlichen Wirklichkeit verständlich zu werden. Zwar kam GOTT je und je in der Niedrigkeit des menschlichen Wortes. Die Bibel ist das göttliche Wort in der menschlichen Niedrigkeitsgestalt, wie es in den Jahrtausenden unter uns war. In JESUS CHRISTUS aber hat die Offenbarung GOTTES im Wort ihre geschichtliche Erfüllung und Vollendung gefunden. ER ist das fleischgewordene Wort, das Wort GOTTES; nicht wie bisher in Buchstaben, sondern in Person, als Wesen, Stimme und Handlung!

Gleichgestaltung

Das glaubende Sehen blieb nicht ohne Wirkung auf die Sehenden selbst. Ihr Sehen auf Christus und seine Herrlichkeit wurde nicht nur zur Schau, der sich alles sonst noch sichtbare ein- und unterordnen musste, sondern diese Schau verwandelte ihr eigenes Leben völlig. Sie sahen Ihn nicht nur voller Gnade und Wahrheit, sondern nahmen im Anschauen seiner Herrlichkeit selbst Gnade um Gnade und die Wahrheit in sich auf. Das Wort, das Fleisch geworden war, rang darum, nun auch in den Menschen Fleisch zu werden. Der mit GOTT wesensgleich war, nahm Menschengestalt an, um in Menschen Gestalt zu gewinnen. „So viele Ihn aber aufnahmen, denen gab Er Macht, GOTTES Kinder zu werden." (Joh.1,12). Nur so ist Erlösung möglich. Der Sohn wird das lebendige Wasser, das wir trinken, das Brot vom Himmel, das wir essen, der Weinstock, an dem wir Frucht tragen, der Weg, auf dem wir nunmehr als Mit-Söhne zu seinem und unserem Vater gehen.

Es geht nun nicht mehr darum, nach bestimmten ethischen Regeln zu leben oder sich in religiösem Verlangen zu GOTT aufzuschwingen oder sich in Ihn zu versenken. Es geht jetzt nur noch um CHRISTUS und Seine Fülle, aus der wir nehmen sollen. „In Ihm wohnt die Fülle der GOTTHEIT leibhaftig." (Kol.2,9). Dazu nahm das Wort Menschengestalt an, damit die Fülle GOTTES in einem für alle sichtbaren und erreichbaren Gefäß unter uns sei und wir nicht weiter geistige Wege gehen müssten (solche wie mystisch-religiöse, spirituelle, philosophische - Verf.), um zu Ihr zu gelangen. Wer zu GOTTES Fülle dringen möchte, der komme zu JESUS CHRISTUS, schaue Seine Herrlichkeit und nehme „im Glauben" von Ihm die Antwort auf zwei Grundfragen in seinem Verhältnis zu GOTT: „Gnade und Wahrheit." Was aus JESUS CHRISTUS genommen ist, wird in uns zu einem Quell neuen Lebens, das durch uns sichtbar, leiblich, das heißt Stimme und Handlung wird. Das ist die Erlösung, das CHRISTUS in uns Gestalt gewinnt und wir Ihm ähnlich werden, wenn wir Ihn sehen, wie ER ist.

Das Wort

Es ist Ausdruck des Gedankens. Ohne das Wort könnten wir uns anderen Menschen gegenüber nicht völlig verständlich machen. Wenn der Sohn GOTTES hier „das Wort" genannt wird, dann heißt das, der Sohn GOTTES ist der Ausdruck des Denkens GOTTES, Seines Planes, Seiner Erwählung. In der Bibel ist das Wort also nicht wie in der Philosophie nur ein göttliches Prinzip oder eine Sache, sondern Person. GOTT ist persönlich, und Sein Handeln an uns auch. GOTT, der einen Plan mit meinem Leben hat, macht Sich selbst zum Ausdruck dieses Planes, ja, Er stellt Seine Gedanken in der Fleischwerdung des Wortes persönlich und leiblich dar!

...ward Fleisch

Das ist nun der große Anstoß und Skandalon, den die religiöse Welt am Wege des Wortes nimmt: Es hätte nach ihr auf keinen Fall Fleisch werden dürfen. Der Religion geht es ja gerade um die Befreiung vom Fleisch, um die Vergeistigung des Lebens. GOTTES Schöpfung ist aber sowohl stofflich als auch geistig. Darum muß die Erlösung nicht nur in die Welt des Geistes, sondern auch in die stoffliche Welt hineinbrechen. Das Wort, durch das alles geschaffen worden ist, nimmt selbst eine der geringsten Lebensformen Seiner Schöpfung an, um auch diesen Teil der Schöpfung in die Rettung GOTTES einzubeziehen.

...und wir sahen Seine Herrlichkeit

Wie im Gotteszelt des Alten Bundes, so war es auch mit der Herrlichkeit der göttlichen Gegenwart im Fleisch JESU: sie war ganz *innere* Herrlichkeit. Die Stiftshütte war nach außen hin mit einem einfachen Fell bedeckt, aber *im* Zelt war alles vergoldet und golddurchwirkt. Die Herrlichkeit des Sohnes GOTTES war verborgen, verdeckt in einem Menschenleib. Sie war nicht „gefangengesetzt", nein, sie konnte jeden Augenblick hervorbrechen (z.B.bei den vielen Wundern - Verf.), dass die, die sie sahen, sich Ihm zu Füßen werfen und Seine Göttlichkeit bekennen mussten! Johannes, der Apostel sagt, er und die anderen hätten die Herrlichkeit des Wortes *gesehen.* Das ist auch das Entscheidende bei uns. Was haben *wir* von der Fleischwerdung des Wortes gesehen? Hat es uns überhaupt erreicht?

Die ersten Nachfolger JESU *sahen* ihren Meister handeln, sie dachten darüber nach und sie glaubten. Weil wir so wenig in GOTTES Wort *hineinsehen*, weil wir so wenig nachdenken, darum glauben wir auch so wenig, und darum *sehen* wir auch so wenig von der Herrlichkeit CHRISTI. (Dieses „Sehen" ist für uns ein „Glaubensakt" nichtphysischer Art; denn die Jünger hätten sonst nicht „glauben" müssen, weil sie JESUS physisch sahen. Doch mussten auch sie ihren

Glauben einsetzen, weil es um einen *geistlichen inneren* Vorgang geht, und „durch den Geist und das Wort GOTTES“ ist es uns heute genau so möglich zu glauben, wie die Jünger JESU das taten – Verf.) Bei dieser Herrlichkeit geht es ja nicht um irgendeinen Lichtglanz aus ewigen Welten oder um Schaustellungen romantisch-himmlischer Pracht, wie sie das menschliche Herz ersinnen kann. Diese Herrlichkeit äußert sich vielmehr in sittlicher Vollkommenheit und Lebenskraft, die Menschen verwandelt, und in der göttlichen Zielsetzung dieses Menschen „Jesus von Nazareth“. Nie lebte ein solcher Mensch wie Er, nie wurden solche Worte wie Seine gesprochen, nie wurden solche Wunder getan! – WAS siehst du in JESUS? Ist Er nur der große Mensch oder irgendein hohes, aber geschaffenes Wesen – und wenn er das höchste von allen wäre, dann kann er uns nichts bedeuten. SO groß und herrlich wie dir JESUS ist, so groß und herrlich ist dein GOTT.

…voller Gnade und Wahrheit

Das ist nun eine noch nähere Beschreibung der Herrlichkeit des fleischgewordenen Wortes. Seine Worte, Seine Taten, Sein ganzes Wesen waren voller Gnade und Wahrheit. In JESUS ist die suchende, werbende, umgestaltende Gnade GOTTES Fleisch geworden. Gnade und Wahrheit sind nicht mehr als Prinzipien zu denken. Sie sind an die Person des fleischgewordenen GOTTES gebunden. Außerhalb dieser Person gibt es keine Gnade, und alle sonstige Wahrheit wird zur Halbwahrheit und damit zur Lüge. Unser Menschenleben ist damit auf Gedeih (…) an JESUS gebunden. Wer Seine Gnade nicht braucht, wird nie die Wahrheit finden – und wenn er sein Leben lang nach ihr suchte. Wer die Wahrheit GOTTES über sein Leben nicht hören und annehmen will, wird nie die Gnade finden, weil er immer meint, sie *erwerben* zu können. (Der biblische und rettende Glaube ist kein religiöses Gewerbe. – Verf.).

Willst du JESUS wirklich sehen? Dann suche Ihn nicht, wo sich die Menschenmassen sammeln, auch wenn sie es unter religiösen oder sogar christlichen Vorzeichen tun. Sie suchen jenen „Christus“, der seine Macht darin beweist, dass er vom Kreuz herabsteigt und der sich auf den Balkons der Welt umjubeln lässt. Sie suchen den Feind des Kreuzes. Suche Ihn da, wo man das Prinzip des Kreuzes anerkennt und wo man vom Tod und von der Auferstehung JESU her lebt und alles, was sich sonst „Leben“ nennt, haßt. Suche Ihn unter denen, die Frucht Seines Todes geworden sind und Sein eigenes durch Tod und Auferstehung mitteilendes Leben in sich tragen. Wir möchten JESUS sehen in der Gemeinde, in ihrer Verkündigung, in ihrem Leben und ihrem Dienst. Die Theologie des Kreuzes in der Verkündigung, die Aufgabe des eigenen Lebens, der Steckenpferde und Lieblingsideen, die Hingabe des Lebens im Dienst als Aussaat für eine reiche Ernte GOTTES – das sind Voraussetzungen dafür, dass JESUS in der Gemeinde gesehen wird.

ÜBERWINDER DES TODES

Verharmlosung

Viele Menschen hoffen ohne Grund auf ein „besseres Jenseits", in dem sie, den Fesseln der Leiblichkeit entledigt, ein gutes Dasein fristen möchten. Hat man das Leben soweit gemeistert mit allen seinen vielen Schwierigkeiten, wird man auch diesen letzten Sprung noch schaffen und männlich Abschied nehmen können in der Hoffnung, es drüben leichter zu haben. Wenn ein von Krankheit gequälter Mensch stirbt, hört man oft die Leute sagen: „Es ist gut, dass er von seinen Qualen erlöst ist." Ist er wirklich erlöst? Kann der Tod *ER*-LÖSEN? Ist es nicht vielmehr so, dass er in vielen Fällen die leiblichen Qualen nur durch viel schlimmere seelische *ab*-löst? Nein, man kann dieses große Rätsel nicht durch seine Verharmlosung lösen!

Vergötzung

Für sehr viele Menschen ist der Tod jedoch das Letzte, oder sollten wir sagen: der Letzte? Er ist der große Götze, der am Ende alles Lebens steht und mit großem Schlag oder kaltem Würgegriff allem Schaffen und Hoffen das Ziel setzt. Darum heißt es, das Leben bis zum letzten Tropfen auskosten, essen und trinken, denn morgen sind wir tot. Die Furcht vor dem Tod ertrotzt sich jeden Lebenstag und misst ihm fast Ewigkeitsbedeutung bei. Am Ende auch des glücklichsten Tages hat man angesichts des Todes das Glück doch noch zu wenig genossen. Und so geht es mit jedem neuen Tag, mit den Urlaubszeiten, Festtagen und dem Lebensabend. Man vergöttert den Tod, man fürchtet ihn mehr als alles andere – daher der große Lebenshunger, die Jagd nach Reichtum, Macht, Glück, Ehre, Schönheit und Jugend. Man will was vom „Leben" haben, aus Furcht vor dem Letzten – „dem Tod."

Lohn der Sünde

Die Bibel verharmlost den Tod nicht. (Er ist kein Tabu, sondern ein „Sein" –Verf). Er ist für sie der letzte Feind und eine schreckliche Wirklichkeit, die durch die Sünde in die Welt gekommen ist. Nach der Schrift ist der Mensch, der nicht aus der Versöhnung und damit aus GOTT lebt, schon geistlich tot. Der leibliche Tod wird darum so tragisch, weil er schließlich das Ende jeder Möglichkeit bedeutet, an dem Leben aus GOTT teilzubekommen. Die Bibel vergötzt den Tod aber auch nicht, sondern bezeugt, dass GOTT HERR über den Tod ist, dass ER „tötet und lebendig macht, ins Totenreich hinab und wieder herauf führt", 1.Sam.2,6. Im AT wird uns von drei Totenerweckungen berichtet. Im NT erweist GOTT Seine Macht über den Tod durch Seinen SOHN und die Apostel der Gemeinde an fünf Toten, die in das irdische Leben zurückgerufen wurden. Aber all diese Auferstehungen sind nur *Zeichen* dafür, dass GOTT stärker ist als der Tod und das letzte Wort behält. Der eigentliche Sieg über den Tod ist hier nur angedeutet.

Auferstehung als Zeugnis des Sieges

Die Entscheidungsschlacht gegen den Tod und den, der des Todes Gewalt hatte (der Teufel), führte JESUS CHRISTUS am Kreuz von Golgatha! Sein Tod wurde des Todes Tod – dessen endgültige Überwindung. Freilich ist das an jenem ersten Karfreitag noch nicht ganz offenbar. Nur JESUS weiß es. Er ruft Seinen Siegesschrei auch über diesen Feind aus: „Es ist vollbracht!" Aber es dauert nur kurze Zeit – an jenem ersten Ostermorgen ist es ganz offenbar! Hier ist der Beweis erbracht „in der Auferstehung JESU". Hier bricht das Licht in unsere Todesnacht, das nun nicht mehr zu verdrängen ist. Der Sieg JESU über den Tod ist so gründlich, so umfassend, dass auch der letzte Tote eines Tages sein Grab verlassen muß, ganz gleich, ob er es auf dem Friedhof oder im Dschungel, im Meer oder im Staub der Wüste, in einer Pyramide oder im Massengrab gefunden hat. Der Tod braucht nicht mehr der Letzte für dich zu sein. Wir sollen ihn allerdings ganz ernst nehmen, so ernst, wie ihn JESUS am Kreuz nahm. ER hat dem Tod die Macht genommen und Leben und Unvergänglichkeit ans Licht gebracht! (vgl.2.Tim.1,10).

GOTT hat Ihm in der Auferstehung ein Leben gegeben, das Er weiterreichen kann. Dazu musste Er als Weizenkorn sterben, damit Er viel Frucht hervorbrächte, damit das gleiche Leben Vielen zuteil würde. (Das heißt in biblisch konkreter Weise, dass jeder, der den auferstandenen CHRISTUS als Erlöser im Glauben angenommen *hat*, auch das ewige Leben *hat*! – Joh.11,25; 3,15. 36; 5,24.- Verf.). JESU Sieg über die Sünde ist damit endgültig und vollkommen. Er hat sie in allen ihren Formen und auf allen Gebieten ihrer Herrschaft bezwungen. Die Auferstehung demonstriert ein für allemal den absoluten und endgültigen Sieg des Erlösers der ersten und des Begründers der neuen Schöpfung über die stärksten Waffen Satans: die Sünde und den Tod.

„Wenn du in deinem Herzen glaubst, dass GOTT Ihn aus den Toten auferweckt hat, wirst du errettet werden“, Röm.10,9. GOTT hat es uns leicht gemacht, an die Auferstehung JESU zu glauben, denn ER hat sie im Neuen Testament vielfach bezeugt! Der beste Beweis für die Auferstehung JESU ist das Dasein der Gemeinde! Der AUFERSTANDENE redet in Seiner Gemeinde und wirkt bis heute noch mit ihr, indem ER Zeichen und Wunder geschehen lässt, wo sie Sein Wort in rechter Weise und unverkürzt verkündigt! Im Namen JESU werden Sünder gerettet, Kranke geheilt, Gebundene erlöst, ja, Tote auferweckt. Und WIE könnte der Name eines Toten solches wirken?! Darum ist auch unsere Auferstehung gesichert!

In diesen Ankergrund – die Auferstehung JESU CHRISTI von den Toten – darfst auch du getrost den Anker deines Glaubens werfen. ER hält dein Lebensschifflein fest, auch wenn noch manch starker Sturm um dich toben sollte. Gründe deinen Glauben nie auf Gefühle oder Erlebnisse, selbst wenn es die geistlichsten und biblischten wären, sondern allein auf GOTTES Wort. Solang du dem Wort glaubst und weißt, das JESUS lebt – ja, dass ER für dich lebt – kann nichts dich erschüttern oder gar umwerfen. Vielmehr wirst auch du ein Zeugnis davon sein, dass JESUS CHRISTUS wahrhaftig lebt und von den Toten auferstanden ist und Sieger und HERR ist!

„Denn dieses Verwesliche muß Unverweslichkeit anziehen, und dieses Sterbliche muß Unsterblichkeit anziehen – dann wird das Wort erfüllt werden, das geschrieben steht: „Der Tod ist verschlungen in Sieg! Tod, wo ist dein Stachel? Totenreich, wo ist dein Sieg?“ (1.Kor.15,53ff. – *Verf.*).

DAS WERK DES GEISTES

Verheißung

Der Heilige Geist, die dritte Person in der Gottheit, ist für den Gläubigen nicht nur ein abstraktes theologisches Thema, sondern herrliche Wirklichkeit. Sein Kommen in diese Welt war ein wichtiger Teil der Hoffnungsbotschaft, die der HERR Seinen Jüngern gab, bevor Er ans Kreuz ging. Die Gemeinde sollte der große Tempel des HEILIGEN GEISTES sein, erfüllt mit Seiner Kraft und Seiner Herrlichkeit, das ist GOTTES Plan für dieses Zeitalter der Verkündigung des Evangeliums. Wo immer die Gemeinde mit Gottes Geist erfüllt war, da wurden Heidentum und Atheismus überwunden, aber wo die Gemeinde die Kraft des Geistes verlor, war sie die Überwundene.

Der Dienst der Gesamtgemeinde hängt davon ab, wie stark der Heilige Geist in uns und durch *uns* als einzelne Glieder dienen kann. In verschiedenen Schriftstellen wird von Ihm gesprochen, dass Er wie das Wasser erfrischt, wie das Feuer erleuchtet und reinigt, wie der Wind belebt, wie das Öl tröstet und heilt, wie der Regen befruchtet und wie die Taube empfindsam ist. Menschen, in denen der Heilige Geist Wohnung gemacht hat, sollten ihre Umgebung mit den gleichen Werten durchdringen. Wo immer sie sich befinden, ist Erfrischung, Erleuchtung, Reinigung, Belebung, Trost und Heil. (O HERR, wirke das auch in mir! – Verf.).

Wachstum der Gemeinde

Der Sinn der Arbeit des Geistes ist die Gestaltung der Gemeinde JESU CHRISTI. Er allein wirkt ihre Fruchtbarkeit, ihr Wachstum nach innen und nach außen. Wenn wir spüren, dass es uns an Einheit, Geisteskraft, und Missionseifer fehlt, dann sollten wir vermehrt um die Wirksamkeit des Heiligen Geistes in der Gemeinde bitten und Seiner Leitung mehr als bisher Raum geben. Wie steht es bei uns mit den Gaben des Geistes: Wort der Weisheit, Wort der Erkenntnis, Glaube, Heilungen, Wunderwirkungen, Weissagung, Unterscheidung der Geister, mancherlei Zungen, Auslegung der Zungen? Sollte uns der HERR in diesen Gaben etwas anbieten, das heute nicht mehr notwendig ist? Wenn wir GOTT um vermehrte Ausrüstung durch Seinen Heiligen Geist bitten, sind wir dann auch offen für diese Gaben? Ohne sie wird die Gemeinde ihr Ziel nicht erreichen! So wie wir als einzelne Gläubige die Leitung des Heiligen Geistes brauchen, so bedarf auch die Gemeinde des HERRN als ganze Seiner Führung und Wegweisung.

Die Urgemeinde wurde von Aposteln, Propheten, Evangelisten, Hirten und Lehrern, Ältesten und Diakonen geleitet, die der Heilige Geist setzte. Sind wir bereit, uns vom HERRN der Gemeinde diese Dienste auch heute schenken zu lassen? O, dass wir uns neu dem ganzen Reichtum öffneten, der uns in seinem Wort angeboten wird und der durch den Heiligen Geist auch auf uns kommen will! Wo immer wir uns öffnen und ihm Raum geben, bricht eine neue Zeit an.

Jesus Christus als Ort der Begegnung

Die Erfüllung aller Symbolik der Stiftshütte und des Tempels findet sich in der Person und dem Werk des Herrn JESUS CHRISTUS. Er bezeichnete Seinen Leib selbst als Tempel. Er ist der Priester und das Opfer, das Wort GOTTES, das Licht der Welt, das Brot des Lebens, der Wohlgeruch wahrer Anbetung, *die GOTT gemäß ist*, der Zeuge des gebrochenen Gottesgesetzes und der Gnadenstuhl, der es zudeckt. In IHM ist die liebende, heilige und selige Gemeinschaft mit GOTT hergestellt für jeden, der zu Ihm kommen will.

Die Gemeinde als Ort der Begegnung

GOTT hat im Tempel jedoch noch weit mehr angedeutet, was dem alttestamentlichen Bundesvolk zwar verborgen blieb, das er aber nach Pfingsten Seinen heiligen Aposteln und Propheten offenbarte: Die Gemeinde, die Christus in dem Tempel Seines Leibes mit GOTT zusammenbrachte, der Er Sein eigenes göttliches Leben schenkte und die in Lebenseinheit mit Ihm nun der eigentliche Tempel GOTTES ist, auf den hin die aus Stein gemauerten nur schwache Vorbilder waren. In Lebensgemeinschaft mit CHRISTUS sind die Gläubigen :
gerechtfertigt von der Sünde (Altar)
geheiligt durch das Wort (Wasserbecken)
erleuchtet durch den Heiligen Geist (Leuchter)
dienend in heiliger Anbetung (goldener Räucheraltar)
gestärkt durch das Lebensbrot (Schaubrottisch)
bereitet, vor Seinem Thron zu erscheinen (Bundeslade)

GOTTES Ratschluß

führt von Herrlichkeit zu Herrlichkeit! Es scheint, als wenn der Mensch, indem er sich dem göttlichen Heilswirken widersetzt, jedes Mal den Plan GOTTES vereitelt. Aber GOTT beginnt nach jedem solchen Abschluß mit einem weit herrlicheren Werk! Und auch im Blick auf den Vorsatz GOTTES geht es bei IHM von Herrlichkeit zu Herlichkeit. So wie Mose zuerst das Allerheiligste schaute und baute – und danach erst Heiligtum und Vorhof, so wird GOTT auch zuerst die Gemeinde vollenden, ehe ER sich wieder Seinem Volk Israel und durch dasselbe dann den Nationen zuwendet. Die Nationen haben GOTT nie erlebt, wie sie Ihn im tausendjährigen Friedensreich erleben werden.

Israel hat GOTT nie erlebt, wie es IHN in dieser Zeit der Herrschaft Seines

MESSIAS erleben wird. Auch die Gemeinde wird in ihrer Vollendung unmittelbar vor und bei der Vereinigung mit ihrem Haupt weit Herrlicheres erleben und weit herrlicher sein, als zur Zeit ihrer geschichtlichen Entstehung in den Tagen der Apostelgeschichte. Preis sei dem HERRN für Seine wunderbaren Verheißungen! (Eph.5,27).

Das Werden der Gemeinde

ist nicht ohne *Kampf* denkbar. Wenn dem Feind GOTTES in seinem Versuch, die Pläne GOTTES zu vereiteln, irgend etwas wichtig ist, dann ist es die Zerstörung der Gemeinde. Weil ihm das nicht gelingt, darum versucht er der Gemeinde die neutestamentliche Offenbarung zu verdunkeln, sie geistlich arm und in Tradition gebunden zu halten. Da heißt es geistlich kämpfen gegen all seinen Widerstand um weiten Raum in der Gemeinde für den Heiligen Geist und Seine Gaben, für den HERRN und Seine vielfältigen Dienste und für die mannigfaltigen Wirkungen GOTTES. Laßt uns dafür sorgen und beten, dass GOTT in Seinen Wirkungen, Diensten und Gaben Raum in der Gemeinde hat, dann wird GOTT dafür sorgen, dass der Feind uns nicht antasten kann, weil ER, der ewig Siegende, in unserer Mitte ist!

Nachfolge bedeutet Gemeinschaft

Als JESUS seine ersten Jünger zu sich rief, mögen sie sich über die Zusammensetzung gewundert haben. Da kamen die römerfreundlichen Zöllner mit den gegen die Römer eifernden Zeloten zusammen. Die Fischer vom See Genezareth standen plötzlich dem gegenüber, der ihnen für jeden nächtlichen Fang einen Zoll abgenommen hatte. Wer JESUS folgen will, dem ist die Gemeinschaft befohlen. Er darf nicht auf ein Verlangen nach derselben warten. Wenn die Kinder GOTTES in einer Stadt weiterhin aneinander vorbeileben, als existiere die andere Gemeinschaft nicht, dann sollten sie aufhören, die Nachfolge zu predigen! „Lässet auch ein Haupt sein Glied, welches es nicht nach sich zieht?“ Wir „bedürfen“ der anderen Glieder des Leibes, um am Kreislauf des Lebens, das vom Haupt ausgeht, Anteil zu haben. Das Leben eines Gliedes kann nur durch das ständige Nehmen und Weitergeben des Lebens CHRISTI in der Gemeinschaft der Glieder erhalten werden und wachsen. An welchem Ort, zu welcher Gliedschaft ich gehöre, bestimmt allein GOTT. Wer aber immer auf der Suche ist nach der idealen Gemeinschaft, wird sie nicht finden, sondern immer an ihr vorübergehen.

Die Hilfe GOTTES im Leiden

Auch Leiden gehört zum Wachstum der Gemeinde. Sie ist wohl in der Welt, aber sie ist hier ein Fremdkörper, der nicht zur Welt gehört. Sie ist eine „himmlische Sozietät“, die mit nichts bisher dagewesenem verglichen werden kann. Wundern wir uns nicht, wenn wir beim Bau der Gemeinde ähnlich wie Noah Spott und Hohn leiden müssen. Er baute auf dem Trockenen, weit entfernt von allem Wasser, ein Schiff. Der HERR baut mit uns auf der Erde ein Bauwerk, das für den Himmel bestimmt ist. Wenn das ZIEL unaussprechliche Herrlichkeit ist, dann ist der Weg ganz gewiß vom Leiden gekennzeichnet. Wir sollten freudig leiden und an unserem Teil erstatten, was noch mangelt an Drangsalen CHRISTI – GOTT nimmt Sich Seiner Sache in unaussprechlicher Geduld und Gnade an, um sie mit uns zum Ziel zu führen. GOTT kämpft, glaubt und leidet mit uns, und ER will, dass wir mit IHM das Ziel erreichen! Der Tempel GOTTES, die Gemeinde, ist in Guten Händen! „Denn hier ist IMMANUEL“, GOTT mit uns! (Aus „*Lebensfragen der Gemeinde JESU*“, Fritz Voll; gekürzte Wiedergabe; Text leicht ergänzt)

DIE VERHEISSUNG

Weithin im Lande herrscht heute ein geistlicher Mangel, ja Dürre und Hungersnot; es fehlt an einer göttlichen Offenbarung der Gemeinde. Diese Wahrheit über die Gemeinde aber ist unbekannt: **„Die Gemeinde (ist) Sein Leib, die Fülle dessen, der alles in allen erfüllt“** (Eph.1,23). Was heißt das? Das Volk GOTTES in unseren Tagen befasst sich mehr mit seinen menschlichen Organisationen, als mit diesem göttlichen Organismus. Selbst dort, wo manches über den Leib Christi gehört wurde, wo die Verheißung lehrhaft verkündet und mit dem Verstande einigermaßen aufgenommen wurde – hat man sie da im Geist ergriffen? Das ist die andere große Gefahr, die heute auf die Gemeinde eindringt. Denn ein intelligenter Mensch mag imstande sein, die Lehre vom Leib Christi, Seiner Gemeinde, zu verstehen, aber ohne göttliche Offenbarung wird er nur schemenhafte Umrisse erkennen; ein Skelett vielleicht, aber kein Leben, keinen Geist. Solche tote Wahrheit vermag dann niemanden zu erwärmen und zu begeistern. Und doch geht es hier um das tiefste Geheimnis aller Zeiten!

Im Neuen Testament gibt es drei Verheißungen, die alle anderen weit überragen, drei Verheißungen, die aber auch alle in besonderer Beziehung zur Gemeinde stehen. Es sind die drei" ICH werde" des Herrn Jesu Christi:

Ich werde ihn – den Heiligen Geist – zu euch senden (Joh.16,7)
Ich werde meine Gemeinde bauen (Matth.16,18)
Ich werde wiederkommen und euch zu mir nehmen (Joh.14,3)

Die erste Verheißung hat sich Pfingsten erfüllt; bei der zweiten ist die Erfüllung im Gange; bei der dritten steht sie bevor.

„Ich werde meine Gemeinde bauen" – das ist unsere Gegenwart. Es ist eine bedingungslose Verheißung, denn was auch immer mit GOTTES Vorausbestimmung zu tun hat, muß notwendigerweise bedingungslos sein. GOTT hat es sich „nach dem Wohlgefallen seines Willens" vorgesetzt (Eph.1,5+9). Um eine Sache richtig verstehen zu können, müssen wir ihre Anfänge untersuchen, ihren Ursprung kennenlernen. Dann werden wir ihren Weg verfolgen müssen, ihre Entwicklung, und schließlich sollten wir uns ihre Zielsetzung genau ansehen.

Ursprung und Berufung der Gemeinde

Wollen wir den Ursprung des königlichen Hauses in Israel wissen, so können wir die Geschlechter zurückgehen bis zu David. Wollen wir den Ursprung des Hebräergeschlechtes wissen, so finden wir Abraham. Fragen wir nach dem Ursprung des Menschengeschlechtes, so stoßen wir auf Adam. Um den Ursprung der Gemeinde zu finden, müssen wir den Bereich der Zeit und das Reich des Sichtbaren verlassen, denn zwischen uns und dem Ursprung der Gemeinde dehnt sich der unüberbrückbare Abgrund eines unergründlich tiefen Geheimnisses. Der Ursprung der Gemeinde ist GOTT Selbst! Wir lesen in Eph.3,9 daß die Gemeinde „in GOTT verborgen" war. Unfaßlich dem menschlichen Vorstellungsvermögen, verschlossen dem Einblick der Engel. Als GOTT den Plan der Zeitalter entwarf (Eph.3,11), suchte ER nicht Rat und Mitwirkung anderer; *„denn von IHM und durch IHN und für IHN sind alle Dinge"* (Röm.11,36; vgl.Kol. 1,16+17). Ja, **„WER hat die Wasser gemessen mit seiner hohlen Hand und die Himmel abgegrenzt mit der Spanne, und hat den Staub der Erde in ein Maß gefasst und die Berge mit der Waage gewogen und die Hügel mit Waagschalen? Wer hat den Geist des HERRN gelenkt?"** (Jesaja 40.12-15).

So ist es auch mit der Erlösung, die auf Golgatha geschah. Auch hier fragt die Schrift: „Wo ist der Weise (der solches *erklären* könnte)?" Der GEKREUZIGTE aber ist „Die Weisheit GOTTES" und die erfahrbare Kraft von GOTT

(1.Kor.1.Kapitel)! Nichts ist hinsichtlich der Gemeinde dem Zufall überlassen und nichts kann das ewige Vorhaben GOTTES mit Seiner Gemeinde vereiteln! Allen satanischen Angriffen zum Trotz wird sie und bleibt sie die Gemeinde, der Leib des HERRN. In der Kampfansage des unüberwindlichen und untrüglichen Christus in Matthäus 16,18 ist die Verheißung gegeben: **„die Pforten des Hades werden sie nicht überwältigen“**. Dieses Wort ist uns das Unterpfand für den Sieg. Denn nach dieser Zeit, wenn „alle Dinge im Himmel und auf Erden unter die Hauptschaft Christi gestellt sind“ (Eph.1,10) und nachdem auch die Dinge unter der Erde endgültig unterworfen sind (Phil.2,10), gerade dann wird die Gemeinde herrschen und die nächsten Zeitalter hindurch mit Christus regieren.

In Epheser 1,21 liest man von einem „kommenden Zeitalter“, in Eph.2,7 sogar von den „kommenden Zeitaltern“. In Eph.3,21 ist „das Zeitalter der Zeitalter“ erwähnt und schließlich in Offenbarung 5,14 wird von „den Zeitaltern der Zeitalter“ berichtet. Eine der letzten Absichten GOTTES für den Leib Christi ist die, ihn völlig in die Liebe (AGAPE) hineinzunehmen, das heißt, sich mitzuteilen und sich mit ihm zu verbinden (1.Kor.13,12).

Der Dienst der Gemeinde

Die Gemeinde, sich erbauend aus mancherlei Gliedern, hat eine gegenwärtige Aufgabe. Diese Aufgabe teilt sich in drei „Arbeitsbereiche“: nach außen – nach oben – nach innen. Diese Teildienste stehen in einem wechselseitigen Verhältnis zueinander. Nach innen: Sammlung; nach außen: Sendung; nach oben: Kundgebung den Himmeln. Die Gemeinde ist das Haus GOTTES! Sie zeigt etwas vom Wesen des HERRN. Nach innen: Frieden und Liebe; nach außen: Einheit und Herrlichkeit; nach oben: (die mannigfaltige Weisheit GOTTES in diesen zwei genannten Bereichen; - Verf.).

Der Dienst nach innen. Die Schriftstellen, die auf diese Seite des Dienstes Licht werfen, sind zu zahlreich, um sie alle zu erwähnen. Es geht um die Lebenseinheit des Leibes Christi, die mehr als Interessengemeinschaft ist, vielmehr aber wesensmäßige Einheit. „GOTT aber hat den Leib zusammengefügt“; im Grundtext heißt es „zusammengemischt“. Das englische Neue Testament gibt es auch so wieder; es heißt da: *„hath tempered together“*. „To temper“ bedeutet: zwei oder mehr Substanzen mischen, z.B. Wasser und Wein, so daß der eine Teil den anderen abändert, einschränkt, in seiner Qualität mitbestimmt. Der Wein teilt sich dem Wasser mit und umgekehrt. Welch schöner Gedanke! Da ist nicht ein Glied im Leibe Christi, das unabhängig von den anderen in seiner Qualität schon genügt und richtig ist, das sich „qualifizieren" könnte! Das ist ein weiterer Schlag gegen alle Eigenbrödelei und fromme Selbstsucht.

Der Apostel Paulus ist sehr bestimmt. Er sieht die Gefahr für die Heiligen, gleichgültig zu sein gegenüber den Ansprüchen, die der ganze Leib an sie stellt. Er ist in einem heftigen Kampf mit Mächten, die sie voneinander zu scheiden versuchen. Er möchte sie in Liebe zusammengefasst, verknüpft, verschmolzen wissen, damit sie das Geheimnis GOTTES sehen und fassen. Diese Wahrheit (der inneren Einheit in Liebe und Frieden und gegenseitiger Handreichung im Leib) ist so eindringlich, dass sie unser innerstes Wesen erreicht, unsere Herzen erwärmt und alle selbstsüchtigen Beweggründe und Handlungen zum Erliegen bringt. Und diese Wahrheit kann erfahren und praktiziert werden! Sie weckt ja in uns das Verlangen, uns um die anderen zu kümmern und einander – in der Liebe GOTTES – zu dienen. Es ist nicht so, dass wir dieser Wahrheit nur verstandesmässig zustimmen könnten (was vielleicht viele tun), sondern wir sind *ergriffen* von dieser Wahrheit; wir können ihr nicht ausweichen. Wir wagen nicht, GOTT in diesem Dienst untreu zu sein, weil so viel davon abhängt. Das ist die apostolische Schau der Gemeinde!

Der Dienst nach außen. GOTT will mit der Gemeinde in dieser Zeit in diese Welt hinein wirken. **„Ihr seid das Licht der Welt…"** (Matth.5,14-16). „…unsträflich und lauter, untadelige Gotteskinder mitten unter einem verdrehten und verkehrten Geschlecht, unter welchem ihr scheinet als Lichter in der Welt" (Phil.2,15). So sollen Christen wirken, so die Gemeinde, die Sein Leib ist. Strahlen der Wahrheit, der Kraft, der Liebe, der Heiligkeit vermögen in der Finsternis dieser Welt Irrtum, Hass, Unreinheit und Elend zu besiegen.

So wird die Gemeinde (1.Petr.2,9) die Tugenden GOTTES verkünden, die Liebe hinaustragen in die Welt. Die Gemeinde: die Arche des Neuen Bundes, das Rettungsboot in der Zeit. Wo Worte versagen, wird doch ein verwandeltes Leben in der Kraft des Geistes nicht ohne Einfluß, ohne Zeugnis und Sieg bleiben. Eine solche Gemeinde wird ganz von selbst die Tugenden, Vorzüge und Schönheiten, die vollkommenen und vorzüglichen Eigenschaften Dessen verkünden, der uns aus der Finsternis zu Seinem wunderbaren Licht berufen hat.So halten wir fest am Wort des Lebens – nur die Gemeinde, die Sein Leib ist und erfüllt mit Seinem Leben – kann „aussprechen das Wort des Lebens" in diese todgeweihte, untergehende Welt hinein! Darum lasst uns das Wort der Wahrheit und des Lebens „aussprechen!"

Der Dienst nach oben. Wir haben sicher bemerkt, dass solcher Dienst nicht allein und ohne das Leben selbst getan und bestanden werden kann. Aber mag es hier noch manche traurige Schauspielerei geben, auch manches rührende, falsche Bemühen, so versagen doch alle menschlichen Möglichkeiten in diesem letzten Dienst der Gemeinde. **„Damit jetzt kund würde den Fürstentümern und Gewalten in den himmlischen Regionen durch die Gemeinde die mannigfaltige Weisheit GOTTES“** (Eph.3,10). Den geistigen Mächten des Kosmos, den verschiedenen Gliederungen der Engel, soll GOTTES Weisheit *durch die Gemeinde* offenbar werden. Nicht in der scheinbaren Herrlichkeit des Menschen, nicht an der fleischlichen Weisheit der Großen dieser Welt sehen die Geister der Himmel die Herrlichkeit und Herrschaft GOTTES, sondern allein in dem Leib Christi, *Seiner GEMEINDE, „der Fülle Dessen, der alles in allen erfüllt“!*

Wir erfassen selbst wenig von diesem Dienst, aber seit die Gemeinde besteht, wird den Mächten des Kosmos die mannigfaltige Weisheit GOTTES kundgetan, lernen die Engel der Himmel *GOTTES Wege* mit dem erlösten Menschen und am Sein und Leben der Gemeinde. Die Engel – oder Fürstentümer und Gewalten – müssen aufs Höchste erstaunt sein, wenn sie *durch die Gemeinde* die „mannigfaltige Weisheit GOTTES“ zurückgestrahlt und entfaltet sehen. Denn in der Gemeinde sehen sie äußerst gegensätzliche göttliche Eigenschaften verschmolzen und in Einklang gebracht: die strengste Gerechtigkeit, die reinste Heiligkeit, die zarteste Barmherzigkeit, die tiefste Liebe und die höchste, grenzenlose Gnade wirken zusammen, um im Menschen das durch Ungehorsam und Sünde verlorengegangene göttliche Bild wiederherzustellen. (Diese „Länge, Breite, Höhe und Tiefe“ ist eben eine Wirklichkeit und ein Ausdruck, der nur „mit allen Heiligen“ in der zusammengefügten „EKKLESIA“ erreicht werden kann!, vgl. Eph.3; –Verf.). Wer kann sagen, wie die Entfaltung dieser mannigfaltigen Weisheit auf die Fürstentümer und Gewalten in den himmlischen Regionen wirkt?, **„in welche Dinge Engel hineinzuschauen begehren“**, wie Petrus sagte. Sie sehen dort auch die versöhnende Kraft des Kreuzes und des Blutes CHRISTI, welches aus *Juden und Heiden EINEN Neuen Menschen macht – im Leib der Gemeinde*! **„Denn durch IHN haben wir beide durch einen Geist den Zugang zum Vater.“** (Eph.2,15+18). (*Aus „Das göttliche Meisterstück“, von Tom Rees; gekürzte Widergabe; Text leicht ergänzt).*

„HEILIG, HEILIG, HEILIG, HEILIG IST DER HERR!“ – tönt es in gewaltigen Chören, im Neuen Lied vereint mit der Anbetung und dem Lob großer Engelsheere - und erhöht über den letzten Plagen des Zornes GOTTES in diesem Zeitalter singen die Überwinder das Lied des Moses durch die Himmelsräume: Offenbarung 15! Amen! **Das göttliche Meisterstück ist vollendet, und der HERR ist hoch erhaben und empfängt immerfort Sein Lob und Seine Ehre! Danach sehnen wir uns! Lassen wir noch einmal Paulus zu uns sprechen, der diese Sehnsucht mit allen Geheiligten in CHRISTUS teilt:**

„Darum lasse auch ich nicht ab, für euch zu danken und in meinen Gebeten an euch zu gedenken. IHN, den GOTT unseres HERRN JESUS CHRISTUS, den VATER, dem alle HERRLICHKEIT gehört, bitte ich darum, euch Weisheit zu geben, dass ihr IHN immer besser erkennt und ER euch zeigt, was Sein Wille ist; ...dass ER euch nach dem Reichtum Seiner Herrlichkeit verleihe, durch Seinen Geist mit Kraft gestärkt zu werden am inwendigen Menschen (der ist Christus). Und dass eure Liebe noch mehr und mehr überströme in Erkenntnis und allem Urteisvermögen, damit ihr prüfen könnt, worauf es ankommt – dass ihr erfüllt werdet mit der Erkenntnis Seines Willens in aller geistlichen Weisheit und Einsicht, in jedem guten Werk fruchtbar und in der Erkenntnis GOTTES wachsend, mit aller Kraft gestärkt gemäß der Macht Seiner Herrlichkeit zu aller Standhaftigkeit!" (Aus Epheser, Philipper und Kolosser). Amen!

„Eines erbitte ich von dem HERRN, nach diesem will ich trachten: dass ich bleiben darf im Haus des HERRN mein Leben lang, um die Lieblichkeit des HERRN zu schauen und IHN zu suchen in Seinem Tempel." (Aus Psalm 27)

„Auch auf dem Weg Deiner Gerichte, HERR, harrten wir auf Dich; auf Deinen Namen und Dein Gedenken war das Verlangen der Seele gerichtet. HERR, bringe Deine Gefangenen *(aus Babylon)* zurück wie die Bäche im Südland! - Ja, DU hast es gesagt, Du führe es auch herbei; Denn die Schrift sagt: Ich habe es geplant, und Ich vollbringe es auch!" (siehe Jesaja 26,8; Psalm 126,4; Jesaja 46,11*)* AMEN! DER HERR IST GROß! DER HERR IST KÖNIG! HOCHGELOBT SEI DER NAME DES HERRN! Amen

Gemeinde und Verkündigung – das kerygma

„Ich werde davongehen, an meinen Ort zurückkehren, bis sie ihre Schuld erkennen und mein Angesicht suchen werden; in ihrer Drangsal werden sie mich ernstlich suchen: Kommt, wir wollen wieder umkehren zum HERRN! Er hat uns zerrissen, Er wird uns auch heilen; Er hat uns geschlagen, Er wird uns auch verbinden! Sein Hervorbrechen ist so sicher wie das Licht des Morgens, und ER wird zu uns kommen wie ein Regenguß, wie ein Spätregen, der das Land benetzt! Neigt eure Ohren und kommt her zu Mir; hört, so wird eure Seele leben! Sucht den HERRN, solange ER zu finden ist; ruft IHN an, während ER nahe ist! Der Gottlose verlasse seinen Weg und der Übeltäter seine Gedanken, und er kehre um zu dem HERRN, so wird ER sich über ihn erbarmen und zu unserem GOTT, denn bei IHM ist viel Vergebung!" *Aus Hosea und Jesaja* „...damit mir das Wort gegeben werde, so oft ich meinen Mund auftue, freimütig das Geheimnis des Evangeliums bekanntzumachen,..." *(Eph.6,19).*

Wir sprechen bei diesem Thema über das Evangelium in der Evangelisation oder Verkündigung. Die „Frohbotschaft" als *„Euangelion"* ist in vielfältig bezeugter Form schon im Alten Testament vorhanden, wie die Eingangsworte oben zeigen. Aber als das Zeugnis der ERLÖSUNG DURCH DAS KREUZ CHRISTI JESU UND SEINER AUFERSTEHUNG entfaltet das Evangelium erst im Neuen Bund Seine von GOTT gegebene Kraft! Es steht geschrieben: **„Ihr werdet jedoch Kraft empfangen, wenn der Heilige Geist auf euch kommt, und ihr werdet Zeugen für Mich sein in Jerusalem und in ganz Judäa und Samaria und bis ans Ende der Erde."** (Apg.1,8 – H. Menge).

Sind „Power-aktionen" und „Kraftwirkungen (griech. Energemata)" das gleiche?

In der Pfingst-charismatischen Bewegung und deren „Dritter Welle" läuft der Begriff „Power Evangelisation." Mit \`Power\` gemeint sind insbesondere die Kraftwirkungen an Zeichen und Wunder, die zu Zeiten JESU und der Apostel im NT bezeugt sind. Auch evangelikale Führer und Lehrer der Dispensationalisten und der Brüderbewegung neigen sich heute zu den Lehren und Praktiken der „dritten Welle", die großen spirituellen und publikumswirksamen Charakter hat. Diese *Welle rollt* bis in den Vatikan (was nicht wundert, aber dennoch schmerzt), wo sie große Sympathien für den Papst und den Katholizismus ausschäumt. Dabei wird nicht zuletzt auch im Sinne von „Evangelikale-Correctness" Liebe, Einheit und gemeinsame Evangelisation betrieben.

Auf der Weihbischofssynode 2008 in Rom plädierte Papst Benedikt XVI seinerseits für eine *Neuevangelisierung* der Welt, für eine Absage an den Fundamentalismus und für eine neue Bibeloffensive, wobei die Bibel als „Codex der Weltkultur“ die Grundlage ist für den „Dialog mit der Welt“ (und ihren Kulturen, Religionen und Weltanschauungen). Es sei ein „Muß“, die Bibel in der Tradition der Kirche zu lesen. (Das alles ist nur getreu dem Schema des 2.Vatikanums). Wahrscheinlich werden vatikanische Strategien, die im Hintergrund die Vernetzungen von Evangelischen Allianzen, Neo-Evangelikalen und charismatischen Bewegungen in Europa und den USA mitschmieden, die „große Koalition für gemeinsame Evangelisation“ bald auf die Stroh-Bühne heben. Das wird dann der Zukunftslosung entsprechen, welche die Ökumene in Neu-Dehli schon 1961 ausgegeben hat: „Die Kirche soll sich bekehren zur Welt von heute.“

Im Jahr 2000 zählten sich weltweit ca. 65 Millionen Anhänger zur Bewegung der 3.Welle der „Power Evangelism.“ Fundamentalisten und „sture“ Evangelikale, die dem vatikanischen Ökumenismus noch immer widerstehen und durch die vorangehenden Wellen der Pfingst-charismatischen Bewegung nicht überwunden werden konnten, sollen von dieser Power-Welle überrollt und absorbiert werden. Wie gut ist es aber, dass das *BIBLISCHE EVANGELIUM* Menschen zu CHRISTUS zieht, und nicht zu einer religiösen Institution und Kongregation von Massenkirche! Und jene wohlgemeinten Bemühungen, der Welt ein Evangelium zu bringen, ein Popularitäts-Evangelium mit den dazugehörigen Methoden dieser Welt – wird von den Menschen verachtet und zertreten. Ein `Evangelium`, das GOTT zum Powerlieferanten degradiert und Bibelworte wie entschuldigend zitiert, das die moralischen Gesetze der Welt akzeptiert und mit Imitationen Illusionen verbreitet – <u>ist ein teuflisches Falsifikat und steht unter dem Fluch!</u>

Paulus kennen wir – wer aber seid ihr?

Welche „Kraft“ wirkt bei Power Evangelism? Nun, fragen wir einmal so: <u>*Wo*</u> ist die Kraft der Auferstehung, die Kraft des HEILIGEN GEISTES in ihrer Verkündigung? Seelen werden massensuggestiv aufgewühlt, der Einzelne aber wird nicht zur Begegnung mit GOTT geführt. <u>*Wo*</u> ist die Konfrontation des sterblichen Menschen mit dem absoluten Herrschaftsanspruch GOTTES? Programmgestaltungen sind der Ersatz dieses Anspruchs und seiner Souveränität. <u>*Wo*</u> ist die Schärfe es Schwertes des Wortes GOTTES, <u>wo</u> die „Salzkraft“, die Sünder zum Tode verurteilt, und wo das vollmächtige Wort des Evangeliums, das ihn rettet? Ach, ein wenig Talkshow oder Sketche, vielleicht bringt auch Theater oder ein ergreifendes „cooles“ Musical den erhofften Effekt? <u>*Wo*</u> ist die Tiefe des göttlichen Ratschlusses, die den „Menschen“ in seiner Bestimmung in CHRISTUS darstellt? <u>*Wo*</u> ist das „Wozu“ der Erlösung?! Wie bitte? *Achso*, dafür gibt’s `Evangelium` a la carte.

Es wird von führenden und berühmten Evangelikalen und Charsmatikern gesagt, sie wären bei ihren Papstaudienzen zur Überzeugung gekommen, dass der römische Pontifex ein wiedergeborener Christ sei. Wohl schon als „Überwundene" müssen sie zu dieser Überzeugung gelangt sein, um einen `gemeinsamen Hirten und Wolf im Schafspelz` aufzusuchen. Denn niemand wird als Papstgegner zur Papstaudienz eingeladen, sondern Balak bietet viel für religiöse Dienste. Den Mächten der vatikanischen Geisterfabrik widersteht kein Bileam. Das Evangelium, das der Papst meint, ist das des römisch-katholischen Hirtenamtes mit der himmlischen Jungfrau Maria als Retterin und Erlöserin. Die Kraftlosigkeit eines `Power Evangelism` dient dazu nur als Transmissionsriemen in die charismatische Welt. Die dritte „Power-Welle" ist eine sichere Behausung der Dämonen, die niemanden kennen, der ihnen hier in biblischer Kraftausrüstung widersteht. Sagt, wie sollten unbekehrte, nicht wiedergeborene religiöse Menschen wie der Papst und seine Jesuiten mitsamt den Scharen von charismatischen Christen mit so einem Falsifikat von Evangelium die „Welt evangelisieren?" Die heiligen Engel weinen und schaudern zurück, die teuflischen Engelsmächte spotten und lästern.

Der lange Weg der Aufweichung

Wir müss(t)en doch entsetzt sein, was heute unter Evangelium firmiert und geboten wird und fragen, woher die sträfliche Aufweichung des Evangeliums und die trancehafte Gleichgültigkeit dieser Tatsache gegenüber kommen. Einige wichtige Gründe seien kurz genannt. Aufgrund der Aufklärung im 17. und 18. Jahrhundert setzte im 18. / 19. Jahrhundert die „rationale Textkritik" ein und führte zur Bibelkritik. Diese führten dann im 19. Jahrhundert zur liberalen Theologie. Obschon es auch in diesen Epochen gesegnete Erweckungen gab, hörten diese Ende des 19. Jahrhunderts unter liberalem Einfluß auf, und der Abfall vom Glauben an die Irrtumsfreiheit und Inspiration der ganzen Bibel breitete sich im Protestantismus aus. Im 20. Jahrhundert schließlich wurde die moderne Textkritik auch im akademischen Evangelikalismus integrierter Bestandteil. Heute im 21. Jahrhundert ist die gesamte theologische Ausbildung vom anthropogenen Liberalismus beherrscht – und die ganz wenigen richtungsweisenden Ausnahmen wie die ART in Hannover es war oder die STH Basel noch ist? Laßt uns für solche beten, dass sie standhaft bleiben. Und der Rest? Wo sind sie und wo hört man sie? So wie einst das Fuller-Seminar in den USA nach Jahrzehnten des Widerstandes vor dem Liberalismus kapitulierte, brechen heute in Europa die letzten theoloischen Ausbildungsstätten vor dem säkularen Wissenschaftsanspruch weg – sie beugen ihre Knie vor dem Baal. *„IRRET EUCH NICHT…!"*

Im Weiteren zitiere ich den wertvollen Aufsatz von Dr. theol. Karsten Ernst, Filderstadt bei Stuttgart, *Word Download*:

Bis Mitte der 60er Jahre (im 20.Jhdt.) hatten wir Erfolg mit der Art der Evangelisation, wie sie Moody betrieben hatte. Billy Graham zog in den 50er und 60er Jahren grosse Scharen an. In Amerika, Asien, Afrika und Europa kamen Zehntausende in die Stadien. Doch ab den 70er Jahren setzte in unserer Gesellschaft eine Individualisierung ein. Damit ging auch Stückweise das Interesse an Massenversammlungen zurück. So ergab sich eine neue Frage: „Wenn die Art, mit der wir bisher evangelisiert haben, nicht mehr ankommt, wie evangelisieren wir dann?" Und so entwickelte man einen Evangelisationsstil, der durch zwei englische Schlagworte charakterisiert wird: > **kreative Evangelisation** < und > **Entertainment-Evangelism** < (= Unterhaltuns-Evangelisation).

Damit stand man vor der gleichen Grundfrage, die auch Ch. Finney bewegte: Ich möchte Menschen *dazu bringen*, dass sie sich für JESUS entscheiden. Sie *können* das, sie müssen nur *wollen.* Nun *will* der moderne Mensch aber nicht. Warum will er nicht? Weil die Botschaft nicht ankommt; sie ist ihm langweilig. Wie bringe ich ihn dazu, dass er sich auf einer Evangelisation nicht langweilt? Aus dieser Fragestellung entwickelte sich die *kreative oder Unterhaltungs-Evangelisation.* Der Mensch will nicht, es ist ihm langweilig; er *könnte* aber wollen. Nun muss ich ihn dazu bringen, dass er will. Wie bringe ich ihn aber dazu, dass er will? Nun, indem ich ihm zunächst das biete, *was er* will. Gab es auf den Evangelisationen in den 60er Jahren noch ein auf wenige Elemente begrenztes fest gefügtes Schema, so wird nun eine Vielzahl von Dingen eingeführt, um bei Menschen ein Interesse am Evangelium zu erzeugen. Die Vielfalt wurde deswegen nötig, weil sich das Bild unserer Gesellschaft so grundlegend gewandelt hat. Die Gesellschaft ist immer egoistischer geworden. Jeder zieht sich zurück auf seine Wünsche und Vorstellungen. Der eine mag dies, der andere das.

Dieser Entwicklung trägt die neue Art von Evangelisation Rechnung. Sie ist gleichsam ein Abklatsch dessen, was wir in unserer Gesellschaft erleben. Der eine mag Sport, der nächste Theater, der dritte mag Musik. Jedem dieser Interessen wird Rechnung getragen, und so ist eine unendliche Bandbreite an Evangelisations-Techniken entstanden. Hintergrund war wieder nur diese eine Frage: Wie bringe ich den Menschen dazu, dass sie wollen? Da aber nun Unterhaltungs- und Showelemente in den Vordergrund rückten, geschah es gleichsam zwangsläufig, dass die Verkündigung des Wortes GOTTES immer weiter zurückgedrängt wurde. Was wir bei Moody oder auch noch bis in den 60er Jahren bei Billy Graham an Positivem hatten, war zumindest, dass die Predigt noch im Mittelpunkt stand. Doch was wir heute trauriger weise erleben, ist, dass selbst die Botschaft immer mehr an den Rand gedrückt wird, weil die Menschen sie letztlich immer weniger hören wollen. Und doch wollen wir es uns bei den Evangelisationen in unserem Land einfach nicht eingestehen, dass wir eine Botschaft bringen, die die Menschen ablehnen. Wir sind der Überzeugung: Wenn der HERR nicht das Wollen schenkt, wird es auch nicht zu einer Veränderung kommen. Nun aber evangelisiere ich, und *ich* möchte doch *Erfolg* vorweisen. Nun habe ich Menschen vor mir, die nicht *wollen.* Da muß ich folgendes machen, so denken wir heute: Ich muß ihnen halt das geben, *was sie wollen*, auf Kosten dessen, was ich verkündigen sollte. So ist eigentlich das, was wir als `kreative Evangelisation` erleben, ein sehr trauriger Vorgang, weil es letztlich dazu führt, dass wir mit den Menschen nichts anderes machen, als sie in ihrem Egoismus zu bestärken.

Wir sagen ihnen nicht mehr wie früher: „Es ist egal, wer du bist, du magst Theologieprofessor oder du magst Bauer sein; ihr seid beide Sünder und habt beide Busse nötig, ja ihr habt beide eine totale Umkehr nötig. Und dir hilft in deiner Stellung vor GOTT deine Bildung nichts, und dir hilft dein Bauernhof nichts." Doch heute wird jeder Mensch in den Mittelpunkt gerückt, aufs Podest gehoben. Es wird ihm gesagt, wie wunderbar, *wie toll und wie wertvoll er ist.* Haben Menschen in unserer Gesellschaft etwas erreicht, so werden sie besonders umworben. Was für ein Bild haben wir eigentlich von der Gemeinde JESU? Wir wollen nicht mehr Menschen sein, die im Angesicht GOTTES gedemütigt wurden, niedergefallen sind und gesagt haben: *„Ja, HERR, ich weiß, dass ich nichts anderes als den Tod verdient hätte; aber DU hast mich aus Schmutz und Elend herausgezogen!"* Nein, sondern wir bekommen durch diese Art der Evangelisation Menschen, die vor Selbstbewusstsein des Ichs nur noch strotzen. Und das ist etwas, das uns sehr traurig machen sollte." *(Zitat Ende; Hervorhebung kursiv durch den Verf.; Mein Dank an Br. E. Karsten).*

„Du aber bleibe!" (2.Timotheus 3,14)

GOTTES Wort, *das Wort vom KREUZ*, muß im fundamentalen Klartext und in Vollmacht verkündet werden! Wir nehmen die scharfen geistgeschliffenen Waffen der Schrift und überlassen die stumpfen Spielzeugwaffen dem Pseudochristentum. Die charismatischen Wellen haben die Waffen stumpf und weich gemacht, damit das WORT niemandem mehr weh tut. Was für ein Sakrileg! Das WORT *muß* durchs Herz, durch das Zentrum des Menschen gehen, wenn es Menschen retten soll! Nicht Schnupperkurse fürs Christentum, bedürfnisorientierte Benutzerfreundlichkeit, pragmatisch-christliche Selbsthilfeprogramme und dgl. andere mehr braucht die todgeweihte Menschheit! Jede Narrheit, jeder neue Modetrend wird heute aufgenommen im marktorientierten Christentum, und seine marginale `Botschaft` wird im Vorhof zertreten. Christlich-charismatische Händler, Krämer und Gaukler tummeln sich in den Medien und auf den Show-Bühnen. Weltförmigkeit ist ein Trendsetter – wie kann aus diesem Sumpf etwas anderes als eine „Makulatur-Botschaft" herauskommen? Aber die SCHRIFT hat diesen Abfall vorhergesagt! Und wir sagen: *„Fahrt hin, ein andre Sonne, mein JESU, meine Wonne gar hell in meinem Herzen schein!"*

Heutzutage werden in den Verkündigungen allgemein die vollkommenen Eigenschaften GOTTES in Seinem Wesen vermieden, weil sie die unvollkommenen Menschen ins Licht der göttlichen Wahrheit stellen. Da wird viel von Liebe, aber nicht vom Zorn GOTTES gesprochen, viel von Vergebung, aber wenig von GOTTES Heiligkeit. Schon viele Gottesmenschen haben festgestellt: „Das Predigen heute ist mehr therapeutischer als prophetischer Art." So wird die gesunde Gottesfurcht aus der Verkündigung weggenommen, das gerechte und strafende Walten GOTTES auf Passivität reduziert und auf menschliches Niveau herabgezogen! Sie denken und reden von einem Gott, der nicht meint was er sagt. Das ist eine religiöse Form von Abgötterei und Menschenvergötzung! Nehmen wir als Korrektur dafür das erste Kapitel des Römerbriefes, das sehr aktuell die Zustände unserer Gesellschaft aufzeigt. Das dämonische Gefälle der Sünde und Versklavung unter Satans Herrschaft wird beschleunigt aufgrund der Tatsache, dass Menschen GOTT nicht anerkennen und nicht danken, sondern die Herrlichkeit des unvergänglichen GOTTES verwandeln und vertauschen in das Bild von vergänglichen Menschen und Tieren! *Da werden sie dahingegeben wie die Spreu im Zorn GOTTES!, die sich „ihren Gott nach ihrem Bild schaffen wollen, anstatt in Sein Bild verwandelt zu werden!"*

Satan benutzt den Menschen in seiner Rebellion gegen GOTT in der Vermenschlichung Gottes: Lügen sollen Wahrheit ersetzen, Evolution anstelle SCHÖPFUNG, Humanismus ersetzt biblischen Anspruch usw. In dem Lügensystem dieser Welt mit ihren Entitäten wird der kleine sterbliche Mensch zu „Gott" gemacht und als „Geschöpf" zum Gegenstand der Verehrung, anstatt des SCHÖPFERS, der gelobt ist in Ewigkeit, amen! Nach dem Humanistischen Manifest soll das 21. Jhdt. das humanistische Jahrhundert sein, und das Programm in diesem Manifest ist die Inthronisierung des Menschen – aber die schriftgemäße Verkündigung eleminiert dieses Truggebilde! Dieses pathologische Gedankengut vom vergotteten Menschen schwemmt auch in christlich liberale und charismatische Kreise hinein, es ist die Selbsterhebung- und Erhöhung anstelle von **„Metanoeite“** (= Umkehr) und Glauben! Hier wird die Wirklichkeit der Sünde umgedeutet und verniedlicht in Charakterschwächen und Fehler. Diese werden dann als Schatten der Persönlichkeit bezeichnet, die Person selbst aber wird rehabilitiert. Das wirkliche ursächliche Problem des Menschen, seine verdorbene gerichtsfällige Natur wird nicht erreicht und angesprochen, seine Gottlosigkeit wird zugedeckt, statt aufgedeckt! Das ist für den verlorenen Menschen sehr, sehr verhängnisvoll, denn es steht geschrieben: **„Es wird geoffenbart GOTTES Zorn vom Himmel her über alle Gottlosigkeit und Ungerechtigkeit der Menschen, welche die Wahrheit durch Ungerechtigkeit aufhalten!“** (oder niederhalten *„katehonton“*) Röm.1,18a).

Unterdrückung von GOTTES Wahrheit und Gerechtigkeit bewirkt Seinen Zorn! Das heutige humanisierte Christentum vergisst zusehends, dass das Evangelium der Gnade GOTTES zugleich auch ein Evangelium der Gerechtigkeit GOTTES ist – ohne diese wird Seine Liebe nicht wirksam, denn GOTT *WILL* den *verdorbenen Menschen* aufgrund seiner *zugestandenen Ungerechtigkeit* mit einer geschenkten Gerechtigkeit erretten, mit der Gerechtigkeit CHRISTI! Der profane Humanismus, der keinen GOTT will und wollte, dafür die Evolution und Selbstgesetzgebung wählte, der führte mit dem Naturalismus des 19. und 20. Jahrhunderts zum Okkultismus der Newage-Spiritualität. Und der Niedergang dieser unserer spiritualisierten Zivilisation ist zuerst im Niedergang des Christentums zu suchen, *in Laodizäa!* Darum müssen wir die Eigenschaften der Gerechtigkeit und Heiligkeit und Liebe GOTTES umso schärfer in schriftgemäßer Weise im Zeugnis der Verkündigung darstellen! „Denn es wird darin (im Evangelium) geoffenbart die Gerechtigkeit GOTTES aus Glauben zum Glauben, wie geschrieben steht: Der Gerechte wird aus Glauben leben.“ (Römer1,17).

Ein Glaubensbruder schreibt über schuldhaftes Verschweigen: *„Ganz augenscheinlich sprechen gläubige Männer und Frauen nicht so, wie sie sollten, wenn der Feind in das Heiligtum eindringt und es besudelt! Spaß und Scherz, Filme und Romane, Bilder aus der Welt der Unterhaltung und religiösen Zerstreuung, Wirtschaft, Technik und primitive weltliche Philosophien überrollen das Heiligtum. Der betrübte Heilige Geist schwebt über dem Chaos, doch es wird nicht Licht…!“*

Hinweg, **Hinweg !!**

Hinweg mit einem Kreuz- und Blutlosen Erfolgsevangelium!
Hinweg mit den fleischlichen Ovationen und Lobhudeleien!

Hinweg mit „coolen" Darbietungen und „cooler" Verunehrung Seines NAMENS!
Hinweg mit dem Ansehen der Person, Rang, Namen und Titel!
Hinweg mit dem Lügengeist und dem Zeitgeist der Anpassung!
Hinweg mit dem Hang zur Selbstverwirklichung und geistlichen Prostitution!
Hinweg mit dem Geist der Menschenfurcht und Eigenliebe!
Hinweg mit Stolz, Neid, Unglauben, Selbstgerechtigkeit und Herzenshärtigkeit!
Hinweg mit Rationalismus, Formalismus, Materialismus und Vernunftstheologie!
Hinweg mit unbiblischen Traditionen, Methoden und aller Weltfreundschaft!
Hinweg mit dem Ohrenkitzel seelischer Bezauberung und Begeisterung!
Hinweg mit allen stummen und magischen und redenden Götzenbildern!
Hinweg mit dem Geist der Schlafsucht, der Lauheit und der Resignation!
Hinweg mit Profilierungssucht, Heuchelei und Schwärmerei!
Hinweg mit aller Unreinigkeit, Lüsternheit und Habsucht!
Hinweg mit den „suchtgefährdenden Götzen" des Fernsehens (Internet-Sucht inbegriffen)!
Hinweg mit dem Geist der Vermischung und der Ökumene!
Hinweg mit dem humanistischen GOTTES- Welt- und Menschenbild!
Hinweg mit aller Art von Spiritualität, Esoterik und Okkultismus in Gemeinde und Verkündigung!
Hinweg mit den fremden Altären und fremden Feuern!
Hinweg mit all diesem von der Ekklesia, das den Glanz SEINER Herrlichkeit lähmt!!

Zurück! **Zurück!!**

Früher waren die Begriffe „Weltförmigkeit" und „Absonderung" (vgl. Röm.12,2; 1.Joh.2,15) die heilige Scheidungslinie zwischen „Reich GOTTES" und „Reich der Welt bzw. dem Reich der Finsternis." Aber davon hat man sich im New-Age-Zeitalter *befreit*, und so sind die Übergänge zwischen den beiden Reichen fliessend geworden, nur mit dem einen großen Irrtum: Finsternis und Weltförmigkeit haben keinen Anteil am Reich GOTTES, auf dem breiten Weg gibt's keinen schmalen, und auf dem schmalen keinen breiten – die göttliche Scheidung zwischen LICHT und Finsternis bleibt von Anfang der Schöpfung an bestehen! *„Der wahre Kern des christlichen Glaubens ist Absonderung von der Welt"*, sagte Spurgeon. Dem stimme ich voll zu. Der Apostel Paulus musste sich mit den Irrläufern und Irrlehren der Gnosis und weltlich gesinnten Feinden des Kreuzes herumschlagen und empfahl dabei seinem geistlichen Sohn Timotheus: **„Du aber bleibe in dem, was du gelernt hast und was dir zur Gewissheit geworden ist…"**

„Jetzt aber gebietet GOTT allen Menschen überall, Buße zu tun." (Apg. 17,30)

Der gesegnete und sehr geschätzte Jugendpfarrer Wilhelm Busch schrieb in einer Andacht: „Über alle in- und ausländischen Rundfunk- und Fernsehsender, durch alle Zeitungen, durch Maueranschläge und Plakate sollte man es bekannt geben: Der HERR und Herrscher über alle Welt hat eine Verfügung erlassen, von deren genauen Befolgung unser zeitliches und ewiges Schicksal abhängt! Und dies ist die Verfügung: GOTT gebietet allen Menschen an allen Enden der Erde, Buße zu tun!"

„Metanoeite – *Ändert euch von Grund auf! Sinnet (denkt) um und kehrt um!*" Das rief Johannes der Täufer, und der Herr JESUS rief den Menschen zu: **„Erfüllt ist die Zeit** (*kairos* = rechter Zeitpunkt, GOTTES Stunde, bestimmte Frist), **und nahe gekommen ist das Reich GOTTES. Denkt um und glaubt an das Evangelium!"** „Metanoeo" ist das griechische Wort für die „reuevolle Sinnesänderung" als eine Abwendung vom bisherigen Zustand und Verhalten und Hinwendung des Herzens zu GOTT! Diese Beschreibung des griechischen Ausdrucks „Metanoeite" ist besser und sinngemäßer als die Übersetzung „Tut Buße" aus der lateinischen Vulgata. Auch die New King James Version (Matth.3,2+4,17) sagt „Repent!" (= „Bereut").

Diese Reue beinhaltet Sinnesänderung in Bezug auf GOTT, auf sich selbst und auf die Sünde. Bei biblischer Buße werden keine Strafzettel verteilt und keine religiösen Übungen und Regeln vollzogen, da helfen keine Askese und keine religiösen Reliquien, sondern es erfolgt die bewusste Herzenswendung hin zu GOTT, die mit Reue über die Sünde und Sünden im eigenen Leben verbunden ist. Diese *„HINWENDUNG"* zu DEM, der unsere Sünden getragen und gesühnt hat, und DER darum Sündenschuld restlos vergibt und tilgt, bewirkt unsere Rechtfertigung vor GOTT! Deswegen muß die Botschaft des Evangeliums den Menschen elementar treffen, ihn überführen und richten, und deshalb darf das Salz des Evangeliums nicht fade und dumm werden. Was geschieht mit einem Evangelium, das die unheilbaren Wunden der Sünde nicht mehr aufdeckt? Was geschieht, wenn die heilsame Gnade GOTTES zu einer Bedürfnisreligion erniedrigt wird mit dem Tenor: *„Jesus liebt dich"* und *„Wie kann mein zeitliches Leben gelingen?"* Was ist die Folge, wenn ein zeitgemäßes Evangelium Anleihen von der Welt nimmt (was das wahre EVANGELIUM nie tut), um Sympathien zu erwecken mit Pantomime, Sketch, Theater, Schauspiel (Film), Musicals, Rock, Rap, Pop etc.? Es wird keine Salzkraft mehr haben, und JESUS sagt, was dann passiert: **„Es taugt zu nichts mehr, als hinausgeworfen und von den Menschen zertreten zu werden"** (Matth.5,13). Es mag etwas aufwühlen, aber es „dient" mehr zur Unterhaltung der Gläubigen und Ungläubigen, und letztere sind in diesem Genre meist bessere Darbietungen gewohnt.

„Ihr seid das Salz der Erde; wenn aber das Salz fade geworden ist… "Das Wort für „fade" und für „Torheit oder Narrheit" ist im Griechischen dasselbe (= *moria*). Die Weltweisheit wird in 1.Kor.1. *„moria"* genannt, und somit als „närrisch, verrückt, fade und dumm" erklärt. Das heißt auch, dass alles, was aus diesem Kosmos „Welt" entstammt – sei es Wissenschaft, Kunst, Literatur, Entertainment, Philosophie, Ideologie usw. für den *geistlichen Gebrauch des Evangeliums* völlig unbrauchbar und untauglich ist! Denn *„moria bzw. moraino"* steht im Gegensatz zur *„sophia tou theou"*, zur Weisheit GOTTES! So darf unsere Verkündigung nicht in irgendeiner Form von „moria" geschehen, damit das Wort vom Kreuz nicht entleert wird!

Nur ein „abgesondertes Evangelium" sondert Menschen ab, und keine Zeit wie „jetzt" braucht so dringend das umfassende Licht des echten Evangeliums! Nur das alte, abgesonderte Evangelium bringt Menschengeist in Berührung mit GOTTES Geist; jede andere Wirkung, die nicht tiefer geht als in die Stimmungen und Emotionen, wird wurzellos verwelken. Das Prinzip der bewahrenden Salzkraft wird bei Paulus zum Prinzip der Absonderung des Leibes CHRISTI: **„Zieht nicht in einem fremden Joch mit Ungläubigen! Denn was haben Gerechtigkeit und Gesetzlosigkeit miteinander zu schaffen?"** (2.Kor.6,14; vgl. auch 2.Tim.2,19+3,5).

Was ist ein „Joch" oder eine Jochgemeinschaft? Wir sehen in der Bibel das Joch als Bild der Herrschaft. Im Blick auf die Jochgemeinschaft sehen wir, dass zwei ungleiche Tiere nicht in ein gleiches Joch gespannt werden dürfen. Ein Joch kann auch ein ganzes Volk beherrschen, und dieses kann seine Befreiung davon erringen, wenn GOTT das Joch von der Schulter nimmt oder das Volk sich das Joch vom Hals reisst. Das Joch, welches der HERR Selbst auferlegt, ist ein sanftes Joch. Heute spricht man viel von Beziehungen zwischen Christen und Nichtchristen wie „Beziehungen für Distanzierte" und dergleichen, wo man nicht mehr genau sagen kann, wer zu wem hingezogen wird. Denkt an die Paulusformulierung oben! Natürlich haben wir Kontakt mit den Ungläubigen, aber die Frage muß bleiben, wer **wem** auf welcher **Ebene** *wie* begegnet. Im NT sehen wir, wie die Christen der Welt das Wort bezeugen und CHRISTUS auch mit ihrem Leben verkünden, aber sie lassen es nicht zu, dass irgendjemand sie dahingehend einschränkt, in welche Bereiche JESUS hineinpasst und in welche nicht. Dennoch rühmte sie das Volk, weil die Stadt auf dem Berge leuchtete! Das Volk sah authentisches Christsein, nicht christliches Scheinwesen. Wir sollen eben nicht „christlich“ sein, sondern wir sollen Christen sein – die *„des Weges mit CHRISTUS!“*

Das Kreuz wird immer (sofern es nicht verleugnet wird) der Einfluss sein, der zwei ungleiche Schöpfungen voneinander scheidet. Der HEILIGE GEIST wird mit Seinem Schwert des Wortes diese Grenzlinie und Scheidung deutlich markieren. Es gibt die gesunde Quellenscheidung in der Ekklesia, wo die sanfte Jochgemeinschaft mit dem HERRN JESUS eine Solidarität mit der Weltförmigkeit und „moria“ kategorisch ausschließt. Die Gläubigen des NT gehen nicht zur Welt, um sich deren Geistern zu unterwerfen und das zu nehmen, *was die Welt kennt.* Die Gläubigen der Ekklesia *überwinden* die Welt durch ihren Glauben und bringen der Welt etwas, *das sie nicht kennt! Frohe, himmlische Botschaft! Good News! Glad Message – in Erweisung des Geistes und der Kraft!*

Wollen oder „ziehen“ zum Wollen?

Wir haben weiter oben über den biblischen Bekehrungsprozess, über GOTTES Souveränität und die menschliche Verantwortung im Zusammenhang mit Calvinismus und Arminianismus gesprochen. Vorhin sahen wir die Entwicklung zur Aufweichung des Evangeliums – zum Evangelisationsstil der >kreativen Evangelisation< und dem >Entertainment-*Evangelism*<. Beide Evangelisationsformen können den **biblischen** Bußruf nicht vermitteln. Der auf das Einwilligen des Menschen zielende pragmatische Ansatz in der Verkündigung, ihrer Darbietung und ihrer Methoden hat schon zu Charles Finneys Zeiten eine abgebrannte bzw. ausgebrannte Landschaft hinterlassen. Und heute hat die drastische Steigerung des Individuaslismus und Materialismus zum Irrationalismus hingeführt, dem man mit guten Vernunftgründen und Argumenten nicht mehr beikommen kann. Die Postmoderne meint, dass die Vernunft versagt habe, dass alte Vorstellungen objektiver Wahrheit out sind und dass es somit keine kulturelle und Völker verbindende Wahrheit und Antwort gibt. Jetzt werden alle Religionen akzeptiert; Aberglauben und Spiritualität gewinnen hohen Stellenwert, während die Moral ihren Stellenwert und Maßstab verliert. Jetzt zählt nur die subjektive „Wahrheit“ und der Glaube an das Irrationale.

Was ist die biblische Antwort auf diese hoffnungslose Situation? *Nein, die biblische Botschaft beginnt nie bei den „Denknöten“ der Menschen, sondern bei ihren Existenznöten*, wie es (Dr.Dr.) Gerhard Bergmann sehr richtig sagte. Wenn Christen der satanischen Versuchung Raum geben, eine mental abgestumpfte und egoistisch blockierte Gesellschaft mit einem „Evangelium“ zu erreichen, das diese Zustände mit dem Zauberstab der suggestiven Bedürfnisbefriedigung und Unterhaltung überwinden soll, sind die Rollen vertauscht worden. Ein *Deal* teuflischer Verblendungskunst. Die Fokusierung auf die Zustimmung des *menschlichen Willens* mit diesseitsbezogenen, irdischen Angeboten ist kein himmlisches Evangelium, sondern Lüge und Täuschung eines teuflischen Falsifikats! Es ist vergänglicher Same und entreisst dem Satan die Beute nicht, sondern belässt diese im Dämmerschlaf, der in Tod Gericht und Verderben führt!

In gewisser Weise waren schon bei John Wesley und George Whitefield (18. Jhdt.) die Gegensätze in der Verkündigung da; Wesley betonte die Willensfreiheit im Prozess der Bekehrung, während Whitefiled das calvinistische Leitbild verteidigte. Dennoch bekehrten sich viele Menschen unter ihrer unterschiedlichen Verkündigungsweise, weil diese noch das Wort GOTTES in das Zentrum stellte! Der Geist GOTTES hat mit unseren Lehrstückwerken kein Problem, solange wir damit nicht die Bruderschaft aufkündigen und mit dem „Schwert der Rechthaberei" alles andere töten. Da hört sofort jede wahre Erweckung auf, liebe Brüder, und der Geist des HERRN zieht sich zurück! Aber bei Wesley und Whitefield war Liebe und Vollmacht und gegenseitige Annahme da, trotz unterschiedlicher Positionen. Keiner von beiden „half" dem Willen der Menschen mit weltlichen Methoden nach, weil sie GOTT noch vertrauten!

Reformatorische Verkündigungsmethode

Es steht geschrieben: **„…aber das Wort des HERRN bleibt in Ewigkeit. Dies aber ist das Wort, das euch als Evangelium verkündigt worden ist. Denn ihr seid wiedergeboren nicht aus vergänglichem Samen, sondern aus unvergänglichem durch das lebendige und bleibende Wort GOTTES."** (1.Petr.1,25.23). Wenn man die Predigten der Apostel in der Apostelgeschichte liest, sehen wir die entscheidenden drei Kriterien einer siegreichen Verkündigung: A) Salbung und Vollmacht; B) Sendung; C) Wort GOTTES. Das biblische Zeugnis und Muster der Verkündigung ist ein Zusammenspiel dieser drei Voraussetzungen und erreicht erst dann die Menschen tiefer als nur auf ihrer seelischen Gefühls- und Verstandesebene, *es erreicht das HERZ und Gewissen!* Und erst von dort aus bewirkt das in Kraft gesprochene Gotteswort den Prozess der Gewissens*frage* und des Umdenkens und des Umkehrwillens – bis es im Endergebnis zur geistlichen Neugeburt von OBEN kommt. Dieses unvergängliche Wort des HERRN muß verkündigt werden, ohne methodischen Schnick-Schnack, ohne die üblich begleitenden und umrahmenden weltlichen Rhytmen; singt doch wieder die herrlichen Lieder aus den gesegneten Erweckungszeiten, die das **teure**

Blut JESU rühmen und solche von Paul Gerhard oder andere gehaltvolle, neue und lebendige Glaubenslieder, die der Geist GOTTES schenkt! Verzichtet auf jede Art weltlicher Rhytmen und Texte. Die Mitwirkenden bei der Verkündigung müssen wie der Verkündiger selbst in der Heiligung stehen, wenn der HEILIGE GEIST wirken soll. Ohne IHN kommt niemand zu einer echten Wiedergeburt, höchstens zu einer *Verstandes*bekehrung oder religiösen Erfahrung!

„Denn ihr seid wiedergeboren ....durch das lebendige und bleibende Wort GOTTES.“ Diese Wahrheit mit dem Zeugnis der Apostelgeschichte und ferner die reformatorischen Erweckungen in der Geschichte belegen die Tatsache, dass alle Aktivitäten und Methoden von Seiten des Menschen *im* Menschen keinen geistlichen Prozess in Gang bringen können, wohl aber eine gewisse gefühlsmässige Reue oder äussere Erregung. Solche Menschen sind aber noch nicht bekehrt dadurch, und sie sind nicht eine geistliche Neuschöpfung. (Einsichten einiger Führer von Mega-Kirchen in den USA hinsichtlich dieser Tatsachen kommen sehr spät, denn sie wurden früh gewarnt). Dennoch, auch ein „sehr spät“ ist besser als ein „zu spät.“ Wenn schon bei den Schöpfungsarten in 1. Mose die Erbinformation in den DNS eine Mutation zwischen den Arten nicht zulässt, weil ihre spezifische Information festgelegt und unverändert bleibt, und somit aus Fischen keine Vögel und aus Affen keine Menschen werden – werden aus natürlichen Menschen ohne geistliche Lebensinformation durch das unvermischte, bleibende und wirksame Wort GOTTES auch keine geistlichen Menschen entstehen.

Ich möchte noch einmal Karsten Ernst zu Wort kommen lassen, der über die nachreformatorische Verkündigung schreibt: „GOTTES Wort wurde ins Zentrum gerückt, GOTTES Wort alleine! GOTTES Wort wirkt (!) und durch GOTTES Wort wirkt GOTTES Geist. Was für ein gewaltiges Wort war es doch in der Zeit der Reformation! Wenn wir uns das anschauen: Da ist dieser geistlich völlig finstere Kontinent Europa und es gefällt GOTT, allein durch die Torheit der Predigt, und jetzt hört genau hin – Hunderttausende von Menschen zum Glauben zu führen! Hunderttausende! Wir machen uns keine Vorstellung davon, was der HERR damals gewirkt hat, durch Sein Wort! Österreich wurde zu über 80 Prozent protestantisch. Ein Kirchengeschichtsbuch vermerkt: „In Österreich hatte um die Mitte des 16. Jahrhunderts die Reformation überall tiefe Wurzeln geschlagen. Neun Zehntel der Einwohner waren protestantisch.“ Als im 18. Jahrhundert die Protestanten aus dem Salzburgerland vertrieben wurden, verliessen über 20.000 ihre Heimat, getrieben von der Überzeugung: „Lieber die Heimat verlassen, als den Glauben aufgeben!“

Auch in Frankreich entstand allein durch GOTTES Wort eine grosse geistliche Bewegung. 1572 richteten die Katholiken (in vatikanischem Auftrag) in der sogenannten Bartholomäusnacht ein Blutbad unter den Protestanten an. Etwa 20.000 Menschen wurden ermordet. Ab dem Ende des 17. Jahrhunderts wurden die Hugenotten in Frankreich ebenso brutal verfolgt. Sie hatten nur drei Möglichkeiten: Auswanderung, Untergrund oder Gefangenschaft und Tod. „Überall floß das Blut der evangelischen Bekenner und Gläubigen in Strömen; allein im Languedoc (Südfrankreich) wurden gegen 100.000 Protestanten niedergemacht." 500.000 Franzosen verließen ihre Heimat. In Lausanne wurde ein geheimes Predigerseminar eingerichtet; (....) Weit über hundert Geistliche sind aus diesem Seminar hervorgegangen, um der Gemeinde in Frankreich zu dienen. Es waren Kandidaten des Todes. Broadbent schreibt über dieses Seminar: *„Es war eine Märtyrerschule, denn ein großer Teil der Männer, die von dort an die Arbeit in Frankreich gingen, wurden gehängt, einige in ganz jungen Jahren."* Sie haben das Wort GOTTES verkündigt, ganz schlicht die Bibel verbreitet und vielleicht ein paar Bücher.

Auch in England breitete sich während der Reformationszeit und der Gegenreformation GOTTES Wort aus! 1662 machte es in England Charles II. durch die „Act of Uniformity" vielen englischen Geistlichen unmöglich, innerhalb der englischen Staatskirche zu bleiben. Etwa 2000 Pastoren verliessen daraufhin die Kirche und gründeten Freikirchen. Das Wort GOTTES allein war die Grundlage dessen, was wir als **Reformation** bezeichnen. Sola Scriptura, die Schrift allein. Es herrschte die Überzeugung: GOTT wirkt durch Sein Wort. Wenn wir Sein Wort verkündigen, wird es nicht leer zurückkommen. GOTT hatte verheissen, dass durch Sein Wort Menschenherzen umgewandelt werden! Die Predigt des Evangeliums war das wichtigste EVANGELISATIONS-*MITTEL.*

Überlegen wir einmal: Welch \`einfache\` Mittel verwendeten die Gläubigen in jenen Tagen: die Bibel, ein paar Bücher und die Predigt des Evangeliums. Doch es brachte Gläubige hervor, die bereit waren, Haus und Hof zu verlassen und die gegebenenfalls auch ihr Leben opferten. Was für ein Unterschied zu dem, was wir heute erleben. Welcher Aufwand wird in unseren Tagen betrieben, um Menschen für das Evangelium zu interessieren: Theater, Pantomime, Zirkus, Musikeinlagen, Talkshow oder was sonst noch an Attraktionen möglich ist." (Zitat Ende).

Die Gemeinde und die Evangelisation

Ja, die segensreiche „Methode der Verkündigung" reformatorischer Erkenntnis wurde durch neue und moderne Evangelisationsmethoden ersetzt. Und so wie mit der "Weltförmigkeit" des Modernismus die liberale Theologie und Bibelkritik hereinbrach, so brechen heute wechselseitig Pragmatismus und New-Age-Spiritualität herein und (ge)bieten „neue Möglichkeiten" für ein toleranteres Evangelium und eine „zeitgemässe Verkündigung." Wie oft hört man diese Floskel von einer angepassten Verkündigung an unsere Zeit, und wenn man das konsequent zuende denken würde, erschreckt man vor dieser Aussage. Denn man macht der Menschen Denk- und Gesellschaftsnöte zum Mittelpunkt, anstatt ihre innersten Seelen- Sünden- und Existenznöte!

Heute begegnet uns in Film, Literatur und Evangelisation ein anderer, spiritueller, wundertätiger „Jesus", ein Plagiat und COUNTERFEIT! So harmlos, so „menschlich-human" wie santa Claus und so gesellschaftsfähig und bedürfnisbefriedigend – ein Spottgebilde aus Humanismus, Spiritualität und Aberglauben! *(man könnte diese drei Bereiche auch mit „Religion, Toleranz, Psychologie, Spiritualität und Evolution" wiedergeben; in den vohergehenden Kapiteln haben wir davon gesprochen).* So einen Jesus, solange er Brot und Spiele erlaubt und den Sünder samt seiner Sünde akzeptiert, am Kreuz mit Lendentuch einen Heldentod stirbt und nicht den Tod des Sünders für seine Sünden fordert, einen solchen „Jesus" liebt auch die Welt. Dieser Jesus reiht sich ein in ihre umjubelten Helden, und unter religiösen und evangelikalen Menschen ist er in Begleitung sentimentaler Gefühle willkommen, solange Sein Tod nicht sie selbst betrifft! Es heißt hier nur: *Der Mensch ist unvollkommen, krank und macht Fehler; er braucht Liebe, Hilfe und Freundschaft.*

Im biblischen Evangelium aber heisst es anders; da hat der Mensch die sündige, gottentfremdete Natur und ist darin tot in Übertretung und Sünde. Er *muß* sich dem Urteil des Gesetzes GOTTES stellen, durch das er zum Tode verurteilt ist, und er *muß* diesem Gericht und Todesurteil zustimmen und sich somit mit seinen Sünden auf den Boden des Kreuzesgeschehens stellen, er *muss* dort an seine Stellvertretung glauben und von neuem geboren werden! Dazu bedient sich der HEILIGE GEIST des „Wortes vom Kreuz!" Hier muß der Verkündiger nicht mit seinen Methoden und Fähigkeiten ziehen und argumentieren, hier zieht und überführt ein ANDERER.

„Der Geist des HERRN, des Herrschers, ist auf mir, weil der HERR mich gesalbt hat, den (Bettel)Armen frohe Botschaft zu verkünden; Er hat mich gesandt, zu verbinden (heilen), die zerbrochenen Herzens sind, den (Kriegs)Gefangenen Befreiung zu verkünden und Öffnung des Kerkers den Gebundenen, um zu verkündigen das angenehme Jahr des

HERRN." (aus Jesaja 61).

Die christliche Kirche hat ihr Kruzifix, die Ökumene hat ihr spirituelles Jesusbild, aber die Gemeinde hat „das Wort vom Kreuz" (vgl.1.Kor.1,18) und darin die **Gotteskraft!** Das Wort vom Kreuz geschieht zum verlorenen Sünder als lebendiges Offenbarungswort; am Kreuz geschieht das Gerichtsurteil über die persönliche Sünde des Menschen, der Sünder wird aufgrund seiner Gesetzesübertretung von GOTT verurteilt, das verlangt die Gerechtigkeit GOTTES und Sein Gesetz – das Wort vom Kreuz trifft elementar, es trifft die ganze Existenz des verlorenen Menschen! GOTT findet nichts Wertvolles an ihm, das ihn würdig machen könnte, aber sobald der sündige Mensch sich überführen lässt und sich zu GOTT wendet, geschieht die *zweite* Seite des Kreuzes: GOTT wendet Sich dem Sünder zu und macht ihn **aufgrund des Blut-Opfers JESU** gerecht, würdig und wertvoll! Jetzt „verbindet und heilt" die Botschaft des Kreuzes den reuevollen Menschen, sie entreisst ihn der Gefangenschaft der Sünde und des Teufels und öffnet die Kerkertüren der Gebundenheiten! Sie teilt ihm mit aller Deutlichkeit und Vollmacht mit, dass GOTT ihm die Sünden nicht mehr zurechnet, sondern sie wie einen Nebel vertilgt und sie in die Tiefen des Meeres wirft! DAS IST GUTE NACHRICHT FÜR SCHLECHTE LEUTE!

Am Kreuz geschieht demnach Gericht und Verdammnis und ERRETTUNG! Aber der Errettung geht die Verurteilung voraus! Denn am Kreuz ist GOTT in der Person JESU CHRISTI freiwillig und aus Liebe mit grausamen Nägeln festgehalten worden! Das Kreuz ist furchtbarer und blutiger Gerichtsort!! EHRE, DANK, RUHM UND ANBETUNG SEI DEM LAMM!

Heiliges Blut fliesst aus den Todeswunden JESU am Holz des Kreuzes herab! Es ist ein Fluchholz, weil ER dort „für uns ein Fluch geworden ist!" (Gal.3,13; 2.Kor.5,18-21; Joh.3,16) Dort, mit CHRISTUS am Kreuz und nirgendwo sonst und durch nichts sonst, wird der verlorene Mensch mit GOTT versöhnt! Und dort sind alle Diskussionen beendet!

„...und sie hörten nicht auf, jeden Tag im Tempel und in den Häusern zu lehren und JESUS als den CHRISTUS zu verkündigen." (Apg.5,42).

„...denn unser Evangelium erging an euch nicht im Wort allein, sondern auch in Kraft und im HEILIGEN GEIST und in großer Gewissheit." (1.Thess.1,5).

O Land, Land, Land, höre des HERRN Wort!

Die Welt liegt im Argen! Zunehmend grausamer zeigt der Fürst dieser Welt sein hässliches Gesicht in einer Kakophonie von Lüge, Perversion, Zerstörung, Gesetzlosigkeit, Kriege und Hass. Die über- und innerweltliche Auseinandersetzung zwischen Licht und Finsternis begleitet die alte Schöpfung auf ihrem Sterbensweg in die letzte große Trübsal, in den Tod und das Gericht. Orientierungslos in narkotisierter und hypnotisierter Weise schwimmen die Massen dahin – und dieser riesigen Konkursmasse predigen charismatische Kirchen und Freikirchen ein verwässertes, vermischtes, kraftloses Evangelium mit billiger Gnade, das eine große Säuglingssterblichkeit hinterlässt! Dieses angepasste Weltevangelium hat keine Kraft, die Erlösung zu vermitteln, es bringt eine Botschaft *„vom Mensch zum Menschen"*, anstatt die Heroldsbotschaft „von GOTT zum Menschen!" Die Finsternis hat die Unterscheidung von Illusion und Wirklichkeit unkenntlich gemacht. Diesem leidlosen `Erfolgsevangelium` fehlt nicht nur das Geheimnis des CHRISTUS unter den Nationen (Kol.4,3; Eph.3,8), sondern es ist wesensmässig ein *anderes* Evangelium.

Die ersten Christen verkündeten das Evangelium täglich, und die Apostel und Evangelisten brachten das Evangelium in „Wort und Kraft", und dieses Salz „tat" seine Wirkung! A.W.Tozer schreibt zur heutigen Situation: *„Die Gemeinde (das allgemeine Christentum; -Verf.) hat der Welt nicht nur nichts mehr zu sagen, sondern tatsächlich sind die Rollen vertauscht, und die Diener Christi gehen zur Welt, um erleuchtet zu werden. Die Gemeinde hat ihr Zeugnis verloren. Ihre einst sichere, laute Stimme ist zu einem entschuldigenden Flüstern geworden. Sie, die einst bezeugte, geht jetzt hin, um zu erfragen. Sie vertritt ihre dogmatischen Lehrsätze so, wie man höflich einen Vorschlag unterbreitet, einen religiösen Rat gibt mit der Entschuldigung, dass er ja nur eine Lehrmeinung sei und dass man keinesfalls eine fromme Beeinflussung beabsichtige.*

Ich möchte noch deutlicher werden. Von wem rede ich hier? Von dem Liberalen, der die Autorität der Schrift leugnet? Ich wünschte, es wäre so. Nein, den Liberalen schreibe ich als schon lange gestorben ab und erwarte nichts von ihm. Ich spreche von der evangelikalen Kirche und von den sogenannten Evangeliumsgemeinden. Ich rede von der Theologie populärer Evangelisation, die die Bibel fleißig, doch ohne die Spur von Autorität zitiert, die die Welt nach eigener Wertschätzung annimmt, die sich über Sünder lustig macht wie über einen schwächlichen Vater, der die Kontrolle über seinen Haushalt verloren hat. Sie bieten Christus als religiöse Beruhigungspille an, der ohne Souveränität und ohne Herrschaftsanspruch ist; sie akzeptieren die Methoden der Welt und bemühen sich um die Gunst reicher Männer, Politiker und Play-

boys. Natürlich wird erwartet, dass besagter Playboy sich herablässt, dann und wann ein nettes Wort über Jesus zu sagen.

Das alte Kreuz „tötete" Menschen, das neue bietet ihnen Unterhaltung. Das alte Kreuz verdammte, das neue amüsiert. Das alte Kreuz zerstörte alles Vertrauen auf das Fleisch, das neue Kreuz ermutigt es. Das alte Kreuz brachte Tränen und Blut, das neue bringt Lachen und fröhliche Feste. Lächelnd und selbstsicher singt und predigt das Fleisch vom Kreuz; vor dem Kreuz verbeugt es sich, mit sorgfältig gewählter, theatralischer Gebärde deutet es auf das Kreuz hin, aber sterben will es nicht an diesem Kreuz, und seine Schmach zu tragen weigert es sich. Ich weiß sehr wohl, wie viele einleuchtende Argumente zugunsten des neuen Kreuzes angeführt werden können. Gewinnt das neue Kreuz nicht ständig neue Nachfolger? Hat es nicht viele Bekehrungen zu verzeichnen? (Wir sprechen oben diese Bekehrungen an als solche, die wohl zu seelischen Stimulanzen führen, aber nicht zum Geist durchdringen, wo das geistliche Leben erst gezeugt wird! –Verf.). Spricht nicht der Vorteil des zahlenmässigen Erfolges mehr für das neue Kreuz? Spricht nicht vieles für das Schlagwort: neue Zeiten, neue Wege? Sollten wir uns nicht dem Wandel der Zeiten anpassen?" (Zitat Ende).

Die Aufnahme und **Anpassung** diabolischer Gedanken an göttliche Wahrheiten bringt als Ergebnis geistlichen Tod mit sich. Wir **dürfen** dem biblischen Evangelium nichts hinzusetzen, nichts wegnehmen und nicht mit der Weisheit dieser Welt nachhelfen! Die Weisheit dieser Welt ist Torheit bei Gott, denn sie erkennt *IHN* nicht, weil sie ein Produkt des Fürsten dieser Welt ist. Geschrieben steht: **„Der HERR kennt die Überlegungen der Weisen, dass sie nichtig sind."** (1.Kor.3,20). Die Anpassung des Evangeliums an die heutige Welt ist „Verrat am Zeugnis des Evangeliums!" Das \`Zeugnis\`, das heute als Evangelium dargeboten wird, entspricht einer der himmlischen Wahrheit und dem himmlischen Ziel beraubten Sicht. Es fehlt neben dem *SALZ* des Wortes vom Kreuz auch die Dimension der Ewigkeit als GOTTES Ratschluß, und der ist CHRISTUS, der HERR, und alles, was ER verkörpert im Kreuz, in Seiner und unserer Auferstehung und in Seiner Ekklesia! Paulus sagt: **„IHN verkündigen wir, indem wir jeden Menschen ermahnen und jeden Menschen lehren in aller Weisheit, um jeden Menschen vollkommen in CHRISTUS JESUS darzustellen."** (Kol.1,28).

Man hat in Stellungnahmen zu missionarischen Jahren und Aktionen zu Recht deren geringe Ergebnisse betrauert und darauf hingewiesen, dass der Grund unerfüllter Erwartungen in der Ohnmacht und Vollmachtslosigkeit der Christen, Kirchen und Gemeinden liegt. Immer wieder wurde und wird zur Buße der Christen aufgerufen, aber die Erkenntnis fehlt, „woraufhin" sollen wir Buße tun? Man hat auch vereinzelt die Übelstände kraftloser Verkündigung zu Lasten einseitig orientierter Evangelisation und einer verkürzten Rechtfertigungslehre (als Gerechtsprechung und danach Stillstand) und der daraus resultierenden Glaubensentwertung interpretiert. Es gab Ratschläge, den ganzen Ratschluß GOTTES inclusive das prophetische Wort in den Evangelisationsvorträgen zu verkündigen. Der ganze Ratschluß wurde aber immer wieder nur aus der Sicht der jeweiligen evangelikalen oder pfingstlerisch-charismatischen Richtung verstanden.

Wenn wir den Dienst des Apostels Paulus an die Nationen betrachten, sehen wir sehr bald, dass seine Verkündigung in die Tiefen eines göttlichen Geheimnisses und in den unausforschlichen Reichtum CHRISTI hineindringt und hieraus das Geheimnis der Erwählung der Heiden in Beziehung mit der Gemeinde bringt – von Ewigkeiten her in GOTT verborgen! (vgl. Eph.3). Hierin liegt die potenzielle Bestimmung für jeden Menschen! Und diese muß unser Evangelium mitenthalten, weil wir als geschaffene Wesen eine unsterbliche Seele einghaucht bekommen und im Ratschluß GOTTES über den Tod hinaus blicken müssen! Denn für einen gläubigen Menschen ist der physische Tod keine Bedrohung mehr, sondern nur das notwendige Mittel, uns dem ewigen SINN unserer Existenz näherzubringen!

Das Ziel unserer Erlösung

Bevor wir zum kerygma der Verkündigung kommen, zu ihrem Inhalt und ihrer Anwendung, wollen wir noch einmal über das „Ziel der Erlösung“ sprechen, das in dem Aspekt enthalten ist „jeden Menschen vollkommen in CHRISTUS JESUS darzustellen.“ Natürlich verstehen Ungläubige diese Wahrheiten nicht und können sie auch nicht erfassen, aber der Verkündiger muß darin Bescheid wissen und ihre Saiten anklingen lassen. Das biblische Evangelium umfasst mehr als die **Bedeutung** der Erlösung (die ich gleich erläutern werde), es begründet die Bedeutung im **„Ziel“** der Erlösung! Das heisst: *Wozu* bin ich erlöst, was ist das *Ziel* davon. Wir können auch fragen: WAS ist die Absicht GOTTES mit erlösten Menschen?

A.: Die Bedeutung der Erlösung: GOTTES Ordnungen im Universum wurden durch die Erhebung und den Fall Luzifers in Unordnung und Rebellion gestürzt, in der Folge auch die Erde mit ihrer Kreatur. Teile der geschaffenen Hierarchien in der Himmelswelt befinden sich in Aufruhr und Ungehorsam gegen GOTT, ihren Schöpfer und Seinen CHRISTUS. Der furchtbare Riss, der durch die ganze Schöpfung geht, beginnt in der Ewigkeit und liegt zeitlich „hinter" uns. Der Geist GOTTES zeigt in der Schrift (besonders in den Briefen an die Kolosser, Epheser und Hebräer), wie GOTT die jetzige (erste) Schöpfung ins Dasein ruft, innerhalb dieser Schöpfung die Erlösung des alten Menschen am Kreuz vollbringt und „im Kreuzesgeschehen" einen erlösten, neuen Menschen als Neuschöpfung hervorbringt (zweite Schöpfung). Für diese erlöste Menschheit wird GOTT schließlich nach Erfüllung der Zeit einen „Neuen Himmel und eine Neue Erde" schaffen – wieder eine (dritte) „Neuschöpfung!" Das KREUZ in der Geschichte der Menschheit ist dabei der Schnittpunkt dieser Schöpfungen, und es offenbart den HEILSPLAN GOTTES, die gefallene erste Schöpfung zu beenden und errettete Menschen samt der Kreatur in eine zweite, neue Schöpfung – in den SCHÖPFUNGSPLAN zu führen! Heils- und Schöpfungsplan liegen in GOTTES Konzeption „vor Grundlegung" der Welt! CHRISTUS wirkt mit Seinem Schöpfer- und Erlöserwesen sowohl ins Irdisch (Zeitliche) herein und wieder in die Ewigkeit hinein.

Und im herrlichen Hymnus aus Kolosser 1 wird uns gezeigt, das CHRISTUS der „Erstgeborene" aller Schöpfung ist, dass ER in allem den Vorrang hat, weil ER der bedingende Grund ist, durch den und auf dem die ganze Schöpfung ruht, und weil ER den Fall und Tod der ersten Schöpfung durch Seinen Tod und Seine Auferstehung besiegt hat! EWIGER RUHM! ER ist über alle Mächte und Gewalten in der Himmelswelt, auf der Erde und und im ganzen Universum eingesetzt und erhaben!! Die Erlösung durch das Blut Seines Kreuzes brachte die GEMEINDE hervor, die im Schöpfungsplan vor Grundlegung der Welt beschlossen war. Die „Schöpfung" der Ekklesia und ihre Vollendung ist das Ziel der Erlösung!

B.: Das Ziel der Erlösung: Schon im Aufbau der Heiligen Schrift selbst sehen wir die zunehmende Offenbarung im Heilsplan GOTTES: Die **Vorbereitung** im Alten Testament; die **Enthüllung** oder Verwirklichung in den Evangelien im NT; die **Verkündigung** in der Apostelgeschichte; die **Erklärung** in den Briefen; die **Vollendung** in der Offenbarung. JESUS sagte Seinen Nachfolgern: **„Wenn aber jener kommt, der Geist der Wahrheit, so wird Er euch in die ganze Wahrheit leiten;...und was zukünftig ist, wird Er euch verkündigen."** (Joh.16). Und nach Seiner Auferstehung, jenem ruhmreichen Anbruch der Neuen Schöpfung der Gemeinde, redete der HERR zu Seinen Jüngern über die Dinge, die das Reich GOTTES betreffen (vgl.Apg.1,3). Während uns die Evangelien die Gegenwart GOTTES in dem Menschen JESUS von Nazareth zeigen, zeigen die apostolischen Briefe die Gegenwart GOTTES im Leib CHRISTI. Der gewaltige Hymnus in Kolosser 1. offenbart uns ein gut gehütetes Geheimnis, das sich nicht wahllos allen Menschen anbietet, und bevor Paulus das Geheimnis anspricht, bittet er im selben Kapitel um „Erkenntnis des Willens GOTTES" für die Gläubigen, und dass sie darin „wachsen" sollen.

Im Kolosser- und Epheserbrief spricht Paulus von einer Haushalterschaft, einer Verwaltung (*oikonomia*) in Bezug auf den Ablauf und das Ziel der Heilsgeschichte, an deren Ende die „heilige, tatdellose und unverklagbare" Gemeinde stehen wird, **„...nämlich das Geheimnis, das verborgen war, seitdem es Weltzeiten und Geschlechter gibt, nun aber Seinen Heiligen offenbar gemacht worden ist"** (Kol.1,26). Und dann zeigt Paulus den doppelten Aspekt dieses Geheimnisses auf: „CHRISTUS in euch, die Hoffnung der Herrlichkeit" und „CHRISTUS als das Haupt des Leibes, der Gemeinde" (vgl. Kol. 1,27.18)! Das ZIEL GOTTES mit einer durch das EVANGELIUM herausgerufenen und erlösten Menschheit ist die Gemeinde und das Reich GOTTES! Es beinhaltet die Vorausbestimmung eines erlösten Menschen in seine Gleichgestaltung mit JESUS CHRISTUS, das ist die Hoffnung der Herrlichkeit!, und zugleich beinhaltet es die Gesamtheit dieser erlösten, neuen Menschen als „neue Menschheit im Leib CHRISTI." Dafür hat GOTT Menschen geschaffen, und das ist der ureigentliche Sinn eines menschlichen Lebens und einer menschlichen Existenz überhaupt! In der Tat, „die Gemeinde", ist von GOTT offenbart und von den Aposteln in die „Mitte des Menschheitsgeschlechtes" gestellt worden!

Paulus betont den Drang, dieses Ziel in seiner Verkündigung auszusprechen (vgl. Kol.1,25b; 4,3), und wir dürfen den Menschen neben den großen Wahrheiten der Busse und des Glaubens, diesen großen Aspekt nicht vorenthalten. Denn er übertrifft jede fiktive und utopische Dichtung, den Menschen ihre dramatisch große Bestimmung vor Augen zu halten, **durch das Kreuz der Erlösung und ihrer Wiedergeburt** hindurch dem *Wesen* (nicht der Stellung) JESU gleich zu werden und mit IHM über zukünftige Schöpfungen zu herrschen! Mit dieser verherrlichten Ekklesia wird CHRISTUS die göttliche Ordnung im Universum und auf der Erde wiederherstellen! **„Und der auf dem Thron saß, sprach: Siehe, Ich mache alles neu!"** (Offb.21,5). Wie schon bei der neutestamentlichen Offenbarung der Ekklesia, die wir oben betrachtet haben, diese Unterscheidung zu den herkömmlich tradierten Erscheinungen eines abgewandelten Christentums ernötigt wird, ist auch im Bereich der biblischen Verkündigung eine Unterscheidung zu treffen hinsichtlich der Verkürzung, Verflachung und Vermischung des Evangeliums!

Das „kerygma" der Verkündigung – Inhalt, Grundsätze und Anwendung

Das griechische Wort *kerygma* beschreibt die Verkündigung des Evangeliums mit: „vollem Inhalt" durch das „Frohbotschaften und Herolden." Das klingt eigentümlich, nicht wahr? Zumindest in unserer Sprachgewohnheit. Aber „Frohbotschaften" ist nur das Tätigkeitswort für das uns bekannte Verb „evangelisieren." In Substantivform ist also das Wort „Evangelium" die „Frohe Botschaft" des Heils von JESUS CHRISTUS. Das **kerygma** bezieht sich auf **Inhalt** der Bekanntmachung des Heilsangebotes GOTTES. Diese Botschaft soll die Menschen froh machen, nachdem sie vom Gesetz zum Tode verurteilt wurden; es soll sie froh machen im Sinne Guter Nachricht von Heil und Erlösung! Der „Inhalt" der Heilsbotschaft ist an die Wahrheit GOTTES gebunden und an den, der sie bringt (vgl.1.Tim.2,7; 2.Tim.1,8-11). Darum liegt auch die Autorität des Herolds (keryx) mehr im Inhalt der Botschaft, die er verkündigt.

Der **keryx** selbst ist ein Ausrufer und Verkündiger (Herold) der Heilsbotschaft; er ist dazu berufen und eingesetzt worden. Paulus zum Beispiel schreibt, dass er als Verkündiger (keryx), Apostel (apostolos) und Lehrer (didaskalos) berufen und eingesetzt worden ist (2.Tim.1,11). *WER* ihn einesetzt hat, lesen wir am Anfang seiner Briefe. JESUS CHRISTUS ist der größte aller Verkündiger – ER ist *DER* Herold GOTTES, und ER ist Selbst *DIE* Autorität und das WORT! Und wie schon beim HERRN selbst, hat die Frohe Botschaft auch den Kontrast oder den dunklen Rahmen einer Gerichtsbotschaft (Matth. 12,41.42 als Beispiel), wenn es um Tod und Hölle geht. Unsere ernsthaften, strengen Worte aus Liebe gesprochen sind Warnungen vor der ewigen Verdammnis, sie stehen nicht im Widerspruch zur Frohen Botschaft und Guten Nachricht, wie wir es im höchsten Maße bei JESUS sehen. Und sogar von Johannes dem Täufer, der seine Botschaft noch in der Zeit des Gesetzes predigte heisst es: **„Auch mit vielen anderen Ermahnungen verkündete er dem Volk die „frohe Botschaft."** (Luk.3,18).

Inhalte apostolischer Verkündigung (nicht streng chronologisch)

<u>Am Anfang</u> steht sicher **GOTTES Heiligkeit und Gerechtigkeit**; Seine unausforschliche Größe und Sein herrliches Walten! (vgl.Psalm 145,3-7).

<u>Dann **CHRISTUS**</u>, Seine ewige Sohnschaft und Präexistenz / Seine Fleisch- und Menschwerdung / Sein sündloses Leben (Eigenschaften) / Seine herrlichen Worte (Beispiel: *„ICH BIN" und Worte der* Bergpredigt); **CHRISTUS** in der

Schrift des AT und in der Geschichte des NT (Reden des Petrus Apg.2 + 10; Reden des Paulus Apg.13 + 17 + 26); **SEINE KREUZIGUNG und damit: unsere Sünde und Schuld** (Zustand des Menschen; siehe unten)

Sünde(n) der Abgöttereien – die aktuellen der Newage-Bewegung sind: *Esoterik* (Übersinnliche Geheimlehre für „Eingeweihte"); *Parapsychologie* (übernatürliche Phänomene mit wissenschaftlichen Methoden zu erfassen suchen); *Okkultismus* (Geheime Lehren der Wahrnehmung übersinnlicher Kräfte); *Paramedizin* (Diagnose- und Heilverfahren ohne wissenschaftliche Grundlage, also außerhalb der Schulmedizin, z.B. Akupunktur, Fußreflexzone, Homöopathie etc.); Formen von *Aberglauben*; *Naturverehrung*; *Mystik* (per Meditation, Kontemplation und Passivität des Verstandes die Vereinigung mit dem Göttlichen suchen); *Magie* – schwarz/ weiß (Zauberkunst der Dienstbarmachung übersinnlicher Kräfte); *östliche Religionen* (Buddhismus, Taoismus, Hinduismus in Vbdg. mit östlicher Mystik); *Anthroposophie* (Menschenweisheit; Rudolf Steiners okkultistische Lehre); *Astrologie* (unwissenschaftliche Schicksalsdeutung anhand bestimmter Gestirnstellungen in Vbdg. mit Horoskope); *Autogenes Training* (Entspannungsmethode durch Selbsthypnose nach H. Schultz); *Suggestion* (seelische Beeinflussung, Willensmanipulation); *Yoga* – sanskrit: „Körperjoch" (phil. Lehre und körperliche „Entspannungsübung", die zur Selbsterlösung führen soll); *Wahrsagerei* (okkultistische Zukunftsdeutung); *Animismus* (Glaube an seelische Mächte und Geister). Weitere siehe unten.

GOTTES Zorn – Gericht und Gnade (siehe unten).

Die Verhältnisfrage des Menschen zu GOTT – in Adam oder in CHRISTUS – entscheidet über das ewige Schicksal jedes Menschen! DAS GROßE HEIL IN KREUZ UND AUFERSTEHUNG! **Rechtfertigung und ewiges Leben** durch UMKEHR UND GLAUBEN!

Die Bedeutung des Todes (*thanatos* = Trennung von Körper und Geist) ist wie der Tod selbst heute ein Tabu; er ist zu einem Abstraktum geworden, während er in vergangenen Epochen noch ein „Sein" war, ein Sein zur Auferstehung. Das Wissen um die eigene Endlichkeit wird vom Menschen im Computerzeitalter nicht mehr als Wirklichkeit und Bedrohung wahrgenommen! Der Gedanke an das eigene Lebensende und den Tod wird verdrängt, weil das Gericht nach dem Tod und der Ewigkeitszustand verdrängt wird. Darum muß darüber dezidiert gesprochen werden. **„O HERR, lege doch Furcht auf sie, damit die Heiden erkennen, dass sie sterbliche Menschen sind!"** (Psalm 9,21).

Dann unsere Berufung und ewige Bestimmung durch das Kreuz: = die Menschen in Christus darstellen in „Bedeutung und Ziel ihrer Erlösung" (siehe oben).

Dann **DAS KOMMEN DES GEISTES** und Sein wunderbares Wirken (Joh.16; Apg.- bis heute!); „**CHRISTUS** in den Gläubigen" betrifft eher Belehrung der Gläubigen; ihre Zukunft und Ausgestaltung, die **WIEDERKUNFT CHRISTI** und den **TAG DES GERICHTES!**

JESUS hat nicht Gesetzesmoral gepredigt, sondern Reich GOTTES, dessen Gesetze und die Befreiung von Sünde und Tod. Seine Worte waren sowohl kompromisslos klar und herausfordend, wie auch voll Barmherzigkeit und heilsam, und sie zeigten, dass GOTTES Arm nicht zu kurz ist, um Sünder zu erreichen. ER Selbst IST ja dieser Arm, und so lesen wir in Lukas 4,18 Seinen Dienstauftrag: **„Der Geist des HERRN ist auf mir, weil Er mich gesalbt hat, Armen gute Botschaft zu verkündigen; ER hat mich gesandt, Gefangenen Freiheit auszurufen und Blinden, dass sie wieder sehen; Zerschlagene in Freiheit hinzusenden."** JESUS verkündigte die Frohbotschaft des Evangeliums, indem ER lehrend, predigend und heilend umherzog (vgl.Matt.4,23). Das Wesen der Verkündigung ist die Frohbotschaft: **„Ändert euren Sinn, denn das Reich der Himmel ist nahe herbeigekommen! Die Zeit ist erfüllt, und das Reich GOTTES ist nahe. Kehrt um und glaubt an das Evangelium!"** (Matth.3,2; Mark.1,15). Das Evangelium ist keine *„Drohbotschaft"* mit Schwert und Kruzifix, sondern Frohbotschaft!

Wir verkündigen mit lieblichen Botenfüßen Frieden und Heil in JESUS CHRISTUS! Der Verkündiger der Frohen Botschaft vertritt einerseits die Interessen Dessen, der ihn sendet, und zum andern gibt er belehrende Anweisungen, was der Mensch zu tun hat, um gerettet zu werden und aus dem Gefängnis der Sünde herauszukommen. Die Autorität des Herolds liegt in seiner Sendung und in seiner Botschaft (Röm.10,14.15), und seine Botschaft ist prophetischer, nicht humanistischer Natur. Das biblische Evangelium ist keine „Empfehlung", sondern die Darstellung der Größe und Heiligkeit GOTTES und JESU CHRISTI, Sein Sterben am Kreuz für Sünder und Sein Auferstehen (Offb.1,13-16; 1.Kor.15,3+4; Joh.3 u.a.m.). Die Bibel zeichnet den wahren Menschensohn JESUS CHRISTUS nicht in Ölfarben mit humaner Schwäche.

Der Verkündiger selbst kann auch das Charisma des Lehrens haben, muß aber kein Lehrer (didaskalos) sein. Ein Lehrer hat das Charisma, den Inhalt einer Botschaft oder Lehre anderen so zu vermitteln, dass sie darin gegründet werden, was zumeist in den Versammlungen der Gemeinde geschieht. Es soll nun nicht der Eindruck entstehen, dass Glaubensgeschwister, die nicht die Berufung und den Dienst des keryx haben, das Evangelium nicht weitersagen können oder dürfen, not at all! Ein Jeder, der in CHRISTUS zum neuen Leben durchgedrungen ist, soll und darf das seinen Mitmenschen bezeugen (vgl.Matth.10,32). Wir sind immer berufen, die großen Taten GOTTES zu verkündigen (Psalm 145). *„Ich kann nicht"*, ist nur die Sprache unserer armseligen Empfindung; aber DER, welcher in uns wohnt spricht zu dir: **„Du kannst, denn ICH bin deine Kraft und Ich wirke!"** „Ich vermag und ich kann durch CHRISTUS" (vgl. Phil.4,13) ist die Sprache des Glaubens und ist mitten in unsere Lebensbeziehungen eingebettet; Menschen haben es gerne, wenn man für ihre Probleme ein warmes Herz hat. Hier lässt sich oft ein Weg zu Herzen finden, und dann findet sich auch eine Möglichkeit, einen erkennbaren Hinweis auf JESUS anzubringen, ein Wort aus der Bibel, ein Gebet oder sogar eine Hinführung zur Bekehrung. Wenn wir für Menschen beten, wird sich früher oder später von GOTT her eine Möglichkeit zeigen.

Für die Ausübung der Verkündigung des Evangeliums wollen wir zwei praktische Grundsätze beachten: A) Den Dienst der Versöhnung (2.Kor.5,18-20) und B) unsere Gesinnung.

Zu A) **„So sind wir nun Gesandte an CHRISTI statt."** Paulus vergleicht einmal die verständliche Sprache mit einer Trompete (*adelon*), die einen klaren Ton gibt: **„Denn auch wenn die Trompete einen undeutlichen Ton gibt, wer wird sich zum Kampf rüsten?"** (1.Kor.14,8). Machen wir einmal einen geistlich-historischen Einblick in die Bedeutung und Anwendung dieses Instruments in der Bibel. Die Trompete (oder Posaune) war ein Horn und militärisches Signalinstrument für den Heroldsruf und für die Warnung vor Gefahren. (Beispiel Jerem. 6,17). In 4.Mose 10,1ff. sehen wir zwei silberne Trompeten; das Silber spricht in biblischer Symbolik für die Erlösung, Silber war der Schekel der Erlösung im AT; aus Silber waren die Füsse der Stiftshütte. Und weil die geretteten Gläubigen des Neuen Bundes auf dem silbernen Boden der Erlösung stehen, ist ihr knorriges Wesen aus „Akazienholz", aus dem die Bretter der Stiftshütte waren, mit dem Gold von JESU Wesen überzogen. Die Stiftshütte ist das Urbild der Ekklesia im Himmel! (vgl. 2.Mose 25-30: Hebr.8-10; Offb.11,19; 15,5).

Das Material der Trompeten im AT spricht also typologisch von „Erlösung." Und weil im AT die Sühnung und Vergebung am „ehernen" Brandopferaltar im Vorhof beginnt (ein Bild des Gerichtes), beginnt auch im NT die Erlösung mit einem Selbstgericht des Schuldbekenntnisses und der Reue. Aber es gab in der Stiftshütte weit mehr Silber als Erz, und so überwiegt die Erlösung durch JESUS CHRISTUS als Gute Nachricht für uns! Die silbernen Trompeten waren in getriebener Arbeit herausgearbeitet, und ebenso wurde die Botschaft der Erlösung „herausgearbeitet" durch Inspiration an Propheten, Könige und Priester im AT – bis hin ins NT zu den Hammerschlägen am Kreuz von Golgatha! Es ist eine „hartgehämmerte, eindringliche Botschaft", die wir berufen sind weiterzugeben mit der Stimme von Posaunen und Trompeten! Es darf kein Flüstern sein – es geht um das Entfliehen von ewiger Verdammnis und Qual, hinein ins ewige Leben! Es kann und darf keine eigene, subjektive Botschaft sein, keine Verfälschung, sondern das Wort der Wahrheit und Liebe! Dazu ist der klare Ton der Trompete gerechtfertigt, und niemand wird uns dafür tadeln, dass wir Menschen dadurch aus ihren brennenden Häusern und lodernden Flammen unter ihren Böden gerufen und gerettet haben!

Es sind *zwei* Trompeten, Altes- und Neues Testament, welche uns die Frohbotschaft verkünden. Der HEILIGE GEIST holt Altes und Neues aus den Schriften hervor; ER transformiert und überführt. (Insbesonders erkennen wir in den prophetischen Schriften Jesajas und Daniels und auch in den Psalmen, daß JESUS CHRISTUS der wahre MESSIAS ist, der auf den Tag genau vorhergesagt in Jerusalem einzog und danach gekreuzigt worden ist!). Froh kann ein Mensch nur werden, wenn er darüber informiert wurde, welcher Gefahr er entfliehen und welchen Reichtum er gewinnen kann und dadurch auch zum Frieden mit GOTT gekommen ist. Darum sind es *zwei* Trompeten, und die Zahl 2 steht für a) *Gemeinschaft* (das sind die Geretteten, die den Ton der Trompete vernommen und die Botschaft angenommen haben), und b) *Scheidung* (das sind Menschen, die den Eckstein verwerfen und der sie zermalmen wird; vgl.1.Petr.2.4; Luk.20,18). Der Apostel Paulus, der große Autorität in seiner Botschaft hatte, sagt uns: **„Denn wir sind…den einen ein Geruch des Todes zum Tode, den anderen aber ein Geruch des Lebens zum Leben"** (2.Kor.2,16).

Die Signale

Die Trompetentöne dienen im AT zum Aufbruch der Lager, und sie geben das Signal zu den Brand- und Heilsopfern. Uns sagen sie damit: „GOTT, der HERR, ist als Mensch gekommen und hat der Welt durch Seine Gegenwart gezeigt, was GOTTES Absicht mit der Schöpfung und Menschheit vor ewigen Zeiten war und ist, und daß der CHRISTUS mit der Gemeinde das Ziel dieses Schöpfungsplanes ist! (siehe vorige Abschnitte). JESUS CHRISTUS IST JAHWE, und ER ist das Sünd- und Heilsopfer für die Welt! Diesen klaren Ton muß unsere Botschaft verkünden! Die Tonlage *dieses* einen *Lärmsignals* der Heroldsbotschaft ist ein hoher gleichbleibender Rufton, ein „Ruf", der die gesamte Existenz des Menschen trifft und sich dort eingräbt. Es ist der Ruf, der uns aus der Tiefe der Gottesferne in eine neue Berufung und Existenz und Stellung vor GOTT hineinruft und hineinbringt! Dieser hohe, klare Rufton muß differnzierbar sein gegenüber allen anderen Tönen dieser Todeswelt und ihrer Surrogate! Er muß und wird sie übertönen! Amen. Denn wer wird sich aufmachen, wenn die Trompete einen undeutlichen Ton gibt? Der Ruf dieses Signals ruft den Menschen hin zum Kreuz und zur Versammlung der Heiligen.

Das *zweite* Lärmsignal ist ein unterbrochener, zitternder Ton, der die Gläubigen von den Höhen der Bequemlichkeit und Gewohnheit herab und hin zu neuem Aufbruch ruft. Es ist ein „Weck- und Alarmruf", nach dem Befehl des HERRN weiterzugehen in Seine Ruhe. Die Israeliten dort in der Wüste konnten nicht für sich selbst entscheiden, wann und wohin sie weiterziehen sollten, denn mit dem Aufbruch der Wolkensäule ertönte das Alarmsignal. (Heute laufen viele undiszipliniert voraus oder bleiben selbstbezogen dahinten – aber der Überrest der Überwinder geht mit dem HERRN).

Eine Schlussfolgerung daraus: Wenn wir die Charakteristik neutestamentlicher Verkündigung im griechischen Grundtext beleuchten, wird der Ton klarer vernehmbar, die Signalwirkung nachhaltiger als im Deutschen. Nehmen wir ein Beispiel heraus, Apg.2,38 + 40, und hier speziell Vers 40 in der Interlinearübersetzung, wo der deutsche Text lautet: **„Und mit anderen Worten mehr legte er Zeugnis ab, und ermahnte sie, sagend: Lasst euch retten aus diesem verkehrten Geschlecht!"** Dabei bedeuten die Worte für „Zeugnis ablegen" *(diemartyrato)* ein festes Versichern und Beschwören, und das Wort für „ermahnen" *(parekalei)* drückt ein anhaltendes Bitten und wiederholtes Ermahnen aus. Die griechische Wortbedeutung zeigt uns ein eindringliches und gleichbleibendes Ausrufen der Tatsachen und Wahrheiten über JESUS CHRISTUS auf. Über Seine Herkunft, Sein Wesen, Sein Kommen, Sein Leben, Sterben und Auferstehen und Sein Ziel. In Lukas 16 finden wir eine anschauliche Analogie dieser Dringlichkeit, wo der reiche Mann in den Qualen des Hades für seine auf Erden lebenden Brüder um ein „eindringliches Zeugnis" für ihre Errettung bittet! Jetzt, in der Wirklichkeit seiner furchtbaren Ausweglosigkeit bekommt diese Bitte einen beschwörenden Charakter. Auch wir sollen die unerretteten Menschen so sehen, dass ein furchtbares Schicksal sie trifft, wenn sie die Wahrheit zu ihrer Errettung nicht annehmen, und es soll uns dazu führen, in der Fürbitte flehend für sie einzutreten und in unserer Verkündigung *beide* Signaltöne zu gebrauchen! Die Heroldsbotschaft des rettenden Evangeliums ist eindringlich, beschwörend, auffordernd und anhaltend (vgl. auch Apg.10,42; 18,5; 20,21; 23,11; 1.Tim.5,21; 2.Tim.2,14; 4,1)

Zu B) Unsere Gesinnung: Das NT sagt „**Denn die Liebe GOTTER drängt uns….im Reden der Wahheit, in der Kraft GOTTES, durch die Waffen der Gerechtigkeit zur Rechten und zur Linken.“** Die Bibel beschreibt „Wahrheit“ (aletheia) als *PERSON,* als eine Wirklichkeit, die sich als beständig zuverlässig und tragfähig erweist – JESUS CHRISTUS. Die Macht JESU ist eine wunderbare Wirklichkeit! Hier kommen die Fanfaren himmlischer Frohbotschaft in Joh.1,1-8 und Kol.1,14-17 direkt zu uns. In dieser hohen anhaltenden Wahrheit liegt Gotteskraft, und Menschen, die diese Botschaft aufnehmen, werden von der Gefangenschaft der Sünde und des Selbstbetruges befreit. Für solche Menschen wird die *aletheia* zur ungetrübten Wahrnehmung der Wirklichkeit und ihrer Nachfolge in der Wahrheit.

Zur ungetrübten Wahrnehmung der zuhörenden Menschen, müssen wir selbst eine ebensolche haben in heiliger Gesinnung; wir müssen geheiligte Menschen sein, durch die der HERR Sein neuschaffendes Leben im lebendigen Wort (rhema) vermitteln kann. Unser Leben, wie auch unsere Verkündigung müssen mit CHRISTUS übereinstimmen, damit der HEILIGE GEIST die Herzen erreichen und CHRISTUS erhöhen kann! Das Kreuz selbst hat größere Anziehungskraft als unsere Botschaft, wenn lebendige Ströme von uns fließen, **„…und Ich, wenn Ich von der Erde erhöht bin, werde alle zu mir ziehen.“** (Joh.12,32). Unsere Botschaft soll mit uns selbst CHRISTUS erhöhen, aufdass ER alle zu Sich zieht. Sobald unsere Persönlichkeit den HERRN irgendwie verdeckt – mit eigenen Methoden und Ideen und eigener Stärke – kann das Evangelium nicht mehr durchdringen. Die Botschaft von der Gnade (nach der Darstellung der Heiligkeit und Forderung des Gesetzes GOTTES) soll ein großes Bedürfnis im Herzen der Menschen erwecken. Sie müssen von ihrem eingefleischten Hochmut und Stolz herunterkommen in eine unbedingte innere Bedürftigkeit, sonst können sie ihre Errettung nicht annehmen. Der Geist GOTTES kann und will das durch unsere Verkündigung bewirken.

Es ist ein großer Trost, dass es keiner geschliffenen Rhetorik und psychologischer Manipulation bedarf, um Menschen zu CHRISTUS zu führen, sondern der Erkenntnis des Wortes und eines reinen Herzens. Wenn zu diesen Voraussetzungen noch das „lebendige Wort GOTTES" (1.Petr.1,23f.) dazukommt, *werden* sich Menschen bekehren; und wenn es nicht viele sind (auch das Gegenteil ist möglich), so werden *diese* sich recht bekehren und zu einer Neuen Schöpfung hindurchdringen! Wenn wir Diener GOTTES werden und JESUS unsere Leidenschaft wird, wenn wir alles entschieden zurückweisen, was diese Welt und der Kosmos des postmodernen Zeitalters unter der Regie seines Fürsten uns anbieten wollen, wird es zur Konfrontation mit der Macht Satans kommen. Aber über uns HAT der Teufel keine Macht und kein Anrecht mehr; wir rühmen das teure Blut JESU und weisen Satan zurück. Ich wiederhole es: „Ein Ganzes" ist besser als 1000 Nieten; d.h. über einen wirklich Bekehrten freut sich der ganze Himmel!

Ich erinnere mich an ein Erlebnis, das ich als stärkendes Zeugnis weitergebe. In der Universitätsstadt Heidelberg am Neckar gibt es unter der Ruine des Renaissance-Schlosses einen großen Altstadtplatz; viele Menschen frequentieren diesen Ort und viele sitzen in den offenen Cafes. Wir gingen als kleine Gruppe von Gläubigen dorthin um zu „frohbotschaften" mit Zeugnissen und Traktaten und sahen eine Band auf einem Holzpodium mit ziemlich aggressiven Sound die Menschen unterhalten. Da wir gebetet hatten bekam ich innere Freiheit, mit der Bibel in der Hand auf diese Band zuzugehen. Im Stillen betete ich nochmals: *„HERR JESUS, Du bist der Sieger, und ich rühme Dein Blut und Deinen Sieg über diesen Platz, wo meine Füsse stehen. Hier ist der Feind in Deinem Namen gebunden. Öffne mir bitte den Mund und lass die Menschen hören. Gelobt sei Dein Name, Amen!"* Einige Meter neben dem Podium der Band stellte ich mich hin, den ganzen Platz mit Menschen vor mir und begann zu sprechen. Die Band ließ ihre Instrumente sinken und ich hatte ohne Beschallungsanlage (GOTT gab mir eine kräftige Stimme und einen klaren Posaunenton) eine wunderbare Kanzel mit einem buntgemischten Publikum.

Schaut, der Feind kann uns Gläubigen nichts anhaben, wenn wir wissen, dass er ein besiegter Feind ist und die Macht auf „unserer" Seite ist in CHRISTUS JESUS! Diese Wahrheit müssen wir aussprechen im Namen JESU und dem Teufel vor Augen halten; damit binden wir den Starken, und das Feld wird frei. Auch bei anderen Einsätzen in dieser Stadt erlebte ich diese Freiheit, wenn wir im Glauben in JESU Macht dastanden. Manchmal erleben wir die Angriffe *vor* unseren Einsätzen, doch wenn wir hier in Gebet und Glaubensproklamation durchbrechen, ist der Feind bereits hier geschlagen, und wir gehen mit Freimut hinaus. Die einzige große Macht des Teufels ist die Lüge und Täuschung, und der dürfen wir keine Aufmerksamkeit schenken, sondern Wahrheit dagegen setzen – das Wort GOTTES und unser Zeugnis über die Erlösung und das Blut!

Leider kann ich hier nicht ausführlich die Waffenrüstung in Epheser 6 behandeln, aber sie steht uns zur Verfügung, indem wir die rechte innere und äußere Haltung einnehmen, d.h. dass unser Wandel mit unserem Bekenntnis übereinstimmt, sonst gehen die Pfeile durch die Rüstung durch. Satan greift unseren Gurt der Wahrheit und den Schild des Glaubens mit feurigen Pfeilen der Lüge, des Zweifels oder der Entmutigung an. Doch bleiben wir ruhig in Abhängigkeit vom HERRN – wir können Psalmworte gegen Angriffe aussprechen wie z.B. aus Psalm 27/ 91/ 103/ 46/ 145+147 und hundert weitere, oder aus 1.Joh.5 usw. Plötzlich löst sich die vor uns aufgebaute Lügenkulisse in nichts auf. Laßt uns einen guten Schatz biblischer Worte im Herzen ansammeln, um sie dann bei Bedarf als scharfe Pfeile abzuschießen! Und wir schießen, indem wir göttliche Wahrheiten aussprechen, allein oder in Gemeinschaft, also nicht nur Bibelworte denken!

Wir müssen uns wirklich der Tatsache bewusst sein, dass wir mit CHRISTUS dieser Welt gekreuzigt sind! Dann werden wir leichthin unterscheiden können, was die Interessen des HERRN sind und was von der Welt ist. GOTT braucht den Satan nicht, um das Reich GOTTES zu bauen oder das Evangelium zu verkündigen (vgl.Apg.16,16ff; Matth.16,23). Satan und sein Weltsystem sollen überwunden werden durch das Blut des Lammes, durch das Wort unseres Zeugnisses und durch unsere Hingabe bis zum Tod. (Offb.12,11). Er wird nicht überwunden, wenn wir uns mit seinem System irgendwo liieren und daraus Methoden übernehmen; hier erliegen viele Verkündiger der Lügenfolie: *„mach dir alles nutzbar, und es wird dir gelingen“*; klingt das nicht *cool* und logisch und pragmatisch? Anscheindend, sonst würden es wohl weniger in Anspruch nehmen. Aber ich höre eine andere Stimme darin, die der Schlange. Und ich kann dazu nur sagen: **„Geh mir aus den Augen mit dem Plunder, meine Kraftquelle lässt sich damit nicht verbinden, weil die Kontakte verschieden sind!“**

Weitere Aspekte zum Inhalt: GOTTES Zorn, Gericht und Gnade

Der Maßstab, mit dem GOTT, der HERR, Menschen und Nationen misst, liegt Seinem geschriebenen Wort zufolge nicht auf der Linie menschlich materialistischer, wissenschaftlicher Errungenschaften. Nicht was Menschen „erreichen“ zählt vor GOTT, sondern was sie „sind“. Aus diesem „moralischen“ Zustand heraus werden alle Werke gewogen und beurteilt werden! Unser moralisch-ethischer

Zustand ist aber vor der Gerechtigkeit GOTTERS ungenügend (vgl.Jes.64,4.5; Röm.3). Die Gerichte GOTTES, die über die Welt kommen in Form von Erdbeben, Fluten, Stürmen, Kriegen, Hunger, Seuchen usw. sind daher immer sittlich begründet! Das muß betont und wieder ins Bewusstsein gerufen werden. Ebenso bezeugt uns die Bibel klar, dass es ein gerechtes, souveränes und abschliessendes Endgericht über alle unsere Gedanken, Motive und Taten geben wird, und deshalb bezeugt sie uns, dass es nur EINE Errettung gibt – JESUS CHRISTUS und unser Glaube an IHN! JESUS spricht: **„Amen, amen, Ich sage euch: Wer mein Wort hört und dem glaubt, der mich gesandt hat, der hat das ewige Leben und kommt nicht ins Gericht, sondern er ist vom Tod zum Leben hindurchgedrungen.“** (Joh.5,24).

Im „Zorn GOTTES“ gingen jene Weltreiche unter, welche die Moralgesetze und Gebote GOTTES verwarfen und in eine Toleranz der Sittenlosigkeit verwandelten. Darum hatte sie GOTT dahingegeben! (vgl.Röm.1,18ff.). Heute spürt der moderne Mensch seine Heimatlosigkeit; sein programmierter Fortschritt hat sämtliche Schutzräume absorbiert. Noch nie war eine Gesellschaft so unfrei wie die mit „Information“ zugeschüttete und an die Leine genommene moderne Zivilisation. Und der Tod weidet die Betrogenen, dabei eilt die Menschheit auf viel Schrecklicheres zu – auf den Zorn GOTTES! Humanistische Verkündigung hat den Zorn des HERRN verschwiegen, doch er wird die Welt ergreifen und sie schütteln wie eine Hängematte! Die Erdkrusten werden aufbrechen, kataklystische weltweite Zerstörung durch Erdbeben und Vulkanausbrüche werden plötzlich hereinbrechen, Kontinentalplatten werden krachend zerbersten und die Erde wird taumeln wie ein Betrunkener (vgl.Jes.24,20). Und *warum?* Darum: **„… ihre Missetat lastet schwer auf ihr; sie fällt und steht nicht wieder auf.“**

„Darum, so spricht GOTT, der Herr: siehe, mein Zorn“ Jeremia 7,20

GOTTES Zorn entspricht Seiner Gerechtigkeit, und die wurde grauenvoll mißachtet! So steht geschrieben: **„ Nahe ist der große Tag des HERRN; er ist nahe, und sehr rasch kommt er herbei! Horch, der Tag des HERRN! Bitter schreit dort der Held.“** (Zeph.1,14). **„Ich will wegraffen Menschen und Vieh, Ich will wegraffen die Vögel des Himmels und die Fische im Meer und die Ärgernisse mitsamt den Gottlosen; und Ich will die Menschen vom Erdboden vertilgen! Spricht der HERR. Furchtbar wird der HERR über ihnen sein; denn Er wird allen Götzen auf Erden ein Ende machen, und es werden IHN anbeten alle Inseln der Heiden, jeder von seinem Ort aus. Sucht den HERRN, alle ihr Demütigen im Land, die ihr**

Sein Recht übt! Sucht Gerechtigkeit, sucht Demut; vielleicht werdet ihr Bergung finden am Tag des Zorne des HERRN!" (Zephanja 1,3; 2,11.3; vgl. Jes.13,6-10; 14,24; 24,4-6).

Eine neutestamentliche Entsprechung dafür lautet: **„Und ich sah, als es das sechste Siegel öffnete, und siehe, ein großes Erdbeben entstand, und die Sonne wurde schwarz wie ein härener Sack, und der Mond wurde wie Blut; und die Sterne des Himmels fielen auf die Erde, wie ein Feigenbaum seine unreifen Feigen abwirft, wenn er von einem starken Wind geschüttelt wird. Und der Himmel entwich wie eine Buchrolle, die zusammengerollt wird, und alle Berge und Inseln wurden von ihrem Ort weggerückt. Und die Könige der Erde und die Großen und die Reichen und die Heerführer und die Mächtigen und alle Knechte und alle Freien verbargen sich in den Klüften und in den Felsen der Berge, und sie sprachen zu den Bergen und zu den Felsen: Fallt auf uns und verbergt uns vor dem Angesicht dessen, der auf dem Thron sitzt, und vor dem Zorn des LAMMES! Denn der große TAG Seines Zorns ist gekommen, und wer kann bestehen?"** (Offb.6,12-17). Die Erdatmosphäre wird durch die Staub- Rauch und Aschewolken einen Vorhang vor Sonne und Mond ziehen.

GOTTES Zorn kommt über alle Menschen, welche die Wahrheit durch Ungerechtigkeit niederhalten, sagt die Schrift. Er wird kommen über alle Menschen, die für das Kommen des Menschensohnes nicht bereit sind (vgl.Luk.17,26-29); er kommt über alle, die das Böse vollbringen (vgl.Röm.2,9). Er richtet sich zuerst gegen die Sünde, welche Seine Gerechtigkeit verletzt, die im Gesetz gefordert wird. Und so ist und kommt er auch über jeden Sünder, der sich nicht von der Sünde durch Glaube und Bekehrung trennt! Wir dürfen den Menschen den Zorn JAHWES nicht verschweigen in der Verkündigung, denn er gehört wesensmäßig dazu. Ich zeige einige Aspekte dieses Zornes auf:

Einige Stellen aus der Bibel

GOTTES Zorn wird veranschaulicht an der Alten Welt: 1.Mose 6,13; 7,21-23; 2.Petrus 2; 1.Mose 11,7-9; an Ägypten: 2.Mose 7,20; 8,6.16.24; 9,3.9.23 u.a.; an den Feinden Israels: 1.Samuel 5,6; 7,10; 3.Mose 10,12 u.a. GOTTES Zorn erweist sich: in Schrecknissen 2.Mose 14,24; Psalm 76,7-9; Jeremia 10,10; Klagelieder 2,20-22; in Gerichten und Drangsalen Hiob 21,17; Psalm 78,49-51; 90,7; Jesaja 9,18; Jeremia 7,20; Hesek. 7,19; 14,21; Hebräer 3,17 u.a. Ihm kann nicht widerstanden werden: Hiob 9,13; 14,13; Psalm 76,8; Nahum 1,6.

Der **Zorn GOTTES ist heilig**; er ist nicht vergleichbar mit menschlich unbeherrschten Gefühls- und Wutausbrüchen, sondern er ist ein gerichtliches Handeln aus GOTTES Heiligem Wesen, Seiner Hoheit und Gerechtigkeit! Er ist größer und stärker als das Feuer und die Kraft des Sonnenlichts, das alle Finsternis vertreibt, vertilgt und damit „straft." **Das feurige Räderwerk unter der Ausdehnung des Thrones GOTTES birgt den Altar,** der gefüllt ist mit glühenden Kohlen! Es steht geschrieben: **„Recht und Gerechtigkeit sind die Grundfeste deines Thrones, Gnade und Wahrheit gehen vor deinem Angesicht her."** (Aus Psalm 89). Seine Gerechtigkeit und Heiligkeit ist reinstes Licht und ein schrecklicher Glanz! Seinen Thron umgibt Seine furchtbare HOHEIT! Für den Gottlosen und Sünder, der bei seiner Haltung verharren will, habe ich *keine* „Gute Nachricht", denn geschrieben steht: **„Der HERR prüft den Gerechten; aber den Gottlosen und den, der Frevel liebt, hasst Seine Seele. Er lässt Schlingen regnen über die Gottlosen, Feuer, Schwefel und Glutwind."** (Psalm 11,5.6). Die Propheten und Psalmen im AT offenbaren GOTTES Gerichte als Vergeltung über Gottlose, Unterdrücker und Hochmütige, und die Offenbarung im NT setzt diese Linie fort: **„Und ich hörte den Altar sagen: Ja, HERR, GOTT, Allmächtiger, wahrhaftig und gerecht sind deine Gerichte."** (Offb.16,7; vgl. 19,5; 6,9+10). Und Johannes der Täufer bezeugt und spricht: **„Wer an den SOHN glaubt, der hat das ewige Leben; wer aber dem SOHN nicht glaubt, der wird das Leben nicht sehen, sondern der Zorn GOTTES bleibt auf ihm."** (Joh.3,36); d.h. er wird ihn treffen!

Die Gottlosen haben weder Frieden, noch haben sie eine Möglichkeit, dem Zorn GOTTES zu entfliehen, auch nicht im Neuen Bund! **„Denn das sollt ihr wissen, dass kein Unzüchtiger oder Unreiner oder Habsüchtiger (der ein Götzendiener ist), ein Erbteil hat im Reich des Christus und Gottes. Laßt euch von niemand mit leeren Worten verführen! Denn um dieser Dinge willen kommt der Zorn GOTTES über die Söhne des Ungehorsams."** (Eph.5,5.6; vgl. 3,6; Röm.2,8). Besonders entbrennt GOTTES Zorn über Götzendienst: 5.Mose 29,18.25.26; Josua 23,16; 2.Könige 22,17; Psalm 78,58.59; Jeremia 44,3 sowie über die Feinde des Evangeliums: Psalm 2,2.3.5; 1.Thessalonicher 2,16.

Wenn wir GOTTES gerechten Zorn in unserer Verkündigung des Evangeliums ausblenden, blenden wir die Menschen mit billiger Gnade, und das dürfen wir nicht! Sünde ist Sünde; Tod ist Tod; Zorn ist Zorn; Gnade ist Gnade! Bedenkt, der TAG des HERRN ist NAHE; er eilt „sehr!" Er wird wie ein Fallstrick über alle Bewohner der Erde kommen, wie JESUS es bezeugte, und wenn er eintrifft, wird er das „Jetzt“ sein – „jetzt“, das kann „jetzt“ sein, in jedem Augenblick! Bedenkt das! Und dann habt die entsprechende Dringlichkeit für die Gute Botschaft: „Jetzt“, „Heute“, wenn ihr Seine Stimme hört, verstocket eure Herzen nicht!“

Die Botschaft, die ich in diesem Zusammenhang empfange, lautet: **„Die stolzen Augen des Menschen werden erniedrigt, und der Hochmut des Mannes wird gebeugt werden. Aber der HERR wird hoch erhaben sein, an jenem Tag. (Jes.2,11f.). „Tretet heran, ihr Nationen, um zu hören! Und ihr Völkerschaften, hört aufmerksam zu! Es höre die Erde und was sie erfüllt, der Erdkreis und alles, was ihm entsprosst! Denn der HERR hat einen Zorn auf alle Nationen, und Sein Grimm richtet sich auf ihr ganzes Heer. ER hat an ihnen den Bann vollstreckt, sie zur Schlachtung dahingegeben. (Jes.34,1+2). „So spricht der HERR der Heerscharen: Ihr müsst trinken! Denn ein Schwert rufe ICH herbei über alle Bewohner der Erde, spricht der HERR der Heerscharen!“ (Jerem.25,28.29). „Und wenn man ins Horn stößt, hört hin!“ (Jes.18,3). „Denn ein Becher ist in der Hand des HERRN, schäumender Wein voll Würze. Und ER schenkt daraus ein: Ja, seine Hefen müssen schlürfen, müssen trinken alle Gottlosen der Erde. Erhebt nicht zur Höhe euer Horn! Redet nicht Freches mit stolz gerecktem Hals! Denn GOTT ist Richter…!“ (Psalm 75,9.6). DARUM: „Wendet euch zu mir, so werdet ihr gerettet, all ihr Enden der Erde; denn ICH bin GOTT und keiner sonst!“ (Jes.45,22)**

Solche Gerichtsworte sind nicht an die Ekklesia gerichtet, sondern an die gottlose Welt. Doch die Welt kennt und erkennt diese Botschaft nicht, sie muß sie aber dennoch hören – durch die Ekklesia und durch den keryx! Und diesen Gerichtsworten schließt sich bis zu ihrem Eintreffen immer noch die Botschaft der GNADE an, wie z.B. in Jesaja 34 und Kapitel 35, wo der Gerichtsbotschaft herrliche Erweckung folgt! (Erweckung für Israel im Millenium). Der Kontrast ist vollständig, und er zeigt uns, dass niemand dem Zorn GOTTES entkommen wird von denen, die Seine Gnade ablehnen!

Gotteskinder sind nicht mehr unter dem Zorn, erleiden aber noch Drangsale bis zur Entrückung, dem Hinwegreißen der Gemeinde (1.Thess.4,17). Besonders wir Gotteskinder im Westen täuschen uns sehr, wenn wir uns so schön in dieser Welt einrichten und „aklimatisieren“, ohne auf plötzliche Drangsale und Verfolgungen gewappnet zu sein, während 100 Millionen Christen weltweit verfolgt und drangsaliert werden! JESU Prophezeiungen für die letzte kurze Zeit vor Seinem Wiederkommen sprechen von irdischen und kosmischen Erschütterungen, Katastrophen, Kriegen, Pestilenz, Hungersnot und Verfolgung. Er vergleicht diese heutige Zeit mit der Zeit Noahs und der großen Flut, wie auch mit Lot und dem Untergang Sodoms (Luk.17)! Und ER spricht hier nicht zu Ungläubigen, sondern ER warnt Gläubige! **„Hütet euch aber, dass eure Herzen nicht beschwert werden mit Fressen und Saufen und mit täglichen Sorgen und dieser Tag nicht plötzlich über euch komme wie ein Fallstrick.“** Wir sollen als Himmelsbürger uns verhalten wie Himmelslichter in der Welt und wie „Hinwegeilende“, die auf CHRISTUS warten! Diese Haltung gehört unbedingt zu unserer Gesinnung einer prophetischen Verkündigung!

Gute Nachricht für Willige: GOTT ist auch gnädig und groß an Erbarmen!

„Kommt denn und lasst uns miteinander rechten! spricht der HERR. Wenn eure Sünden rot wie Karmesin sind, wie Schnee sollen sie weiß werden. Wenn sie rot sind wie Purpur, wie Wolle sollen sie werden. Wenn ihr willig seid und hört…!“ (Jes.1,18f.). Sittliche Gerichtsandrohung und Gute Nachricht der Errettung wurden schon im Alterum durch die Propheten GOTTES verkündigt. In Jesaja 45 heißt es: **„So spricht der HERR: Wendet euch zu mir und lasst euch retten, alle ihr Enden der Erde! Denn ICH BIN GOTT, und keiner sonst!“** Und im NT spricht DIESER GOTT, DER HERR JESUS CHRISTUS: **„Alle Völker sollen hören: es gibt Vergebung der Sünden für jeden, der zu Mir umkehrt!“** (Lukas 24,47-Hoffnung für alle). Das herrliche Evangelium der ERLÖSUNG UND ERRETTUNG ist *NUR* FÜR SÜNDER, nicht für „Gute Menschen oder Selbstgerechte“; es ist „Gute Nachricht für schlechte Menschen.“ Also mich hat meine Schlechtigkeit und Verdorbenheit zu JESUS CHRISTUS gebracht, nicht meine *Tugend.* Ich bin zu IHM gekrochen und vor Seinem Kreuz zerbrochen! Nichts war mehr da, was „gut“ an mir zu finden war, als der HEILIGE mich überführte und berührte!; alles an mir war eine einzige zu Tod und Verdammnis verurteilte Konkursmasse; nicht einmal ein Kugelschreiber war noch zu gebrauchen! **„Als mein Herz erbittert war und es mich in meinen Nieren stach, da war ich dumm und verstand nichts; wie ein Tier war ich bei Dir.“** (Psalm 73,21.22).

Wie sang Heinrich Heine, der Dichter:

„Zerschlagen ist die alte Leier, am Felsen, welcher CHRISTUS heißt; die Leier die zur Feier, bewegt ward von dem bösen Geist. O HERR, ich knie nieder! Vergib! Vergib mir meine Lieder!“

Dieses Klagelied ist Musik in GOTTES Ohren, denn ER hört mit Freuden das Gebet: „O GOTT, sei mir, dem Sünder gnädig!" (vgl. Gleichnis in Luk.18). Wir richten zuerst uns selbst, ehe wir eine Gerichtsbotschaft und eine Heilsbotschaft für Sünder haben und als Herold (keryx) ausrufen. Wir richten nicht „Personen" und wir richten nicht die Verbrechen der Menschheit – GOTT ist Richter! Aber wir sind der „Zeigefinger" GOTTES, der auf die „Schuld" der Menschen zeigt. Schaut, wenn ich einem Menschen sage, dass es Sünde ist, zu lügen und zu stehlen; dass Abtreibung, Homosexualität, Esoterik, Okkultismus, Götzendienst und Zauberei Sünde ist wie Mord und Totschlag, spreche ich ein Urteil über „Sünde" aus, nicht über den „Sünder selbst", über das „Tun", nicht über den „Täter", sonst müssten wir überall Gerichtsstühle aufstellen und einen Talar anlegen. Nein! Das Gericht ist GOTTES Sache! Obwohl es den Sünder persönlich treffen soll, sind wir nicht sein Staatsanwalt, sondern ein Botschafter mit einer guten Nachricht für ihn. Wir sollen das göttliche, geschriebene *Gesetz* „gesetzmässig gebrauchen", wie Paulus in 1.Timotheus 1,8f. sagt; es ist **im Evangelium eingeschlossen** (V.11). Hier fürchten wir kein „EU-Antidiskriminierungsgesetz", (wie der Europarat am 27. Januar 2010 über ein solches abgestimmt hat), weil wir nicht *Personen* diskriminieren, auch wenn die schwammigen EU-Formulierungen das so auslegen mögen. Wir sind jeder politischen Obrigkeit untertan, solange diese nicht unseren Ungehorsam gegen GOTTES Wort verlangt, und wir verkündigen GOTTES Gebote, GOTTES Gericht und GOTTES Gnade!

Gericht und Gnade, Gesetz und Evangelium sind wie Altes- und Neues Testament die *ZWEI* Trompeten, die der HERR gebraucht, und die wir durch Seinen Geist einsetzen dürfen und sollen. Die FROHBOTSCHAFT, das EVANGELIUM, ist immer das Zentrum, wie kann es anders sein! Doch sie hat Akzente und Merkmale, die erst auf dem durch das Wort und den Geist GOTTES aufgedeckten schwarzen Hintergrund der Sünde und Schuld im Bewusstsein der Menschen aufleuchten. Das Evangelium stöbert die Sünde auf und bringt sie ans Licht, und wer dann die **Wahrheit** tut (nicht: wer das *Gesetz* tut), der kommt zu dem LICHT und erfährt Gnade! Das SALZ muß die Wunden ausbrennen, und das Öl der GNADE muß sie heilen. Und im rechten Signalton der Vollmacht, Dringlichkeit und Liebe wird die Welt - besser, werden die „Vielen"- diese Sprache hören und verstehen! Darum betet um Vollmacht und Gnade!

Die Anwendung des Evangeliums

GOTTES Gerichtsbarkeit ist gerecht und souverän und hat am Kreuz von GOLGATHA über den Sohn GOTTES gewaltet, der das Gericht des Sünders trägt! – des Sünders, der zu IHM umkehrt! Über alle anderen bleibt der Zorn GOTTES, weil sie sich ihre Sünden nicht wegnehmen und tilgen lassen. Viele wollen nur „wegen" ihren Sünden erlöst werden, aber nicht „von" ihren Sünden; auch das ist der falsche, breite Weg. Das Kreuz von Golgatha hat völlig neue Voraussetzungen geschaffen für alle, **„die zu Mir umkehren"**, spricht der HERR. Das Kreuz hat aber nicht die Gerichtsbarkeit GOTTES über eine alte, dahingegebene und abgelöste Schöpfung aufgehoben. Geschrieben steht, dass es für den Gottlosen keine Hoffnung, keinen Frieden und keine Zukunft gibt – weder im Alten- noch im Neuen Bund!

Wenn wir in der Geschichte zurückschauen, sehen wir, dass die Gerichte GOTTES ein notwendiger Teil zur Errettung sind. ER nimmt den eitlen Sündern, was sie an Sicherheiten zu besitzen meinen, damit sie in den Erschütterungen wieder lernen, ihre Hoffnung auf IHN allein zu setzen. ER läutert, reinigt, rettet durch Gericht und wirkt so Seine Gnade hinein. Es gibt aber auch Gerichte, die zur Vernichtung bestimmt sind und wo die Gnade nicht mehr rettend wirkt, sondern nur noch die Gerechtigkeit! Denken wir an die „Mene tekels" von Sodom und Gomorra; denken wir an Babylon, an die alten Ägypter, oder an Ninive. Darin war ein „Dahingegeben" GOTTES zu erkennen! Paulus spricht von solchen Zivilisationen in Römer 1,18 und folgende. Die Weltkriege der Neuzeit sind auch sittlich begründete Gerichte als Antwort auf Bosheit, Frevel und Gottlosigkeit. Wenn die Übertretung ein Höchstmaß erreicht hat, hält nichts mehr die hereinbrechenden Gerichtsfluten auf, auch kein Gebet! Vorher aber ertönen die Trompeten!

Wir wollen beten

„O HERR, wir rühmen Deinen Kreuzestod über diese ausgebrannte, beraubte und leere Gesellschaft, ob jung oder alt, die in geistlicher Gefangenschaft sitzt und doch so nach Hilfe schreit an ihren vergifteten Tümpeln. Wir flehen zu Dir: Erbarme Dich darüber und scheine rettend hinein in ihre große Not und Finsternis; HERR, Du siehst ihre Abgöttereien und ihren staatskirchlichen Unglauben, ihre pseudochristliche Religiösität und Spiritualität, ihren falschen volkskirchlichen Frieden, der nicht rettet! Zerstöre durch Dein Evangelium der Liebe und der Wahrheit die Götterpforten und Bildnisse von einem liberalen und relativen Gott; vernichte die okkulten Lügenfolien Satans, die sie lieber annehmen als die absolute, unverfälschte und rettende Wahrheit. Reisse noch einmal die Mauern nieder, die Dein Volk gefangen halten in den religiösen Systemen und sende Zerschlagene in Freiheit hi-

naus. Laß die Durstigen die Lebensbrunnen sehen wie Hagar die Quelle in der Wüste sah, denn DIR allein und keiner Institution oder Kreatur gehören die Starken zum Raube und die Vielen zur Beute! In JESU wunderbarem Namen, Amen.

Kommen wir noch einmal zum Stand der sittlichen Situation in der gegenwärtigen Zivilisation, der wir die biblische Botschaft des HEILS von Gericht und Gnade übermitteln sollen. Wir befinden uns inmitten des Verfalls und der Preisgabe letzter moralischer Schranken auf allen Gebieten! Die suggestionierten Nationen befinden sich im geistlichen und moralischen Bankrott! Das Gottesbewußtsein in dieser nachchristlichen gottlosen Ära ist nahezu erloschen, umso mehr werden die Gottesersätze, die modernen und die antiken Götzen als Heilsbringer und Zukunftsidole verherrlicht! Das in den letzten drei- bis vier Jahrzehnten Erreichte auf technologischem Gebiet hat die Insolenz und Vermessenheit des immer noch vergänglichen und sterblichen kleinen Menschen auf eine unerträgliche Spitze getrieben. Die alte Schlange „Teufel und Satan" sagte und befahl: „ihr werdet `Gott` sein", und jetzt denkt der moderne Mensch tatsächlich, er wäre es schon! Die von dieser verseuchten Denkart betrogene und geprägte Menschheit wird sich absolut nicht gottlos fühlen, wenn sie den Antichristen als `Gott` anbetet. Die letzte Zivilisation der Welt formiert sich zur Masse der „antichristlichen Menschheit" – zum *antichristlichen Menschen* schlechthin! **„Tut euch zusammen, sammelt euch, du Volk ohne Scham, ehe der Ratschluß sich erfüllt – wie Spreu verweht, geht der Tag vorüber! – ehe der grimmige Zorn des HERRN über euch kommt, ehe der Tag des Zornes des HERRN über euch kommt!"** (Zeph.2,1.2).

Diese gott- und schamlose Zivilisation gleicht jener antiken in den Städten Ninive, Sodom und Gomorra; und gleich wie Jona eine Gerichtsbotschaft vom HERRN empfing, die zugleich Gnadenbotschaft war, werden auch wir das kommende Gericht über die Sünde und das Heil in dem CHRISTUS verkündigen. Es steht geschrieben: **„Siehe, kommt es nicht von dem HERRN der Heerscharen, dass Völker fürs Feuer arbeiten und Nationen für nichts sich abmühen? Denn die Erde wird erfüllt werden von der Erkenntnis der Herrlichkeit des HERRN, gleichwie die Wasser den Meeresgrund bedecken."** (Habakuk 2,14). Der Blick des Verkündigers geht von GOTT zum Menschen, nicht umgekehrt. Wenn wir die Gnade empfangen, vor GOTT im Heiligtum zu stehen, wird unsere Botschaft Seinen Willen, Seine Worte und Seine Interessen situationsgemäß zum Ausdruck bringen – als eine prophetische Verkündigung! Sein Geist wird uns die richtige entsprechende Salbenmischung und Würzung dafür geben, dafür dürfen wir bitten und vertrauen. Unsere Verkündigung muß so geschehen, dass Menschen durch die Wahrheit GOTTES so ins Gericht geführt werden, dass sie darin die Liebe GOTTES und Seinen Rettungswillen erkennen.

Zuerst muß das schreckliche Licht der Heiligkeit und des Gesetzes GOTTES auf den Sünder fallen, damit er erkennt, dass er ein Sünder ist und für seine Sünden Tod und Hölle verdient. Das Gesetz und das Evangelium scheinen beide auf das Gewissen der Menschen. Es kommt zu einer Entscheidung und Scheidung. Die Forderung und Verdammnis des furchtbaren Gesetzes und das kostbare Blut der Sühnung müssen sich ausgleichen, damit der HEILIGE GEIST den Sünder von der Sünde überführt und die Wiedergeburt vollbringen kann. Das wahre Evangelium scheidet und rettet; es bewirkt Licht – oder belässt in der Finsternis; es bewirkt Wahrheit – oder belässt in der Lüge; es bewirkt Leben – oder belässt im Tode! Hier ist man gerettet oder geht verloren; hier ergibt man sich oder bleibt Rebell; hier diskutiert man nicht mehr! Wir bitten stellvertretend für CHRISTUS: Laßt euch versöhnen mit GOTT! Das teure Blut JESU beantwortet dann alle Anschuldigungen des Gewissens, weil CHRISTUS alle Schuld bezahlt hat! Das heilige Gesetz *(Nomos)* ist ein „Vertragsbund", die Gnade aber ein „Verhältnisbund". Darum dürfen wir auf keinen Fall den *bekehrten und geretteten* Menschen Gesetz und Humanismus predigen, das würde sie sowieso nicht „besser machen", sondern in Gefangenschaft führen. Wir verkündigen CHRISTUS und Seine wunderbare Gnade

Hier bringe ich das Zeugnis eines Bruders und Evangelisten aus den USA im Internet: *„Wir haben das herrliche Evangelium unseres gepriesenen GOTTES vergessen und haben es auf 4 geistliche Gesetze oder 5 Dinge herunterreduziert, von denen Gott will dass du sie weißt. Mit einem kleinen schwammigen Gebet am Ende, das der Interessierte uns ernsthaft nachspricht, erklären wir ihn päpstlich als nun wiedergeboren. (…) Ja, wie in meinen Augen die Kindertaufe das goldene Kalb der Reformation war, so ist das `Gebet des Sünders` das goldene Kalb der Baptisten, Evangelikalen und was immer in die Richtung geht. Das hat mehr Menschen in die Hölle gebracht…! Geh in die Bibel und zeige mir, ob irgend jemand in der Schrift so evangelisiert hat. Jesus Christus sagte zu den Kindern Israel nicht:" wer will mich in sein Herz aufnehmen? Ah, Ich sehe deine Hand." Sondern Er sagte:" Tut Buße und glaubt an das Evangelium!" Wir sagen: `Gott liebt dich und hat einen wundervollen Plan für dein Leben.` Was? Gott liebt mich? Das ist großartig, weil ich mich nämlich auch liebe. OK, wundervoll. Und Er hat einen Plan für mein Leben, wenn ich Ihn in mein Leben aufnehme?, gut. Dann werde ich heute das Beste aus meinem Leben machen, wenn ich das tue.*

Früher hat man zwei oder drei Wochen gepredigt und den sündigen Menschen keine Einla-

dung gegeben. Wir haben in den Herzen der Menschen gepflügt und gepflügt und gepflügt bis der Geist Gottes anfing, ihre Herzen zu bearbeiten und zu zerbrechen! Heute gehen wir bloß hin und reden mit ihnen, stellen ihnen drei Fragen, wie es mit ihnen steht und fragen sie, ob sie ein Gebet sprechen und Jesus in ihr Herz aufnehmen wollen, und wir schaffen einen zweifachen Sohn der Hölle, der nie wieder für das Evangelium offen sein wird wegen dieser religiösen, evangelikalen Lüge! Was denkst du sei Predigen, ein Schauspiel, und danach gehst du ins Hotel deinen Hamburger essen? Nein! Nach dem Predigen beginnt die eigentliche Arbeit; Handeln mit Seelen – nicht eine `Karte` unterschreiben!"

Die Erfahrungen und Aussagen dieses Glaubensbruders kann man nur bestätigen, und ich glaube wir alle können das, weil auch wir in Europa diesen falschen Signalton kennen: *„Gott glaubt an dich; Er will, daß du das Beste aus deinem Leben machst; darum hat Er das Beste für dich gegeben."* Hat GOTT das Beste zur Selbstverwirklichung des Menschen gegeben? Das Neue Testament kennt diesen Sound nicht! Ich wiederhole, von GOTT zum Menschen geht unsere prophetische und situationsgemässe Botschaft! Unsere moderne „Situationsethik" schreit ja förmlich nach den Gerichten GOTTES! Auf was zeigt unser Finger: **Da ist der millionenfache und legalisierte Kindermord** im Mutterleib, eine schreckliche Sünde, die GOTT mit Leben für Leben ahndet (sofern man nicht Buße tut, das heisst „umkehrt!"). Da ist die Pest der öffentlich und sogar im Namen eines toten Christentums beglaubigten **Homosexualität!** Darauf steht im Gesetz GOTTES ebenso die Todesstrafe! (Auch hier wie in den nachfolgend genannten Übertretungen ist Umkehr, Vergebung und Heilung möglich). **Da sind Unzucht, Hurerei,** Ehebruch, die als Kavaliersdelikte angesehen werden – Todesstrafe! Da ist **Perversion und Gotteslästerung** in alle gesellschaftlichen Schichten – Todesurteil! Da ist die Seuche des Aberglaubens in Okkultismus, Spiritismus und Esoterik – Todesurteil! Da sind **Satansmessen und Kinderschändungen**- Todesurteil! Da sind die Medien, durchtränkt von Begierden der Lust, der Zauberei, der Lüge und des Vergnügens; da sind Habsucht, Lüge, Diebstahl, Mord und Totschlag, Unbarmherzigkeit – auf Sünde steht das Todesurteil! Denn geschrieben steht: **„Denn der Lohn der Sünde ist der Tod."** (Röm.6,23). Nehmen wir unsere Bibel und lesen den „modernen Menschen" ihre Sünden vor: Römer 3,10-18; 1,28-32; 1.Korinther 6,9-10; 2.Timotheus 3,1-5; Offenbarung 9,20.21; 21,8. Ja, und dann nehmen und lesen wir die Zehn Gebote als Spiegel. Auf diese Weise schütten wir *SALZ* in die vergifteten Kanäle! (Das sollt hier nur prinzpielles Schema sein).

C.H.Spurgeon schrieb: *„Wenn in früheren Zeiten Menschen bekehrt wurden, war eine Überführung von Sünde dabei. Der große, schwere Pflug der Seelenangst wurde gebraucht, tief in die Seele zu dringen. Das Feuer brannte mit großer Hitze im Geist des Menschen, und wenn* *sie die Sünde in ihrer schrecklichen Vollglut sahen, wurde ihnen die Liebe zu ihr ausgebrannt. Aber jetzt werden wir mit Prahlerei über schnelle Bekehrungen abgespeist."*

„Jesus liebt dich" – oh cool, ich liebe mich auch, und wertvoll bin ich natürlich auch

Wenn wir den Zustand des gefallenen Menschen und seine gefallene Welt mit GOTTES Augen betrachten lernen, werden wir nicht sentimentale „Liebe" verkündigen. In humanistisch-rationaler Verkündigung hört man: *„Gott liebt dich so, weil du so wertvoll für Ihn bist"* usw. Doch der Sündenfall eliminierte die Wertprägung des Gottesbildes im Menschen; der Mensch verlor seinen „Wert", und geblieben ist ein relativer Selbstwert, ein „Bedürfniswert" um der Schuld, die der Unschuld im Garten Eden folgte, zu entfliehen oder sie unbewußt zu leugnen. Seitdem lebt der natürliche Mensch selbstbestimmt und unbrauchbar für GOTT, und als dieser sagt er nicht zu GOTT: *„ich bin es wert, dass Du mich annimmst"*, sondern er schlägt an seine Brust und spricht: **„…ich bin nicht mehr wert, Dein Sohn zu heißen!"** (vgl.Luk.15 oder Matth.8,8). In sich selbst hat der gefallene Mensch nicht mehr den ihm von GOTT zugedachten Wert, der muß ihm erst wieder von GOTT zurückgegeben werden (vgl.Röm.3,23.24). Und andrerseits ist GOTTES Liebe in *Seinem Wesen* begründet, und nicht in einer Liebenswürdigkeit oder human- religiösen Leistung seitens des Menschen. Die Menschen ziehen zwar Religion, Leistung und Humanität dem Evangelium vor, aber GOTTES Rettungsabsicht ist nicht darauf begründet! (vgl.Röm.4,4+5). Darum muß das Evangelium den Menschen Salz in die Herzen streuen, bevor das Öl des Heils wirksam wird. GOTT rechtfertigt den Gottlosen NUR aufgrund des Glaubens, NICHT aus Werken!

Ein konkretes Beispiel für „Salz, das von GOTT zum Menschen" kommt:

Geschrieben steht: **„Es ist dir gesagt, o Mensch, was gut ist und was der HERR von dir fordert, nämlich GOTTES Wort halten, Liebe üben und demütig sein vor deinem GOTT!"** (Micha 6,8). Das ist die göttliche Forderung! Bei jeder offenen Rechnung, die uns zugestellt wird, ist die Forderung der Begleichung mit dabei: „Bitte überweisen Sie den fälligen Betrag innerhalb von…..Tagen." Jeder kennt diese „Liebesbriefe" mit den jeweiligen Forderungen. Legitimen Zahlungsaufforderungen kommt man besser umgehend nach um eine Mahnung zu vermeiden. GOTT, der HERR, fordert von Seinem Geschöpf „Mensch" eine gerechte, legitime Leistung, nämlich die Einhaltung Seiner moralischen Gebote, und diese Forderung ist gut, wie könnte es anders sein. „Liebe üben, GOTTES Wort halten, demütig sein" – alles lobenswerte Forderungen. Aber sie kommen zu gefallenen Menschen, zu geistlich und moralisch „zahlungsunfähigen" Personen, so wie offene Rechnungen zu finanziell bankrotten Menschen kommen. Doch die Forderung der offenen Rechnung bleibt bestehen; sie lässt sich durch die Unfähigkeit unserer Ressourcen und Möglichkeiten nicht abändern, beeinfußen oder abschwächen. Diese guten gerechten moralischen „schriftlichen Forderungen" beginnen mit den Zehn Geboten: „Du sollst!", und der Prophet Micha wiederholt es später deutlich: **„Es ist dir gesagt, o Mensch, was gut ist und was der HERR von dir fordert…!"** Hier GOTTES Forderung – da der Mensch.

Und damit kommen wir zur Erklärung des gefallenen Menschenbildes:

Der Zustand des Menschen seit dem Fall Adams

A.) DER ZUSTAND DES MENSCHEN VOR GOTT

1.) Der Mensch hat gesündigt (Röm. 3,23; 10-12; 5,12)
Jede Nation kommt aus Adam (Apg.17,26)

2.) Der Mensch steht unter GOTTES Gericht und ist verurteilt (Röm. 3,19; 5,18a; Joh.3,18)

3.) Er steht unter GOTTES Zorn (Eph.2,3; Joh.3,36)
4.) Er soll Tod und Gericht erleiden (Jakobus 1,15; Röm.6,23a; Hebr.9,27a; Offb.20,11.13)

5.) Er soll im Feuersee verderben (Mark. 9,48; Offb.20,15; 21,8)
6.) Er ist in die Irre gegangen und verloren (Jesaja 53,6; Luk.19,10)
7.) Er ist tot in Übertretung und Sünden (Eph.2,1.5; Röm.8,2b)
8.) Er ist ein Sklave der Sünde (Röm.7,18.19. 14b.15; Joh.8,34)
9.) Er hat keine Hoffnung in der Welt und muß schliesslich in Sünden sterben (Eph.2,12; Joh.8,24)

B.) DER ZUSTAND DES MENSCHEN UNTER SATANS HAND

1.) Der Mensch ist ein Kind des Teufels (1.Joh.3,8a. + 10; Joh.844)
2.) Er gehorcht dem Herrscher der Macht der Luft (Eph.2,2; 6,12)
3.) Sein Verstand ist dadurch verblendet (2.Kor.4,4; 1.Joh.5,19b)
4.) Er befindet sich unter Satans Gewalt der Finsternis (Kol.1,13; Apg.26,18)

5.) Er kommt ins ewige Feuer, das für Satan bereitet ist (Matth.25,14; Offb.20,15)

C.) <u>DER ZUSTAND DES MENSCHEN IN SICH SELBST</u>

1.) Er wird in Sünde und Schuld geboren (Röm.5,12; Psalm 51,7; Hiob 14,1+4)
2.) Er ist in der Sünde gegründet (Röm.5,19)
3.) Er hat ein arglistiges böses Herz (1.Mo.8,21; Jerem.17,9; Matth.7,23; Röm.1,29)
4.) In seinem Fleisch (im „Sein") wohnt nichts Gutes (Röm.7,18+19.24; 6,6; Gal.5,19-21)
5.) Er ist im Fleisch GOTTES Feind (Kol.1,21; Eph.2,2; Röm.8,7+8)
6.) Er verwirft es, GOTT zu erkennen ((Röm.1,20.21.23.25.28)

Abgöttereien und Götterbilder !!

Der Geist GOTTES überführt von Sünde und deckt die Finsternis auf, indem Er die Augen über den Zustand des Menschen auftut, und über die Gewalt Satans, der über die Ungläubigen herrscht. Es ist die heilige Pflicht jedes berufenen Verkündigers und Evangelisten, mit dem Wort und Finger GOTTES (= Sein Geist) die Werke und Kunstgriffe Satans aufzudecken und mit dem Licht GOTTES die Abgöttereien zu strafen: **„...unter die Ich dich jetzt sende, um ihnen die Augen zu öffnen, damit sie sich bekehren von der Finsternis zum Licht und von der Gewalt Satans zu GOTT, damit sie Vergebung der Sünden empfangen...!"** (Apg.26,18).

Wie wir in Epheser 2,2 und anderen Stellen sehen, herrscht der Fürst der Macht der Luft (Satan) über die Söhne des Ungehorsams und wirkt in ihnen. Kein Zeitalter und keine Generation zeigt <u>so viel Sympathie</u> für den Teufel, für das Okkulte, für die **Abgötterei**, wie unsere Zivilisation. Sie hat sich zu einer Gottentfremdeten, antichristlichen Menschheit hin entwickelt! Nie war der Weg, der zur Verdammnis führt, so bevölkert; nie waren die Greuel so groß – und damit aber auch der **Zorn GOTTES! Wir irren uns, wenn wir nur die eine Seite der Errettung verkündigen, den Zorn GOTTES über die Abgöttereien aber vorenthalten. Das Licht muß bis in die äusserste Finsternis vordringen, weil auch die Sünden der Abgötterei bis in die unbewußten Regungen und verborgenen Tiefen des Seelenlebens eindringen und von dort aus ihren dämonischen Einfluß auf die Entscheidungen und Handlungen des**

Menschen im Alltagsleben auswirken.

Erst wenn das Licht GOTTES auf die Finsternis der Abgöttereisünden fällt – GOTT stellt das Gesetz dem Gewissen der Menschen vor – und der Mensch in seinem Gewissen überführt wird von Sünde, Gerechtigkeit und Gericht und mit dem Herzen versteht, gewinnt er die Freiheit, für seine Situation Erlösung und Befreiung zu suchen – und erst dann erhält er die Kraft, sich zu bekehren von der Finsternis zum Licht, und von der Gewalt Satans zu GOTT. Paulus musste auf dem Areopag in Athen die griechischen Philosophen auch erst mit der Sünde ihrer Abgötterei konfrontieren, ehe er sie zur Umkehr rief. Dabei ist es sehr wichtig und nötig (vorher/nachher) den Verstand der Menschen von geistigen Bollwerken freizubeten.

Die Aufgabe des Evangelisten und Verkündigers wird sein, die Sünde(n) beim Namen zu nennen; dadurch wird sie entblößt und entkräftigt. Wenn als Reaktion darauf (trotz feindlicher Angriffe) der betreffende Sünder auch seine Sünde ans Licht bringt, wird das Gefängnis aufgebrochen, und der Gefangene wird frei. **„Gefangenen Befreiung zu verkünden“,** war ein Aspekt in JESU Auftrag, und ER forderte die Dämonen heraus, ihren Namen zu nennen. Damit begann ihre Autorität zu zerbrechen. „Jede Sünde, die ans Licht kommt, verliert ihre Macht!“ Dietrich Bonhöffer hatte es gut und richtig gesagt, dass *„das Bekenntnis der Sünde vor einem Bruder“* ihre Macht bricht. Das Spektrum der Abgötterei an sich ist riesig; wir können nur mit einigen Namen prinzipiell das Feld der dämonischen Kräfte abdecken.

Zuvor noch zum Begriff „Abgötterei“; sie ist überall dort, wo Menschen ihre Hilfe und Zuflucht nicht bei dem GOTT der Bibel suchen, sondern bei selbstgemachten- und erwählten Helfern bzw. Hilfsmitteln. Das kann auch die eigene Vernunft und Kraft sein, ist aber meist verbunden mit Formen der Esoterik, Zauberei und des Okkultismus. Nun zum Spektrum von Abgöttereien. Es beinhaltet (u.a. siehe „New-Age und Bildung“) folgende Sünden: Zauberei (Besprechen, Brauchen, Beschwören), Magie (schwarz oder weiß), Zeichendeutung, Wahrsagen, Hellsehen, Kartenlegen, Esoterik, Astrologie, Pendeln, Aberglauben und Glückszeichen (Katze, Kleeblatt, Hufeisen und dgl.), Bleigießen, Tagewählen, Horoskope, Spiritismus, Yoga, Wünschelrute (Radiästhesie), Magnetopathie bis hin zur christlichen Wissenschaft, Theosophie, Anthroposophie, Psychoanalyse, Hypnose, Autogenes Training, Fiat Lux, Silvia Mind-Controll, Scientology. Diese Abgöttereisünden und andere mehr halten Menschen, Dörfer, Städte, Länder und Kontinente unter „Fluch und Bann!“ Um es noch einmal zu wiederholen:

Menschen, die diese Dinge tun und die Abgöttereien selbst sind GOTT ein Greuel! Das sagt die Heilige Schrift der Bibel. Diese Sünden müssen bekannt und durch Lösung und Absage gebrochen werden. Diese Vorgehensweise ist trotz einiger Kritik ein bewährtes Mittel! Und es gehört zur Stategie der Verkündigung, dass durch das vorlaufende und begleitende Beten die Bollwerke und Festungen im Verstand des Menschen gefangengenommen werden; ob es Ideologien oder Abgöttereien sind, die Vernunftschlüsse müssen im Gebet zertört werden und die Menschen in ihrem Verstand freigebetet werden, indem wir das Blut und die Kraft GOTTES über sie und ihr Denken rühmen und die feindlichen Mächte in JESU Namen binden. Wir selbst sind unter der Deckung des Blutes JESU und sagen, dass wir jeden Gedanken gefangen nehmen unter den Gehorsam des CHRISTUS. Danach werden wir Menschen durch die Wahrheit des Wortes der Schrift freimachen!

Ich möchte darauf hinweisen dürfen, dass bei einer längeren Verkündigungsreihe an mehreren Tagen die Gelegenheit genutzt werden sollte, über das okkulte-esoterische Spektrum zu sprechen. Es muß nicht gleich am ersten Tag geschehen – je nach dem, wie der Geist des HERRN leitet. Gewichtig zu wissen ist es, dass die Verzauberung dieser heidnischen Generation „und die Uneinigkeit des Volkes GOTTES“ die größten Hindernisse sind für die Ausbreitung des Evangeliums!

Das überführende Werk des HEILIGEN GEISTES

O EWIGKEIT DU DONNERWORT
DU SCHWERT, DAS DURCH DIE SEELE BOHRT
DU ANFANG OHNE ENDE!
O EWIGKEIT, ZEIT OHNE ZEIT
VIELLEICHT SCHON MORGEN ODER *HEUT*
FALL ICH IN DEINE HÄNDE!

Der Weg der Errettung durch den Glauben an JESUS CHRISTUS ist keine Idee, sondern ein wirklicher innerer und äusserer Aufbruch mit einer vom Geist geborenen neuen inneren Anlage und Identität! Der bekehrte Mensch *hat* eine neue Natur und *ist* eine neue Kreatur! Dieser neue Weg mit einer neuen Identität muß gegangen werden. Ja, es ist wahr, das große und wunderbare Werk unserer Erlösung und Errettung ist das Werk GOTTES! ER sucht den Sünder, wie geschrieben steht in Römer 5,8 und 1.Johannes 4,10. Da ist keiner, der GOTT zuerst sucht, es habe ihn denn GOTT zuvor gesucht! Und so sucht GOTT „alle“

Menschen, dass sie „alle“ zur Erkenntnis der Wahrheit kommen innerhalb der Freiheit ihrer Willenszustimmung. GOTT ist der Anfänger und ER ist es, der uns durch Seinen Geist zum Glauben an CHRISTUS JESUS bringt, uns also zum Glauben befähigt. Es ist das große Werk Seiner herrlichen Gnade! Wir stehen mit leeren Händen vor GOTT. **„Bleibt uns denn nichts, womit wir uns vor GOTT rühmen können? – Gar nichts! Woher wissen wir das? Durch das Gesetz, das unsere eigene Leistung verlangt? Nein! Nur durch das Gesetz des Glaubens, der uns geschenkt ist.“** (Röm.3,27).

Nach dem Salz des Gesetzes kommt das Öl der GNADE

Von wahrer Gnade kann man nur dann sprechen, wenn die Liebe GOTTES sich einem Menschen zuwendet, der überhaupt nichts verdient und nichts hat – keine Würde, keinen Wert (außer künstlichem Selbstwert) – sondern Sünder ist, getrennt von GOTT und unter Seinem Zorn. Rettung bedeutet also, das Angebot der freien Gnade im Glauben anzunehmen, wenn der Ruf unser Herz erreicht. Wir *bestimmen* die Stunde unserer Errettung nicht selbst, ebenso wenig wie wir uns selbst Christuserkenntnis und Sündenerkenntnis geben können. Es entspringt alles göttlicher Initiative; der Mensch wird von GOTT vor die Wahl zwischen Leben und Tod gestellt (Jerem.21,8; Hesek.18,23; 5.Mo.30,19) in Annahme oder Ablehung des Evangeliums der Gnade.

Jeder, der das Todesurteil des Gesetzes für sich persönlich annimmt, wird auch seine Errettung aus Gnaden annnehmen. Hier ist die Re-Aktion des Sünders auf das Gnadenangebot des Evangeliums; jetzt erst sucht der Sünder GOTT – und findet IHN! Und die wahre Umkehr zu CHRISTUS wird auch die wahre Nachfolge bewirken; sie ist die Bestätigung der Echtheit seiner Bekehrung. So heißen die zwei großen Wahrheiten für uns „Umkehr und Nachfolge.“ Und damit das nicht „an uns selbst“ scheitert, hat GOTT in der Gnade vorgesorgt: ER gibt uns den HEILIGEN GEIST als Begleiter, Tröster und Helfer! Und mit IHM ist auch der VATER und der SOHN bei uns! LOBET DEN HERRN!

Dieser wunderbare Geist des HERRN ist es, der die Welt überführt von Sünde, von Gerechtigkeit und vom Gericht (vgl.Joh.16,8-11). Diese drei Begriffe sind die Grundlinien des Evangeliums und grundlegend für unsere Errettung und Umgestaltung. Ich gehe hier nicht näher darauf ein; Wesentliches wurde schon gesagt. Nachfolgend nur eine kurze Zusammenfassung.

„....wird ER die Welt überführen....“ (Joh.16,8)

A.) Von Sünde: Jemand sagte: *„Als ich um den Heiligen Geist bat (Luk.11,13), überführte Er mich von meiner Sünde."* Das ist ein gutes Zeugnis und konträr zu dem, was man an charismatischen Zeugnissen oft hört. Die Sünde bezieht sich auf Adam (Röm.5,12). Die gesamte Menschheit ist „in Adam", d.h. in seiner Erblinie geboren. Von ihm haben wir unsere sündige Natur geerbt, außerhalb des Paradieses. Adam brachte die Sünde in die Welt, und mit ihr kam der Tod als „Lohn bzw. Ergebnis der Sünde." Diese sündige Welt, in ihrer eigenen Auffassung von Sünde, hatte CHRISTUS zurückgewiesen, obwohl ER doch zu ihrer Errettung gekommen war! (vgl. Joh.3,17; 8,24). Nun überführt der göttliche Anwalt diese Welt über ihren satanischen Irrtum und ihre Rebellion, indem Er aufzeigt: „Welt der sündigen Menschheit!, ihr habt den Heiligen und Gerechten verleugnet und den Fürst **des Lebens getötet. Aber GOTT hat Ihn aus den Toten auferweckt und dadurch bestätigt, dass CHRISTUS ohne Sünde war! So ist euer Unglaube die eigentliche entscheidende Sünde, wenn ihr nun Den wiederum abweist, der GOTTES rettende Liebe zu uns brachte und am Kreuz für die Sünde der Welt starb!**

B.) Von Gerechtigkeit: Die Gerechtigkeit bezieht sich auf CHRISTUS, weil ER die Gerechtigkeit tut und der Gerechte *ist* (Röm.5,18; Psalm 89,14; Jes.11,5; Hebr.1,9). Wie wir „in Adam" die Sünde ererbt haben, so empfangen wir „in CHRISTUS" die geschenkte Gerechtigkeit GOTTES! (Adam ist das Gegenbild von CHRISTUS, Röm.5,14). Diese Gerechtigkeit ist die einzige, die vor GOTT gilt und die ER anerkennt. Wir empfangen sie durch glaubensvolles Vertrauen, nicht aus Werken, damit sich vor IHM kein Fleisch rühme (1.Kor.1,29; Eph.2,8.9; Röm.1,17). **Rechtfertigung kommt aus CHRISTI Werk der Sühnung und Versöhnung!** Es ist ein juristischer, gerichtlich (forensischer) Akt und Urteilsspruch, denn in Seiner Stellvertretung am Kreuz, die das Gericht für den Gläubigen ist, erwirkte CHRISTUS Gerechtigkeit in zweifacher Hinsicht: 1.) sie leistet der erforderten **Strafe** wegen Übertretungen des moralischen Gesetzes Genüge. 2.) sie leistet GOTTES unumschränkter **Gerechtigkeit und Heiligkeit** Genüge. Unsere Sünden wurden IHM angerechnet, und JESU vollkommenen Gehorsam rechnet GOTT dem gläubigen Christen an! Dadurch erhält der Mensch die Gerechtigkeit, die der Zustand vollkommener Übereinstimmung mit GOTTES vollkommenem Gesetz und Charakter ist! Das muß der Sünder noch nicht verstehen, doch Buße tun heißt, sich durch den Geist der Wahrheit von Sünde überführen lassen, um dann in den Genuß der geschenkten Rechtfertigung zu kommen.

Weitere klärende Aspekte der Gerechtigkeit GOTTES: Seine Gerechtigkeit ist die vollkommene Übereinstimmung mit Seinem vollkommenen Gesetz in Gedanken, Worten und Werken – nicht die äußere Moral religiöser Rituale und toter („christlicher") Werke. Hier schauen wir in einen ungetrübten Spiegel und hier wird sofort klar, dass im Kriterium dieses Urteils kein Mensch vor GOTT bestehen kann! Wenn wir sündigen Menschen die Gerechtigkeit GOTTES nicht erfüllen können und ihr niemals entsprechen, muß sie uns „zugerechnet" werden, wenn wir vor GOTTES Feuertribunal bestehen wollen! Und jetzt kommt die Gute Nachricht, dass GOTT die Gerechtigkeit CHRISTI dem Glaubenden zurechnet – es muß eine „Glaubensgerechtigkeit" sein und bleiben, vom Anfang bis zum Ende, OHNE ein Atom von „Werksgerechtigkeit!" NIEMALS wurde je ein Mensch vor GOTT als gerecht erklärt – außer durch Gnade und Glauben allein, weil er dadurch in den Genuß einer nicht von ihm erwirkten Gerechtigkeit kommt. Das hat Paulus am Beispiel Abrahams drastisch geschildert (vgl. Röm.4,3-5.13; oder Gal.2,16; 3,11).

Zuerst kommt die fordernde Gerechtigkeit GOTTES in überführender Gestalt zu uns als die, die GOTT von jedem Menschen fordert: „Du sollst", „du sollst nicht!" (2.Mose 20); Bei Nichterfüllung dieser und weiterer Rechtsbestimmungen steht nach wie vor der Gesetzesfluch und die Todesstrafe (vgl.2.Mose 22; 3.Mose 20; 5.Mose 27 und Gal.3,10). **„Daß aber durch das Gesetz niemand vor GOTT gerechtfertigt wird, ist offenbar; denn der Gerechte wird aus Glauben leben." (Gal.3,11).** GOTT will aber, dass Seine Gerechtigkeit auch eine Eigenschaft gläubiger Menschen sein soll, darum bleibt uns nur *EIN* Weg offen, *der Weg des Glaubens* zu JESUS CHRISTUS, der diese Eigenschaft vollkommen erfüllt hat und erfüllt! (vgl. Gal.3,24-26; Röm.8, 3-49). **„Denn CHRISTUS ist das Ende** *(telos)* **des Gesetzes** *(hebr. Thora; griech. nomos)* **zur Gerechtigkeit für jeden, der glaubt."** (Röm.10,4). Das Wort „telos" bedeutet nicht „auslöschen oder aufhören" sondern „Endziel, Erfüllung, Vollendung". Das Gesetz herrscht nicht mehr über den Gläubigen, weil CHRISTUS es erfüllt hat. Es gibt jetzt für den Glaubenden an CHRISTUS eine vom Gesetz unabhängige Gerechtigkeit, eben die von JESUS erworbene und uns geschenkte Gerechtigkeit (vgl. Röm.3,21.22). CHRISTI Glaube ist heilsbegründent durch Seinen Glaubensgehorsam bis zum Tod; und unser Glaube ist heilsaneignend.

In dieser einseitigen, von GOTT ausgehenden Transaktion der „Zurechnung" bekleidet ER den Menschen, der sein Vertrauen ganz auf JESUS setzt und umkehrt, mit der Gerechtigkeit CHRISTI! Das ist die geschenkte Rechtfertigung, die vor GOTT gilt und durch die ER den Sünder annehmen kann! Denn vor

IHM kann nur die Gerechtigkeit JESU CHRISTI Geltung haben! Das Blutopfer JESU leistet GOTTES verletzter Heiligkeit und fordernder Gerechtigkeit volle Genugtuung, und die sündlose Gerechtigkeit JESU kann jetzt auf den Bereuenden und Glaubenden zugleich gnädig und gerecht übertragen werden! Römer 4,5 sagt, dass GOTT den Gottlosen rechtfertigt, wenn er an CHRISTUS glaubt „ohne Werke zu verrichten." Das ist unermessliche Gnade! Der Mensch, der seine Gottlosigkeit bekennt und glaubt, wird von GOTT als völlig gerecht erklärt! O welch eine Tiefe des Reichtums dieses unermesslichen Opfers JESU! EWIGER DANK! Denn diese ewige Gerechtigkeit wird der einmal Gerechtfertigte nie mehr verlieren! (vgl.Jes.51,8; Hebr.7,24; 9,12; 10,12+14)!

C.) Vom Gericht: Das Gericht bezieht sich auf Satan, den Beherrscher der Welt. In Matth.25,41 steht, dass GOTT das ewige, unauslöschliche Feuer der Hölle (Gehenna) nicht für Menschen, sondern für den Teufel und seine Engel geschaffen hat. Immer wieder sagt GOTT in Seinem Wort, dass ER keinen Gefallen daran hat, den Sünder in seinen Sünden sterben zu sehen, sondern vielmehr daran, dass er umkehre und lebe! (vgl.Hesek.18,23; 2.Petr.3,9; 1.Tim.2,4). Es gibt eine Umkehr und eine sichere Errettung vor der Verdammnis, denn auf dem breiten Weg zu den Höllentoren hören die Menschen die Gute Nachricht des Evangeliums! Menschen sind weder im AT noch im NT zum Unheil und der Verdammnis „prädestiniert", aber Menschen werden nicht gezwungen zur Gnade und können den Gehorsam aus Glauben verweigern. Ungerechte Menschen dürfen die Souveränität GOTTES und ihre eigene Verantwortlichkeit nicht vermischen. Jeder ist zur Versöhnung aufgerufen (2.Kor.5,18ff.) und hat die Möglichkeit, durch persönlichen Glauben aus Adam in CHRISTUS hineinversetzt zu werden! GELOBT UND GEPRIESEN SEI GOTT!

Das kerygma in Erweisung des Geistes und der Kraft

„...und meine Rede und meine Verkündigung (kerygma) bestand nicht in überredenden Worten der Weisheit (sophia), sondern in Erweisung des Geistes und der Kraft..." (1.Kor.2,4).

Die Verkündigung des Apostels war nicht in rhetorisch-philosophischer oder theologischer Weise mit geschliffenen Worten für den Verstand aufbereitet. Die Beweiskraft, die der Geist des HERRN durch den Apostel führte, war nicht menschlicher Art, sondern „in Erweisung des Geistes *(pneumatos)* und der Kraft *(dynameos)*! An anderer Stelle nennt Paulus das Evangelium eine „Macht GOTTES" (1.Kor.1,18), die mit der Verkündigung der Heilstatsachen auch das „Handeln

GOTTES" offenbart! In Römer 1,16 schreibt er über die Frohbotschaft: „...dynamis gar Theou estin eis soterian panti to pisteuonti" – **„denn eine Kraft GOTTES ist sie zur Rettung jedem Glaubenden."** Beide griechischen Worte „pneumatos und dynamis" drücken eine von GOTT gewirkte Wirksamkeit aus, die *im* Menschen, der die Botschaft hört, zu einer Begegnung mit GOTT führt! Es ist ein Eingriff des HEILIGEN GEISTES in die menschliche Existenz durch die prophetische Verkündigungskraft, frei von allen weltlichen Surrogaten!

Zwei Beispiele

1) Petrus, Apostel und Herold, verkündigte: **„...diesen, der nach Gottes festgesetztem Ratschluß und Vorsehung dahingegeben worden war, habt ihr genommen und durch die Hände der Gesetzosen ans Kreuz geschlagen und getötet.....Diesen JESUS hat GOTT auferweckt; dafür sind wir alle Zeugen!"** (Apg.2,23.32). In Jerusalem waren fromme Männer aus der verstreuten Judenschaft anwesend, als die Ausgiessung des GEISTES geschah. Viele hatten die Kreuzigung, die Finsternis, das Erdbeben und die anderen Zeichen erlebt – dann das gewaltige Brausen vom Himmel und das Sprachwunder, wo sie in ihren eigenen Sprachen von den großen Taten GOTTES hörten! Man könnte sagen, das sind die besten Voraussetzungen für eine Evangelisation, und ganz gewiss wurden Menschen dadurch auf die Botschaft von Petrus konzentriert. Aber es waren nicht die Zeichen und Wunder, welche die Herzen der Zuhörer wirklich erreichten, sondern „das Wort vom Kreuz!" Petrus hatte bis zum Vers 38 noch keinen Appell zur Buße und Bekehrung ausgesprochen, keine Aufforderung zur „Lebensübergabe"; er hatte kein „Tun" von den Zuhörern gefordert, er hatte aber DAS TUN GOTTES vor ihre Augen gestellt und auch ihre Schuld. Und jetzt erreichte sie die Kraft des HEILIGEN GEISTES: **„Als sie aber das hörten, drang es ihnen durchs Herz...!** (V.37). Jetzt erst fordert Petrus sie zur Umkehr auf!

2) Paulus, Apostel und Herold, verkündete: **„Nun verkündige ich euch den, welchen ihr verehrt, ohne Ihn zu kennen. (....) Nun hat zwar Gott über die Zeiten der Unwissenheit hinweggesehen, jetzt aber gebietet Er allen Menschen überall, Buße zu tun...!"** (aus Apg.17). Es wird heute viel von „zeitgemässer Verkündigung" gesprochen, von Anpassung an die jeweilige Kultur etc. Ein Schlagwort lautet „marktorientierte Verkündigung." Nun, wenn dann der Markt versagt, müsste wohl die Verkündigung mitversagen...? Nichts von all dem Blödsinn! Schon in den ersten Versen in Apg. 17 heisst es: **„Denn er verkündigte ihnen das Evangelium von JESUS und der Auferstehung."** (V.18b). Die stolzen intellektuellen griechischen Philosophen hörten demnach keine zeitgenössische Botschaft, sie hörten pures Evangelium! Es war für sie etwas „Fremdes“, Neues, also keine Anpassung an ihren philosophischen Supranaturalismus. *WAS* hatte Paulus auf dieser „hohen Kanzel“ den epikuräischen und stoischen Philosophen zu sagen, die den Zufall und die Naturgötter verehrten? Er ging nur kurz auf ihre Weltanschauung ein, um zu zeigen, dass die Menschen eine lebendige Rasse sind und demnach auch ihr SCHÖPFER nicht ein Gebilde aus Gold, Stein oder Kunst sein kann. Sofort danach verkündigte er ihnen das Gebot der Stunde: „Metanoia“ – „Buße“, Gericht und die Auferstehung JESU!“

Paulus stellte die griechische Elite höflich aber dezidiert als „Unwissende“ hin, etwa so, wie wenn man einem Katholiken oder Moslem sagt, er kenne weder den Vater noch den Sohn, und somit auch nicht GOTT. Weiter extrapolierte er aus dem AT + NT göttliche Wahrheiten. Das hätte ihn nach dem modernen Konsens des Evangelisatonsverbotes zwischen Evangelikalen und Katholiken zum Straftäter gestempelt; so weit sind wir heute in der öden Morallandschaft des New-Age-Relativismus gekommen. Aber hier stand Paulus, ein nach außen bedrängter, aber innerlich freier Mann, ein Doulos (Knecht) JESU CHRISTI – allein gegen eine auf höchstem Stand kultivierte heidnische Stadt. Und er wusste, dass alles doch nur Plunder war, was seine Augen sahen – vollendete Architektur und blendender Marmor, und doch nur eine Stadt voller Götzenbilder und geistlichen Ruinen. Paulus fand kein lobendes Wort für diesen düstren Glanz, sondern ergrimmte über die Götzenbilder! Diese musste er mit seinem Evangelium verurteilen!

Europa ist vom griechischen Götzentum und seiner Philosophie geprägt, die *„Europa wird auf dem Stiergott Zeus entführt“* – wohin? Paulus war der Freie in dem HERRN! Seine Kraft stand ihm zur Verfügung, und als Herold im Namen JESU war der Gerichtshof des Areopag unter seinen Füssen! Auch dieses Beispiel zeigt uns, dass prophetische Verkündigung die weltlichen Prioritäten auf den Kopf stellt – also das Gegenteil von „zeitgemäß“ ist. Und es zeigt uns ausserdem, dass Bildung nicht unbedingt ein Hindernis für die Ausübung der Verkündigung ist, wenn man geisterfüllt ist und Vollmacht hat. Jedenfalls ist ein hochmütiger Nobelpreisträger für das Reich GOTTES weit unbrauchbarer als ein gläubiger Straßenfeger. Die Trompete des Paulus gab einen klaren bestimmten Signalton, weder unterwürfig noch diplomatisch – sondern prophetisch, in Erweisung des Geistes und der Kraft. Das war bei allen anderen Aposteln und Evangelisten der Fall, und das soll und kann auch bei uns der Fall sein!

Der Adler und die Hühner, oder „nicht reden, nur freundlich sein"

Stellen wir uns eine Szene im Hühnerhof vor: Gemütlich scharren die Hühner im Sand, da schwebt plötzlich ein Schatten über den Hof; „oh Schreck, gack!" Sie schauen nach oben und ärgern sich über den „komischen Vogel". Wie kann der es wagen, so majestätisch über unseren Hof zu fliegen? „Gack!" Das entspricht überhaupt nicht unserer eigenen Sicht und Weltanschauung, die immerhin bis zum Hühnerzaun reicht. Meint der denn, wir können nicht fliegen? Gacker! Jetzt fliegt es schon wieder über unseren schönen Hühnergarten hinweg, und er kommt sogar herunter und…O dieser durchdringende Schrei – o Gack! , so eine Frechheit, nichts wie weg! Gacker! Soweit die Szene. Der Adler kann tun was er will, er wird es den Hühnern nie recht machen. Fliegt er zu hoch, schimpfen sie ihn aus Neid aus wegen seiner Ärodynamik und Weitsicht; fliegt er zu niedrig, nervt es sie wegen seiner Näherungsversuche, die ihnen Angst machen auch im gesicherten Gehege. Sie können es nicht ertragen, dass der Adler ihre Flugtauglichkeit und Weltsicht wesensmäßig übertrifft. Man wirft brennenden Zeugen JESU immer wieder vor, sie hätten kein Empfindungsvermögen, wenn sie mit ihrer Botschaft so „ins Haus fallen." „Du überfällst ja die Leute; es ist besser zu schweigen und freundlich zu sein", werden sie abgemahnt. Aber freundlich zu sein genügt nicht, das sind auch die humanen Weltmenschen. Hätte JESUS nur freundlich gelächelt und nicht auch Worte des Lebens gesprochen – die Menschen hätten nie erfahren, wer ER ist und sie hätten IHN nie einordnen können. GOTT möge uns erretten und bewahren vor einem schweigenden Christentum, das die Kraft verloren hat, das Wort vom Kreuz auszuteilen! **„Aber die auf den HERRN harren, kriegen neue Kraft, dass sie auffahren mit Flügeln wie Adler…!"** (Jes.4031).

Wer immer die Vergebung durch Bekenntnis und Glauben an das Werk der Errettung, das JESUS am Kreuz vollbracht hat, erhalten hat, kann bezeugen, dass das Wort vom Kreuz *wirklich eine Gotteskraft ist; und wer gerettet und befreit von der Herrschaft der Sünde nun in Neuheit des Lebens wandeln kann und nicht mehr Sklave der Sünde und des Satans ist, bezeugt ebenso die* Kraft GOTTES im Evangelium!

Bemerkungen zu falschen Hilfsmitteln

Das populistische Evangelium heute hat seine Popularität darin, dass es einerseits den Menschen Lebenshilfen anbietet, aber von ihnen kein Leben fordert, welches eine sittliche Veränderung zur Folge hat, und dass es mit weltlichen Mitteln und Methoden vermittelt wird. Beides sind Seiten eines weltangepassten

Evangeliums und sind neutestamentlich gewertet *„invalid“* = ungültig, krank und nicht zulässig! Das liegt unter anderem daran, dass man den Menschen nicht auf göttlicher, sondern nur auf menschlicher Ebene mit einem „Wohlfühl-Kuschel-Evangelium“ begegnen will. (Wir haben schon über diese Aspekte gesprochen). Es ist ein **counterfeit,** eine Fälschung! Wir wissen, dass dieses Welt- und Wertsystem von Satan kontrolliert wird, und dass es nicht nur eine moralische, sondern auch eine materialistische Fluchlinie gibt. Besondere Prägung bekam diese Linie in der Neuzeit im atheistischen Materialismus der modernen Naturwissenschaft. Satan hat sie in sein Weltsystem etabliert (obschon ihm nicht alle Wissenschaftler von Anfang an gefolgt sind). Er hat sie so interpretiert, dass die Sinneswahrnehmungen über die Offenbarungswahrnehmungen der Bibel gestellt wurden, als die christliche Theologie von der Wissenschaft getrennt worden ist. Und diesem atheistischen wissenschaftlichen Denken entspricht eine Wertfreiheit- und Neutralität, die sich frei fühlt von jeder moralischen Verantwortung den Geboten GOTTES gegenüber. Die heutige Spiritualität ist diesem Prozess angeschlossen worden. Die Fokkusierung ist der Intellekt des Menschen – dort wird er vernetzt und gleichgeschaltet.

Die Menschheit hat dieses Programm voll übernommen und sich in ihren technischen und elektronischen Revolutionen von den medialen Kommunikationsmitteln und Produkten abhängig gemacht – sie IST vernetzt im Digital- und Datenrausch. Nie war eine Generation so unter künstlicher Kontrolle und in ein so rasendes Tempo involviert, wie unsere. Niemand soll mehr Zeit haben, zu <u>be</u>-denken und <u>um</u>-zudenken. Es gibt also eine Interdependenz, eine gegenseitige Abhängigkeit zwischen dem okkupierten Denksinn und den Methoden dieser Weltzeit; es sind installierte, keine geschaffenen Methoden, denn „Erschaffen“ kann der Teufel nicht. Aber er hat eine künstliche Welt installiert und *ge*schaffen, eine Welt der Zwecke und Technokratien mit moralischer Neutralität und ergo ohne moralischem Fortschritt, wo Gotteserkenntnis, Sünde und der Tod ein Tabu sind. Überall künstliche Lichter, aber nirgends *LICHT* in Herz, Sinn und Verstand! Geschrieben steht: **„Stolz der Augen und Hochmut des Herzens – die Leuchte der Gottlosen ist Sünde“** (Sprüche 21,4); und **„das Licht der Gottlosen wird verlöschen.“** (Offb.18,6). Soviel kurz dazu.

Paulus sagt, dass wir die Dinge der Welt gebrauchen sollen, als brauchten wir sie nicht; er spricht hier das alltägliche Leben eines Christen an, und der kann auch ein Internet oder andere technische Mittel beruflich gebrauchen. Gefährlicher wird's, wenn diese Dinge in die Privatspäre hineingenommen werden, zumal 40 Prozent aller Internetangebote pornographische Angebote enthalten und viele, sehr viele Menschen aller Schichten hier süchtig geworden sind! 74 Prozent aller Einnahmen im Internet werden mit Sex-Angeboten gemacht. Über 30 Prozent aller Online-Nutzer haben Pornoseiten besucht. 60 Prozent aller Webseiten-Besuche sind sexueller Natur. Das ist degenerativer Selbstmord – ungezählte einst intakte Ehen und Familien sind schon zerstört worden! (Info bei www.Seminare-ps.net).

Ich erwähne das um aufzuzeigen, dass die vernetzten Medien *nicht neutral* sind, wie oft vermutet wird, denn sie kommen aus dem durch den Geist des Satans gespeisten Eroberungswillen der Technokraten und wirken stark suggestiv und manipulativ. Sie sind, wie auch das Fernsehen, Zweckideologien. Aber das Hauptmotiv gegen eine Nutzung solcher Weltmittel für das Evangelium ist einfach die Tatsache, dass der HEILIGE GEIST in der Regel nicht durch das „Bild" wirkt, sondern durch das „Wort", und dass ER auf keinen Fall mit Seiner Kraft in so einem verseuchten Medium so präsent sein wird, wie in einer Verkündigung ohne diese Hilfsmittel. Von anderen negativen Mitteln und Methoden wie Theater, Show, Rockmusik, Pantomime etc. war bereits die Rede.

Wir haben anscheinend vergessen, WER GOTT IST UND WAS ER ZU TUN VERMAG! Erinnern wir uns an die Ausbreitung des Evangeliums zur Zeit der Apostelgeschichte und danach. Die Welt wurde überflutet von der Kraft des Geistes CHRISTI. Geschah das über Satellitenschaltung oder Glasfaserkabel? Oder wie geschahen die großen Erweckungen bis ins 19. Jahrhundert? Wie? Gab es da Kommunikationsmöglichkeiten wie heute; hat da die Technik eine große Rolle gespielt? Nun müssen wir auch die paradoxe Frage stellen, warum heute gerade in technologisch hoch entwickelten Ländern keine Erweckungen dieses Ausmaßes geschehen, wie in unterentwickelten Dritte-Welt-Ländern und wie es in Kulturen geschah, die nicht durch moderne Technologie bestimmt waren?! Wollen wir darüber nachdenken? Antwort werden wir in der Bibel finden.

O HERR, reinige unsere Herzen!

„Hebt eure Häupter empor, ihr Tore, und hebt euch, ihr ewigen Pforten, damit der König der Herrlichkeit einziehe! WER ist dieser König der Herrlichkeit? Es ist der HERR, der Starke und Mächtige, der HERR, der Held im Streit!" (aus Psalm 24) Amen!

Der Auftrag unseres HERRN JESUS ist ein Auftrag, der unsere ganze Existenz fordert. ER sendet uns in eine Welt der Dämonie, der Wölfe, Schlangen und Gefahren – aber ER ist immer bei uns! ER ist der Starke und Mächtige, der HERR, der Held im Streit. Laßt uns das proklamieren! ER hat alle Gewalt im Himmel und auf Erden!, lasst uns das nicht vergessen! Und nehmen sie uns Hab, Gut, Ehr, Leib und Leben – so spricht ER: **„Fürchtet euch nicht vor denen, die den Leib töten, die Seele aber nicht zu töten vermögen; fürchtet aber vielmehr DEN, der sowohl Seele als Leib zu verderben vermag in der Hölle!“ (Matth.10). „Diese Zeichen aber werden folgen denen, die glauben: In Meinem Namen werden sie Dämonen austreiben; sie werden in neuen Sprachen reden, werden Schlangen aufheben, und wenn sie etwas Tödliches trinken, wird es ihnen nicht schaden; Kranken werden sie die Hände auflegen, und sie werden sich wohl befinden.“ (Mark.16). „Siehe, Ich gebe euch die Vollmacht, auf Schlangen und Skorpione zu treten, und über alle Gewalt des Feindes; und nichts wird euch in irgendeiner Weise schaden.“ (Luk.10,19).**

Also diese Jünger einschließlich des Apostels Paulus hatten kein exklusives Reisegepäck, kein umfassendes Outfit; sie hatten auch keine Werbefachleute um sich und kein Public-Relations-Büro. Silber und Gold hatten sie auch nicht – WAS sie aber hatten, das gaben sie nicht für Geld, denn das bekommt man nicht für Geld! Sie hatten anstatt viel beschwerendem Plunder **ein reines Herz und die Kraft des HEILIGEN GEISTES**! Die Aussendung von damals gilt auch heute: **„und ER gab ihnen Kraft und Vollmacht über alle Dämonen und zur Heilung von Krankheiten; und ER sandte sie aus, das Reich Gottes zu verkündigen…“** (Luk.9.1.2).

Und so gingen sie in die Orte hinein und der HERR öffnete die Tore und Herzen für das Evangelium und bekräftigte das Wort durch die begleitenden Zeichen! O HERR JESUS, DU BIST DERSELBE AUCH IN DIESER EITLEN MODERNEN ZEIT. DU WIRKST, WER WILL ES WENDEN; WIRKE, O HERR, NOCH EINMAL DEIN ZEUGNIS IN DIESER GENERATION, DAß DIE TORE UND PFORTEN SICH HEBEN UND DEIN NAME UND EVANGELIUM NOCH EINMAL IN ALLE RÄUME HEREINFLUTET UND DU ERHÖHT WIRST; DEIN WORT ZERSCHMELZE DIE HERZEN, UND DEIN WIND TAUE SIE AUF! AMEN

KAPITEL 4

Bekenntnis zur Bibel und zum biblischen CHRISTUS

Die okkulte Verführung im Neuheidentum und im christlichen Bekenntnis wächst weltweit und rasant und mit ihr der „Große Abfall“ vom biblisch-authentischen Zeugnis! Die ungefestigten christlichen Weichen werden ohne nennenswerten Widerstand nach Rom gestellt. Kraftlose und pragmatische Verkündigung eines psychologisierten Evangeliums, die Verleugnung der GOTTHEIT JESU CHRISTI, der ewigen Errettung oder Verdammnis, insgesamt der humanistisch dämonische Einfluß mit allen Spielarten von Pseudoprophetie, Esoterik und Unterhaltung zeigen, dass wir schon mitten in der Abfallserscheinung von Laodizea stehen! Wir müssen auf nichts mehr warten. Ein zeitgenössisch-moderner `Jesus` ZEIGT keine Wundmahle mehr; er muß nur Phänomene und Wunder aufweisen, um akzeptiert zu werden. Falsche Messiasse und Propheten haben Hochkonjunktur, und die Heilige Schrift der Bibel wird in gotteslästerlicher Weise missbraucht! Beinahe niemand wagt zu sagen: „**Es steht geschrieben!“**

Das Wirklichkeitsverständnis geistlicher Einheit des Leibes CHRISTI wird mehr denn je mit schönen Lehrstückwerken und Traditionen zu einem Phantasiegebilde von Spaltungen degeneriert. Viele, zu viele Christen wissen nicht mehr, von welchem Jesus sie reden oder zeugen sollen; Er ist zunehmend ihrem Geist entschwunden und nur noch ein ihrer Vorstellung entsprechend gewünschter Erfüllungsgehilfe irdischer Bedürfnisse, ohne Absolutheitsanspruch!

Es gibt gute Stellungnahmen zur BIBEL wie die Chicago-Erklärung beispielsweise; aber es ist Zeit für ein nicht nur prinzipielles Bekenntnis zur Heiligen Schrift mit ihrer Irrtumslosigkeit; wir brauchen heute noch eine spezifischere um zu sagen individuellere Erklärung und Formulierung auf dem alten Fundament der Heiligen Schrift, weil das **Gottesbild** und die **Schrift** der Bibel zu keiner Zeit so verzerrt wurden. Und das betrifft eben auch die Verkündigung der Frohotschaft (euangelion). Um es mit den Worten des geschätzten Bruders Gerhard Bergmann zu sagen: *„Wer eingesehen hat, dass der viel beschworene < mündige Mensch > im Grunde der >sündige Mensch< ist, der weiß, warum* **die Bezeugung des Blutes CHRISTI** *heute noch genauso verstanden wird wie eh und je. Nicht die Denknöte, sondern die Existenznöte bilden auch in unseren Tagen das eigentliche Problem. (...) Es kann deshalb keine modernere und zeitgemäßere Verkündigung geben als die Verkündigung der rettenden Kraft des Blutopfers JESU CHRISTI!“*

Ausserdem besteht ohne Zweifel auch ein Mangel im Umgang mit der BIBEL, dem inneren Zugang zu ihr. Der Geist GOTTES muß uns nicht nur die Schriften *öffnen* für das *geistliche* Verständnis des geschriebenen Wortes, sondern wir müssen CHRISTUS auch durch dieses „geisteröffnete Wort" im Glauben *aufnehmen,* berühren, damit dieses *so* lebendig gemachte Wort *uns belebt* ! Denn das WORT ist der Ewige LOGOS, der HERR, und Sein Wort und Sein Geist charakterisieren die Gemeinde! Es muß *beides* da sein; aber wenn es da ist, haben wir es mit göttlicher Autorität zu tun und wissen, dass der Geist des HERRN mehr ist als ein `gutes Gefühl`, eine korrekte Lehre und ein äußeres Glaubensbekenntnis! *Man darf die inspirierte Heilige Schrift nie vom Urheber dieser Schrift abstrahieren und trennen!* Die Schrift offenbart uns Wahrheit, Heil und Leben nicht in Form von „Lehre", sondern in der wunderbaren PERSON JESUS CHRISTUS! ER ist ihr Fokus, ihr Logos und ihr Rhema als – Lebenbringendes Wort! (Johannes 1,1+4; 6,63; Eph.5,18; Kol.3,16a; 1.Petrus 1,23; 2.Petr.1,19; Jakobus 1,21).

Die Bibel ist mehr als nur ein geschichtliches Zeugnis; sie ist die Sammlung wahrer historischer Angaben und ewiger Wahrheiten in *Einem* – nicht ein Buch erstarrter Geschichte, sondern erfüllter und zukünftiger Prophetie und *so* vorausschreibender Geschichte! Sie ist Zeugnis der Macht, Liebe und Weisheit GOTTES, darum entspricht der Schöpfungsbericht von sechs Tagen (24 Stunden-Periode) nicht dem antiken Weltbild. Die Bibel ist „das Buch!" Ihr höchstes Mermal ist, dass durch ihre inspirierten Worte der Geist des Lebendigen GOTTES hervorzubrechen vermag! Und so will die HOLY BIBLE mit ihrer Gottesoffenbarung als das „lebendige unvergängliche Wort GOTTES" Antwort sein in geistlicher, ethischer und soziologischer, wissenschaftlicher, wirtschaftlicher und politischer Hinsicht! Sie ist die Grundverfassung für die Erhaltung der Schöpfung – insbesondere der menschlichen Species. Sie spricht und wird sprechen mit höchster, absoluter Autorität und mit erhabener und gewaltiger Stimme (Psalm 29), über ihre Mission in der Menschheit hinaus bis hinein in die Ewigkeit!

Bevor wir zur wunderbaren Authentizität und Autorität der BIBEL UND IHRES CHRISTUS kommen, wollen wir die Gruppen und Arten von Menschen im biblischen Verständnis kurz beleuchten: Die Bibel zeigt drei Menschengruppen – Juden, Christen, Heiden und *zwei Arten* innerhalb *dieser Gruppen* – Gottesfürchtige (kluge und weise) und Gottlose (Narren). GOTT unterscheidet nicht zwischen gebildet und ungebildet. Es gibt nicht Gute *und* Böse, **„denn alle sind abgewichen und verdorben"** (Röm.3,12+23). Zu den zwei Arten von Menschen ist zu sagen: Ein wenig Wissen macht Menschen zu Ungläubigen und Gegnern biblischer Offenbarung, das sind die Gottlosen. Ein tiefes Wissen als

Ergebnis von Gottesfurcht und Erkenntnis der Schöpfung GOTTES und Seines Wortes bringt den Menschen durch Glauben zu GOTT, das sind die Gottesfürchtigen. Und der große Physiker Blaise Pascal klassifiziert die Klugen und Gottesfürchtigen Menschen so: „Es gibt nur zwei Arten von klugen und weisen Menschen: die einen suchen GOTT von *ganzem Herzen, weil sie IHN noch nicht kennen, und die anderen dienen GOTT von ganzem Herzen, weil sie IHN kennen."*

Diese Beurteilung hat Bedeutung im Bekenntnis zur BIBEL UND ZU IHREM CHRISTUS.

Acht Thesen zur Echtheit, Glaubwürdigkeit und Irrtumslosigkeit der BIBEL

1. Wir bejahen die Authentizität der ganzen Heiligen Schrift (Altes- und Neues Testament) als Verbalinspiration und glauben daher ihren Aussagen, die wir jeweils bedingend im Schriftkontext verstehen. (Altes Testament = AT; Neues Testament = NT).
1.1 Der griechische Grundtext in 2.Petrus 1,20 zeigt in den Worten „ginoskontes" (= erkennend und wissend) und „epiluseos" (= Deutung, Auflösung, Auslegung), dass das prophetische Wort eine *einheitliche zusammenhängende* Summe und Größe ist, und dass Auslegung bzw. Deutung (Exegese) des biblischen Textes nicht vom Gesamttext (Kontext) gelöst werden *kann* und darf. Das ist Grundlage biblischer Hermeneutik.

2. Von diesen gegebenen Voraussetzungen ausgehend haben wir das Bekenntnis und Zeugnis zur unfehlbaren, irrtumsfreien und objektiven Wahrheit der Heiligen Schrift im Alten und Neuen Testament (Psalm 119,89+130; 2.Timotheus 3,16). „Dein Wort ist Wahrheit" (Johannes 17,16).

2.1 Gemäß 2.Petrus 1,20+21 und 2.Timotheus 3,16 glauben und bestätigen wir die objektive Wahrheit, dass der Ursprung der BIBEL, ihre Autographa (Originale) göttlicher Natur sind und nicht das Ergebnis menschlichen Willens wie in der Weltliteratur und den Weltreligionen. Die Heilige Schrift ist „theopneustos" = Gottgehaucht.

2.2 Die Originalsprachen der BIBEL als der Heiligen Schrift sind **wörtlich von GOTT inspiriert** durch den Prozess der Mitteilung mittels: **A)** Offenbarung als Übermittlung göttlicher Gedanken zu Seinen Propheten und Aposteln – 5.Mose 18,18; Sacharja 7,12b; Römer 16,25.26; 1.Korinther 2,10.11; Epheser 3,5 u.a. **B)** Inspiration als die mündliche und später schriftliche Formulierung dieser göttlicher Gedanken unter der direkten Führung und Leitung des HEILIGEN GEISTES, also die Übermittlung der Gedanken zur Formulierung in Worten (= Verbalinspiration). Dieser göttliche Ursprung der Verbalinspiration ist die Ursache ihrer inneren Einheit und unterscheidet die BIBEL völlig von natürlicher-, Teil-, Ideen-, Gradueller- oder Diktatinspiration.

3. Die Kanonität (Regel / Richtschnur) der biblischen Schriften begründen sich auf ihre Offenbarung und Inspiration. Der biblische Kanon wurde nicht von Konzilien im Nachhinein bestimmt, sondern er wurde zum Vornherein im Lauf der Jahrhunderte durch allgemeinen Konsens der Gläubigen festgestellt, bestätigt und festgelegt. Der Kanon konnte im Nachhinein nur noch anerkannt werden. Sein wichtigstes Auswahlkriterium war die „Apostolizität" mit der Überzeugung, authentische und somit inspirierte Schriften zu haben. Denn auch hierüber wachte GOTT. Unechte, falsche und gnostische Schriften wie die Apokryphen, Evangelien des Petrus, Thomas und Matthias; Pseudobriefe von Paulus oder Barnabas oder Bartholomäus, die Lehre der zwölf Apostel und der Hirte des Hermas u.ä. scheidet der Kanon aus. Es kann auch nach dem **endgültigen Abschluß** des Kanons (ca. 350-400 n.Chr.) keine neue Offenbarung (als Vision, Wort oder Traum) mehr hinzukommen!

3.1 Der biblische Kanon als abgeschlossene Größe erwartet demnach keine fortlaufende Entwicklung als „Rohstoff" (Offenbarung 22,18.19; Hebräer 1, 1.2). Es kann auch nach dem Abschluß der Fertigstellung des Neuen Testaments 367 n.Chr. keine normative oder autoritative Offenbarung mehr hinzukommen; Offenbarung 22,6.13.16.18.19.

3.1.1 Die Schrift und JESUS Selbst kennen keine Quellenscheidungstheorie. Die Schöpfung ist für CHRISTUS *ein* Bericht, und Mose ordnet ER alle fünf Bücher der Thora zu. ER zitierte aus dem Buch des Jeaja (sogenannten 1. und 2.) und auch vorbehaltlos aus dem Prophetenbuch Daniel.

3.2 Bis heute hat die BIBEL alle Angriffe auf sie überlebt und überdauert, und alle ihre Verheißungen bis in unsere Zeit sind eingetroffen. Der große Krieg um die BIBEL besteht weiter, doch sie wird ihrer Natur gemäß weiter Sieger bleiben, denn es steht geschrieben: **„Das Gras ist verdorrt, die Blume ist verwelkt – aber das Wort unseres GOTTES besteht in Ewigkeit!" (Jesaja 40,8).** Der HERR JESUS bezeugt in Mattäus 5,18: **„Denn wahrlich, Ich sage euch: bis der Himmel und die Erde vergehen, soll auch nicht ein Jota oder ein Strichlein von dem Gesetz vergehen, bis alles geschehen ist."** (vgl.24,35).

Die BIBEL ist das einzige Buch, das die Welt überdauern wird, das entspricht ihrem ewigen Charakter. Absolut niemand und nichts wird ihre göttlichen Ratschlüsse vereiteln! – Hiob 42,2f.; Psalm 33,6-9; Jesaja 46,10; Daniel 2,21;4,32.

3.3 Während die Originalsprachen der BIBEL wörtlich von GOTT inspiriert sind, sind das die Übersetzungen nicht, obwohl anzunehmender weise die meisten Übersetzer im Gebet mit der Hilfe des HEILIGEN GEISTES übersetzt haben. Dennoch sind auch Übersetzungen *nach dem Grundtext* GOTTES Wort, weil wir das AT im hebräisch-masoretischen Text und das NT im griechischen Textus Rezeptus von mehr als 5000 Handschriften authentisch gesichert haben. Nichts in der Geschichte ist so akribisch exakt und vielfältig überliefert wie die biblischen Schriften. Es gibt eine erstaunliche Übereinstimmung vom masoretischen Text und der Septuaginta mit dem der Qumran-Schriftrollen. Schon der HERR JESUS hatte aus der Septuaginta zitiert. Leichte Übersetzungsfehler oder Abweichungen ändern also in keiner Weise den Sinn der Schriftstellen. Hingegen können wir bei freien Übertragungen (also nicht Übersetzungen) der Schrift nicht mehr von GOTTES Wort sprechen.

3.4 Es gibt zwei unterschiedliche Textgrundlagen des NT; A.) die des byzantinischen Textes aus dem apostolischen Sprachraum mit über 90 Prozent Übereinstimmung der existierenden griechischen Handschriften-*(HS)* des NT. Dieser vom 4. – 19. Jahrhundert, die Reformation und die großen Erweckungen bestimmende Bibeltext blieb dem Original treu und ist als Textus Rezeptus (TR = der angenommene, akzeptierte Text) bekannt. (In Übersetzungen wie Zürcher bis 1931, Luther bis 1912; Elberfelder bis 1855; King-James; Schlachter 2000). Der TR ist frei von gnostischen Einflüssen.

B.) Die andere Textgrundlage beruht auf der Arbeit wissenschaftlicher Textkritik (Textapparat) mit HS aus dem gnostisch beeinflussten ägyptischen Sprachraum. Aufklärung, Textkritik und Bibelkritik wie auch die röm.-katholische Kirche griffen den authentischen TR an, und im 20. Jahrhundert kam es durch die *liberale United Bible Societies* zur weltweit einheitlichen Textausgabe des Nestle-Aland (NA). Dieser aus gnostischen HS beeinflusste (dennoch zu 90 % von allen HS bezeugte) Text ist zum ökumenischen „Welteinheitstext" gemacht worden. Er findet sich in ÜS wie Ökum. Einheitsübers; Gute Nachricht; Hoffnung für alle; Neue Genfer; Neues Leben; Menge; Lutherversionen 1956-1984 u.a.m. Dieser Text hat viele Auslassungen und Abänderungen, stellt aber keine wichtige Lehre im NT in Frage. Differenzen zwischen TR und NA rechtfertigen keine Polarisierung oder gar Spaltung! Sie geben aber zu denken und dürfen in ihrer Verschiedenartigkeit der Herkunft und Beeinflussung nicht unerwähnt bleiben.

4. Der große heilsgeschichtliche Inhalt der BIBEL geht von historischer Wahrheit (wörtlicher Aussage) und deren Anwendung auf die Gegenwart (geistliche Aussage) bis hin zur umfassenden Wirklichkeit in der Zukunft (prophetische Aussage).

4.1 Wir fragen beim Lesen des Bibeltextes a): an *WEN* ist er gerichtet? (Juden, Christen, Heiden) und b): für welche Zeit? (Vergangenheit, Gegenwart, Zukunft).

4.2 Wir gehen mit Gebet und Erwartung an den Bibeltext heran in demütiger Herzenshaltung, um zu empfangen, und bitten den HERRN um das wahre Verständnis Seines Wortes und um die Begegnung mit IHM durch Seinen Geist, sodass wir durch „Wort + Geist" Leben aus GOTT empfangen und auch die Kraft, dem Wort gemäß zu handeln.

5. Die BIBEL ist das einzige Buch der tiefsten Gedanken GOTTES! Psalm 92,6. Sie steht mit ihrer einzigartigen Offenbarung, Inspiration und Geschichte in unvergleichlicher Weise *himmelweit* über allen Büchern weltreligiöser- und weltliterarischer Natur. Sie ist das lebendige Wort, das mit höchster und absoluter Autorität zu uns kommt, sie ist ewiger Natur!

5.1 Gemäß ihrer Natur ist sie primär an den geistlich gesinnten Menschen geschrieben: Johannes 6,63; 1.Korinther 2,13.14; Psalm 12,7 u.a. Denn mit Ausnahme des geistlichen Menschen ist die BIBEL für alle anderen ein versiegeltes verschlossenes Buch: Johannes 4,24; Mattäus 16,15-18. Der natürlich gesinnte Mensch (anthropos psychikos) ohne neugeborenen Geist von Oben kann die inspirierte Schrift nicht erfassen, wie geschrieben steht: **„Ein natürlicher Mensch aber nimmt nicht an, was des Geistes GOTTES ist, denn es ist ihm eine Torheit, und er kann es nicht erkennen, weil es geistlich beurteilt wird." (1.Kor.2,14).** Darum sollen natürliche Menschen der biblischen Verkündigung lauschen und die Bibel lesen mit der Bitte an CHRISTUS um geöffnete Augen.

5.2 Dieser wohlbegründete Umstand des schriftgeschützten Wortes verweigert dem Spötter und Kritiker den inneren Zugang zur BIBEL, während dem Verständigen die Erkenntnis leicht ist. –Sprüche 14,6; 8,6. Weder Intelligenz noch Wissenschaft (noch okkulte und esoterische Methoden) erschliessen die Heilige Schrift: **„Wie groß sind Deine Werke, HERR! Sehr tief sind Deine Gedanken. Ein unvernünftiger Mensch erkennt es nicht und ein Narr versteht dies nicht." (Psalm 92,6.7). „Der geistliche (Mensch) dagegen beurteilt**

zwar alles, er selbst jedoch wird von niemand beurteilt." (1.Kor.2,15). Für den an CHRISTUS Gläubigen und aus dem Geist geborenen Menschen wird die Bibel zur lebendigen Richtschnur für sein Leben; er empfängt aus ihr Erkenntnis, Leitung, Zustrom, Kraft, Ermunterung, Zurechtweisung, Belehrung, Erziehung, Warnung – alles wird ihm zur lebendigen Erfahrung (gnosis) und zur geistlichen Speise. So haben die Schriften des Alten- und Neuen Testaments „Kraft, weise zu machen zur Errettung durch den Glauben" (vgl.2.Tim.3,14-16), und so wird dem *Glaubenden, der das Wort mit Glauben vermengt,* die „lebendige BIBEL" zur Medizin, die bis in den psychosomatischen Bereich wirkt.

5.3 Der Schlüssel zur Heiligen Schrift ist das Kreuz CHRISTI mit Seinem Zeit und Raum überspannenden *WERT*, und ihre Aneignung geschieht durch demütigen Glauben. Darum vermag die Schrift Menschen, die diesen Zugang nehmen, zu erwecken. (vgl.Röm.10,10ff.).

5.4 In dem Maß, wie unser natürlicher Sinn sich dem HEILIGEN GEIST unterwirft und Er uns JESUS CHRISTUS offenbart, wird uns die BIBEL immer lebendiger und wir lernen die Dinge des Geistes zu erkennen und zu schätzen. Man kann sagen: Je mehr CHRISTUSERKENNTNIS desto mehr Bibelerkenntnis, bis ER schliesslich die Auslegung der Schrift ist. Dann ist die BIBEL nicht mehr toter Buchstabe und tote Bibelerkenntnis, sondern im Licht des Geistes GOTTES eine *PERSON*, eben JESUS CHRISTUS.

6. Die Heilige Schrift ist ein Ewigkeitswerk, und es geht in ihr hauptsächlich um geistliche und ewige Werte. Analog dazu ist geistlich-wirklich nur das, was kraft des Lebens aus GOTT im HEILIGEN GEIST Wirklichkeit besitzt, also geistlich lebendig ist. Und nur das Geistliche besitzt ewigen Wert! -1.Kor.15,42-44; Joh.3,12; 76,17; 2.Kor.4,18). Geistlich ist, was a) unser Leben mit GOTT beeinflusst b) die Fülle (pläroma) des CHRISTUS vermehrt und c) dadurch zum Aufbau Seiner Gemeinde führt.

7. Der HEILIGE GEIST ist der Urheber der Heiligen Schrift -2.Tim.3,16. ER offenbart JESUS CHRISTUS –Joh.16,13-15. Das heißt, ER zeigt uns CHRISTUS als Sohn des Lebendigen GOTTES und damit ALS GOTT, den SOHN – Matth.16,16; 1.Joh.5,20. ER offenbart im Weiteren den ewigen Vorsatz GOTTES, der in der Zeit ausgeführt wird: CHRISTUS als Haupt über alles und über Seinen Leib, die Gemeinde –Eph.1,22.23; Kol.2,9.10; 1.Kor.12,12.13. Alles muß daran gemessen und beurteilt werden, inwiefern es ein Beitrag ist zum höchsten Vorsatz GOTTES.

7.1 Der Brennpunkt und das Zentrum der Heiligen Schrift ist also JESUS CHRISTUS; ER ist der bedingende Grund der gesamten Schöpfung! In IHM ist alles geschaffen im Himmel und auf Erden: Römer 11,36; Kolosser 1,16; 2,3. ER ist das Alpha und das Omega und das Geheimnis GOTTES –Offenbarung 22,13; Kol.2,2. und ER wird im AT und NT der Erste und der Letzte genannt, der Anfang und das Ende! ER ist Der, der spricht, und es geschieht! –Psalm 33; 1.Mose1; Johannes 1,1-3; Hebr.1,1-3. ER IST HERR (CYRIOS)!

7.2 Darum müssen und sollen alle Christen wissen, von **welchem** JESUS sie sprechen und welchen Namen sie bezeugen, nämlich den NAMEN über alle Namen –Epheser 1,18-21! Die wunderbare Autorität JESU CHRISTI wird anhand folgender Schriftstellen bezeugt:

Hebräer 1,1-3 / 2,7.8 ; 1.Petrus 3,22; Philipper 3,21; 1.Korinther 15,27; Johannes 1,16; Römer 8,20.21; 10,10-13; 11,33-36; Apostelgeschichte 10,38.40.43; Kolosser 1,16-19; 2,9; 2.Korinther 5,17-19.

8. JESUS ist die griechische Form des hebräischen Namens „Jehoschua oder Jeschua = JAHWE rettet und hilft." –Lukas 2,11. In JESUS kommt JAHWE, wie GOTT im AT genannt wird: Jeremia 17,10 – Offenbarung 2,23; Jesaja 40,3 – Johannes 1,23.29.30. Das biblisch-apostolische Zeugnis von JESUS CHRISTUS in 1.Korinther 12,3 lautet: HERR (CYRIOS) IST JESUS!

Wir bekennen uns zu diesem authentischen Zeugnis von JESUS CHRISTUS, welches heißt:

Dieser JESUS ist der Sohn GOTTES! –Römer 1,4
Dieser historische JESUS von Nazareth ist der erhöhte himmlische MESSIAS! –Apg.2,36
Dieser JESUS ist von GOTT zum Richter der Lebenden und der Toten verordnet! –Apg.10,42
Dieser JESUS hat den Teufel, den physischen und geistlichen Tod besiegt! –Hebr.2,14; 1.Kor.15
Dieser JESUS ist sowohl Schöpfer als auch Erbe aller Dinge! – Hebr.1,2+3
Dieser JESUS erhält den gesamten Kosmos durch das Wort Seiner Macht! –Hebr.1,2+3

Dieser JESUS sitzt zur Rechten der Majestät in der Höhe! –Eph.1,21
Dieser JESUS ist es, vor dem sich jedes Knie beuge! –Phil.2,10
Dieser JESUS ist unser Friede und einziger Weg zu GOTT! –Eph.2,14; Joh.14,6
Dieser JESUS ist die Sühnung für unsere Sünden und unsere Versöhnung! - 1.Joh.2,2; Röm.5,11
Dieser JESUS ist das alleinige HEIL der Welt! –Apg.4,12
Dieser JESUS ist der einzige Mittler zwischen GOTT und Mensch! -1.Timotheus 2,5
Dieser JESUS ist unsere Gerechtigkeit, Heiligkeit und Erlösung! -1.Kor.1,30
Dieser JESUS ist das Haupt der Gemeinde (Ekklesia)! –Eph.1,22
Dieser JESUS ist aller HERR und HERR über alles! –Apg.10,36; 1.Petr.3,22; 1.Kor.15,27
Dieser JESUS ist wahrhaftiger GOTT und das ewige Leben! -1.Joh.5,20

Dies ist der Gottesanspruch und das Zeugnis (Bekenntnis) JESU CHRISTI. Die Heilige Schrift selbst bezeugt jede Infragestellung dieses Anspruchs als Vergehen gegen die göttliche Trinität und bezeichnet die Leugner dieses Zeugnisses als einen Antichristen. -1.Joh.2,18.22.23; 4,3; 2.Joh.7

WEIL nun dieser in der Himmelswelt und über alle Namen auf Erden erhöhte CHRISTUS den wunderbaren Namen JESUS trägt, darf dieser Name nicht verdeckt werden! Er darf nicht nur als theologischer Begriff oder Vernunftskonstruckt einer leeren, erstarrten Form christlicher Tradition stehen. Es geht um geistliche Wirklichkeiten und Wahrheiten, nicht um Theorien und Scheinwirklichkeiten, um fromme Worte menschlicher Klugheit und Lehre ohne den inneren Bezug zur lebendigen Wirklichkeit Dieser PERSON! Es geht um „Gottesherrschaft“, die im Namen JESU besteht. Es geht um die persönliche Gegenwart des CYRIOS, welcher HERR und GOTT und GEBIETER ist und der Erstgeborene aller Schöpfung, und Der in allem den Vorrang hat! –Kol.1,15-18. Es geht um das Kraftfeld des HEILIGEN GEISTES, um den Geist des HERRRN, der lebendig macht -2.Kor.3,17; 1.Petr.3,18; 1.Kor.15,45. Und es geht um das Einssein mit DIESEM HERRN und GEIST -1.Kor.6,17 – denn GOTT IST GEIST –Joh.4,24

Die Heilige Schrift und ihre Zeugen offenbaren zwei Testamente mit absoluten Ansprüchen unter der Autorität JESU CHRISTI. Von diesen biblischen Aussagen ausgehend und mit dem Zeugnis des HEILIGEN GEISTES in uns wollen und werden wir durch die Gnade GOTTES die Schriftautorität festhalten! **„Mit meinem ganzen Herzen habe ich Dich gesucht. Laß mich nicht abirren von Deinen Geboten. Deine Zeugnisse sind meine Lust.“** Aus Psalm 119

+ Wir verteidigen das Evangelium gegen den Geist der Welt und Weltweisheit mit ihren Trends und Methoden, indem wir für den Glauben kämpfen

+ Wir wollen und werden das bejahen oder verneinen, was CHRISTUS bejaht oder verneint, indem wir die BIBEL, und nur sie, zu unserer Richtschnur machen

+ Wir füllen den Inhalt der Worte und Begriffe der Heiligen Schrift nicht mit psychologischen Bedeutungen und widerstehen der liberalen Sprach- und Begriffsverwirrung

+ Wir sind gegen Spaltungen im Leib CHRISTI, die das Zeugnis der Gemeinde lähmen und verunstalten; wir wollen im Gebet vor GOTT für alle Heiligen und unsere Einheit am Ort eintreten

+ Wir verwerfen den Anpassungsdruck an die Ökumene mit ihren glatten Lippen, sowie alle Menschenfurcht vor dem Ärgernis des Kreuzes

+ Im Weiteren verurteilen und verwerfen wir: jede Form christlich-spiritueller und psychologischer therapeutischer Denkart; wir verwerfen Denkarten wie Science of Mind, para- und transpersonale Psychologie; psychologische und feministische Exegese der BIBEL; in gleicher Weise alle schamanistisch-okkulten Methoden und Glaubensgesetze wie Speaking into being (call into existence) und jede Art der Visualisierung; im weiteren New-Age und Naturreligionen; alle Formen von Weltreligionen und den hinduistischen Evolutions-Mystizismus; alle Trance-Erfahrungen; jede Art des Spiritismus und Channeling (der biblische JESUS lässt Sich nicht channeln und nicht visualisieren)!

Wir verwerfen die moderne Spiritualität und ihre Arten der fernöstlichen (sinnlichen) Meditationen. Wir widerstehen dem humanistischen Toleranzgedanken, der ein relativierendes Menschengebot, kein Gottesgebot ist. Wir erwarten darum nichts Positives von Seiten liberaler, modernistischer Theologie mit ihren Begleiterscheinungen.

Wir verwerfen den humanistischen Ansatz in der Verkündigung (kerygma) des Evangeliums, da die Schrift nur eine prophetische und theozentrische Botschaft hat. Die prophetische Verkündigung spricht von GOTT zum Menschen, nicht umgekehrt. Darum verwerfen wir den humanistischen Pragmatismus, ebenso alle Suggestivmethoden und Techniken und Unterhaltungselemente zur Verkündigung.

Die hier angeführten Angriffe gegen die BIBEL und den biblischen Glauben beurteilen wir mit Kolosser 2,8 + 2.Timotheus 3,5;4,4 + 1.Timotheus 4,1 als Versuch, die biblische Authentizität zu relativieren und zu absorbieren und den biblischen Glauben damit unglaubwürdig zu machen (zu abstrahieren). Sie, die Liebe freut sich an der Wahrheit! Und es steht geschrieben: **„...mit jedem Betrug der Ungerechtigkeit für die, welche verloren gehen, dafür, dass sie die Liebe der Wahrheit zu ihrer Errettung nicht angenommen haben. Und deshalb sendet GOTT ihnen eine wirksame Kraft des Irrwahns, dass sie der Lüge glauben, damit alle gerichtet werden, die der Wahrheit nicht geglaubt, sondern Wohlgefallen gefunden haben an der Ungerechtigkeit.“** (2.Thessalonicher 2,10-12)

„Denn alles, was früher geschrieben ist, ist zu unserer Belehrung geschrieben, damit wir durch das Ausharren und durch die Ermunterung der Schrift die Hoffnung haben.“ (Römer 15,4). Da die Glaubwürdigkeit der BIBEL auf ihrer göttlichlichen Natur beruht, haben wir keine Alternative und wollen auch keine! Unsere Wahl ist GOTTES Wahl, da ER uns zuerst geliebt hat, und so stehen wir mit unserer Existenz auf dem Felsen ewiger Liebe und Wahrheit, auf den Grundsätzen und Worten der BIBEL, in JESU NAMEN Amen

Und sie forschten in der Schrift

„und sie forschten täglich in der Schrift“ Apg.17,11 (Jes.8,20; 1.Petr.2.2) „Ihr erforschet die Schriften, weil ihr meint, in ihnen das ewige Leben zu haben; und sie sind es, die von Mir Zeugnis geben“ (JESUS in Johannes 5,39)

Das Verb „erforschet“ kann ebenso als Befehl (in Imperativform) verstanden werden. Wenn wir zum WORT GOTTES kommen, wollen wir den HERRN im

WORT, *den Geist des LOGOS* berühren und erfahren und **dadurch Leben empfangen!** Wenn wir in der richtigen Herzenshaltung kommen, mit einem Hunger und der Erwartung, dass jetzt GOTT im WORT zu uns spricht, werden wir **„Errettung"** erfahren (Jakobus 1,21). Diese Errettung (griech. soterian), die auch im Petrusbrief erwähnt wird, betrifft das „Seelenleben", d.h. die „Dominanz" der Seele mit ihrem Einfluss auf das **„geistliche Leben".** Diese Art von Errettung betrifft Menschen, die bereits zum Glauben gekommen sind und ewige Begnadigung erfahren haben, also somit schon *errettet sind* von der ewigen Verdammnis! Für noch nicht zum Glauben Gekommene ist dieses Wort „Errettung" der Weg zum Glauben und zur Errettung von der ewigen Verdammnis (vgl. Römer 10,17; 1.Petrus 1,23.25). Aber Gläubige brauchen eindeutig nach dem Zeugnis der Schrift **„Errettung als Erneuerung und Umgestaltung".** Darum sagt uns der Hebräerbrief in Kap. 4,12, dass das WORT GOTTES lebendig, wirksam und schärfer ist als jedes zweischneidige Schwert und durchdringt, bis es „Seele und Geist" **scheidet. Darin besteht die Zubereitung und Errettung der Seele.**

Das Wort GOTTES ist sowohl ein Instrument des Trostes wie auch des Gerichts. Es deckt die falschen Motive und Gesinnungen des Herzens auf und offenbart die Oberflächlichkeit des Glaubens. Es zeigt den Unterschied zwischen Fleisch und Geist, Gut und Böse. JESUS sagte: **„Was aus dem Fleisch geboren ist, das ist Fleisch, und was aus dem Geist geboren ist, das ist Geist"** (Joh.3,6) ER zeigt hier die zwei verschiedenen Wesenheiten auf, gleichsam den seelischen und den geistlichen Bereich. Im selben Evangelium spricht JESUS von GOTT, welcher Geist ist und in Geist und Wahrheit angebetet werden will! Auch der Dienst am Evangelium soll (bedingender weise *muss*) „im Geist geschehen"(vgl. Römer 1,9 u.a.).

Die Notwendigkeit und Bedingung dieser Massnahme (einer Scheidung von Seele und Geist) ergibt sich aus dem Sündenfall und der Tatsache, dass hierdurch der Verstand des Menschen den Geist bzw. die geistliche Verbindung mit GOTT ersetzte. Im Sündenfall kam der Mensch unter die Herrschaft der Seele; er verlor die *geistliche* Beziehung zu GOTT, seinem Schöpfer. Durch diese fehlende Beziehung verlor er die Gotteserkenntnis und die Gemeinschaft mit IHM. Sein verfinsterter Verstand (griech. *"nous"*) übernahm die Aufgabe und Funktion des erstorbenen, erloschenen Geistes. Seitdem laboriert, denkt und handelt der Mensch mit einem von GOTT unabhängigen Verstand und einem zur Begierde entarteten Willen. (Vgl.Epheser 2,3; 4,17-19). Er kann GOTT nicht mehr wahrnehmen, weil GOTT Sich aus dem Geist des Menschen zurückgezogen hat und der gefallene Mensch von sich aus mit seinem verfinsterten und gottentfremdeten Verstand die Beziehung zu seinem Schöpfer nicht mehr aufnehmen kann. Keine wissenschaftliche Disziplin der Welt, keine Art religiöser Kontemplation oder mystischer Meditation ist dazu im Stande; es liegt auch nicht in der Möglichkeit der Natur oder Kultur. Eine bewusst wahrgenommene Liebesbeziehung zwischen GOTT und Mensch *konnte* nicht mehr bestehen, weil das *HERZ* des Menschen sich durch spirituell beeinflusste *aber vom Menschen her gewollte* Selbsterhebung und Selbstbestimmung von GOTT abwandte und GOTTES Geist sich vom Menschen trennte.

Wenn zwei Menschen sich aufrichtig lieben lernen, dann ist das zuerst immer eine Angelegenheit des Herzens, nicht des analytischen Verstandes. Liebe selbst ist so gewaltig, so unbeschreiblich, so unaussprechlich in ihrer Schönheit und Heiligkeit, dass höchstens ihre Eigenschaften, aber niemals ihr ganzes Wesen beschrieben und ausgedrückt werden kann! „Ich liebe dich!", welch ein Inhalt in drei Worten, wenn diese Liebesbeziehung echt ist, das heisst, von einem liebenden Herzen kommt! Die ursprüngliche Beziehung zwischen GOTT und Mensch im Garten Eden war eine Liebesbeziehung, die mit „Wonne" beschrieben wird, weil der unendliche SCHÖPFER dort im Garten Eden gegenwärtig war! OH, was muss da's gewesen sein! Und welch ein furchtbares Erwachen, wenn ER plötzlich nicht mehr da war und das Feuer Seiner Liebe und Anwesenheit im Geist des Menschen erloschen war.

In der Neugeburt und inneren Erneuerung des menschlichen Geistes durch Bekehrung und Glauben wird der *Geist* des Menschen durch GOTTES Geist belebt, erleuchtet und neugeboren! Hier geschieht schon anfänglich eine Scheidung von Seele und Geist. Der Mensch „erkennt" plötzlich GOTT als seinen Vater; etwas, das ihm vorher über den Verstand nicht zugänglich war. **Und das Grösste dabei ist, dass diese verlorene Liebesbeziehung nun wiederhergestellt wird, indem die Liebe GOTTES wieder in das Herz des Menschen ausgegossen wird**! (vgl.Römer 5,5). Jetzt hat der Verstand nicht mehr die Aufgabe des Geistes, sondern er wird zum *Instrument des Geistes*, d.h. die Beeinflussung des erneuerten Geistes erleuchtet und steuert den Verstand. Wir bekommen einen erneuerten Denksinn, der uns die Dinge völlig anders beurteilen läßt, und dies geschieht nicht gänzlich passiv und automatisch, so wie das autonome Nervensystem die inneren Organe steuert, sondern vor allem durch das aktive Aufnehmen des Wortes GOTTES. Durch das Lesen und Befolgen der biblischen Inspiration erkennen wir den Willen GOTTES und werden ausgerüstet zu jedem guten Werk. Das Wort der Heiligen Schrift ist uns eine vorzügliche Nahrung, eine gute Speise, die mit weltlichen Schätzen nicht vergleichbar ist. Die Erkenntnisfrage ist nicht länger nur rationale Verstandesfrage, sondern eine lebendige Beziehungsangelegenheit geworden! Wir lernen mit dem Wort GOTTES beten und lesen es nicht nur, sondern bewegen es im Herzen, und wenn uns ein Vers anspricht, machen wir ein Gebet daraus. So berühren wir den Geist der Schrift, nicht den bloßen Buchstaben. So wird GOTTES Wort Geist und Leben für uns, es wird „Manna." Und eben durch diesen Prozess geschieht von selbst inneres Wachstum, GOTT wird uns immer realer und vertrauter und wir verstehen nun das Schriftwort: *„Der Mensch lebt nicht vom Brot allein sondern von jedem Wort, das aus dem Munde GOTTES kommt."*

Als aus dem Geist GOTTES gezeugte Menschen werden wir aufgefordert, unser Seelenleben in den Tod zu geben und *durch den Einfluss* des göttlichen Wortes unsere Seele vom Geist scheiden zu lassen! WOZU? Weil unsere Seele (psyche) mit ihren Funktionen unter die Herrschaft des Geistes GOTTES kommen muss, wenn wir Gotteserkenntnis, Heiligung und *Wesensveränderung* erfahren wollen. GOTT will diese pädagogische Umgestaltung in das Bild JESU*„durch Seinen Geist"* bewirken „Dia tou pneumatos"= (*durch den Geist*) heisst es bei Paulus immer wieder.

Die meisten Menschen heute sind Verstandesmenschen – ihr kluger Kopf verwaltet ihr Leben. Alles wird mit dem Verstand gewogen; begabte Menschen predigen aus ihrem guten Gedächtnis heraus mit vielerlei rhetorischen Fähigkeiten. Aber alles, was vom Baum der Erkenntnis (der Selbstbestimmung und dem Eigenpotenzial der menschlichen Vernunft) allein kommt, gebiert wieder nur geistlichen Tod. Denn durch Vernunft allein kann der Mensch GOTT nicht erkennen oder gar erklären; er kann nur etwas über IHN wissen. Das bedingende Organ zur Erkenntnis GOTTES ist *der Geist im Menschen*, der durch göttliche Eingebung erleuchtet wird und dann auf das Organ des Verstandes einwirkt. Das geistliche Leben verläuft auf einer anderen, höheren Ebene als nur der vernunftgemässen. Man kann es ohne Hybris auch „Höhere Vernunft" bezeichnen, weil der Verstand erst *durch den Einfluss* des erweckten und belebten menschlichen Geistes seine dafür bestimmte Funktion entfaltet. Man kann vernunftbegabt allein buchstabentreu und rechtgläubig das Richtige sagen und innerlich doch nicht das Zeugnis des Geistes GOTTES haben. Das merkt man auch im Gestaltungsraum liberaler und heute leider auch zum Großteil evangelikaler Theologie, wo systematische Theologie und Philosophie *erlernt* wird und wo ein Abschlusszertifikat als Fähigkeitsausweis dienen soll, als ob GOTT die so Befähigten beruft.

Das sind religiöse Delikte gegen das, was die Bibel *„göttliche* Berufung" bezeichnet, wo GOTT die Berufenen befähigt! Und wie tut ER das? Dia tou pneuma-

tos – „durch den Geist!". Göttliche Legitimation, Fähigkeit und Sendung kommt von *DEM*, der beruft und sendet! Paulus sagte, dass er das Evangelium nicht „gelernt" hat und dass es nicht von Menschen stammt (Galater). Johannes sagt: **„Ein Mensch kann sich nichts nehmen, es sei denn, es ist ihm vom Himmel gegeben"** (Johannes 3). Petrus spricht von der erhabenen Erscheinung auf dem heiligen Berg und der Stimme vom Himmel her und fügt dieser Erfahrung das völlig gewisse prophetische Wort hinzu, das als Licht in der Dunkelheit scheint, (also dass es bei allem zuerst um himmlische Dinge und das vom Himmel gegebene Wort geht); und der Apostel Johannes redet davon, dass sie verkündigen, was sie gesehen und gehört (also nicht angelesen und studiert) haben.

Die Gleichnisse JESU wie auch die Briefe der Apostel zeigen im grossen Bild der Baumkrone des Christentums die Erscheinung wahrer Christen als eine Neuschöpfung, und auf der anderen Seite Namenschristen, die *den Geist* nicht haben, dafür aber ein *äusseres* christliches Erscheinungsbild ohne innere Kraft. (Judas 19; 2.Timotheus 3,5). Aber für beide Gruppen gilt, dass *das Trachten des Fleisches (sarx* = seelische Dominanz) geistlicher Tod ist, und **das Trachten des Geistes** aber Leben und Frieden. (vgl.Röm.8,6). Es kann auf die kurze Formel gebracht werden: Alles, was ein Mensch, ob gläubig oder ungläubig, aus seiner natürlichen Potenz und Veranlagung heraus tut, ist Fleisch bzw. fleischlich; denn alles, was nicht aus CHRISTUS heraus getan wird, ist Fleisch und Religion. JESUS sagte: **„Der Geist ist es, der lebendig macht, das Fleisch nützt gar nichts. Die Worte, die Ich zu euch rede, sind Geist und Leben"**

Mit diesen Erläuterungen zurück zum Thema **„forschet in der Schrift"**. Jakobus sagt, wir sollen das eingepflanzte Wort mit Sanftmut aufnehmen. Wir wissen auch, dass die Schrift selbst nicht für jeden zugänglich ist, zum Beispiel für den Spötter oder den Ungläubigen schlechthin. Ein sündiger Mensch, der die Gottesfurcht meidet und seine schmutzigen Kleider nicht ablegen will, wird eine Blockade für das Wort der Schrift haben. Darum nennt der Apostel als eine Voraussetzung für die *Aufnahme* des Wortes *das Ablegen* von Schmutz und Bosheit. (Jak.1,21). Darum wollen wir mit demütiger und glaubender Herzenshaltung zum Wort kommen, das Gelesene wirken lassen und im Herzen bewegen. Das Wasserbad im Wort kann uns nicht von Sünde reinigen, das macht das kostbare Blut JESU, aber das Wasserbad vermag Spuren (Prägungen) der Sünde wegzureinigen.

Mit **„forschet in der Schrift"** Joh.5,39; Apg.17,11 wird uns zugleich auch mitgeteilt, dass wir (auch) im Bilderbuch des Alten Testamentes forschen sollen, weil die Schrift von JESUS Zeugnis gibt. Im griechischen Grundtext heisst es „...**und sie (die Schriften) sind die Zeugnis ablegenden über mich"**(Johannes 5,39).

Menschen, die nicht den richtigen Zugang zur Bibel nehmen und nicht in ihr forschen, haben keine Möglichkeit, ihre Schriften zu verstehen und auszulegen. *(vgl. Sprüche 14,6)*. Sie werden dabei aber ungewollt oder gewollt eine andere biblische „Verheissung" erfüllen: *Matth.22,29 und 2.Petr.3,16.* Lasst uns eine Begebenheit im AT betrachten: Beim grossen Orgiengelage Belsazars, des Nachfolgers Nebukadnezars, konnten die Wahrsager und Zeichendeuter die **göttliche** Schrift auf der Wand nicht lesen, sie verstanden weder die Worte noch konnten sie diese deuten. Aber da war *Daniel,* ein Mann GOTTES, ein Vielgeliebter, der diese Schrift durch göttliche Eingebung lesen und auch deuten konnte (Daniel 5). Später in Kap.9 sehen wir ihn im Hinblick auf die Beendigung der babylonischen Gefangenschaft Israels „in den Schriften forschen" um Gewissheit zu erhalten, dann betete er. (Es ist anzunehmen, dass Daniel bei der Heimkehr Israels aus Babylon einen wesentlichen Beitrag und Einfluss ausgeübt hat).

Darum wollen wir hier einige Voraussetzungen zum Verständnis der Heiligen Schrift geben:

A): Ihr heilsgeschichtlicher Inhalt geht von historischer Wahrheit (= wörtliche Aussage) und deren Anwendung auf die Gegenwart (= geistliche Aussage) bis hin zur prophetischen Aussage in der Zukunft.

B): Sie ist der LOGOS, also das zusammengeschlossene, umfassende und **endgültige** Wort der Offenbarung GOTTES, des DREIEINEN. Nicht einzelne Bibelverse, nur der Gesamtkodex enthält das vollständige Werk und Ziel GOTTES, und nur, wenn wir die ganze einheitliche Wahrheit überblicken, **können wir ihre Teile richtig einordnen**. Alles, was nicht der Gesamtwahrheit entspricht, entspricht nicht dem LOGOS. Darum kann und darf Auslegung (Exegese) und Deutung des biblischen Textes sowie Predigtlehre (Homiletik) nicht vom Gesamtkontext gelöst werden (siehe Bekenntnis zur BIBEL). Die zusammenhängenden Gedanken GOTTES gehen von 1.Mose 1 bis hin zum letzten Vers der Offenbarung des Johannes – das ist der ganze Ratschluss GOTTES, das ist der LOGOS! Und nur an diesem Massstab kann und muss alles gemessen werden, nicht an *einzelnen* Bibelversen. Teilwahrheiten lässt sich der *Buchstabe* gefallen, der Geist GOTTES jedoch nicht! Eines der sicheren Kennzeichen von Irrlehrern ist das *auffällige* Selektieren von Bibelversen- und Worten und deren Anwendung, welche dann dem *LOGOS-Kontext* nicht mehr entspricht.

C): Da die Heilige Schrift *vollumfänglich* göttlich inspiriert ist, benötigt analog ein Verstehen und Auslegen der Schrift ebenso die Voraussetzung desselben Geistes (d.h. Menschen, die den Geist CHRISTI haben, vgl. 1.Korinther 2, 6. 9. 10.12.13.14). Und in der King James Bibel lesen wir: „ALL Scripture is given by inspiration of GOD…" Dieses Wort aus 2.Timotheus wird auch in der Schlachter - und Menge Bibel so übersetzt und heißt nach dem *Grundtext* nichts anderes, als dass *ALLE* Schrift von GOTT eingegeben ist, nicht nur eine (willkürlich erwogene) Auswahl von Büchern. Wenn auch nicht alles auf übernatürliche Weise offenbart wurde, sondern Vieles ein Ergebnis des Studierens und Reflektierens der biblischen Autoren war, sind dennoch auch diese Ergebnisse mit göttlicher Autorität entstanden und versehen (inspiriert) und so der ganzen Gemeinde für alle Zeiten gegeben und überliefert worden.

D): Wir fragen beim Lesen des Bibeltextes 1) an wen ist er gerichtet?, an Juden, Christen oder Heiden, und 2) für welche Zeit?, Vergangenheit, Gegenwart oder Zukunft.

Wenn wir zur Schrift kommen, kommen wir nicht nur zu einem Bibeltext, sondern zu einer **himmlischen Person**! JESUS CHRISTUS ! Die Schrift enthält Ihn und sie zeugt von IHM. Wir mögen eine gute Bibelkenntnis haben, aber verstehen werden wir sie erst dann, wenn wir durch den HEILIGEN GEIST wahre Christuserkenntnis haben. Dann nehmen wir JESUS zurück in die Bibel und lesen alles auf IHN hin. *ER als der Fokus der ganzen Schrift ist auch die Auslegung der Schrift vgl. Luk. 24,25-27.44 / 2.Kor.4,5.*

Wissen ist noch nicht Weisheit

Der Sinn der Schrift besteht nicht darin, dass wir uns möglichst viel intellektuelles Wissen anhäufen, das aber keinen verändernden Einfluss auf unser inneres Leben und unser Wesen hat. Lehre allein verändert niemanden im Wesen, höchstens im äusseren Verhalten. Aber damit wären wir nur im Bereich einer Religion. Der Sinn der Schrift besteht darin, CHRISTUS im Wort (Logos) zu begegnen und *aufzunehmen, Ihn essen und trinken (vgl. Joh 6),* also geistliche Speise im Wort zu empfangen, die mir *LEBEN* gibt sowie Weisheit, Leitung, Belehrung, Überführung, Erziehung, Korrektur und mehr. *Wir essen und trinken*, wenn wir in glaubender Haltung zum Wort der Heiligen Schrift kommen und den VATER in JESU Namen um den Geist der Weisheit, Offenbarung und erleuchtete Augen des Herzens bitten. Und das können Kinder ebenso gut und leicht wie Erwachsene, denn essen und trinken sind körperliche und geistliche Grundbedürfnisse, welche im Normalfall Freude machen und die klare Kennzeichen von gesundem Wachstum sind.

So wie wir das geschriebene Bibelwort im Lesen und „Essen“ aufnehmen, so dringt es auch in uns ein. So wie wir es selbst (und nicht andere für uns) erforschen, so werden wir von GOTTES Wort erforscht. Dieser Vorgang bewirkt eine ständige Veränderung und Erneuerung unseres Sinnes (Gesinnung), die dann im Wandel (mehr oder weniger) sichtbar wird. Weder Geschichten, Filme noch irgend eine Art der Literatur und Unterhaltung bewirken diese Erneuerung der Gesinnung – nur GOTTES lebendiges Wort! Darum geschieht ohne dieses Aufnehmen und Einnehmen des inspirierten Wortes GOTTES keine fortwährende Veränderung. Diese Veränderung nennt man Heiligung, wenn das aufgenommene Wort (=Wissen) mit dem Leben in Verbindung gebracht wird. Und eben dieser Vorgang ist entspannend, denn Gotteskinder jagen nicht der Heiligung nach, um heilig zu werden, sondern weil sie es in CHRISTUS schon sind!

Ich bin überzeugt davon, dass Irrlehren, Spaltungen und Lehrstreitereien durch zwei schwerwiegende Hintergründe entstanden sind und entstehen: erstens, weil man den inneren Zusammenhang des LOGOS (Kontext) nicht beachtet und zum andern, weil man das Lesen der BIBEL als (theologisches) Lehrschema und Kopfwissen auffasst und insofern meist nur einen Teil einer biblischen Wahrheit betont und „verteidigt“, während das entsprechende Gegenstück (Pendant) derselben Wahrheit zum Streitpunkt wird. Das ist die Tragik eines nur intellektuellen Wissens allein, das auch ohne den Heiligen Geist auskommt, und das ist das Sakrileg einer Christenheit, die das Sprechen GOTTES nicht mehr kennt, sondern sich auf der Ebene der Lehrdogmen und des Fleisches, also der verstandesmässigen Traditionen und Gewohnheiten befindet, auf der es bekanntlich viel unterschiedliche Lehrmeinungen, aber keinen Frieden gibt.

A.W.Tozer schreibt: *„Wer seine Gottheit nur in Büchern und Schriften sucht, der sucht den LEBENDIGEN bei den Toten;…Denn der Buchstabenglaube unserer Zeit stützt sich auf dieselbe Voraussetzung wie der Rationalismus aller Art, nämlich auf die Überzeugung, die menschliche Vernunft sei die höchste Autorität in der Beurteilung der Wahrheit…Die Vernunft kann die Schale (der inneren Wahrheit) erkennen, aber nur GOTTES Geist kann das innere Wesen erfassen. Unser grosser Fehler ist, dass wir uns auf die (äussere) Schale verlassen und geglaubt haben, unser Glaube sei gesund, weil wir die äussere Form der Wahrheit, die wir in den Buchstaben der Bibel finden, erklären können“.* (Weil ein nahezu waffenloses

Christentum - das der Meinung ist, alles zu haben - doch so kraftlos, arm blind und bloss ist, wird es notwendig und dringlich sein, einige der schwerwiegenden Hintergründe, die oben angedeutet sind bei passender Gelegenheit anzusprechen!).

Und ein drittes noch: wenn wir uns als Bibelgläubige darauf besinnen, dass alle unsere Erkenntnis tatsächlich nur Stückwerk ist und all unser Wissen nicht mehr als der gegenwärtige Stand unserer subjektiv gemischten Erkenntnis – wie können wir mit diesem Bewusstsein als Besserwisser gegen unsere Geschwister auftreten? Es zeugt von Demut und Klugheit, wenn wir bescheiden von uns denken (vgl. Römer 12,3 und16). Wenn ich meine eigene Begrenztheit erkenne, bin ich bereit, mich ergänzen oder korrigieren zu lassen in dem Wissen, dass ich in Erkenntnis zunehme bzw. *hineinwachse*. Ich habe es immer als persönliches Wachstum betrachtet, eigene oder übernommene Erkenntnisse zu ergänzen oder korrigieren zu lassen. Wir können dadurch Wahrheiten gewinnen.

Es ist Vermessenheit (Sünde) und eine Verführungstaktik des Teufels, unseren gegenwärtigen und begrenzten Erkenntnisstand als Nonplusultra hinzustellen. Wir dürfen nicht die pharisäische Haltung haben und glauben, dass unsere Studien vollumfänglich und unübertreffbar GOTTES Wahrheit widerspiegeln, *weil* wir eben *noch* wie durch einen getrübten Spiegel erkennen. Dann werden Erkenntnisfragen, die die Grundwahrheiten nicht verletzen, uns nicht trennen! Und wenn mein Bruder oder meine Schwester eine etwas andere Lehrerkenntnis und Lebensführung hat, bin ich immer noch zur Wertschätzung und Liebe verpflichtet, weil ich von GOTTES Wort und Geist her darauf bedacht bin, die EINHEIT des Geistes zu bewahren.

Glieder des Leibes CHRISTI müssen lernen einander zu dienen, nicht einander zu verleumden und zu richten, **„das ist nicht die Weisheit, die von oben kommt, sondern eine irdische, seelische, dämonische“.** (Jakobus 3,15). Wir kennen die Absichten Satans (2.Kor. 2,11), darum soll die Richtung unserer Klagen zum HERRN, und nicht zum Bruder gehen. Geschrieben steht: „Schüttet euer Herz vor IHM aus“. Die Richtung unserer Klagen sollen nicht gegeneinander sein, sondern hin zu GOTT, und als Geschwister im HERRN wollen wir nicht übereinander reden, sondern miteinander. Wenn wir in unserer Kammer füreinander beten, werden wir einander befreien und viel Land einnehmen. Törichte und unverständige Streitfragen und Gezänke über Erkenntnisse sollen wir zurückweisen und uns nicht mit dem Schwert des Buchstabens und der Meinungen bekriegen. Hört auf damit! Unter diesem Aspekt sind die ermahnenden

Worte in Jakobus 4,11-12 und Römer 2,1-4 geschrieben. Wir haben einen GOTT des Friedens, und das Reich GOTTES ist Gerechtigkeit, Freude und Frieden im HEILIGEN GEIST!

Logos und Rhema

„Denn lebendig seiend ist das Wort GOTTES“ (griech. *„ho Logos tou Theou“,* in Hebr. 4,12f.). Obwohl es nährt, pflegt und reinigt ist es doch ein Gerichtsinstrument des HEILIGEN GEISTES, um falsche Absichten, Irrlehren und die Oberflächlichkeit des Glaubens aufzudecken. Im Römerbrief 10,8 steht**: „ Das Wort** (griech. *„rhema“)* **ist dir nahe in deinem Mund und in deinem Herzen!“** (Ein Zitat aus 5. Mose 30,14). Diese zwei Bedeutungen des „Wortes“ wollen wir uns ansehen, und sie sind für Neugeborene aus dem Geist nicht schwer zu verstehen. Den Begriff LOGOS sprachen wir bereits an als den grossen zusammenhängenden Ratschluss GOTTES in der Heiligen Schrift, in der ER „das WORT“ ist (vgl. Johannes 1,1-3)! Dieser LOGOS ist das Wort GOTTES *als geschriebenes* Wort und zugleich der SOHN GOTTES *als sprechendes* Wort GOTTES! Der LOGOS in der Bibel ist also eine wunderbare PERSON – JESUS CHRISTUS!

„Und das Wort wurde Fleisch (d.h. *ganz* Mensch).“(griech. *„kai ho Logos sarx egeneto“ Joh.1,14).* Das griechische Wort *„egeneto“* zeigt dabei, dass es keine Spaltung zwischen dem Göttlichen Wort (= GOTTHEIT) und dem ins Fleisch herabgekommenen Menschen JESUS gibt! Das ist gewichtig im Hinblick auf die Gnostiker, die diese zwei vollkommenen Naturen in der Person JESU trennen wollen, bzw. sie nicht anerkennen. GOTT *WURDE EIN* MENSCH, ist die umwerfende Nachricht im Neuen Testament! Und dieser wunderbare *Mensch JESUS von Nazareth,* dieser lebendige LOGOS sprach RHEMATA (Worte) aus, die Geist und Leben sind! (Johannes 6,63). ER sprach: **„Die Worte (rhemata), die ich zu euch rede, sind Geist und sind Leben (zoe)“** Wobei das griech. Wort „zoe“ das Lebensprinzip in Geist, Seele und Leib ist (im Gegensatz zu „bios“, irdisches Leben). Diese Worte voller Wirklichkeit und Kraftwirkung brachten Menschen zur Erkenntnis der Wahrheit und zum Glauben. Sie erkannten in JESCHUA den MESSIAS und Offenbarer der Wirklichkeit GOTTES, die ER ihnen SELBST bringt.

Der biblische Logosbegriff als solcher geht über die griechisch-abstrakte Bedeutung als Welt- Denk- und Sittengesetz (bei Heraklit oder im Neuplatonismus) hinaus zum täglichen Sprachgebrauch, bis hin zum Sprechen GOTTES (in der Bibel). Im Alten Testament wird für das griechische Wort LOGOS das hebräische Wort DABAR gebraucht, das ein vollmächtiges Geschehen GOTTES beschreibt! **„Und GOTT** (Elohim,= plural) **sprach: ES werde!“** (1.Mose 1), oder **„Denn Er sprach, und es geschah!“** (Psalm 33,9a), zeigt uns das Sprechen GOTTES, das durch den LOGOS, also durch JESUS, den Sohn GOTTES geschah und die SCHÖPFUNG aus dem Nichts ins Dasein rief! Im Neuen Testament lesen wir auch von einer Schöpfung: **„Denn ihr seid wiedergeboren nicht aus vergänglichem, sondern aus unvergänglichem Samen, durch das lebendige Wort GOTTES** (logou theou)**, das in Ewigkeit bleibt“.** (1.Petrus 1,23). Beide Schöpfungen entstanden durch denselben LOGOS, durch JESUS CHRISTUS. IHM verdanken wir nicht nur unsere Existenz, sondern auch die Sprachbegabung und die durch den HEILIGEN GEIST gewirkte Lebenskraft der Wiedergeburt (Letzteres bei unserer Bekehrung)! Durch den persönlichen göttlichen LOGOS ist alles entstanden, durch IHN wird Lehre, Verkündigung, Gebet und Weissagung auch bei uns wirkmächtig!

Genauso gewichtig ist der Begriff „RHEMA“ in der Heiligen Schrift. Vom Alten Testament ausgehend, sind Logos und Rhema gleichwertig und gleichbedeutend. Das sehen wir zum Beispiel in Hebräer 1,3 und 11,3, wo beide Male für GOTTES Wort „Rhema“ eingesetzt wird: GOTTES Wort (Rhema) schafft und erhält die Welt. Aber im Neuen Testament ergibt sich noch eine andere Bedeutung, die des *Offenbarungswortes und des Wortes, das wir verkündigen:* **„Da erging (oder geschah) das Wort GOTTES (rhema) an Johannes“** Lukas 3,2; oder: **„Dies ist das Wort des Glaubens (rhema), das wir verkündigen**“ Römer 10,8; 1.Petrus 1,25. Es kann in Form eines Befehls oder einer Aufforderung durch den Heiligen Geist oder durch Menschen zu uns kommen. Petrus warf sein Netz auf das *rhemati* (Wort) JESU hin aus (vgl.Luk.5,5). Es ist das durch den Heiligen Geist lebendig gemachte Offenbarungswort der Schrift, das uns geistliches Leben gibt (Matthäus 4,4). Rhemati sind Worte, die der HERR JESUS auf Erden sprach (Joh.3,34; 5,47; Mark. 14,72; Apg. 11,16), und die in der Gegenwart für uns durch Seinen Geist genauso lebendig sind! (Joh.6,63).

Dass der LOGOS das Sprechen GOTTES im geschriebenen Wort ist und das RHEMA durch den Geist des HERRN dieses geschriebene Wort für uns lebendig und aktuell macht, ist besonders im Raum „unserer“ Verkündigung von grosser Bedeutung! Denn **Verkündigen** heisst, den vollen Inhalt des EVANGELIUMS in der Kraft des HEILIGEN GEISTES weitergeben (=herolden, Römer 10,8; 1. Petrus 1,23-25)! Im Teil der Waffenrüstung ist das Rhema das Wort, das der Geist GOTTES uns gibt, es auszusprechen, sofern wir den LOGOS als Wort des CHRISTUS reichlich in uns wohnen lassen (vgl Eph.6,17 und Kol.3,16).

Darum sollen und dürfen wir beim Lesen der Bibel um den **Geist der Weisheit und der Offenbarung bitten** und um geöffnete Augen des Herzens, das heisst dann, wir bitten um das *Rhema GOTTES*.

Das Höchste und Beste aber ist und bleibt die **AGAPE**, die unaussprechliche Liebe GOTTES, welche in die Herzen gläubiger Gotteskinder ausgegossen ist durch den Heiligen Geist! Es ist keinesfalls nötig, die griechischen Ausdrücke der Bibel zu kennen oder die hebräischen, weil der Geist GOTTES selbst ein suchendes Herz in alle Wahrheit leitet. Es gibt viele Irrlehrer, die griechisch können, aber die Erkenntnis GOTTES nicht haben. Für demütig suchende Gotteskinder aber *kann* das griechische Wort im Grundtext Wahrheiten klarer beleuchten, denn es hat dem HEILIGEN GEIST gefallen, Sein inspiriertes Wort im Neuen Testament in griechischer Sprache zu verfassen! Es ist aber keine Bedingung, in der Erkenntnis GOTTES und CHRISTI zu wachsen, trotzdem aber doch eine Hilfe dazu, wie auch die genannten Beispiele hoffentlich zeigen.

Gnosis – Erfahrung aus einer Beziehung ergibt: rechte Erkenntnis

Um dieser Erkenntnis willen wollen wir noch ein griechisches Wort betrachten, das sich durch das ganze Neue Testament zieht und eine grundlegende Wahrheit der Schrift aufzeigt. Es ist das Wort „Gnosis", zu Deutsch *„Erkenntnis"*. Sie ermöglicht uns den inneren Zugang zur Bibel und bewirkt durch den Geist GOTTES viele entscheidende Dinge, wie zum Beispiel: *Erkenntnis* GOTTES (Römer 11,33; 2.Korinther 2,14; 2.Petrus 1,2); *Erkenntnis* CHRISTI (Philipper 3,8; Kolosser 2,3; 2.Korinther 4,6; 10,5; Johannes 17,3); *Erkenntnis* für die Ehe (1.Petrus 3,7); *Erkenntnis* der Errettung (Lukas 1,77; 11,52); *Erkenntnis* für das Wachstum (2.Petrus 1,6); *Erkenntnis* für die geistlichen (pneumatischen) Gaben (1.Korinther 12,8; 2.Korinther 8,7); *Erkenntnis* für den Aufbau der Gemeinde (1.Korinther 14,6 und 12,8) u.a. Bei dieser Art von biblischer Erkenntnis sollte man einen Merksatz als Rahmen nehmen; er könnte so lauten: **„Die echte Erkenntnis nach der Schrift beruht auf dem Erkanntsein von GOTT und in der Liebe zu GOTT"!**

Das muss sich der pharisäische Moralist oder der buchstabentreue Fundamentalist ebenso sagen lassen wie der weltweise Philosoph und liberale Theologe oder der charismatische und ökumenische Zeichenforderer! Geschrieben steht: *„Wenn aber jemand meint, etwas zu wissen, der hat noch nichts so erkannt, wie man erkennen soll"*. „Aber nicht alle haben die Erkenntnis..." **„Und wenn ich Weissagung hätte und alle Geheimnisse wüsste und alle Erkenntnis, und wenn ich al-**

len Glauben besässe, so dass ich Berge versetzte, aber keine LIEBE hätte, so wäre ich nichts". (1.Korinther 8,2. 7a; 13,2). Wir müssen verstehen, dass alles im pneumatischen Offenbarungsraum mit GOTT zusammenhängt und dass ohne IHN, der die LIEBE IST, alles ein grosses schillerndes **Nichts ist!** Darum drückt das im biblischen Sinn gebrauchte Wort „Erkenntnis" (gnosis) auch eine Beziehung aus. In GOTTES Plan war und ist *gnosis* nicht zuerst eine rationale, intellektuelle Angelegenheit, wie es besonders im abendländischen Denken kursiert, ein nur verstandesmässiges Fürwahrhalten, sondern **eben eine Beziehungssache,** wie sie zwischen zwei sich liebenden Menschen vorkommt. **Die Ehe** ist dafür das beste Beispiel, welches abgeleitet ist von der Liebesbeziehung zwischen CHRISTUS und Seiner Gemeinde. (vgl. Epheser 5,25ff). Jemand hat gesagt: "Wenn man GOTT so gut kennt wie die eigene Frau, dann weiß man, was ER will." Dies ist dennoch nur ein abgeschwächtes Bild im Vergleich zur tiefstmöglichsten Liebesbeziehung zwischen GOTT und Mensch!

Die biblische Gnosis wird also durch die Agape, die Liebe des Geistes GOTTES wirksam; das ist ihr Kriterium! Jede andere Ausdrucksform von einer Art Gnosis ist „Erkenntnis", die aufbläht und an ihrem Stolz und ihrer Unbelehrbarkeit erkrankt und erkannt wird. Kalte Erkenntnis ohne die bedingende Liebe ist „Selbstliebe", die Ursünde Luzifers, den die Lust an sich selbst zum Stolz, zur Vermessenheit und zur Rebellion gegen GOTT führte. „Ich will sein wie GOTT…", das war die Gnosis Satans, die Liebe zum „ICH", die nicht zwischen Lust und Liebe zu unterscheiden vermag und im Entscheidungszentrum Luzifers geboren wurde; er war der erste Supergnostiker, und in seinem Gefolge sammeln gnostisch infizierte „Diener" der Selbstliebe viel Spreu auf für das am Ende alles verzehrende Feuer des Gerichtes GOTTES! Weil die Bibel vor einer Erkenntnis, die fälschlicherweise so genannt wird warnt (1.Timotheus 6,20 u.a.), werde ich hierzu aus aktueller Sicht einige Worte sagen, bevor wir die biblische Anwendung von Erkenntnis betrachten.

Während der ersten drei Jahrhunderte bedrohte neben dem Rückfall in die jüdische Gesetzlichkeit und anderen in den Sendschreiben erwähnten Problemen die philosophische Idee der Gnosis die Gemeinden, und aus der Idee wurde eine Lehre. Paulus wurde mit diesen Trends konfrontiert (vgl. Kol.2,8; Apg.19,10) und der Apostel Johannes schrieb seinen ersten Brief gegen diese mystische und esoterische Irrlehre. Es gab im apostolischen Raum falsche Lehrer und falsche Propheten, die einen Reisedienst unter den Gemeinden ausübten. Sie verdrehten, wie das auch heute Irrlehrer tun, die apostolische Lehre und verkündeten „neue Ideen", die als neue Erkenntnis (Gnosis) bekannt wurden. Achtung! Prüft euer

Umfeld und die Verkündigung! Denn die Gnosis ist leider noch nicht ausgestorben.

Vorausgegangen war der Gnosis eine philosophische Weisheitslehre, gegründet auf „Visionen“ und fleischlich hohler Askese. Engel wurden angebetet und zur Mittlerschaft zwischen GOTT und Mensch erhoben; dadurch wurde CHRISTUS ein untergeordneter Platz gegeben (wie das heute bei Sekten wie der Wachturmgesellschaft, den Mormonen, dem Arianismus (= JESUS sei nicht GOTT), oder den Religious Science Religionen der Fall ist). Die Gnosis behielt den asketischen Stil bei und fügte Elemente der platonischen Philosophie hinzu. Sie „lehrte“ demnach einen Dualismus (Plato), der die Materie als böse und unrein und nur den Geist als gut bezeichnete. Der Leib des Menschen sei böse und sein Geist sei gut. So schämten sich z.B. die nachchristlichen Manichäer einen physischen Leib zu haben. Doch GOTT hat uns „leiblich“ geschaffen, und unser Körper kann ein wunderbares Instrument sein, wenn er geheiligt wird.

Christlich angehauchte, aber von der Gnosis überzeugte (infizierte) Lehrer leugneten auch, dass CHRISTUS tatsächlich ins Fleisch (Menschsein) gekommen ist, also in die Materie. Sie behaupteten, der physische Leib JESU sei nur ein Scheinleib gewesen; deshalb leugneten sie auch die leibliche Auferstehung und Himmelfahrt des HERRN. Es mag verwundern, dass diese arianische Ansicht auch heute in christlichen Kreisen herumgeistert. Da wäre es gut und der Ernüchterung beitragend, einmal ganz offen in eine Versammlung von Christen hineinzufragen, wer an der Menschwerdung und GOTTHEIT JESU und an Seiner leibhaften Auferstehung und Inthronisierung im Himmel Zweifel habe. Oder man hört eine andere „Auslegung“ über die Auferstehung JESU aus den Reihen liberaler Theologen, welche die Erkenntnis vertreten, dass der historische JESUS der Überlieferung nach gekreuzigt wurde und in der darauffolgenden *Verkündigung* der Apostel und Nachfolger *„auferstanden* „ sei. Also die Verkündigung „mache“ erst die Auferstehung – bildhaft und vom Dinglichen gelöst, zum Mythos. An dieser Ansicht klebt viel Verwesungsgeruch, <u>und dies Verwesliche wird bestimmt nicht Unverweslichkeit anziehen</u>. Hier hat die Theologie einfach philosophisch-gnostischen Charakter angenommen – jenen des antiken Dualismus (Plato, oben), für den alles Stoffliche (Körperhafte) böse war.

Bis heute begreifen liberale Theologen nicht, dass ohne die leibliche Auferstehung CHRISTI und den Glauben an diese niemand ein „Christ“ sein *kann*, im biblischen Sinn! Es steht geschrieben: **„Ist aber CHRISTUS nicht auferweckt worden, so ist euer Glaube nichtig, so seid ihr noch in euren Sünden….**

verloren!" (1.Kor.15,17). Der gedankenlose Ausspruch *„Christus ist in der Verkündigung auferstanden"* hat dieselbe intellektuelle `Wertigkeit` wie die Aussage: *„erst die Grabrede macht den Gestorbenen tot."* Darum zerschmettert das geschriebene Wort solche teuflisch-menschlichen Zumutungen: **„Wenn aber CHRISTUS nicht auferstanden ist, so ist unsere Verkündigung vergeblich, und vergeblich auch euer Glaube!"** (1.Kor.15,14). Man sollte liberale, psychologische, römisch-katholische und feministische Theologie wirklich und endlich vom biblischen GLAUBEN trennen! Denn mit DIESEM haben sie NICHTS gemein!

Ich freue mich jedenfalls, dass CHRISTI Grabkammer leer war und die Lichtengel zu den erschrockenen Frauen sprachen: **„Was sucht ihr den Lebenden bei den Toten?"** Und ich freue mich über das aktuelle Wort JESU in Johannes 5,28+29: **„Verwundert euch nicht darüber! Denn es kommt die Stunde, in der alle, die in den Gräbern sind, Seine Stimme hören werden, und sie werden hervorgehen: die das Gute getan haben, zur Auferstehung des Lebens; die aber das Böse getan haben, zur Auferstehung des Gerichts."** (vgl. 2.Kor.4,14; 1Thess.4,16). CHRISTUS spricht: **„ICH BIN die Auferstehung und das Leben. Wer an mich glaubt, wird leben, auch wenn er stirbt!"** (Joh.11,25).

Die Gnosis der Irrlehrer beanspruchte für sich ein höheres esoterisches Wissen, das über der Heiligen Schrift stand und nur für Eingeweihte zugänglich war. Man konnte dadurch um die persönliche Herkunft aus der überirdischen Welt „wissen" und wie man wieder dorthin zurückkehren könne. (Unter anderem kommt bei den Mormonen dieser gedankliche Trugschluss vor). Es gibt sonderbare und verworrene, ja abstruse Vorstellungen sprich Vernunftschlüsse, die man mit Gebet zuerst bei sich selbst klärt, und dann nach Möglichkeit auch bei anderen barmherzig am Maßstab des lebendigen Wortes zu klären versucht. (vgl.2.Kor.10,5). Das ganze gnostische Gedankengut kommt heute im New-Age-Denken und bei liberalen Theologen vor, in Sonderheit unter christlichem Vorwand.

Vorsicht auch bei gnostisch angehauchten Vorstellungen und Deutungen des Bibeltextes, wo aus Kindern und Söhnen GOTTES „Gottheiten" gemacht werden. Im 1.Johannesbrief beispielsweise gebraucht der Apostel viele Antithesen zu den Thesen gnostischer Irrlehrer und stellt sie mit göttlicher Wahrheit bloss. Philosophischer Irrtum kommt auch im Gedanken vor, der christusgläubige Mensch sei sündlos. Das ist ebenso ein Trugschluss, der zum Teil auch durch eine unqualifizierte Exegese kommt, die sowohl den Schriftkontext nicht genügend beachtet und ebenso wenig auch den Grundtext in den Aussagen der Apostel.

Es gibt auch die nicht harmlose unbiblische Tendenz, die biologische und *rangmässige Schöpfungsordnung* der Geschlechter aufzuheben im Blick auf die geistlich gleichwertige in der Schrift; beide Schöpfungsordnungen sind Wirklichkeiten apostolischer Verkündigung und erlauben uns nicht, eine zugunsten der anderen aufzuheben (vgl. Gal.3,28; 1.Tim.2,13.14; 1.Kor.14,36.37). Göttliche Gebote und Prinzipien, die festgeschrieben sind, verfallen nicht der Variabilität einer Kultur oder Auslegung, sondern sind wie die Natur selbst unveränderlich. Nur GOTT Selbst kann aufheben, ändern und erneuern. Der Mensch jedoch, der es wagt GOTTES Ratschluss anzutasten, setzt sich Konsequenzen aus. Es gibt ein geistliches Schlachtfeld zwischen GOTT und dem Ich; dort wird der Kampf „LICHT gegen Finsternis" im Verstand des Menschen ausgetragen, und dort werden alle Angriffe und Vernunftschlüsse mit dem Schwert des Geistes aufgedeckt und vernichtet! (Vgl. Hebräer 4,12). Das Schwert des Geistes aber ist der LOGOS *durch* das Rhema.

Zusammenfassend gesagt sind gnostisch beeinflusste Menschen mit einem christlichen Bekenntnis solche, die ihre Erkenntnis (Einbildung) höher stellen als das Wort GOTTES. Diese Menschen hatten und haben zwar eine gewisse Form der Gottesfurcht und Frömmigkeit (vgl. 2.Tim.3,5), aber ohne die Kraft des Geistes für Wahrheit und Leben. Sie sind sich ihrer Sünden und ihrer Sündhaftigkeit bewusst, verbergen diese aber unter dem Deckmantel einer Scheinfrömmigkeit, über die sie ihre „gute Lehre", „ihre Erkenntnis" und ihre „guten Werke" stülpen. Paulus redet deutlich von diesen Erscheinungen, die besonders in der Endzeit auftreten werden (vgl. 1.Tim.4,1f u.a.). Weiter oben habe ich einige Kennzeichen und Beispiele solcher *pseudo* charismatischer Irrlehrer gegeben.

Diese Art der Gnosis und des gnostischen Einflusses ist ein Teil des „Geheimnisses der Gesetzlosigkeit" (vgl.2.Thess.2,7), also etwas, was man nicht so ohne weiteres verstehen und erklären kann. Sie zeigt sich heute auch im Relativismus und Pragmatismus, wo alles göttlich Absolute aufgelöst wird durch das Stigma humanistischer Erkenntnis im \`Markt\` christlicher Möglichkeiten, wo sämtliche weltliche Methoden für christliche Zwecke und Erfolge eingesetzt werden. Diese wiederaufgekommene christlich-philosophische, religiös- esoterische Mixtur und Weltanschauung der Gnosis ist ein **riesiges Falsifikat**, eine raffinierte Täuschung satanischer Kunstgriffe, ein leerer Trug! (Jesaja 44,20; 45,16; Kol.2,8). Der moderne Gnostizismus vertritt alle religiösen Richtungen; der einzige Weg zu GOTT ist hier nicht mehr CHRISTUS allein; Sein Wort ist nicht mehr ultimativ und höchste Autorität, Seine Wahrheit nicht mehr absolut, sondern es ist alles humanistisch der *menschlichen Toleranz* unterworfen und mit Religion (auch in christlicher Form) und heidnisch-philosophischer Erkenntnis vermengt.

Bei der biblisch authentischen Gnosis (Erkenntnis) handelt es sich nicht um abstrakte Mystik oder eine Technik oder ein Dogma, sondern um die Beschreibung einer bewussten und lebendigen *Beziehungsangelegenheit*, die man durch einfachen Glauben subjektiv erfahren kann *und soll*, sofern man ein Kind GOTTES ist. Es ist die Erfahrung des Verhältnisses zwischen VATER und Sohn, welche eine Liebesbeziehung ist. Die innige Beziehung in einer Ehe oder einer Freundschaft dient als Bild dazu; und die Erkenntnis dieser guten positiven Beziehung ist nicht eine rein intellektuelle Angelegenheit, sie bringt aber *eine Erfahrung*, die man durch das Herz und den Verstand mitteilen kann. Es wird zum Besitz eines inneren Wissens im Geist, wo der Gläubige mit GOTT durch den Heiligen Geist *Gemeinschaft* hat und daraus auch etwas mitteilen kann zur Auferbauung und zum Zeugnis der anderen (vgl.2.Kor.11,6; 1.Kor.1,5 u.a). Und dass diese wunderbare Liebesbeziehung nicht statisch ist, versteht sich von selbst. Sie *kann und soll* wachsen und zunehmen bis hin zu jener *Erfahrung* der **epignosis, einer noch tieferen Erkenntnis der Person JESU, einer Erfahrung, die** das geistliche Leben so kraftvoll beeinflusst, bis es die ganze Person des Gläubigen beansprucht mit völligster innerer Überzeugung und Gewissheit des Glaubens und Übereinstimmung mit GOTT (vgl. 1.Thess.3,12; Joh.17,3; 2.Petr.1,2.8 u.a). Ein Mensch mit diesen Eigenschaften ist erfüllt mit der Kraft des HEILIGEN GEISTES; Er lebt in williger Hingabe für den HERRN, er hat Sieg über die Sünde, Vollmacht im Dienst, Erkenntnis des Willens GOTTES und bringt Frucht des Geistes – *weil* er erfüllt ist mit dem Geist!

Das, und *nicht* in erster Linie die Erfolge, Offenbarungen und Geistesgaben**, sind die Kennzeichen eines geisterfüllten Lebens.** *Diese* Art kennzeichnet noch nicht mein ganzes Leben, aber **zu dieser** Sorte will ich gehören, weil ich weiss, dass es möglich ist, *nicht aus mir selbst,* sondern durch die grosse Gnade GOTTES und mein glaubensvolles Verlangen *(Hingabe)*. Weil „Hingabe" ein tieferes Glaubensleben *(epignosis)* kennzeichnet, kann neutestamentliche *epignosis* auch als Heiligung verstanden werden, die zuerst in verborgener „Beziehung", und danach erst im „Wandel" sichtbar wird. Diese zwei Begriffe „Beziehung und Wandel" dürfen nicht vertauscht werden, weil *vor* dem Wandel die Beziehung kommen muß, sonst könnte man Zustand für Stellung halten; also man darf nicht das Pferd *hinter* den Wagen stellen.

Daß der alte Baum der ererbten Sündennatur umgehauen wurde und ein neues Pfropfreis in mein Leben eingepflanzt wurde, ist für mich nach Römer 6 und Kolosser 3 eine Glaubensstatsache. So ist biblische Heiligung als „Wandel in CHRISTUS" nicht ein Jagen *nach* dem Heil, sondern ein Ruhen *im* erhaltenen Heil; Heiligung ist nicht das Produkt meiner Willensanstrengung (= Gesetz), sondern meines Glaubens und meiner Liebesbeziehung zu GOTT. So wird gelebte Heiligung eigentlich eine lustvolle Tätigkeit im Ablegen alter Gewohnheiten und zu einem Leben in bewusster Abhängigkeit zum HERRN.

Erkenntnis GOTTES ist entweder kinderleicht oder unmöglich, weil sie eine Gabe, ein Geschenk von GOTT an Seine Kinder ist und kein Ergebnis eigener Anstrengung. Es ist ja auch im physischen leben so, wo Kinder nicht erst über Biologie und Chemie Bescheid wissen müssen, um zu essen und zu trinken. Es heisst **„Alles, was wir brauchen, um ein Leben zu führen, wie es GOTT gefällt, hat uns Christus geschenkt. Denn durch Ihn haben wir GOTT kennengelernt"** (2. Petrus 1,3). *Zuerst* kommt die persönliche Beziehung zu JESUS CHRISTUS durch unseren Glauben, und in dieser Liebesbeziehung (die durch Seinen Geist in unserem Geist und Herz entstand) kommt es zur Erfahrung mit dem HERRN. Wir erkennen und erleben und erfahren viele schöne neue Dinge und Gaben, wir sehen die Dinge jetzt in einem anderen Licht, weil der Geist GOTTES uns eine neue Sichtweise gegeben hat, die konträr zu dieser blinden Welt ist; wir bekommen auch ein inneres Wissen über GOTT (eine innere Anschauung griech. „oida"), eine wahre Erkenntnis über JESUS CHRISTUS, eben eine **biblische gnosis,** ein Wissen und Erkennen, das Vernunft und Einsicht schenkt. In *diesem* Sinne unserer Wahrnehmung ist wirklich alles neu geworden! (vgl. 2.Kor.5,17).

Und hier sehen wir schon, dass diese aus geistlicher Erfahrung gewonnene Erkenntnis viel höher liegt als die gefallene menschliche Vernunft, die nicht dahin gelangen *kann*. Und eben aus diesem logischen Grund kann der grösste und schärfste Denker nicht zu der Erkenntnis kommen wie das unmündige Kind GOTTES, das an JESUS CHRISTSUS im Herzen glaubt!

A.W.Tozer schreibt: *„Eigene Erfahrung ist immer besser als nur erlerntes Wissen, und das Zweite ist keine Voraussetzung für das Erste"*. Im Grundtext steht geschrieben: **„Wir wissen** (griech. *„oidamen*) **aber, dass der Sohn Gottes gekommen ist und uns gegeben hat Einsicht** (griech. *dianoian),* **damit wir erkennen** (griech. *ginoskomen*) **den Wahrhaftigen"** (1.Joh.5,20a; vgl. Johannes 14,7). GOTT gibt uns also Denkvermögen und Befähigung zur Erkenntnis *(gnoseos)* GOTTES; (vgl.

auch Römer 15,14). Für die deutschen Worte „Erkennen, wissen, verstehen" gibt es im griechischen Grundtext die Worte „ginosko und oida". „Oida" heisst ein Erkennen, Wissen und Verstehen aus unmittelbarer Überzeugung (Röm.8,28; Joh.4,22; 9,20;21,12), oder aus innerer Anschauung (Mark.4,15; Eph.1,18). Die genau gleichen deutschen Worte bzw. Begriffe sind im Wort *„Gnosis"* enthalten und haben die Bedeutung von geistlichem Geschenk und Besitz im Sinne einer Erkenntnis (Mitteilung) des wahren GOTTES und Seines CHRISTUS. Und daraus kommt es zur Erfahrung. Auch die innere Anschauung *(oida)* ist eine Erfahrung und Geistmitteilung. So gibt es für Christen zwei Wege zum Erkennen, Verstehen und Wissen: Erfahrung aufgrund von (geistlichen) **Erlebnissen** mit GOTT und Seinem Wort, sowie Erfahrung aufgrund von **Geistmitteilungen.** *Aus diesen Erfahrungen*, **die einer lebendigen Beziehung und Gemeinschaft mit dem HERRN entspringen, sollte unsere Erkenntnis kommen**, damit es mehr ist als Theorie und Scheinwissen. Wenn wir diese Beziehung durch Geistesmitteilung und Erfahrung nicht haben, fehlt uns die wahre Gotteserkenntnis.

Es gilt also den grundlegenden Hinweis zu verstehen: Wir haben biblische Erkenntnis (Gnosis) als Ergebnis einer **bewussten innigen Beziehung** mit CHRISTUS und Seinem Wort (also Logos und Rhema), woraus dann unsere **Erfahrung** kommt. Das geschriebene Wort der Bibel und die Neugeburt des menschlichen Geistes ist die Grundlage für diese Erfahrung! Ausserhalb dieser Voraussetzungen ist jede Art von Erfahrung erstens in Frage zu stellen (zum Beispiel im charismatischen Raum) und zweitens zu prüfen (wieder am Wort GOTTES). Der Geist des HERRN ist nicht nur ein gutes Gefühl, **sondern Autorität!** Sobald wir es mit IHM zu tun haben, kommen wir unter göttliche Autorität, nicht auf eine charismatische Spielwiese. Wenn irgendeine Erfahrung nur aufgrund von „schönen Gefühlen" (Wellness, Fun, Feeling, Unterhaltung) kommt, und nicht auf Grundlage des grossen Rahmens der Heiligen Schrift, dann hat diese Erfahrung höchstwahrscheinlich nichts mit CHRISTUS Selbst zu tun und hat den geistlichen Wert „Null". Ernüchternd ist ein Wort von Oswald Chambers, der sagte:

„Wenn der Geist GOTTES zu uns kommt, gibt ER uns keine Visionen; ER weist uns an, die gewöhnlichsten Dinge zu tun,....Dinge, in denen wir GOTT nie vermutet hätten, und wenn wir sie tun, wird uns plötzlich offenbar, dass ER da ist." Woher kommen wohl all die \`großen\` Visionen im charismatischen Blätterwald?

Es gibt leider gerade heute, wo Laodizea Hochkonjunktur hat, zu viele Spielarten und Plagiate gnostischer und pseudocharismatischer Natur, und es ist absolut falsch zu sagen: *„Christen sollen nicht wissen, nicht kritisieren, nicht prüfen, nur erfahren"*, denn der Christ braucht ein festes unerschütterliches Wissen, das aber aus einer lebendigen geistlichen Beziehung zu GOTT und Seinem Wort kommen muss. Und aus derselben Gesinnung heraus ist er verpflichtet, zu prüfen! (1.Johannes 4,1; 1.Korinther 12,10; 14,29; 1.Thessalonicher 5,20f). **„Wir wissen"**, sagen die Apostel immer wieder in ihren Briefen, und wir sollen nicht Kinder sein im Verstehen. Denn wahre Gotteskinder *haben* ja Denkvermögen und Erkenntnis erhalten. Wir können daher einen Merksatz formulieren in Bezug auf unsere Erfahrung als Christusgläubige Menschen:

GOTT hat die Heilige Schrift in den geschichtlichen Rahmen eingebunden als praktisches Werk für Glauben, Leben und Erfahrung. Biblischer Glaube bringt biblische Erfahrung; das erstreben wir. Ausserbiblischer Glaube bringt ausserbiblische Erfahrung; das ist nicht erstrebenswert und lehnen wir ab.

„Kai ho Logos sarx egeneto", = („Und das Wort wurde Fleisch" *Johannes 1,14*). Der LOGOS ist das Fleisch- also **Mensch** gewordene Wort GOTTES und drückt hier letztgültige, vollendete Weisheit GOTTES aus! **„Denn in IHM wohnt die ganze Fülle** *(griech. „pläroma")* **der GOTTHEIT leibhaftig**" (Kolosser 2,9)! Das heisst, als geistlich neugeborene Menschen sind wir zur Leibesgemeinschaft hinzugenommen, zum Geheimnis der Gemeinde (örtlich sichtbar und universal unsichtbar), und werden in diesem wunderbaren CHRISTUS, der in allen Gotteskindern ist, gemeinsam zur Fülle gebracht (Kol.2,10). Dadurch, weil ER das Haupt jeder Gewalt und Macht ist wegen der Fülle, die in IHM wohnt, und weil in IHM alle göttliche Weisheit für den Menschen beschlossen ist! Darum werden wir durch CHRISTUS, den LOGOS, welcher durch die Auferstehung zum lebendigmachenden Geist wurde, befähigt, GOTT persönlich zu erkennen und die Schriften Alten- und Neuen Testaments zu verstehen (vgl. 1.Kor. 15,45; Luk.24,45), und werden darum aufgefordert, reichlich die Schriften zu erforschen: Kolosser 3,16; Apostelgeschichte 17,11; Lukas 24,44; 2.Timotheus 3,15.16; Johannes 5,47; 17,17.

Gute Erkenntnis im Sinne der biblischen Gnosis bringt guten Wandel

Die geschenkte Gotteserkenntnis durch den Geist CHRISTI in den Gläubigen und die Zunahme dieser Erkenntnis (Gnosis) durch das Aufnehmen des Wortes GOTTES bewirkt in uns Frucht und Wachstum. CHRISTUS ist das Zentrum, der Fokus der Bibel und auch ihr Interpret, und die zunehmende Beziehung zu IHM bewirkt auch den wachsenden Zugang zur Heiligen Schrift. IHN wenig oder nicht zu erkennen heisst, nur die äussere Hülle des Buchstabens zu kennen, nicht aber den Inhalt, die Kraft des Geistes im Wort. IHN viel zu erkennen heisst, Seinen Plan, Sein Ziel mit der Schöpfung und mit der Gemeinde zu verstehen, in IHM zu wachsen, Frucht zu bringen und vorwärts zu gehen. Hier ist eine innere Logik. Darum hat unsere geistliche Erkenntnis direkten Einfluss auf unseren Wandel im Licht. Und das Maß unseres geistlichen Lebenswandels entspricht dem Maß unserer geistlichen Erkenntnis oder wird dieser Beziehung mit CHRISTUS entsprechen. Daher muß auch jede Angelegenheit meines Lebens die Todeserfahrung des Kreuzes und die Lebenserfahrung des Geistes machen, weil mein praktischer Lebenswandel, mein Verhalten den Mitmenschen und Umständen gegenüber auch Einfluß auf meine geistliche Beziehung und Erkenntnis hat. O HERR JESUS, sei nicht beengt in mir und nehme zu in mir; DANK! Amen

Positiv gesehen führt wahre geistliche Erkenntnis stets zu einer Zunahme an Frucht in unserem Lebenswandel. Wenn meine Beziehung zu JESUS mangelhaft oder gar unterbrochen ist, muss ich mich anstrengen, ein gutes Verhalten „hervorzubringen", doch das ist nicht Leben aus GOTT. Stimmt hingegen unsere Liebesbeziehung zum HERRN, dann kommt die Frucht des Geistes ohne eigene Anstrengung hervor.

Unsere Erkenntnis JESU aus unserer Beziehung zu IHM wird unsere Erfahrung und unseren Wandel bestimmen: **„...dass ihr, was den früheren Wandel betrifft, den alten Menschen abgelegt habt..."** (Eph.4,22). Die biblische neutestamentliche Information, die wir wissen müssen lautet: **„...da ihr ja den alten Menschen ausgezogen habt mit seinen Handlungen und den neuen angezogen habt, der erneuert wird zur Erkenntnis nach dem Ebenbild dessen, der ihn geschaffen hat". ..“denn ihr alle, die ihr in CHRISTUS hinein getauft seid, ihr habt CHRISTUS angezogen!"** (Kolosser 3,9; Galater 3,27). Für einen aus Wasser und Geist neugeborenen Christen sind diese Tatsachen geschehen; er braucht und kann sie nicht wiederholen! Aber AUS diesen geschehenen Tatsachen ergibt sich jetzt für uns einfach eine folgende Tatsache: **„So lasset uns nun ablegen die Werke der Finsternis..."** (Röm.13,12; vgl. Eph.4,22; Kol.3,8; 1.Petr.2,1). Das ist unser Wandel in der Heiligung.

Dieser fortschreitende Prozess der Umgestaltung vom Alten hin zum Neuen, das Ablegen alter Gewohnheiten, das Töten sündiger Eigenschaften und zugleich das Zunehmen unserer Wesensgleichheit mit JESUS CHRISTUS wird bei unserer Vereinigung mit IHM (Parousia) abgeschlossen sein. Es ist lästig und auch irreführend, wenn man „Alt“ und „Neu“ so überfromm bis abstrakt ansieht, anstatt es biblisch nüchtern zu betrachten. JA, wir *SIND* neu geworden, aber wir sind in einem Prozess der Umwandlung und der Erziehung „in der GNADE!“ DANK GOTT!

Das Leben im alten oder neuen Menschen manifestiert sich nämlich ganz deutlich in seinen „Handlungen“, eben in seinem „Wandel“. **Weil** wir innerlich erneuert wurden, **wird** unser Leben auch einen neuen Wandel als Frucht zeigen. Wir neugeborene Christen brauchen keinen Theorieglauben, sondern wir dürfen und sollen einfach in der uns geschenkten Glaubenshaltung bleiben, dass wir **erlöst** sind von unserem alten Leben und Wandel (ohne diese Tatsache analytisch gut genug für unseren hungrigen Verstand aufzubereiten) und eine **Neue Natur** empfangen *haben*. Sprechen wir das im Glauben aus und danken wir GOTT dafür, werden wir schon Errettung erfahren. Denn gerade diese Neue empfangene Natur befähigt uns erst mit einer neuen Gesinnung allfälliges Altes abzulegen und weiter erneuert zu werden und IHN zu schauen. (vgl. Eph.4,23; Kol.3,10; 2.Kor.4,6; 3,18).

Das Wort des Paulus „Ich bin mit JESUS gekreuzigt, und nun lebe nicht mehr ich“ meint nicht, dass wir einen psychologischen Vorgang anwenden müssten um unser Ich zu töten und loszuwerden; es sagt uns, dass wir unsere eigenen Rechte aufgeben und mit unserem ganzen Willen jetzt IHM, d.h. Seinen Interessen dienen wollen. Nicht „selbst kreuzigen“ müssen wir uns, das gelingt keinem, denn das *IST* bereits geschehen, im Glauben mit CHRISTUS am Kreuz! Paulus sagte ja auch nicht: „Ich kreuzige mich“, sondern „ich *BIN* mitgekreuzigt.“ Christlicher Glaube ist nicht Selbstbestimmung, auch nicht Selbstverstümmelung, sondern Bejahung für GOTTES Sache!

GOTTES Volk heute ist so lahmgelegt in religiöser Vermischung und Kraftlosigkeit, in weltlichen Methoden und geistlicher Armut, dass die **Erneuerung** unseres Denksinns *(nous)* ein dringendes Gebot ist! Christen sollen in die geöffnete Bibel hineinschauen, nicht in den Fernseher. Um dieses und um geöffnete Augen des Herzens dürfen wir flehen, damit wir geistliche Wahrheiten wieder verstehen und Laodizea verlassen! Römer 12,2; 1.Korinther 1,10; Epheser 1,18; Offenbarung 18,4; 3,18. Diese Erneuerung ist unsere **Errettung der Seele**, von der wir eingangs sprachen.

Zum Thema der biblischen Gnosis können wir abschließend sagen: Authentisches geistliches Leben, identisches Leben CHRISTI und Zugang zur Heiligen

Schrift empfangen und haben wir nicht im rationalen Aufarbeiten des äusseren Bibeltextes, in irgendwelchen äusseren Glaubensbekenntnissen oder in Systemen theologischer Art, ebenso wenig wie unsere himmlische Berufung durch irdische Seminare und Zertifikate erlangt und Wirklichkeit wird. Der Schlüssel zur Erkenntnis (Gnosis) CHRISTI und zur Heiligen Schrift, ihrer Deutung und Übersetzung ist das Kreuz CHRISTI, der HEILIGE GEIST (= der Geist Christi) und unser Glaube. Geistlich wirklich ist nur:

Was in der Erfahrung des Kreuzes liegt
Was durch Auferstehung zum Leben gebracht wird
Was Kraft des Lebens aus GOTTES GEIST Authentizität und Autorität hat.
Was unser Leben mit GOTT beeinflusst und verändert
Was die Fülle des CHRISTUS vermehrt
Was zum Aufbau Seiner Gemeinde führt

HERR JESUS, binde mich mit Seilen der Gnade an die Hörner Deines Altars!

Priesterliche und Apostolische Bewahrung des Bibeltextes

Wenn wir in der Heiligen Schrift forschen, wollen wir auch analog dazu den authentischen Text benützen. Moderne Bibelübersetzungen oder Übertragungen sowie textkritische Bibeln bis hin zu Bibeln des Abfalls müssen sich an einem von GOTT Selbst bewahrten Bibeltext messen und beurteilen lassen. Es ist die souveräne Gnade GOTTES, durch die ER uns Sein Wort unverfälscht überliefert hat! Das ist zuerst auch eine persönliche Glaubenssache: Glaube ich, dass der Grosse GOTT, der das Wort aus der Ewigkeit hereininspiriert hat in die Zeit, es auch bis heute bewahrt hat?! Also ich glaube das leichthin! Gelobt sei der Name des HERRN! Aber gerade auch hier, wo es um die Quellen geht, ist es verwunderlich anzunehmen, dass dieser wunderbare bewahrte Text keinen Angriffen ausgesetzt wäre. Geschrieben steht:

„….Ich sinne in meinem Herzen nach, und es forscht mein Geist“ (Psalm 77, 7) „Die Worte des HERRN sind reine Worte, in irdenem Tiegel geschmolzenes Silber, siebenmal geläutert. DU, O HERR, wirst sie bewahren…“ (Psalm 12, 7.8a).

Hier und an anderen Bibelstellen haben wir die Göttliche (!) Verheissung der Bewahrung Seines Wortes!

Die Schriftensammlung der biblischen Texte des Alten-hebräischen und des Neuen-griechischen Testaments mit ihrer verbalinspirierten Authentizität bestehen auf gesamt über 8000 (achttausend) Handschriften (HS), inclusive der Septuaginta, der Qumranrollen und des masoretischen Textes. (Ausserdem kommen noch viele Papyrus-HS vom 2-8 Jhdt. sowie Übersetzungen aus antiken Sprachen hinzu). Die Bücher des hebräischen Kanon des Alten Testaments sind in drei Gruppen unterteilt: In die Thora, Propheten und Schriften, wobei die 24 Bücher des hebr. Kanons den 39 Büchern des griech. Kanons entsprechen. Der Gesamtumfang des AT lässt sich kurz vor Beginn unserer Zeitrechnung nachweisen, und im NT werden die meisten alttestamentlichen Bücher zitiert, sodass daraus zu schließen ist, dass JESUS den allgemein bei den Juden und bei dem Historiker Josephus anerkannten alttestamentlichen Kanon akzeptierte.

Der Schriftenkanon des Neuen Testaments wurde seit der frühen Christenheit beglaubigt, anerkannt und im 4. Jahrhundert n. Chr. festgelegt. Er ist nicht das Ergebnis von kirchlichen Konzilsbeschlüssen, sondern von Erfordernissen, Konsens und Beschluß der Gemeinde der nachapostolischen Zeit. Er ist **endgültig** und wird in seiner Gestalt nie mehr aufgebrochen oder erweitert werden! Es können keine weiteren neuen Funde mehr dem Kanon hinzugefügt werden! („Sollten" noch authentische HS gefunden werden, können diese nur am bestehenden Text des Kanons gemessen und bestätigt werden >oder auch nicht< und als Bestätigung des Kanons dienen, wie dies in ähnlicher Weise die Qumranrollen für den alttestamentlichen masoretischen Text tun. Wenn irgendwelche Schriftenfunde in irgendwelchen Aussagen nicht den kanonischen Schriften entsprechen, werden sie verworfen. Das gilt auch für Aussagen an dem gesamt noch unerschlossenen griechisch-byzantinischen Mehrheitstext).

Die Schriften der Bibel sind keine *rohe Masse*, die beliebig erweitert oder umgeformt werden kann oder darf, wie das in der fortschreitenden Erschließung der weltlichen Wissenschaft geschieht. Sie sind **endgültige** und **abgeschlossene** Überlieferung in einem jahrhundertelangen Prozess von Bewahrung und Abgrenzung; Bewahrung aufgrund der inhaltlichen Einheit (Kohärenz) der Schriften und ihrer Apostolizität, und Abgrenzung gegen Fremdes aufgrund der Verbalinspiration der Originale, welche die Schriften der Herätiker als solche bloßstellten und verwarfen (Beispiele sind das Petrus- und das Thomasevangelium, oder der Alexandriner- und der Laodizenerbrief oder die Apokryphen; diese Pseudo- und andere gnostische Schriften kamen nicht in den Kanon, und es werden auch zukünftig keine dazukommen). GOTT **gab** der gläubigen Christenheit einen verbindlichen und autoritativen Bibeltext, nicht einen unverbindlich „vorläufigen, wissenschaftlichen Erweiterungstext!"

Das, was der Allmächtige und Allwissende GOTT durch Seine Propheten in den Heiligen Schriften des Alten Testaments als Evangelium vorher verheißen hatte über Seinen Sohn (vgl. Römer 1,2.3), wurde im Neuen Testament Wirklichkeit durch das Kommen, Leben, den Tod und die Auferstehung JESU CHRIST! In der apostolischen Überlieferung *(paradosis)* der neutestamentlichen Apostel wird das Evangelium durch Augenzeugen JESU mündlich und schriftlich so weitergegeben, dass **die Mitteilung dieses unfassbar großen Heils mit dem Heilsgeschehen zusammen** als Offenbarungs*wirklichkeit* weitergegeben und *überliefert* wird (vgl. Judas 3; 2.Thess.2,15;3,6; 1.Korinther 11,2) ! Gelobet sei der Name des HERRN! Das heisst, dass im Rhema der Verkündigung vom HEIL des EVANGELIUMS die weitmöglichste Erfassung der Wahrheit des LOGOS zu uns und zu jeder anderen Generation kommt als GOTTES Kraft! (vgl. Römer 1,4.16.17). Durch sie werden auch wir heute **mit dem Heilsgeschehen konfrontiert** und von der wunderbaren Person JESU erfasst! Paulus, der dies auch selbst erlebt und bezeugt hat, schreibt ergriffen in Römer 11, 33f: **„O welche Tiefe des Reichtums, sowohl der Weisheit als auch der Erkenntnis GOTTES!"**

Dieses unverfälschte Evangelium der Kraft und Identität GOTTES war das Glaubens- und Erfahrungsfundament der jungen Gemeinde CHRISTI (siehe Apostelgeschichte und Briefe). Und die Gemeinde war verpflichtet durch Treue und Gewissen, diese originale Überlieferung in gleicher Weise zu bewahren und weiterzugeben, wie sie es selbst durch die Apostel erhalten hatte. Geschrieben steht: **„DU, O HERR, wirst Dein Wort bewahren".** Es ging und geht immer um den **Inhalt der apostolischen Überlieferung**, und diese durch den Geist der Wahrheit (Johannes 16,13)! Exakt dieser Inhalt, der die Wahrheit und Kraft GOTTES in lebendiger Weise in sich birgt (vgl. 1. Thess.2,13), ist bis ins 19. Jahrhundert hinein nicht als „Menschenwort", sondern als autoritativer, göttlicher Maßstab und als „die Lehre" (1.Tim.1,10; 2.Tim.3,10) durch zuverlässige und authentische Handschriften bewahrt, erhalten und überliefert worden! Die „Lehre" (griech. *„didaskalia"*) war und ist also das Gesamtkonstruckt des Inhaltes der Bibel, das festzuhalten war und ist (Titus 2,1; Juda 3 u.a)!

Die Weitergabe bzw. Mitteilung biblischer Lehre im Evangelium ist aber nicht dogmatisch zu verstehen, so als könnte man einen Bibeltext als „Dogma" gebrauchen *ohne* eine dazu *befähigte Lehrperson*, sondern in der Apostelgeschichte 2,42 oder im Timotheusbrief 2,4; im Römerbrief 16,17 oder Titusbrief u.a. begegnet uns nicht das Wort „dogma", sondern *„didachä"*, was soviel wie *„Belehrung"* bedeutet. *Also lebendige Belehrung und Geistmitteilung durch dazu berufene und befähigte Lehrpersonen*, nicht statischer dogmatischer Biblizismus, entspricht der Weitergabe apostolischer Verkündigung.

Kurzer Exkurs zur Überlieferung des neutestamentlichen Bibeltextes:

Es geht bei *der Überlieferung der Heiligen Schrift des NT um jene Handschriften*, die den authentischen Text bewahrt haben, und andrerseits um solche Handschriften, die beeinflusst oder gar gefälscht wurden und nicht mehr den Anspruch „siebenmal geläutert zu sein" aufrechterhalten. Jene Handschriften der *apostolischen Linie*, die direkt aus dem apostolischen Sprachraum Kleinasiens stammen, werden als byzantinischer Text bezeichnet und sind als „Textus Rezeptus" (TR, eine Sonderform des byzant. Mehrheitstextes) bekannt, weil dieser Text das Zeugnis von über 95 Prozent der biblischen Handschriften des NT aufweist, und weil er dem griechischen Standarttext des 5. Jahrhunderts n.Chr. entspricht.

Der griechisch-byzantinische Koine- oder Mehrheitstext (MT) war schon im 4. Jh. der vorherrschende Text der griechisch sprechenden Kirche und kommt aus dem apostolischen Sprachraum Kleinasiens und Griechenlands. Aus diesem Text wurde der Textus Receptus in mehreren aufeinanderfolgenden Ausgaben durch sprach- und sachkundige Herausgeber erarbeitet und vervollkommnet. Das waren Erasmus von Rotterdam, Robert Estienne (Stephanus) und Theodor Beza im 16. Jahrhundert. Der zuerst auf Papyrus überlieferte MT wurde im 5. Jh. auf Pergament erhalten und lässt sich dadurch rückschließen auf die Quellen im 1. Jahrhundert. (Die erhaltenen HS aus dem 9-14. Jh. stammen von diesen Pergament-HS ab; außerdem finden sich von diesem überlieferten MT auf Pergament auch HS, die bis in unsere Zeit überlebt haben). Dieser byzantinische Original MT aus etwa 5000 neutestamentlichen HS mit unterschiedlichen Lesarten erhält nun im Textus Receptus die größtmögliche Übereinstimmung dieser HS und ist so der verbindliche griechische Grundtext. Der TR verleiht dem MT seine konkrete, übersetzbare und übereinstimmende Gestalt, während die Textkritik mit ihrem alexandrinischen Text diese 95% des MT ignoriert und nur auf den verbleibenden 5% der Codex-Texte Sinaiticus und Vaticanus baut.

Der TR ist die Grundlage der Reformatoren gewesen und bis ins 19. Jahrhundert hinein die der weltweiten Christenheit durch Bibelübersetzungen wie Luther 1531; 1545; 1912; oder Zürcher 1536; King-James; oder Schlachter. Diese Übersetzungen sind etymologisch ihrer Zeit gemäss in ein Sprachgewand gekleidet, und da Sprache sich im Lauf der Zeit ändert, die Wahrheit und der Sinn des Bibeltextes aber nicht verändert werden soll und darf, sind für unsere heutige Sprache zu empfehlen: die King-James-Bibel oder in deutscher Fassung die Schlachter 2000; die revidierte Elberfelder Übersetzung 1967- basierend auf dem Text der Authorized King James Version 1611; die Lutherbibel 1912 mit Neuüberarbeitung des NT 1998 (CH-8832 Wollerau); oder das NT von Herbert Jantzen. Der TR war auch der Bibeltext der Waldenser und der Wiedertäufer und der grossen Erweckungen des 17. und 18. Jahrhunderts.

Schon die frühen Übersetzungen wie die gotische Wulfila-Bibel oder die syrische Peschitta aus dem 2-4 Jhdt. stammen vom byzantinischen Mehrheitstext und die griechisch sprechende Ostkirche *bewahrte* diesen ihr vertrauten und anerkannten Text. Selbst die lateinische Vulgata folgte weitgehend der Mehrheitstextüberlieferung, fügte (mischte) aber andere Elemente gnostischer Textformen hinzu. Darum nahmen die Reformatoren nicht die katholische Vulgata als Grundlage ihrer Übersetzungen, sondern den hebräischen Masoretentext des AT und die griechischen Handschriften des NT. Erasmus v.R. erarbeitete aus der byzantinischen Linie einen zuverlässigen Text, den er später weiter überarbeitete. Dadurch sprengte er die lateinische Vulgata. Der Bibeltext von Erasmus wurde 1546-51 von R. Stephanus überabeitet, dieser wiederum von Beza 1565-1604 und zuletzt von Elzevier 1624. Luther und Zwingli hatten noch nicht diese ausgereiften Textformen zur Hand, aber der Textus Rezeptus hatte hier, im Gebrauch von über neunzig Prozent aller neutestamentlichen Handschriften aus der unverfälschten byzantinischen Überlieferung seinen Ursprung.

Im 18 und 19. Jh. kamen die Textkritik und Bibelkritik auf als Wegbereiter der liberalen Theologie. Dabei wurde der TR kritisiert und ein Bibeltext favorisiert, der auf nur wenige Handschriften beruht: Codex Sinaiticus, Codex Vatikanus, Codex Alexandrinus und Ephraemi rescriptus. Diese Handschriften geben den Stand der „wissenschaftlichen" Textkritik wieder und stammen aus dem ägyptischen Raum, also nicht von dort, wohin JESU CHRISTUS Seine sieben Sendschreiben sandte. Dieser alexandrinische Text weist leider viele Mängel und Widersprüche auf, denn dort im Umfeld Alexandriens herrschte die *heidnische Gnosis*. So kam es zu Sinnverschiebungen und Veränderungen der Manuskripte, sodass die frühe Gemeinde (Kirche) diese als konstruierte Texte verwarf, die mit dem Kanon nicht identisch sind.

Durch die Aufklärungsepoche, die man besser als grosse Verdunkelung bezeichnen sollte, nahmen also Gegner der Verbalinspiration den TR ins Visier ihrer rationalen Brille. Im 19. Jhdt. folgten Textkritiker wie Lachmann, Westcott, Hort, Nestle u.a. Die Weltweisheit der Geisteswissenschaft wurde über das Wort GOTTES gestellt, und die ägyptisch-alexandrinische Textform verdrängte durch Revisionen den byzantinischen TR, sodass auch die revidierte Elberfelder-Bibel auf den akademischen Text umgestellt wurde. Mit Beginn des 20. Jh. wurde die moderne Textkritik in den evangelikalen Einrichtungen fester Bestandteil, und ab Mitte des 20. Jhdt. dominiert der „textkritische" Nestle-Aland-Text für die neuen Bibelübersetzungen und ist das Werkzeug der Weltökumene zum Welteinheitstext geworden.

Wir brauchen und wollen keinen „schwankenden, vorläufigen, wissenschaftlichen Bibeltext !

Der innere Angriff geschieht im Wesentlichen auf die GOTTHEIT des Menschensohnes JESU und auf die Stützung neutestamentlicher Aussagen durch **zwei** sich gegenseitig stützende Zeugnisse oder „Füsse", indem man ein Gegenzeugnis aus dem Text nimmt oder durch Veränderung abschwächt. Es gibt in den alexandrinischen Handschriften tausende Veränderungen, die aus Abweichungen und Auslassungen bestehen. Schlimm ist auch der Umstand, dass unwiedergeborene, also geistlich und geistig unerneuerte Menschen, die den bedingenden Geist CHRISTI nicht haben, und zwar Theologen und Philologen aller weltweiten Konfessionen und Denominationen, unter vatikanischer Aufsicht, an solchen Übersetzungen dieses Textes (wie dem Nestle-Aland) teilnehmen und willkürlich Veränderungen vornehmen können bzw. dürfen! Das ist ein schwerwiegendes Sakrileg, denn die „Lade GOTTES" darf nicht ohne Konsequenz und Strafe mit weltlichen Methoden gestützt werden! Es ist ein heiliger Text und ein heiliger Boden!

Was kann man hierzu sagen. Nun, **GOTT sei Dank haben wir noch den Bewahrten Text, den Textus Rezeptus!** Der Nestle-Aland-Text ist ein wissenschaftlicher, schwankender und kritischer Text und auf ihn gründen sich die „textkritischen" Bibeln. Aber es wäre falsch, ihn als *völlig untauglich* abzustempeln; er kann vergleichend dienen, weil er mit bis zu 90 % des neutestamentlichen Textes übereinstimmt. Auch wäre es ungeistlich, wegen der Textvarianten in Streitgespräche zu kommen oder schlimmer noch Spaltungen zu verursachen. Das darf nicht gesinnt werden, sondern es geht um ein persönliches Prüfen und Entscheiden, bei der jeder Andere in seiner Gewissensfrage völlig frei ist. Faktum aber bleibt, dass die Textfassung von *Nestle-Aland* nicht der authentische Text ist, und weil bei GOTT nicht menschliche sondern eben göttliche Prinzipien zählen,

Beispiel das des Sauerteigs, gibt es von der Überlieferung her wohl keinen anderen glaubwürdigeren Text als den TR.

Darüber hinaus sind heutige moderne Übersetzungen (z.B. Jörg Zink) zumeist nur Übertragungen und in der Tat sehr fraglich, ob sie die Aufforderung „forschet in der Schrift" ernsthaft gewährleisten. Vorsicht ebenso bei Übersetzungen, die charismatischer Theologie entsprechen, weil diese die Fülleherrschaft CHRISTI und Seines Reiches schon vor Seinem Zweiten Kommen verwirklicht sieht und eine christianisierte Welt vor Augen hat, was ja gemäss *charismatischer Erneuerungsbewegung* in der röm.-kath. Kirche das erklärte Ziel ist. Solche u.ä. Vorstellungen können bei Übersetzungen und besonders gerne bei Übertragungen miteinfliessen.

Ein Beispiel charismatisch überzogener Lehre – vorgezogene Fülleherrschaft

Hier nur ein erklärender Hinweis: Königreich GOTTES auf Erden heisst „unumschränkte Autorität und Gottesherrschaft". Das wird mit 1. Korinther 15,24 eintreten. Dann wird die Natur mitsamt der Menschen- Engel- und Tierwelt in einer Neuen Welt ohne Sünde leben! Vorläufig ist es noch eine Todeswelt, in der Sünde, Tod und Satan herrschen. Dennoch ist inmitten dieses gefallenen Kosmos und Äons eine himmlische Herrschaft des kommenden, göttlichen Äons angebrochen und verkünden die Himmel schon jetzt die Gerechtigkeit GOTTES, und schon im AT preisen die Propheten GOTT und Seinen CHRISTUS als SCHÖPFER, KÖNIG und HERRSCHER über alle Elemente, Götter, Mächte, Menschen und Gesetze der Natur! Besonders durch die Psalmen weht dieser gewaltige Hymnus – und weiter im im NT im Epheser- und Kolosserbrief und durch alle Zeiträume bis in die Ewigkeit in der Offenbarung des Johannes! Die prophetische Sicht der Psalmen geht dabei überwiegend ins kommende Millenium, ins MESSIANISCHE Friedensreich, wo die Worte der Bergpredigt erfüllt werden. Die gegenwärtige Herrschaft, welche für Gotteskinder angebrochen ist, bezieht sich auf die Kraft unvergänglichen Lebens (vgl. Röm. 5,17), das den Tod besiegt und nicht mehr der Herrschaft Satans und der Sünde unterliegt.

CHRISTUS, dem alle Gewalt im Himmel und auf Erden gegeben ist, herrscht in und durch Seine Ekklesia (Gemeinde) in der Sphäre dieser Todeswelt nicht mit menschlichen Mitteln (vgl. Joh.17,16; 18,36), sondern mit geistlichen Waffen der Kraftwirkungen, Dienste und Gnadengaben aller neutestamentlichen Charismen. DADURCH handelt GOTT von Seinem Thron aus in der Gemeinde und durch die Gemeinde zuerst in die geistliche Atmosphäre dieser Welt hinein (Eph.1,21-23), und dadurch hat ER Sein Zeugnis auf Erden. Dieses Zeugnis aber ist eben noch nicht die kommende Königsherrschaft über alle Königreiche der Welt (vgl. Offb. 11,15; 12,10; 19,6), sondern eine Proklamation und Darstellung dieser Herrschaft, die seit der Ausgießung des HEILIGEN GEISTES (Apg. 2) „in der Gemeinde“ angebrochen ist. Und die Gemeinde geht den Weg des LAMMES (vgl .Offb.14,4; 12,11), der durch das Kreuz zur Krone führt! (vgl. Joh.15,19; Apg.14,22). Ohne KREUZ keine HERRLICHKEIT!

Die universale und sichtbare Königsherrschaft wird erst offenbar werden und beginnen mit der leiblichen, sichtbaren Inthronisierung JESU auf dem Thron Davids in Jerusalem, das ist ZION. HALLELUJA! Und dann endlich hat sich das Wort in Psalm 22,28; Micha 4,1-5; Jesaja 2,2-4 und Offenbarung 15,4 erfüllt *und der CHRISTUS wird mit allen Heiligen herrschen. Aber vorher geschehen die furchtbaren Siegel- Posaunen- und Zornschalengerichte auf Erden! Danach folgt das letzte Gericht in Offenbarung 20, und danach das Ende des bestehenden Kosmos und Äons,* **“wenn CHRISTUS das Reich GOTT, dem Vater, übergeben wird, wenn ER jede Herrschaft, Gewalt und Macht beseitigt hat.“** *(1.Kor.15,24). Es folgt ein Neuer Himmel und eine Neue Erde*, **„damit GOTT sei alles in allen und allem!“** *(vgl.Offb.21; 1.Kor.15,28) Amen.*
Da wird dann der Zustand unumschränkter GOTTESHERSCHAFT sein!

Soviel kurz zur Klarstellung überzogener charismatischer Vorstellungen, die oft in charismatischen Veröffentlichungen, Übertragungen oder Übersetzungsversuchen zu finden sind, bezeichnend dafür, dass wohl die Herrlichkeit, nicht aber der Lammesweg des Kreuzes gesucht und gegangen wird. Unsere Väter des Glaubens wie z.B. die Täufer hätten mit dieser Einstellung ihr Zeugnis nicht bewahren können.

Dass es folgerichtig dann noch Bibeln des Abfalls gibt, durch die nicht mehr der Geist GOTTES, sondern der Geist dieser Welt, der Satan und Diabolos redet (Eph.2,2), ist das Verdikt über einen endzeitlichen Trend, die Furcht GOTTES und Sein heiliges, bewahrtes Wort (LOGOS) zu verlassen! Daher Warnung und Hände weg (!) von „Bibelausgaben“ wie Volx-Bibel, Bibel in gerechter (`feministischer`) Sprache, die Bibelparaphrase „The Message“ oder Michael Korth`s Erzählungen des Neuen Testaments. Ebenso ist die mit okkulten Visualisierungsmethoden in den Begleittexten versehene „Renovare Spiritual Formation Bible“ des Spiritualisten Richard Foster zu verwerfen! Auch der Mystiker Jakob Looeber taucht wieder auf mit der neuen „Gnaden Bibel“, ein dämonisches Konstrukt der Verführung! (Wir hatten seinerzeit Freude daran, vor unserem Gemeinderaum einen grossen Topf aufzustellen und mit Genugtuung uns überreichte Loorberausgaben zu verbrennen, die im heutigen spirituellen Sumpf wieder bei denen in Mode kommen, die die Liebe zur biblischen Wahrheit nicht anerkennen oder kennen).

Forschet in der Schrift

Das wahre Forschen in der Bibel ist eine wahre Freude; es bringt uns Wahrheit, innere Stärkung durch die Berührung mit dem HERRN, Heiligung und Reinigung; es bringt uns in die Höhen, wo die Adler schweben und zu den Triften und Auen froher, stiller und heiliger Zuversicht! „Unser zukömmliches Brot von oben gib uns heute" verheißt uns neben der täglichen, aktuellen Versorgung unsere tägliche *geistliche* Nahrung – das Lebensbrot JESUS! Wenn wir den Geist der Schrift berühren, indem wir den Bibeltext lesen, betrachten, daüber beten, seinen Impulsen (in Überführung, Dank oder Bitte) Raum geben, „essen" wir das Brot, und GOTTES Wort wird für uns Geist und Leben. Die Türen des Himmels werden geöffnet, und GOTT gibt uns Himmelskorn, Brot der Starken, das Manna der Kraft. Es bringt uns Ermunterung, Belebung, Zeiten der Erquickungen! Es ist *nützlich zur Belehrung, zur Überführung, zur Zurechtweisung zur Erziehung in der Gerechtigkeit, damit der Mensch GOTTES ganz zubereitet sei, zu jedem guten Werk völlig ausgerüstet"* (vgl. 2.Tim.3,16). Nochmals: „Wir müssen wieder, und besonders heute sagen lernen: ES STEHT GESCHRIEBEN!"

Wenn wir JESUS bitten, dass ER das Bibelwort mit Seinem Lebensgeist füllt, wird es uns als *Sein lebendiges Wort* beleben und diese Kriterien von 2.Timotheus 3,16 an uns erfüllen. Jeder Vers kann für uns eine Aufforderung zur Busse, zur Bestätigung oder zum Dank werden, und wir können die Verse „essen und aussprechen" und werden so Wachstum im Glauben erfahren. Wir trauen darauf, dass kein Buchstabe, keine Zeitform und kein Strichlein vom Gesetz und Wort CHRISI vergeht (Matth.5,18; 24,35)! Denn der HERR bewahrt Sein Wort, und darum kommt es nicht leer zu IHM zurück! Es geht in Erfüllung! **„Denn alles, was zuvor geschrieben worden ist, wurde zu unserer Belehrung zuvor geschrieben, damit wir durch das Ausharren und den Trost der Schriften Hoffnung fassen"** (Römer 15,4).

Wir leben in diesem geschaffenen Universum vor dem Ereignishorizont unserer Auferstehung zur unendlichen Ewigkeit – in Himmel oder Hölle!! Darum begründet die BIBEL unseren zeitlichen und ewigen Wert darin, dass wir uns im Herzensglauben an JESUS CHRISTUS binden und uns von IHM in unsere ewige Bestimmung führen lassen! Geschrieben steht: **„Das Heil ist bei unserem GOTT, der auf dem Thron sitzt, und bei dem Lamm!" (Offenbarung 7,10).**

Helfer der Schwachen, wende Dich zu mir!

HERR, ich habe getan, was mir befohlen war; nun lege ich es in Deine Hände als 5 Brote und 2 Fische; vermehre es nach Deinem gnädigen Willen
In JESU NAMEN

DANK, RUHM und ERGEBUNG IHM, von Dem und durch Den und für Den alle Dinge sind, und Der zur Rechten GOTTES ist und Dem Engel, Gewalten und Mächte unterworfen sind! Amen.

Zieh mich Dir nach, so laufen wir!
Amor vincit omnia – über alles siegt die Liebe!

Literaturverzeichnis

Trachsel, W., „ Lass dich nicht verführen!“, Trachsel-Verlag, CH Frutigen
*1/ Prof.Dr.M.Arthur; John F. Mayhne; Richard Huges; J.A. in: Verändertes Denken,CLV,2005
*2/ Albert Lüscher, persönl. Brief vom 27.04.1964 an den Herausgeber von: Moderne Psychiatrie und Bibel, in: Richard Ising, Kräftige Irrtümer, S. 110
*3/ Osychologie as Religion, Baker Encyclopedia of Psychology, a.a.O., S.936
*4/ J. Gibson, Auf dem Weg zur Verantwortung, 1997, S.15/16
*5/ Johannes Cremerius, Psychoanalyse – jenseits von Orthodoxie, S.27-46, in: Prof.Dr.Dr. Schirrmacher, Was hilft wirklich?, S. 40 und in: H.M. Lohmann; Psycologie auf der Couch, S.29
*6/ Eckhart Wiesenhütter, Religion und Tiefenpsychologie, S.85; 87,in: Prof. Dr.Dr. Schirrmacher, Was hilft wirklich?, S. 39; 40
*7/ Jeffry M.Masson, Die Abschaffung der Psychotherapie, S.302, in: Prof. Dr.Dr. Schirrmacher, Was hilft wirklich?, S. 17
*8/ Luise de urtubey, Freud et le diable, presses Universitäries de France, Paris, 1983, in: Factum, 11/12, 1993, S. 28
*9/ Carol Travis, Prime Time, Oktober 1980, The Freedom of Change, in: Prof.Dr.Dr. Schirrmacher, Was hilft wirklich?, S. 28
*10/ B. Zilbergeld, The Mythos of Psychiatrie, S. 66; 71, in: Hunt, Rückkehr zum biblischen Christentum, S. 136
Eva Herman, „Warum wir Familien retten müssen“, EDU-Standpunkt 2010
Kuby, G., Gender Mainstreaming – eine Kulturrevolution, Zukunft CH, 5/2008
TOPIC., Skambraks, U., Lügen zur Ehre Gottes?, Verlag- 9/2008
Gassmann Lothar, „Diktatur Europa“, download
Grabe, H.P., „Was ist das Vollkommene?“, CFD, DE-Leer-Loga
Rees,T., Voll, F., Lebensfragen der Gemeinde JESU, Urchrstliche Mission e.V.DE-Uelzen
Prof. Külling, S., „Wenn jemand wegnimmt“, Immanuel-Verlag, STH Basel, Staatsunabhängige Theologische Hochschule, Basel

FSC
www.fsc.org
MIX
Papier aus verantwortungsvollen Quellen
Paper from responsible sources
FSC® C105338